Janet Wallach

Königin
der Wüste

Das außergewöhnliche Leben
der Gertrude Bell

Aus dem Amerikanischen
von Bringfried Schröder

GOLDMANN

Die amerikanische Originalausgabe
erschien unter dem Titel »Desert Queen«
bei Doubleday, New York

Deutsche Erstveröffentlichung Dezember 1999
Wilhelm Goldmann Verlag, München,
in der Verlagsgruppe Bertelsmann GmbH
© 1999 der deutschsprachigen Ausgabe
Wilhelm Goldmann Verlag, München
© 1996 der Originalausgabe Janet Wallach
Umschlaggestaltung: Design Team München
Umschlagabbildung: University Of Newcastle / Bettman Archive
Satz: IBV Satz- und Datentechnik GmbH, Berlin
Druck: Graphischer Großbetrieb Pößneck
Verlagsnummer: 15062
Redaktion: Dieter Löbbert
KF · Herstellung: Sebastian Strohmaier
Made in Germany
ISBN 3-442-15062-0

1 3 5 7 9 10 8 6 4 2

Für
John, David und Michael,
deren Liebe mich umfängt.

Inhalt

Teil II
Die Chatun

Dank

Auf Gertrude Bell aufmerksam wurde ich erstmals vor mehr als zwei Jahrzehnten, als ich eins ihrer Bücher über den Mittleren Osten las und mich der Mut dieser verwegenen Frau begeisterte. Da ich zum erstenmal plante, in diesen Teil der Welt zu reisen, reduzierten sich meine diesbezüglichen Befürchtungen auf ein Minimum; doch meine Neugier hatte angesichts ihrer Schilderungen – sie war zu Beginn des 20. Jahrhunderts bei ihren Reisen quasi auf sich allein gestellt, nur von Arabern umgeben, von denen kaum einer Englisch sprach, mußte in Zelten übernachten, auf Kamelen oder Pferden reiten, gefährliche Regionen durchqueren, wobei sie riskierte, beraubt oder gar getötet zu werden – einen Knacks bekommen. Also stellte ich ihr Buch ins Regal zurück, aber der Geist dieser furchtlosen Reisenden verflüchtigte sich nicht.

Es war nicht nur der Golfkrieg 1991, in dessen Zusammenhang wieder Hinweise auf Gertrude Bell in den Printmedien auftauchten. Der Anblick ihres Namens erinnerte mich erneut an ihr Buch und meine Bewunderung für sie. Indem ich mich über ihre Bedeutung für den modernen Mittleren Osten, speziell ihre maßgebliche Rolle im Irak, informierte, kam mir der Gedanke, daß sie den idealen Stoff für eine Biographie darstellte. Ich wußte nicht viel über sie – nur, daß sie ein fabelhaftes Thema sein würde.

Gertrude Bell war sich der Bedeutung ihrer Arbeit mehr als bewußt; oft genug hat sie ihre Eltern darauf hingewiesen, daß ihre Briefe geschichtliche Aufzeichnungen seien. Tausende dieser Briefe und Tagebuchnotizen werden heute in der Robinson Library der Universität von Newcastle, wo ich einen großen Teil meiner Recherchen durchführte, aufbewahrt. Ich habe mich dabei bemüht, sie so authentisch wie möglich wiederzugeben; Gespräche und Dialoge beziehen sich unmittelbar auf Gertrudes Briefe und die Memoiren ihrer Familie, Freunde und Kollegen. Etwaige Änderungen in der Schreibweise von Wörtern, speziell arabischen, erfolgten aus Systematisierungsgründen und um die Lesbarkeit des Buches etwas zu vereinfachen.

Eine der angenehmeren Begleiterscheinungen im Rahmen dieser Abhandlung über Gertrude Bell ergab sich aus der Gelegenheit, ihren Spuren zu folgen. Ich verbrachte eine Menge Zeit mit Beduinen in der Wüste, mit Archäologen, Diplomaten, Autoren und Journalisten in England, Kairo, Damaskus, Jerusalem, Amman und – was mich am meisten faszinierte – in Bagdad. Ich unterhielt mich mit Dutzenden Menschen, die aufgrund familiärer oder freundschaftlicher Beziehungen von ihr gehört, und mit mindestens einem Dutzend Zeitzeugen, die sie persönlich gekannt hatten (darunter einer, der ihr Liebhaber gewesen sein will). Einige vermochten sich ihre autoritäre Stimme, ihren durchdringenden Blick, ihre verspielten Kleider ins Gedächtnis zu rufen. Andere ließen die Atmosphäre der Schauplätze, die Einstellung der Araber, die Sichtweise der Briten, die Bedeutung der Stämme, die Auswirkungen des Erdöls und die Rolle Indiens wieder lebendig werden. Ich schulde allen Dank, die mir so großzügig ihre Zeit, ihre Erinnerungen und ihr Wissen zur Verfügung gestellt haben.

Meine Reise nach Bagdad wäre nicht möglich gewesen ohne die außerordentliche Hilfe der Botschafter Nizar Hamdoon und Sadoon Zubaidi. Bahnam Abu al-Souf, ein temperamentvoller Archäologe, sowie Mohammed Ghani Hikmet, Abdul Razaq Al Hassani, Muayad Sayid Damevji, Esman Gailani, Yousif al-Gailani, Amin al-Mummayiz und Ali Salah verschafften mir seltene Einblicke in die iranische Kultur und Geschichte.

In Amman hatte ich das Glück, Prinz Raad, Souleiman Moussa, Talal al-Parchachi, Abdul Aziz el-Dhourie und Qais al-Askari zu begegnen, denen ich eingehende Überlegungen über die Monarchie und die Stammesgemeinschaften verdanke. Marwan Murwasha erwies sich als ein großzügiger Freund. In Kairo half mir Leila Mansoor, alte Fotografien ausfindig zu machen. In Jerusalem erinnerte sich Val Vester nicht nur an »Tantchen Gertrude«, sondern auch an Hugh Bell, Florence Bell und Valentine »Domnul« Chirol. Amatzia Baram von der Universität Haifa, mit Leib und Seele Lehrer, kämpfte sich unverzagt durch Hunderte Seiten Manuskript und ließ mich bereitwillig an seinem enormen Wissensschatz teilhaben.

In London waren mir Roger Hardy von der BBC, Lamya Gailani, Renee Kabir, Nazha Akrami, Salma Sati el-Husari und Naha Rahdi eine wertvolle Hilfe bei der Rekonstruktion des Alltags in Bagdad. Ich bedanke mich bei Caroline Barton, daß sie mir den Zugriff auf die Dokumente ihres Großvaters David Hogarth gewährte, beim St. Anthony's College und ganz besonders bei Lady Plowden sowie den Treuhändern für die Überlassung der Trevelyan-Familienpapiere. In Newcastle unterstützte mich Lesley Gordon bei der Durchsicht der Bell-Dokumente in der Robinson Library der Universität; Jim Crow lotste mich durch sechstausend von Gertrude Bell gemachten Fotos. Lynn Ritchie danke ich für ihre wertvollen Tips und Robin Gard dafür, daß sie sich freundlicherweise als Fremdenführerin durch die Umgebung von Newcastle zur Verfügung stellte. Jane Hogan war mir eine große Hilfe in der Palace Green Section der Universitätsbibliothek von Durham. Im Orientinstitut von Oxford beantwortete mir Jeremy Johns Dutzende Fragen zur Archäologie und zu anderen Themen. Sally Chilton wußte in faszinierender Weise von ihrem Vater Philip Graves zu berichten.

In New York schulde ich Selma Rahdi Dank für ihre Unterstützung in Sachen Archäologie, desgleichen Linda Fritzinger, Seelenfreundin und Expertin über Valentine Chirol. In Boston half mir Suhair Raad al-Mummayiz, Menschen für Interviews »aufzustöbern«. In Washington, D.C., wurden Christine Rourke und Betsy Folkins nicht müde, komplizierte Fakten und Literatur zu durchforsten; Nancy Wood leistete fabelhafte Recherchearbeit zum Thema Bergsteigen. Edmond Ghareeb und Nameer Jawdat waren geduldige Leser und Lehrer. Des weiteren gilt mein großer Dank Simon Serfaty, einem guten Freund und kundigen Ratgeber; die stets gutgelaunte Ghida Askari trug ihren Teil mit lebhaften Erinnerungen an ihren Großvater bei, die Psychologin Sue Glaser ihr Insiderwissen zum Thema Kindheit, während ich bei Tamara Weisberg immer ein offenes Ohr fand; Amos Perlmutter sprudelte geradezu über mit Tips bezüglich großer britischer Persönlichkeiten, und Geoffrey Kemp machte mir die Rolle Indiens und des Erdöls begreiflich. Christine Helms und Clovis Maksoud erschlossen mir Quellen von unschätzbarem Wert. Tania Hanna assistierte mir bereitwillig und gekonnt bei der Recherche.

Ron Goldfarb und Linda Michaels, meine Literaturagenten, waren von Beginn an enthusiastische Befürworter dieses Buchs. Dank gebührt Jesse Cohen für seine Langmut bei endlosen Detailfragen. Zu Dank verpflichtet bin ich ebenfalls Nan Talese für ihre ermutigende, inspirierende und aufmerksame Fürsorge, die diesem Projekt zugute kam. Mein herzlichster Dank gilt jedoch meinem Mann John, dessen Verständnis und Liebe die Entstehung des Buchs erst ermöglichten.

Janet Wallach, New York

Vorwort

Sie war ständig von Männern umgeben: von reichen Männern, mächtigen Männern, Diplomaten, Scheichs, Liebhabern und Mentoren. Um sich ein Bild von ihr machen zu können, sollte man sich eine etwas steife rothaarige Viktorianerin mit grünen Augen, einem durchdringenden Blick und einer langen spitzen Nase vorstellen. Sie war zierlich, ihre Garderobe stets modisch, und ganz gleich, ob sie sich nun in London, Kairo, Bagdad oder irgendwo in der Wüste aufhielt – sie bewegte sich in einer Welt, die zu ihrer Zeit den Männern vorbehalten war. Auch an jenem regnerischen Abend des 4. April 1927, knapp ein Jahr nach ihrem Tod, waren es hauptsächlich Männer, die sich ihr zu Ehren in der Londoner Royal Geographic Society versammelt hatten. Im Frack mit weißer Fliege, die Brust mit zahlreichen Orden geschmückt, wandelten sie durch die Hallen.

Immer wieder hörte man den Namen »Gertrude Bell«, und es herrschte allgemeine Einigkeit darüber, daß sie in den Jahren nach dem Ersten Weltkrieg die bedeutendste Frau des britischen Imperiums gewesen sei. Hinter vorgehaltener Hand wurde sie als »ungekrönte Königin des Irak« und »heimliche Beraterin Lawrence' von Arabien« bezeichnet. Manche gingen sogar noch weiter und behaupteten, sie habe »für Winston Churchill die Grenzen in den Sand gezeichnet«.[1]

Es gab jedoch auch Stimmen, die sagten, sie sei arrogant, herrschsüchtig, skrupellos und extrem ehrgeizig gewesen. Andere wiederum glaubten zu wissen, daß sie eine Schwäche für Blumen und Kinder gehabt und sich nichts sehnlicher gewünscht habe, Frau und Mutter zu sein. Angeblich war sie einmal verlobt und soll später eine unglückliche Liebesaffäre gehabt haben. Alle fragten sich jedoch, warum sie nie geheiratet hat.

Einige der Anwesenden gestanden ihr zu, daß das, was sie bei der Schaffung des modernen Irak vollbracht hatte, an ein Wunder grenze. Andere warfen ihr dagegen vor, sie habe den Launen der Araber nachgegeben und den Briten nichts als Ärger und Kosten verursacht. Ein paar behaupteten sogar, sie habe sich in den melancholischen arabischen Prinzen Feisal verliebt und wie ein kleines Mädchen den Kopf verloren. Aber auch diese Kritiker konnten ihre Verdienste nicht leugnen. Sie war die erste Frau, die in Oxford einen erstklassigen Abschluß in moderner Geschichte gemacht hatte. Sie hat sieben Bücher geschrieben, die allgemein gelobt wurden, dazu zahlreiche Veröffentlichungen in Zeitschriften, von akademischen Journalen bis hin zur *Times*; und sie hat einen Bericht für das britische Unterhaus abgefaßt, der in Regierungskreisen als Meisterstück betrachtet wurde. Als erste Frau war sie während des Ersten Weltkriegs zum »Political Officer« ernannt worden, und sie war ebenfalls die erste Frau, die nach Kriegsende die Position eines »Oriental Secretary« bekleidete. Von der Royal Geographic Society wurde sie mit der Goldmedaille ausgezeichnet, war ehrenamtliche Direktorin für Altertümer des Museums von Bagdad und »Commander of the Order of the British Empire«.

Die Mitglieder der Royal Geographic Society erinnerten an das Leben der Gertrude Bell vor dem Ersten Weltkrieg. Die berühmte Autorin, die über die Araber geschrieben und allein in einer von Männern beherrschten moslemischen Welt gelebt hat, war eine angesehene Archäologin, wagemutige Forschungsreisende gewesen, eine Frau, die beim Abendessen Wert auf feinstes Porzellan und Kristall legte, extravagante Kleider trug, gleichzeitig auf Kamelen und Pferden ritt und in die gefährlichsten Regionen der arabischen Wüste vordrang. Während des Krieges soll sie sogar als Spionin hinter den feindlichen Linien Informationen für die Engländer gesammelt haben. Sie erinnerten sich daran, daß Vita Sackville-West ihre »unbezähmbare Vitalität und ihre besondere Begabung, andere wachzurütteln und ihnen das Gefühl zu vermitteln, daß das Leben lebenswert und aufregend sei« beschrieben hatte. Auf der anderen Seite hatte Vita 1926 bei dem gleichen Besuch im Irak festgestellt, wie zerbrechlich und krank ihre Freundin wirkte. Gertrude Bells Leben endete nur ein paar Monate später, zwei Tage vor ihrem achtundfünfzigsten Geburtstag, auf tragische Weise.

Auf der Feier, die ihr zu Ehren stattfand, wandte sich Gertrude Bells Vater, der über achtzig Jahre alte Sir Hugh an die illustre Gesellschaft und wies noch einmal darauf hin, wie einmalig die Beziehung zwischen Vater und Tochter gewesen war: »Ich glaube, zwischen Vater und Tochter hat es nie ein innigeres Verhältnis gegeben.« David Hogarth, ihr Mentor und Präsident der Royal Geographic Society, sprach an diesem Abend über ihr arabisches Abenteuer und sagte: »T.E. Lawrence hat sich auf ihre Berichte gestützt und während der arabischen Feldzüge in den Jahren 1917 und 1918 erheblichen Nutzen daraus gezogen.« Aber diese Exkursion durch die Wüste war nur einer der vielen Meilensteine auf ihrem Lebensweg.

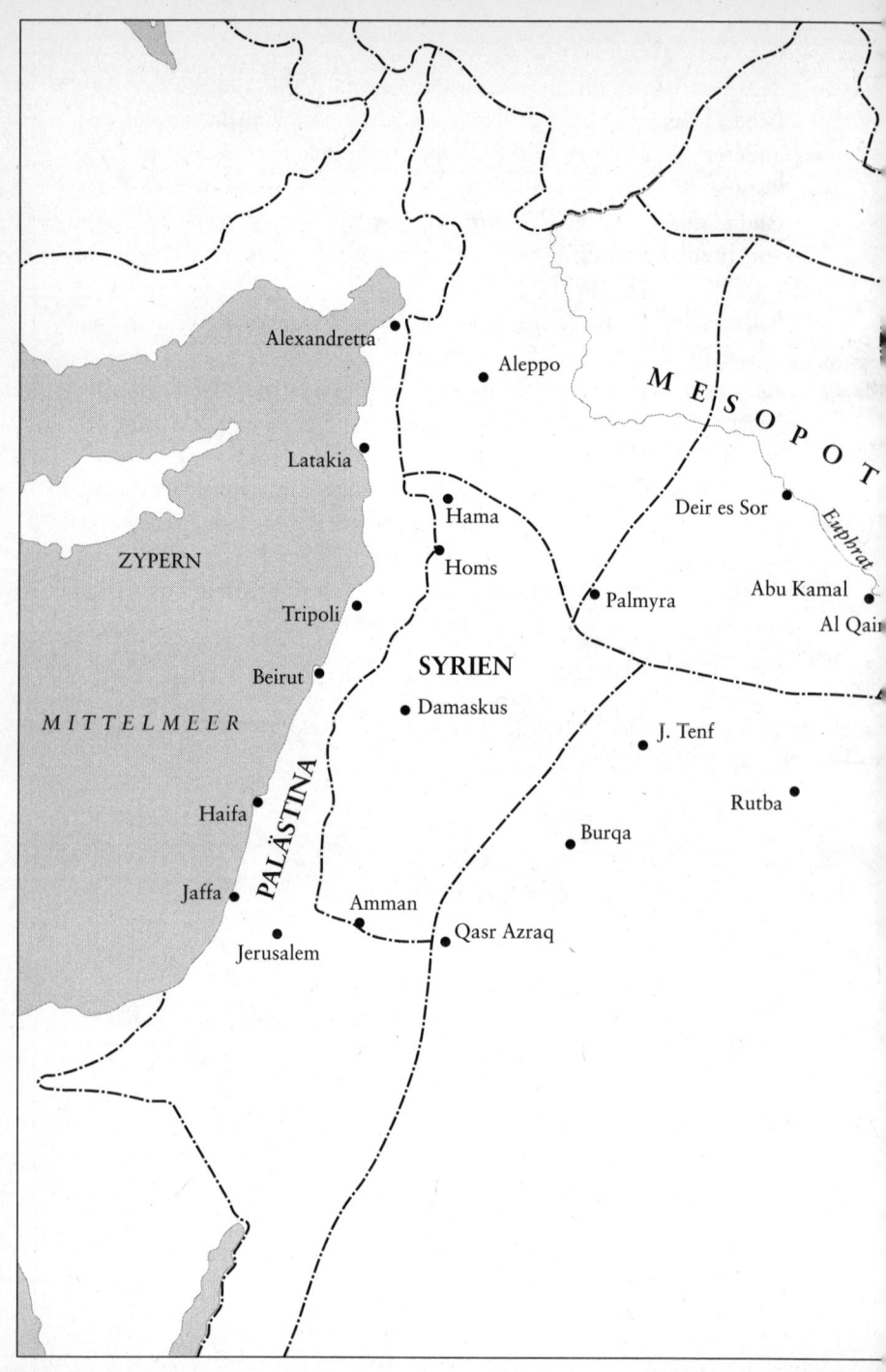

DER MITTLERE OSTEN
VOR DEM ERSTEN
WELTKRIEG

100 km

PERSIEN

Amadia
Dohuk
Tel Afar
Ruwandiz
Erbil
Mosul
Kleiner Zab
Zab
Qala Sharqat
Sulaimaniya
Kirkuk
Diyala
Tigris
Adhaim
Kifri
Khanaqin
Kermanshah
Tikrit
Haditha
Samarra
Shahraban
Khan
Baghdadi
Diltawa
Bakuba
Hit
Kadhimain
Ramadi
Bagdad
Falluja
Ktesiphon
Al Mahmudiya
Hindiya
Kerbela
Al Kifi
Kut al
Amara
Hilla
Kufah
Qalat Sikar
Nedschef
Diwanija
Rumaylah
Qalat Salih
Al Khidhr
Al Qurna
Samawa
Nasiriyah
Basra
Mohammerah
Shuaiha
Zubair
Safwan
Fao
ARABIEN
Umm Qasr
KUWAIT
Al Amghar
Jahra
Al Kuwait
Ansah

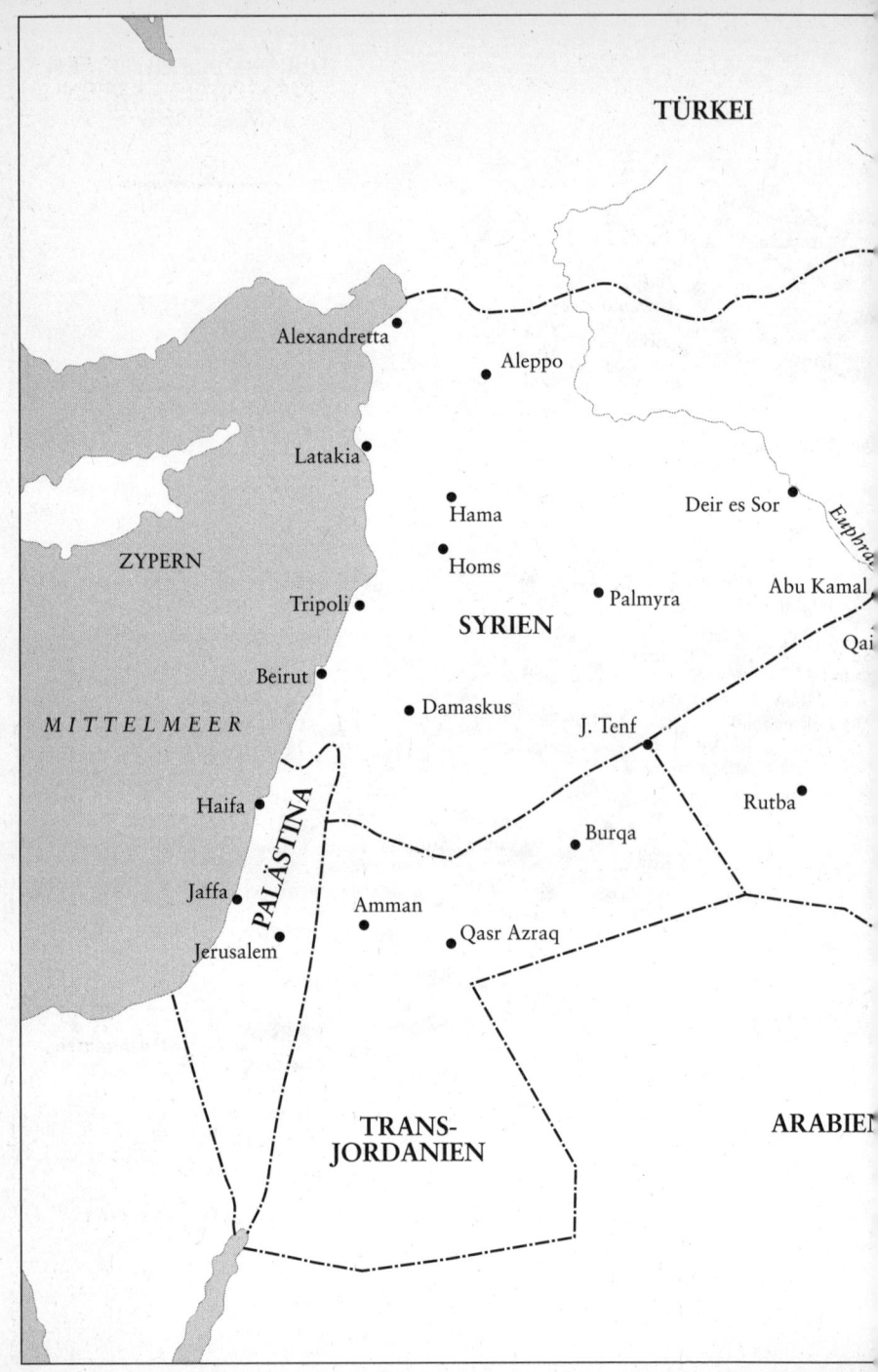

DER MITTLERE OSTEN
NACH DEM ERSTEN
WELTKRIEG

100 km

Amadia

Dohuk

el Afar · Ruwandiz

Mosul · Erbil

Kleiner Zab

Qala Sharqat · Kirkuk

Zab · Sulaimaniya

IRAN

Tigris

Adhaim

Diyala

Tikrit · Kifri

Kermanshah

Haditha · Samarra · Khanaqin

an · Diltawa · Shahraban

ghdadi · Bakuba

Hit · Kadhimain

Ramadi · Bagdad

Falluja · Ktesiphon

Al Mahmudiya

Kerbela · Hindiya

IRAK · Hilla

Kut al Amara

Al Kifi · Afaq

Kufah · Qalat Sikar · Amara

Nedschef · Diwanija

Rumaithah · Qalat Salih

Samawa · Al Khidhr · Al Qurna

Nasiriyah · Basra · Mohammerah

Shuaiha

Zubair

Safwan

Umm Qasr · Fao

KUWAIT

Al Amghar · Jahra · Al Kuwait

Ansah

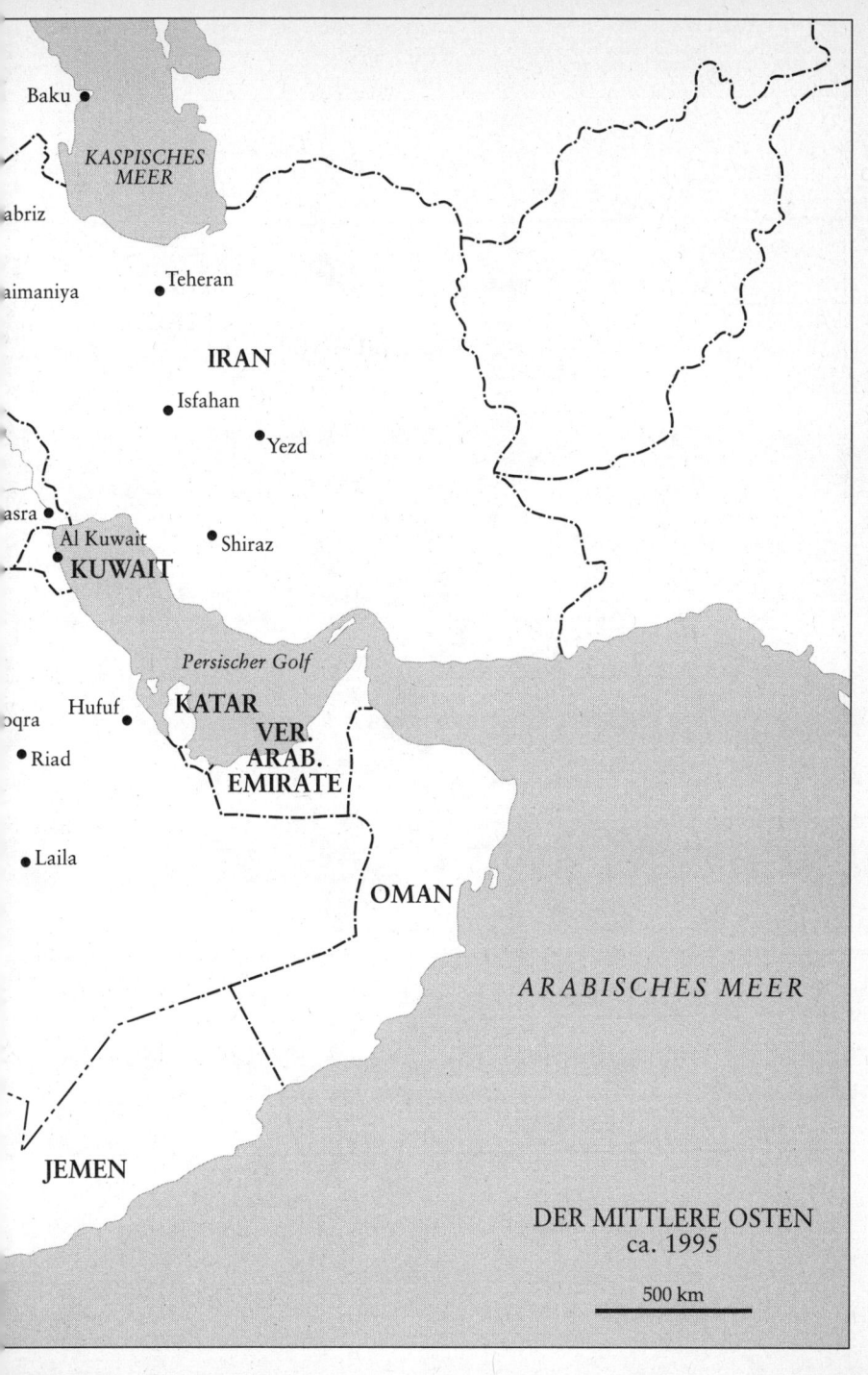

Baku ●

KASPISCHES MEER

abriz

aimaniya

● Teheran

IRAN

● Isfahan

● Yezd

asra ●

● Al Kuwait
KUWAIT

● Shiraz

Persischer Golf

oqra   Hufuf ●

KATAR

**VER.
ARAB.
EMIRATE**

● Riad

● Laila

OMAN

ARABISCHES MEER

JEMEN

DER MITTLERE OSTEN
ca. 1995

500 km

TEIL I

Eine viktorianische Frau

1.

Aus gutem Hause

Bedeutende Persönlichkeiten hinterlassen ihre Spuren in der Geschichte in gleicher Weise wie große Imperien. Das Weltreich der Königin Viktoria umfaßte einen größeren Teil der Ozeane und Kontinente und war von mehr Menschen bevölkert als je ein Reich zuvor. Ihre Herrschaft prägte Kontinente und Subkontinente von Europa bis Australien, von Indien bis Amerika, von Afrika bis Asien, von Adelaide bis Wellington, von Bombay bis Rangun, von Ottawa bis zu den Jungferninseln, von Alexandria bis Sansibar und von Aden bis Singapur. Die britische Flotte beherrschte die Weltmeere, Schiffe und Industrien verfeuerten britische Kohle, britische Banken finanzierten alle möglichen Unternehmen, britische Handelshäuser dominierten den Weltmarkt, britische Lebensmittel füllten die Mägen, und die britische Textilindustrie kleidete ein Viertel aller Menschen überall auf der Welt.

Nichts hätte die Stellung Großbritanniens besser symbolisieren können als die erste Weltausstellung in London im Jahre 1851. Königin Viktoria besuchte die Ausstellung vierzigmal, und allein am Eröffnungstag strömte eine halbe Million Menschen herbei – Unternehmer, Großindustrielle, Aristokraten, Diplomaten, Handwerker, Kaufleute und Arbeiter –, um die »Große Ausstellung der Produkte der Industrien aller Nationen« im neuen Kristallpalast im Hyde Park zu sehen. Sechs Millionen sollten noch folgen. Die meisten waren mit der Eisenbahn angereist und wandelten unter den Glaskuppeln über die mit Teppich belegten Flure, um die Produkte aus den Nachbarländern Frankreich, Deutschland, Italien und Spanien, aber auch aus fernen Ländern wie Rußland, Persien, aus der

Türkei und China zu bestaunen. Alle möglichen Dinge wurden ausgestellt: Stoffe, rohe Tierhäute, mechanische Webstühle, Schmuck, Porzellan, Schokolade, Kaffee, Tee, Teppiche, automatische Revolver, hydraulische Pressen, mechanische Sägen, Mahlwerke, goldene Quarzmühlen, Hochdruck-Dampfmaschinen, ein 24 Tonnen schweres Stück Kohle und eine Maschine, mit der man telegrafieren konnte. Prinz Albert, der Initiator der Ausstellung, hatte gesagt, sie solle zeigen, wie weit die Menschheit fortgeschritten sei, und neue Impulse für eine Weiterentwicklung geben. Keine Nation hatte größere Fortschritte gemacht als Großbritannien, Pionier der industriellen Revolution und »Werkstatt der Welt«. Seine Bürger hatten das höchste Pro-Kopf-Einkommen und seine Arbeiter über die Hälfte der vierzehntausend Exponate angefertigt. Abgesehen von den Erzeugnissen aus den Kolonien zeigten die Briten Baumwolle aus Lancashire, robuste Schafwolle aus Yorkshire, Leinen aus Schottland, Schneidewerkzeuge und prächtige Silbersachen aus Birmingham, Glas und Bestecke aus Sheffield sowie riesige Maschinen aus Northumbria.

Nirgendwo wurde härter gearbeitet als in den Werkstätten von Northumbria. In dieser entlegenen Region im Nordosten Englands ziehen die grauen Wolken immer noch wie Geister aus der Vergangenheit über den Himmel und erinnern an den schwarzen Qualm der Hochöfen, der früher die Luft verpestet und den Himmel verdunkelt hat. Schon der Name Northumbria weckt die Vorstellung von schmutzigen Städten, verlassenen Moorlandschaften und von der dunklen See. In seinen Fabriken wurden Schiffe, Eisenbahnen und genug Eisen und Stahl hergestellt, um Großbritannien vierzig Prozent der Weltproduktion zu sichern. Unter der Erde befanden sich riesige Mengen an Salz, Blei, Aluminium, Eisenerz und so viel Kohle, daß Großbritannien zwei Drittel des Weltbedarfs decken konnte. Riesige Dampfschiffe beförderten unermüdlich Güter zu jedem noch so entlegenen Vorposten des Imperiums und verbanden so Northumbria mit dem Rest der Welt.

Northumbria war das Zentrum der englischen Industrie und Middlesbrough die Musterstadt dieser Region. Als man sie 1801

26

auf einer trostlosen Einöde erbaut hatte, zählte sie zunächst ganze fünfundzwanzig Einwohner. Nachdem dann jedoch eine Eisenbahnverbindung geschaffen worden war und die Stahlwerke ihre Arbeit aufgenommen hatten, erlebte die Stadt einen Boom. Die Einwohnerzahl stieg im Jahre 1851 auf 7431, 1861 auf 19 416 und erreichte gegen Ende des neunzehnten Jahrhunderts einen Stand von mehr als 90 000. Die Kokereien, die Kohle förderten und zu Koks verarbeiteten (1840 wurden in Middlesbrough jährlich anderthalb Millionen Tonnen Kohle gefördert), die Hochöfen, in denen Eisenerz zu Eisen geschmolzen wurde (1873 wurden fünfeinhalb Millionen Tonnen Eisenerz produziert), seine Stahlwerke, die 1879 über 85 000 Tonnen Stahl herstellten, seine Eisenbahnverbindungen, die Fabriken, die Töpfereien, die Webereien, die Schiffe, die Docks und die Lagerhäuser zogen Arbeiter aus ganz Großbritannien an. Aus den westlichen Midlands, aus Wales, Schottland, Irland, aus Indien, sogar aus Amerika kamen junge Männer und Frauen, die Arbeit suchten, und blickten fasziniert zum Himmel, der von den Flammen der Hochöfen erleuchtet war, oder betrachteten mit ehrfürchtigem Staunen die Güterzüge, welche die Stadt verließen und Kohle, Eisen, Stahl und Töpferwaren in alle größeren Städte Englands transportierten. Die Menschen, die auf Arbeit hofften, lebten in den rußigen, braunen Ziegelhäusern, atmeten die verrußte Luft und jubelten dem Bürgermeister zu, der dem Prinzen von Wales sagte, Middlesbrough sei stolz auf seinen Qualm. »Dieser Qualm ist ein Zeichen dafür, daß es hier genug Arbeit gibt, ... ein Zeichen des Wohlstands, ein Zeichen dafür, daß hier Menschen aller Klassen Arbeit haben ... Wir sind deshalb stolz auf unseren Rauch.«[1]

Jene, die am meisten von dem Wohlstand profitierten – die Industriellen, Kaufleute, Anwälte, Ärzte und ihre Frauen –, fuhren häufig fünfzig Kilometer weit nach Norden, nach Newcastle, um einen Geburtstag oder ein besonderes Jubiläum zu feiern. Die große Stadt am Ufer des Tyne war Metropole, Handelszentrum und Haupthafen Nordenglands. Man konnte dort ins Theater gehen, einkaufen oder in einem luxuriösen Restaurant dinieren.

Im Gegensatz zu Middlesbrough, einem »Emporkömmling« ohne Vergangenheit, war Newcastle eine alte Stadt mit einer langen Geschichte. Wenn ihre Bewohner sich nach frischer Landluft sehnten, fuhren sie nach Wallsend und besichtigten die Überreste des Hadrianwalls, der den römischen Soldaten als Schutz vor den keltischen Kriegern gedient hatte. Oder sie fuhren in die Hochmoore oder an die Küste, wo einst die Engländer gegen die Schotten aus dem Norden, die Angelsachsen aus Deutschland, die Wikinger aus Dänemark und die Normannen aus Frankreich gekämpft haben. In der Stadt selbst konnte man im neunzehnten Jahrhundert noch auf den Turm des Schlosses steigen, das der Sohn von Wilhelm dem Eroberer 1080 gebaut hatte, oder durch die Halle der Zünfte wandern, in der die Handwerksmeister sich früher versammelten, um den Lohn der jungen Lehrlinge festzusetzen. In der Moot Hall stritten sich die Männer nicht mehr um Land oder Schulden, aber sie trafen sich immer noch in der County Hall, feierten bei besonderen Anlässen im »Merchant Adventurer's Court« oder beteten gemeinsam in der fünfhundert Jahre alten Saint-Nicholas-Kirche.

Auch ihre Arbeit hatte ihren Ursprung in der langen Geschichte Newcastles. Im sechzehnten Jahrhundert lieferte die Stadt 163 000 Tonnen Kohle nach London, ihre Werften bauten hochseetüchtige Schiffe, zuerst »Windjammer« aus Holz, nach 1838 Dampfboote aus Eisen und später große Schiffe aus Stahl. Man hatte die alten Docks in weiträumige Kais verwandelt, an denen die Schiffe festmachen konnten, welche die Häfen im gesamten Empire anliefen. Vierundzwanzig Stunden pro Tag, dreihundertfünfundsechzig Tage im Jahr fuhren englische Schiffe von hier aus über die Nordsee nach Eskimo Point, Kapstadt oder Karachi, beförderten Fertigprodukte aus England und brachten Rohmaterial und Lebensmittel zurück. Sie transportierten Kohle für die Marine, Schienen für die Eisenbahnen, Werkzeugmaschinen für die Fabriken, Waffen für die Verteidigung des Imperiums, Fahrzeuge zur Personenbeförderung und Kleidung. Auf dem Rückweg brachten sie Seide, Kautschuk, Reis und Tee aus Indien, Fisch und Pelze aus Kanada, Gold und Schafe aus Australien, Kakao, Elfenbein, Diamanten, Ananas und Bananen aus Afrika, Tee aus Ceylon, Gewürze aus Arabien, Zucker, Limonen und Schildkröten (für die Schildkrötensuppe) aus der Karibik mit.

Im Gegensatz zum engen und schmutzigen Middlesbrough war das kosmopolitische Newcastle der Stolz der Städteplaner. Die Stadt war großzügig angelegt und sauber, hatte breite, belebte Durchgangsstraßen und Plätze, und die Grey Street zählte damals zu den elegantesten Straßen Europas. Die klassischen Gebäude, die stattlichen Patrizierhäuser und das Theatre Royal waren der Stolz der Bürger dieser Stadt. Das geschäftige Handelszentrum bot jedem, der Unternehmergeist hatte, Gelegenheit, sich bei einer Bank Geld zu borgen oder sein Glück an der Börse zu versuchen, die im Kuppelbau des Central Exchange untergebracht war. Die Geschäfte boten Waren aus der ganzen Welt an: Schals aus Kaschmir, Seehundfell-Muffs aus der kanadischen Yukonregion, Diamanten aus Südafrika, Rubine aus Indien, chinesischen Tee und französischen Wein. In den Buchhandlungen waren unter anderem Reiseführer für Syrien, Ägypten und Indien erhältlich.

Es gab kaum eine Familie, von der nicht ein Verwandter, Freund oder Freund eines Freundes in Indien lebte. Nur zwanzigtausend Briten bestimmten zu jener Zeit das Leben von zweihundertfünfzig Millionen Indern, zumeist Hindus oder Moslems, die Agrarprodukte und Rohmaterialien nach England exportierten und fast alles andere aus England einführten. Aus diesem Grund war Indien das Juwel in der Krone des britischen Weltreichs. Die Engländer fuhren ständig hin und her und nahmen dabei die strapaziöse, vier Monate lange Reise um Kap Horn in Kauf. Nach der feierlichen Eröffnung des Suezkanals im Jahre 1869 verkürzte sich die Reisedauer auf nur drei Wochen, wodurch die Geschäfte von Newcastle in noch größerem Umfang beliefert werden konnten.

Die Kaufleute der Stadt profitierten vor allem von den Millionären, die zu ihrem Kundenkreis gehörten. Einer von ihnen, der regelmäßig nach Newcastle kam, um sich Hemden aus importierter ägyptischer Baumwolle zu kaufen oder um seine Frau mit einem afrikanischen Halsband aus Elfenbeinperlen zu überraschen, war der Industriemagnat Isaac Lowthian Bell, Gertrudes Großvater.

Lowthian Bell, wie er sich im allgemeinen zu nennen pflegte, war für seine Zeit ein vollkommener Mann, denn er besaß sowohl wissenschaftliche Bildung als auch praktische Fähigkeiten, eine seltene Kombination. Er war 1816 geboren und hatte in Deutschland, Dänemark, an der Universität von Edinburgh, an der Sorbonne und in Marseille Physik, Chemie und Metallurgie studiert. Mit fünfundzwanzig Jahren war er in das Eisenwerk seines Vaters in Newcastle eingetreten. Innerhalb kurzer Zeit hatte er den Hochofen zum Schmelzen des Eisenerzes eingeführt und das erste englische Aluminiumwerk errichtet. Im Jahre 1844 gründete er zusammen mit seinen beiden Brüdern die Firma Bell Brothers, zu der später Eisenbergwerke, Kokereien, Kalksteinbrüche und Stahlwerke gehörten. Mit ungeheurer Energie und Weitblick trieb Lowthian Bell die Firmenentwicklung voran. In den siebziger Jahren zählten die bedeutendsten Eisenwerke und Kokereien im Nordosten Englands zum Unternehmen. Bell Brothers beschäftigte über 47 000 Menschen und produzierte ein Drittel des gesamten Eisenbedarfs Englands.

Wenn Lowthian Bell einen Raum betrat, wurde es für gewöhnlich still. Er wußte mehr über Northumbrias Eisen und Kohle als jeder andere und konnte jede Frage beantworten, ganz gleich, ob es dabei um Statistik oder um wissenschaftliche Probleme ging. Aufgrund seiner Ausbildung, die ihn aus der Masse der Unternehmer weit heraushob, (sie waren in der Regel nämlich nicht gerade sonderlich gebildet), war er Sprecher der Industrie Northumbrias, einer der Direktoren der North Eastern Railways und Vorsitzender von fünf verschiedenen Institutionen der chemischen Industrie. Als Wissenschaftler genoß er hohes Ansehen, war »Fellow der Royal Society«, der angesehensten Gruppe von Wissenschaftlern im Land, und unter anderem für seine Verdienste auf dem Gebiet der Kunst, des Ingenieurwesens und der Industrie mit der ersten Bessemer-Goldmedaille ausgezeichnet worden. Er veröffentlichte zahlreiche Schriften und schrieb zwei Bücher: »*The Chemical Phe-*

nomena of Iron Smelting« (Die chemischen Phänomene des Eisen-
schmelzens) und »*The Principles of Iron and Steel Manufacture*«
(Die Prinzipien der Eisen- und Stahlherstellung), beides bedeutende
Beiträge zum Thema Eisen- und Stahlproduktion.

Da er außerdem ein reges Interesse am politischen Geschehen
seiner Heimat hatte, wurde er zweimal zum Bürgermeister von
Newcastle gewählt, fungierte als Sheriff des Bezirks Durham und
nahm als Liberaler fünf Jahre lang einen Sitz im Parlament ein. Obwohl er sich sehr für Northumbria engagierte, war er ein ruheloser
Mensch, ständig auf Reisen, hatte ein waches Auge auf die Konkurrenz, vor allem in den USA, wo er zum Ehrenmitglied der American
Philosophical Institution ernannt wurde. Er war ein Weltmann, der
genau wußte, an welchen Platz er gehörte. Lowthian Bell hatte sich
nicht nur den Titel als größter Experte der Welt verdient, sondern
sich darüber hinaus um das britische Weltreich verdient gemacht
und eines der bedeutendsten Vermögen Großbritanniens angesammelt. Gertrude Bell, seine Enkelin, erbte später nicht nur sein Geld,
sondern auch seinen scharfen Verstand, sein wißbegieriges Wissen
und seine Freude am Leben.

Im Jahre 1842 hatte Lowthian Bell Margaret Pattinson, die
Tochter eines Chemiefabrikanten, geheiratet und vier Jahre später gemeinsam mit seinem Schwiegervater in Washington, nur
wenige Kilometer von Newcastle entfernt, eine chemische Fa-
brik gegründet. In der Nähe des mittelalterlichen Hauses, in dem
die Vorfahren George Washingtons gelebt hatten, baute sich das
junge Paar ein stattliches Heim im neugotischen Stil, mit farbigen Glasscheiben, Wasserspeiern aus Terrakotta und einem hohen
quadratischen Turm. Das Haus war groß genug, den endlosen
Strom der Gäste aufnehmen zu können, und beherbergte viele Bedienstete, die sich um die fünf Kinder kümmerten, die sehr bald
geboren wurden. Margaret brachte drei Mädchen und zwei Jungen zur Welt. Der älteste Sohn, der am 10. Februar 1844 geboren
wurde, war ein gutaussehender blauäugiger Junge mit einem roten Haarschopf. Thomas Hugh Bell, von allen, die ihn kannten,
Hugh genannt, wurde Gertrude Bells Vater.

Bei den Bells war immer was los. Ständig kamen und gingen die Besucher, und der junge Hugh durfte die Gäste im Salon seines Vaters begrüßen. Er war dabei, als Charles Darwin und Thomas Huxley über die Evolution diskutierten, und John Ruskin, der Sozialreformer, und William Morris, der Schöngeist unter den Sozialisten, den revolutionären Gedanken entwickelten, daß der Mensch nicht nur die Industrie, sondern die Industrie auch die Lebensqualität des Menschen verbessern müsse. Im Hause eines Großindustriellen waren das ziemlich radikale Gedanken, aber Lowthian Bell war kein gewöhnlicher Mensch. Er war ein Abenteurer, der an eine solide Bildung und das Engagement für die Gemeinschaft glaubte.

Im Jahr der Weltausstellung wurde Hugh Bell elf Jahre alt und auf eine Schule in Edinburgh geschickt. Vier Jahre später ging er nach Frankreich und studierte dort an der Sorbonne Chemie. Von dort führte sein Weg nach Deutschland, wo er sich in organischer Chemie und Mathematik ausbilden ließ. Als er achtzehn war, kehrte er widerwillig nach England zurück und trat in die Firma seines Vaters ein, dessen Vitalität und Wissensdurst er geerbt hatte. Die *Times* bezeichnete ihn später als »eine große Autorität auf dem Gebiet der Kohle und des Eisenhandels«. Aber Hughs Intelligenz war weit gefächert. Zuerst arbeitete er im Vorstand der Bell Brothers Ironworks in Newcastle, wurde jedoch schon bald zum Direktor der Filiale in Middlesbrough ernannt und leitete kurze Zeit später die ganze Firma. Gleichwohl nahm er sich Zeit, um die Weiterbildung junger Menschen zu fördern. Er gründete die Middlesbrough High School, saß im Aufsichtsrat des »Free Library Committee« und der Schulbehörde. Er war ein glänzender Redner, sprach überall im Land über die Probleme im Bildungs- und Gesundheitswesen, über Reformen des Militärs, und er war besonders stolz darauf, daß er es geschafft hatte, eine Gesetzesvorlage zum Schutz der Kinder vor gefährlichen Arbeiten durchzubringen.

Hugh war ein humorvoller Mann, der seine Freunde oft mit amüsanten Geschichten in englischer, französischer oder deutscher

Sprache und seinen neuesten Wortspielen unterhielt. Manchmal kam er morgens zum Frühstück herunter und hatte auf einem Blatt Papier ein Gespräch vom Vorabend auf ironische Weise bearbeitet oder eine kleine Satire darüber geschrieben. Er war sehr belesen, unterhielt sich gern über alle möglichen Themen. Mit der gleichen Leichtigkeit, mit der er einen originellen Witz erzählte, konnte er zeitgenössische Denker zitieren. Er war ein ungestümer Mann mit einem großen Herzen und dem Charme und den Manieren eines echten viktorianischen Gentlemans. Aber er kämpfte, das gab er selbst zu, für den freien Handel und war ein erbitterter Gegner der Selbstbestimmung für die Iren. Wenn man ihn zu stark unter Druck setzte, konnte er auf eine brutale Weise direkt sein. Er scheute nicht vor körperlichen Herausforderungen zurück, war ein begeisterter Reiter und Bergsteiger. »Hindernisse sind dazu da, daß man sie überwindet«, war einer seiner Leitsätze. Mit seinem scharfen Verstand wirkte er wie glatt polierter Stahl, unter dem sich jedoch ein liebevoller Mann und Vater verbarg, der später vor allem seine Tochter Gertrude nahezu vergötterte.

Der hochgewachsene, gutaussehende Junggeselle mit einer Schwäche für die Damen lernte eines Tages Mary Shield kennen. Im Jahre 1867 nahm Hugh die zerbrechlich wirkende junge Frau mit dem zarten Gesicht, den weit auseinanderliegenden Augen und dem fein gezeichneten Mund, Tochter eines Lebensmittelkaufmanns aus Newcastle, zur Gattin. Nach der Trauung, die in der Pfarrkirche nahe am Sommersitz ihrer Eltern auf einer schottischen Insel stattfand, kehrte das Paar in das Haus nach Washington zurück, das durch mehrere neue Zimmer und ein modernes türkisches Bad erweitert worden war. Und als Weihnachten kam, war Mary schwanger.

In der Londoner *Times* stand, daß Gertrude Margaret Lowthian Bell als erste Tochter von Hugh Bell und Mary Shield Bell am 14. Juli 1868 das Licht der Welt erblickt hatte. Das Mädchen hatte rote Haare, durchdringende blaugrüne Augen, die geschwungenen Lippen und das runde Kinn ihrer Mutter sowie das ovale Gesicht und die spitze Nase ihres Vaters. Sie stammte aus gutem Hause, besaß die Herzlichkeit der Leute aus Northumbria und hatte die Energie, den Intellekt, den Antrieb und die Entschlußkraft der männlichen Bells vom Vater geerbt.

Miß Ogle, ihr Kindermädchen, sorgte sehr bald dafür, daß Gertrude ihren Porridge und ihr Gemüse aß, ihren Eltern (und Miß Ogle) gehorchte, gerade saß, draußen spielte, aber dabei ihre Pumphosen, Petticoats und Röcke nicht schmutzig machte, korrekt Messer und Gabel handhabe und mit den Erwachsenen nur sprach, wenn sie gefragt wurde. Auch Königin Viktoria, das große Vorbild der Nation, so erzählte man ihr, sei »eine gute Ehefrau, eine gute Mutter, eine gute Frau gewesen ... weil sie, Gott sei es gedankt, in ihrer Kindheit und als junges Mädchen eine so gute Erziehung genossen hatte«.[2] Die Königin hatte ihrem Prinzgemahl, ihren Kindern und ihrem Reich gedient. Sie war ein Musterbeispiel für Moral, Selbstdisziplin und Fleiß.

Die Familie Bell hatte ihr Vermögen mit harter Arbeit in der Industrie verdient. Die Stärke Großbritanniens beruhte damals auf der Flotte, dem Handel, der Kohle und dem Eisen. Es gab kaum eine Familie, die einen größeren Beitrag dazu geleistet hatte als die Bells. Sie prägten nicht nur ihre eigenen Gemeinden, sondern halfen auch dabei, Großbritannien seinen Platz an der Sonne zu sichern. Sie waren stolz auf das britische Weltreich und die Rolle, die England als Wächter der Welt spielte. Als Kolonialherren fühlten sich die Briten verpflichtet, die Eingeborenen zu schützen, das galt sowohl für die Inder als auch für die Bewohner der kleinsten Insel in der Karibik. Sie glaubten, daß es ihre Pflicht sei, Handelsbeziehungen zu pflegen, moralische Werte zu vermitteln und die jeweiligen Territorien zu verteidigen. Wenn nicht, würde jemand anderer diese Rolle übernehmen, und die Engländer waren überzeugt davon, daß keiner – weder die Deutschen noch die Franzosen, geschweige denn die Russen (die ein begehrliches Auge auf Indien geworfen hatten) – jemals in der Lage wäre, diese Aufgabe so gut zu erfüllen. Sie lebten in einer Welt, in der Männer mutig und mit Überzeugung die Initiative ergriffen. Die Frauen verliehen dieser Welt den Glanz, sie blieben zu Hause und hatten die wichtige Aufgabe, dafür zu sorgen, daß die englische Rasse nicht ausstarb.[3]

Wie bei allen jungen Frauen in ihrer Gesellschaftsschicht setzte man auch bei Gertrude voraus, daß sie ihren Platz im elterlichen Heim einnahm (ihr Bruder dagegen wurde nach Eton geschickt), wo sie von einer Gouvernante unterrichtet wurde. Da die Meinung vorherrschte, daß nur in einem gesunden Körper ein gesunder Geist wohne, lernte sie Reiten, Schwimmen und Tennisspielen. Außerdem erwartete man von ihr, daß sie mindestens zwei Fremdsprachen beherrschte – bevorzugt Deutsch und Französisch –, daß sie sich in der Literatur, in der Kunst und in der Musik auskannte, komplizierte Nadelarbeiten zuwege brachte sowie ein wenig malen und ein Musikinstrument spielen konnte. Vor allem aber galt es als selbstverständlich, daß sie ihr höchstes Ziel darin sah, eine gute Ehefrau und Mutter zu werden. Im Gegensatz zu den anderen jungen Frauen ihres Standes reichten Gertrudes Ambitionen jedoch weit über das Häusliche hinaus. Intellektuelle Herausforderungen übten auf sie die gleiche magische Anziehungskraft aus wie auf ihren Vater und Großvater. Sie besuchte die Universität, unternahm große Reisen und betätigte sich in verschiedenen Berufen äußerst erfolgreich. Wie ihr Vater und Großvater trug sie dazu bei, daß das britische Empire nicht an Größe verlor, sondern seinen Einflußbereich noch weiter ausdehnen konnte. Wie ihr Vater und Großvater wagte sie sich auf unbekanntes Terrain und überschritt dabei manche Grenze. Im Gegensatz zu Hugh und Lowthian Bell beschränkte sich ihr Abenteuergeist nicht auf Northumbria. Ihre Welt war der Mittlere Osten – Arabien, Ägypten, Syrien und vor allem der Irak –, dessen Schicksal sie entscheidend mitbestimmt hat.

Als Gertrude zwei Jahre alt war, zogen ihre Eltern nach Red Barns um – in ein neues, großes Anwesen nahe bei Middlesbrough. Dort konnte sie durch die großen Fenster des Kinderzimmers ihren geliebten kleinen Garten sehen, der direkt neben dem ihres Vaters lag und in dem Butterblumen, Hyazinthen und Rosen blühten. Fast jeden Tag lief sie über die Felder, kletterte auf Bäume und bekam im elterlichen Gestüt Reitunterricht. Hinter der großen, grünen Rasenfläche lagen der Tennisplatz, das Fahrradhaus und der Teich. Dahinter breitete sich eine weite, wilde Landschaft aus. Red Barns lag nicht weit von der rauhen Nordsee entfernt, deren Wellen sich an der englischen Küste brechen. Oft stand Gertrude neben ihrem adrett gekleideten Kindermädchen am Strand, bewegte die Zehen im nassen Sand und schaute den großen Dampfschiffen nach, die zu fernen Häfen unterwegs waren. Wie Kipling fragte sie sich:

»Wohin fahrt ihr, ihr großen Dampfschiffe?
Fahrt ihr mit Englands Kohle auf dem salzigen Meer
hin und her?«
»Wir holen euch euer Brot und eure Butter,
euer Rindfleisch, Schweinefleisch und Hammel, eure Eier,
eure Äpfel und euren Käse.«

Zu Hause wanderte Gertrude durch die vierzehn Schlafzimmer, stattete der Küche eine Visite ab, plauderte mit der Köchin oder inspizierte die Gewächshäuser. Am liebsten besuchte sie jedoch ihre Mutter. Wenn sie es sich auf deren Schoß bequem gemacht hatte und ihr Parfüm roch, fühlte sie sich sicher und geborgen, und das Leben erschien ihr so kuschelweich wie ihre Kaschmirdecke. Aber schon bald wurde diese Idylle von großem Kummer getrübt.

Im Winter 1871 war ihre Mutter fast schon drei Wochen bettlägerig. Zuerst füllte freudige Aufregung das Haus, als es hieß, ein Baby, ein Junge, sei geboren. Aber eine drohende Wolke verdunkelte ganz plötzlich den nordenglischen Märzenhimmel über Red Barns. Die kleine Gertrude wartete voller Spannung im Kinderzimmer darauf, zu ihrer Mutter laufen zu dürfen, um das neue Baby, den kleinen Maurice, sehen zu können. Aber das Schreien ihres kleinen Bruders war an diesem Tag nicht das einzige ungewohnte Geräusch im Haus. Wie ein böser Wind drang ein Flüstern aus dem Zimmer ihrer Mutter. Die zarte Mary Bell war so mitgenommen, daß sie das Bett nicht verlassen konnte, und der Arzt, der sie behandelte, mußte immer häufiger kommen. Immer wieder hörte

Gertrude seine schweren Schritte, die rasch verklangen. Aber die Patientin erholte sich nicht, sondern wurde zusehends schwächer und bekam kurze Zeit darauf eine Lungenentzündung. Das kleine Mädchen, das so sehr gehofft hatte, daß seine Mutter bald wieder gesund werden würde, sah sich ganz plötzlich um seine Hoffnung betrogen – als wenn ein großer schwarzer Vogel gekommen wäre, um seine Beute zu greifen.

Gertrude war noch keine drei Jahre alt, als man ihr schwarze Kleider anzog und sie ihre Mutter betrauern mußte. Sie wurde in Rounton Grange, einem Grundstück, das von Lowthian Bell zwecks Bebauung erschlossen worden war, beerdigt. Noch Jahre später wiederholte die junge Gertrude immer wieder dieses Begräbnisritual. Jedesmal, wenn eine Lieblingskatze oder ein anderes Tier gestorben war, dessen Tod sie sehr betrauerte, bettete sie dies in einer aufwendigen Zeremonie auf dem Friedhof zur letzten Ruhe.

Auf einem Foto, das im Todesjahr ihrer Mutter gemacht worden war, kann man auf Gertrudes Stirn eine neue Falte erkennen, ein Ausdruck ihres Kummers. Ihr gehetzter Blick sucht ruhelos nach einer Antwort, und auf allen Fotos von der Kindheit bis ins Erwachsenenalter scheinen ihre Augen ins Leere zu blicken. Sie war ihr Leben lang ständig auf der Suche. Aber der trotzige Blick, mit dem sie ihren Fuß auf einen Hocker stellte, als wolle sie auf ihn springen oder ihn umstoßen, und ihre entschlossene Miene weisen schon früh auf einen starken Willen und eiserne Entschlußkraft hin.

Ein Kind, das einen Elternteil verloren hat, empfindet Wut, es fühlt sich verlassen und verraten. Gertrude aber hatte das Glück, in der Liebe ihres Vaters Trost zu finden. Unbestreitbar hat dieses dreijährige Mädchen ihren Vater abgöttisch geliebt. Er wurde ihr großes Vorbild, dem sie stets nachgeeifert hat, und seine Zustimmung bedeutete ihr immer ungeheuer viel. Von ihm hat sie das große Selbstvertrauen und die Einstellung, daß »Hindernisse nur dazu da sind, um überwunden zu werden«.

Hugh, den der Tod seiner Frau in Verzweiflung gestürzt hatte, fand selbst auch Trost in der Liebe seiner Tochter. Gemeinsam unternahmen sie lange Spaziergänge, kletterten auf Berge, ritten aus, züchteten Kaninchen und pflegten ihren Blumengarten. Zum Geburtstag bekam Gertrude von ihrem Vater eine Gießkanne und berichtete ihm bald darauf, daß die wilden Rosen in ihrem Garten üppig blühten. Bei einer anderen Gelegenheit schenkte sie ihm einen Rosenstrauß und verkündete stolz, daß die Blumen aus ihrem eigenen Garten stammten. Als junges Mädchen beschrieb sie ihm in einem Brief den Garten eines Nachbarn: Leuchtendrote Dahlien, gelbbraune Akazien und große, dünne Chrysanthemen wüchsen dort, aber »mir gefallen unsere besser«. Selbst als sie später in Bagdad lebte, berichtete sie ihm von den Fortschritten, die sie in ihrem Garten gemacht habe, und wie sehr sie sich wünschte, er könne ihr dabei helfen. Aber die Blumen waren nur ein kleiner Teil des starken Bandes, das sie mit ihrem Vater verband. Ihr ganzes Leben lang genoß sie seine Bewunderung und betrachtete ihn als einen unerschöpflichen Quell der Weisheit, des Verständnisses und der Liebe.

Ihr Bruder Maurice wurde ihr bester Spielkamerad, er folgte ihr auf Schritt und Tritt wie ein tapsiger kleiner Hund, doch fürchtete er sich vor ihrer scharfen Zunge und ihren ständigen Zurechtweisungen. Einmal kletterte sie mit ihm auf eine fast drei Meter hohe Mauer und befahl ihm hinunterzuspringen. Der Kleine gehorchte und fiel prompt auf die Nase, während sie graziös auf den Füßen landete. Bei einer gefährlichen Klettertour über das Glasdach des Gewächshauses brach Maurice durch eine der Scheiben, während Gertrude sicher von einem Glasrahmen zum nächsten hüpfte. Wenn sie am Strand waren und die Aufmerksamkeit des Kindermädchens abgelenkt war, schlich sie mit ihrem Bruder davon, rannte von einer Bucht zur anderen, oder die beiden versteckten sich in den Booten, die auf den Strand gezogen worden waren. Bei schlechtem Wetter spielten sie im Haus, klebten Bilder in ihre Poesiealben, sahen sich Projektionen der Laterna Magica an oder beschäftigten sich mit der Eisenbahn oder den Puppen.

Bis Gertrude acht war, verbrachte Hugh, der immer noch um seine verstorbene Frau trauerte, den größten Teil seiner freien Zeit zu Hause. Obwohl seine Schwestern ihn immer wieder ermunterten, doch wieder zu heiraten, weigerte er sich zunächst, an eine neue Ehe auch nur zu denken. Als er jedoch im Sommer 1874 in Schottland Urlaub machte, wurde ihm eine Freundin seiner Schwestern, Florence Olliffe, vorgestellt. Die vierundzwanzigjährige Bühnenautorin hatte vorher in Frankreich gelebt, wo ihr Vater, ein prominenter Arzt, das Seebad Deauville ins Leben gerufen hatte. Sie hatte in Paris Diplomaten und Literaten kennengelernt, und zu den Freunden ihrer Familie zählten auch die Schriftsteller Charles Dickens und Henry James. Nach dem Tod ihres Vaters waren sie und ihre Mutter nach England gezogen, wo sie ihren Bekanntenkreis mit ihrer weltgewandten Art beeindruckte. Hugh fühlte sich von ihrer Eleganz und ihren tiefblauen Augen angezogen. Florence war nicht nur von Hughs vornehmen Manieren angetan, sondern erkannte auch sofort, daß dieser gutaussehende Mann von einer großen Traurigkeit beherrscht wurde.

Als die Beziehung zwischen ihr und Hugh nach zwei Jahren im Frühjahr 1876 enger geworden war, hatte Florence Gertrude einen kurzen Brief geschrieben. »Meine liebe Miß Olliffe«, schrieb Gertrude zurück und beantwortete Fragen, die sich auf ihre Blumen und zwei ominöse Raben bezogen. »Ich danke Ihnen für Ihren Brief. Die Raben sind inzwischen zahmer und sehr nett. Ich glaube, der Garten wird Ihnen gut gefallen, die Blumen blühen gerade alle auf.« Sie unterschrieb mit »Your aff'ate [affectionate = Ihre Ihnen sehr zugetane] Gertrude«.

Im Juni jenes Jahres wurde im Londoner Haus von Lady Stanley, in der Harley Street, eine Oper aufgeführt, zu der Florence das Libretto geschrieben hatte. Die hochgebildete Lady Stanley, Großmutter von Bertrand Russell und Schwiegermutter von Hughs Schwester, sorgte dafür, daß es ein glanzvolles Ereignis wurde. Als Hugh Florence am selben Abend zur Wohnung ihrer Mutter in der Sloane Street 95 zurückbegleitet hatte, hielt er um ihre Hand an. »Lady Olliffe«, verkündete er, »ich habe Ihre Tochter nach Hause gebracht und möchte Sie fragen, ob ich sie wieder mitnehmen kann.«

Zwei Monate später, am 10. August 1876, heirateten die beiden in einer kleinen Kirche in der Sloane Street. Aus heutiger Sicht kommt es einem sonderbar, ja grausam vor, daß die Kinder nicht an der Hochzeitsfeier teilnehmen durften. Gertrude schickte statt dessen einen Brief: »Meine liebe Miß Olliffe. Ich schreibe diesen Brief, damit Sie ihn an Ihrem Hochzeitstag bekommen, denn ich möchte Ihnen und Papa unsere Liebe und viele Küsse senden. Danke für den Puppenrock, er paßt wunderbar ... in Liebe, Ihre Gertrude.« Die Flitterwochen verbrachte das Paar in den USA, wo Florence' Schwester Mary und ihr Schwager Frank Lascelles als Angehörige der britischen Botschaft in Washington arbeiteten. Als Gertrude einen zweiten Brief schrieb und Florence für einen Anhänger dankte, wählte sie erstmals die neue Formulierung: »Meine liebe Mutter«.

Florence hatte schon vor der Hochzeit versucht, das Herz des kleinen Mädchens zu gewinnen, und ihm Puppenkleider und andere Geschenke geschickt. Obwohl Gertrude sich nach Zuwendung sehnte, war sie beunruhigt, weil ihr Vater soviel Zeit mit dieser neuen Frau verbrachte. Als er mit ihrer Stiefmutter in den Flitterwochen war, schrieb sie ihnen, daß sie sich Sorgen um ihre Sicherheit mache. Sie habe von toten Raben geträumt und wünschte, sie wären wieder bei ihr.[4] Nachdem Florence und Hugh im Herbst nach Red Barns zurückgekehrt waren, lief das Leben wieder in gewohnten Bahnen. Ein Porträt, das Edward Poynter gemalt hat, zeigt die achtjährige Gertrude auf dem Schoß ihres Vaters. Sie hält ihn umschlungen, ihre Finger sind ineinander verschränkt, und in den Augen der beiden spiegelt sich ihre gegenseitige Liebe und Zuneigung. Im Grunde genommen hätte dieses Bild abgesehen vom Alter zu jedem beliebigen Zeitpunkt im Leben der beiden gemalt worden sein können.

Als Hugh mit seiner neuen Frau im April des nächsten Jahres nach London ging, war Gertrude der Verzweiflung nahe. »Meine liebe Mami«, schrieb sie an Florence, »es tut mir so leid, daß Ihr nicht nach Hause kommen könnt ... Liebe Grüße an Papa und alle anderen. Liebe, liebe, liebe Mami, viele liebe Grüße von Deiner

führte sie in die Gesellschaft ein. Spätestens drei Jahre nach ihrem Debütantenball wurde von ihnen erwartet, daß sie einen Mann gefunden hatten. Aber Gertrude war mit einem zu wachen Verstand ausgestattet. Sie ließ sich nicht zu Hause einsperren. Und da Florence und Hugh fortschrittliche Menschen waren, wagten sie den radikalen Schritt und beschlossen, Gertrude auf eine Mädchenschule in London zu schicken. Zu Hause würde dadurch wieder mehr Ruhe einkehren, und Gertrudes hungriger Intellekt käme ebenfalls auf seine Kosten. Das Queen's College, eine Mädchenschule in der Harley Street, war im Jahre 1848 gegründet worden und hatte zunächst mit einer Reihe von »Lectures for Ladies« begonnen.

Für Gertrude war das eine einschneidende Veränderung, denn sie mußte die Geborgenheit von Red Barns und Rounton Grange verlassen. Ihre Schulkameraden waren ausschließlich Mädchen, und in London herrschte eine bedeutend strengere Disziplin als zu Hause. Was die Schulleistungen betraf, brauchte sie sich dagegen keine Sorgen zu machen. Im ersten Jahr hatte sie hervorragende Zensuren: In englischer Geschichte war sie Klassenprimus, die Zweitbeste in englischer Grammatik, Dritte in Geographie und in Französisch und der Geschichte des Altertums die Viertbeste. Wenn ihr ein Fach als zu leicht erschien, bat sie um Versetzung in die nächsthöhere Klasse und nahm die Mehrarbeit gerne in Kauf, die damit verbunden war. Aber obwohl sie mit sechzehn eine so gute Schülerin war, fühlte sie sich im Queen's College überhaupt nicht wohl und war sehr einsam. »Gestern ging es mir sehr schlecht«, schrieb sie, nachdem das Semester wieder begonnen hatte. »Die ersten Tage sind immer die schlimmsten.« Sie vermißte den Komfort ihres Zuhauses und die vertraute männliche Gesellschaft: ihren Bruder Maurice, ihren Cousin Horace und ihren Vater. Mit ihren Klassenkameradinnen konnte sie dagegen wenig anfangen. Sie waren »uninteressant«, affektiert und ihrer Meinung nach zu schwerfällig. Trotzdem blieb dieser privilegierten jungen Dame, deren Großvater gerade in den Stand eines Baronet erhoben worden war, die Erkenntnis nicht erspart, daß sie sich nicht immer von den anderen abhob: »Es ist sehr unangenehm, feststellen zu müssen, daß man nicht besser ist als das Gros der Leute. Seit ich auf dem College bin, habe ich oft diese bittere Erfahrung machen müssen, und es gefällt mir überhaupt nicht.« Sie hatte Angst vor »den langen Wochen, in denen es nichts gibt, auf das man sich freuen kann« und vertrieb sich die Zeit mit zusätzlichen Schularbeiten. Geschichte war ihr Lieblingsfach, und beim Studium der englischen Monarchie begann sie zu begreifen, welche bedeutende, glanzvolle Rolle Großbritannien in der Welt spielte.

Für das Großstadtleben hatte sie nicht viel übrig; London war ein kurzer Flirt, auf den eine einsame Nacht voller Tränen folgte. Das Land war für sie dagegen wie eine dauerhafte Liebesbeziehung, dort wurde sie von Rosen geküßt und von den Blüten und den Bäumen gestreichelt. »Ich wünschte, ich wäre jetzt zu Hause«, schrieb sie voller Sehnsucht, »bei Euch riecht es jetzt wahrscheinlich überall ganz wunderbar nach Herbst, und wenn ich an die raschelnden gelben und roten Blätter denke, werde ich ganz traurig.« Da Florence wußte, wie sehr sie die Natur liebte, sorgte sie dafür, daß in ihrem Zimmer im College immer frische Blumen standen. Als das einmal nicht der Fall war, beschwerte sich Gertrude: »Du hast mir diese Woche keine Blumen geschickt. Hast Du es etwa vergessen?«

Da sie sich im Queen's College so einsam fühlte, flüchtete sie sich ins Briefeschreiben. Federhalter, Tintenfaß und Papier wurden ihre ständigen Begleiter, und zwar ihr ganzes Leben lang. Wenn sie allein war, redete sie auf diese Weise stundenlang mit ihrer Familie. Die Briefe, die sie ihrer Stiefmutter teils aus Pflichtgefühl, teils aus Freundschaft geschrieben hat, bilden in ihrer Gesamtheit eine Art Tagebuch. Wenn ihre Eltern voneinander getrennt waren, was oft der Fall war, schrieb sie beiden. Ihr Arm wurde niemals müde, und sie hatte das Gefühl, als ließen ihre Worte die Feder wie von selbst über das Papier gleiten. In ihren Briefen berichtete sie über alle Einzelheiten, die von Interesse waren: Als die Briten später von ihr Informationen über die Wüstengebiete benötigten, konnte sie ihnen fast jedes einzelne Sandkorn beschreiben, über das sie gegangen war; und wenn man sie bat, eine bestimmte Person zu charakterisieren, vermochte sie sich an jedes Muttermal in ihrem Gesicht und an jede individuelle Einzelheit zu erinnern.

Obwohl Florence während Gertrudes Schulzeit nicht bei ihr war, verfolgte sie ihre Entwicklung sehr aufmerksam. Sie achtete peinlich genau auf Gertrudes Manieren und wußte immer, mit wem sie verkehrte. Wenn Gertrude jemanden besuchen wollte, der nicht zu Florence' Kreis gehörte, mußte sie zuerst um Erlaubnis bitten. Und wie alle unverheirateten jungen Frauen aus gutem Hause durfte sie nicht ohne Anstandsdame in der Öffentlichkeit auftreten. Sie fand das entsetzlich und frustrierend. Selbst ein Museumsbesuch war nur in Begleitung möglich. »Ich würde gern ins Nationalmuseum gehen, aber leider ist niemand da, der mich begleiten könnte. Wäre ich ein Junge, könnte ich jede Woche in dieses einzigartige Museum gehen. Nur weil ich ein Mädchen bin, bleiben mir diese wunderschönen Dinge vorenthalten.«

Meistens schien sie durchaus bereit zu sein, die strenge Kontrolle durch ihre Mutter hinzunehmen, und folgte den Wünschen der Eltern eigentlich ihr ganzes Leben lang. Sie liebte es, wenn ihre Stiefmutter sie in London besuchte, und freute sich ungemein darüber, daß Florence dafür sorgte, daß sie von ihren Freunden zum Tee eingeladen wurde. Bei diesen Teegesellschaften lernte sie unter anderen die bekannte Schriftstellerin Mrs. Humphrey Ward, Mrs. Green, die Witwe des Historikers, Annie Ritchie, die Tochter von William Thackeray, ihren Mann Richmond Ritchie, einen einflußreichen Diplomaten, Jenny Lind, die schwedische Sopranistin, die Schauspielerin Fanny Kemble und später den amerikanischen Schriftsteller Henry James und den Dichter Robert Browning kennen.

Wenn Florence sie jedoch kritisierte, was hin und wieder vorkam, waren Gertrudes Briefe voller Zorn. Als ihre Stiefmutter sie einmal auf drei Seiten förmlich niedergemacht hatte, schrieb sie ihr zurück, sie fände das »ziemlich abscheulich«, und teilte ihr schadenfroh mit, sie habe sich gerächt, indem sie die betreffenden Seiten sofort verbrannt habe. Ständig wurde sie von ihrer Mutter wegen ihrer Rechtschreibfehler und ihrer grammatikalischen Kürzel getadelt. Nach einem besonders kritischen Brief beschwerte sich Gertrude ihrerseits über Florence' »pedantischen« Stil: »Wenn ich mich zum Beispiel auf unser Regierungsoberhaupt beziehe, soll ich dann etwa schreiben: ›Königin von England, Schottland, Irland, Kaiserin von Indien, Hüterin des Glaubens‹?« fragte die Sechzehnjährige. »Mein Leben ist nicht lang genug, um jeden mit seinem vollen Titel anzureden.« Bei einer anderen Gelegenheit beklagte sie sich: »Du hast mir all diese Dinge schon so oft gesagt, daß ich sie bereits auswendig kann ... Ich glaube nicht, daß es einen Sinn hat, mir immer wieder dasselbe zu sagen. Im Grunde genommen glaube ich, daß ich Deine Briefe aufschreiben könnte, bevor ich sie geöffnet habe, und dem Original ziemlich nahe käme.« Ganz anders lasen sich dagegen die Briefe an ihren Vater: »Du kritisierst mich viel zuwenig, es wäre mir lieber, Du würdest mich häufiger tadeln.«

In ihren Briefen flehte sie Hugh an, ihr doch dabei zu helfen, die verhaßten Klavierstunden loszuwerden, auf denen Florence bestand. Sie bat ihn um Rat bei den Schularbeiten, äußerte ihre Ansichten über die Geschichte und fragte ihren Vater nach seiner Meinung über den Freihandel, die Selbstbestimmung für die Iren, das Schicksal des Premierministers William Gladstone und der Partei der Liberalen. In ihren Briefen an Florence ging sie auf deren bevorzugte Themen Literatur, Mode und Kunst ein, mit Hugh teilte sie das Interesse an der Politik und am Weltgeschehen. Sie schrieb ihm, sie werde sich vermutlich dem Fach Geschichte zuwenden (zumindest so lange, wie sie nicht verheiratet war, aber darüber verlor sie kein Wort).

Als sie im letzten Semester war, wandte sie sich auf Anraten ihrer Lehrerin an ihren Vater und versuchte ganz vorsichtig, ihn zu überreden, sie doch in Oxford weiterstudieren zu lassen. Sollte Hugh ihr die Erlaubnis hierzu geben, wäre das ein weiterer radikaler Schritt. Statt Hausfrau zu werden, würde sie in die Welt der

Elite und der Mächtigen eintreten, in der fast ausschließlich die Männer das Sagen hatten. Ihrem Vater schrieb sie: »Ich habe nur eine einzige Befürchtung: Wenn ich erst einmal dort bin, wirst Du mich nie wieder dort wegbringen können!«

2.

Eine Männerwelt

Die Universität von Oxford verbarg sich hinter grauen Mauern, die den Zweck hatten, gewöhnliche Sterbliche abzuweisen und nur die Privilegierten willkommen zu heißen. Hinter dieser Barriere lebten die Auserwählten: Intellektuelle und eine Elite von edler Abstammung, die sich ständig gegenseitig ihre Überlegenheit und Einzigartigkeit bestätigten. Daß man Gertrude dort aufnahm, stärkte ihr ohnehin nicht gerade schwach entwickeltes Selbstbewußtsein. Obwohl sie sich in der Mädchenwelt des Queen's College, in der das Mittelmaß herrschte, nicht besonders wohl gefühlt hatte, war sie eine überragende Schülerin gewesen. In der bedeutend angenehmeren Atmosphäre der Universität würde sie sich von Bellscher Tatkraft und Zielstrebigkeit getrieben, selbst übertreffen.

Seit dem zwölften Jahrhundert haben sich Kleriker, Könige, Premierminister, Diplomaten, Philosophen, Wissenschaftler und andere Akademiker hinter die Mauern von Oxford zurückgezogen, um die klare Luft der reinen Gedanken zu atmen und neue Ideen hervorzubringen. In jedem Hörsaal und auf all den gepflasterten Wegen hatte man so das Gefühl, den Widerhall der Schritte der Mächtigen und der großen Denker vergangener Zeiten zu hören. Im dreizehnten Jahrhundert rangen hier Männer wie Roger Bacon um die Einführung experimenteller Untersuchungsmethoden. Hier verteidigte Thomas Morus im fünfzehnten Jahrhundert die katholische Kirche gegen die Willkür Heinrichs VIII., und im siebzehnten Jahrhundert war der erste Mann im Staate, Oliver Cromwell, Kanzler der Universität. Wissenschaftler wie Edmund Halley, der den nach ihm benannten Kometen entdeckte, und später, im neunzehnten Jahrhundert Thomas Huxley, der auf brillante Weise Darwins Evolutionstheorie verteidigte, haben in Oxford geforscht. Architekten wie Christopher Wren, der das Sheldonian Theatre entworfen hat, und später Künstler wie William Morris und Edward Burne-Jones, deren Glasmalereien die Fenster der Cathedral von Christchurch schmücken, zählten zu den illustren Absolventen der Universität. Der Dichter Matthew Arnold hat die Türme der Schule unsterblich gemacht, und auch Philosophen wie John Ruskin, dessen Bücher in den Regalen des Radcliffe-Leseraums stehen, waren hier. Von der Regierungszeit der Plantagenets bis zu Königin Viktoria haben die intelligentesten jungen Männer – aber eben nur Männer – in Oxford studiert, der Askese gehuldigt, sich schlicht gekleidet und geschworen, im Dienste der Freiheit des Denkens zölibatär zu leben. Als die Studenten dann nach 1874 jedoch heiraten durften, änderte sich die Atmosphäre in Oxford. Und als Elizabeth Wordsworth, Großnichte des berühmten Dichters, im Jahre 1879 »Margaret Hall« als Studentenheim für junge Frauen einweihte, war das eine noch dramatischere Veränderung. 1886, nur ein paar Jahre später, wohnte Gertrude in diesem Haus.

Als Rektorin der Frauenschule sah Miß Wordsworth ihre wichtigste Aufgabe darin, dafür Sorge zu tragen, daß ihre Studentinnen heirateten. Sie war davon überzeugt, daß Gott die Frau dazu bestimmt hatte, »Adams Gehilfin« zu sein. Um dieser Rolle gerecht zu werden, mußten die Frauen »kleinere Tugenden« wie »Schönschreiben« und »geschickte Handarbeit« lernen und wissen, »wie man eine Tür öffnet und schließt«. Ihren Mädchen war es zwar gestattet, als Gasthörerinnen an den Vorlesungen teilzunehmen, und sie hatten auch ihre eigenen Tutoren, aber die Entwicklung intellektueller Ideen war immer noch eine kritische Sache, und zwar nicht nur für die Frauen, sondern für alle im Land. Der zeitgenössische Philosoph Herbert Spencer hat einmal gesagt, Denken sei für Frauen gefährlich: »Eine Überbeanspruchung des Gehirns«, so erklärte er, habe ein »Nachlassen der Fortpflanzungsfähigkeit zur Folge«. Als Gertrude ankam, hallte die New College Chapel noch von den Worten der letzten Predigt des Dekans John Burgon wider: »Gott hat euch so geschaffen, daß ihr uns unterlegen seid, und bis ans Ende aller Zeiten werdet ihr uns unterlegen bleiben.« Gertrude fühlte sich jedoch alles andere als das: Mit ihren achtzehn Jahren meinte sie, es mit jedem Mann aufnehmen zu können, und wenn jemand daran zweifeln sollte, hatte sie immer noch ihren Vater im Rücken.

Oxford! stand als Überschrift über dem ersten Brief, den sie im Mai 1886 nach Hause schrieb. Sie konnte ihre Begeisterung nicht verhehlen, daß sie eines der wenigen Mädchen unter Hunderten von Männern war. Mit ihrem rundlichen Gesicht, voller Enthusiasmus und Vitalität, war sie bei ihrer Ankunft »halb Kind, halb Frau«, wie ihre neue Freundin Janet Hogarth es ausdrückte. »Sie war ziemlich unordentlich, hatte leuchtendrotes Haar, grünliche Augen, einen phantastischen Teint und eine besonders lange, spitze Nase.« Und Gertrude sagte auf eine »außerordentlich charmante Art und Weise immer wieder: ›Nun, mein Vater sagt das so und so.‹ Damit war für sie jede Frage, über die man gerade diskutierte, erledigt.«

Am ersten Vorlesungstag beeilten sich Gertrude und Mary Talbot, eine Kommilitonin, die ebenfalls Geschichte studierte, in Begleitung ihrer unvermeidlichen Anstandsdame Miß Wordsworth, in den Vorlesungssaal zu kommen. Sie trugen lange schwarze Talare, schwarze Schnürschuhe, die typischen quadratischen schwarzen Kappen und schwatzten in nervöser Erwartung, während sie über die alten Steinwege liefen. Wie Alice im Wunderland mußten sie von ihrem abseits gelegenen Studentenwohnheim über die Wiesen des Universitätsparks, vorbei am College of Christchurch, wo Charles Dodgson Mathematik lehrte, zum alten Balliol College »fliegen«, um pünktlich zu ihrer Geschichtsvorlesung zu kommen.

Sie stiegen die Treppe hinauf, betraten den Alabaster-Saal und standen vor einer langen Reihe mit grünem Stoff bezogener Tische, an denen etwa zweihundert Männer saßen. Für die beiden jungen Frauen war kein Platz mehr frei, und niemand machte Anstalten, ihnen einen Stuhl anzubieten. Man führte sie statt dessen auf das Podium, wo der Professor thronte. Dort nahmen sie schweigend ihre Plätze ein und hörten gebannt zu, wie der hagere Mr. Lodge über die englische Geschichte dozierte. »Wir hatten das Gefühl, an einem bedeutenden Ereignis teilzunehmen«, schrieb Gertrude an ihre Eltern. Aber weder die Faszination ihrer ersten Vorlesung noch die Begegnung mit dem berühmten Professor hatten sie so beeindrucken können, daß sie ihre scharfe Zunge im Zaum hielt. Alles, was er gesagt habe, stamme Wort für Wort aus seinem Buch. »Es wäre besser gewesen, er hätte uns einfach die ersten Kapitel vorgelesen.«

Daß Männer und Frauen voneinander getrennt gehalten wurden, war seltsam. Glaubte man, die Frauen würden allein durch ihre Anwesenheit die Atmosphäre vergiften? Für Gertrude bedeutete der Platz auf dem Podium jedoch nur einen weiteren Zuwachs an Prestige, er verstärkte in ihr das Bewußtsein, privilegiert zu sein, weil sie in Oxford studieren dufte. Und als Mr. Bright, der Universalgeschichte lehrte, sie mit dem Rücken zu seinem Pult im Saal sitzen ließ, mußte sie nur lachen. Ihrer Meinung nach hatte im Grunde nur er ein Problem. Jedenfalls machte es ihr nichts aus. »Wange an Wange« mit all den Männern zu sitzen.

Es machte ihr Spaß, morgens die Vorlesungen zu besuchen, mittags im Wohnheim zu essen, dann in der Radcliffe-Bibliothek zu lesen und samstags an den privaten Übungen der Tutoren teilzunehmen. Zusammen mit Mary Talbot ging sie in die Bodleian-Bibliothek, in der nur Männer herumhockten, und suchte sich unter den Augen des Bibliothekars, der sie ungläubig anstarrte, die Bücher aus, die sie brauchte. Danach schrieb sie ihren Eltern, sie fühle sich jetzt wie »ein ordentliches Mitglied der Universität«. Kurz nach ihrer Ankunft in Oxford hatte man sie in ebenjener Bibliothek noch abgewiesen, weil sie keinen Studentenausweis besaß. Das war für eine junge Frau, die gewohnt war, immer alles zu bekommen, was sie haben wollte, ein ziemlicher Schock gewesen. Jetzt fühlte sie sich jedoch sicher und geborgen. Die große, dunkeläugige Mary Talbot, eine Nichte des Premierministers William Gladstone, wurde bald ihre beste Freundin. Edith Langridge, die im Zimmer nebenan wohnte und schon früher ihren Abschluß am Queen's College gemacht hatte, nahm sie unter ihre Fittiche. Auch mit Jane Hogarth, deren älterer Bruder als Archäologe im Mittleren Osten arbeitete, war sie ihr ganzes Leben lang befreundet.

Sie genoß die Fürsorge der »sehr netten« Rektorin Miß Wordsworth, obwohl diese Gertrude nicht für eine Frau hielt, auf die man sich verlassen konnte. »Wäre sie die Person, die man am liebsten um sich hätte, wenn man krank ist?« fragte Miß Wordsworth. Tatsächlich war Gertrude nicht sonderlich geduldig, wenn es um die Probleme anderer Leute ging, nur bei ihrem Vater machte sie in dieser Beziehung eine Ausnahme. Professor Hassall, ihr Tutor, lobte ihre Arbeit und behandelte sie mit großem Respekt, und sie hatte das Glück, Horace Marshall, den Spielkameraden ihrer Kindheit, wiederzutreffen. Ihr Cousin hatte sich am Trinity College in Oxford eingeschrieben, und Miß Wordsworth gestattete es ihr, allein mit ihm »heimliche, kleine Spaziergänge« zu unternehmen. Auch andere junge Männer waren in ihr Leben getreten, und obwohl eine ihrer Freundinnen von zu Hause bereits ihre Verlobung angekündigt hatte und eine andere gar schon verheiratet war, waren diese Flirts für Gertrude nur die ersten Anzeichen des Erwachens ihrer Sexualität. Sie schrieb Florence von ihrem »guten Freund« Mr. Raper, mit dem sie zum Schlittschuhlaufen war, und von dem »faszinierenden« Mr. Cockerel, der sie zum Tee auf sein Zimmer eingeladen hatte (natürlich immer in Begleitung der Anstandsdame). Wenn sie in London war, leistete ihr Billy Lascelles, ihr angeheirateter Cousin, Gesellschaft.

In Oxford kam sie prächtig zurecht, und Horaces Mutter bemerkte, sie sei sogar »ein bißchen dünner« geworden. Ihre Körperhaltung ließ allerdings noch zu wünschen übrig, sie hielt sich nicht gerade, weil sie immer gebückt saß. Sie müsse nur eine halbe Stunde täglich mit einem Brett im Rücken herumlaufen, dann würde sich das schnell geben, schlug ihre Tante vor, und sie versicherte Florence: »Jedesmal, wenn ich das Kind sehe, ist es charmanter geworden. Ich bin sicher, daß ihr Oxford gut bekommen wird.«

In Oxford wurde Gertrude selbständiger, als sie es je zuvor gewesen war. »Man macht das, was einem gefällt«, verkündete sie begeistert und blühte förmlich auf. Auch wenn es damals natürlich noch keine Studentenheime gab, in denen Männer und Frauen gemeinsam wohnten, war es doch ein riesiger Unterschied zu der kleinbürgerlichen Atmosphäre des Queen's College, in dem die Mädchen unter der strengen viktorianischen Disziplin zu leiden hatten. In Oxford lebte sie in einer Männerwelt, und die Regeln, nach denen sich die Männer richten mußten, waren bei weitem erträglicher, so daß Gertrude in dieser Beziehung keine Schwierigkeiten hatte.

Sie schrieb immer noch alle paar Tage nach Hause, und obwohl sie unter häufigen Stimmungsschwankungen litt – manchmal war sie in Ekstase vor Glück, dann wieder unerklärlich depressiv –, klagte sie nie über Heimweh. In ihren Briefen berichtete sie statt dessen von ihren Vorlesungen und ihren Erfolgen außerhalb des Studiums: über ein Tennismatch gegen Sommerville, Oxfords einzige andere Frauenschule, über den Sieg, den sie und ihr Team in einer Diskussion über das Wahlrecht für Frauen errungen hatten (nur ein paar Jahre später sollte sie die Suffragetten bekämpfen). Sie schwamm, ruderte, spielte Hockey, Theater, tanzte und ging in die Kirche, obwohl sie nicht fromm war. Ihre jüngere Halbschwester Elsa erwähnte später besonders, daß Gertrudes Briefe ein Gefühl der Sicherheit ausstrahlten: »Sie zeigte keinerlei Angst vor der Zukunft. Und warum auch? Gertrude hat in ihrem Leben stets die Erfahrung gemacht, daß sie alles bekam, was sie sich wünschte.«

Wenn es um belletristische Literatur oder um ihre Garderobe ging, fragte sie Florence immer noch um Rat: »Ich wünschte, Du könntest mir sagen, was ich diesen Sommer anziehen soll. Es muß aber vor allem schick sein.« Je selbstbewußter Gertrude wurde, desto mehr entspannte sich ihr Verhältnis zu Florence. Sie lobte sie als Mutter und schrieb ihr nach einem Wochenende, das sie bei der Familie einer Freundin auf dem Land verbracht hatte: »Ich bin froh, daß Du nicht so bist wie Mrs. Kynston. Sie interessiert sich überhaupt nicht für das, was ihre Töchter tun.«

Während Florence in London an der Produktion eines ihrer Stücke arbeitete, diskutierte Gertrude in einem langen Briefwechsel mit Hugh über Geschichte, Philosophie und Politik. »Enterbst Du mich, wenn ich Dir sage, daß ich überhaupt nicht an das Wettbewerbsprinzip glaube?« neckte sie den großen Industriemagnaten. »Nein, das wirst Du nicht tun, sondern Du wirst mich buchstäblich vernichten, indem Du mir ganz einfach erklärst, daß meine Kenntnisse auf dem Gebiet der Wirtschaft gerade mal drei Wochen alt sind.« Als ihre Großmutter starb, drückte Gertrude Hugh ihr Mitgefühl aus, vergaß aber den Brief abzuschicken. Ihr Vater war verletzt, und sie antwortete ihm voller Zärtlichkeit: »Auch wenn Du keinen Brief von mir bekommst, solltest Du doch wissen, daß alles, was Dich traurig macht, auch mich traurig macht, und daß ich alles liebe, was Du liebst.« Als ein paar Monate später der Manager eines der Kohlenbergwerke starb, war Hugh bestürzt, nicht bei ihm gewesen zu sein. »Es ist sehr traurig, daß Du ihn nicht mehr gesehen hast«, schrieb Gertrude, und es sollte eine Prophezeiung sein. »Lieber Vater, ich kann mir genau vorstellen, was es für ein Gefühl sein muß, sterben zu müssen, ohne daß Du da bist, und Dich je wiederzusehen.«

Je weiter sie in ihrem Studium fortschritt, desto mehr Arbeit stapelte sich auf ihrem Schreibtisch. Abgesehen von etwa einem Dutzend Vorlesungen und sechs Aufsätzen, die sie für ihren Tutor schreiben mußte, sollte sie eine Biographie Richards III., eine zweibändige Biographie Heinrichs VIII. und Stubbs' Geschichte von Eduard IV. bis Eduard V. lesen. »Ich frage Dich, ist das überhaupt zu schaffen?« stöhnte sie, aber ihr Ton verriet, daß es ihr nicht schwerfallen würde, mit diesem Pensum fertig zu werden. »Du mußt nicht glauben, daß mir das nicht gefällt«, schrieb sie ihrer Mutter. Es war ihr sogar sehr recht, denn es diente ihr als Bestätigung ihrer überragenden Intelligenz und stärkte ihr Selbstbewußtsein. Und wenn irgend jemand ihre Auffassung in Frage stellte, schnitt sie ihm mit ihrer Lieblingsantwort das Wort ab: »Also, mein Vater sagt das auch.« Janet Hogarth schrieb später: »Gertrude war immer eine merkwürdige Mischung aus Reife und Kindlichkeit. Während sie bei der Beurteilung anderer Menschen und fremder Angelegenheiten erwachsen war, trug die Sicherheit, mit der sie über sich selbst urteilte, kindliche Züge. Sehr gewinnend war jedoch ihr unerschütterlicher Glaube an ihren Vater und die lebendige intellektuelle Welt, in der sie groß geworden war.«

Ende des zweiten Jahres, zwölf Monate früher als normal, bereitete sie sich auf die letzten schriftlichen Prüfungen in Oxford vor. »Das ist alles ungeheuer aufregend«, schrieb sie ihren Eltern. »Ich komme mir vor wie ein Spieler, der seinen letzten Sixpence eingesetzt hat.« Am ersten Tag der Prüfungen wartete sie aufgeregt in der Eingangshalle mit den anderen, bis eine elektrische Klingel ertönte und eine Stimme rief: »Die Herren für die History School, North School – nach links bitte, Gentlemen.« Als die Männer losmarschierten, blieb Gertrude in angemessenem Abstand zurück und rannte dann über eine Hintertreppe nach oben. Sie ging zum Frauentisch in der letzten Reihe und schlug sofort ihr Prüfungsbuch auf. Die meisten Fragen seien »entzückend« gewesen, berichtete sie ihren Eltern. Es sei ihr nicht schwergefallen, die Prüfungsaufgaben zu lösen. Sie habe hinterher sogar noch Zeit gehabt, Tennis zu spielen und Tee zu trinken.

Eine Woche lang ging sie dann in Begleitung ihres Cousins Horace von einer Gesellschaft oder Tanzveranstaltung zur anderen, denn das Abschlußexamen mußte schließlich gefeiert werden. Der Höhepunkt der Feierlichkeiten war das Encaenia, das letzte Überbleibsel eines mittelalterlichen Brauchs, bei dem alle Professoren in ihren farbenprächtigen Roben in den Saal Einzug hielten. Gertrude, die in Oxford anfangs wenig um ihr äußeres Erscheinungsbild besorgt war, hatte inzwischen eine große Schwäche für schöne Kleider entwickelt. Schon lange vor den Feierlichkeiten hatte sie sich den Kopf darüber zerbrochen, was sie an diesem Tag anziehen würde, und war einkaufen gegangen. Als sie nach Lady Margaret Hall zurückkam, platzte sie in Janet Hogarths Zimmer: »Ich habe einen Hut, aber was für einen Hut! Komm, den mußt du dir ansehen.« Beim Mittagessen am Mittwoch verdeckte ihr Strohhut, dessen Krempe über und über mit Rosen verziert war, beinahe ihr Gesicht. »Die Sachen, die sie in der Woche des Stiftergedenkfests trug, wurden von uns allen mit großem Interesse betrachtet«, erinnert sich Janet Hogarth. »Sie hatte ganz sicher ein besonderes Talent, sich anzuziehen.«

Obwohl Gertrude immer noch im Trubel der Examensfeierlichkeiten steckte, lag der schwierigste Teil des Abschlußexamens noch vor ihr: die mündlichen Prüfungen. Am entscheidenden Tag trug sie ein elegantes neues Kleid und modische braune Schuhe. Sie saß ruhig an ihrem Tisch, der Inbegriff der Selbstsicherheit. Wie die meisten Eltern waren auch Florence und Hugh aus diesem Anlaß nach Oxford gekommen. Gertrude stellte sich der Schar der männlichen Professoren im sicheren Gefühl, daß Vater und Mutter hinter ihr saßen. Der bekannte Historiker S. R. Gardiner eröffnete die mündliche Prüfung mit einer Frage, die sich auf Karl I. bezog. Während ihre Eltern gespannt zuhörten, antwortete Gertrude: »Es tut mir leid, aber ich kann Ihre Einschätzung von Karl I. nicht ganz teilen.« Der berühmte Professor war entsetzt und wies mit seinem Stab auf den Mann, der neben ihr saß. Die Prüfung verlief dann zunächst in einem ruhigeren Fahrwasser, bis schließlich ein anderer Professor eine Frage über eine deutsche Stadt an sie richtete und dabei behauptete, sie liege am linken Rheinufer. Gertrude, die ein Jahr zuvor dort gewesen war, erwiderte ohne zu zögern: »Tut mir leid, aber sie liegt am rechten Ufer. Ich muß es wissen, denn ich war gerade dort.« Alle Anwesenden hielten den Atem an.

Als die Ergebnisse bekanntgegeben wurden, stellte sich heraus, daß sie trotz ihrer Kühnheit die erste Frau war, die im Fach Neue Geschichte mit einer Eins abgeschnitten hatte. Die Ergebnisse wurden in der *Times* veröffentlicht, und abgesehen von dem Lob ihrer Eltern wurde sie mit Glückwunschbriefen von ihren Freunden überhäuft. Dieser Triumph bestärkte sie in ihrer Auffassung, immer das zu sagen, was sie dachte, und keine Scheu zu haben, wenn sie wußte, daß sie recht hatte. Florence nannte es »ihre absolute

Ehrlichkeit und ihre unabhängiges Urteil«. Für die einen war das erfrischend, andere hielten es für taktlos, und während ihre Selbstsicherheit manchen beeindruckte, fühlte sich die Mehrheit dadurch eher eingeschüchtert. Ihr Verhalten öffnete ihr Türen, die ihr ansonsten verschlossen geblieben wären, brachten ihr jedoch auch den Ruf ein, arrogant zu sein.

Sie war draufgängerisch, unreif und hatte trotz ihrer überragenden Studienerfolge die wichtigste Prüfung des Lebens nicht bestanden. Im Gegensatz zu ihren beiden Freundinnen aus ihrem Heimatort hatte bisher niemand um ihre Hand angehalten. Mit zwanzig war sie ein Snob, ein Blaustrumpf, eine äußerst schwierige Frau. Ihr hochmütiges Wesen und ihr ausgeprägtes Selbstbewußtsein fanden bei den jungen Männern ihres Standes wenig Anklang. Diejenigen, die es trotzdem wagten, um sie zu werben, wurden rasch ihrer Illusionen beraubt. Die paar Männer, mit denen sie während ihrer Studienzeit ausgegangen war, gehörten nach Oxford schon bald der Vergangenheit an. Mit dem Eis des Winters verschwand auch der Name Mr. Raper. Bob Cockerel war ihrer Meinung nach zwar jemand, mit dem man gut reden und tanzen konnte, »doch das war auch schon alles«. Ihren Cousin Billy Lascelles, dessen Mutter Florence' Schwester war, fand sie zwar amüsant, mochte aber seine »lässige« Art nicht.

Billys Mutter wandte sich an Florence und erklärte ihr, es sei höchste Zeit, daß sie sich selbst darum kümmere. Die Lascelles lebten damals in Rumänien, wo Frank Lascelles als Botschafter das Empire repräsentierte. Man war der Meinung, daß eine Wintersaison in Bukarest unter ausländischen Diplomaten Gertrude helfen würde, »ihre Oxford-Allüren loszuwerden«.

3.

Eine tragische Liebesgeschichte

Nachdem sie in Oxford Gelegenheit gehabt hatte, ihren Geist zu schärfen, hoffte man, ihr in Rumänien Manieren beibringen zu können. Hatte sich ihr in Oxford die Welt der Diplome eröffnet, so sollte sie in dem Königreich am Schwarzen Meer die Welt der Diplomatie kennenlernen. Also schickte man sie zu den Lascelles nach Bukarest. Als sie sich auf dem Bahnhof von Paris von ihrem Vater verabschiedete, ließ sie sich nicht anmerken, mit welchen Ängsten sie die Fahrt antrat. »Ich war sehr traurig, daß ich Dich verlassen mußte«, schrieb sie Hugh schon am nächsten Tag, »und ich habe gehofft, daß Du mich auch ein bißchen vermißt.«

Mit ihrem Cousin Billy, der sie auf der Reise begleitete, kam sie kurz vor Weihnachten in Bukarest an. Bisher hatte sie sich als Studentin gefühlt, und falls irgendwelche Partys auf ihrem Terminkalender gestanden hatten, so kamen sie immer erst an zweiter Stelle nach ihrer Arbeit. Hier aber wartete eine andere Herausforderung auf sie: Sie war im heiratsfähigen Alter und mußte dringend einen Partner finden. Bei der Tochter von Florence und Hugh Bell setzte man voraus, daß sie eine gute Partie machen würde. Und selbst wenn sie in Bukarest keinen Mann finden sollte, würde sie zumindest lernen, wie sich eine Frau in ihrer Position zu benehmen hatte.

Direkt nach Silvester begann in Bukarest die Ballsaison. Da man in der Stadt ansonsten wenig unternehmen konnte, gab es üppige Diners, Konzerte, Theater, Bälle, Soupers und zahllose Partys, die bis zum Morgengrauen dauerten. Bis 1829 war Rumänien dreihundert Jahre lang ein Vasallenstaat des Osmanischen Reiches gewesen und danach ein halbes Jahrhundert lang ein Protektorat

Rußlands. Erst 1881, sieben Jahre vor Gertrudes Ankunft, hatte das Land die Souveränität erlangt und gab sich die größte Mühe, in der Welt an Einfluß zu gewinnen. Zum einen galt es wegen seiner geographischen Lage – direkt an der Grenze zu Rußland und an der Küste des Schwarzen Meers, gegenüber der Türkei – als ausgezeichneter »Horchposten«, zum anderen war Rumänien für die europäischen Staaten wegen seiner Agrarprodukte und seiner Ölvorkommen ein erstrebenswerter Partner. Für den Diplomaten Frank Lascelles hatte die Akkreditierung in Rumänien viele Vorteile. Von hier aus konnte er gute Kontakte sowohl zum Osten als auch zum Westen knüpfen.

In der britischen Botschaft gingen pausenlos Einladungen ein, und Gertrude stürzte sich mit ihrem Onkel, ihrer Tante und ihrem Cousin Billy Hals über Kopf in den gesellschaftlichen Trubel. Es stellte sich heraus, daß Mary Lascelles bedeutend entspannter war als ihre Schwester, und Gertrude lernte unter den Fittichen von »Tante Mary«, wie eine junge Dame sich graziös und charmant benahm. Sie trug Korsetts aus Fischbein und Stahl, mußte sich in tief ausgeschnittene Kleider zwängen, lernte, wie man mit einem Fächer aus Straußenfedern flirtet, wie man eine Zigarette hält, Kaviar ißt und Champagner trinkt. Sie durfte nicht an den Nägeln kauen (eine Unart der Familie) oder ihre Locken um den Finger wickeln und sollte sich verkneifen, immer gleich mit allem herauszuplatzen, was ihr in den Sinn kam. Ihre Tante wollte ihr den letzten Schliff geben und hoffte, auf diese Weise die versnobte Intellektuelle in ein charmantes, naives junges Mädchen verwandeln zu können.

Gertrude konnte es in ihren Briefen jedoch nicht lassen, alle möglichen Ereignisse auf gewohnt bissige Art zu kommentieren. Mr. Mave, einer der Gäste einer Abendgesellschaft, war »sehr eingebildet«, und Mr. Demos, ein älterer Diplomat, so klein und gebückt, daß »kein Land freiwillig bereit wäre zuzugeben, daß er in seinen Diensten steht«. Über das Essen bei einem anderen Diner lästerte sie: »Den Fisch konnte man schon riechen, als er aus der Küche kam, und das Fleisch hatte eine Konsistenz wie Kork.«

Und in Anwesenheit einer Gruppe von Diplomaten stritt sie einem distinguierten französischen Politiker jegliches Verständnis für die Deutschen ab. Ihre Tante war entsetzt, und Gertrude erhielt ihre Lektion in Sachen Diplomatie. Als die Lascelles ein paar Wochen später von einem Angehörigen des britischen Außenministeriums besucht wurden, war sie »sehr diskret«.

In Bukarest bekam Gertrude nicht nur eine erste Kostprobe des gesellschaftlichen Lebens, sondern nahm auch zum erstenmal wirklichen Kontakt mit der Welt auf – einer Welt außerhalb der britischen Einflußsphäre. Im Palast wurde sie König Karl IV. aus dem Haus der Hohenzollern vorgestellt und unterhielt sich angeregt mit Elisabeth, seiner geheimnisumwobenen Frau, die unter dem Pseudonym Carmen Sylva Gedichte schrieb. Außerdem lernte sie Graf Bülow, den späteren deutschen Kanzler, und Graf Goluchowski, den späteren Kanzler Österreichs kennen. Sie dinierte mit europäischen Aristokraten, asiatischen Gesandten und verbrachte einen Tag mit Charles Hardinge (der später Vizekönig von Indien wurde). Dank seines großen Wissens über den Osten und das Osmanische Reich wurde sie mit Problemen konfrontiert, von denen sie bisher nichts geahnt hatte.

Wochenlang war sie mit Valentine Chirol, einem engen Freund der Lascelles, zusammen, der sie in Bukarest besuchte. Er war siebenunddreißig Jahre alt, Auslandskorrespondent der *Times,* als Sohn englischer Eltern in Paris geboren, katholisch erzogen und hatte seine Ausbildung hauptsächlich in Frankreich absolviert. Er hatte seinen Studienabschluß an der Sorbonne gemacht, war im Auswärtigen Amt ausgebildet worden und dann (scheinbar ohne besonderen Auftrag) sechzehn Jahre lang in Europa und Asien herumgereist. Er war sehr intelligent, gut informiert, sprach ein Dutzend Fremdsprachen, pflegte Kontakte zu hochgestellten Leuten und versorgte Whitehall mit Informationen. Man konnte nicht sagen, daß er ein Spion war, aber er leistete der Regierung gute Dienste. Der stattliche, knapp einsachtzig große, rothaarige Chirol mit dem roten Bart, der in Rumänien den Spitznamen »Domnul« trug, wurde einer von Gertrudes engsten Freunden.

Im Winter 1889 tanzte und flirtete sich Gertrude vier Monate lang durch ganz Bukarest, und obwohl immer noch keiner um ihre Hand angehalten hatte, war sie glücklich, weil man ihr soviel Aufmerksamkeit schenkte. Fast immer wurde sie von ihrem Cousin Billy Lascelles begleitet. Er war zwar ein guter Tänzer, aber für ihren Geschmack ein bißchen zu reserviert: »Er gibt selten zu, daß er sich amüsiert«, klagte sie in einem Brief an ihre Eltern. »Ich tanze auf jedem Ball von Anfang bis Ende und amüsiere mich die ganze Zeit.« Trotzdem kamen sich die beiden näher. Als der Schnee schmolz, erwärmte sich auch ihre Freundschaft. Ende April fuhren sie dann zusammen mit dem weitgereisten Domnul nach Konstantinopel.

Das Osmanische Reich hatte sich im Osten über das gesamte byzantinische Reich Kleinasiens und im Westen über den Balkan nach Europa ausgedehnt. Aus dem kleinen turkmenischen Staat des dreizehnten Jahrhunderts mit der Hauptstadt Konstantinopel war im sechzehnten Jahrhundert ein Weltreich geworden, das vom Euphrat im Irak bis zur Donau in Österreich reichte. Unter Suleiman dem Prächtigen beherrschten die Türken Ägypten, Arabien, Mesopotamien, Syrien und Persien im Osten sowie Ungarn und den Balkan – Bulgarien, Albanien, Bosnien, Herzegowina, Serbien, Griechenland und Rumänien – im Westen. Hunderte von Jahren hatte das Osmanische Reich die Rolle eines stabilisierenden Faktors gespielt und einen Ausgleich zwischen den Interessen der Russen im Osten und der Briten und Franzosen im Westen geschaffen. England und Frankreich genossen den Schutz ihrer Handelswege vor arabischen Angriffen und tätigten lukrative Geschäfte: die Briten in den Scheichtümern am Arabischen Golf und in Mesopotamien, die Franzosen in Syrien.

Bis zum neunzehnten Jahrhundert hatte das Osmanische Reich jedoch als Folge von Korruption, Habgier und einer unfähigen politischen Führung einen Niedergang erlebt und war geschrumpft. Der Verlust Ägyptens und Griechenlands und die schwache Wirtschaft hatten die »Hohe Pforte« (wie die osmanische Regierung genannt wurde) gezwungen, sich stärker dem Westen zuzuwenden. Als die Russen dann 1878 auf der Suche nach einem eisfreien Hafen bis nach Konstantinopel vordrangen, konnten die Türken sich nur mit Hilfe der Briten und Franzosen verteidigen. Doch der Krieg hatte das Reich am Bosporus ausgeblutet. Als zudem eine Woge des Nationalismus den Balkan überzog, verloren die Türken Bulgarien, Rumänien, Bosnien und die Herzegowina. Im Westen sorgte man sich damals um den »kranken Mann am Bosporus« und sprach in diesem Zusammenhang von der kritischen »Östlichen Frage«.

Großbritannien befürchtete, daß Rußland Konstantinopel erneut bedrohen könnte, was unbedingt verhindert werden mußte. Der Schutz der Türkei war zwingend notwendig, denn das Reich war eine Zwischenstation auf dem Landweg nach Indien. Wenn das Osmanische Reich von den Russen besiegt würde, wäre das kostbarste Kronjuwel der Briten in Gefahr. Aus diesem Grund ließ man sich in London nicht lumpen und bedachte die Türken mit großzügigen Finanzhilfen.

Gertrude konnte damals mit der »Östlichen Frage« noch wenig anfangen. Ihre Neugier richtete sich vor allem auf Konstantinopel, die Metropole an der Grenze zwischen Europa und Asien, diese prächtige Stadt am Bosporus, die unter dem Namen Byzanz die alte Hauptstadt des Oströmischen Reichs, Sitz der Kalifen und Symbol der Stärke des Osmanischen Reichs gewesen war. Bukarest war für sie nur ein Vorgeschmack gewesen, hier in Konstantinopel konnte sie endlich in der orientalischen Welt schwelgen. Die prächtigen Farben und exotischen Formen begeisterten sie. »Absolut köstlich«, schrieb sie beim Anblick der niedrigstehenden Sonne, die sich im Wasser spiegelte und den verblichenen Farben der türkischen Fahne neue Leuchtkraft verlieh, nach Hause. »Sie verwandelt jedes Minarett in Stambul in eine leuchtende Marmorsäule.« Sie bewunderte die Turmspitzen des luxuriösen Serails, wurde dabei an Mozarts Oper »Die Entführung aus dem Serail« erinnert, und die flache Kuppel der Hagia Sophia, eines der Wunderwerke der byzantinischen Epoche.

Billy und sie mieteten sich ein Boot und erkundeten gemächlich die Hafenbucht, das Goldene Horn. Sie wanderten zu einem Hügel der Stadt hoch, von wo sich ihnen eine wunderschöne Aussicht auf das glitzernde Wasser des Marmarameers bot. Sie ritten auf Eseln und drängten sich durch die engen Gassen des Basars. Sie war begeistert von den Menschen in landestypischer Tracht, die Männer mit dem charakteristischen Fez auf dem Kopf und in weiten Hosen, die Frauen ganz in seidene Gewänder gehüllt, das Gesicht hinter einem Schleier verborgen. Sie bewunderte die türkischen Häuser mit den Lattengittern vor den Fenstern, die Restaurants mit den exotischen Speisen, und sie liebte den türkischen Kaffee, während Billy eine *Nargileh,* eine orientalische Wasserpfeife, rauchte. Die ganze Romantik trug dazu bei, daß die beiden gegen Ende der Reise so gut wie verlobt waren. Glücklich und zufrieden machten sie sich mit dem Orientexpreß auf den Weg nach Hause. Ihre Schwester Elsa sagte damals: »Das war das letzte wirklich glückliche Kapitel in Gertrudes Leben. Sie war zwanzig, intelligent und charmant und hatte einen aufmerksamen Kavalier ... Die beiden hatten eine vielversprechende Zukunft vor sich.«

Billy Lascelles erfüllte alle Bedingungen: Er war Sohn eines Diplomaten, Enkel eines berühmten Mediziners, wohlhabend, ein verwegener Typ, Absolvent von Sandhurst, und er hatte gerade damit begonnen, seine militärische Karriere in Angriff zu nehmen – kurz, der ideale Heiratskandidat. Als sie wieder in London waren, wo Gertrude sich im Sommer 1889 aufhielt, verfolgte er sie mit seinen Avancen. Sie tranken nachmittags Tee zusammen, dinierten gemeinsam und saßen im Mondschein im Garten, unterhielten sich oder spielten bis zwei Uhr morgens ihr Lieblingskartenspiel Bezique. Aber Billy konnte ihr weder die geistige Anregung bieten, die sie brauchte, noch war er in der Lage, ihre Begeisterung für alle möglichen Dinge zu teilen, beides jedoch war für sie unabdingbar. Er hatte einen zu engen Horizont und ging das Leben mit vorgefaßten Meinungen an. Sie war es gewöhnt, die Dinge zu hinterfragen, und sie war wagemutig – Attribute, die ihr in die Wiege gelegt worden waren. Zurück in London, sehnte sie sich nach der Gesellschaft ihres Vaters. »Lieber, liebster Vater«, hatte sie ihm geschrieben, »ich wünschte, Du wärest hier. Ich hatte es fast ein bißchen gehofft. Komm doch bald.« Was Billy anbetraf, so hatte sie schon nach ein paar Monaten das Interesse an ihm verloren.

Im Juli wurde sie einundzwanzig und damit volljährig: ein wichtiges Datum. Sie war inzwischen drei Jahre älter als die meisten jungen Frauen, die bereits ihren Platz in der britischen Gesellschaft gefunden hatten. Ihre offizielle Einführung ließ sich nicht weiter aufschieben. Eine Vorstellung bei Hof und ein hochoffizielles Fest, das ihre Eltern veranstalteten, sollten der Welt verkünden, daß aus dem tüchtigen Mädchen eine heiratsfähige junge Frau geworden war. In der Ballsaison des Jahre 1890 und in den zwei darauffolgenden Jahren tanzte sich Gertrude von einem Ball zum anderen und wurde dabei entweder von Florence oder von einer Tante begleitet. Sie wurde auf dem Heiratsmarkt präsentiert und stand in einer Reihe mit den anderen jungen Frauen, die mit roten Wangen und tiefdekolletierten Kleidern unter den strengen Augen ihrer Anstandsdamen darauf warteten, daß sie von einem jungen Mann zum Tanz aufgefordert wurden. Sie lächelte, lachte, sah auf eine reizende Weise gleichgültig aus und prüfte die Männer sorgfältiger, als sie von ihnen geprüft wurde. Für Gertrude war das eine schwierige Zeit. Selten begegnete sie einem Mann, der so intelligent war wie sie. Die wenigsten von ihnen hatten in Oxford oder Cambridge studiert, und kaum einer war schon einmal im Mittleren Osten gewesen. Nur wenige waren so neugierig wie sie, verfügten über ihr Wissen, ihre Direktheit oder ihren Wagemut. Kaum einer war in der Lage, den Standard zu erreichen, den ihr Vater und Großvater gesetzt hatten. Das schlimmste aber war, daß sie kaum einer haben wollte.

Eine der wenigen Ausnahmen war Bertie Crackenthorpe. Mindestens eine Woche lang bemühte er sich um sie, lud sie zum Abendessen ins Haus seiner Eltern ein und überschüttete sie unaufhörlich mit Aufmerksamkeiten, so daß sein Vater sich schon Sorgen machte. »Ich mag ihn wirklich«, schrieb Gertrude an

Florence und versicherte ihr gleichzeitig, daß sie sich untadelig benommen habe. Bertie wollte sie unbedingt sehen, aber Gertrude spielte die Unnahbare, ließ sich verleugnen, wenn er bei ihr vorsprach, hoffte insgeheim aber doch auf eine gemeinsame Zukunft: »Wir werden sehen, was daraus wird.« Aber schon eine Woche später, als sie und Bertie bei einem Freund eingeladen waren, hoffte sie, daß er nicht kommen würde, denn er langweilte sie bereits.

Im Herbst kehrte sie nach Red Barns zurück, wo es feucht, kalt und langweilig war. Sie gab vor, glücklich zu sein, fühlte sich aber in Wirklichkeit häufig »miserabel«, weil sie wenig zu tun hatte. Sie unterrichtete die jüngeren Bell-Töchter (Hugo ging in die Schule), leistete eine Art sozialen Dienst bei den Frauen der Zechenarbeiter und las ungeheuer viel. So gelang es ihr zumindest in ihrer Phantasie der Situation zu entfliehen. Sie verschlang die Biographien von Browning, Wordsworth sowie Mary Shelly, Livingstons afrikanische Reiseberichte und rezitierte Kiplings Gedichte über das Empire.

Als der Frühling kam und die Schonzeit für die unverheirateten Frauen wieder einmal vorbei war, kehrte Gertrude in die Londoner Wohnung der Familie zurück. Um sich die Zeit zu vertreiben, nahm sie Fechtunterricht, kaufte bei »Harvey's« sowie in der Brompton Road ein und fuhr zum Entsetzen ihrer Mutter sogar mit der Untergrundbahn, um Mary Talbot bei ihrer Wohltätigkeitsarbeit in Whitechapel zu besuchen. Florence war »außer sich«, schrieb Elsa später, daß Gertrude sich zu einer solchen »Orgie der Unabhängigkeit« habe hinreißen lassen. Daß sie – natürlich nur in Begleitung des Dienstmädchens der Familie – Kunstausstellungen besuchte, gefiel ihrer Mutter schon besser, auch daß sie sich (selbstverständlich immer in Begleitung) mit Freunden traf: Caroline Grosvenor, einer Malerin, Norman Grosvenor, ihrem Mann, und Flora Russell, der Tochter von Lord und Lady Arthur Russell. Ganz London beneidete damals die Russells. Ihr Salon am Audley Square (dessen Fenster – welche Extravaganz – einmal pro Woche geputzt wurden) im Stadtteil Mayfair zog prominente Persönlichkeiten an wie zum Beispiel Leslie Stephen und seine Töchter Virginia und Vanessa, Mrs. Humphrey Ward, die Schriftstellerin, und Henry James, der manchmal seinen Freund John Singer Sargent, den umstrittenen Maler der »Madame X«, mitbrachte. Aber abgesehen von ein paar interessanten Gesprächen hier und da gingen die Tage vorüber, »ohne daß etwas Nennenswertes geschah«.

Man gestand einer jungen Frau damals maximal drei Ballsaisonen zu – spätestens nach der dritten mußte sie einen Mann gefunden haben. Gertrudes Zeit war abgelaufen. Kein Mann hatte bisher um ihre Hand angehalten, und es gab auch niemanden, den sie selbst gern geheiratet hätte. Es lag jedoch nicht daran, daß sie die Gesellschaft junger Männer nicht genossen hätte. Aber ihre scharfe Zunge verletzte das Ego dieser jungen Gentlemen, und ihr ungeheurer Wissensdurst hatte schnell die paar Tropfen aufgesogen, die von ihnen vergossen worden waren. Sie weigerte sich, sich ihnen unterzuordnen, servil zu sein oder zu schweigen, sich nicht mit ihnen zu streiten und zu allem, was sie von sich gaben, ja und Amen zu sagen. Sie war einfach nicht bereit, einem anderen Menschen zuliebe ihre Persönlichkeit zu verleugnen. Wenn das den Männern nicht gefiel (was fast stets der Fall war), auch gut. Sie lehnte es jedenfalls strikt ab, einen nichtssagenden Mann als ihren Herrn und Meister anzuerkennen.

Nachdem sie sich drei Jahre lang vergeblich umgesehen hatte, war sie enttäuscht, und die Aussicht auf ein Leben allein machte ihr angst. Nach einem Abend bei den Russells war sie ziemlich niedergeschlagen und schrieb an Florence: »Ohne Dich kommt mir hier alles so schrecklich oberflächlich vor. Ich hoffe, daß Dir Dein Mann ein Trost ist, ich habe niemanden, der mich tröstet.« Sie fürchtete offenbar, ihr Leben als alte Jungfer beenden zu müssen, denn sie schrieb zum Schluß: »Liebste Mutter, es dauert lange, bis man siebzig ist, nicht wahr?«

Reisen schienen die einzige Lösung zu sein, zumal sie immer schon den Wunsch gehabt hatte, Persien kennenzulernen. Einen Winter lang beschäftigte sie sich mit der Sprache, nahm mit dreiundzwanzig Jahren Abschied vom feuchten, kalten England und reiste in Begleitung ihrer Tante Mary Lascelles in den Mittleren Osten. Mit dem Orientexpreß fuhren sie zuerst von Paris nach Konstantinopel und von dort mit dem Schiff nach Persien. Am 7. Mai 1892 kam sie in Teheran an und besuchte dort ihren Onkel Frank Lascelles, der inzwischen bei Schah Naser Od Din als britischer Botschafter akkreditiert war. In ihrem ersten Brief meinte sie überschwenglich, Persien sei das »Paradies«.

Das Botschaftsgelände sei ein »Garten Eden«, schrieb sie ihren Eltern. »Ihr könnt euch nicht vorstellen, wie schön es hier ist – draußen stehen viele, viele Bäume, die vom Haus bis zu den Gartenmauern Schatten spenden, darunter blühen rosarote, gelbe, weiße und rote Rosen und dichte Hecken mit großen goldgelben Blüten. Es ist wie der Garten des Teufels, ein vollkommener Alptraum von Rosen.« Sie betrat das alte Steinhaus und durchschritt die langen Gänge, in denen sich livrierte Diener vor ihr verneigten. Sie entdeckte große Eßzimmer, Salons und Billardräume, zahllose Wohn- und Schlafzimmer für die Familie und für Gäste, und überall duftete es nach Rosen und hörte man die Nachtigallen singen.

Da sie einen Monat lang unterwegs gewesen war, arrangierte man ihr zu Ehren eine Willkommensfeier, an der die gesamte Botschaft teilnahm: Berater, Militärattachés, Telegraphiekodierer, erste, zweite, ja sogar dritte Sekretäre – und alle kamen, um sie zu begrüßen. Einer von ihnen weckte ihr besonderes Interesse. »Mr. Cadogan ist groß, rothaarig und sehr schlank, außerdem freundlich, intelligent, spielt phantastisch Tennis und Billard, ist ein begeisterter Bezique-Spieler, findet Reiten gut, obwohl er selbst, wie man mir sagte, überhaupt nicht reiten kann. Er ist elegant, gepflegt, gut angezogen und betrachtet es als seine vornehmste Aufgabe, sich um uns zu kümmern. Ich mag ihn«, verkündete sie sofort in einem Brief an ihre Familie.

Sie begegnete in Teheran auch anderen Menschen, die ihr sympathisch waren, darunter vor allem dem deutschen Geschäftsträger Friedrich Rosen und seiner Frau Nina. Frau Rosen, Tochter von

Freunden ihrer Stiefmutter, war eine intelligente, witzige Person. Von Dr. Rosen, einem charmanten Mann und Orientalisten, lernte sie viel über die persische Kultur, und er weckte gleichzeitig ihr Interesse für die Araber. Die drei wurden enge Freunde, und als die Rosens später nach Jerusalem versetzt wurden, besuchte sie sie und lernte dort Arabisch.

Ein Mann stellte jedoch in Teheran alle anderen in den Schatten. Schon eine Woche nach ihrer Ankunft schrieb Gertrude nach Hause: »Mr. Cadogan ist ein richtiger Schatz; ich habe nicht damit gerechnet, daß ich ausgerechnet hier in Teheran endlich einem so reizenden Mann begegne, und ich frage mich, ob ich das verdient habe. Florence [die Tochter der Lascelles] und ich mögen ihn sehr. Er reitet mit uns aus, er arrangiert alles für uns, er bringt seine Hunde mit ... Er zeigt uns wunderschöne Sachen aus den Basaren, er ist immer da, wenn wir ihn brauchen, und niemals, wenn wir ihn nicht brauchen.« Cadogan war nicht nur charmant, sondern auch sehr intelligent und belesen und kannte sich in der deutschen, französischen und englischen Literatur gut aus.

Er ritt mit ihr in die Wüste, deren unendliche Weite und die Schönheit der Oasen ihr den Atem verschlugen. »Die Wüste um Teheran dehnt sich meilenweit aus, und es wächst absolut nichts dort. Sie ist umgeben von hohen düsteren, kahlen Bergen, auf deren Gipfeln ewiger Schnee liegt und an deren zerklüfteten Hängen Wasserfälle hinabstürzen. Erst hier habe ich bewußt erlebt, was die Wüste wirklich ist. Es ist ein wunderbarer Anblick ...«

Gemeinsam ritten sie zum Landsitz des Schahs – Gertrude natürlich immer im Damensitz – und fanden einen Garten, in dem wilde Tiere lebten, und einen *Anderun,* einen besonderen Palast für die Damen des Herrscherhauses. Einer der Gärtner öffnete die Palasttür, sie traten ein und befanden sich »mitten in tausendundeiner Nacht«. Kleine Bäche ergossen sich über den gefliesten Boden, und die Reflexe des Wassers tanzten in den winzigen Spiegeln, mit denen das Dach geschmückt war, und überall wuchsen Rosen. Sie schrieb: »Hier wird mein weibliches Ich, das ein leeres Gefäß ist und das jeder, der vorbeikommt, nach Belieben füllen kann, mit einem Wein gefüllt, von dem ich in England noch nie etwas gehört habe.«

Die Sinnlichkeit des Ostens erregte sie, und ihr gutaussehender, zehn Jahre älterer Begleiter verführte sie. Während er ihr die geheimnisvollen Verse der persischen Dichter vorlas, legte er seinen Arm um sie. Er zeigte ihr exotische Dinge wie den weißen Turm des Schweigens, auf den die Parsen, Anhänger des Zarathustra, ihre Toten legten, damit sie von den Vögeln gefressen wurden. Und als sie vor Angst zitterte, drückte er sie fest an sich. Er brachte ihr bei, wie man mit Falken jagt, und sie sahen beide zu, wie die Diener Wachteln fliegen ließen, die von den Greifvögeln im Flug getötet wurden. Er ging mit ihr in einen Garten, wo sie sich unter Bäumen ins Gras legten, sie streckten ihre Zehen in einen kleinen Bach und küßten sich und beobachteten, wie das Tageslicht sich auf den schneebedeckten Gipfeln der Berge allmählich veränderte. Er zog ein kleines Exemplar eines Buches von Catull aus der Tasche und las ihr Verse des römischen Dichters vor. »Es war einfach wunderbar«, schrieb sie verträumt.

Während das Land von einer schrecklichen Choleraepidemie heimgesucht wurde und Tausende starben, genossen sie und Cadogan das Leben. Sie rezitierten Gedichte von Browning und Kipling und lasen sich gegenseitig Geschichten von Henry James vor. Sie spielten Tennis, ritten in die Berge und machten Spaziergänge. An einem Nachmittag im August gingen sie drei Kilometer am Ufer des Lar entlang zu einer Stelle, an der Cadogans Diener ein prächtiges Picknick vorbereitet hatte. Nachdem sie ein plötzlicher Schauer völlig durchnäßt hatte, suchten sie unter den wasserdichten Planen Schutz und aßen Butterbrote mit Himbeergelee. Danach wanderten sie weiter am Flußufer entlang, Cadogan angelte, und sie unterhielten sich, bis sie schließlich wieder nach Hause gingen. »Das war ein wunderschöner Nachmittag«, schnurrte sie wie eine zufriedene Katze.

Ihre Beziehung war schon so weit gediehen, daß sie sich über ihre Zukunft unterhielten und Pläne für ein gemeinsames Leben schmiedeten: Als Diplomat mußte er damit rechnen, womöglich in den entlegensten Winkel der Welt versetzt zu werden. In Südamerika war er bereits gewesen, und es hatte ihm dort nicht sonderlich gefallen. Beide hofften, daß er im Mittleren Osten bleiben würde. Sie konnte sich gut vorstellen, wie ihre Tante Mary die charmante, von allen bewunderte Frau eines einflußreichen Botschafters zu sein, einschließlich der schicken Garderobe aus Paris. Sie würde in der Luxuskabine eines Ozeandampfers oder im eleganten Abteil des Orientexpreß reisen, interessante Leute kennenlernen, darunter Premierminister und Könige, und in exotischen Städten wie Damaskus oder Bagdad leben. Ihre Tage waren wie die Träume von einem orientalischen Märchen.

Beide hatten Briefe an Gertrudes Eltern geschrieben: Er hatte Hugh Bell um die Hand seiner Tochter gebeten, und sie hatte ihrem Vater die Neuigkeit mitgeteilt. Als nach zwei Wochen noch keine Antwort eingetroffen war, schrieb sie noch einmal, denn sie war fest davon überzeugt, daß ihr Vater den jungen Mann erst einmal unter die Lupe nehmen wollte. Sie wußte, daß die lange Wartezeit kein gutes Omen war: Ihr Vater stellte hohe Ansprüche an den künftigen Schwiegersohn, und Mr. Cadogan entsprach nicht seinen Vorstellungen. Hugh Bell wünschte sich für seine Tochter einen vermögenden Mann mit gutem Einkommen und ebensolchen Zukunftsaussichten. Henry Cadogan war zwar der älteste Sohn des ehrenwerten Frederick Cadogan und Enkel des dritten Earl Cadogan, doch hatte er von der Familie nichts geerbt. Sein Gehalt als junger Diplomat hätte nicht ausgereicht, um Gertrude zu ernähren – und was die Sache noch schlimmer machte: Er war ein Spieler und erheblich verschuldet. Er war zwar sehr belesen und weltgewandt, aber von Familienmitgliedern und Freunden in Teheran erfuhr Hugh Bell, daß Cadogan auch sehr tyrannisch, dickköpfig und ungeduldig sein konnte, wenn etwas nicht nach seinen Wünschen lief.

Noch bevor Gertrude eine Antwort von ihrem Vater erhalten hatte, schrieb sie ihrer Mutter, daß Cadogan ihrer Meinung nach nur eine Möglichkeit offenstünde, falls Hugh seine Erlaubnis verweigere: in Persien zu bleiben und darauf zu hoffen, daß er bald zum Botschafter ernannt oder daß ihm eine andere lukrative Position angeboten werde. Dann hätte sich das Warten gelohnt. »Mein einziger Trost ist, daß man in seinem Beruf tatsächlich schnell vorankommen und ausreichend verdienen kann. Andererseits ist der damit verbundene Lebensstil natürlich auch ziemlich teuer«, mußte sie sich eingestehen.

Im September traf dann endlich der Brief ihres Vaters ein. Ihr Herz schlug schneller, als sie ihn öffnete – nur um dann zu erkennen, daß sich ihre schlimmsten Befürchtungen bewahrheitet hatten. Hugh Bell weigerte sich, der Ehe seinen Segen zu geben. Er hoffte, daß Gertrude nach einer Trennung von Cadogan wieder zur Vernunft kommen würde. Der Brief brach ihr das Herz. Sie schrieb an ihre Stiefmutter und bat sie um Trost: »Ich liebe ihn mehr, als ich sagen kann, und ich habe auch keine Angst, arm zu sein oder noch warten zu müssen, obwohl mir das Warten doch schwerer fällt, als ich anfänglich gedacht habe. Zuerst ist einem nicht klar, wie sehr man sich nach der ständigen Gesellschaft des geliebten Menschen sehnt und wie gern man sich in die Sicherheit einer Ehe zurückziehen würde. Erst jetzt, wo ich gehe, wird es mir schmerzlich klar ... wir befinden uns in einer sehr schwierigen Lage und sind sehr unglücklich.«

Trotz ihrer leidenschaftlichen Liebe respektierten beide die gesellschaftlichen Regeln. Sie trafen sich seltener, da sie meinten, hierzu kein Recht mehr zu haben. Sie flehte ihre Mutter immer noch an, Henry Cadogan doch so zu verstehen, wie sie ihn verstand. Sie konnte den Gedanken nicht ertragen, daß ihre Eltern in ihm etwas anderes sahen als einen »noblen, freundlichen und guten Menschen«. Aber das war nur die eine, die liebende Seite, die er ihr gezeigt hatte. »Alles, an das ich denken oder das ich schreiben kann, ruft mir Dinge ins Gedächtnis zurück, über die wir gesprochen haben. Wie blitzende Schwerter kommen mir plötzlich Sätze in den Sinn, die er gesagt hat. Während der letzten drei Monate hat alles, was ich getan oder gedacht habe, etwas mit ihm zu tun. Er ist mein Lebensinhalt.«

Wenn man ihr die Wahl ließe, würde sie es trotz des momentanen Schmerzes und der schrecklichen Trennung, die vor ihnen lag, immer wieder tun, versicherte sie ihren Eltern. Cadogan sei es wert gewesen, schrieb sie ihnen, »mehr als wert. Manche Menschen leben ihr ganzes Leben und dürfen nie so etwas Wunderbares erfahren. Ich habe es wenigstens erlebt und die Möglichkeiten kennengelernt, die das Leben bietet – nur weint man natürlich ein wenig, wenn man sich wieder abwenden und das alte beengte Leben wieder aufnehmen muß ... O Mutter, Mutter«, jammerte sie.

Auf der Heimreise schrieb sie einen Brief an ihren guten Freund Domnul Chirol und vertraute ihm an, wie traurig und verwirrt sie sei. »Ich nehme an, Du weißt in etwa über meine Situation Bescheid – dieses *in etwa* trifft zur Zeit auch auf mich selbst zu, aber ich fürchte, es sieht nicht so gut aus. Die Ungewißheit macht mir angst und nimmt mir so ziemlich alle Hoffnung. Mr. Cadogan ist sehr arm, sein Vater ist, soweit ich weiß, so gut wie bankrott. Meiner ist zwar ein Engel und würde alles für mich tun, aber man kann unmöglich von ihm erwarten, daß er zusätzlich zu seinem eigenen Haushalt auch noch meinen finanziert, obwohl das im Grunde das ist, was wir von ihm erwarten.« Sie hatte noch keine Gelegenheit gehabt, mit ihrem Vater über das Problem zu reden, hoffte jedoch, daß er sich mit Henry Cadogans Vater treffen und sich dann irgendwie entscheiden würde. In der Zwischenzeit durften sie und Cadogan sich nicht einmal als Verlobte betrachten, und die Möglichkeit einer Ehe war in weite Ferne gerückt. »Ich schreibe zwar vernünftig über dieses Thema, nicht wahr, aber im Grunde meines Herzens bin ich überhaupt nicht vernünftig. Ich bin so verzweifelt, daß ich nicht einmal weinen kann – es gibt Tage, die so schlimm sind, daß nur noch Schweigen möglich ist.«[1]
Ende Oktober kam sie in London an und konnte nach langer Zeit zum erstenmal wieder ihre Mutter in die Arme schließen. Ihrem Vater, der in Yorkshire war, schrieb sie, daß diese Erfahrung ihn ihr nur noch nähergebracht habe, obwohl sie sich das vorher nie hätte vorstellen können. Vielleicht hing es damit zusammen,

daß sie bei ihm die wahre Liebe kennengelernt habe, vermutete sie, und daß sie deshalb die Liebe ihres Vaters um so mehr würdigen könne. Als Hugh dann ein paar Tage später in London eintraf, schüttete sie ihm ihr Herz aus, und während er schweigend zuhörte, vertraute sie ihm all ihre Hoffnungen, Ängste, Wünsche und Sehnsüchte an. Wie sie es schon Domnul erklärt hatte, wußte sie im Grunde ihres Herzens, daß ihr Vater recht hatte. Zumindest war Cadogan zu jenem Zeitpunkt kein akzeptabler Mann für sie. Aber sie sehnte sich nach ihm, wollte seine Frau werden, und war bereit, so lange zu warten, wie man es von ihr erwartete.

Acht Monate hielt sie das aus, doch lebte sie nur von einem Tag zum nächsten. Florence regte sie dazu an, ein Buch über ihre Erlebnisse in Persien mit dem Titel »*Persian Pictures*« (Persische Reisebilder) zu schreiben. Im August 1893 besuchte sie mit ihrer Mutter Kirby Thore in Yorkshire. Dort las sie Florence eine Passage über die Choleraepidemie vor. Sie hatte das Kapitel mit »Schatten des Todes« überschrieben. Und wie in einem persischen Zauber legte sich der Schatten des Todes über die Seiten des Buches: Ein Telegramm aus Teheran wurde ihr zugestellt. Ahnungslos und erwartungsvoll entfaltete sie das Papier. Henry Cadogan war beim Angeln ausgerutscht und in das eisige Wasser des Lar gestürzt – ob aus Versehen oder absichtlich, stand nicht in der Mitteilung. Er war völlig unterkühlt gewesen und hatte sich anschließend eine Lungenentzündung zugezogen. Man bedaure, ihr mitteilen zu müssen, daß Cadogan tot sei.

Im selben Jahr veröffentlichte Gertrude eine Übersetzung der Gedichte von Hafiz. Ihre Interpretation der Schriften dieses Dichters dürfte auch heute noch zu den besten gehören:

Songs of dead laughter, songs of love once hot,
Songs of a cup once flushed rose-red wine,
Songs of a rose whose beauty is forgot,
A nightingale that piped hushed lays divine:
And still a graver music runs beneath

The tender love notes of those songs of thine,
Oh, seeker of the keys of Life and Death!

(»Lieder von totem Lachen, Lieder einer einst heißen Liebe,
Lieder von einem Pokal mit rosarotem Wein,
Lieder von einer Rose, deren Schönheit in Vergessenheit geriet,
Eine Nachtigall, die ganz leise liebliche Melodien sang:
Aber eine schwerere Musik liegt darunter
die zärtlichen Liebestöne deiner Lieder,
O Suchender der Töne des Lebens und des Todes.«)

4.

Flucht

Gertrude hatte nicht nur ihren Geliebten verloren, sondern gleichzeitig alle Hoffnung. Durch seinen Tod war sie völlig aus der Bahn geworfen worden. Fast ein Jahr lang hatte sie in einer Traumwelt gelebt, und da sie ständig von der Angst beherrscht war, daß ihr Vater sie zwingen würde, ihre Pläne aufzugeben, hatte sie weitergeträumt. Jetzt, mit fünfundzwanzig Jahren wurde sie erbarmungslos mit der Realität konfrontiert. Ihre Zukunft lag in Trümmern, Henry war tot. Als einzige Heilmittel blieben Arbeit und Reisen. In den folgenden fünf Jahren reiste sie um den ganzen Globus und unternahm dabei häufige Abstecher nach Frankreich und der Schweiz. Offensichtlich glaubte sie, daß ihr eine solche Flucht das Vergessen leichter machen würde. Aber die Erinnerung an Cadogan verfolgte sie ständig: Sie sah ihn in den glücklichen Gesichtern eines frisch verheirateten Paares im Zug nach Frankreich, in der Vollkommenheit der Statue des David in Florenz, selbst in den Granatapfelkübeln, die vor einem Schweizer Hotel standen. Sie wirkte ständig gehetzt, doch gleichzeitig gelangweilt, aber letztendlich war ihre Ruhelosigkeit die treibende Motivation für einen neuen Höhepunkt ihrer Schaffenskraft. Sie lernte Persisch und recherchierte fieberhaft für ein neues Buch. Sie wollte die Geister loswerden, doch die Sprache und das, was sie schrieb, ließen ihren Kummer nur noch größer werden.

»Leben! Leben! das freigiebige, das herrliche!«[1], hatte sie noch in den »*Persischen Reisebildern*« gejauchzt, die im Frühjahr 1894 erschienen waren. Aber diese Worte hatte sie geschrieben, als sie noch in Persien mit Cadogan zusammengewesen war.

Sein Tod war zu früh gekommen. Da sie keine Freunde mehr finden konnte, suchte sie Trost bei Billy Lascelles. Aus ihrer Liebelei war eine innige Freundschaft geworden, Mitgefühl hatte die Leidenschaft ersetzt. Er besuchte sie in der Sloane Street, und während Florence sich insgeheim wünschte, die beiden hätten vor Jahren geheiratet, zogen sich die jungen Leute zurück und unterhielten sich über private Dinge. Sie schüttete ihm ihr Herz aus und fühlte sich getröstet, weil er ihr zuhörte.

Bei einer Familienreise in die Alpen vertraute sie ihren Kummer Friedrich und Nina Rosen, ihren Freunden aus Teheran, an. Mit Dr. Rosen sprach sie über die »Persischen Reisebilder«, über persische Literatur und über ihre Zeit mit Cadogan. Wenn sie dann abends allein in ihrem Zimmer unter dem Daunenplumeau lag, las sie den Briefwechsel zwischen Jonathan Swift und seiner Geliebten Vanessa. Sie bezweifelte, daß ein Mann die Gefühle der Vanessa wirklich verstehen könnte, und war sich ganz sicher, daß es keine Frau gab, die sie nicht verstehen könnte. »Swift hat sie nicht geliebt«, konstatierte sie. »So schreibt nur ein Mann, der nicht wirklich liebt. Und das tut einer Frau sehr weh und verletzt sie. Man sollte Gott jeden Abend bitten, daß er einen nicht solche Briefe schreiben läßt – oder man sollte sie zumindest nicht abschicken.« Sie selbst hatte die Worte eines Mannes gehört, der wirklich liebte, und am ersten Jahrestag von Henrys Tod brannten sie in ihrer Erinnerung. »Ich habe letzte Nacht viel an ihn und an alles, was er mir bedeutet hat und noch bedeutet, gedacht.« Erst viele Jahre später erlebte sie noch einmal eine solch intensive Beziehung, und die Briefe, die sie von diesem Mann bekam, wühlten sie in ihrem Innersten auf.

Von allen persischen Dichtern, die sie und Cadogan gemeinsam gelesen hatten, war Hafiz der leidenschaftlichste und geheimnisvollste. Seine Worte verlangen sehr viel Einfühlungsvermögen und Sprachgefühl, und seine komplizierten Botschaften lassen sich nur sehr schwer interpretieren. Gertrude nahm die Herausforderung jedoch an und übersetzte mit Feuereifer seine Gedichte.

In den nächsten zwei Jahren verbrachte sie die meiste Zeit mit diesen Übersetzungsarbeiten, die sie 1896 abschließen konnte. Nachdem sie im folgenden Jahr den aus dem dreizehnten Jahrhundert stammenden Hafiz in einem Aufsatz mit Dante und dem eher neuzeitlichen Goethe verglichen hatte, erschien das Buch und wurde von der Kritik begeistert aufgenommen. Noch 1974 schrieb A. H. Arberry, ein bekannter Literaturwissenschaftler: »Obwohl inzwischen etwa zwanzig verschiedene Übersetzer Hafiz ins Englische übersetzt haben, sind ihre Übersetzungen nach wie vor die besten.« Da sie Cadogans Bild immer noch in ihrem Herzen trug, fiel es ihr nicht schwer, sich vorzustellen, welchen Schmerz Hafiz erlitten haben muß, als sein Sohn gestorben war. Das Gedicht heißt *Der Diwan des Hafiz*[2].

Light of mine eyes and harvest of my heart,
And mine at least in changeless memory!
Ah! when he found it easy to depart,
He left the harder pilgrimage to me'
Oh Camel-driver, though the cordage start,
For God's sake help me lift my fallen load,
And Pity be my comrade of the road'

He sought a lodging in the grave – too soon!
I had not castled, and the time is gone.
What shall I play? Upon the chequered floor
Of Night and Day, Death won the game – forlorn
And careless now, Hafiz can lose no more.

(»Licht meiner Augen, Ernte meines Herzens,
der du mir wenigstens in meiner unauslöschbaren Erinnerung
Als er es so leicht fand wegzugehen,   [gehörst,
überließ er mir den schweren Teil der Pilgerreise.
O Kameltreiber, der du das Tauwerk festgemacht hast,
hilf mir um Gottes willen, meine heruntergefallene Last wieder
Und möge Mitleid mein Weggefährte sein.   [aufzuheben,

Im Grab hat er eine Herberge gesucht – zu früh!
Ich habe kein Schloß gebaut, und jetzt ist die Zeit vorüber.
Was soll ich spielen? Das Spiel auf dem Schachbrett
Von Tag und Nacht hat der Tod gewonnen – verlassen
Und sorglos hat Hafiz jetzt nichts mehr zu verlieren.«)

Da Gertrude immer noch eine Schwäche für das Leben im Mittleren Osten hatte, lernte sie auf Anregung von Friedrich Rosen (der sich die Sprache als Kind in Jerusalem angeeignet hatte) Arabisch. Es fiel ihr zuerst nicht schwer, und wenn sie tagsüber die Geschichten las, durchlebte sie noch einmal ihre Romanze mit Cadogan. Da sie allein in London lebte, aß sie an den freien Nachmittagen und Abenden bei ihren guten Freunden, den Grosvenors, den Stanleys und den Ritchies, fuhr nach Portsmouth oder besuchte Mrs. Green, die Witwe des Historikers, und Mrs. Ward, die Schriftstellerin, in ihren eleganten Häusern am Russell Square. Zumindest vorübergehend sonnte sie sich in dem Ruhm, den ihr die Kritiken der »Persischen Reisebilder« eingebracht hatten.

Trotz ihrer Erfolge als Autorin und auf dem gesellschaftlichen Parkett und obwohl sie inzwischen bereits achtundzwanzig Jahre alt war, mußte sie sich immer noch mit den Zwängen des viktorianischen England herumschlagen. »Ich bin Dienstag nicht bei Lady Pollock gewesen«, beklagte sie sich. »Und ich hatte versprochen, zu einer Party am Audley Square zu gehen. Beides konnte ich nicht ohne Begleitung.«

Nur durch eine Ehe hätte sie sich von den Fesseln der Anstandsdamen befreien können. Inmitten der Ballsaison 1896 heiratete ihre Kommilitonin aus Oxford, Mary Talbot, den Pfarrer Winfrid Burrows, sie brauchte also keine Aufpasserin mehr. Mary war vierunddreißig, wurde kurz darauf schwanger und »strahlte förmlich«, berichtete Gertrude Janet Hogarth, als man sich in London zum Tee traf. Die beiden Frauen verbrachten einen wunderschönen Nachmittag miteinander. Sie unterhielten sich über gemeinsame Freunde, über Gertrudes Schriftstellerei und ihre Reisen in den Mittleren Osten. Mary Talbot war Gertrudes engste Freundin gewesen. Sie konnten auf zahllose gemeinsame Stunden in London zurückblicken und waren auch zusammen in Italien gewesen. Jetzt hatte sich Gertrude in den Zug nach Yorkshire gesetzt, um ihre Freundin in Leeds zu besuchen. Sie erlebte mit, wie das junge Paar sein Haus auf dem Land einrichtete, und dachte daran, wie sie und Henry Cadogan sich ihre Ehe vorgestellt hatten. Sie war überzeugt, daß es kaum einen Mann geben würde, mit dem sie jene Träume verwirklichen könnte, die sie mit ihm geträumt hatte. Das Leben, das sie und Cadogan sich ausgemalt hatten, war so ganz anders als das, was Mary führte: ein Leben voller exotischer Abenteuer im Mittleren Osten. Aber Gertrude hoffte trotz allem immer noch auf eine baldige Heirat.

Es gab jedoch zu jener Zeit keinen Mann, der in Frage gekommen wäre. Sie floh mit ihrem Vater nach Italien, ging durch die engen Gassen Paduas und hätte beinahe geweint, als sie in Venedig den Markusplatz betrat. »Eine Kapelle spielte«, schrieb sie in ihr Tagebuch, »und die Piazzetta war voller Menschen. Es klingt furchtbar albern, aber für mich war der ganze Platz voll von Henry Cadogans, und es war einfach zu schön, um nicht traurig zu sein.«

In England wurde sie dann wieder mit ihrer ganzen Misere konfrontiert. Früher hatten ihre jüngeren Schwestern ehrfürchtig zugeschaut, wie die Zofen Gertrude halfen, sich für einen Ball vorzubereiten, wie sie ihr das Korsett einhakten, die Unterröcke und das Kleid mit der Wespentaille schnürten, ihre langen, weißen Handschuhe glattstrichen. Inzwischen waren Elsa und Molly selbst alt genug, um auf Bälle zu gehen, und Gertrude half ihnen, die Kleider auszusuchen. »Ich saß dann auf der Bank und mußte zusehen, wie sie um mich herumtanzten, und wußte genau, wie Du Dich damals in Oxford gefühlt haben mußt«, schrieb sie an Florence. Aber Florence, die in Oxford die Rolle ihrer Anstandsdame übernommen hatte, war natürlich hinterher nach Hause zu Hugh gegangen. Gertrude kehrte dagegen in ein leeres Zimmer im Studentenwohnheim zurück.

Als Mary und Frank Lascelles sie nach Berlin in die Botschaft einluden, betrachtete sie dies als willkommene Gelegenheit für einen Ortswechsel. In ganz Europa, also auch in Deutschland, feierte man damals das diamantene Thronjubiläum der Königin Viktoria. Die sehr beliebte Herrscherin, Großmutter Kaiser Wilhelms II. und des Zaren Alexander von Rußland, die außerdem durch ihre Ehe mit den Königshäusern von Rumänien, Dänemark und Griechenland verwandt war, verkörperte gleichsam das britische Weltreich. Als sie im Jahre 1897 das sechzigste Jahr ihrer Inthronisierung feierte, nahm der ganze Kontinent an diesem Ereignis Anteil. Hohe Würdenträger aus aller Welt kamen nach England und feierten rauschende Feste. Es gab Truppenparaden, und alle Bürger britischer Abstammung beglückwünschten sich, daß sie Angehörige des größten und reichsten Imperiums der Welt waren.

In Deutschland ließ Gertrude keinen Ball, kein Bankett, kein Konzert und keine Oper, die zu Ehren der Königin Viktoria veranstaltet wurden, aus. Aber trotz der verwandtschaftlichen Verbindungen der Königshäuser betrachtete man dort die Briten mit einem gewissen Mißtrauen. In Südafrika bekämpften sich die beiden Länder im Burenkrieg. Im Osten hatte Deutschland ein begehrliches Auge auf Indien gerichtet und war außerdem sehr an den Resten des zusammenbrechenden Osmanischen Reichs interessiert. Und in Europa konkurrierten Deutschland und England auf den Märkten und auf dem sich rasch entwickelnden Gebiet der Kommunikation.

Als Gertrude mit ihrer Tante Mary und ihrem Onkel Frank bei Hof zu einer Theateraufführung eingeladen war, sah sie zufällig, wie man dem Kaiser einen Stapel Telegramme reichte. Nachdem er sie gelesen hatte, kam es zwischen dem Monarchen und ihrem Onkel, dem britischen Gesandten, zu einer erhitzten Debatte. Gertrude konnte Wortfetzen wie »Kreta«, »Bulgarien«, »Serbien« und »mobilisieren« hören. Ihr Onkel war überzeugt, daß sich Europa am Rande eines Krieges befand. Für den Fall, daß das Osmanische Reich zusammenbrechen sollte, standen Russen, Franzosen und Deutsche schon bereit, um sich die Reste anzueignen. Als der

Krieg dann wirklich ausbrach, kämpften Deutschland und England gegeneinander.

Das Gerede über einen bevorstehenden Krieg war für Gertrude zwar eine aufregende Sache, den Rest ihres Deutschlandaufenthalts empfand sie jedoch als ziemlich langweilig. Anfang März war sie froh, wieder nach England zurückkehren zu können. Sie war sehr bestürzt, als sie vier Wochen später erfuhr, daß Mary Lascelles, ihre Lieblingstante, der sie es verdankte, daß sie nach Persien reisen durfte und dort Henry Cadogan kennengelernt hatte, gestorben war. Sie erlebte ein Wechselbad der Gefühle, als sie kurz darauf die frohe Botschaft erhielt, daß ihre Freundin Mary Talbot Zwillinge zur Welt gebracht hatte. Wenig später kam aber die traurige Nachricht: Bei der Geburt hatte es Komplikationen gegeben, an deren Folgen Mary Talbot gestorben war.

Diese Hiobsbotschaften überwältigten sie: Die Todesfälle, der Kummer, die Trauer – es war, als regneten aus einer dunklen Wolke ständig Tränen auf sie herab. Abgesehen vom Thronjubiläum der Königin, das ihre Traurigkeit ein wenig erhellte, hielt sie kaum noch etwas in England. Als im Herbst die Sonne die Straßen Londons nicht mehr in einen Backofen verwandelte und eine kühle Brise ihre düstere Stimmung begleitete, verspürte sie den Drang zu entfliehen. Da sie jedoch immer noch eine traditionsbewußte Frau war, verhielt sie sich auch entsprechend: Sie buchte für sich und ihren Bruder bei »Cooks« eine Reise um die Welt. Im Dezember 1897 begaben sich die beiden auf eine Seereise, die eher eine Ruheperiode als ein Abenteuer war.

Sie fuhren von Southampton über den Atlantik, durch den Panamakanal und überquerten den Pazifik. In Tokio und Hongkong gingen sie kurz an Land, und auf dem Heimweg machten sie halt in den französischen Alpen, um bergsteigen zu gehen. Die körperliche Anstrengung beim Klettern, die Aufgabe, etwas Neues, Schwieriges zu bezwingen, hatte für Gertrude eine große Anziehungskraft. »Hindernisse sind dazu da, überwunden zu werden«, hatte ihr Vater oft gesagt, und sie glaubte ihm. Nach sechs Monaten kehrten sie im Frühsommer wieder nach Hause zurück.

Sie lebte wie in einem Vakuum. Es gab eine Einladung nach der anderen, dann Anproben bei der Schneiderin, und nur hin und wieder hielt sie einen Lichtbildervortrag über Persien. Ihren dreißigsten Geburtstag feierte sie zu Hause bei ihrer Familie, aber ein Heiratskandidat war immer noch nicht in Sicht. Sie hätte ihren Kummer gern in ernsthafter Arbeit begraben, aber sie konnte Cadogan einfach nicht vergessen. Da die Erinnerung an ihn eng mit dem Osten verbunden war, verbrachte sie den größten Teil des folgenden Jahres damit, Persisch und Arabisch zu lernen. Sie hoffte, Friedrich Rosen besuchen zu können, der inzwischen Konsul in Jerusalem geworden war. Aber ihre Sprachstudien nahmen nur eine gewisse Zeit in Anspruch. Die restlichen Stunden verbrachte sie in Londoner Salons, wo man sich über die Dreyfus-Affäre aufregte, denn in Frankreich fand gerade ein Prozeß gegen diesen jüdischen Offizier statt, der wegen Landesverrats vor ein Kriegsgericht gestellt worden war.

Gertrudes Leben bestand fast ausschließlich aus Einladungen und Besuchen. In Rom suchte sie Mrs. Humphrey Ward auf; in Athen traf sie ihren Vater und konnte miterleben, wie der Archäologe David Hogarth, der Bruder ihrer Freundin Janet, die Ausgrabungen sechstausend Jahre alter Schiffe leitete. Sie lernte einen seiner Kollegen kennen, den gutaussehenden Wilhelm Dörpfeld, und hing an seinen Lippen, als er über seine Ausgrabungen redete und die antike Welt mit Töpfen, Scherben und Steinen wieder lebendig werden ließ. Sie war fasziniert, und damals wurde der Grundstein für ihr Interesse an der Archäologie gelegt. Als sie über Konstantinopel, Prag und Berlin nach Hause fuhr, besuchte sie ihren Onkel, der in der deutschen Reichshauptstadt immer noch Botschafter war, und den »unentwegt fröhlichen« Domnul Chirol, der dort schon seit fünf Jahren als Korrespondent für die *Times* arbeitete. Er wetterte gegen die deutsche Regierung und ihren aggressiven, jungen Kaiser Wilhelm II., und sie vertraute ihm an, wie einsam sie sei, und berichtete ihm voller Begeisterung von ihrer Liebe zum Bergsteigen, worauf seinerseits eindringliche Mahnungen zur Vorsicht folgten.

Von Deutschland aus fuhr sie nach Frankreich, um dort den ersten Viertausender ihres Lebens zu bezwingen, was sich als schwieriger erweisen sollte, als sie es sich vorgestellt hatte. Im November 1899 reiste sie nach Jerusalem, um die Jahrhundertwende an einem Ort erleben zu können, von dem viele Menschen glaubten, daß hier das Leben selbst begonnen habe, und wo trotz des Geistes von Cadogan auch ihr Leben einen Neuanfang nehmen sollte.

5.

Erste Schritte
in der Wüste

Jerusalem: Für die Christen war es der Weg zu Gott – der Ort, an dem man Christus gekreuzigt hatte und wo er auferstanden war, der Ort des Letzten Abendmahls, der Via Dolorosa, des Kreuzwegs, unweit von Bethlehem, wo er geboren wurde. Für die Moslems war es das Tor zu Allah, eine der drei heiligsten Stätten des Islam, der Ort, wohin Mohammed auf seinem legendären Roß gelangte und von dem aus er auf mystische Weise zum Himmel aufgestiegen ist. Für die Juden war Jerusalem das Synonym für Heimat, Hauptstadt des antiken Israel, von König David erbaut, nachdem er die hebräischen Stämme geeint hatte, der Ort, an dem die Bundeslade aufbewahrt wurde. Einige andere wiederum, zum Beispiel die deutschen Geographen des sechzehnten Jahrhunderts, erachteten die Stadt als Mittelpunkt der Welt.[1] Und das Osmanische Reich, zu dem es damals gehörte, betrachtete es als einen kostbaren Besitz.

Sie war nach Jerusalem gekommen, um Arabisch zu lernen, denn sie wollte die arabische Welt kennenlernen. Mit dem Schiff war sie von Marseille nach Palästina gefahren, und in ihrem Überseekoffer befanden sich ein neuer Pelzmantel und eine Kamera. Nachdem sie in Athen eingetroffen war, zeigte ihr ein Freund von David Hogarth die Akropolis und aß mit ihr im Hotel Grande Bretagne zu Abend. Dann ging es weiter nach Smyrna, wo der treue Domnul Chirol den britischen Konsul Cumberbatch bereits über ihre Ankunft informiert hatte, damit er ihr bei den türkischen Zollformalitäten helfen konnte. Sie hatte die Reise auf einem russischen Seelenverkäufer gebucht, der nach Beirut fuhr, und war der einzige Passagier mit einer Kabine. Voller Erstaunen sah sie, daß etwa dreihundert Bauern aus dem Zarenreich auf dem offenen Deck kampieren mußten. Die Frauen trugen Steppjacken, hohe Stiefel und hatten sich bunte Tücher um den Kopf gewickelt. Die Männer trugen dicke Jacken und Stiefel und Astrachanhüte. Wie Zehntausende andere – russisch-orthodoxe, griechisch-orthodoxe, Katholiken, Episkopale, Baptisten, Protestanten, Sunniten, Schiiten und Juden – unternahmen auch sie eine Pilgerreise nach Jerusalem, um für Vergebung ihrer Sünden zu bitten. Gertrude war eine Atheistin und glaubte nur an ihre Familie und an das britische Empire. Ihr Credo war die Bestimmung Englands: Sie war fest davon überzeugt, daß die Briten das auserwählte Volk seien, das die Welt führen sollte.[2] Mit ihren einunddreißig Jahren war sie jedoch noch immer auf der Suche nach ihrer eigenen Bestimmung.

Im Hotel Jerusalem, das nur zwei Gehminuten von der deutschen Kolonie entfernt lag, mietete sie sich eine Suite mit einer Veranda. Friedrich Rosen war inzwischen zum Konsul ernannt worden. Sie wollte vier Monate, bis zum April 1899, bei den Rosens bleiben. Friedrich, Nina und die beiden Jungen nahmen sie wie ein Familienmitglied bei sich auf, und Gertrude ging jeden Tag zweimal vom Hotel zum Mittag- und Abendessen zu ihnen.

Sofort nach ihrer Ankunft räumte sie in ihrer Suite um. Sie entfernte ein zusätzliches Bett aus dem Schlafzimmer, stellte zwei Armsessel, einen großen Schreibtisch und noch einen Tisch ins Wohnzimmer, auf dem sie ihre Bücher stapelte. Dann hing sie Fotos ihrer Familie und eine riesige Kiepert-Karte von Palästina auf. Ein Teppich bedeckte den gefliesten Boden, und ein kleiner Holzofen stand in der Ecke des Wohnzimmers. Alles in allem war das Zimmer »gemütlich«, schrieb sie nach Hause. Jetzt fehlten ihr nur noch ein Pferd, das sich jedoch schnell fand, und ein Sprachlehrer, den sie sofort engagierte.

Das Arabische, das ihr zuerst so leicht vorgekommen war, hatte sie inzwischen zur Verzweiflung gebracht. »Ich finde die Sprache schrecklich schwierig«, gestand sie ihrer Familie. Bei einer Dinnerparty machte es ihr nichts aus, sich auf französisch, italienisch, deutsch, persisch oder sogar türkisch zu unterhalten, und sie konnte auch blitzschnell von einer Sprache in die andere wechseln. Aber das Arabische war ihr doch sehr fremd: »Am schlimmsten ist dieses ganz stark aspirierte ›h‹. Um das aussprechen zu können, muß ich meine Zunge mit einem Finger festhalten, aber wie soll man ein Gespräch führen, wenn man ständig einen Finger im Hals hat?«

Sie nahm sich einen zweiten Lehrer und büffelte vier Stunden morgens und ein bis zwei Stunden abends Arabisch. Wenn sie zwischen den Mahlzeiten bei den Rosens in der Stadt spazierenging, trug sie einen Strohhut und eine weiße Bluse mit Spitzenbesatz und einer engen Taille. Wenn sie an eine Pfütze kam, raffte sie ihre Unterröcke und den langen Baumwollrock nach oben und sprang graziös darüber. Jerusalem hatte damals sechzigtausend Einwohner, zum größten Teil Juden, von denen viele ihre Häuser außerhalb der Stadtmauern bauten. Gertrude verbrachte die meiste Zeit jedoch innerhalb der türkischen Festungsanlagen, die noch aus dem sechzehnten Jahrhundert stammten.

Wenn sie die Stadt durch eines der acht Tore betrat, fühlte sie sich unvermittelt in die Vergangenheit versetzt. Viele Christen, Armenier, Moslems und Juden lebten hier noch wie im Mittelalter. Am Jaffa-Tor, das im Jahre 1527 unter Suleiman dem Prächtigen erbaut worden war, folgte sie einer Straße, die auf Anordnung der osmanischen Stadtverwaltung vor dem Besuch Kaiser Wilhelms II. im Jahre 1898 neu gepflastert worden war.

In der Nähe des Zions-Tors spazierte sie durch das jüdische Viertel zur westlichen Mauer und folgte bärtigen Männern, die durch die Gassen schlurften und trotz der glühenden Sommerhitze lange, schwarze Wollmäntel und Filzhüte trugen. Die schmutzigen Straßen waren nur grob gepflastert, und überall lagen Müll, Tierexkremente und Abfälle, die in Zisternen und offenen Gruben verrotteten. Zwei Jahre zuvor hatte Theodor Herzl, der Begründer der zionistischen Bewegung, die Klagemauer besucht, an der unten die Juden und oben in einer Moschee die Moslems beteten. Er fühlte sich von dem »widerlichen, elenden Bettelvolk, das man überall antrifft« abgestoßen. Für ihn war das eine Entweihung und Gotteslästerung. Gertrude sah das Ganze unter einem anthropologischen Aspekt. Sie ignorierte den Schmutz und interessierte sich statt dessen für die Sitten und Gebräuche der Menschen.

Sie nahm alles begierig in sich auf und wenn sie sonntags allein von der Grabeskirche zum Ölberg hinaufging, betätigte sie immer wieder ihre Kodak, denn von dort hatte man auf der einen Seite einen Blick über das Tote Meer und die Hügel von Moab und auf der anderen auf die Stadt Jerusalem. Als Atheistin wunderte sie sich, mit welcher Inbrunst die einzelnen Gruppierungen um jeden Zentimeter der heiligen Erde kämpften. Türkische Soldaten waren stationiert worden, um die Gläubigen daran zu hindern, daß sie übereinander herfielen. »Es ist richtig angenehm, wieder in einer fröhlichen, unreligiösen Familie sein zu können«, sagte sie später.

Nichtsdestotrotz war sie von der Stadt, von den Sehenswürdigkeiten, den Leuten, ja sogar vom Mond begeistert. »Einen so schönen Mond habe ich zum letztenmal in Persien gesehen«, schrieb sie.[3]

Das war womöglich das erste Mal seit ihrer Romanze mit Cadogan vor sieben Jahren, daß sie sich zufrieden und ausgefüllt fühlte. Sie konzentrierte sich auf ihre Studien und vergrub sich in der Arbeit. »Ich komme sehr gut voran und bin so sehr an der arabischen Sprache interessiert, daß ich an nichts anderes mehr denken kann«, schrieb sie nach Hause. »Es scheint mir wie ein schöner Traum zu sein! Ich bin endlich an einem Ort, wo ich Arabisch lernen kann. Ich habe nur Angst, ich werde eines Morgens wach und muß feststellen, daß alles nicht wahr ist.« Die Geschichte von Aladin verstand sie bereits ohne Wörterbuch, und sie freute sich ganz besonders darüber, daß sie Dr. Rosens Exemplar von »*Tausendundeiner Nacht*« lesen konnte – »nur so zum Vergnügen«.

Nachts machte sie es sich in ihrem Zimmer gemütlich, hatte immer eine Zigarette und eine Tasse des starken türkischen Kaffees neben sich, knabberte Pistazien und lernte. Nach einigen Wochen war sie davon überzeugt, daß die Sprache, die sie anfangs fast zur Verzweiflung gebracht hatte, sich doch nicht als so schwierig erwies. Die warmen Tage verflogen nur so, und sie hatte nicht die geringste Sehnsucht nach dem düsteren englischen Winter. Mitte Januar meldete sie begeistert nach Hause: »An den beiden letzten Tagen war es hier so warm wie in England im Juni, nur viel heller.« Das Klima bekam ihr gut und hatte eine belebende Wirkung, es war so ganz anders als der graue Himmel und die feuchte Atmosphäre zu Hause.

Von dort gab es wenig Erfreuliches zu berichten: Ihr Bruder Maurice hatte sich freiwillig zum Militär gemeldet, um gegen die Buren zu Felde zu ziehen – in diesem erbitterten Krieg, der am Kap zwischen den weißen Afrikanern und Briten um die Gold- und Diamantenminen entbrannt war. Sie machte sich Sorgen, daß Maurice nach Südafrika gehen und in einer Armee kämpfen wollte, die kaum ausgebildet war und unter Nachschubproblemen litt. »Es hat mir nichts ausgemacht mit anzusehen, wie die Brüder anderer Frauen in diesen Krieg zogen«, schilderte sie ihre Gemütsverfassung, »aber jetzt, wo es um meinen eigenen Bruder geht, habe ich schreckliche Angst.«

Vorübergehend spielte sie mit dem Gedanken, nach Hause zu fahren, sah dann aber ein, daß das sinnlos wäre. Außerdem wußte sie genau, daß es ihr immer nur dann gutging, wenn sie möglichst intensiv arbeiten konnte. »Das Arabische ist für mich in diesen schweren Zeiten wie ein Fels in der Brandung. Ich hätte sonst längst meine Sachen gepackt und wäre nach Hause gekommen, obwohl das natürlich ziemlich albern gewesen wäre«, schrieb sie ihren Eltern. »Eine Beschäftigung, auf die man sich wirklich konzentriert, ist die beste Energiequelle.« Sie blieb also in Jerusalem, wo sie die *Times* und die *Daily Mail* abonniert hatte. Außerdem hatte sie sich eine Bibel, zwei Dutzend Filme und einen grauen Filzhut, der am Rand mit Schleifen aus schwarzem Samt verziert war, aus England schicken lassen.

Da sie die Riten und Rituale der Pilger faszinierten, fuhr sie an einem Tag im Januar zum Ufer des Jordan, wo eine riesige Menschenmenge darauf wartete, getauft zu werden. Araber aus der Wüste, arabische Bauern, Arbeiter und Dienstboten, türkische Sol-

daten, griechische und russische Priester, russische Bauern in Pelzmänteln und hohen Stiefeln – sie alle harrten im grellen Sonnenlicht aus und trugen Rosenkränze und Kruzifixe um den Hals. Gertrude war beeindruckt von ihrer Inbrunst, und sie wunderte sich,
daß ihnen die dicke Winterkleidung in der Wärme des Tages offenbar nichts ausmachte. Im Vorbeigehen machte sie mehrere Fotos.
Eine halbe Stunde später näherte sich eine Prozession von Priestern
mit brennenden Kerzen, die im Gänsemarsch auf das Ufer zugin-
gen. Sie und die wartende Menge stiegen die schlammige Uferbö-
schung hinab, bis sie bis zu den Hüften im Wasser standen. Als
dann einer der Priester mit einem Kreuz dreimal die Wasserober-
fläche berührte, wurden Salutschüsse abgefeuert, und jeder taufte
sich selbst, indem er untertauchte und sich im Wasser wälzte. »Es
war ein äußerst befremdlicher Anblick«, bemerkte Gertrude.

Mit Friedrich Rosen, der in Jerusalem aufgewachsen war, plante sie eine Reihe von Ausflügen, die sie dann ganz allein unternahm. Dank seiner abenteuerlichen Geschichten war sie auf den
Geschmack gekommen: Erst ein Jahr zuvor hatte er die Wüste
durchquert und mit Fahad Bei, dem vornehmen Scheich der Anaseh und Freund der Türken, in dessen Zelt Tee getrunken. Er war
in Babylon gewesen und dort dem berühmten deutschen Archäologen Robert Koldewey begegnet. Koldewey hatte in Bagdad gelebt
und kannte dort die führenden Scheichs und andere prominente
Persönlichkeiten.
  Die Reise durch die Wüste unterschied sich kaum von den Bergtouren, die sie bereits hinter sich hatte, oder von ihrer Zeit in Oxford: Auch dabei ging es um Ausdauer, auch hier wurden ihre
körperliche Kraft, ihr seelisches Gleichgewicht, ihre Neugier, ihre
Intelligenz, ihre sprachlichen Fähigkeiten und nicht zuletzt ihr Mut
auf die Probe gestellt. Es war die erste Forschungsreise, die sie
allein unternahm. Als sie endlich auf ihrem Pferd saß und über
die sanften Hügel galoppierte, fühlte sie sich frei wie ein Vogel,
dessen Käfigtür offenstand und der seine Schwingen spreizte und
davonflog.

Einen Koch und zwei Maultierführer hatte sie vorausgeschickt. Sie selbst ritt dann allein auf dem staubigen Pfad aus Jerusalem heraus, vorbei an Eselkarawanen, die mit Zelten und Vorräten beladen waren, vorbei an Gruppen englischer Touristen, die von Thomas Cook geführt wurden. Auf halbem Weg nach Jericho, jener Route, auf der fast zwei Jahrzehnte später General Edmund Allenby und seine Truppen vorrücken sollten, stieß ihr eigener Führer Tarif zu ihr. Gemeinsam durchquerten sie das unfruchtbare Tal nach Osten, und ihre Silhouetten hoben sich wie winzige Flecken vor den kahlen, braunen Bergen ab. Am Abend schlugen sie erschöpft ihr Lager auf. Gertrude nahm ein heißes Bad in ihrer Wanne aus Zeltplanen, machte sich mit Heißhunger über das Abendessen her, das ihr der Koch zubereitet hatte, und kroch dann glücklich und zufrieden unter das Moskitonetz in ihr Nachtlager. Endlich war sie frei und unabhängig.

Am nächsten Morgen stieg sie nach dem Frühstück auf ihr Pferd, überquerte den schmalen Jordan auf einer Holzbrücke und ritt ins Jordantal. Die Landschaft hatte sich ganz allmählich verändert: Die Hänge der braunen Berge waren jetzt mit grünem Gras bewachsen, und bunte Felder belebten die öde Wildnis. Die leuchtenden Farben der Blumen waren atemberaubend schön, und sie schrieb später nach Hause: »Flächen über Flächen in den unterschiedlichsten, auserlesensten Farben«: gelbe Margeriten, duftende, malvenfarbene wilde Levkojen, dunkelrote Zwiebeln, weißer Knoblauch, purpurrote Malven, winzige blaue Iris, rote Anemonen und scharlachrote Ranunkel.

Auf einem grasbewachsenen Plateau schlugen ihre Diener das Lager auf, und schon nach kurzer Zeit war Gertrudes Zelt von arabischen Frauen umringt, die ihre Gesichter mit Indigotätowierungen verziert hatten. Sie trugen blaue Gewänder, die gleichzeitig den Kopf bedeckten, waren jedoch nicht verschleiert und sehr neugierig. Sie verkauften ihr ein Huhn und etwas Joghurt, das sie *Laban* nannten. Hanna, der Koch, servierte Gertrude den Nachmittagstee, und nachdem sie abends eine Suppe aus Reis und Olivenöl (»sehr gut«) und ein Irish Stew mit Rosinen verzehrt hatte, schrieb sie die Ereignisse des Tages in ihr Tagebuch und fügte fröhlich hinzu: »Ist es nicht fabelhaft, arabisch sprechen zu können?« Ihr gefiel nicht nur die Sprache, sondern auch die Art zu leben.

Um ihre Reise fortsetzen zu können, brauchte sie eine Genehmigung der dortigen türkischen Behörden. Nach einigen Verhandlungen erschien dann auch ein türkischer Beamter, ein hochgewachsener Mann mittleren Alters. Sie lud ihn in ihr Zelt ein und bot ihm mit einer übertrieben höflichen Geste eine Zigarette an (»Du siehst, eine schlechte Gewohnheit kann auch ihr Gutes haben.«), während ihr Koch ihm einen starken, süßen türkischen Kaffee servierte. Doch dieser Bestechungsversuch scheiterte.

Sie wartete trotzdem geduldig, bis Zigaretten und Kaffee ihre entspannende Wirkung taten, und unterhielt sich mit ihm über andere Dinge, wobei sie sich bemühte, das Gespräch so diplomatisch wie nur möglich zu führen. Als er ihre Kamera sah, gestand er ihr, daß es sein größter Wunsch sei, einmal mit seinen Soldaten fotografiert zu werden. Sie ging sofort darauf ein und bot ihm an, Fotos zu machen und sie ihm umgehend zu schicken, wenn sie entwickelt seien. Bevor er sie wieder verließ, hatte er auch ein Geschenk für sie: »Weil Sie es sind«, sagte er, werde er ihr gleich am nächsten Tag einen Soldaten schicken. »Ich halte es für einen großen Sieg, ein diplomatisches Gespräch so erfolgreich auf arabisch geführt zu haben, Du nicht auch«, berichtete sie voller Stolz nach Hause.

Der Soldat, der sie begleiten sollte, ein gutaussehender, fröhlicher Tscherkesse mit roten Haaren und Sommersprossen, der einen Schimmel ritt, erschien am nächsten Morgen. Sie durchquerte mit ihm die Steppe zu den Ruinen von Maschetta. Sie kamen an Storchenschwärmen vorbei, die sich von Heuschrecken ernährten, und sahen dabei immer wieder die schwarzen Zelte der Beni Sakhr, die sich als letzte dem Osmanischen Reich unterworfen hatten. Als sie in Maschetta eintrafen, fand sie den nie fertiggestellten Palast so schön, daß ihr die Worte fehlten: »So etwas vergißt man sein Leben lang nicht.«

Aber dieses Bild wurde bald getrübt: Als Gertrude und ihr türkischer Begleiter wieder umkehren wollten, tauchten drei Araber vom Stamm der Beni Sakhr auf. »Sie waren bis an die Zähne bewaffnet, hatten ein äußerst finsteres Aussehen und wirkten sehr bedrohlich.« Obwohl sie Todesangst hatte, blieb ihr nichts anderes übrig, als sich in ihr Schicksal zu fügen. Sobald die Araber jedoch den türkischen Soldaten erblickten, änderte sich ihr Verhalten schlagartig. Sie grüßten die Gruppe mit einem »Salam« und ritten weiter. Ohne die Eskorte hätte diese Begegnung ein böses Ende genommen, dessen war sie sich sicher. Ihr türkischer Begleiter lachte hinter den Beduinen her. »Das war Scheich Faiz«, meinte er belustigt, »Talals Sohn.« Talal war der Anführer der Beni Sakhr. »Wenn sie einen von uns sehen, werden sie plötzlich lammfromm.«

Am nächsten Tag kampierten sie an einem mit Blumen bewachsenen Platz. Als sie abends im Fluß badete, sah sie, wie die Männer Brot in eine Schüssel legten, sie mit einem Tuch zudeckten, mit Steinen beschwerten und auf diese Weise Fische fingen. Die hungrigen Fische schwammen durch die Löcher im Stoff, um an das Brot zu kommen, fanden dann aber nicht mehr hinaus und saßen in der Falle.

Da sie unbedingt die römischen Ruinen von Petra, der antiken Hauptstadt der Nabatäer, sehen wollte, besorgte sie sich von den türkischen Behörden eine Genehmigung und ritt mit ihrem Troß dorthin. Nach zwei Tagen erreichten sie Bab es-Sik, den Zugang nach Petra, einen etwa achthundert Meter langen, jedoch nur drei Meter breiten Hohlweg. Zu beiden Seiten konnte sie den roten Sandsteinfelsen beinahe berühren, der sich etwa dreißig Meter hoch bedrohlich über ihr auftürmte. Während sie dem schmalen Pfad folgten, sah sie plötzlich einen großen Tempel, der aus dem massiven, rosafarbenen Fels herausgehauen war. Von korinthischen Säulen gestützt, erhob sich die Fassade »hoch bis zur Spitze des Felsens ragend, in den feinsten Proportionen und mit Gruppen von Figuren, die so frisch aussehen, als seien sie eben erst herausgemeißelt worden – all dies im rosenroten Felsen, den die Sonne gerade berührte und fast transparent machte«. Die verborgene Stadt, einst Zentrum des Wüstenhandels, hatte sich in eine Nekropolis mit siebenhundertfünfzig Gräbern verwandelt. Die Nacht verbrachte sie inmitten der reichverzierten, drei Stockwerke hohen Gräber und meinte, sich in einer Märchenstadt zu befinden. Als sie wieder nach Jerusalem zurückkam, hatte die Wüstensonne ihre blasse Haut gebräunt.

Schon kurze Zeit später machte sie sich wieder auf den Weg, diesmal mit den Rosens. Durch zahlreiche kleine Bergdörfer ritten sie in den Norden Palästinas. Da die Sonne unbarmherzig vom Himmel brannte, schützte sie sich mit einem langen Gewand vor der Hitze, dazu trug sie einen grauen Hut mit Bändern, über den sie eine weiße *Keffieh,* einen langen Baumwollschal, gewickelt hatte. Außerdem bedeckte ein blauer Schleier, der nur die Augen freiließ, ihr Gesicht. Als sie nach einem langen Ritt im Damensitz jeden Knochen im Körper spürte, zeigte ihr Friedrich Rosen, wie man im Herrensitz reitet. »Niemals, niemals wieder werde ich auf irgend etwas anderem reisen als auf einem Männersattel«, schrieb sie den Eltern. »Erst jetzt habe ich echte Bequemlichkeit beim Reiten kennengelernt.« Ihr neuer Sattel hatte noch einen zusätzlichen Vorteil, der sie amüsierte. »Bis ich zu sprechen anfange, denken die Leute immer, ich sei ein Mann, und reden mich mit Effendim an!« Ihrer modebewußten Mutter beeilte sie sich zu sagen: »Du mußt aber nicht glauben daß ich nicht einen höchst eleganten und schicklich geteilten Rock trage; da hier aber alle Männer auch eine Art Rock tragen, dient dies nicht dazu, mich von ihnen zu unterscheiden.«

Mit ihrem Herrensattel, der *Keffieh,* dem Gewand und dem Rock sah sie wie ein Beduine aus. Hundertsechzig Kilometer nordöstlich von Jerusalem trennte sie sich von den Rosens. Sie ließ den weichen Sandboden der Wüste hinter sich und ritt über die kahlen vulkanischen Felsen der Hauranebene zu den Drusenbergen. Nun befand sie sich in einem Gebiet, das noch nicht kartographiert und bis dahin nur von einer Handvoll Männer aus dem Westen betreten worden war, noch nie jedoch von einer europäischen Frau. Dieser Landstrich, der sich über Galiläa, den südlichen Libanon und Syrien erstreckte, war die Heimat kriegerischer Stämme und nur unter großen Schwierigkeiten zu durchqueren.

Die Drusen, eine moslemische Geheimsekte, kombinierten die Lehren des Buddhismus, des Judaismus, des Christentums und des Islam miteinander und beriefen sich zudem auf die antike griechische Philosophie. Sie übten sich in soldatischen Tugenden, um so tapfer zu sein wie die Römer, und beschäftigten sich gleichzeitig mit der Landwirtschaft, doch waren sie militant und feindselig. Zweihundert Jahre lang hatten sie gegen die Herrschaft der Osmanen gekämpft. Nur vier Jahre vor Gertrudes Eintreffen hatten die Türken dort eine schwere Niederlage hinnehmen müssen: Vierzehnhundert von ihnen, doch nur fünfhundert Drusen waren in einem Kampf getötet worden; deshalb betrachteten die Türken jeden mit Argwohn, der in das Gebiet der Drusen reisen wollte. Sie unternahmen sogar alles, um es zu verhindern. Gertrude fürchtete jedoch weder die Türken noch die Drusen. Sie genoß das Abenteuer und schrieb nach Hause, ihre Chancen, die bergige Heimat der Drusen zu erreichen, seien recht gut: »Ich werde versuchen, mich bei der Regierung durchzusetzen, und wenn man mich nicht daran hindert, werde ich hinreiten. In Jerusalem und Jericho hat mir jeder klarmachen wollen, das sei ganz unmöglich, aber wir werden es sehen. Ich werde der Regierung so gut wie möglich aus dem Weg gehen.« Ihr Katz-und-Maus-Spiel mit den Türken hatte begonnen.

Bosrah, eine Stadt, die auf dem Hauran-Hochplateau lag, war der Sitz der türkischen Verwaltung. Von dort aus beobachteten sie die Aktivitäten der Drusen mit großem Mißtrauen. »Ich bin von Intrigen umgeben«, stellte Gertrude bereits Stunden nach ihrer Ankunft in Bosrah fest. Jeder, der zu den Drusen wollte, war den dortigen osmanischen Verwaltungsbeamten nicht geheuer, aber Gertrude hatte sich eine besondere Strategie ausgedacht. »Wenn man mit Orientalen zu tun hat, muß man immer höllisch aufpassen«, erklärte sie. »Sie sagen nie ganz klar nein, man muß stets zwischen den Zeilen lesen können.«[4] Sie ging zum *Mudir*, dem arabischen Gouverneur von Bosrah, und verhandelte mit ihm auf arabisch bei einer Tasse Kaffee über ihre Reise.

»Wo wollen Sie hin?« fragte er.

»Nach Damaskus«, sagte sie.

»Gott hat es geschaffen! Es gibt eine gute Straße nach Westen mit den und den Orten, sehr schönen Ruinen«, schlug er vor.

»So es Gott gefällt, werde ich sie sehen«, erwiderte sie. »Aber zuerst möchte ich mir Salkhad anschauen.« Der Ort lag im Osten, inmitten drusischen Territoriums, das für die Türken tabu war.

»Salkhad!« erwiderte er, »da ist überhaupt nichts, und die Straße ist sehr gefährlich. Es kann nicht sein.«

»Es muß sein.«

»Aus Damaskus ist ein Telegramm gekommen«, log er, »das mich bittet zu sagen, der *Mutassarif* fürchte um die Sicherheit Ihrer Person.«

»Engländerinnen fürchten sich nie«, log sie ihrerseits. »Ich möchte die Ruinen ansehen.«

Das Gespräch ging so weiter, bis sie ihm schließlich mitteilte, daß sie einen Tag in Bosrah bleiben wolle.

»Sie haben mich geehrt!« sagte er, als er ging.

»Gott behüte Sie!« erwiderte sie höflich und ritt los, um sich die nahe gelegenen römischen Ruinen anzusehen.

Sie genoß dieses Spiel. »Es ist ungeheuer amüsant, und meine Diener gehen auch voll auf den Spaß ein«, berichtete sie. »Wenn ich mich doch bloß mit den Drusen in Verbindung setzen könnte, dann wäre alles gut.« Wenn nicht, würde sie am nächsten Morgen aufbrechen und einfach drauflos reiten. Wenn sie erst einmal in der Region war, würde es den Türken, die sich vor den Drusen fürchteten, schwerfallen, sie einzufangen. Sie und ihre Männer kamen sich bei der ganzen Aktion wie Verschwörer vor.

Als der *Mudir* sie wieder in ihrem Zelt besuchte, versteckte sie sich im Bett, tat so, als ob sie schlief, und lauschte dem Wortwechsel mit ihrem Diener.

»Die Lady ist seit Sonnenaufgang wach«, sagte der Diener, »den ganzen Tag ist sie spazierengegangen und geritten, jetzt schläft sie.«

»Bricht sie morgen auf?« fragte der *Mudir*.

»Das weiß ich nicht, Effendim.«

»Sag ihr, sie muß es mich wissen lassen, bevor sie irgendwohin geht.«

»Wie es Euch beliebt, Effendim.«

Sie wartete bis zwei Uhr nachts, stand dann auf und zog sich schnell an. Es war so kalt, daß sie am ganzen Körper zitterte. Im Licht der Sterne bauten ihre fünf Diener das Zeltlager ab, und dann schlichen sie sich aus der Stadt, wobei einer ihrer Diener vor Angst schlotterte, denn er fürchtete sich sowohl vor den Drusen als auch vor den Türken. Aber die Flucht war gelungen. »Ich bin ihnen durch die Finger geschlüpft«, freute sie sich.

Auf ihrem Ritt durch die Gebirgsregion, deren Bezeichnung Dschebel Drus lautet, kamen sie an vielen kleinen Dörfern vorbei und erregten dort bei den Männern mit den schwarzen und weißen Turbanen ein ziemliches Aufsehen. In Miyemir legten sie eine Pause ein, um die Pferde zu tränken. An der Wasserstelle füllten verschleierte Frauen mit langen blauen und roten Gewändern ihre irdenen Krüge. Als Gertrude abstieg, kam ein etwa neunzehnjähriger junger Mann auf sie zu. Wie alle Drusen, Männer und Frauen, hatte er sich seine großen Augen mit Kohle rundherum schwarz bemalt. Der schöne Junge nahm ihre Hände und küßte sie zu ihrer großen Überraschung auf beide Wangen. Andere Männer folgten seinem Beispiel, schüttelten der fremden Frau die Hände und betrachteten sie neugierig.

Der junge Mann begleitete sie anschließend als ihr Führer über Wiesen, Weinberge und Kornfelder, an verstreut liegenden Ruinen vorbei in die Berge. Die Bauern grüßte sie mit einem freundlichen »Salam«, und sie erwiderten ihren Gruß. Sie mußte lachen, wenn sie an die wütenden Türken dachte. Auch in Areh wurde sie von den Dorfbewohnern herzlich willkommen geheißen. Nach Art der Drusen ging sie mit ihnen Hand in Hand, wobei die kleinen Finger verschränkt waren, bis zum ersten Haus. »Bist du Deutsche?« fragten die Leute vorsichtig. »Ich bin Engländerin«, erwiderte sie, worauf man ihr fast um den Hals gefallen wäre. Die Deutschen wurden hier mit dem gleichen Mißtrauen betrachtet wie die Türken – aus Furcht, daß beide Großmächte sich das Land der Drusen einverleiben könnten. Die Engländer hatten sich offenbar besser in Szene zu setzen vermocht. Es war bekannt, daß sie Ägypten zwar verwalteten, die Kontrolle ihrer Administration jedoch den Arabern überließen.

In Areh fühlte sie sich sehr schnell zu Hause. Man brachte ihr viele Kissen, damit sie bequem sitzen konnte, einen Schemel für die Füße, und füllte ein Becken mit Wasser, damit sie sich die Hände waschen konnte. Die Frauen waren zu schüchtern, um ihren Schleier abzunehmen oder mit ihr zu reden, aber mit den Männern trank sie guten Kaffee und unterhielt sie mit der Geschichte ihrer Flucht vor den Türken. Sie stellten Fragen über den Burenkrieg, kannten die betroffenen Städte und Generäle, und als sie ihnen von ihrem Bruder Maurice berichtete, hörten sie voller Mitgefühl zu. Ob es wohl möglich wäre, ihren Scheich kennenzulernen, fragte sie zum Schluß. »Scheich?« sagten sie. »Jahja Beg ist der Anführer aller Drusen im Land, natürlich mußt du ihn besuchen.« Er war gerade nach einer fünfjährigen Gefängnisstrafe freigelassen worden, und man riet ihr, ihm mit größtem Respekt zu begegnen.

Sie folgte ihnen zu einem kleinen Hügel. Dort wohnte der Scheich in einem Haus mit einer Veranda. Er begrüßte sie in einem mit Teppichen ausgelegten Empfangsraum: »... der vollkommenste Typ des Grandseigneurs, ein großer, kräftiger Mann, 40 bis 50, nehme ich an, sehr gut aussehend und mit auserlesensten Manieren ... Er ist ein König, verstehst du, und ein sehr guter König dazu, obwohl sein Königreich zufällig nicht sehr groß ist.« Sie trat ihm erhobenen Hauptes und entsprechend selbstbewußt entgegen, ihr Haar glich einer rötlich schimmernden Krone, ihre Augen leuchteten wie blaue Edelsteine. Er forderte sie auf, in dem Kreis der sechs oder acht Männer Platz zu nehmen, die sich bei ihm zum Essen eingefunden hatten. Sie raffte ihren Rock und ließ sich im Schneidersitz auf dem Teppich nieder. Mit dünnen Brotscheiben nahm sie sich *Laban* und eine Mischung aus Bohnen und Fleisch, die auf einem großen Teller serviert wurde. Dabei redete sie ununterbrochen, erzählte noch einmal ihre Geschichte und hoffte von ihm die Genehmigung zu erhalten, sich im Dschebel Drus frei bewegen zu können. Sie fotografierte ihn, und als sie sich voneinander verabschiedeten, hatte sie ihn so weit, daß er ihr versprach, ihr eine Eskorte zur Verfügung zu stellen. Noch Wochen später soll er sich bei allen möglichen Besuchern nach ihr erkundigt haben: »Haben Sie vielleicht eine Königin auf Reisen gesehen?«

Nachdem sie Dschebel Drus verlassen hatte, traf sie am 11. Mai 1900 in der Wüstenhauptstadt Damaskus ein. In einem ruhigen Augenblick schrieb sie: »Es ist manchmal ein sehr komisches Gefühl, ganz allein draußen in der Welt zu sein, aber meistens betrachte ich es jetzt, wo ich mich daran gewöhnt habe, als eine Selbstverständlichkeit. Ich glaube nicht, daß ich mich jemals einsam fühlen werde, obwohl ich mir als einzigen Menschen oft Papa herbeiwünsche. Ich glaube, es würde ihm wirklich gefallen. Ich möchte alle Erfahrungen mit ihm austauschen.« Ihrer Mutter gegenüber hatte sie andere Gefühle: »Dich möchte ich haben, um mich mit Dir zu unterhalten, aber nicht in einem Zelt mit Ohrwürmern und schwarzen Käfern und schlammigem Wasser zum Trinken! Ich glaube nicht, daß Du Dich unter solchen Bedingungen wohl fühlen würdest.«

Nachdem sie die Erlaubnis ihrer Eltern eingeholt und ihre Kasse aufgefrischt hatte (ihre jährliche Unterstützung und die Honorare für ihre Bücher waren aufgebraucht), setzte sie ihre Reise fort, kaufte sich eine khakifarbene Jacke mit großen Taschen, die eigentlich für einen Mann gedacht war, engagierte einen Koch, einen Führer und drei kurdische Soldaten. Nach ihrer Ankunft in Dscharad besuchte sie zuerst Scheich Ahmed. »Ich lag auf den Kissen, aß weiße Maulbeeren und trank Kaffee«, erinnerte sie sich zufrieden. Als man ihr jedoch eine *Nargileh* aufdrängen wollte, lehnte sie dankend, aber entschieden ab. In Jerusalem hatte sie schon einmal eine solche Wasserpfeife probiert. »Nie wieder«, schrieb sie, »sie schmeckt zu gräßlich.«

Am folgenden Abend waren die grünen Ebenen verschwunden, vor ihnen lagen statt dessen Tausende von Kilometern Sand. Das war ihre erste Nacht in der Stille der endlosen Wüste. »Der glatte, harte Boden gibt einen wunderschönen Boden für mein Zelt ab«, schrieb sie. »Soll ich Euch sagen, was mein Haupteindruck ist? Die Stille. Es ist wie die Stille der Berggipfel, aber noch intensiver, denn dort kennt man das Geräusch des Windes und in der Ferne Wasser und herabstürzende Eisbrocken und Steine. Dort ist eine Art Echo der Geräusche. Du kennst es Vater. Aber hier – nichts.«

Die Sonne heizte tagsüber die Luft auf, deshalb ritten sie und ihre fünf Begleiter nur nach Einbruch der Abenddämmerung, zwölf Stunden jede Nacht, ohne Wasser für Mensch und Tier. Auf dem ganzen Ritt sah man nichts als Sand – es war so eintönig, daß sie beinahe im Sattel eingeschlafen wäre. Aber ihre Männer hielten sie wach, indem sie ihr Gruselgeschichten von Beduinenüberfällen und Gerüchte über den grausamen, gnadenlosen Wüstenemir Ibn Raschid erzählten. Diese Geschichten verstärkten in ihr den Wunsch, die Nedschd kennenzulernen, jene schrecklich leere Wüste, von der sie in »*Arabia Deserta*«, einem Standardwerk des Forschungsreisenden Charles Doughty, in dem er das Leben der Beduinen beschreibt, gelesen hatte.

Als sie nach der dritten Nacht Pause machten und sie endlich schlafen durfte, kroch sie in den Musselinsack, den sie sich genäht hatte und der sie vor Insektenstichen und Sandflöhen schützen sollte. »Ich bin sehr stolz auf dieses Ding«, schrieb sie, »aber wenn wir einmal einen *Ghasu* erleben sollten, das heißt, wenn wir von Arabern überfallen würden, wäre ich bei der Flucht sicher die letzte, und man könnte glauben, ich nähme an einem Wettbewerb im Sackhüpfen teil.«

Nachdem sie noch einen Tag geritten waren, trafen sie auf eine Quelle. Sie trank das klare, kalte Wasser und schloß dabei die Augen, um nicht das Grünzeug und die Kreaturen sehen zu müssen, die darin schwammen. Ihr Koch bereitete das Mittagessen vor, es gab Kroketten und ein gebratenes Rebhuhn, das er erlegt hatte. Dann kroch sie nach dem Tee in eine Höhle, machte es sich auf

Disteln bequem und schlief. Ein paar Stunden später brachen sie wieder auf, und bei Sonnenuntergang hatte sich die Luft so extrem abgekühlt, daß es bitterkalt war. Um nicht frieren zu müssen, zog sie sich im Lager Gamaschen und ein zweites Paar Knickerbocker an, und unter ihrem dicken Mantel trug sie noch einen zweiten. Dann wickelte sie sich in eine Decke und ein Cape ein und schlief fest.

Am nächsten Tag erreichten sie die römischen Ruinen von Palmyra, »eine einzigartige Landschaft«. »Es ist eine Ansammlung von Säulen, die in langen Reihen Alleen bilden, zu Tempeln gruppiert sind, zerbrochen im Sand liegen oder einen einzigen langen Finger gen Himmel strecken. Dahinter befindet sich der riesige Baal-Tempel – im Innern ist die moderne Stadt errichtet –, seine Säulenreihen erheben sich aus der Masse von Lehmdächern. Und hinter allem erstreckt sich die Wüste, Sand und weiße Salzflächen und wieder Sand, Staubwolken wirbeln darüber, und der Euphrat ist fünf Tage entfernt.«

Zwei Tage lang besichtigte sie Palmyra, dann machten sie sich frühmorgens wieder auf den Weg nach Damaskus. Vor der antiken Stadt Palmyra stießen sie auf ein Lager der Agail-Araber, dunkelhäutige, wild aussehende Beduinen, die eine Kamelkarawane in die Hauptstadt trieben. Ihr Führer war Scheich Muhammad, der aus der Nedschd, der erbarmungslosen Wüste Zentralarabiens, stammte. Aber statt sich ängstlich vor diesen finsteren Gestalten zu verstecken, nahm sie gemeinsam mit ihnen ein zweites Frühstück ein: Datteln, Kuhmilch und den bitteren Kaffee der Araber (»ein unvergleichliches Getränk«, schrieb sie), und sie unterhielt sich angeregt mit ihnen über Bagdad und die Wüste. »Das Interessante daran ist, daß die Agail zu Ibn Raschids Volk gehören«, berichtete sie, »und ich vorhabe, nächstes Jahr mit Scheich Muhammad in die Nedschd zu reiten.« Zu dieser Expedition sollte es jedoch erst vierzehn Jahre später kommen.

»Sei Gott gefällig, denn er ist groß«, sagte der Scheich der Agail. Er und seine Männer würden gern mit ihr reisen, denn ihnen war der Schutz durch die Soldaten, die Gertrude begleiteten, sehr willkommen. Sie war einverstanden und machte sich umgeben von einer Gruppe wilder Beduinen auf den Weg. In ihrer viel zu großen Khakijacke, mit ihrem von der Sonne verbrannten Gesicht, das sie halb hinter der *Keffieh* verbarg, sah sie wie ein Mann aus. Auf dem Weg nach Damaskus begegneten sie mitten in der Wüste zwei englischen Ladys, die mit einer Kutsche nach Jerusalem unterwegs waren. Sie waren adrett gekleidet und sauber. Auf dem Kutschbock saß ein Dolmetscher, der ihnen zugleich als Fremdenführer diente, und hinter der Kutsche trotteten zwei Maultiere, welche die Zeltausrüstung trugen. Sie war froh, mit den beiden Damen zusammenzutreffen. »Ich mochte sie, abgesehen davon, daß es immer angenehm ist, wenn man jemanden in der Wüste trifft. Mit meiner Bande von Agails auf ihren Dromedaren und ohne Fremdenführer oder sonst etwas war ich allerdings kaum salonfähig.« Die Frauen boten ihr Ingwerplätzchen an (wofür sie ihnen dankte), und man verabredete sich in Damaskus zu Tee und Gebäck. Die Gesellschaft dieser blassen, vornehmen englischen Damen hätte sie allerdings gern gegen jene der abenteuerlichen bärtigen Araber und deren bitteren Kaffee eingetauscht, denn ihre Welt kam ihr bedeutend natürlicher vor. »Tochter der Wüste« hatten sie sie genannt.

Am nächsten Tag schlug direkt neben ihr eine große Gruppe vom Stamm der Hasineh ihre Zelte auf. Der zwanzigjährige Scheich erschien vor ihrem Zelt. »Gut aussehend, ziemlich dicklippig, ernst«, beschrieb sie ihn. Sein in Zöpfen geflochtenes Haar quoll unter seiner *Keffieh* hervor, und in der Hand hielt er ein riesiges Schwert, das in einer silbernen Scheide steckte. Er begrüßte sie und zog sich dann wieder zurück. Scheich Muhammad war kein unbedeutender Mann, er besaß Hunderte von Zelten, zahllose Pferde, Kamele und ein Haus in Damaskus.

Gertrude erwiderte seinen Höflichkeitsbesuch. Während sie Kaffee tranken, bildeten die Hasineh einen Kreis um sie und starrten sie mit ihren von den *Keffiehs* halb verdeckten Augen an. Sie waren halbnackt und sehr schmutzig. Der Geruch eines Feuers, in dem Kameldung verbrannt wurde, erfüllte die Luft. Dann ergriff einer der Männer ein Saiteninstrument, strich mit einem Bogen darüber und sang dazu melancholische Lieder.

Nach einer gewissen Zeit stand sie auf und wollte gehen, aber einer ihrer Soldaten rief ihr zu, es sei besser, wenn sie wiederkäme. Die Hasineh hatten ihr zu Ehren ein Schaf geschlachtet und waren dabei, es zum Abendessen zuzubereiten. Nach den Anstandsregeln der Wüste wurde von ihr erwartet, daß sie das Essen mit ihnen teilte und ihnen als Gegenleistung ein Geschenk überreichte: »Man kann einem Araber nur Pferde und Waffen schenken«, berichtete sie, und als sie wieder in ihrem Zelt war, beschloß sie, dem Scheich eine Pistole zu überreichen, die einem ihrer Männer gehörte (»Nettowert etwa zwei Pfund«).

Später am Abend ging sie zu den Hasineh zurück und ließ sich wieder auf den Teppichen nieder. Diesmal bot man ihr außer dem bitteren schwarzen Kaffee »weißen Kaffee« an: heißes, gesüßtes, mit Mandeln gewürztes Wasser. Sie unterhielt sich mit einem Agail über Bagdad und über den geheimnisvollen Ibn Raschid, den mächtigen Wüstenfürsten, den sie gern kennenlernen würde. Ein schwarzer Sklave brachte einen Wasserkrug, und als alle ihre Hände ausgestreckt hatten, goß er das Wasser über ihre Finger. Und dann wurde endlich das Abendessen serviert: Fünf Männer trugen ein riesiges Tablett, auf dem das ganze Schaf auf einem Reisbett lag. Sie stellten es vor ihr auf den Boden, ließen sich dann im Kreis um das Tablett nieder und aßen das Fleisch und das Fladenbrot mit den Fingern der rechten Hand. Hinter ihnen stand der schwarze Sklave und hielt ein Glas in der Hand, das er immer dann füllte, wenn jemand nach Wasser verlangte. Sie war ein wenig enttäuscht, daß die Männer so wenig aßen; denn als sie geendet hatten, verspürte sie immer noch Hunger. Nachdem man sich zum Schluß noch einmal die Hände gewaschen hatte, diesmal mit Seife, verbeugte sie sich und ging ins Bett. »Es war ein ziemlich kostspieliges Essen«, schrieb sie in ihr Tagebuch, »aber die Erfahrung war die Pistole wert.«

Ihr Jerusalem-Abenteuer ging zu Ende, aber bevor sie nach Hause zurückkehrte, sammelte sie noch ein paar Zapfen der berühmten libanesischen Zedern. »Vielleicht sollten wir einmal versuchen, ob die auch in Rounton wachsen«, meinte sie und freute sich auf England. »Aber Du weißt, liebster Vater«, fuhr sie fort, »ich werde in Kürze wieder hier sein! Man kann vom Orient nicht mehr lassen, wenn man schon so weit vorgedrungen ist.« Im Juni pflanzte sie dann die Zedernsamen in den Rasen von Rounton.

6.

Eine Herausforderung
ganz anderer Art

In Yorkshire verbrachte Gertrude den Sommer des Jahres 1900 und
den größten Teil der folgenden zwölf Monate bei ihren jüngeren
Geschwistern Elsa, Molly, Hugo und Maurice. Außerdem kümmerte sie sich um ihren Vater, der an Rheumatismus litt. Hin und
wieder fuhr sie mit dem Zug nach London, ging dort einkaufen, aß
mit verschiedenen Freunden zu Mittag oder dinierte mit Domnul
Chirol, der kurz zuvor zum Chefredakteur der Auslandsabteilung
der *Times* befördert worden war. Er verehrte sie immer noch und
hörte ihr wie ein väterlicher Freund geduldig zu. Sie mochte seine
fürsorgliche Art, genoß sein Mitgefühl, seinen trockenen Humor
und betrachtete ihn als ihren besten Freund. Er teilte ihr Interesse
für Sprachen, Literatur und Kunst und konnte nur zu gut verstehen, daß sie sich einsam fühlte (denn auch er war einsam). Ihre
Freundschaft bedeutete ihm viel. Er beriet sie in politischen Dingen,
stellte sie einflußreichen Persönlichkeiten vor, unterstützte sie in ihren Reiseplänen. Sie dagegen schickte ihm stets ihre Reiseberichte,
die er in seinen Artikeln oder als Hintergrundinformation für offizielle Veröffentlichungen verwendete. In ihren Berichten, die sie
aus allen möglichen Ländern absandte – aus Europa oder aus dem
Mittleren Osten –, legte sie immer besonderen Wert auf Einzelheiten. Man hätte sie fast detailbesessen nennen können. In ihren Tagebuchnotizen und in den Briefen an ihre Eltern fehlte selten eine
Farbe, ein Essen, eine Blume oder eine genaue Beschreibung der
Art und Weise, wie sie eine bestimmte Person erlebt hatte.

Aber außer Domnul erfuhr niemand von ihr, wie sie sich fühlte,
sich ihr Leben gestaltete oder etwas über ihre Einsamkeit. In der

viktorianischen Welt, in der sie aufgewachsen war, hatte man ihr beigebracht, sich nicht gehenzulassen, sondern traurige Gefühle beiseite zu schieben und sich statt dessen mit irgend etwas Sinnvollem zu beschäftigen. Also beschäftigte sie sich mit Werken über Geschichte und Literatur, schrieb Briefe, Artikel und Bücher, lernte Fremdsprachen, widmete sich der Malerei, Architektur und Archäologie, lernte Fotografieren, spielte Tennis und Golf, schwamm, ritt und spielte Bridge und füllte so jeden Augenblick aus. So lebte sie, seit Cadogan gestorben war. Sie war ständig damit beschäftigt, alles in sämtlichen Einzelheiten genau zu protokollieren – nur damit ihr keine Zeit blieb, einmal über sich selbst nachzudenken.

Aber nicht nur ihre Reisen durch die Wüste faszinierten sie, sondern auch die Berge. Ihr Anblick zwang sie förmlich dazu, sie zu besteigen. Mit einunddreißig Jahren, also im Jahre 1899, hatte sie in den französischen Alpen den ersten Viertausender bezwungen, und als sie im Sommer darauf von Jerusalem und Damaskus zurückgekehrt war, fuhr sie zum Bergsteigen nach Chamonix in den Schweizer Alpen, um dort auf Gipfel zu klettern, die noch nie bestiegen worden waren. Anfang August 1900 packte sie in einem Schweizer Hotel ihre Koffer aus, richtete sich in ihrem Zimmer ein und schrieb sofort an ihren Vater: »Ich glaube, es gibt nichts Schöneres, als eine Bergtour vorzubereiten – man trifft den Bergführer und spricht mit ihm über die großen Klettertouren, die auf der Karte so leicht aussehen. Und man legt sich seine saubere, neue Bergkleidung zurecht.«

Nach ein paar Übungstouren schaffte sie den Aufstieg über das Mer de Glace zum Montblanc und erklärte in einem Brief nach Hause, daß dieses »Meer aus Eis« aus riesigen Eisblöcken bestehe, die ständig neue Risse bekämen und auseinanderbrächen. Je schwieriger die Bedingungen waren, desto mehr Spaß hatte sie. und nach einer Woche telegraphierte sie nach Hause: »GREPONT BESTIEGEN« und eine Woche später »DRU BESTIEGEN«. Das Wetter wurde jedoch so schlecht, daß die höheren Gipfel noch warten mußten.

Im August 1901 fuhr sie wieder in die Schweiz, legte jedoch einen Zwischenstopp in London ein und aß dort mit Domnul, der sich wegen ihrer gefährlichen Bergtouren Sorgen um sie machte, zu Abend. Sie beruhigte ihn, und als sie bald darauf in ihrem Alpenhotel angekommen war, konnte sie aus dem Fenster ihres Zimmers »das Engelhorn sehen und weiter weg die schneebedeckte Silhouette des Wetterhorns, Mittelhorns und Rosenhorns, und noch weiter entfernt den Pilatus und das Juragebirge, von der Sonne beschienen. Wie Geisterarme zogen helle Dunstschleier unter den Wolken vorbei.«

Am nächsten Morgen stand sie um vier Uhr auf, zog ihre blaue Bergsteigerkluft an und machte sich mit ihren Bergführern Ulrich und Heinrich Fuhrer, zwei Brüdern, die wegen ihrer Fähigkeiten und Kenntnisse der Berggipfel besonderes Ansehen genossen, auf den Weg. Zuerst seilten sie sich an, dann begannen sie den Aufstieg und arbeiteten sich langsam über die Felsen nach oben. Oft mußten sie dabei Passagen überwinden, die so glatt waren, daß sie kaum Halt finden konnten – eine gute Übung für die schwierigen Gipfel des Engelhorns.

Nachdem es mehrere Tage lang geschneit hatte, begannen sie den Aufstieg auf der Südseite des fünften Gipfels des Engelhorns und erreichten dabei einen Punkt, den vor ihnen noch niemand betreten hatte. »Es mag unmöglich erscheinen, aber ich glaube das nicht«, erklärte Gertrude ihrer Familie. »Auch die Experten können sich irren.« Als sie und ihre Bergführer einen vorspringenden Teil erklommen hatten, der nicht besonders schwierig war, konnten sie das Kleine Engelhorn sehen, das »ziemlich entmutigend« wirkte. Das untere Drittel bestand aus glatten, senkrechten Felsen, der nächste Abschnitt aus einer schroffen Wand und einer tiefen Schlucht, die »genauso schwer zu bezwingen war, wie sie aussah«. Sie mühten sich über die glatten, überstehenden Felsen, »plagten« sich über eine flache Mulde und hielten am Fuß einer Felsnase an, die sehr schwierig zu besteigen war, denn sie war sehr glatt und lag völlig ungeschützt.

Dann mußte Gertrude eine Mutprobe bestehen. Ulrich unternahm einen Versuch, stieg auf Heinrichs Schultern, vermochte sich aber nirgendwo festzuhalten. Gertrude beschrieb das Erlebnis folgendermaßen: »Dann kletterte ich auf Heinrichs Schultern, und Ulrich stand auf mir und griff mit den Händen, so hoch er konnte, um einen Halt zu finden. Ich streckte mich noch ein wenig höher – immer mit Ulrich auf meinen Schultern –, und er begann, sich an den Händen nach oben zu ziehen. Als er seinen Fuß von meiner Schulter nahm, streckte ich meine Hand nach oben und reckte meinen Arm, um ihm eine Trittstufe zu bieten.«

Ulrich, dem es schwerfiel, auf Gertrudes Arm das Gleichgewicht zu halten, rief: »Ich fühle mich überhaupt nicht sicher – wenn Sie sich bewegen, werden wir alle sterben.«

»Alles in Ordnung«, beruhigte ihn Gertrude, »ich halte das hier noch eine Woche aus.« Und dann benutzte er ihre Hand als Stufe und kletterte nach oben.

Heinrich blieb zurück, Gertrude und Ulrich setzten dagegen die Tour fort, kämpften sich bis zum Gipfel hinauf und stiegen anschließend wieder ab. Um sieben Uhr abends waren sie wieder am Fuß des Gipfels, wo Heinrich auf sie wartete. Nach fünfzehn Stunden schliefen sie hoch oben in den Bergen auf dem Heuboden eines Bauernhofs, tranken zum Frühstück Schafsmilch und Kaffee und aßen ihre mitgebrachten Geleebrote. Das Abenteuer endete mit einer schönen Wanderung durch den Wald.

Später gestand Ulrich, daß er abgestürzt wäre, wenn Gertrude ihm erklärt hätte, sie fühle sich auf dem Felsen nicht sicher, und dann wären sie alle drei umgekommen. Gertrude gab hinterher zu, daß sie sich in Wirklichkeit überhaupt nicht sicher gefühlt hätte. Ihre selbstbewußte Äußerung habe nur den Zweck gehabt, ihre eigene Angst zu verbergen: »Als ich das gesagt habe, dachte ich in Wirklichkeit, ich würde gleich abstürzen.« Aber trotz der riskanten Situationen war sie sehr zufrieden. »Ich glaube, diese beiden Tage waren die schönsten, die ich je in den Alpen erlebt habe.«

In den nächsten zwei Wochen bestieg das Trio zwei alte und sieben neue Gipfel, nahm einen neuen Höhenzug zwischen zwei Gipfeln in Angriff und bezwang einen knapp 2800 Meter hohen Gipfel des Engelhorns. Der Erfolg beflügelte sie, und sie teilte ihrer Stiefmutter mit, daß sie hoffe, einen weiteren Gipfel des Engelhorns und einen der hohen, schmalen Bergkämme zu erklettern: »Ich hätte wirklich gern, daß einer davon meinen Namen trägt. Es ist ein alberner Wunsch, nicht wahr? Aber man hat doch gern die Anerkennung, die man verdient.« Mitte September, nur wenige Wochen später, war es Zeit abzureisen. Traurig packte sie ihre Sachen, doch sie verabschiedete sich mit einem Gefühl der Dankbarkeit, weil sie wußte, daß man ein Vorgebirge bereits nach ihr benannt hatte. Es hieß fortan »Gertrudes Gipfel«.

Zu Beginn des Jahres 1902 lockte sie wieder der Mittlere Osten. Gertrude ging in Begleitung ihres Vaters und ihres Bruders Hugo in Liverpool an Bord. Der erste Zwischenstopp war Algier, wo sie in ihr Tagebuch schrieb: »Selbst hier ist schon genügend Osten, um einem dieses besondere Gefühl zu vermitteln. Es greift mir ans Herz wie nichts anderes, keine Sache und keine Person.« In Neapel trennte sie sich von ihrer Familie und fuhr weiter nach Malta, wo sie an einer archäologischen Ausgrabung teilnahm.

Sie sah sich auf der türkischen Insel um und war fest davon überzeugt, daß »ich eines Tages hierher zurückkehren und mit dem Zelt umherreisen werde, aber bis dahin werde ich türkisch sprechen, denn das wird nicht sehr schwer sein«. Beim Mittagessen im britischen Konsulat hörte sie jedoch eine Neuigkeit, die sie noch mehr faszinierte: Am selben Tag, an dem sie in Smyrna angekommen war, hatte sich ein einflußreicher Onkel des mächtigen arabischen Scheichs Ibn Raschid auf dem Weg zur Nedschd dort aufgehalten. Wenn sie das nur gewußt hätte: »Was hätte ich dafür gegeben, ihn kennenzulernen.« Und schon plante sie ihre nächste Reise nach Arabien im Bewußtsein, daß die arabische Sprache für sie immer noch eine Herausforderung darstellte.

Sie verließ Smyrna im März, setzte mit der *Cleopatra* nach Haifa über und bezog ein Haus im Karmelgebirge nahe der großen Kreuzritterburg. Sie stellte zwei Scheichs als Lehrer an, den einen für Persisch, eine Sprache, die sie »einfach entzückend« fand, und den anderen für Arabisch, das sie wieder einmal zur Verzweiflung brachte: »Ich ertrinke darin, und wie jemand etwas mit einer so schweren Sprache zu tun haben will, ist mir unbegreiflich. Hier im Hotel spreche ich zwar nur arabisch, aber ich habe das Gefühl, es wird von Tag zu Tag ein bißchen schlechter.«

Sie fuhr nach Jerusalem, hatte jeden Tag Unterricht, unternahm Ausflüge und wurde zum Tee eingeladen. Sie fand die lokale Prominenz zwar interessant, aber sie selbst war für diese Leute noch bedeutend interessanter. »In diesem Land bin ich tatsächlich eine Persönlichkeit«, schrieb sie ihren Eltern voller Begeisterung. »Ich bin eine Persönlichkeit. Die Leute fragen hier fast immer zuerst: ›Haben Sie schon Miß Gertrude Bell kennengelernt‹?«[1] Nach zwei Monaten mußte sie allerdings abreisen und kehrte Ende Mai 1902, wenn auch nur für kurze Zeit, nach England zurück.

Und wieder lockten sie die Schweizer Berge, so daß sie einen Monat später ins Berner Oberland fuhr und von dort stolz nach Hause berichtete, daß sie von einem Schaffner im Zug nach Brünig erkannt worden sei. Ob sie »die Miß Bell sei, die im vergangenen Jahr das Engelhorn bestiegen habe?« hatte er sie gefragt. »Das ist Ruhm«, erklärte sie ihrer Familie.

Kurz nachdem sie sich im Kurhaus von Rosenlaui ein Zimmer genommen hatte, machte sie sich an die Arbeit, um sich auf die schweren Klettertouren vorzubereiten. Sie nahm einen steilen Berg in Angriff, erreichte den Rand eines Gletschers, setzte sich hin und dachte, sie müsse doch »ein Glückspilz« sein, daß sie dort sein durfte.

Nachdem sie sich warm angezogen hatte, um sich vor der eisigen Kälte zu schützen, brach sie mit ihren Bergführern Ulrich und Heinrich auf. Zuerst absolvierten sie einige leichte Touren über verschiedene »reizende« kleine Berge des Oberlandes. Dann gingen sie einen der passierbaren Höhenzüge an, den Wellhornkamm. Er war 3200 Meter hoch und begann am Vorderen Wellhorn. Nachdem sie mehrere Stunden über glatte Felsen geklettert waren, gelangten sie zu einer sehr gefährlichen Klamm. »Mich verließ mein Mut«, gestand sie, »und ich dachte, daß wir das niemals hätten wagen dürfen.« Zitternd vor Kälte standen sie an einer messerscharfen, brüchigen Felswand, aus der sich ständig Gestein löste, als sie weiterkletterten. Und unter ihnen drohte bei jedem Schritt die steile Klamm. Aber mit Hilfe von Haken und einem doppelten Seil erreichten sie den Gipfel und kehrten glücklich ins Gasthaus zurück, um den nächsten Aufstieg zu planen.

Schon bei ihren früheren Aufenthalten hatten sie und ihre Bergführer mit dem Gedanken gespielt, die felsige Seite des Finsteraarhorn-Gletschers zu besteigen. Gertrude wollte mit solchen schweren Touren sowohl ihre sportliche Fitneß erproben als auch mit dem eigenen Geschlecht und mit den Männern konkurrieren. Vor allem aber wollte sie sich selbst etwas beweisen. Sie war stets fest entschlossen, das höchste Ziel zu erreichen, ganz gleich auf welchem Gebiet, und das Bergsteigen – ein beliebter Frauensport – bot klar definierte Ziele und im engsten Wortsinn die Möglichkeit, die höchste Stufe zu erklimmen. Aber sie verhielt sich beim Bergsteigen genauso wie bei allen anderen ihrer Unternehmungen: Nie folgte sie ausgetretenen Pfaden, sondern nahm stets neue Ziele in Angriff. Sie suchte sich immer etwas, was noch niemand ausprobiert hatte, und Schwierigkeiten waren bekanntlich dazu da, überwunden zu werden. Alles andere war nicht der Mühe wert.

Beim Aufstieg über die Finsteraarhorn-Wand mußte ein Höhenunterschied von 900 Metern überwunden werden. Es gab in den Alpen kaum eine Wand, die steiler und höher war. Es war ein gewagtes Unternehmen und eine Erstbesteigung. »Der Grat baut sich vom Gletscher her in einer Folge von Felstürmen auf, die in einem solch unmöglichen Winkel zur steilen Bergwand stehen, daß man sich wundert, wie sie überhaupt stehenbleiben; und eigentlich kann man wirklich nicht von Stehen reden, denn im oberen Teil kippen sie ständig ab. Dauernd rollen Felsbrocken in die Couloirs zwischen den Berggraten, und überall liegt und hängt lockeres Gestein, irgendeine Turmspitze kann ständig abbrechen.« Die Tour war sehr gefährlich und die Felsen »extrem steil«. Als sie an jenem schicksalhaften 31. Juli 1902 um ein Uhr nachts ihren Aufstieg begannen, zogen im Westen bereits dunkle Wolken auf. Aber »das Spiel« hatte begonnen. Gertrude war entschlossen, den Gletscher zu durchqueren und den Gipfel zu bezwingen.

Das Trio seilte sich an, kämpfte sich mehrere Stunden lang den Bergkamm hinauf und mußte dabei einige sehr schwierige »Kamine« überwinden. Dreihundert Meter unterhalb des Gipfels konnten sie bereits die letzten beiden Felsspitzen sehen. Als es zu schneien begann, setzten sie sich hin und aßen etwas Schnee. Erfrischt krochen sie über den scharfen Grat des engen Passes. Wind kam auf, und die Flocken, die ihnen ins Gesicht peitschten, nahmen ihnen die Sicht. Sie konnten den Berg weder rechts noch links erkennen, außerdem war der Hang durch den Schnee glatt geworden. Es blieb ihnen keine andere Wahl als umzukehren. Und allen war klar, daß der Abstieg kaum weniger gefährlich werden würde als der Aufstieg.

Sie kamen an eine sanft geneigte Felsplatte, aber auch das brachte ihnen keine Erleichterung, denn von dort aus mußten sie zweieinhalb Meter nach unten in den tiefen Schnee springen. Sie befestigten ein zusätzliches Seil und sprangen einer nach dem anderen hinunter. »Es war ein schreckliches Gefühl«, berichtete Gertrude. »Ich werde mich mein Leben lang an jeden Zoll dieser Felswand erinnern!« Um sechs Uhr abends hatten sie die schwierigste Passage noch vor sich, die sie bezwingen wollten, solange sie noch nicht zugeschneit war. Stunden später zog ein schweres Gewitter auf, dem sie schutzlos ausgeliefert waren. »Wir standen neben einem großen Felsturm, als es plötzlich krachte und sekundenlang eine blaue Flamme darauf tanzte«, schrieb sie. »Mein Eispickel zuckte in meiner Hand, und ich hatte das Gefühl, durch meinen Wollhandschuh hindurch Hitze zu spüren. War das möglich? Ich habe den Handschuh nicht ausgezogen, um nachzusehen! Bevor wir wußten, wie uns geschah, schlug schon wieder ein Blitz ein ... Wir polterten, so schnell wir konnten, einen Kamin hinunter, einer hinter dem anderen, vergruben unsere Pickel in einer Mulde am Fuß des Kamins und entfernten uns so schnell wie mög-

111

lich von ihnen. Es ist nicht lustig, mitten im dicksten Gewitter einen Blitzableiter mit sich herumzutragen!«

Als es dunkel wurde und sie ihren Abstieg nicht mehr weiter fortsetzen konnten, versuchten sie vergeblich, Schutz vor dem Gewitter zu finden. Irgendwie gelang es ihnen schließlich, sich zu dritt angeseilt in eine schmale Felsspalte zu zwängen. Gertrude saß hinter einem spitzen Felsvorsprung, Ulrich hatte sich auf ihre Füße gesetzt, um sie warmzuhalten, und Heinrich hockte unter ihm. Beide hatten ihre Füße in den Rucksack gesteckt. Es hörte nicht auf zu schneien, und auf jeden Blitz folgte der Donner fast unmittelbar. »Zuerst machte das Gewitter das Ganze ziemlich aufregend«, schilderte sie ihre Eindrücke. »Die Donnerschläge folgten dem Blitzen so rasch, daß kein Abstand dazwischen zu liegen schien. Wir seilten uns am Felsen über uns an – für den Fall, wie Ulrich ungerührt feststellte, daß einer von uns vom Blitz getroffen werden sollte und umfiele. Die Felsen um uns herum knisterten und zischten wie nasses Holz ... und da wir sonst nichts mehr für unsere Sicherheit tun konnten, genoß ich dieses großartige Spektakel. Und es hat sich gelohnt.« Es gelang ihr, ein wenig einzudösen. Nach und nach klärte es sich auf, die Sterne ließen sich wieder sehen, und die drei sehnten den Sonnenaufgang herbei. Aber die Sonne verbarg ihr Antlitz, der Himmel war grau verhangen.

Sechzehn Stunden, von vier Uhr morgens bis acht Uhr am nächsten Abend, verbrachten sie auf dem Bergkamm. Zu trinken hatten sie nur zwei Teelöffel Brandy und einen Schluck Wein bei sich. Und in ihren Rucksäcken befanden sich noch fünf Ingwerplätzchen, zwei Riegel Schokolade, eine Scheibe Brot, ein kleines Stück Käse und eine Handvoll Rosinen, die sie im Laufe des Tages aßen. Der Abstieg war eine Tortur, fast nach jedem Meter mußten sie das Seil neu befestigen. »Kannst Du Dir vorstellen, welche Mühe es kostete, alle paar Fuß einen Felsen zu finden, um den man es schlingen konnte, und dann mußten wir es hinter uns herunterziehen und wieder neu befestigen.«

Es schneite den ganzen Tag. Hilflos mußten sie mit ansehen, wie der Schnee an den Hängen liegenblieb und dort mit großer Wahrscheinlichkeit Lawinen auslösen würde. Als sie den nächsten Kamin in Angriff nahmen, glitt das vereiste Seil wie Butter durch ihre Hände. Dann quälten sie sich einen vereisten Hang hinunter, auf dem zehn Zentimeter Schnee lagen und der von tiefen Felsspalten durchzogen war. »Die Entfernungen waren für meine Arme zu groß, ich kam nicht an die Felsen heran. Ich reichte Heinrich meinen Eispickel und sagte ihm, mir bliebe nichts anderes übrig, als mich fallen zu lassen, aber er konnte sich nicht sichern, oder tat es jedenfalls nicht, und eine Sekunde später stürzten wir beide Hals über Kopf das Couloir hinunter.« Irgendwie gelang es Ulrich dann doch, die beiden zu halten. »Aber es hätte ins Auge gehen können, und ich schämte mich ein wenig, weil ich mitschuldig war.« Sie hatte damals geglaubt, es sei ihnen »einfach nicht beschieden gewesen, dort heil wieder herunterzukommen«.

Es war bitterkalt, der Schnee hatte sich in Regen verwandelt, und ihre Sachen waren völlig durchnäßt. Sie froren erbärmlich und kämpften sich Schritt für Schritt weiter nach unten. Als es Nacht wurde, waren sie immer noch auf dem Gletscher. Sie hatten keine Streichhölzer, um ihre Laternen anzuzünden, und keine Möglichkeit, sich unterzustellen. Wenigstens fanden sie eine Stelle, an der sie ihre Pickel einschlagen, sich darauf setzen und ein bißchen ausruhen konnten. Sie mußte unwillkürlich an ihren Bruder Maurice denken, der im Burenkrieg in Südafrika ebenfalls im Regen geschlafen hatte.

Als es endlich hell wurde, waren sie kaum fähig, sich aufzurichten, aber es gelang ihnen schließlich doch, ein paar Schritte zu gehen, und gegen sechs Uhr fühlten sie sich wieder so sicher, daß sie die Seile lösen konnten. Am 3. August 1902 um zehn Uhr morgens kamen sie dann in ihrem Hotel an. Gertrudes Zehen waren geschwollen, und sie hatte Frostbeulen, ansonsten war sie jedoch »vollkommen gesund, bis auf meine Zehen – noch nicht mal eine Erkältung. Erstaunlich!« Sie hatte sich auf diese Tour trotz der bösen Vorahnungen eingelassen, die Domnul gehabt hatte, und die, wie sie zugeben mußte, »ziemlich realistisch gewesen waren. Aber ich bin doch einigermaßen zufrieden, daß meine Gebeine jetzt nicht in den eisigen Alpen herumliegen.« Sie hatte den Gipfel zwar nicht erreicht, jedoch war es ihr gelungen, dem Tod ins Angesicht zu blicken und ihm zu trotzen, denn sie hatte das Abenteuer unverletzt überlebt. Später sagte Ulrich über sie: »Wenn sie nicht so mutig und entschlossen gewesen wäre, wären wir alle umgekommen.« Von allen Amateuren, die er je kennengelernt habe – ganz gleich ob Männer oder Frauen –, sei niemand so »kühl, tapfer und besonnen« gewesen.

7.

Am Ende
des Lavastromes

Als Gertrude im August 1902 nach England zurückkehrte, waren ihre Zehen noch immer geschwollen, und das Wetter erschien ihr trotz des Sommers als »schrecklich kalt«. Sie engagierte eine persönliche Zofe namens Marie Delaere und nahm ihre nachmittäglichen Besuche wieder auf. Bei einem Dinner mit Domnul, der als Auslandskorrespondent der *Times* häufig unterwegs war, machte sie Pläne für eine gemeinsame Reise nach Delhi. Anläßlich der Thronbesteigung König Edwards VII., der gleichzeitig Kaiser von Indien war, hatte Lord Curzon, der Vizekönig von Indien, zu einem »Imperial Durbar« eingeladen: zu einem jener berühmten Treffen der Prominenz Indiens. Das große Ereignis sollte über alle Maßen prächtig, verschwenderisch und spektakulär werden. Die hohen Würdenträger, Potentaten und Prominenten würden dem bevölkerungsreichsten Subkontinent der Welt etwas vom Glanz des britischen Empire vermitteln.[1] Man wollte seinen Reichtum zur Schau stellen, mit Juwelen behängte Elefanten und strahlend helles elektrisches Licht sollten dem indischen Volk die Macht Großbritanniens vor Augen führen. Gertrude, die sich selbst als Imperialistin betrachtete, freute sich auf die Festlichkeiten. Für sie und ihren Kreis war die Macht ihres Landes eine edle Notwendigkeit. Die Briten hatten mit ihrem Handel, ihrem Wagemut und ihrem Selbstbewußtsein den eindeutigen Auftrag, die weniger glücklichen Seelen unter ihre Fittiche zu nehmen.

Sie reiste mit ihrem jüngeren Bruder Hugo nach Indien, nicht nur weil es ihr Spaß machte, sondern auch, weil sie ihn davon abbringen wollte, sich einem geistlichen Orden anzuschließen. Gertrude, für die das Christsein eine alberne Zeitverschwendung war, verbrachte einen großen Teil der Reise mit intellektuellen Diskussionen. Aber Hugo ließ sich nicht von seinem Entschluß abbringen. Als ihr Schiff Ende Dezember 1902 in Bombay festmachte, waren beide erleichtert, daß sie ihre Aufmerksamkeit von der christlichen Religion auf jene des Empires verlagern konnten.

Man konnte den Eindruck gewinnen, daß die »ganze Welt« zu diesem prächtigen Durbar gekommen war. Ihre Familie, ihre Freunde und Verwaltungsbeamte, die sie gut kannte, genossen das Privileg, in den Zelten des Vizekönigs zu wohnen, bei Paraden in der ersten Reihe zu sitzen und zu den wichtigsten Empfängen und Partys eingeladen zu werden. Zu ihrer großen Freude stellte Domnul, der vom Persischen Golf angereist war, sie den Vertretern des »venerable Indian Civil Service« vor, einem prestigeträchtigen Club von Oxford- und Cambridge-Absolventen, die in der Kolonie und ihren Außenposten das Sagen hatten, Recht sprachen, den Einheimischen europäische Manieren beibrachten und dafür sorgten, daß die britischen Geschäftsinteressen jederzeit gewahrt wurden. Vor allem aber lernte sie dort Sir Percy Cox kennen, der damals amtierender Konsul in Maskat war.

Beim Lunch mit ihrem alten Freund Domnul und dem stets sehr gut informierten Cox erfuhr sie das Neueste aus Zentralarabien. Man berichtete ihr zum Beispiel über die blutige Fehde zwischen Ibn Raschid, dem Emir der Nedschd und Anführer des seminomadischen Clans des Schammar-Stamms, und seinem mächtigen Rivalen Ibn Saud, dem Führer des Beduinenclans, der zum Anaseh-Stamm gehörte. Die beiden waren die mächtigsten Scheichs in Arabien und beherrschten zusammen die riesige Wüste, welche die zentrale Ebene auf der Arabischen Halbinsel bildet und um die ihre Stämme schon seit Generationen kämpften. Nach einer langen Fehde waren die Saudis 1891 von den Raschids geschlagen worden. Sie hatten sich nach Kuwait ins Exil zurückziehen müssen, ein mit den Briten verbündetes Emirat, und ihr Wunsch nach Vergeltung war seitdem ständig stärker geworden. Jetzt vermutete man, daß Ibn Saud zurückkehren wolle.

Gertrudes Treffen mit Cox war zwar nur von kurzer Dauer gewesen, aber es hatte sie in ihrer Absicht bestärkt, tiefer ins Innere Arabiens vorzudringen; zudem war es der Beginn einer langen, für ihr Leben wichtigen Beziehung zu diesem Mann.

Von Indien aus reisten Gertrude und Hugo weiter nach Singapur, Shanghai, Seoul und Tokio. Danach überquerten sie den Stillen Ozean und kamen schließlich in Vancouver an. Sie kletterte in den Rocky Mountains und bewunderte die Schönheit des Lake Louise. Als sie jedoch weiter durch die Vereinigten Staaten reisten, wurde sie die Szenerie leid. In Chicago war sie entsetzt »über den fürchterlichen Anblick, den Schmutz auf den Straßen, den Lärm und über die ganze Häßlichkeit«. Nachdem sie dann noch die Niagarafälle und Boston besucht hatten, wollte sie so schnell wie möglich wieder nach Hause. Am 26. Juli 1903 traf sie in Liverpool ein und verbrachte den Rest des Jahres in England.

Dort wurde sie einmal mehr an die traurige Tatsache erinnert, daß sie eine alleinstehende Frau war. Ihre jüngere Schwester Molly hatte sich wie sie in einen Mann verliebt, den ihr Vater ablehnte. Ein paar Monate später stellte Gertrude Molly Charles Trevelyan vor, und am 6. Januar 1904 heirateten die beiden. Für Gertrude war es ein schmerzliches Erlebnis, die jüngere Schwester zum Traualtar gehen zu sehen. Die einzigen Männer, die sich zu ihr hingezogen fühlten, waren »liebe alte Freunde« wie Lord Dartrey, der, wie sie berichtete, sich auf der Überfahrt nach Indien »in sie verliebt hatte«, sie jedoch nicht interessierte.

Als sie sich im März wegen des unwirtlichen englischen Wetters – Schnee und Frost – nach »einer hübschen Wüste, wo die Sonne scheint« sehnte, träumte sie von einem Besuch bei Ibn Raschid. Aber noch konnte sie ihre arabischen Pläne nicht verwirklichen. Ibn Raschid, der von den Türken unterstützt wurde, führte gerade Krieg, und es wäre viel zu gefährlich gewesen, in die Region zu reisen. Sie nahm statt dessen in London an einer weiteren Hochzeit teil, diesmal war es ihre Cousine Florence Lascelles, die einen Diplomaten, den jungen Cecil Spring-Rice, heiratete. Sie lernte zahlreiche Angehörige des Foreign Office, des Außenministeriums, kennen und freundete sich mit dem amerikanischen Maler John Singer Sargent an. Im August 1904 beschloß sie, nach Zermatt zu fahren und sich wieder einmal alpinistisch zu betätigen. »Du fragst mich, warum Menschen auf Berge klettern?« schrieb sie an ihre Mutter, blieb die Antwort jedoch schuldig. Nicht zuletzt versuchte sie die Gipfel zu bezwingen, um ihre Einsamkeit zu vergessen.

Und sie wollte ständig Neuland erobern, im Mittelpunkt der Aufmerksamkeit stehen, jeder sollte nur Augen und Ohren für sie haben. Von besonders interessanten Personen ließ auch sie sich faszinieren, aber sie konzentrierte sich dabei hauptsächlich auf das, was diese Menschen dachten und wie sie sich verhielten. Zu Hause war ihr das Leben zu langweilig geworden. Bei ihren eigenen Landsleuten wußte sie immer schon im voraus, wie sie reagieren würden, was beispielsweise ein Politiker tun oder ihr Tischherr zu ihr sagen würde. Die Araber waren anders, sie regten ihre Phantasie an, waren romantisch, exotisch, geheimnisvoll und nur schwer zu ergründen.

Im September war sie in London und verfiel dort in einen wahren Kaufrausch, hauptsächlich was Federboas und Muffs betraf. Außerdem besuchte sie Freunde und ließ sich von Domnul zum Essen einladen. »Das Wetter ist abscheulich«, schrieb sie ihrer Mutter und machte Pläne für ihre nächste Reise in den Mittleren Osten. Diesmal sollten ihre Touren jedoch einem anderen Zweck dienen. Da sie sich besonders für Architektur und alte Kulturen interessierte, beschloß sie, bei dem französisch-jüdischen Gelehrten Salomon Reinach zu studieren, von dem der bekannte Ausspruch *ex oriente lux* stammte, mit dem er ausdrücken wollte, daß die Zivilisation im Osten begonnen hat und dort alle großen Ideen der Menschheit entwickelt wurden. Als Herausgeber der berühmten *Revue Archéologique* hatte Reinach außerdem über die römische und gotische Periode in Frankreich geschrieben und war Direktor des Museums Saint-Germain in Paris. Er war verheiratet, zehn

Jahre älter als Gertrude, »unglaublich häßlich, aber ein Engel«, und nahm sie unter seine Fittiche. Von ihm lernte sie alles über ägyptische, griechische, islamische, byzantinische Kunst und Archäologie. Er behandelte seine Lieblingsschülerin wie ein kleines Mädchen. »Reinach ... liebt mich heiß und innig«, schrieb sie fast wehmütig. »Er stellt mir sein ganzes grenzenloses Wissen zur Verfügung, und ich habe in diesen wenigen Tagen mehr gelernt als ohne ihn in einem Jahr.«

Aber diese »Schulzeit« war bald vorüber. Sie kehrte nach London zurück und bereitete sich dort auf ihr nächstes Abenteuer vor. Ihr Freund David Hogarth hatte gerade ein neues Buch mit dem Titel »*The Penetration of Arabia*« (Die Durchdringung Arabiens) veröffentlicht, in dem er die riesige, unerforschte Wüste beschrieb, »die den Blicken der Menschen aus dem Westen zu einem großen Teil bis jetzt nicht zugänglich gewesen war«. In seinem Werk hatte er die Hoffnung geäußert, daß die Europäer die »Erforschung Arabiens zu einem Abschluß« brächten, sobald es die Situation zuließe. Niemand war stärker daran interessiert, Hogarths Wunsch zu erfüllen, als Gertrude, aber Percy Cox und andere Freunde hatten sie gewarnt und ihr gesagt, die Zeit sei noch nicht reif. Sie folgte statt dessen ihren eigenen fünf Jahre zuvor gelegten Spuren und reiste am östlichen Ufer des Jordan entlang, »bis zu jener entzückenden Landschaft, die Omar Khayyám besungen hat: ›Verstreuten Grüns ein schmales Band, trennt die Wüste von dem Ackerland.‹«[2]

Am 4. Januar 1905 reiste Gertrude wieder einmal in den Mittleren Osten. Dank Reinachs Unterricht war ihr Interesse aufs neue entfacht worden. Außerdem fühlte sie sich gewissermaßen zu dieser Exkursion berechtigt, denn sie hatte in der *Revue Archéologique* einen Aufsatz über die Geometrie der kreuzförmigen Strukturen veröffentlicht. Reinach hatte ihr empfohlen, sich intensiv mit den römischen und byzantinischen Ruinen zu beschäftigen, um die Auswirkungen dieser Kulturen auf den Mittleren Osten analysieren zu können. Darüber hinaus plante sie, ausführliche Protokolle über die Menschen anzufertigen, die dort lebten, vor allem über die Beduinen und Drusen. Das gesamte Material – das archäologische, anthropologische, soziale, kulturelle, antike und moderne – wollte sie zu einem Buch zusammenfassen, in dem auch zahlreiche Fotos enthalten sein sollten.

Auf diese Weise gedachte sie den Engländern die Lebensform des Mittleren Ostens näherzubringen und sie über die arabische Welt und ihre Kultur zu informieren: über die Beduinen und die gebildeten Stadtmenschen; über die blumige und weitschweifige Sprache; die Verhaltensweisen, die gleichermaßen primitiv und geschliffen waren; die Kunst; über die Geschichte der heiligen Kriege und der Eroberungen; die symbolträchtige und poetische Literatur, über eine Politik, die von Stammesfehden und tödlichen Rivalitäten gekennzeichnet war; den Islam; die seltsam klagende Musik; über das Fladenbrot und Joghurt; den Handel der Basarkaufleute und der internationalen Händler; den Weizenanbau und die Kamelzucht; über den fruchtbaren Boden; die Ölressourcen; über Palmenhaine; plötzlich sprudelnde Quellen und die endlose Wüste.

Sie hoffte, durch ihr Buch Beachtung als Autorin, aber auch als Wissenschaftlerin zu finden. Im Vordergrund jedoch stand der Wunsch nach persönlicher Anerkennung. In Ansätzen hatte sie das im Mittleren Osten und in der Schweiz schon erlebt, vielleicht würde ihr das Buch dazu verhelfen, auch in der Heimat eine Persönlichkeit zu werden.

Die *S.S. Ortona* legte in Marseille ab und erreichte eine Woche später Beirut. Zu ihrem Vergnügen geriet Gertrude gleich nach ihrer Ankunft in eine heikle Situation, die ihr ein hohes Maß an Flexibilität abverlangte. Abgesehen von ihren Büchern – Charles Doughtys *»Arabia Deserta«* (voller Informationen über die Beduinen) und Hogarths *»The Penetration of Arabia«* – hatte sie noch andere verdächtige Gegenstände in ihrem Gepäck: einen Revolver, ein Gewehr und eine Sammlung von Landkarten; fragwürdige Dinge für eine britische Staatsangehörige unterwegs auf türkischem Territorium. Um sich etwaige Probleme mit dem Zoll zu ersparen, hatte sie dem britischen Konsul in Beirut eine Botschaft zukommen lassen und ihn gebeten, für einen *Kavass*, einen Diener, zu schicken, der ihr helfen sollte. Ein alter Freund erschien, ein lächelnder Mann in Uniform, und beide machten sich auf den Weg zum Zoll. Den Revolver hatte sie in ihre Tasche gesteckt. Sie warnte ihren Begleiter, sie »habe alle möglichen Schmuggelsachen bei sich«, die meisten Sorgen machte ihr allerdings der Revolver. Das Gewehr hatte sie in ihre weißen Spitzenunterröcke eingewickelt und mitsamt dem Etui in ihren Schrankkoffer gepackt. Sollten die Türken jedoch den Revolver finden, würden sie ihn sofort beschlagnahmen.

Am Zollhaus verwickelte sie den ranghöchsten Offizier sofort in ein freundliches Gespräch über das Wetter, während der *Kavass* jedem mitteilte, daß sie eine »sehr berühmte Lady« sei. Natürlich sagte er ihnen auch, daß es unnötig sei, ihr Gepäck zu durchsuchen. Ein Koffer nach dem anderen wurde anstandslos abgefertigt, und als sie eine Holzkiste öffneten, fanden sie nur eine Campingausrüstung.

Als nächstes kam der Schrankkoffer an die Reihe. »Den sollten sie nicht so genau durchsuchen«, flüsterte sie dem *Kavass* nervös auf arabisch zu.

»Ich habe verstanden, Lady«, erwiderte er. Mit spitzen Fingern hob er ihre weißen Spitzenunterröcke hoch (»aggressiv weiblich« nannte sie so etwas), die unten zum Vorschein kamen. Gerade als sie das Schubfach wieder schließen wollte, entdeckte einer der Männer den Stapel Landkarten – »sehr verdächtige Gegenstände in der Türkei« –, die auf dem Gewehretui lagen. Als er sich die Karten genauer ansehen wollte, wandte sich Gertrude schnell an den Offizier und machte eine beiläufige Bemerkung über den Regen.

»Bei Gott, Lady«, antwortete er ihr, »es ist genau, wie Eure Exzellenz es sagen: Gott weiß, wann der Regen endlich aufhören wird.« Er befahl seinem Untergebenen, die Durchsuchung abzubrechen.

Schnell machte der *Kavass* die Schublade wieder zu. »Y'allah, o Mann!« sagte er. »Beeil dich, sollen wir etwa bis zum Abend hier herumstehen?« Die Gefahr war vorüber.

Sie lächelte den Offizier an und verabschiedete sich von ihm mit einem höflichen »Salam«: »Ich gehe jetzt, wenn es Ihnen beliebt«, sagte sie.

»Gehen Sie in Frieden«, erwiderte er.

Ihrem Vater schrieb sie anschließend, sie habe »ein phantastisches Betrugsmanöver erfolgreich« durchgezogen. Dem *Kavass* werde sie ein Extratrinkgeld geben.

Obwohl die Straßen von Beirut knietief mit Schlamm bedeckt waren, vermittelte ihr die mittelöstliche Atmosphäre das Gefühl, zu Hause zu sein. Nur wenige Stunden später hatte sie schon »den ganzen Klatsch und Tratsch« gehört, war durch die Basare geschlendert und freute sich, wieder in der Levante zu sein. »Ein Basar ist immer der Inbegriff des Orients, selbst in einer halb europäischen Stadt wie Beirut«, schrieb sie nach Hause.

Bei Gesprächen, die sie mit britischen Verwaltungsbeamten führte, erfuhr sie, daß Ibn Raschid von seinem Feind Ibn Saud aus Hail, seiner Hauptstadt, vertrieben worden war, daß die türkischen Truppen jedoch auf dem Weg seien, um den Raschids beizustehen. Die Osmanen zahlten beträchtliche Summen an Ibn Raschid und erkauften sich so seine Loyalität, während die Briten unter dem Kommando von Lord Curzon in Indien und unter den wachsamen Augen von Percy Cox in Maskat Ibn Saud und den Scheich von Kuwait, seinen Verbündeten, bei Laune hielten.

Bei einem Dinner, an dem sie einige Tage später teilnahm, versicherte man ihr, daß Ibn Raschid sich mit seinen dreißigtausend Arabern noch in der Stadt aufhalte. Der Emir, meinte ihr Tischherr, sei »ein sehr unternehmungslustiger und sehr tapferer Mann. Er läßt keine Fremden in die Nedschd, es ist absolut unmöglich, dorthin zu kommen; und wenn es Ihnen doch gelingen sollte, würden Sie nie wieder herauskommen.« Eine interessantere Herausforderung hätte auf Gertrude gar nicht warten können. Eigentlich wollte sie Zentralarabien erst im Jahr darauf besuchen, aber einer solchen Versuchung konnte sie nicht widerstehen.

Ihre gegenwärtige Reise mußte allerdings vorbereitet werden. Sie kaufte Pferde und Maultiere und engagierte den Drusen Muhammad, ihren früheren Maultiertreiber. Er schwor ihr, mit ihr »bis ans Ende der Welt« zu gehen. Dann brachen sie auf und kamen ein paar Tage später in Jerusalem an.

Mr. Dickson, der britische Konsul, teilte ihr mit, daß sich Lord und Lady Sykes, ein sehr sympathisches Ehepaar, ebenfalls in der Stadt aufhielten. Es zeigte sich sofort, daß Gertrude und Mark Sykes viele Gemeinsamkeiten hatten: Beide waren intelligent, begeisterungsfähig und gleichermaßen ungeduldig, beide entstammten sehr wohlhabenden Familien aus Yorkshire. Beide hatten die besten britischen Universitäten besucht, konnten nach Belieben reisen, interessierten sich für die Levante, und beide sollten ihre Spuren im Mittleren Osten hinterlassen.

Obwohl sie außerordentlich eigenwillig und ehrgeizig waren, unterschieden sie sich in einigen wesentlichen Punkten. Gertrude war Atheistin, Sykes praktizierender Katholik. Gertrude hatte in Oxford studiert, Sykes in Cambridge. Gertrude lehnte es strikt ab, daß sich ihre Familie mit Titeln schmückte, Sykes trug seinen Titel voller Stolz. Gertrude war vierunddreißig und ledig, Sykes war zehn Jahre jünger, hatte bereits Asien und die Türkei bereist und mit seinen Reisebeschreibungen in England einiges Aufsehen erregt. Und was Gertrude vor allem irritierte, war die Tatsache, daß er die Menschen der Wüste verachtete, während sie den Arabern stets mit einem gewissen Respekt begegnete. Ein Jahr zuvor, 1904, hatte Sykes über die Araber von Mosul und Damaskus geschrieben: »Sie sind redegewandt, verschlagen, leicht erregbar und feige, für mich geben sie im ganzen Mittleren Osten das verachtungswürdigste Bild ab.« Er nannte sie »krank«, »hoffnungslose Nichtstuer«, »verderbt, soweit es ihr schwacher Körper zuläßt«, »anmaßend, aber verachtenswert«.

Gertrude schrieb sehr bald mit Nachdruck: »Der Orientale ist ein altes Kind ... und er kümmert sich kaum um das, was wir praktischen Nutzen nennen. Nach unserer Auffassung des Wortes praktisch ist er nicht praktischer als ein Kind, und sein Begriff von Nutzen weicht sehr von dem unseren ab. Andererseits wieder wird sein Tun und Lassen durch überlieferte Sitten- und Umgangsgesetze geregelt, die bis auf den Beginn der Zivilisation zurückdatieren, Gesetze, die bis jetzt noch durch keinen Wechsel der Lebensweise, der sie entsprungen sind und auf die sie sich beziehen, eine größere Veränderung zu erfahren brauchten. Abgesehen davon ist der Orientale ganz wie wir auch; die menschliche Natur verändert sich jenseits des Suezkanals nicht vollständig, auch ist es nicht etwa unmöglich, sich mit den Bewohnern jener Himmelsstriche auf freundlichen, ja freundschaftlichen Fuß zu stellen, ja, in gewisser Beziehung ist es sogar leichter als in Europa.«[3]

Gertrude ließ sich bei Mark und Edith Sykes in Jerusalem anmelden. Sie empfingen sie »mit offenen Armen«, berichtete sie, und nach einem guten Essen und einem lustigen Abend fand sie die beiden »absolut reizend«. Wie Gertrude wollte auch Sykes die Bergdrusen besuchen, und beide diskutierten über ihre unterschiedlichen Pläne.

Obwohl an diesem Abend gegenseitige Sympathie bestand, hatte Sykes nach einigen Wochen seine Meinung völlig geändert. Er schrieb seiner Frau einen langen Brief, in dem er Gertrude bittere Vorwürfe machte, weil sie ihn absichtlich in die Irre geführt habe. Sie »hat genau die Route eingeschlagen, von der ich ihr gesagt hatte, daß ich sie nehmen wollte«, beklagte er sich, »dabei hatte sie mir versprochen, einen anderen Weg zu wählen«. Er gab Gertrude die Schuld, daß die Türken ihn nicht zu den Drusen lassen wollten. Sykes nannte sie ein »Miststück« und wollte »diese verdammte Närrin mit 10 000 meiner schlimmsten Schimpfwörter« belegen. Wo immer sie auftauche, löse sie einen »Aufruhr« aus, schrieb er seiner Frau. Sie sei »der Schrecken der Wüste«. Während andere Leute Gertrude für eine außerordentlich intelligente Frau hielten, war sie für Sykes »ein alberner, schnatternder, eingebildeter Windbeutel, ein überschwengliches, flachbrüstiges Mannweib, eine mit den Hüften wackelnde Weltenbummlerin, eine geschwätzige Närrin!«

Doch die so Geschmähte war schon weitergezogen. »Es war ein stürmischer Morgen, der 5. Februar«, beschrieb sie ihr Abenteuer später. »Der Westwind erhob sich aus dem Mittelmeer, fegte über die Erde dahin, wo die Kanaaniter Krieg führten mit den hartköpfigen Bergbewohnern Judäas, übersprang die gewaltige Gebirgsmauer, die die Könige von Assyrien und Ägypten vergebens zu überwinden versucht, schrie nach Jerusalem die Kunde von kommendem Regen hinein, jagte weiter über die öden Osthänge hinab, setzte mit einem Sprung über das tief eingeschnittene Bett des Jordans und verschwand jenseits der hohen moabitischen Höhen in der Wüste. Und die ganze Meute des Sturms jagte ihm nach, ein kläffendes Rudel, ostwärts jagend und sich des tollen Tages freuend.

Niemand, der noch einen Funken Leben in sich hat, könnte an seinem solchen Tag zu Hause bleiben, aber für mich stellte sich die Frage der Wahl gar nicht erst.«[4]

Neben ihrem Koch Mikhail, einem Christen (den ihr Mark Sykes empfohlen hatte), bestand ihre Gruppe noch aus drei Maultiertreibern: Ibrahim, ein alter zahnloser christlicher Maronite, sein Sohn Habib, ein gutaussehender, breitschultriger junger Mann, und Muhammad, der Druse, füllig, faul und charmant. Sie ritten nach Osten zum Tal des Jordan und waren »ganz allein auf der trostlosen Straße nach Jericho«. Um nach Dschebel Drus zu gelangen, entschied sie sich für die Strecke über die Jordanbrücke, das »Tor zur Wüste«, wie sie es nannte. In der ersten Nacht schlugen sie ihre Zelte in der Nähe der hölzernen Zollbrücke auf und setzten ihre Reise am nächsten Morgen fort. Sie trafen auf einen zerlumpten Araber, dessen einziger Traum es war, einmal nach Amerika zu kommen. »Die gleiche Geschichte bekommt man in ganz Syrien zu hören. Hunderte wandern jedes Jahr aus«, schrieb sie, weil sie hofften, in den USA ein kleines Vermögen machen zu können, um dann wieder in die Heimat zurückzukehren.

Sie überquerte die Grenze und hielt ihr Notizbuch bereit, um jede Ruine oder jedes Wesen, das von Interesse sein könnte, darin festzuhalten. Ihre Beobachtungen sollten ihr nicht nur beim Schreiben ihres Buches gute Dienste leisten, sondern würden ihr auch helfen, ihre Freunde in der britischen Regierung zu beraten. Es war damals schon so wie heute: Archäologen und Schriftsteller stießen in Gebiete vor, in die sich sonst niemand hineinwagte. Mit ihrer genauen Beobachtungsgabe und ihrem scharfen Gehör für den lokalen Klatsch konnte Gertrude besonders wertvolle Informationen liefern. Sie schrieb dem einflußreichen Domnul lange Briefe, schickte Berichte an die Diplomaten des Foreign Office und informierte sie über den desolaten Zustand des Osmanischen Reichs. Die Türken hatten ihre gierigen Hände nach Arabien ausgestreckt, waren aber so sehr damit beschäftigt gewesen, sich bestechen zu lassen, daß sie kaum Zeit fanden, sich um den Aufbau einer effizienten Verwaltung für die Einheimischen zu kümmern.

Die Drusen suchten dringend einen europäischen Partner, der sie mit Waffen für den Kampf gegen die Türken versorgen könnte, und ihre erste Wahl waren die Briten. Gertrude verzichtete auf ihrer Reise auf die eigentlich erforderliche türkische Eskorte und hoffte, das Vertrauen der Drusen, die sie schon einmal besucht hatte, auch diesmal gewinnen zu können. Sie wollte herausfinden, wie unzufrieden sie wirklich waren, und sich ein Bild von der Kampfkraft ihrer Armee machen. Sie wußte, daß »sich die Drusen an keine Spielregeln halten, sie schlagen einfach jeden tot und verschonen niemanden. Solange sie noch einen Schuß Pulver haben und die Kraft besitzen, den Abzug zu betätigen, bringen sie jeden um, der ihnen begegnet, jeden Mann, jede Frau und jedes Kind.« Aber es war unter anderem gerade die Gefahr, die sie reizte; sie kam sich vor wie ein Kind, das am Meer steht und sich von den riesigen Wellen magisch angezogen fühlt.

Sie ergänzte ihr Team durch einen arabischen Führer und nahm dann direkten Kurs auf die gefährliche Region. Der Araber hieß Namud, war Christ und kannte jeden der dortigen Scheichs. Obwohl das Wetter an manchen Tagen so schlecht war, daß sich die Pferde durch tiefen Morast quälen mußten, versäumte sie es nicht, den Spuren der Vergangenheit zu folgen – sie besichtigte antike Grabstätten, einen verfallenen Tempel in Khureibet es Suk und entdeckte alte römische Münzen. Schließlich erreichten sie ein Lager des Stammes der Beni Sakhr, der sich ständig mit den Drusen befehdete. »Und beide kennen kein Erbarmen«, stellte sie fest. »Wenn sich ein Druse und ein Beni Sakhr begegnen, stirbt entweder der eine oder der andere.« Ihre größte Sorge war Muhammad, ihr drusischer Maultierführer. Wenn die Beni Sakhr, bei denen sie in dieser Nacht ihr Lager aufgeschlagen hatten, gewußt hätten, daß er ein Druse war, »hätten sie ihn nicht nur getötet, sondern bei lebendigem Leib verbrannt«. Man beschloß deshalb, Muhammad schnell zum Christentum zu bekehren.

Zu jenem Zeitpunkt waren die Beni Sakhr jedenfalls noch Gertrudes Freunde und hatten ihr fünf Jahre zuvor den Namen »Tochter der Wüste« gegeben. Als sie jetzt in ihrem Zelt saß, aus feinem Porzellan Curryreis aß und ihn mit einem Glas Wein herunterspülte, gesellte sich einer der Beni Sakhr zu ihr. Sie tranken Kaffee, rauchten ägyptische Zigaretten, die sie bei sich hatte, und sprachen über die blutrünstigen Drusen. Später, als sich die kalte, feuchte Wüstennacht hinabsenkte, wickelte sie sich in einen Pelz ein, legte eine Wärmflasche unter die Decke und ging schlafen.

Als sie am nächsten Abend zu den Drusen kamen, wurde Gertrude gleich in das lange schwarze Zelt des Scheichs eingeladen. Sie wandte sich dem Eingang zu, der den Männern vorbehalten war, und trat ein. Es wäre ihr nie in den Sinn gekommen, das Zelt von der Frauenseite aus zu betreten. Ein Harem war für sie etwas Kurioses, ein Platz, an dem man Beobachtungen und Fotos machen konnte. Sie betrachtete sich selbst als Mann und erwartete von den Männern, so wie jeder Mann als Ehrengast behandelt zu werden. Die Araber hatten ihr nicht umsonst den Titel »Mann ehrenhalber« verliehen.

Ihr Vorteil war, daß sie sich ohne größere Schwierigkeiten unter den rivalisierenden Stämmen bewegen konnte. An diesem Abend hockte sie mit untergeschlagenen Beinen mit dem Scheich beim Abendessen und tunkte ihr Fladenbrot in den Joghurt. Nach dem Essen saßen sie noch am Feuer, tranken Kaffee und rauchten Zigaretten, während die Männer Geschichten aus der Wüste erzählten und sich über die Unterdrückungsmethoden der Türken beklagten. Mit großen Augen hörte sie zu, als man ihr die Geschichte eines *Ghasu*, eines Überfalls der Beni Sakhr, erzählte, der erst kürzlich stattgefunden hatte.

Sie waren unvermittelt aufgetaucht und hatten den Drusen fünftausend Schafe geraubt. Ein paar Tage später erfuhr sie, daß zweitausend Drusen sich an den Beni Sakhr rächen wollten. An diesem Abend überlegte sie gerade, ob sie sich trotz der Kälte noch mit ihren Tagebuchnotizen beschäftigen sollte, als sie in der dunklen Nacht plötzlich den bedrohlichen Klang eines Kampfliedes hörte. Sie blickte hoch und sah eine von den Burgmauern oben auf dem Hügel emporzüngelnde Flamme, welche die am Fuß des Berges verstreut liegenden Drusendörfer vor einem Angriff der Beni Sakhr warnen sollte. Sie fragte den Soldaten, der vor ihrem Lager Wache hielt, ob sie auch zu den anderen Soldaten gehen sollte, die sich um das Feuer versammelt hatten. »Es spricht nichts dagegen. Beehre uns«, erwiderte er. Gemeinsam kletterten sie auf die Spitze des Sandhügels.

Am Rand des Burggrabens hatten sich Männer und Jungen eingefunden, die mit Keulen und Schwertern bewaffnet waren und ein martialisches Lied sagen. Ihr Bewacher fiel in den Schlachtruf ein:

»O Herr unser Gott! Auf sie, auf sie!
Möge der Feind vor unseren Schwertern in Stücke zerfallen!
Laß das Kind die Seite seiner Mutter verlassen,
Laß den jungen Mann aufs Pferd steigen und davonreiten.«

Nachdem sie geendet hatten, faßten sich die Männer bei den Händen und bildeten einen Kreis. Drei junge Drusen stellten sich in seine Mitte. Sie gingen den Kreis innen ab, hielte vor jedem einzelnen Mann an, schwangen ihre gezückten Schwerter und fragten: »Bist du ein guter Mann? Bist du ein treuer Mann?« Der Mond schien auf ihre Gesichter, und einer nach dem anderen schrie »Ha! Ha!« Es hörte sich an wie ein gellender Schrei nach Blut und Krieg. Einer der jungen Männer hatte Gertrude entdeckt. Er ging zu ihr und hob sein Schwert hoch über den Kopf: »Lady«, rief er, »die Engländer und die Drusen sind eins.«

»Gelobt sei Gott! Auch wir sind eine kämpfende Rasse«, antwortete sie und war in diesem Augenblick selbst von dem leidenschaftlichen Wunsch beseelt, den Feind zu töten.

Dann rannten die Männer, die sich immer noch an den Händen hielten, den Hügel hinab. Gertrude lief mit ihnen, bereit, sich ihnen anzuschließen. Wenn der türkische Gouverneur in Damaskus erfahren würde, daß sie sich an einer kriegerischen Aktion beteiligt hatte, würde er ihr kaum noch abnehmen, daß ihre Unternehmungen so harmlos seien. Als ihr das klargeworden war, drehte sie sich um und kehrte zu ihrem Zelt zurück. Traurig schrieb sie in ihr Tagebuch, daß sie »plötzlich wieder eine Europäerin geworden war, die sich friedlicheren Aufgaben widmete und mit den unverhüllten, primitiven menschlichen Leidenschaften nicht vertraut war«.

Sie blieb drei Wochen in den Bergen, trank manchmal tagelang nur Kaffee und rauchte Zigaretten und plauderte mit den türkischen Verwaltungsbeamten, die in der Gegend unterwegs waren. Da sie sich sehr bald mit ihnen angefreundet hatte, konnte sie sich nach Belieben frei bewegen; jeder bot ihr seine Hilfe an.

Zwei Tage später hatte sie das Gebiet der Drusen verlassen und befand sich wieder auf dem Weg nach Damaskus, wo sie am 26. Februar 1906, einem Sonntag, eintraf. Sie war von Staub bedeckt, von der Sonne verbrannt und von zerlumpten Gestalten umgeben – es war eine wilde Horde, alle hatten vom Schmutz verkrustete Haare, lange Bärte und waren bis an die Zähne mit Flinten, Dolchen und Keulen bewaffnet. Eine Reihe Maultiere und Kamele folgte ihnen. Die Stadt, die fast dreihunderttausend Einwohner zählte, war an drei Seiten von Bergen umgeben und wurde an der vierten Seite von Obstplantagen und einem Fluß begrenzt. Als der Prophet Mohammed in Damaskus ankam, verließ er die Stadt sofort wieder, weil er glaubte, des Paradieses ansichtig geworden zu sein. Er hatte Angst, sich ansonsten um die Möglichkeit zu bringen, nach seinem Tode wieder hierhin zurückkehren zu können – dies jedenfalls behauptet eine Legende. Als Gertrude durch die

Stadt ritt, fiel ihr Blick auf die große Omaijaden-Moschee, die auch heute noch ein Symbol der Macht des Islam ist.

Nach einem warmen Bad und einer Erholungspause in einem sauberen Hotel ging Gertrude sofort zum türkischen Gouverneur. Er hatte ihr eine Nachricht geschickt, in der er seine Besorgnis wegen ihres Aufenthalts im Dschebel Drus ausdrückte. Er hatte täglich drei Telegramme erhalten, die über ihre Aktivitäten Auskunft gaben. Niemand war jedoch vorauszusagen in der Lage, was sie als nächstes unternahm. Aber nicht nur der Gouverneur war an ihr interessiert: Sie hatte inzwischen in ganz Syrien einen enormen Bekanntheitsgrad erreicht. Sie konnte keinen Schritt tun, ohne daß sich Horden von Arabern an ihre Fersen hefteten und ihr durch die engen Straßen und in die lärmenden Basare folgten. »Ich bin in Syrien eine bekannte Persönlichkeit geworden«, stellte sie fest.

Alles was Rang und Namen hatte, besuchte sie in ihrem Hotel, und sie gab jeden Nachmittag einen Empfang. »In Damaskus möchte jeder bei mir Kaffee trinken und mit mir reden«, berichtete sie und war begeistert. Bei einem Treffen mit der Familie Abdul Kadir erwähnte sie, daß sie vorhabe, Ibn Raschid aufzusuchen, worauf sie die Zusage erhielt, daß man ihr bei den Reisevorbereitungen helfen werde. Und was noch wichtiger war: Sie erfuhr, daß auch der französische Orientalist René Dussaud vorhatte, Raschid in seinem Hauptquartier in Hail zu besuchen. Das weckte ihren Ehrgeiz. »Ich muß mich beeilen«, rief sie, und hoffte, vor ihm dort zu sein.

Für den Augenblick hatte sie jedoch noch Damaskus in seinen Bann gezogen: »Die Stadt, vor deren Toren die Wüste liegt, so daß der heiße Atem des Wüstenwindes sie streift und der Geist der Wüste mit jedem arabischen Kameltreiber, der die Stadttore passiert, eindringt. Das ist das Herz aller Dinge«, schrieb sie.

Den Rest ihrer Reise verbrachte sie in Kleinasien mit der Besichtigung romanischer und byzantinischer Kirchen. In Anavarsa, wo sich Tausende von Mücken und meterlange Schlangen in den Ruinen eingenistet hatten, kopierte sie Inschriften, notierte sich archäologische und architektonische Details und fotografierte die antiken Relikte. Ihre Arbeiten sollten später als Artikelserie in der *Revue Archéologique* veröffentlicht werden.

Unterwegs hatte sie einen Diener engagiert, einen Christen aus Aleppo, einen mittelgroßen, rundlichen, sanften Mann. »Der gute, alte Fattuh«, schrieb sie bald nachdem der Armenier angefangen hatte, für sie zu arbeiten, »ist der beste Diener, den ich je hatte: Er kocht, bepackt das Maultier und gräbt Inschriften aus, und alles mit dem gleichen Eifer ... Und wenn wir unterwegs sind, erzählt er mir lange Geschichten ... denn er hat schon mit zehn Jahren als Maultiertreiber gearbeitet und kennt die Gegend zwischen Aleppo und Bagdad wie seine Westentasche.« Er war auf ihren gefährlichsten Expeditionen stets an ihrer Seite.

In Konya begegnete sie William Ramsey, einem berühmten Archäologen, und seiner Frau, die dort Ausgrabungen leiteten. Das Treffen stand unter einem guten Stern: Sie zeigte ihm einige der Inschriften, die sie im türkischen Binbirkilise – »Tausendundeine Kirche« –, einem bedeutenden Ausgrabungsort, gefunden hatte. Er bestätigte ihre Arbeit und schuf damit die Grundlage für eine zukünftige Zusammenarbeit.

In Konstantinopel, ihrer letzten Reiseetappe, unterhielt sie sich mit britischen Verwaltungsbeamten über die türkische Politik. Ihre Landsleute machten sich große Sorgen über die wachsende Macht Deutschlands, wie sie beispielsweise in Kaiser Wilhelms II. Plan, eine Eisenbahnlinie von Berlin nach Bagdad zu errichten, zum Ausdruck kam. Deutschland und die Türkei rückten enger zusammen, und dies in einer Region, die den Briten sehr am Herzen lag. Das Bündnis zwischen den beiden Ländern sollte neun Jahre später im blutigen Ersten Weltkrieg seinen Höhepunkt erreichen. Jedoch war im Jahre 1905 noch alles ruhig. Zu Frühlingsbeginn war Gertrude wieder in England und arbeitete an ihrem Buch über Syrien und die Drusen. Ihre Reise hatte ihr einige wichtige Erkenntnisse beschert: »Der Islam ist das Band, das die westlichen und mittleren Teile des Kontinents verbindet. Es ist gleichzeitig sozusagen der elektrische Strom, der die Gefühle überträgt. Seine Macht wird durch die

Tatsache gestärkt, daß es dort kaum ein Bewußtsein für territoriale Nationalitäten gibt, die ein Gegengewicht darstellen könnten. Ein Türke oder Perser kommt nicht auf den Gedanken, von ›meinem Vaterland‹ zu sprechen, so wie das die Engländer oder Franzosen tun. Der Patriotismus dieser Menschen beschränkt sich auf ihre Heimatstadt, bestenfalls noch auf das Gebiet, in dem diese Stadt liegt. Wenn man sie nach ihrer Nationalität fragt, sagen sie: ›Ich komme aus Isfahan‹ oder ›Ich komme aus Konya‹, so wie ein Syrer sagt, er sei aus Damaskus oder Aleppo. – Ich habe ja bereits darauf hingewiesen, daß Syrien nur ein geographischer Begriff ist. In den Herzen der Einwohner gibt es diesen Begriff nicht.«

Erst Ende Dezember 1906 beendete sie die Arbeiten an »*The Desert and the Sown*« (Am Ende des Lavastroms. Durch die Wüsten und Kulturstätten Syriens). Nicht nur im Mittleren Osten – in Syrien, Arabien, Mesopotamien und in der Türkei –, sondern auch ein England sollte sie durch dieses Buch einen Namen erwerben. Während der zwei Jahre, die sie daran geschrieben hatte, war Rounton Grange der Mittelpunkt ihres Lebens gewesen. Ihre beiden Großeltern waren gestorben, und obwohl sich Florence Bell auf dem Lande nie wohl gefühlt hatte (sie hielt sich viel lieber in London auf und haßte die Provinz), war Hugh mit seiner Familie nach Yorkshire gezogen. Für Gertrude erwies sich Rounton als ein Geschenk des Himmels, es war immer schon ihr bevorzugter Aufenthaltsort gewesen. Liebevoll pflegte sie das Haus und den Garten, legte einen riesigen Steingarten an, der mehrere Preise gewann, und schrieb in ihrem Arbeitszimmer an ihrem Buch.

Sie arbeitete hart, verfaßte Artikel und Buchrezensionen für die *Times* und das *Times Literary Supplement*, leistete Sozialarbeit und half den Frauen der bei den Bell Brothers beschäftigten Stahlarbeiter. Ein endloser Strom von Gästen sorgte dafür, daß sie nicht einsam war: Damen der Gesellschaft wie Lady Russell, die den neuesten Klatsch aus der Stadt mitbrachte, oder die amerikanische Schauspielerin Elizabeth »Lisa« Robins, die in Florence' Stücken auftrat, der Diplomat Cecil Spring-Rice, der in Washington akkreditiert war, Friedrich Rosen, der immer noch in Diensten des deutschen Außenministeriums stand, Sir Alfred Lyall, der britische Administrator in Indien, Sir Frank Swettenham, der Hochkommissar der malayischen Staaten, der Pädagoge Dr. Daniel Bliss, Begründer der Amerikanischen Universität in Beirut, der Archäologe William Ramsey und der immer äußerst korrekte Domnul, dessen politische Analysen von allen sehr geschätzt wurden.

Die Gäste versammelten sich gewöhnlich im grünen Salon, setzten sich auf die bequemen, blaugrün gemusterten Sofas, die von William Morris entworfen worden waren, und Gertrude saß immer in der Mitte. In dem mit dunkler Seide bespannten Salon, dessen Boden ein Tigerfell zierte und durch dessen hohe Bogenfenster man den großen Garten sehen konnte, fand so manche hitzige Diskussion statt. Es ging dabei immer um die ganze Welt, man sprach über die Fähigkeit Japans, die Europäer mit billigen Gütern auf den Weltmärkten auszustechen, über die hoffnungslose Lage der russischen Wirtschaft und die Wahrscheinlichkeit einer Revolution gegen den Zaren, und auch über die Gefahr, die der englischen Wirtschaft durch den deutschen Kaiser und vor allem durch das Projekt der Eisenbahn von Berlin nach Bagdad drohte.

An einem wunderschönen Sommertag gab Frank Swettenham eines der Geheimnisse seiner bemerkenswerten Karriere preis: »Alle Erfolge, die ich im Leben gehabt habe«, sagte er, und Gertrude hörte aufmerksam zu, »sind darauf zurückzuführen, daß ich immer bereit war, jede Information zu akzeptieren, ganz gleich, aus welcher Quelle sie kam. Dazu brauchte ich nur nett und höflich zu sein, wenn Leute zu mir kamen und mir etwas mitteilen wollten, und ich belohnte sie, wenn die Informationen es wert waren. Regierungsstellen akzeptieren dagegen Informationen nur aus offiziellen Quellen. Ich kenne im Fernen Osten Hunderte von Leuten, die unserer Regierung wertvolle Informationen liefern könnten, die aber nicht akzeptiert werden.«

Gertrude merkte sich seine Worte gut. Auch sie war bereit, mit jedem zu reden. Ob im Gespräch mit Geschäftsinhabern, Wüstenscheichs oder hohen britischen Würdenträgern, sie strahlte Vertrauen aus. Wie eine gelernte Diplomatin konnte sie ein Gespräch beginnen und ihr Gegenüber in kürzester Zeit von ihrer Vertrauenswürdigkeit überzeugen, indem sie die Namen einflußreicher Personen in die Unterhaltung einflocht, geeignete kleine Informationen preisgab, über den letzten Klatsch berichtete, in ihrer Rede immer wieder die Namen der Leute nannte, die sie kannte, und dem Zuhörer erzählte, wo sie schon überall gewesen war. Sie bot großzügig Informationen an, sorgte jedoch stets dafür, daß sie mehr bekam, als sie gab. Ihr Talent auf diesem Gebiet war sowohl in den Salons als auch in den Zelten der Wüstenscheichs von unschätzbarem Wert.

Nach zwei Jahren wollte sie unbedingt wieder in den Mittleren Osten zurückkehren. Während eines kurzen Besuchs bei Salomon Reinach, der ihre Artikel für die *Revue Archéologique* durchsehen sollte, traf sie den bekannten französischen Archäologen René Dussaud. Er zeigte ihr nabatäische und safawidische Inschriften und – was noch wichtiger war – diskutierte mit ihr darüber, was man wohl in der Nedschd, der arabischen Wüste Ibn Raschids finden würde.

Aber die Zeit war noch nicht reif, in der Wüste lauerten noch viel zu viele Gefahren, und die britische Regierung lehnte es strikt ab, ihr eine Reise dorthin zu genehmigen. Statt dessen schlug sie William Ramsey vor, sich gemeinsam in die Türkei zu begeben, und bot ihm kühn an, die Kosten zu übernehmen, damit sie dort Ausgrabungen durchführen und gemeinsam ein Buch darüber schreiben könnten. Obwohl seine Assistenten bedeutend mehr Erfahrung hatten als sie, stimmte Ramsey zu. Im März 1907 brach Gertrude auf und traf sich mit ihm in Kleinasien.

Als sie England verließ, stand sie noch unter dem Eindruck der positiven Kritiken ihres Buches »*The Desert and the Sown*«, das gerade erschienen war. Sein mitreißender Text, die sorgfältigen Analysen, die zahlreichen Fotos und der farbige Umschlag »Beduinen in der syrischen Wüste« von John Singer Sargent sorgten dafür, daß es schnell ein großer Erfolg wurde. Es gehöre zu den »zwölf besten Reisebeschreibungen aus dem Mittleren Osten«, schrieb David Hogarth und verglich es mit »*Arabia Deserta*«, dem Klassiker von Charles Doughty. Die *Times* nannte es »brillant«, *The Times Literary Supplement* »faszinierend« und schrieb weiter: »Frauen sind vermutlich die besten Forschungsreisenden, denn nur sie haben den wahren Geist eines Wanderers, sie haben mehr Ausdauer und, so seltsam es klingen mag, können Strapazen und alle möglichen Erschwernisse besser ertragen als Männer. Außerdem sind sie fraglos die besseren Beobachter und nehmen neue Eindrücke schneller auf. Ihre Sympathien sind leichter zu wecken, und sie können schneller Kontakt zu Fremden aufnehmen.« Die *New York Times* wunderte sich: »Die englischen Frauen sind sonderbar. Auf der einen Seite sind sie vermutlich die größten Sklavinnen der Konventionalität. Wenn sie aber einmal damit gebrochen haben, dann richtig, so als wollten sie sich rächen.«

Gertrude hegte zwar nicht unbedingt Rachegefühle, aber sie war zumindest fest entschlossen, das Projekt mit William Ramsey in Angriff zu nehmen. Die Zusammenarbeit mit ihm würde ihren Ruf als seriöse Archäologin bestätigen.

In Konya angekommen, ging sie sofort zum britischen Konsulat und holte ihre Post ab. Dann traf sie die nötigen Arrangements und verabredete sich mit Major Charles »Richard« Doughty-Wylie, dem dortigen britischen Konsul. Sofort danach schrieb sie an Domnul: »Weißt Du, hier ist jetzt ein englischer Vizekonsul, ein charmanter junger Soldat, der mit einer netten, kleinen Frau verheiratet ist. Er ist zweifellos der interessantere von beiden, ein typischer Engländer von der guten Sorte, sehr wach und immer auf dem laufenden; er will alles sehen und alles wissen. Sag doch bitte Willie T. [William Tyrell vom Foreign Office], daß ich ihn zu dieser Wahl beglückwünsche.«

Nach Beendigung ihrer Zusammenarbeit mit Ramsey kehrte sie nach Konya zurück und wohnte dort bei den Doughty-Wylies. Mrs. Wylie war eine charmante Gastgeberin. Sie ging mit ihr in den Basar, um Kelimteppiche zu kaufen, und begleitete sie in eine Kirche, deren Grundriß Gertrude vermessen wollte. In der Villa des Konsulats verbrachte sie sehr angenehme Stunden mit dem jungen, hochgewachsenen Major Doughty-Wylie, einem Offizier der Royal Welsh Fusiliers, mit dem sich eine Freundschaft anbahnte. Der sympathische Vizekonsul mit den blauen Augen war ein Neffe von Charles Doughty, dessen Buch »*Arabia Deserta*« Gertrude als ihre Bibel ansah. Die Begegnung war für sie ein absoluter Glücksfall, ein Geschenk des Himmels. Der charmante junge Mann – witzig, galant – erzählte ihr Anekdoten über seinen Onkel und unterhielt sie mit heroischen Geschichten, die er selbst als Soldat und Diplomat erlebt hatte. Sie saßen im großen Garten unter den Bäumen, tranken Tee und tauschten ihre Erfahrungen mit den Türken und Arabern aus. Als sie Konya wieder verließ, sagte sie, die Doughty-Wylies seien »beide ein Schatz«.

8.

Frauenrechte

Die Tatsache, daß ausgerechnet eine so gebildete, belesene und gut informierte Frau wie Gertrude Bell in der Anti-Suffragetten-Bewegung aktiv war, entbehrt nicht einer gewissen Ironie. Aber sowohl für sie als auch für die englischen Frauen markierte das Jahr 1908 einen Wendepunkt.

Über sechzig Jahre lang hatten die Frauen für ihr Wahlrecht gekämpft, zuerst in den lokalen Institutionen, die Geld für die Armen sammelten, dann in den Schulbehörden, in den Gemeinden und in den Bezirksparlamenten. Sie wollten selbst diejenigen wählen, die für das Wohl der Ehefrauen und Mütter zuständig waren. Es reichte ihnen, zunächst, auf Gemeindeebene mitzubestimmen. Die Forderung, die Bewegung auf die ganze Welt auszuweiten, wurde brüsk zurückgewiesen. Noch 1870 hatte selbst Königin Viktoria geschrieben: »Diese verrückte, gottlose Torheit mit den Frauenrechten ... [ist] ein Thema, das die Königin so erzürnt, daß sie sich nicht mehr zurückhalten kann.«

Es gab tatsächlich im eigenen Lager eine starke Tendenz gegen das Frauenwahlrecht bei nationalen Wahlen. Unter der Führung der Schriftstellerin Mrs. Humphrey Ward (die sich paradoxerweise jahrelang dafür eingesetzt hatte, daß Frauen in Oxford studieren durften) verkündeten sie 1889: »Der Emanzipationsprozeß hat inzwischen die Grenzen erreicht, die der Frau durch ihre biologische Konstitution und durch die grundsätzlichen Unterschiede, die zwischen ihren Hauptbeschäftigungen und denen der Männer immer bestehen müssen, gesetzt sind.« Eine Frau, so Mrs. Ward, werde nie mit dem nötigen gesunden Urteilsvermögen ausgestattet sein, um Entscheidungen treffen zu können, die sich auf die »Außenpolitik oder schwerwiegende Änderungen der Verfassung beziehen«. Solche Probleme lägen außerhalb der »notwendigen und normalen Erfahrung« einer Frau.

Trotzdem gewannen die Suffragetten an Boden. Im Jahre 1903 gründete Emmeline Goulden Pankhurst eine neue Vereinigung, die »Women's Social and Political Union«, deren Ziel das weltweite Stimmrecht war. Nachdem Mrs. Pankhurst fünf Jahre friedlich gekämpft hatte, ohne etwas zu erreichen, wurde sie im Jahre 1908 militant. Mit Hilfe ihrer Tochter Christabel organisierte sie gewalttätige Demonstrationen: Die Suffragetten brannten über hundert Gebäude nieder, steckten Hotels und Kirchen in Brand, zerstörten Schaufensterscheiben, warfen Bomben auf öffentliche Plätze und belagerten das Parlament. Mit der Parole »Wahlrecht für Frauen!« ketteten sie sich an den eisernen Zaun der Frauengalerie im Parlament an.

Aber sie lösten damit eine Gegenbewegung aus: Die Öffentlichkeit war entsetzt, vor allem Frauen wie Gertrude Bell, die sich der Tradition verbunden fühlten. Ihrer Meinung nach grenzten solche Aktionen an Ketzerei. Schließlich gehörten die angegriffenen Amtsträger zu ihren besten Freunden oder sogar zur Familie.

Die erste Sitzung des Komitees »Women's Anti-Suffrage League« (Liga gegen die Suffragetten-Bewegung) fand im Sommer 1908 in London statt. Gertrude unterstützte die Initiatoren bereitwillig und schrieb ihrer Mutter: »Alles lief gut.« Aber der Zeitaufwand, der mit dieser Arbeit verbunden war, ging ihr gegen den Strich. »Lady Jersey ist unsere Vorsitzende, und mich hat man zur ehrenamtlichen Schriftführerin gemacht. Ich finde das ganz schrecklich.«

Trotzdem setzte sie sich für das Anliegen dieser Leute ein. Der Widerspruch, daß eine Frau, die selbst ein so unkonventionelles Leben führte, eine so konventionelle Position einnahm, ist leicht erklärt: Gertrudes Unabhängigkeit tarnte ihre wahre Herkunft lediglich. Als Kind der viktorianischen Epoche war sie in einer Zeit aufgewachsen, in der die maßgeblichen Männer nichts anderes im

Sinn führten, als das Empire zu vergrößern, während den Frauen die Fortpflanzung und der Bestand der englischen Rasse oblag. So kühn sie sich im Mittleren Osten verhielt, so bereitwillig unterwarf sie sich in der Heimat den traditionellen Gesetzen der privilegierten englischen Oberschicht, und sie war nicht bereit, diese Tradition von der besitzlosen, ungebildeten Arbeiterklasse in Frage stellen zu lassen.

Gemeinsam mit Florence hatte Gertrude viele Stunden geopfert, um den Frauen der Bell-Brothers-Stahlarbeiter zu helfen. Aber sie fand in dieser Tätigkeit lediglich ihre Auffassung bestätigt, daß Frauen nur in der Gemeindepolitik aktiv werden sollten und noch nicht in der Lage wären, das Land zu regieren. In Clarence, einer Industriestadt, hatte sie Mitgliedern des Zeitschriftenclubs vorgelesen und sie gelegentlich in ihren kleinen Reihenhäusern besucht. Häufig öffneten ihr dabei Frauen die Tür, die erst dreißig waren, aber doppelt so alt aussahen. Jahre schwerer Arbeit hatten in den Gesichtern ihre Spuren hinterlassen, und infolge der vielen Geburten und Fehlgeburten waren ihre Körper dick und unansehnlich geworden. In den Armen hielten sie Säuglinge, die nach Milch schrien, während die kleinen Kinder auf dem Boden herumkrochen und die größeren in wenigen Jahren in den dortigen Bergwerken schuften müßten. In den beengten Wohnungen roch es nach Krankheit, und der Ruß aus den Fabrikschloten lag auf allem, vom Bettzeug bis zum Küchentisch. Jeder Tag bedeutete von neuem einen Kampf ums Überleben. Diese Frauen, die wie Zehntausende andere völlig erschöpft waren und weder lesen noch schreiben konnten, würden ihre Lebensbedingungen ohne eine Ausbildung kaum verbessern können. Und sie wären wohl kaum in der Lage, weitreichende politische Entscheidungen zu treffen – das jedenfalls behaupteten die Anti-Suffragetten.

Gertrude betrachtete sich selbst als eine Frau, die es mit jedem Mann aufnehmen konnte, lebte andererseits aber in der festen Überzeugung, daß die meisten Frauen dazu nicht in der Lage wären. Ihre Stimmen bei einer Wahl wären mit Sicherheit fragwürdig, wenn nicht sogar gefährlich. Wie Florence, ihre Mutter, oder ihr Vater Hugh oder ihre Freunde Lord Curzon, Lord Cromer und Lord Robert Cecil vertrat Gertrude die Ansicht, daß die Rolle der Frau sich von der des Mannes grundsätzlich unterschied. Frauen waren dazu da, die Kinder großzuziehen, während es den Männern vorbehalten blieb, das Land zu regieren. Sie alle waren davon überzeugt, daß nur Männer über die staatsmännischen Fähigkeiten verfügten, um die Kolonien verwalten zu können, die Richtlinien der Außenpolitik zu bestimmen und über verfassungsrechtliche Fragen zu entscheiden. Aus diesem Grund sollten auch nur Männer das Recht haben, ihre Stimme bei einer Wahl abzugeben. Schon während Gertrude sich für die Anti-Suffragetten einsetzte, arbeitete sie an ihrem Buch über das byzantinische Anatolien und sehnte sich danach, die geheimnisumwobenen Regionen der arabischen Wüste zu erforschen.

9.

Lawrence

»Wenn man zum erstenmal in den Mittleren Osten kommt, gibt es einen Augenblick, in dem man spürt, wie die Welt an einem Ende kleiner und am anderen größer wird, bis sich schließlich die ganze Perspektive verändert«, schrieb Gertrude im Winter 1909 über ihre erste Expedition von Syrien nach Mesopotamien. »Die eigene Existenz wird plötzlich zu einer ganz einfachen Sache, und man fragt sich, warum wir soviel nachdenken und immerzu Pläne machen, wo wir doch eigentlich nur zu leben und für den Fortbestand unserer Art zu sorgen bräuchten.«

Sie selbst entfernte sich immer weiter von dieser Möglichkeit, denn sie dachte kaum noch an eine Heirat. Ihr Bedürfnis nachzudenken und zu planen konnte sie jedoch nicht unterdrücken. Ständig wandelte sie am Rande des Abgrunds und geriet zwangsläufig in den Strudel der Politik. Kaum war sie in Syrien angekommen, da steckte sie auch schon bis zum Hals in der Lokalpolitik und versprach ihrem Freund bei der *Times*, Domnul, ihn auf dem laufenden zu halten in der Hoffnung, daß er alles veröffentlichen würde. (In Konstantinopel propagierten die »Jungtürken«, eine radikale Reformbewegung, nationalistische Gedanken und bedrohten damit die Position des Sultans, und auch in Syrien war zu spüren, daß Veränderungen bevorstanden.) Der wahre Grund für ihre Reise waren jedoch die Recherchen für ihr neues Buch. Der Erfolg von »*Desert and the Sown*« hatte ihren Ehrgeiz geweckt.

Im vorangegangenen Winter hatte sie sich Zeit für Studien bei der Royal Geographic Society genommen und gelernt, wie man Land vermißt, astronomische Beobachtungen durchführt und Landkarten zeichnet. Sie war ursprünglich davon ausgegangen, ihr Wissen bei einer Reise nach Zentralarabien anwenden zu können, aber nach einem Treffen mit Percy Cox in London hatte sie dieses Projekt aufgeschoben. Der britische Gesandte am Golf hatte sie gewarnt: Abgesehen von den üblichen gefährlichen Überfällen und dreisten Diebstählen sei zwischen den einzelnen Stämmen ein Krieg ausgebrochen, und es sei für einen Ausländer zur Zeit mit einem zu hohen Risiko verbunden, die Wüste zu durchqueren.

Sie änderte ihre Pläne und nahm sich vor, die noch unerforschten Gebiete in der Wüste von Mesopotamien zu kartographieren. Die Reise begann wieder einmal in Syrien, wo sie die romanischen und byzantinischen Kirchen besichtigte und für David Hogarth Abdrücke von den Steinen der Hethiter machte, den antiken Eisenschmelzern und Vorläufern der modernen Eisengießer. Von dort wollte sie weiter in den Irak.

Wieder einmal hatte die inzwischen Vierzigjährige ihre Pistolen und das Gewehr ihres Bruders aus dem Burenkrieg in den Koffer gepackt und ihre Satteltaschen mit Büchern und Kameras vollgestopft. Von Aleppo plante sie die syrische Wüste in Richtung Irak zu durchqueren, dann am Euphrat entlangzuziehen bis etwa achthundert Kilometer südöstlich von Bagdad, wo man sich neu gruppieren wollte, um dem Tigris nach Norden zu folgen und in die Türkei zu gelangen.

In Aleppo traf sie sich mit Fattuh, ihrem tüchtigen Diener, der sie schon einmal begleitet hatte, und stellte mit ihm ihre Ausrüstung zusammen: Zelte, ein Klappbett, Moskitonetze, eine Badewanne aus Zeltleinwand, einen Klappstuhl, Teppiche, einen Tisch, Töpfe und Pfannen sowie Verpflegung für mindestens einen Monat. Hinzu kamen Tischtücher, Porzellan, ein Teeservice, Kristallgläser und ein silbernes Besteck für ein standesgemäßes Dinner. Sie mietete sieben Lasttiere, ein Dutzend Pferde und stellte drei Maultiertreiber – Hadschi Amr, Selim und Habib – ein. Außerdem wurde sie von zwei Dienern, dem rundlichen Fattuh mit dem gestreiften Hemd und den türkischen Hosen, und seinem jüngeren Schwager Jusef sowie von zwei Soldaten begleitet. Zwei Tage lang ritten sie vom Morgengrauen bis zum Anbruch der Nacht über die weiten, grasbewachsenen Ebenen. Endlich war sie wieder frei von den Zwängen der Londoner Salons, hier konnte sie wieder das tun, was sie wollte. Später schrieb sie an Florence, es sei »zu schön, um wahr zu sein«.

Sie erreichten den Euphrat, wo einst die Wiege der Zivilisation gestanden hatte und der jetzt die Grenze zwischen Syrien und Mesopotamien bildete, »das Land zwischen zwei Strömen« (Irak hieß es bei den Arabern). Als einen »edlen Strom« beschrieb sie den Euphrat, »so breit wie die Themse in Chelsea«, aber auch voller Insekten, Algen und Bakterien. Sie bestand darauf, daß Fattuh das Wasser abkochte, und so geschah es.

Sie überquerten den Fluß mit einem Relikt aus biblischen Zeiten: Gertrude stieg in eines der schmalen Boote mit dem hohen Bug und sah zu, wie die Bootsleute mit Hilfe einer langen Stange das gegenüberliegende Ufer ansteuerten, genau wie es ihre Vorfahren in der Antike getan hatten. Sie hatten das Gebiet der Hethiter in der Nähe der Stadt Karkemisch erreicht, wo sie die Steinhügel fanden, von denen David Hogarth gesprochen hatte. Gertrude verbrachte einige Stunden damit, sie zu untersuchen, wobei ihr die Männer mit Spaten und Picken halfen, die großen Blöcke freizulegen. Am späten Nachmittag hatte sie Abgüsse von den Inschriften angefertigt und kehrte zu dem Hügel am Flußufer zurück, auf dem das Lager aufgeschlagen worden war. Fattuh kochte Wasser ab und goß frischen Tee auf. Gertrude ruhte sich vor ihrem Zelt aus, trank englischen Tee aus einer Porzellantasse und schrieb zufrieden an ihre Familie: »Der breite Euphrat strömt langsam vorbei, und ich habe gerade gesehen, wie die Sonne hinter den weißen Klippen am anderen Ufer untergegangen ist. Ich glaube, es gibt auf der ganzen Welt kaum einen Menschen, der so glücklich ist wie ich.«

Nach ein paar Tagen hatten sie die in der Ebene gelegenen Dörfer hinter sich gelassen und waren in den Teil der Wüste gelangt,

143

in dem heimtückische arabische Räuberbanden, die sich gegenseitig ihre Herden stahlen, ihr Unwesen trieben. »Das ganze Land wird schon seit Tausenden Jahren von diesen gesetzlosen arabischen Stämmen zugrunde gerichtet«, schrieb sie nach Hause. Keiner Regierung war es bisher gelungen, die Stämme unter Kontrolle zu bekommen. Als sie ihre Männer bat, sie auf einem Nachtritt zu begleiten, hatten sie solche Angst vor einer Begegnung mit etwaigen Feinden, daß keiner bereit war, allein mit ihr zu reiten. Aber während die Beduinen sich gegenseitig fürchteten, war ihr dieses Gefühl völlig fremd. Sie drang tief in die Wildnis ein und führte ihre Männer in der Abendhitze durch ein Gebiet, das so verdorrt war, daß die Tiere selbst an den Oasen nur rissige Erde vorfanden. Ihre Kehle war trocken und ihr ganzer Körper mit Staub bedeckt.

Nachdem sie bereits eine Strecke von sechshundert Kilometern in Richtung Bagdad zurückgelegt hatten, erreichten sie Mitte März die Stadt Hit, die schon in der Antike wegen ihrer Ölquellen bekannt war. Babylonier und Assyrer hatten die dunkle, klebrige Materie für ihre Lampen und Kochherde verwendet. Hit war ein häßlicher Ort, verdreckt, die Luft von Rauch erfüllt, ähnlich der englischen Industriestadt, in der die Eisenwerke der Bell Brothers lagen. »Abgesehen von den Palmenhainen«, schrieb sie, »unterscheiden sich Clarence und Hit kaum voneinander.« Überall quoll Öl aus der Erde, und ein Hauch von Gefahr umwehte sie, als sie und ihre Männer mit griffbereiten Flinten durch Schlaglöcher voll Teer und über schwarz verkrustetes Land weiterritten.

Sie waren sehr vorsichtig und suchten sich Araber, mit denen sie zusammen kampieren konnten, denn in der Wüste hieß es: »Jeder, von dem du nicht weißt, ob er dein Freund ist, ist dein Feind.« Sie konnten es nicht riskieren, ihre Zelte allein aufzuschlagen, weil sie dann womöglich ermordet, zumindest jedoch ausgeraubt worden wären. Sobald sie aber einen Stamm gefunden hatten, in dessen Nähe sie ihre Zelte aufschlagen konnten, standen sie unter dessen Schutz. Sie befanden sich im Gebiet der Dulaim, eines berüchtigten kriegerischen Stammes, und als Gertrudes Männer die schwarzen Zelte erblickten, zügelten sie ihre Pferde und näherten sich behutsam. Sie grüßte mit einem höflichen »Salam«, und der Anführer der Dulaim, Scheich Muhammad el Abdullah, »ein gutaussehendes Mannsbild«, lud die Engländerin in sein Zelt ein. Gemeinsam saßen sie vor dem Feuer und tranken den bitteren Kaffee der Beduinen. Ein paar Stunden später bat sie ihn dann in ihr Zelt und ließ ihm eine Tasse Tee kredenzen: »Die freundschaftlichen Bande sind gefestigt«, schrieb sie nach Hause. Nachdem Fattuh ihr das Abendessen zubereitet hatte, aß sie, rollte sich anschließend in ihre Decken ein und schlief fest.

Ende März schrieb sie aufgeregt nach Hause, sie habe eine ganz besondere Ruine entdeckt, ein bedeutendes Relikt seiner Periode. »Als ich sie sah, wußte ich sofort, das ist eine Chance, wie man sie nur einmal im Leben bekommt.« Niemand hatte bisher darüber geschrieben, und sie wäre die erste, die der Welt die Neuigkeit verkünden würde. Die Araber nannten sie »*Uchaidir*«, was soviel wie kleiner grüner Ort heißt, aber er war weder klein noch grün. Es handelte sich um eine riesige Burg aus Stein und Holz, von runden Türmen umgeben, die in riesige äußere Befestigungsmauern eingebettet waren. Drinnen gab es zahlreiche Innenhöfe, zum Teil mit Kuppeldächern und Verliesen, prächtig verzierten Stuckwänden, verborgenen Sälen mit hohen Säulen und runden Nischen. Bei der Untersuchung dieses Komplexes würde sie mehr über die arabische Kunst des sechsten Jahrhunderts lernen als aus allen Büchern.

Sie arbeitete unermüdlich, fotografierte, fertigte Skizzen an und zeichnete einen maßstabsgetreuen Plan des ganzen Palastes. Bei der Arbeit trug sie ein weißes Baumwollhemd, einen Unterrock und einen langen Rock mit aufgesetzten Taschen, außerdem schwarze Strümpfe und hohe Schnürschuhe. Um ihren Tropenhelm hatte sie sich eine *Keffieh* gewickelt. Sie nahm die ganze Ruine in Augenschein, umrundete die noch intakten Mauern und legte sich auf den harten, kalten Boden, um die Maße zu nehmen. Ihre Männer standen bei ihr, halfen ihr und hielten nach räuberischen Beduinen Ausschau. »Sie waren nicht dazu zu bewegen, ihre Gewehre im Zelt zu lassen«, beklagte sie sich. »Dabei stören sie hier nur. Immer wieder verfängt sich das Maßband in einem Lauf, aber ich kann sie nicht dazu bringen, die verdammten Dinger wenigstens einen Augenblick lang wegzulegen.« Eines Nachts lag sie wach, als sie plötzlich Gewehrkugeln über ihr Zelt hinwegpfeifen hörte. Ihre Männer versuchten, die unsichtbaren Angreifer zu verfolgen, aber diese konnten in der Dunkelheit entkommen.

Je länger sie in Uchaidir arbeitete, desto klarer wurde ihr, daß dieses archäologische Objekt selbst die bedeutendsten Autoritäten beeindrucken würde. »Das ist der glücklichste Zufall, den ich je erlebt habe. Ich habe vor, eine ausführliche Monographie zu veröffentlichen, die großes Aufsehen erregen wird«, schrieb sie nach Hause.[1] Eine solche Entdeckung würde ihr als Archäologin zu hohem Ansehen verhelfen.

Als Gertrude die Burg am 31. März 1909 verließ, war sie erkältet und mußte ständig niesen, denn in den Gängen und Hallen von Uchaidir hatte es mächtig gezogen. Als sie dann durch die windige, staubige, völlig verdorrte Wüste ritt, die mit den Skeletten von Schafen, Ziegen und Menschen übersät war, überkam sie große Traurigkeit.

Ihre Reise führte sie weiter nach Babylon, wo eine Gruppe deutscher Archäologen mit Ausgrabungen beschäftigt war. Von der Epoche der Amoriter, etwa 1800 v. Chr. bis ins Zeitalter der Chaldäer 1200 Jahre später hatte die Stadt zunächst einen stetigen Aufstieg erlebt und im sechsten vorchristlichen Jahrhundert ihre Blütezeit erreicht. Damals hatte Nebukadnezar Babylon zur Hauptstadt des Neubabylonischen Reiches gemacht und Mauern errichten lassen, die so dick waren, daß oben zwei Streitwagen nebeneinander fahren konnten. Außerdem gab er den Bau eines großen Tempels und riesiger Paläste in Auftrag.

Es war »ein absolut ungewöhnlicher Ort«, schrieb Gertrude, nachdem sie die Arbeiten Dr. Koldeweys und seines Teams besichtigt hatte. »Selten habe ich das Gefühl verspürt, daß mir die Welt der Antike so nahe war.« Der Archäologe hatte den größten Teil des Palastes des Nebukadnezar freigelegt: Sie konnte den »großen Saal sehen, in dem Belsazar seine Festmahle veranstaltet haben muß«, und »die Überreste der Terrasse, auf der Nebukadnezar gesessen hat, wenn es heiß war«, »seine Privatgemächer und den winzigen Notausgang, durch den der König zum Flußufer fliehen konnte, wenn ihm die Feinde auf den Fersen waren«.[2]

Mit Hilfe der Deutschen plante sie den Rest ihrer Reise: von Babylon nach Seleukia und dann den Tigris entlang nach Ktesiphon, der alten sassanidischen (persischen) Hauptstadt, die von den Arabern erobert worden war. Im April 1909 traf sie in Bagdad ein. Oberst Ramsey, der britische Konsul, hieß sie in der Residenz willkommen, einem Symbol britischer Macht: »Ein Palast«, schrieb sie, der von einer Festungsmauer umgeben war und von indischen Soldaten bewacht wurde. Außerdem gab es dort zwölf Karawanen, dreißig Sepoys [indische Soldaten im Dienst der Briten] und zahllose Diener. (»Und als ich abreiste, mußte ich jedem von ihnen ein Trinkgeld geben«, klagte sie später.) Die Frau des Konsuls fand sie ganz fürchterlich: »Eine langweilige Ziege, eine äußerst steife, engstirnige, förmliche Engländerin, die schreckliche Angst hatte, sie könnte etwas tun, was sich nicht mit den Pflichten und der Würde der Frau und Tochter eines indischen Amtsinhabers vereinbaren ließe.« Sie gehörte zu der Sorte Frau, mit der Gertrude es später im Mittleren Osten immer wieder zu tun bekommen sollte. Der Konsul selbst verhielt sich zwar zunächst distanziert, erlag dann aber Gertrudes Charme und gewährte ihr Einblick in Geheimberichte aus Whitehall, dem Foreign Office. Die Folge war, daß sie der *Times* gegenüber die Notwendigkeit einer Eisenbahnstrecke von Basra nach Bagdad betonte, die im wesentlichen von Großbritannien finanziert werden sollte.

Obwohl sie nicht lange in Bagdad blieb, gelang es ihr mit Hilfe der Adressen und Empfehlungsschreiben, die sie von Friedrich Rosen bekommen hatte, in der kurzen Zeit einige wichtige Persönlichkeiten zu besuchen und die größte islamische Autorität der Stadt kennenzulernen. Das religiöse Oberhaupt der Sunniten, der Nakib, der auch von den Schiiten respektiert wurde, war das bedeutsamste Verbindungsglied zu der großen, reichen moslemischen Gemeinde. »Ich hatte ein wenig Angst vor der Begegnung mit dieser Autorität«, gestand sie, »denn unsere politischen Beziehungen zu ihm waren ziemlich problematisch, und er ist schließlich ein ganz besonders heiliger Mann.« Er sympathisierte mit den herrschenden Türken und sprach selten mit Frauen. Dennoch empfing er sie in Robe und Turban, war »überschwenglich und redete ununterbrochen anderthalb Stunden lang«. Gleichwohl gelang es ihr, die entscheidenden Fragen zu stellen. Nachdem er ihr einen Vortrag über die Geschichte Mesopotamiens gehalten hatte, die mit der Sintflut begann und in der Gegenwart endete, lud er sie schließlich in sein Privathaus am Flußufer ein.

Von Bagdad aus gelangte sie in das Gebiet der Schammar, eines großen Stammes, der im Norden lebte. »Die Schammar herrschen über diese Region mit eisernem Besen«, schrieb sie. »Jede Karawane, die auf dem Weg von Tikrit nach Mosul durch ihr Gebiet zieht, muß ihnen für jedes einzelne Tier einen Tribut zahlen, es sei denn, man steht so wie ich unter dem Schutz der Regierung.« Diese Machtstellung verdankten die Schammar der Unterstützung durch die Türken. Humeidi Beg Ibn Farhan, ein Sohn des regierenden »Scheichs der Scheichs«, fühlte sich ihnen besonders verbunden, schrieb sie später. »Er unterhielt gute Beziehungen zu den Regierungsstellen des Osmanischen Reichs und übte eine Art Vermittlerfunktion aus.« Gertrude bewirtete den gutaussehenden jungen Mann in ihrem Zelt. Sie war von dem freundlichen, lässigen Scheich fasziniert und unterhielt sich angeregt mit ihm über die Wüste. Zum Abschied gab sie ihm, wie es ihre Gewohnheit war, ihre Visitenkarte. Er revanchierte sich, indem er ihr versicherte, daß sie in allen Schammar-Zelten willkommen sei. »Eines Tages werde ich auf diese Einladung zurückkommen«, schrieb sie. »Es kann nicht schaden, solche Wüstenlords kennenzulernen, man weiß nie, wozu es gut ist.«

Sie ritten weiter nach Norden und erreichten zuerst Mosul und dann das Land der Yezdi, der Teufelsanbeter, die ihr für die Nacht eine Unterkunft anboten. Als sie dort jedoch eine Unmenge Flöhe herumhüpfen sah, zog sie sich lieber wieder in ihr Zelt zurück.

Im Bergland der Kurden durchquerte sie fruchtbare Täler, in denen Oliven, Granatäpfel, Maulbeeren, Feigen und Mandelbäume wuchsen. Sie besichtigte antike Burgen, Klöster und Kirchen, wobei vor allem die Kirchen in einem Dorf namens Khakn ihr Interesse weckten. Sie verbrachte dort einen ganzen Tag.

Mitten in der Nacht hörte sie in ihrem Zelt plötzlich ein Geräusch und bemerkte einen Mann, der über den Boden kroch und floh, als sie das Moskitonetz über ihrem Bett wegriß. Sie rief ihre Diener – vor allem die Soldaten, die, statt sie zu bewachen, fest schliefen –, und dann fiel ihr ein, daß sie erst einmal nachschauen mußte, ob der Eindringling etwas gestohlen hatte. Tatsächlich waren alle Sache, die im Zelt gelegen hatten, verschwunden. Der Dieb hatte Kleider, die Satteltaschen, die Stiefel und den gesamten Inhalt eines Koffers, einschließlich des Geldes mitgenommen. Das Schlimmste war, daß sich ihre Tagebücher und Fotos in einer Satteltasche befanden. Er hatte alles geraubt, was ihm irgendwie wertvoll erschien. Die ganze Reise und die Arbeit von vier Monaten schienen vergeblich gewesen zu sein. Sie war völlig verzweifelt.

»Die Wahrheit ist, daß wir alle leichtsinnig geworden waren. Wir waren schon zu lange durch gefährliche Gebiete geritten, ohne daß sich etwas ereignet hatte«, mußte sie zugeben. »Aber das sollte uns eine Lehre sein, auch wenn der Verlust mich hart getroffen hat.« Nachdem man die lokale Polizei, den türkischen Gouverneur und den nächsten britischen Konsul benachrichtigt hatte, wurde der Dieb eine Woche später gefaßt. Sie bekam alles außer ihrem Geld zurück. Da ihr die Sache sehr unangenehm war – schließlich hatte sie den Zwischenfall durch ihren Leichtsinn selbst verschuldet –, entschuldigte sie sich bei den Dorfbewohnern für die Ungelegenheiten, die sie ihnen bereitet hatte, und reiste weiter. Am meisten litt sie jedoch darunter, daß die *Times* und andere Zeitungen über das Ereignis berichteten. Es war ihr schon immer ein Greuel gewesen, so im öffentlichen Interesse zu stehen. Sie fand es einfach vulgär, und obwohl sie nach Anerkennung dürstete, sollte diese ihrer Meinung nach spontan von ihren Vorgesetzten und Kollegen kommen.

Nachdem sie ein paar Wochen später vergeblich versucht hatte, sich mit ihrem Freund Richard Doughty-Wylie zu treffen (er war in Adana und versuchte dort auf heroische Weise, die Türken daran zu hindern, ein Massaker unter den Armeniern anzurichten), ging ihre siebenmonatige Reise zu Ende. Sie hätte erfolgreicher nicht gewesen sein können: »Unsere Ausbeute war größer, als ich es mir in meinen kühnsten Träumen vorgestellt hatte. Ich habe das Gefühl, eine völlig neue Welt gesehen und ein paar neue Kapitel der Geschichte gelernt zu haben«, schrieb sie. Bei ihrem letzten Zwischenstopp in Konstantinopel erhielt ihre Begeisterung jedoch einen erheblichen Dämpfer. Bei einem Dinner in der französischen Botschaft mußte sie erfahren, daß man sie um die Entdeckung von Uchaidir betrogen hatte. Noch bevor sie Gelegenheit hatte, ihre Funde zu veröffentlichen, hatte der französische Archäologe M. Massignon in der *Gazette des Beaux Arts* über Uchaidir geschrieben. Die Illusion vom großen Ruhm, von dem sie geträumt hatte, war in einer einzigen Nacht wie eine Seifenblase geplatzt.

Nach ihrer Rückkehr blieb Gertrude achtzehn Monate lang in England. Sie arbeitete an dem Buch über ihre Reise nach Mesopotamien, das den Titel »*Amurath to Amurath*« trug und in dem sie über die Menschen, denen sie begegnet war, und über ihre archäologischen Funde berichtete. Uchaidir reizte sie immer noch. Sie verspürte zwar Enttäuschung darüber, daß sie jemand um ihre Geschichte betrogen hatte, aber sie war trotzdem immer noch die einzige, die einen Grundriß der Burg gezeichnet hatte. Nachdem sie die Verstimmung wegen der gemischten Rezensionen, die »*Amurath to Amurath*« zuteil geworden waren, überwunden hatte (In der *Times* stand damals: »Wer die brillanten Darstellungen und Dialoge erwartet hat, die man aus dem faszinierenden Buch ›*The Desert and the Sown*‹ kennt, wird etwas enttäuscht sein, wenn er das aktuelle Buch liest.« Aber: »›*Amurath*‹ ist in jedem Fall ein ernsthafter Beitrag zur Erforschung Mesopotamiens.«), reiste sie wieder in den Mittleren Osten.

Von Damaskus aus machte sie sich noch einmal auf den Weg

zu den Ruinen, die sie zwei Jahre zuvor entdeckt hatte. Abermals
ritten sie durch den weichen Sand der syrischen Wüste und mitunter durch den Schlamm und die Löcher, die der Winterregen
ausgespült hatte, über verdorrte Felder und über Ebenen, in denen räuberische Banden und freundliche Scheichs lebten. Sie ritt in
ihren Pelzmantel gehüllt mit ihrer Stute durch die kühle, trockene
Februarluft und badete nachts im Lager. Mit der Zeit spürte sie,
wie ihre Kräfte wuchsen. »Ich glaube, jeder Tag, den man in der
syrischen Wüste verbringt, verlängert das Leben um zwei Jahre«,
schrieb sie begeistert nach Hause.

Anfang März 1911 erreichte sie den Festungspalast von Uchaidir
und fand noch einmal eine Bestätigung dafür, daß er »das schönste Beispiel sassanidischer Kunst ist«. Sie verbrachte einen Tag damit, weitere Vermessungen vorzunehmen, den Grundriß der antiken Anlage zu vervollständigen und ihre früheren Resultate zu
überprüfen. Als sie am nächsten Tag den Ort verließ, empfand sie
eine Mischung aus Freude und Traurigkeit: »Ich frage mich, ob ich
diesen Palast noch einmal wiedersehen werde, und ob ich jemals
ein Bauwerk finden werde, das so interessant ist und an dem ich
mit soviel Freude arbeiten werde«, schrieb sie voller Wehmut.

Dann setzte sie ihre Reise durch Mesopotamien fort: über Nedschef, die heilige Stadt der Schiiten, zu der sowohl die Perser als
auch die Iraker pilgerten, dann über Kalat Scherkat, wo auf einem
Hügel die antike Hauptstadt Assyriens gethront hatte, über Haran,
wo die Stämme der Juden gelebt hatten, bevor sie nach Kanaan
gezogen waren. Es war der erste Mai, und sie fühlte sich einsam.
Sie sehnte sich »nach den Osterglocken und dem frischen Grün der
neuen Buchenblätter in Rounton – das Reisen ist nicht immer eine
reine Freude, das müßt Ihr verstehen. Immer wieder habe ich den
schier übermächtigen Wunsch, meine Familie zu sehen.«

So war sie froh, in der Nähe von Karkemisch zu sein, wo David
Hogarth immer noch die Ausgrabungen der alten Hethiter-Metro-
pole leitete. Die Überreste dieses einst blühenden Ortes waren zwar
schon mehr als dreißig Jahre zuvor entdeckt worden, aber das Interesse an ihm durch die Arbeiten an der sogenannten Bagdadbahn,

die dieses Gebiet am oberen Euphrat erreicht hatte, von neuem erwacht. Die von den Deutschen finanzierte Bahnlinie bedrohte den britischen Handel und beeinflußte die Situation am gesamten Persischen Golf. Da Karkemisch weniger als vierhundert Meter von der Stelle entfernt lag, an der die Deutschen eine Brücke bauten, stellte es einen idealen Beobachtungsposten dar, von dem aus die britischen Archäologen Fotos machen und Berichte nach Hause schicken konnten. Hogarth war zwar ein seriöser Wissenschaftler, der für das Britische Museum arbeitete, gleichwohl wußte die britische Regierung seine Beobachtungen der deutschen Aktivitäten sehr zu schätzen.

Am Vorabend des Tages, an dem Gertrude Hogarth besuchen wollte, teilten ihr die dortigen Behörden mit, daß er die Ausgrabungsstelle verlassen habe. Sein Assistent Campbell Thompson hielt sich jedoch noch dort auf, und da Gertrude vier Monate lang unterwegs gewesen war, hatte sie Sehnsucht danach, wieder einmal mit einem Landsmann zu reden. Außerdem wollte sie sich die Ruinen der Hethiter, über die sie in »Amurath to Amurath« geschrieben hatte, noch einmal anschauen.

Sie war inzwischen zweiundvierzig Jahre alt geworden, und als sie sich am Morgen des 19. Mai 1911 mit ihrem Diener Fattuh auf den Weg machte, war ihr Ruf ihr bereits vorausgeeilt. Sie trug ihre übliche Wüstenkleidung: einen langen Hosenrock, eine Leinenjacke, und um den Stoffhut hatte sie sich eine *Keffieh* gebunden. Selbstbewußt ritt sie nach Karkemisch und traf dort in der Siedlung zwei junge Archäologen, Campbell Thompson »und einen jungen Mann namens Lawrence (ein interessanter Junge, aus dem wird noch einmal ein Forschungsreisender), die schon eine Zeitlang auf mich gewartet hatten.«

Campbell Thompson, Hogarths Assistent am Ashmolean-Museum, war ein hochgewachsener, ruhiger Akademiker, der bald heiraten wollte, Linguistik unterrichtete und dem es besonderen Spaß machte, alte Inschriften zu entziffern. Sein jüngerer Kollege, Thomas Edward Lawrence, der selbst einmal eine Legende werden sollte, war dreiundzwanzig, graduierter Student und hatte sich auf mittelalterliche Töpferkunst spezialisiert. Er war klein, untersetzt, hatte blondes Haar, tiefblaue Augen, eine hohe Stirn und eine gerade Nase. Er zog sich ziemlich exzentrisch an und hatte eine Schwäche für orientalische Kleidungsstücke. Er liebte graue Flanellblazer mit rosa Paspeln, weiße Flanellshorts, graue Strümpfe und rote arabische Slipper. Um die Hüften trug er einen knallroten arabischen Gürtel mit Quasten, was bedeutete, daß er noch Junggeselle war. Da er also offensichtlich eine Frau suchte, versuchten die Dorfbewohner, eine für ihn zu finden. Als sie von Gertrudes Ankunft erfuhren, glaubten sie, sie sei seine Braut.

Thompson und Lawrence hatten ihre Ankunft voller Spannung erwartet. Sie war berühmt und vor allem dafür bekannt, daß sie kein Blatt vor den Mund nahm. Die beiden agierten daher zunächst sehr vorsichtig: Es war ihre erste Ausgrabung, und da sie bisher wenig gefunden hatten, befürchteten sie, sie könnte Berichte nach Hause schicken, die sich für sie als nachteilig erwiesen. Sie begleiteten sie deshalb mit ausgesuchter Höflichkeit zu ihrem Haus, einem ehemaligen Lager für Süßholz, dessen Dach undicht war und dessen Boden aus feuchtem Lehm bestand. Sie waren sehr charmant, gossen Kaffee in alte, dünnwandige Becher aus unglasiertem Ton, erzählten ihr zahllose Geschichten und beklagten sich über den Mangel an nennenswerten Funden. Bis dahin hatten sie in den Hethitergräbern nur eine Tafel, auf der Krieger mit geköpften Gefangenen abgebildet waren, ein anderthalb Meter hohes Relief, und ein paar Kelche entdeckt.

Nach dem Mittagessen beobachteten sie vor Ort die Ausgrabungen. In »*Amurath to Amurath*« hatte Gertrude den nördlichen Hügel von Karkemisch beschrieben: »Er ist mit den Überresten der römischen und byzantinischen Stadt bedeckt. Säulen und Fundamente der alten Mauern, welche die Innenhöfe umgeben, und von Kolonnaden gesäumte Straßen durchqueren das Ruinenfeld ... Es kann nicht der geringste Zweifel an der Größe dieser Stadt bestehen, die im Schutze dieses Hügels erbaut und schon vor langer Zeit verlassen worden ist.«

Als sie den Hügel erklettert hatte, sah sie, daß man dort Gräben ausgehoben hatte. Unter den römischen Überresten waren Fundamente entdeckt worden, die aus vorgeschichtlicher Zeit stammten. Trotzdem war das ihrer Meinung nach »herzlich wenig« und »schlechte Arbeit«. Nur wenige Wochen zuvor hatte sie die präzisen Ausgrabungen und eleganten Rekonstruktionen deutscher Archäologen bewundert. Jetzt mußte sie mit ansehen, wie etwa achtzig Eingeborene unter Anleitung der beiden Engländer Erde wegschaufelten und auf den Überresten einer antiken Zivilisation herumhackten, um einen Schatz zu finden und den versprochenen Bonus zu bekommen. Gertrude war entsetzt. »Vorsintflutlich!« empörte sie sich und erteilte den beiden Männern eine Lektion über moderne Ausgrabungstechniken.

Aber die jungen Gelehrten waren darauf vorbereitet. Am nächsten Tag schrieb Lawrence seiner Mutter: »Da blieb uns nichts anderes übrig, als sie mit unserem gesamten Wissen einzudecken. In nur fünf Minuten mußte sie sich alles über Byzanz, die Kreuzzüge, die Architektur der Römer, Hethiter und Franzosen anhören (das war meine Rolle); dann kamen die griechische Folklore, die assyrische Architektur und die Ethnologie Mesopotamiens an die Reihe (das war Thompsons Aufgabe); anschließend prähistorische Töpferkunst, Teleobjektive, Metallverarbeitung in der Bronzezeit, Meredith, Anatole France und die Oktobristen (von mir), die Bewegung der Jungtürken, die Satzkonstruktionen des Arabischen, der Preis für Reitkamele, assyrische Grabriten und die deutschen Methoden beim Bau der Eisenbahnstrecke nach Bagdad (von Thompson). Doch das war sozusagen nur die Vorspeise: Als das alles vorüber war (sie war sehr beeindruckt), gingen wir dazu über, sie über sieben bis acht Themen auszufragen. Sie war ziemlich froh, als sie nach anderthalb Stunden endlich Tee trinken konnte. Als sie schließlich ging, erklärte sie Thompson, daß wir bei den Ausgrabungen gemessen an der kurzen Zeit wahre Wunder vollbracht hätten und sie glaube, daß wir alles gefunden hätten, was dort gewesen sein könnte. Vor allem bewunderte sie die Vollständigkeit unserer Protokolle.

So haben wir das mit ihr gemacht«, fuhr Lawrence fort. »Sie war anfangs aber auch wirklich überrascht, weil sie gerade von den deutschen Ausgrabungen in Kalat Scherkat kam. Ich hoffe, daß unsere Ausgrabungen akkurater, wenn auch nicht so perfekt sind. Wir planen keine dieser Rekonstruktionen, mit denen sich diese Teutonen ruinieren. Wir zeigten ihr alles und ließen sie völlig erschöpft, aber beeindruckt zurück. Sie ist nett, etwa sechsunddreißig, nicht schön (höchstens wenn sie einen Schleier trägt). Es wäre jedenfalls ziemlich ärgerlich, wenn sie unsere Methoden in der Presse heruntermachen würde. Aber ich glaube nicht, daß sie das tun wird.«

Gertrude war tatsächlich beeindruckt. Das Gespräch setzte sich beim Abendessen fort, und nachdem sie Lawrence zwei Meredith-Romane geschenkt und ihm damit eine große Freude bereitet hatte, schlief sie in dieser Nacht in Karkemisch. Vor dem Morgengrauen wachte sie auf und ritt schon um halb sechs aus dem Lager. Sie war ein wenig erstaunt, als sie sah, wie die Dorfbewohner aus ihren Häusern geströmt kamen und sie beschimpften. Sie wußte nicht, daß Lawrence ihnen erklärt hatte, sie sei nicht hübsch genug, er wolle sie nicht heiraten. Jahre später mußte sie lachen, als sie von Hogarth erfuhr, daß Lawrence zu einer solchen Ausrede Zuflucht gesucht hatte, um seinen Junggesellenstatus zu bewahren.

Am selben Abend, bevor sie Karkemisch verließ, schickte Lawrence Hogarth eine Notiz, in der er bedeutend mehr Sympathien für Gertrude zeigte als in dem Brief an seine Mutter: »Als Thompson sich heute abend umgezogen hat, überkam ihn so etwas wie die Traurigkeit über das letzte Hemd und den letzten Kragen, denn Gerty ist wieder in ihrem Zelt und schläft. Sie war ein Erfolg, und sie ist eine tapfere Frau. Sie hatte ihn doch tatsächlich vorsintflutlich genannt (und meinte die Ausgrabungsmethoden, bis sie die Ergebnisse sah – sie ist begeisterungsfähig ... jung, glaube ich)!«

Fast zur gleichen Zeit schrieb Gertrude in ihrem Zelt an Florence, ohne die Rivalität oder die neue Freundschaft mit T. E. Lawrence zu erwähnen: »Sie zeigten mir ihre Ausgrabungen und Funde, und ich verbrachte einen schönen Tag mit ihnen.«

10.

Dick

In den Jahren 1911 und 1912 arbeitete Gertrude in England an ihrem Buch über Uchaidir, verfaßte Artikel für archäologische Zeitschriften und Buchbesprechungen für die *Times*. Sie nahm an den Krönungsfeierlichkeiten für König Georg V. in London teil und hielt Reden für die Anti-Suffragetten. Dann nahm jedoch der asiatische Teil der Türkei ihr ganzes Interesse in Anspruch. Die osmanische Regierung erlitt einen jähen Niedergang, unterwarf sich im Inland dem Willen der Jungtürken (einer radikal-nationalistischen Reformbewegung) und mußte in Europa den Unabhängigkeitsbestrebungen der Balkanländer nachgeben. Während des kostspieligen Balkankriegs von 1912 verlor das Osmanische Reich Serbien, Griechenland, Bulgarien und Montenegro. Gertrude machte sich Sorgen über die Entwicklung in Asien, denn auch Syrien, Mesopotamien und Arabien stünden dann zur Disposition. »Es würde mich nicht überraschen, wenn wir in den nächsten zehn Jahren auch in Asien den Zusammenbruch des Osmanischen Reichs und das Entstehen der ersten selbständigen arabischen Staaten erleben würden«, prophezeite sie Ende 1912 in einem Brief an Domnul, der seit seiner Pensionierung in Indien umherreiste.

Von Richard Doughty-Wylie, der inzwischen in Konstantinopel lebte, hatte sie viel über die Türkei erfahren. Sie, er und seine Frau Judith hatten häufig miteinander korrespondiert: Gertrude schrieb den beiden über ihre Reisen und ihre Bücher und beglückwünschte ihn zu seinen Bemühungen, das türkische Gemetzel unter den Armeniern in Adana zu verhindern. Sie berichteten ihr über die Ereignisse in Anatolien und Konstantinopel, wo er während des Balkankriegs stationiert gewesen war. Als er 1908 einen kurzen Besuch in England machte, hatte Gertrude ihn getroffen, dann ein zweites Mal im Jahre 1912, als er nach London zurückgerufen worden war, um eine neue Aufgabe zu übernehmen. Aber sehr bald darauf reiste er wieder ab, um die Hilfsaktionen des Roten Kreuzes in der Türkei zu leiten. Mittlerweile hatten sich die Balkanstaaten verbündet und gingen daran, auch noch Mazedonien von der türkischen Herrschaft zu befreien. Weihnachten 1912 bekam sie einen Brief von ihm aus der türkischen Hauptstadt, und ein paar Wochen später, im Frühjahr 1913, trafen Doughty-Wylie und seine Frau in London ein. Gertrude besuchte sie hin und wieder zum Tee, aß mit ihnen zu Abend und unterhielt sich mit ihnen über die Ereignisse im Mittleren Osten.

Je häufiger sie ihn sah, desto stärker fühlte sie sich zu ihm hingezogen. Kein anderer Mann faszinierte sie so wie Doughty-Wylie. Er war der typische Vertreter des britischen Empire, ein hochdekorierter Offizier und Diplomat, ein sensibler, belesener Gelehrter, der gern Gedichte zitierte, ein Kenner der politischen Szene und ein lebenslustiger Mann, der ihre tiefsten Sehnsüchte weckte. Im Juli lud sie ihn in ihr Haus in Yorkshire ein, und da seine Frau gerade nicht da war, nahm er die Einladung an. Gertrude ging damit ein großes Risiko ein. Rounton war ihr Zuhause, gewissermaßen ihre Intimsphäre. Aber sie wollte ihn in ihre ganz private Welt einführen, ihm die Schätze präsentieren, an denen ihr Herz hing, und sich ihm gegenüber so offenbaren, wie sie es in London nie hätte tun können.

Sie stellte ihn ihrer Familie vor, zeigte ihm das Lieblingshaus ihrer Kindheit, die Blumenbeete, die sie gepflegt hatte, den Steingarten, den sie selbst angelegt hatte, die Bibliothek, in der sie schon als junges Mädchen alle möglichen Bücher verschlungen hatte, das Kinderzimmer, wo sie sich als Dreijährige versteckt hatte, um mit ihrem Kummer über den Tod der Mutter allein sein zu können. Sie redeten und redeten: sie über die Einsamkeit einer unverheirateten Frau, er über die Einsamkeit eines unglücklich verheirateten Mannes; sie über die Freude, die sie im Alleinsein gefunden hatte, er über die Freude, die ihm die Sexualität bereitete. Sie spürte sein intensives Verlangen und war von seiner Leidenschaftlichkeit fasziniert. Sie standen dicht aneinandergeschmiegt in ihrem Schlafzimmer, das Herz schlug ihr bis zum Hals, und in seinen blauen Augen erkannte sie sein heftiges Verlangen. Er nahm sie in seine Arme, er wollte sie besitzen, aber sie verweigerte sich ihm.

Ein paar Tage später schrieb er ihr einen Brief aus London und bedankte sich für die Einladung. Es war der Auftakt für einen leidenschaftlichen Briefwechsel. Nie zuvor hätten sich zwei Menschen schönere Liebesbriefe geschrieben, vertraute sie später einem Freund an, angefüllt mit ihren innigsten Gefühlen und Qualen, die sie erleiden mußten. Anfangs schrieb ihr Dick, wie schön er es gefunden habe, sie in ihrer persönlichen »Sphäre« erleben zu dürfen, bei den Menschen, die ihr soviel bedeuteten, in ihrem Haus und in ihren geliebten Gärten. Er rede so gern mit ihr und habe wissen wollen, was ihr am meisten am Herzen läge. Er habe immer ihr bester Freund sein wollen, schrieb er, schon damals in Anatolien. »Jetzt spüre ich, daß ich Dir nähergekommen bin und daß wir wirklich gute Freunde geworden sind ... Ich muß etwas schreiben, was Dir beweist, wie stolz ich bin, Dein Freund sein zu dürfen. Etwas, was Bedeutung hat, auch wenn man es vielleicht gar nicht ausdrücken kann, Zuneigung, meine Liebste, Dankbarkeit, Bewunderung und Vertrauen, und der dringende Wunsch, Dich so oft wie möglich zu sehen ... Dein R.«

Aber genauso schnell, wie er ihre Hoffnungen geweckt hatte, zerstörte er sie auch wieder. Am nächsten Tag kam die Nachricht, daß er wieder ins Ausland versetzt werden solle. Sie saß in ihrem Zimmer in Rounton und schrieb ihm – von der Freude, die sie empfand, wenn sie frühmorgens in ihren Garten ging, und wie glücklich sie in seiner Nähe sei. Er bekam ihren Brief in seiner alten Junggesellenwohnung in London, wo er sich aufhielt, während seine Frau in Wales weilte.

»Ich bin allein, also laß uns beide gemeinsam allein sein«, schrieb er scherzend. »Ja, Liebste, was ich über die Einsamkeit gesagt habe, stimmt tatsächlich, sie war mir auf jedem Hügel, in jedem Wald willkommen ... Und auch Du kennst diese Göttin gut, denn nur ein Mensch, der sie anbetet, kann so über die Stille schreiben, die frühmorgens über den Gärten liegt. Wir werden weitermachen wie bisher, wir werden uns treffen und nichts sagen ...«

Aber er habe einen immer wiederkehrenden Traum, der ihm Sorgen mache: »Auch mich haben die Geister von Rounton in der nächsten Nacht heimgesucht. Gibt es irgendeine Geschichte über sie? ... Der Schatten einer Frauengestalt hat mich so beunruhigt, daß ich das Licht anmachen mußte. Aber es war nicht Dein Geist oder einer, der Dir ähnlich sah. Es war etwas Feindseliges, Beängstigendes ...« Er unterschrieb den Brief mit »Dick«.

Sie war fünfundvierzig, eine einsame »alte Jungfer«, die sich nach einem Ehemann sehnte und gern Kinder gehabt hätte. Er war ein verheirateter Mann, an eine Frau gebunden, die über ein Vermögen verfügte und eine gesellschaftliche Position innehatte. Die Situation schien ausweglos zu sein, beide wurden von Schuldgefühlen geplagt und von Geistern heimgesucht. Je mehr er über die Aussichtslosigkeit der ganzen Situation sprach, desto stärker wurde ihre Sehnsucht. Wann würde er abreisen? wollte sie wissen. Was würde dann aus ihnen? Sollte sie ihm auch dann noch schreiben? Sollte sie die Briefe nur an ihn oder auch an Judith richten?

Beschwichtigend teilte er ihr mit, daß es besser wäre, wenn sie an beide schriebe. Da seine Frau früher Gertrudes Briefe immer gelesen habe, fände sie es mit Sicherheit sonderbar, wenn sich das plötzlich änderte. Und außerdem »lebt man auf Seereisen auf engstem Raum zusammen – das würde mir nicht einmal mit Dir gefallen, das heißt nicht immerzu, sondern nur, wenn wir es beide wollten ... Aber was hat es unter diesen Umständen für einen Sinn, Briefe zu schreiben?«

Er hatte seine Reisevorbereitungen fast beendet, wollte Gertrude Lebewohl sagen und die letzte Hoffnung auf eine weitere Begegnung zunichte machen. Trotzdem weckte er aufs neue ihr Verlangen, indem er ihr schrieb: »Wir werden uns in unseren Gedanken und in unserer Phantasie treffen.« Zum Schluß schrieb er: »Letzte Nacht hat mich so ein armes Mädchen angesprochen – die alte

Geschichte –, ich habe ihr Geld gegeben und sie nach Hause geschickt ... Viel zu viele Männer sind so wie ich oder so, wie ich war, sie tun mir leid ... Diese Sehnsucht des Körpers ist zwar echt und natürlich, drückt aber häufig nichts anderes aus als gewöhnlichen Hunger – aber sie kann auch das Feuer des Geistes entfachen, und nur dann ist sie wirklich groß, und nur in dieser Form kann sie wirklich befriedigt werden ...«

Und dann war der Augenblick gekommen, in dem er abreisen mußte. »Bitte schreib mir«, bettelte er. Sie solle ihn ruhig Dick nennen, so wie er sie Gertrude nannte, und selbst wenn seine Frau die Briefe lesen würde, würde ihre Vertrautheit nicht auffallen. Viele Menschen nennen sich beim Vornamen, erklärte er ihr. Was jedoch ihre leidenschaftlichen Zeilen der letzten Wochen anbetraf, so schwor er: »Heute abend werde ich Deine Briefe verbrennen – auch wenn es mir widerstrebt –, aber es ist besser so. Man kann sterben, oder es kann etwas anderes passieren – und diese Briefe sind nicht für die Augen eines anderen Menschen bestimmt. Obwohl ich sie in meinem stillen Kämmerlein versteckt habe, verfolgen sie mich ständig. Leb wohl, Liebste, ich küsse Deine Hände.«

Das waren die intensivsten, außergewöhnlichsten Wochen gewesen, die Gertrude je erlebt hatte. Endlich hatte sie einen gutaussehenden, intelligenten, gebildeten Mann kennengelernt, der ihre Leidenschaft für den Mittleren Osten, die Wüste, die Araber, die Antike, die aktuelle Politik, die Poesie, die Literatur und die Einsamkeit teilte. Sie war noch nie einem Mann begegnet, der all das so gut verstand und genauso liebte wie sie. Und jetzt war er fortgegangen, und ihr blieb nur die schmerzliche Erinnerung.

Sie machte Pläne für eine weitere Reise in die Wüste. Dies sei ein besonders günstiges Jahr für eine Reise nach Arabien, hatte man ihr aus Damaskus mitgeteilt. Am 27. November 1913 traf Miß Gertrude Bell dort ein und war begierig zu hören, warum das so sei. Nach der langen Reise – zuerst mit dem Schiff von England nach Frankreich und weiter über das Mittelmeer, dann mit dem Zug von Beirut nach Damaskus – sah sie ein wenig erschöpft aus.

Als sie aus dem Eisenbahnwaggon stieg, machte sie einen nervösen Eindruck; sie strich sich über das rote Haar, das unter dem Federhut hervorlugte, glättete ihren Hosenrock und strebte mit schnellen Schritten dem Damaskus-Palasthotel entgegen. Obwohl es nur zur ersten Kategorie zählte und keine Luxusherberge war, zog sie es wegen seiner zentralen Lage vor. Außerdem fand sie die Preise vernünftig und war begeistert von dem guten Service und dem Direktor, der sich natürlich sofort an sie erinnerte. Selbst wenn er ihre grünen Augen und ihre spitze Nase vergessen hätte, hätte er sich doch sofort an ihren Befehlston und ihr autoritäres Wesen erinnert. Er war sehr aufgeregt, weil die berühmte Lady aus England wieder sein Etablissement beehrt hatte (in Damaskus kannte inzwischen jeder diese unerschrockene Engländerin, die allein die Wüste durchquert hatte), und er begrüßte sie mit tausend Verbeugungen und »Salams«, die sie routiniert erwiderte.

Gertrude trug sich in das Gästebuch ein und ging dann, wie immer, hocherhobenen Hauptes auf ihr Zimmer. Ein Schwarm mit Kaftanen bekleideter arabischer Jungen folgte ihr und mühte sich mit dem schweren Schrankkoffer ab, den ihre Zofe Marie mit schicken französischen Kleidern, engen Röcken, Pelzmänteln, Tweedjacken, Schals, Spitzenblusen, Federhüten, Sonnenschirmen und Reitanzügen aus Leinen vollgepackt hatte. Einer der Pagen trug den Koffer mit ihren Toilettenartikeln, den silbernen Bürsten und Kristallflakons, deren polierte Metalldeckel fest zugeschraubt waren, damit die Duftwässer nicht auslaufen konnten. Zwei weitere Pagen schleppten einen Koffer, in dem die spitzenbesetzten Korsetts und Unterröcke verstaut waren, unter denen sie ihre Landkarten, Kameras, Filme, das Fernglas, den Theodolit und die Waffen versteckt hatte. Der Rest des Gepäcks bestand aus Kisten, die neben Büchern und Medikamenten weitere Reiseutensilien enthielten. Die Vorbereitungen in Damaskus würden zwei Wochen in Anspruch nehmen.

Sobald sie sich in ihrem einfachen Zimmer eingerichtet hatte, ließ sie einen der arabischen Jungen kommen, gab ihm ein paar Münzen als Bakschisch und sagte ihm, er solle ihren europäischen Bekannten, dem Direktor einer renommierten Bank, Herrn Lütticke, und Herr Loytved, dem deutschen Konsul, sowie ein paar Arabern, von denen sie wußte, daß sie ihnen vertrauen konnte, ihre Visitenkarten überbringen. Er dürfe sie jedoch auf gar keinen Fall irgendwelchen türkischen Beamten geben.

Sie ordnete ihre Kleider, so gut sie konnte, und mußte lächeln, als sie ihre Schuhe auspackte und die Patronen, die sie darin versteckt hatte, herausnahm. »Ich hätte die Patronen nicht in meinen Schuhen verstecken zu brauchen«, schrieb sie nach Hause. »Wir gingen durch den Zoll, ohne auch nur eine einzige Kiste öffnen zu müssen.« Wieder einmal hatte sie die Türken überlistet.

Als die Sonne über den syrischen Bergen untergegangen war, steckte sie ihr Haar hoch, zog sich ein langes Kleid an, sah nach, ob ihr Zigarettenetui in der Handtasche war, und ging dann zum Dinner nach unten. Danach begab sie sich wieder auf ihre Zimmer, machte noch ein paar Tagebucheintragungen und ging dann zu Bett.

In der ersten Nacht mußte sie ständig an die vor ihr liegende Reise nach Zentralarabien denken, die sie schon seit über zwölf Jahren beschäftigte. Immer wieder hatte sie versucht, eine solche Expedition zu organisieren, war jedoch stets von Freunden wie Louis Mallet vom Foreign Office oder Willie Tyrrell davon abgehalten worden. Auch Percy Cox, der britische Gesandte in der Golfregion, der für die Spionageabwehr des Indian Civil Service arbeitete, hatte sie vier Jahre zuvor gewarnt, die Wüste zum damaligen Zeitpunkt zu durchqueren.

Aber sie hatte den Plan nie aufgegeben, denn sie wollte unbedingt das Geheimnis Zentralarabiens ergründen. Daß ein Ritt durch die unendlichen Weiten der Nedschd sehr gefährlich war, wußte sie nur zu gut. Möglicherweise würde sie tagelang ohne Wasser auskommen müssen oder in Regenfluten ertrinken. Es war Winter, da gab es mitunter Wochen, in denen die Temperaturen unter den Gefrierpunkt sanken, und dann wieder Wochen, in denen die Sonne um die Mittagszeit gnadenlos vom Himmel brannte. Sie wußte genau, daß Myriaden von Flöhen auf sie warteten, die auf den Kamelen herumhüpften, und daß sie es mit Schlangen und Skorpionen zu tun haben würde. Und dann immer nur Sand, wohin das Auge blickte, manchmal schwarz, dann wieder in Form von gelben, weichen Dünen. Das Schlimmste war jedoch der unerbittlich harte, graue Erdboden.

Trotzdem liebte sie die Wüste. Sie bot ihr eine Möglichkeit, dem Alltag zu entfliehen. Schon Jahre zuvor hatte sie geschrieben: »Für Menschen, die in einer so komplexen gesellschaftlichen Ordnung aufgewachsen sind, gibt es nur selten solche Augenblicke der Begeisterung, wie man sie an der Schwelle einer Reise in die Wildnis erlebt. Die Tore des umzäunten Gartens werden plötzlich aufgestoßen, die Kette vor dem Eingang des Heiligtums wird gesenkt ... Und dann spürt man genau das, was der Mann in dem Märchen gespürt hat, als die Ketten um sein Herz zersprangen.« Aber die Bänder, die ihr das Herz zuschnürten, waren nicht nur ein Symbol für die Enge der englischen Gesellschaft, sondern es waren auch die Ketten, mit denen ihre Liebe zu einem verheirateten Mann gefesselt war. Die Reise würde es ihr leichter machen, sich davon zu befreien.

Am nächsten Morgen gab es eine gute Nachricht. Fattuh, der treue Armenier, der sie schon seit zehn Jahren immer wieder auf ihren Reisen durch die Wüste begleitet hatte, war aus seiner Heimatstadt Aleppo nach Damaskus gekommen. Vor der Abreise gab es noch viel zu tun. Gemeinsam gingen sie zu Scheich Muhammad Bassam, dem Mann, von dem sie sich die größte Unterstützung erwarteten, denn er war wohlhabend und verfügte über gute Beziehungen. Bassam, den Gertrude schon vor langer Zeit in der Wüste kennengelernt hatte, war mit den Beduinenscheichs befreundet und genoß das Vertrauen der prominenten Persönlichkeiten der Stadt. Er trieb den erfahrensten Reiseführer und die besten und preiswertesten Kamele auf, und er war ihr auch dabei behilflich, eine Route durch die Treibsanddünen zu erarbeiten.

Das Wetter sei »himmlisch«, schrieb sie nach Hause, und sie laufe nur mit einer Jacke über ihrer Bluse, einem langen Rock und einem Filzhut durch die Straßen. Sie stand vor der Mauer aus luftgetrockneten Ziegelsteinen, die Bassams Haus umgab, und wußte, daß sich dahinter ein Garten mit sprudelnden Quellen und farbigen Steinen verbarg. Ihre niedrigen Absätze klapperten auf dem Marmorboden des Patio, und sie blieb einen Augenblick lang stehen, um den Duft der Orangen, Zitronen und Granatäpfel zu genießen. Es war schön, wieder im Orient zu sein.

Bassam und seine gutaussehende Frau (die aus der Nedschd stammte) hießen sie willkommen und führten sie in das Wohnzimmer. Als das Begrüßungsritual vorbei war, verschwand die Frau wieder. Ein Diener erschien und servierte dem englischen Gast einen starken Kaffee, der angenehm bitter schmeckte. Gertrude, die sich des klassischen, blumenreichen Arabischs bediente, versuchte, das Gespräch so schnell wie möglich auf den Punkt zu bringen. Wie es seinem Vater gehe. Und seinen Söhnen, fragte sie höflich. Und die Obstgärten? Seine Schafe? Die gemeinsamen Freunde? Was mit der Türkei los sei? Wie seine Freunde in Damaskus darüber dächten oder die Wüstenaraber, wollte sie wissen. Bassam fragte sie, wie sie die Zukunft des Osmanischen Reichs sehe, in dem jetzt eine Revolution tobte, und erklärte, daß der britische Stützpunkt in Basra, also in Mesopotamien, von Flüchtlingen aufgesucht werde. Und dann konnte sie endlich zum eigentlichen Thema kommen: ihrem Wunsch, die Wüste zu durchqueren.

Sie wollte unbedingt die Führer der beiden größten arabischen Clans kennenlernen: Ibn Raschid und Ibn Saud, die erbitterten Kriegsgegner in Zentralarabien. Jetzt, da das Osmanische Reich geschwächt war, hatte sie allen Grund zu erwarten, daß die beiden Männer sie willkommen heißen würden, da jeder von ihnen daran interessiert war, die letzten politischen Neuigkeiten zu erfahren. Für ihre eigene Regierung würde sich die Reise als sehr nützlich erweisen, denn falls es zum Krieg kommen sollte, könnte das Schicksal Arabiens eine entscheidende Rolle spielen. Die Briten waren begierig zu erfahren, ob bei einer möglichen Auseinandersetzung mit den Türken auf die Araber Verlaß sei.

Gertrude hatte schon vorher mit anderen Leuten über dieses

Thema gesprochen, aber widersprüchliche Informationen bekommen. Jetzt bat sie Bassam um Rat: Ob er glaube, daß es sicher sei, nach Zentralarabien zu reisen. Sie brauche sich keine Sorgen zu machen, versicherte er ihr. In diesem Jahr könne sie ohne weiteres in die Nedschd reiten. Die Atmosphäre sei entspannt, da die Sauds und Raschids aufgehört hätten, einander zu befehden. Sie sei in einem »außerordentlich günstigen Moment« gekommen, schrieb sie später an ihre Mutter: »Alle sind friedlich. Stämme, die sich generationenlang bekämpften, haben sich geeinigt, und die Wüste ist geradezu unnatürlich ruhig.«

Während sie an ihrer Zigarette durch eine Zigarettenspitze aus Elfenbein zog und vom Garten her eine leichte Brise wehte, befaßten sie sich mit der Route, die östlich von Damaskus verlief und die sie gut kannte. Dann führte der Weg nach Süden in die große Nedschd, in die unendliche Weite der arabischen Wüste, die selten durchquert wurde und gewöhnlich als Austragungsort von Beduinenfehden fungierte. Bisher hatten nur drei oder vier Europäer die Reise dorthin überlebt. Gertrude hoffte jedoch, mit den erfahrenen Führern und den richtigen *Rafiks* – Eskorten, die sich aus Mitgliedern der jeweiligen Stämme zusammensetzten und dafür bezahlt wurden, sicheres Geleit durch das jeweilige Stammesgebiet zu gewährleisten – eine Begegnung mit den mörderischen Räubern und heimtückischen Dieben, die sich in der Nedschd herumtrieben, zu vermeiden. Sie wollte zuerst nach Hail, dem Ort, in dem der von den Türken unterstützte Ibn Raschid im neunzehnten Jahrhundert sein Hauptquartier gehabt hatte, und von dort aus weiter nach Süden, um seinen Erzfeind, Scheich Ibn Saud, kennenzulernen.

Bassam und sie waren sich jedoch darüber einig, daß sie unter allen Umständen vermeiden sollte, in die Nähe der Hedschas-Eisenbahnstrecke zu kommen. Da sich das Osmanische Reich in Aufruhr befand, befürchteten die Türken, daß die Briten die Araber möglicherweise zu einem Aufstand ermutigten. Mißtrauische Beamte oder gelangweilte Polizisten könnten daher viele unangenehme Fragen stellen. Man würde von ihr wissen wollen, was sie eigentlich dort zu suchen habe. Sie könnte natürlich wahrheitsgemäß erwidern, daß sie Archäologin sei und byzantinische Ruinen besichtigen wolle. Oder daß sie Schriftstellerin sei und dort für ein neues Buch recherchieren möchte. Doch das würde man ihr vermutlich nicht glauben. Und irgend jemand würde womöglich merken, daß sie tatsächlich log, denn sie würde solchen Menschen gegenüber niemals zugeben, daß sie den Schmerz einer unglücklichen Liebe vergessen wollte. Bisher war es ihr immer gelungen, den Türken aus dem Weg zu gehen, und sie war ziemlich sicher, daß sie das auch diesmal schaffen würde. Trotzdem lief es ihr eiskalt über den Rücken, wenn sie daran dachte, wie gefährlich dieses Spiel war.

Der Diener brachte eine zweite Tasse Kaffee, die sie schnell austrank. Dann dankte sie Bassam für seine Hilfe, drückte ihre Zigarette aus und verabschiedete sich.

Die Post nach England war zehn Tage unterwegs, soviel Zeit hatte sie nicht. Sie schickte deshalb ein Telegramm nach Rounton und bat um zusätzliches Geld. Sie erklärte ihrem Vater, daß sie für die Reise bereits ihr Einkommen des nächsten Jahres verbraucht habe, und versprach ihm, den geliehenen Betrag von dem Honorar für das nächste Buch zurückzuerstatten, das sie schreiben wollte. Hugh Bell war ein vorsichtiger und sparsamer Mann, und Gertrude rechnete immer wie eine brave junge Hausfrau mit ihm ab. Er hatte sie bisher natürlich noch nie enttäuscht, aber sie hatte ihn vorher immer um Erlaubnis gebeten. In fast kindlicher Weise hatte sie geschrieben: »Die Wüste ist absolut ruhig, und es sollte überhaupt keine Schwierigkeiten geben ... Ich hoffe, Du sagst nicht nein. Aber das ist unwahrscheinlich, denn Du bist so ein lieber Vater, Du würdest mir nicht einmal die unverschämtesten Forderungen abschlagen ... Liebster, geliebter Vater, halte mich nicht für wahnsinnig oder unvernünftig und denke immer daran, daß ich Dich mehr, als Worte sagen können, liebe.«

Gertrude ging mit der langen Vorratsliste, die Bassam zusammengestellt hatte, an der großen Omaijaden-Moschee vorbei und in den überfüllten *Souk* von Damaskus. In diesem überdachten Basar gab es fast alles, was sie brauchte: Lebensmittel, Kleidung, ja sogar

Kamele. In ihrem neuen Jackenkleid aus Paris schritt sie gemeinsam mit ihrem treuen Diener Fattuh durch die schmutzigen Arkaden, vorbei an Paschas in goldbestickten Roben, Scheichs in goldbetreßten Umhängen, Türken in langen Seidenmänteln mit farbigen Fez auf den Köpfen, Christen in dreiviertellangen Jacken und mit Rosenkränzen in den Händen, Juden mit langen Schläfenlocken, schwarzen Filzhüten und langen schwarzen Jacken, Armeniern und Griechen in bunten Kitteln, alten Männern, die zum Zeichen, daß sie auf der Pilgerreise nach Mekka waren, stolz den grünen Turban trugen, Beduinen, die gerade aus der Wüste gekommen waren, in ihren gestreiften blauen *Abbas* und *Keffiehs* mit ihren blau tätowierten Frauen, die dunkelblaue Schleier trugen, und kleinen Jungen, die fast nackt waren.

Vorsichtig wich sie den Kothaufen aus, die Kamele und Maultiere im Labyrinth der Gassen hinterlassen hatten. In den engen Straßen warben Handleser, Schreibkundige und Siegelgravierer für ihre Dienste, und die Straßenhändler priesen ihre Ware an. Das Geschrei der zerlumpten Bettler, der Kaufleute und die Gebetsrufe der Muezzine mischten sich zu einer kakophonischen Lärmorgie und ließen ihre Ohren klingen. Der süßliche Geruch orientalischer Lebensmittel zog sie an: Handwagenladungen von Pistazien, gerösteten Erbsen, süßem Gebäck aus Damaskus, Lakritzen und allen möglichen Brotsorten. Der Rand ihres Hutes wäre fast zerquetscht worden, als sie versuchte, den Sorbet-Verkäufern in den knallroten Schürzen auszuweichen. Metzger trugen Tierhälften auf den Schultern und Getränkeverkäufer schleppten große, zweihenkelige Krüge.

Am Eingang der überdachten Gänge das Basars in der Nähe der Omaijaden-Moschee drang ihr schon der Duft der Gewürze aus dem *Souk Ali Pascha* entgegen. Sie ging zu den Ständen, an denen Kaffee und Tabak verkauft wurde, und suchte sich anschließend frische Datteln aus. Dann besuchte sie einen alten Freund, den rotbärtigen Bahai, Inhaber eines Teeladens, der ihr wie immer eine Tasse mit einer süßen persischen Teemischung anbot. »Eure Exzellenz sind uns bekannt«, hatte er vor Jahren zu ihr gesagt, als sie zum erstenmal bei ihm war. Als sie ihr Geld aus der Tasche holen wollte, sagte er: »Sie brauchen bei uns nie etwas zu bezahlen.«

Ihr Diener Fattuh wollte in den *Souk el Dschamal,* wo die Karawanen ihre Kamele kauften und verkauften. Ohne sich um den schrecklichen Gestank zu kümmern, feilschte er um den Preis der Dromedare und war glücklich, als er sie im Durchschnitt für dreizehn Pfund pro Stück erstehen konnte. Direkt nebenan fand er große Ledersättel und Satteltaschen. Gertrude drängelte sich derweil durch den *Souk el Arwam,* wo die griechischen Händler in ihren Läden auf dem Boden saßen und ihr lautstark Waffen, Schals, Teppiche und Wasserpfeifen anboten. Sie handelte geschickt mit den Kleiderhändlern, erstand Unmengen billige Umhänge, *Keffiehs,* Baumwollstoffe und Tücher, die sie unterwegs als Geschenke brauchte. Auf den Lebensmittelmärkten kaufte sie genügend Brot, Butter, Fleisch, Eier, Käse und Wasser für drei oder vier Wochen. Aber das war noch nicht alles. Sie brauchten Kameltreiber. Mit Bassams Unterstützung engagierte sie einen alten Führer namens Muhammad Marawi, der angeblich bei fast jedem arabischen Stamm, dem sie auf ihrer Reise begegnen würden, Freunde hatte.

In der Wüste trieben sich zahllose Räuber herum, die nicht einmal die Angehörigen ihres eigenen Stammes verschonten, geschweige denn Europäer. Sie würden ihr bei der ersten Gelegenheit ihr Geld abnehmen. Daher konnte sie es nicht riskieren, Bargeld mitzunehmen, um ihre Vorräte zu ergänzen. Gemeinsam mit ihrem Führer Muhammad fuhr sie mit der elektrischen Straßenbahn nach Maidan, das direkt vor der Stadt lag, um dort einen Gewährsmann von Ibn Raschid zu treffen. Sie wollte dem Händler zweihundert Pfund geben, und er würde ihr dafür einen Kreditbrief ausstellen, den sie später in Hail einlösen konnte.

Der Mann wartete in einem Restaurant auf sie. Ihm leisteten viele andere Leute aus der Gegend und Besucher aus dem Süden Gesellschaft, die alle neugierig auf die Lady, *El Sitt,* waren. Sie trugen Roben und mit Tressen geschmückte Turbane und begrüßten sie mit: »Salam Alaikum.« – »Alaikum Salam«, erwiderte sie, während sie ihr an einem der Holztische Platz machten, die den Raum füllten, der ihr vertraut vorkam: die üblichen Mosaikfliesen, islamische Motive an den weißgetünchten Wänden. Man servierte ihr eine Platte mit Vorspeisen: weißen Käse mit Olivenöl und getrockneter Minze, *Taboule*, Oliven, *Baba Ghanoush* und noch mehr. Sie tunkte ein Stück des Fladenbrots in *Humus,* probierte die Kichererbsen und redete mit den Männern über Antiquitäten, beantwortete Fragen über altes Geld und zeigte ihnen das alte sufaitische Alphabet.

Aber auch sie hatte Fragen: Was die Türken mit den Gebieten und Oasen in der Wüste planten, was es mit den *Ghasus,* den brutalen Überfällen der Beduinen, auf sich hätte. Und sie wollte alles über die Politik der Wüstenstämme und über die Stammesfehden wissen. Sie war sehr gespannt und beobachtete die Gesichter der Männer mit den schwarzen Bärten ganz genau, denn sie wollte die Wahrheit erfahren. Einer nach dem anderen nickte beruhigend, und alle waren zuversichtlich. Selbst Stämme, die sich seit Generationen befehdet hätten, hätten sich geeinigt; in der Wüste herrsche Frieden.

Einer der Männer murmelte etwas von einem Streit zwischen den Stämmen von Ibn Raschid und Ibn Saud, aber auch die beiden hätten Frieden geschlossen. »Sollten die alten Feindseligkeiten tatsächlich ein Ende gefunden haben?« fragte sie sich voller Zweifel. »Kann man den Sand der Wüste wirklich zu einer Form verschmelzen?« Der seltsame junge Mann faszinierte sie. Abd al Asis, Ibn Raschids Gewährsmann, war groß und schlank, hatte dünnes schwarzes Haar und ein schmales Gesicht. Sein schlanker Körper war in einen goldbestickten Umhang gehüllt, und er trug einen riesigen Kamelhaarturban mit Goldbändern. Irgend etwas an ihm war eigenartig. Er saß fast starr mit dem Rücken an die Kissen gelehnt, und seine Augen bewegten sich kaum. Er sprach das klassische Arabisch mit sanfter Stimme und ganz langsam. Dann merkte sie, wie sich seine Stimmung plötzlich änderte. Als er über Hail und die seltsamen Juwelen redete, die man in diese mittelalterliche Stadt gebracht hatte, über die verborgenen Schätze in der Moschee von Kerbela und über die geheimnisvollen Schriften in Zentralarabien, wurde er immer lebhafter. Die anderen hörten ihm gespannt zu: »Ya Satif! Ya manjud«, murmelten sie. »O du Gütiger, o du immer Gegenwärtiger«, sagten sie voller Bewunderung.

Sie war etwas skeptischer und beobachtete den irgendwie verschlagen wirkenden Beduinen ganz genau, denn er war der Mann, mit dem sie sich hier treffen sollte. Als er nach einer Weile mit seinen Geschichten zu Ende war, brachen sie das Brot zum Zeichen ihrer Freundschaft und teilten das Salz als Versprechen, daß sein Stamm sie beschützen würde. Sie betrachtete ihn eingehend und hatte dabei kein gutes Gefühl. Ihr blieb nur die Hoffnung, daß man sich auf sein Wort verlassen konnte.

Am Morgen vor der Abreise ging es Fattuh gar nicht gut. Er hatte hohes Fieber, und der Arzt vermutete Malaria. Obwohl Gertrude sonst immer sehr ungeduldig war, verschob sie den Aufbruchstermin, vertrieb sich die Zeit mit Bridge und aß viel zu viele Portionen Quark. »Ich bin dick geworden«, schrieb sie nach Hause, und zwar »vom besten Essen, das es auf der Welt gibt«. Ein paar Tage später teilte man ihr mit, daß Fattuh Typhus habe. Da ihr das Warten zu lang wurde, beschloß sie, einen anderen Diener zu engagieren und es zu riskieren, der Eisenbahnstrecke zu folgen. Eine Woche später könnte Fattuh dann mit dem Zug nachkommen.

In der Nacht schrieb sie in ihrem Hotelzimmer fieberhaft, machte alle möglichen Tagebucheintragungen, setzte Briefe an ihre Eltern und Freunde auf, verfaßte eine kurze Notiz an T. E. Lawrence, daß sie hoffe, ihn im Frühjahr auf dem Rückweg in Karkemisch wiederzusehen. Sie nahm neues Briefpapier aus ihrem Lederkoffer, tauchte den hölzernen Federhalter in das Tintenfaß und schrieb noch einen weiteren Brief. Sie war immer noch verzweifelt, deprimiert und einsam; sie wäre so gern bei Dick gewesen, aber sie wußte, daß ihr das vom Schicksal nicht vergönnt war. Also vertraute sie sich Domnul an:

»Ich möchte alle Verbindungen mit der Welt abbrechen, das ist

170

das Beste und Klügste, was man tun kann. O Domnul, wenn Du wüßtest, wie ich in den letzten Monaten den Boden der Hölle abgeschritten bin, würdest Du mir recht geben, jeden Ausweg zu versuchen. Ich weiß nicht, ob das die endgültige Lösung ist, aber ich muß es versuchen. Wie ich Dir schon früher gesagt habe, ist es zum größten Teil meine Schuld, aber deshalb ist es trotzdem ein nicht wiedergutzumachendes Unglück für uns beide. Aber ich wende mich jetzt davon ab, und die Zeit dämpft die stärksten Gefühle.«

Aus der Heimat war ein ganzer Stapel Post eingetroffen. Bei der Durchsicht fiel ihr sofort ein Brief auf. Er kam vom Balkan, und der Absender war Captain Doughty-Wylie. Hastig riß sie ihn auf. Es waren vier Monate vergangen, seit sie Dick zum letztenmal gesehen hatte. Sie überflog die Seiten und verschlang buchstäblich die kostbaren Worte, die ihr soviel bedeuteten.

»Es ist spät, ich bin ganz allein und denke über alles mögliche nach, über die Philosophie, die Liebe und das Leben – und ich denke an Rounton und wieviel es mir bedeutet hat. Ich habe Dir damals gesagt, ich sei ein erdverbundener Mensch ... Du bist jetzt in der Wüste, ich in den Bergen, und an solchen Orten läßt sich unter den Wolken so manches sagen. Waren wir dumm, hätten wir ganz einfach Mann und Frau sein sollen, so wie Gott uns erschaffen hat, und wären wir dann glücklich geworden? ... Aber ich kann mir auf diese Frage selbst die Antwort geben, es wäre eine Lüge gewesen. Wenn ich Dein Mann geworden wäre, in den Körpern, in denen wir leben, würde uns das verändern? Sicher nicht. Wir könnten nicht lange zusammen sein, und vor dem, was hinterher gekommen wäre, habe ich manchmal Angst.

Siehst Du das niemals so? Ich weiß es nicht – wahrscheinlich nicht –, aber ich bin wie gesagt ein erdverbundener Mann. Trotzdem ist es sowohl für einen Mann als auch für eine Frau eine große und wunderbare Sache und das angestammte Recht eines jeden Menschen, nur verstehen viele es nicht, weil es so einfach ist. Ich bin immer der Meinung gewesen, daß diese geheimnisvolle, mächtige Anziehungskraft der Sexualität nichts Unrechtes ist, etwas Natürliches, das befriedigt werden muß ... und wenn es nicht befriedigt wird, was dann? Geht es uns dann schlechter? Ich weiß es nicht ...«

In dieser Nacht konnte sie kaum schlafen, denn seine Worte gingen ihr immer wieder durch den Kopf. Sie dachte an ihre Reise und an ihre Absicht, den Kontakt zur Welt abzubrechen. Die Kamele und ihre Männer waren bereit, die Sachen gepackt. Schon am folgenden Tag würde sie auf dem Weg in die Nedschd und die unendliche, unerforschte Weite Arabiens sein.

11.

Die Reise nach Hail

Als Gertrude aufbrach und die vertraute Welt mit ihren Läden und ihren englischsprachigen Freunden verließ, bedeckten graue Wolken den Himmel. Sie ritt ohne Genehmigung der Türken und würde bis Hail, dem Hauptquartier Ibn Raschids, drei Monate unterwegs sein. Sie hoffte, von dort aus auch Ibn Saud besuchen zu können – *inschallah,* so Gott will. Mit ihrer Karawane, die aus zwanzig schwerbeladenen Kamelen, drei Kameltreibern – Ali, Abdullah und Fellah –, ihrem Koch Salim, ihrem älteren Führer Muhammad Marawi und ihrem bezahlten Leibwächter Hamad bestand, kam sie sich »wie ein arabischer Scheich« vor. Hoch oben auf ihrem Kamel, die Zügel und eine Gerte, mit denen sie das Tier nach rechts und nach links lenkte, locker in der Hand, ritt sie kilometerweit über das Marschland. Zu ihren Füßen sah sie gelegentlich Nester von Trüffeln, hin und wieder flog ein Wildvogel auf, Wildschweine liefen an ihnen vorbei, und eine Stunde von Dumeir, dem letzten Außenposten der Zivilisation zwischen Damaskus und dem Euphrat, ließ sie das Lager aufschlagen.

Ihre Männer waren noch nie zuvor mit einer Europäerin gereist, und sie wartete ungeduldig, bis sie ihre Zelte aufgebaut hatten – ein kleines für sie, zwei größere für die Diener und ein Küchenzelt – und endlich aufhörten, mit den Zeltstäben und den Möbeln herumzuhantieren. Endlich hatten sie den hölzernen Eßtisch, die Klappstühle, die Stoffbadewanne und das Campingbett aufgebaut. Für sie war das alles neu, denn die Beduinenzelte wurden aus Ziegenhaar angefertigt und mit Kissen und gewebten Teppichen eingerichtet. Da Fattuh, der ihre Sachen eingepackt hatte, nicht dabei war, mußte sie lange suchen, bis sie ihre Bettwäsche, die Töpfe und Pfannen und die Schwämme für ihr Bad gefunden hatte. Und was das Schlimmste war – der neue Koch konnte nicht einmal ein Frühstücksei zubereiten.

Trotzdem waren die Männer offensichtlich willens zu lernen, und das erste Abendessen, bei dem unter anderem Fleisch aus Damaskus serviert wurde, bezeichnete sie als »ganz gut«.

Gertrude war froh, endlich wieder unterwegs zu sein, und schlief deshalb sehr gut. Während der Nacht kam jedoch Wind auf, und es begann zu regnen. Es schüttete dann den ganzen nächsten Tag, und der Boden wurde so morastig, daß selbst die Kamele darin nicht mehr vorwärts kamen. Da sie keine andere Wahl hatte, blieb sie im Lager. Vor Kälte zitternd zog sie Wolljacke und Pelzmantel übereinander an. Und wenn sie an die türkischen Polizisten dachte, die auf dem Weg von Damaskus womöglich hier vorbeikommen würden, verstärkte sich das Zittern nur noch. Sie versuchte krampfhaft, sich auf die letzte Ausgabe der *Weekly Times* zu konzentrieren, und mußte dabei immer wieder an Dick denken.

Arbeit war das einzige Heilmittel, das wußte sie. Während die Männer Holz für das Feuer hackten und Futter für die Kamele sammelten, nähte sie – das hatte sie schon als Kind von ihrem Kindermädchen gelernt – Baumwollbeutel für die Lebensmittelvorräte. Als es sich zwei Tage später endlich wieder aufklärte, war der Boden so glitschig, daß die Kamele ausrutschten und mit den Beinen immer wieder im Schlamm einknickten. Trotzdem gelang es ihnen, nach ein paar Stunden die offene Wüste zu erreichen. Sie überquerten nun Hügel aus schwarzer Lava und waren froh, daß die Kamele wieder festen Boden unter den Hufen hatten.

Der Koch briet zarte Pilze zum Abendessen, und Gertrude setzte sich in den Strahlen der untergehenden Sonne zu den Männern ins Zelt, trank mit ihnen Kaffee und rauchte ein Zigarette. Als es dann später unheimlich still geworden war, kuschelte sie sich in ihr Bett, das sie mit einer Wärmflasche vorgewärmt hatte, und zog die Decken bis unter das Kinn. Im Schein einer flackernden Kerze schrieb sie nach Hause:

»Wieder einmal bin ich in die Wüste zurückgekehrt, als sei sie mein Zuhause. Stille und Einsamkeit senken sich wie ein undurchdringlicher Schleier über mich. Es gibt nur eine Wirklichkeit, und das sind die langen Stunden auf den Kamelen, das Frösteln im Morgengrauen, die Müdigkeit am Nachmittag, die Geschäftigkeit beim Aufbau des Lagers und nach dem Abendessen die Gespräche am Feuer in Muhammads Zelt. Und dann schlafe ich fester, als ich das in der Zivilisation jemals erlebt habe. Am nächsten Morgen geht es wieder weiter. Und man fühlt sich in diesem gesetzlosen Land stets so sicher wie in seinem Heimatdorf.« Fünf Tage nach Antritt der Reise war alles schon Routine geworden, und sie erreichte ihr erstes Ziel, den großen, nicht mehr aktiven Vulkan Dschebel Sais. »Alle in meinem Lager sind zufrieden, und alles läuft glatt«, notierte sie.

Am nächsten Morgen ritten sie an den schwarzen Hügeln vorbei in die gelbe Ebene, aber sehr bald entdeckten die Männer aufsteigenden Rauch und sahen eine Kamelherde – Gebirgsdrusen. Ein Reiter galoppierte auf Gertrude zu und schoß dabei mit seiner Flinte in die Luft. Er ritt um sie herum und schrie, sie seien Feinde und sollten die Finger von ihren Waffen lassen. Dann zielte er mit seinem Gewehr auf Gertrude und befahl ihrem Diener Ali, ihm sein Gewehr und seinen Pelzmantel zu geben.

In Sekundenschnelle tauchten weitere Krieger auf. Zu ihrem Entsetzen sah Gertrude sich von einem Dutzend Drusen umringt, die alle brüllten, als ob sie am Spieß steckten und deren verfilzte, schwarze Haare in ihre Gesichter fielen, wenn sie in die Luft sprangen. Sie waren halbnackt bis auf einen, der überhaupt keine Kleider trug. Laut schreiend griff einer von ihnen Muhammads Kamel, zog das Schwert, das am Sattel hing, aus der Scheide und tanzte damit um die Gruppe herum, während er gleichzeitig mit dem Schwert in der Luft herumfuchtelte und Gertrudes Kamel auf den Nacken schlug, damit es sich niederkniete. Als das Tier versuchte, wieder aufzustehen, mußte Gertrude hilflos mit ansehen, wie die Diebe ihren Männern ihre Revolver, Patronengurte und Umhänge abnahmen.

Nach nur einer Woche mußte sie ihre Hoffnungen begraben. Ohne Waffen und Munition konnten sie die Reise nicht fortsetzen. Es blieb ihnen nichts anderes übrig, als nach Damaskus zurückzukehren. Plötzlich erkannte einer der wilden Gestalten einen von Gertrudes Männern, und im gleichen Augenblick tauchten zwei Scheichs auf, die Muhammad und Ali kannten. Mit großer Erleichterung lud Gertrude die beiden Scheichs in ihr Zelt ein und trank mit ihnen Kaffee. Und nachdem die Waffen wieder ausgehändigt worden waren, gab sie den beiden ein Bakschisch. Bald darauf zog die Karawane weiter, aber sie war nicht mehr so unbeschwert – böse Ahnungen warfen ihre Schatten voraus.

»Wie habt Ihr Weihnachten verbracht?« fragte sie ihre Eltern. »Ich habe an Euch gedacht und mir vorgestellt, wie Ihr im Wohnzimmer Eure Geschenke auspackt und mit den Kindern spielt.« Sie sah alles genau vor sich: die Familie in dem großen Wohnzimmer mit den William-Morris-Möbeln und dem bis zur Spitze reichgeschmückten Weihnachtsbaum. Der Duft der Tannennadeln erfüllte den Raum, und im Kamin knisterten die Holzscheite. Die Kleinen, die schon ganz früh auf Zehenspitzen aus dem Kinderzimmer geschlichen waren, plapperten ganz aufgeregt durcheinander, als sie die Geschenke in ihren Strümpfen gefunden hatten.

Sie stellte sich ihren Vater vor, wie er vielleicht gerade eine amüsante Geschichte über seine letzte Rede für die Labour Party zum besten gab. Florence, ihre Mutter, hatte wahrscheinlich ihr Haar hochgesteckt, trug ein langes Spitzenkleid aus Paris und achtete mit strengem Blick darauf, daß die Enkelkinder sich auch anständig benahmen. Ihr Bruder Maurice würde vermutlich von der Jagd und vom Fischen erzählen, seinen Lieblingsbeschäftigungen. Ihre jüngeren Schwestern Molly und Elsa, die so hübsch waren, wie Virginia Woolf sie beschrieben hatte, als sie noch alle hinter denselben jungen Männern hergewesen waren, hatten inzwischen geheiratet und selbst schon Kinder. Ihr Bruder Hugo, der Dumme – das war jedenfalls Gertrudes Meinung –, war Priester geworden und lebte mittlerweile in Südafrika.

Das sechsstöckige Haus war sicherlich wie immer voller Gäste, wodurch es so lebendig wurde, und die Gespräche bewegten sich auf einem hohen Niveau, so wie Florence es liebte. Diplomaten, Politiker, Journalisten, Schriftsteller und Schauspieler würden dort sein. Ein paar Gäste spielten wahrscheinlich oben Billard, andere hatten sich vermutlich in Hughs Arbeitszimmer mit dem roten Teppich zurückgezogen, um sich dort ungestört unterhalten zu können. Andere waren sicher draußen auf den Squashplätzen oder unternahmen einen Spaziergang entlang der Allee.

Während die Dienstboten das Abendessen zubereiteten, würde die Familie mit den Freunden im Dorf die Kirche aufsuchen, die einen würden Weihnachtslieder singen, die anderen sich mit Hugh unterhalten, während er hier auf einen Baum und dort auf ein neues Blumenbeet hinwies. Zum Mittagessen wären dann alle wieder zu Hause, würden ihre Plätze im Eßzimmer einnehmen, die schönen Wandteppiche bewundern und begeisterte Ohs und Ahs von sich geben, wenn der Koch die leckersten Speisen auftischen ließ: gebratene Truthähne, warmen Plumpudding und Minzepasteten. Später würden alle möglichen Cousins und Cousinen zum Tee kommen, und während die Erwachsenen den letzten Klatsch austauschten, würde Hugh seine besonderen Geschenke an die Kinder verteilen: Seine Enkelin Valentine (die nach Domnul benannt war, einem engen Freund der Familie) bekam ein Lederetui mit drei verschieden großen Scheren geschenkt, ein anderes Kind erhielt ein Malbuch und wieder ein anderes ein Tagebuch. Gertrude selbst besaß heute noch ihre Tagebücher aus der Kindheit.

Weit entfernt im syrischen Burka stand Gertrude am ersten Weihnachtstag früh auf, und da das Thermometer allmählich die Null-Grad-Marke überschritt, nahm sie ihr Frühstück draußen vor dem Zelt ein. Den Tag verbrachte sie mit archäologischen Untersuchungen. Sie fand Hinweise auf eine römische Besatzung, kopierte griechische, safawidische und kufische Inschriften und fertigte einen Grundriß der antiken Festung an, die sie aus den erhaltenen Steinen rekonstruierte. Nach dem Tee fotografierte sie die Steine und bestimmte die Position für ihre Landkarten. »Der Tag hat sich gelohnt«, schrieb sie nach Hause. »Ich weiß allerdings nicht, ob es ein fröhlicher Tag gewesen ist.«

Silvester verbrachte sie im Schatten der Festungsruinen von Az Zarqa. »Wer hat hier gelebt?« fragte sie Hamad, ihren Führer. »Wir dachten, Sie könnten uns das sagen.« »Wer weiß?« antwortete er. Statt an dem offiziellen Ball teilzunehmen, den ihre Eltern in England gaben, saß sie mit ihren Männern am Lagerfeuer und trank bitteren Kaffee. Und während Faris, ihr neuer *Rafik,* Geschichten aus »*Tausendundeiner Nacht*« erzählte und sie im flackernden Schein des Feuers die Gesichter der Männer betrachtete, fielen ihr die verträumten Augen des einen, das lachende Gesicht eines anderen und die strahlendweißen Zähne eines dritten auf. Ihre blaugrünen Augen waren voller Traurigkeit. Als sie schließlich aufstand, um schlafen zu gehen, erhoben sich alle und wünschten ihr eine gute Nacht. Draußen vor dem Zelt schien die schmale Mondsichel auf die Kamele, die Palmen und die schwarzen Mauern. »So endet also das Jahr«, schrieb sie in ihr Tagebuch. »Mit Arabern, Drusen und den Schatten römischer Kaiser und Mamelucken. Möge der Himmel mir ein besseres Jahr schenken.«

Am Neujahrstag des Jahres 1914 und noch einige Tage danach konnte sie nicht baden: Das Wasser war zu knapp. Auf ihren Haaren und auf ihrer Kleidung lag eine dicke Staubschicht, sie hatte das Gefühl, nie wieder richtig sauber zu werden. Nach Ende der ersten Januarwoche schrieb sie jedoch, sie sei mit dem Verlauf der Reise sehr zufrieden. Sie hatte einige archäologische Untersuchungen durchgeführt, darunter an einer bedeutenden Burg in Kharaneh, sich mit Positionsbestimmungen für die Landkarten für die National Geographic Society beschäftigt, war inzwischen schon etwa dreihundert Kilometer weit gekommen und hatte die Bahnstrecke in Sisa erreicht. Bei ihrer Ankunft wartete dort nicht nur ein ganzer Stapel Post auf sie, sondern auch ihr treuer Diener Fattuh, der ganz blaß und abgemagert war. Sie habe sich ungeheuer gefreut und ihn »schrecklich vermißt«, berichtete sie. Und auch er sei froh gewesen, wieder bei ihr sein zu können.

Die Vorräte wurden knapp. Einige Stunden zuvor hatte Gertrude vier von ihren Männern in die Stadt geschickt, um Lebensmittel, Wasser und alles, was sonst noch gebraucht wurde, zu kaufen. Sie waren noch nicht zurückgekommen, und sie machte sich Sorgen. Dann brachte sie jedoch das hervorragende Mittagessen, das Fattuh aus Damaskus mitgebracht hatte, auf andere Gedanken. Anschließend ritt sie mit Ali nach Maschetta und verbrachte dort eine Stunde mit der Untersuchung eines Winterpalastes aus dem siebten Jahrhundert, den der persische König Kyros II. erbaut hatte. Auf dem Rückweg sah ihr Führer, daß sich am Horizont etwas auf sie zubewegte. »Sind das Reiter oder Kamelreiter, die sich unseren Zelten nähern?« fragte Ali. Gertrude blickte durch ihr Fernglas und sagte besorgt: »Reiter.« Inzwischen konnte sie schon erkennen, daß es Uniformierte waren.

Sie trieb ihr Kamel mit den Hacken an, aber als sie im Lager ankam, hatten zehn berittene Soldaten ihre Zelte bereits erreicht. Der Offizier, der das Kommando hatte und sichtlich angetrunken war, erklärte ihr wütend, daß die türkischen Behörden sie schon seit ihrer Abreise von Damaskus suchten. Er riet ihr, sofort umzukehren. Sie hörte höflich zu und warf sich insgeheim vor, eine Art von Vogel-Strauß-Politik betrieben zu haben, denn ihr hätte klar sein müssen, daß man um ihre Person ein großes Aufheben machen würde. »Es war ganz einfach dumm von mir, so nah an der Eisenbahnstrecke entlangzureiten«, schrieb sie ihren Eltern und war frustriert, daß man sie erwischt hatte.

Unmittelbar nachdem die türkischen Soldaten wieder abgezogen waren, setzte sie Telegramme an ihre Freunde auf – an die britischen Konsuln in Beirut und Damaskus – und schickte Abdullah in die Stadt, der sie dort absenden sollte. Er wurde jedoch unterwegs abgefangen, man nahm ihm die Telegramme ab und steckte ihn in ein Gefängnis in der Burg von Sisa. Ein paar Stunden später wurde Fattuh ebenfalls eingesperrt. Gertrude mußte hilflos mit ansehen, wie die Soldaten zurückkehrten, ihr ganzes Gepäck durchstöberten, alle Waffen beschlagnahmten und sieben Mann um das Zelt aufstellten. Wütend und müde, wie sie war, wollte sie sich jedoch immer noch nicht in ihre Niederlage fügen. »Ich gebe mich noch nicht geschlagen«, schrieb sie am nächsten Morgen, so als wäre das Ganze nur ein sportlicher Wettkampf. Sie könnte zum Beispiel mit ihren Männern nach Damaskus zurückreiten und auf einer anderen Route über Palmyra einen neuen Versuch starten. Fattuhs fröhlicher Kommentar dazu lautete: »Nun – die erste Nacht habe ich in einem Bahnhof verbracht, die zweite im Gefängnis, und die dritte?« Gertrude schrieb ihren Eltern: »Das ist alles ziemlich komisch«, doch die Wirklichkeit sah anders aus.

Inzwischen war ihr das Lachen vergangen. Mit der Post waren Briefe von Doughty-Wylie gekommen, in denen er ihr mitteilte, daß er wieder in London sei und ihre Mutter besuchen wolle. Sie wünschte sich sehnlich, bei ihm sein zu können. In einem anderen Brief erwähnte er zärtlich das Tagebuch, das sie geführt und ihm geschickt hatte: »Es ist ganz einfach wunderbar, ich liebe es und ich liebe Dich. Ich küsse Deine Hände und Füße, Frau meines Herzens«, fügte er hinzu; »und ich kann Dir gar nicht sagen, wie sehr es mich bewegt, Dich sagen zu hören – nein, das ist nicht richtig –, es sehen zu können – in Deiner Schrift, daß Du mich geheiratet hättest, mir Kinder geboren hättest und meine Frau und meine Herzallerliebste geworden wärest. Auch ich habe oft über all das nachgedacht: Du und ich – frei, ungebunden, jeder von uns möchte eins sein mit dem anderen – ja –, davon habe auch ich geträumt.«

Das war die letzte Post, bevor sie wieder in die Wüste zurückkehrte. Immer wieder las sie Dicks Worte: »Ich werde niemals Dein Geliebter sein, meine Liebste, niemals. Ich habe das wunderschöne, leidenschaftliche Buch gelesen, ich kenne es. Niemals Dein Geliebter, niemals Mann und Frau ... Aber das, was wir haben, kann uns niemand nehmen, wir werden es in Ehren halten. Ja, wir werden vernünftig und zärtlich sein, so wie Du es gesagt hast.

Ich liebe Dich, aber ich werde Dich nie besitzen, – ich werde in der realen Welt niemals Dein Geliebter sein, doch immer Dein gehorsamer Diener, Dein treuer Freund ... Und ich werde versuchen, mehr für Dich zu sein als lediglich ein Geliebter – aber es

180

wird schwer sein, denn ich bin nur ein ganz gewöhnlicher Mann auf der Suche nach dem Glück.«

Sie war in ihrem Innersten völlig aufgewühlt. Was wäre geschehen, wenn sie seinem Begehren nachgegeben hätte? Wenn sie ihn in jenem leidenschaftlichen Augenblick erhört hätte? Wäre dann alles anders? Wären sie dann zusammen? Aber solange er noch mit einer anderen verheiratet war, wollte sie nicht mit ihm schlafen. Es wäre falsch. Außerdem konnte sie schwanger werden. An diesem Abend im Zelt war sie verzweifelt, ließ ihren Gefühlen freien Lauf und schrieb an Domnul:

»Ich habe zum erstenmal Verlassenheit in der Einsamkeit gespürt ... Manchmal bin ich mit einem so schweren Herzen zu Bett gegangen, daß ich glaubte, es nicht bis zum nächsten Tag durchzustehen. Dann kommt die Morgendämmerung ... und ich wandere weiter durch das Sonnenlicht, getröstet ... zumindest lehrt mich die Einsamkeit Weisheit, lehrt mich Ergebenheit und wie Schmerz zu ertragen ist, ohne laut zu schreien.«

Sie verlegten ihr Lager in die nahe gelegene Stadt Amman, die frühere Hauptstadt der Ammoniten. Die Griechen nannten die Stadt später Philadelphia. Inzwischen lebten dort die Tscherkessen – rothaarige, weißhäutige Moslems aus dem Norden –, die von den Russen aus ihren Bergdörfern vertrieben und in ihrer neuen Heimat von den Türken wieder angesiedelt worden waren. Nach drei Wochen sah sie zum erstenmal wieder Gras, grüne Hügel und Kornfelder, und sie traf Freunde und Bekannte, die sie seit ihrer ersten Reise in die Wüste vor vierzehn Jahren nicht mehr gesehen hatte. Ihre tscherkessischen Freunde luden sie zu einer Hochzeit ein, und die fünfzehn protestantischen Familien der Stadt baten sie zum Tee.

Aber die Freude währte nicht lange, denn sie erfuhr, daß seit dem 17. Dezember ständig Telegramme hin und her geschickt worden waren. Sir Louis Mallet, der britische Gesandte in Konstantinopel, hatte dem britischen Konsul in Damaskus mitgeteilt, daß die türkische Regierung ihn gebeten habe, dafür zu sorgen, daß sie nicht nach Zentralarabien reise. Mallet telegraphierte nach London: »Meiner privaten Meinung nach wäre es klug, wenn sie nicht weiter in den Ländern Ibn Raschids und Ibn Sauds umherreisen würde...« »Die Araber sind ziemlich unruhig geworden... Und die Regierung lehnt jede Verantwortung für Miß Bell ab...« Man ließ sie wissen, daß ihre eigene Regierung sich von ihr distanziere, falls sie weiter von Amman in Richtung Nedschd reite.

Sie rauchte eine Zigarette und las ein Telegramm des türkischen *Vali,* des Gouverneurs in Damaskus. Mallet hatte die Osmanen über ihre Expedition informiert, worauf die Türken antworteten, Miß Bell müsse schriftlich erklären, daß sie auf eigene Gefahr reise, denn sie könnten keine Garantie für ihre Sicherheit übernehmen. Sie nahm ein Blatt Papier, schrieb die gewünschte Erklärung und setzte mit elegantem Schwung ihre Unterschrift darunter. In der letzten Nacht in Amman lag sie im Bett und konnte nicht einschlafen. Während sie sich von einer Seite auf die andere drehte, wurde ihr bewußt, daß sie jetzt sozusagen vogelfrei war. »Von außen sieht die Wüste furchterregend aus«, kritzelte sie in ihr Tagebuch.

Am nächsten Tag verließ sie Amman und ritt zu einer drei Stunden entfernten Farm, die Freunden gehörte, arabischen Christen, die sie 1905 zum letztenmal gesehen hatte. Trotz der langen Zeit begrüßten die Männer sie sehr herzlich und luden sie ein, bei ihnen zu übernachten. Sie hatten nicht nur ein großes Herz, sondern waren auch ansonsten ziemlich groß und mit breiten Schultern ausgestattet. Zum Beweis ihrer Gastfreundschaft schlachteten sie ihr zu Ehren ein Schaf und stellten eine große Schüssel mit Reis auf den Tisch. Da drei ihrer Männer aus Angst auf ein weiteres Engagement verzichtet hatten, besorgten sie ihr neue Kameltreiber und *Rafiks,* damit sie sicher vom Gebiet eines Stammes zum nächsten ziehen konnte. Die Herzlichkeit dieser Leute ließ ihre Angst verschwinden. Dem neuen Tagebuch für Doughty-Wylie vertraute sie an: »Die Wüste zeigt sich wieder von ihrer gelassenen, heiteren Seite. Wir werden also jetzt in die Nedschd reiten, *inschallah,* wir sind vogelfrei. Der einzige Faden, der noch nicht abgerissen ist, ist der, der durch dieses kleine Buch läuft, durch das Tagebuch meiner Reise, das ich für Dich führe.«

»Du mußt jetzt die Mitglieder der Expedition kennenlernen«, schrieb Gertrude am Sonntag, dem 18. Januar 1914, als ihre Karawane sich auf dem Weg nach Arabien befand. Da war zunächst Muhammad Marawi, der schon Ibn Raschid durch die Wüste begleitet hatte, dann sein Neffe Salim, ein Allroundman, und der rundliche Fattuh, »das A und O von allem; er hat seinen Blick überall, obwohl er ihn nie von mir zu wenden scheint«. Hinzu kamen Ali, »ein fauler Hund«, aber »mutig wie ein Löwe«, Muhammads Neffe Said, der Chef der Kameltreiber, und ihm untergeordnet Meskin vom Stamm der Agail. Außerdem noch Mustafa, ein Bauer aus Jerusalem, und der schwarzhäutige Fellah, der im Zelt der Männer arbeitete und über den »alle nur Gutes sagen«.

Mit acht Männern und zwei *Rafiks* verließ Gertrude die Hochebene. Sie ritten täglich sechs bis acht Stunden durch das Gebiet der Beni Sakhr, eine steinige Landschaft, in der nur selten Kamel- oder Schafherden zu sehen waren. Es war ein strapaziöser Ritt, und ihre Männer erzählten sich unterwegs alte Geschichten von blutrünstigen Überfällen und nicht endenden Stammesfehden. Abends schrieb Gertrude in ihrem Zelt beruhigende Briefe an ihre Familie, machte sich Notizen in ihrem Reisejournal und ausführlichere, intimere Tagebucheintragungen für Dick. Ihren Eltern verschwieg sie, daß sie an diesem Tag ihren ersten Skorpion gesehen hatte. Für Dick schrieb sie: »... ich fange wirklich an, das alles zu genießen«, und gestand ihm, sie sei zu Beginn der Reise so unglücklich gewesen, daß sie ernsthaft daran gedacht habe umzukehren. »Als ich mich jedoch vor zwei Tagen von der Zivilisation trennte, hatte ich das Gefühl, alle Lasten abgeworfen zu haben.«

Jahre zuvor war sie von einem arabischen Jungen darin unterwiesen worden, mehr zu sehen als nur die Landschaft, die vor ihr lag, sie sollte gewissermaßen »die Wüste lesen«. Sie sah, wie die jungen Araber Nachtlager errichteten: quadratische Hohlräume, aus großen Steinen, oder die halbmondförmigen Nester, welche die Kamelmütter für ihre Jungen aus der Erde scharrten. Sie kannte die Namen der Pflanzen und ihre Verwendung: *Utrufan* benutzten die Araber, um ihre Butter zu würzen, das prickelnde *Krusa'aneh* für den Salat, die getrockneten Zweige des *Billan* als Kamelfutter und *Gali* zur Seifenherstellung.

In Tubah machte sie halt, um den Omaijaden-Palast zu fotografieren. Ein paar Tage später vermaß sie die Burg in der Nähe von Bajir. Die Karawane hatte inzwischen das Land der Anaseh, des mächtigsten Beduinenstammes, erreicht. Sie ritten immer dicht an den Wasserstellen vorbei und gerieten daher ständig in Gefahr, von den Gruppen überfallen zu werden, die dort lagerten. Ihre Männer hatten Angst, nachts zu schlafen, aber Gertrude wollte davon nichts wissen: »Wenn mich so etwas stören würde, könnte ich in den nächsten Wochen kein Auge zutun.«

Doch ihre Männer sahen sich in ihren Befürchtungen bestätigt. Am Morgen des 21. Januar entdeckten sie die Leiche eines Beduinen. »Er ist umgebracht worden«, stellte ihr *Rafik* Sayyah fest. Als sie sich den Toten genauer ansah, konnte sie erkennen, daß seine Baumwoll-*Keffieh* mit Blut bedeckt war. »Hin und wieder mache ich mir Gedanken darüber, ob ich dieses Abenteuer überleben werde«, schrieb sie und fügte niedergeschlagen hinzu: »Aber meine Zweifel enthalten nicht einmal eine Spur von Angst – mir ist im Grunde alles völlig egal.«

Die Erde war trocken, schwarz und steinig geworden. Auf ihrem Thermometer las sie die Temperaturen ab: Frühmorgens lagen sie in der Nähe des Gefrierpunkts, in der Mittagszeit stiegen sie bis auf 22 Grad an. In der Einöde entdeckte sie eine vereinzelte, blühende Geranie. »Die hat Mut«, dachte sie bei sich. Einen Tag später litt die Karawane unter Wassermangel. Sie hatten sich schon seit Tagen nicht mehr gewaschen oder gebadet. Als sie dann das weite Tal verließen, stießen sie auf frische Kamelspuren. Es mußten Araber in der Nähe sein. »Heute nacht werden wir ihre Hunde hören«, prophezeite Ali.

Sie schlugen ihr Lager auf, und Gertrude folgte den *Rafiks,* die eine Anhöhe erkletterten, um die Umgebung zu erkunden. Das Ganze erinnerte sie an ein Spiel ihrer Kindheit. Damals waren sie und ihr Bruder Maurice durch das ganze Haus getobt und hatten sich vor den Hausmädchen versteckt.

»Dort ist Rauch!« rief Sayyah plötzlich. Die schwarze Wolke über einem der benachbarten Hügel war ein sicheres Zeichen, das sich dort ein Lager befand, wahrscheinlich räuberische Araber. Als sie die Gegend genauer betrachteten, sahen sie mehrere Schafherden und einige Schäfer, die zum Stamm der Howeitat gehörten, dessen Mitglieder überall an den Ufern des Euphrats, von Syrien bis Mesopotamien wegen ihrer schrecklichen *Ghasus,* jener Überfälle, durch die sie Reichtum und Macht erlangt hatten, berüchtigt waren. Wenn sie einen größeren Raubzug planten, riefen sie alle Männer und Jungen zusammen, woraus sich manchmal eine Streitmacht von bis zu fünftausend Kamelreitern ergab. Sie konnten mitunter tagelang reiten, ohne zu schlafen oder etwas zu essen. Wenn sie ihr Angriffsziel erreicht hatten, fielen sie wie ein Wirbelwind über das feindliche Lager her, stießen dabei ihre Kriegsrufe aus und sorgten beim Gegner für totale Verwirrung. Zelte wurden umgestürzt, Schafe und Ziegen niedergetrampelt und alle, die ihnen in die Quere kamen, massakriert.

Gertrude wußte, daß es nur eine Möglichkeit gab: Sie mußte die Howeitat um ihren Schutz bitten, bevor diese sie entdeckten und sie alle umbrachten. Am nächsten Morgen ritt sie auf dem Kamel in das Lager und suchte sich das größte schwarze Zelt aus, in dem der Scheich residierte. Sie klopfte dem Kamel auf den Nacken, damit es sich niederkniete, und wartete dann, bis ein Diener sie aufforderte einzutreten. So lernte sie den Scheich Harb kennen. Der Boden seines Zelts war mit Teppichen bedeckt, und die Kamelsättel waren mit Schaffellen bezogen, die ein bequemes Anlehnen gewährleisteten. Harb begrüßte seinen weiblichen Gast nach echter Beduinenart mit Kaffee, der aus einer Messingkanne in winzige Tassen eingeschenkt wurde, anschließend lud er Gertrude zum Abendessen ein.

Nach Sonnenuntergang zog sie sich zum Abendessen um, nicht ohne jedoch zuvor im frischen Wasser der Howeitat-Quelle gebadet zu haben. Zum erstenmal seit Tagen hatte sie das Gefühl, sauber zu sein. Dann suchte sie ein Geschenk für ihren Gastgeber aus und ging wieder in sein Zelt zurück. Sie und ihre Führer sowie Harb und seine Männer umringten auf untergeschlagenen Beinen sitzend ein großes Kupfertablett, auf dem eine große Menge Reis lag, der mit Butter aus Schafmilch zubereitet worden war. Außerdem hatte man ihr zu Ehren einen Hammel geschlachtet, gebraten und mit Rosinen, Mandeln und Zwiebeln garniert. Bevor sie anfingen zu essen, bot man Gertrude eine besondere Delikatesse an: das Auge des Hammels. Sie murmelte ein paar Dankesworte, schluckte es schnell hinunter und bediente sich dann von dem großen Tablett. Die Reste wurden später den anderen serviert.

Während des Abendessens kam ein weiterer Gast: Muhammad Abu Taiji, Vetter des Audeh, des obersten Führers der Howeitat. »Ein großartiger Mann«, so beschrieb ihn Gertrude, »hochgewachsen und stattlich mit blitzenden Augen. Die Verwegenheit der Howeitat war in seinem Gesichtsausdruck zu erkennen.« Wie sein berühmter Verwandter (der Buch darüber führte, wie viele Männer er schon getötet hatte), der zu jener Zeit gegen die Schammar kämpfte, war auch Abu Taiji dunkelhäutig, hatte hohe Wangenknochen, einen schwarzen Schnauzer und einen kleinen Spitzbart. Er trieb für die Osmanen die Kamelsteuer ein und war außerdem für einen Streckenabschnitt der abgelegenen Hedschas-Eisenbahn verantwortlich.

Gemeinsam aßen sie zunächst ein Dessert aus Datteln mit Buttermilch, aber als sie beim Kaffee, der mit Kardamom zubereitet wurde, angelangt waren, nahm das Gespräch eine unangenehme Wendung. Ob sie eine Genehmigung der Türken habe, wollte der Agent der Türken wissen und verursachte damit ein ungutes Gefühl bei Gertrude. Sie stand auf, ging und ließ ihre Männer zurück, damit sich die gespannte Atmosphäre wieder beruhigen konnte. Aus ihrem Zelt hörte sie, daß man sich lautstark stritt. Als sie am nächsten Morgen erfuhr, daß es dabei um eine private Auseinandersetzung gegangen war, fiel ihr ein Stein vom Herzen.

Nach Beduinensitte blieb sie drei Tage bei Harb. Dann begab sie sich in Begleitung eines neuen *Rafik* und Muhammad Abu Taijis in das Gebiet der Ruwalla. Der wilde Muhammad schlief in einem ihrer Zelte und dinierte mit ihr im Kerzenschein an ihrem Tisch.

Er schenkte ihr eine Straußenhaut und ein Lamm. »Ich kann den Gedanken kaum ertragen, es zu opfern«, schrieb sie über das kleine Schaf. »Aber ich kann es ja nicht gut mitschleppen wie Byron seine Gans.«

Sie ritten zu den Hügeln von Dschebel Tubaik, folgten dem Vorschlag Muhammads und hielten an einer Ruine an, damit Gertrude Fotos machen konnte. Schließlich erreichten sie Audeh Abu Taijis Lager. Er war nicht dort, doch Muhammad, selbst ein bedeutender Mann, hieß sie als Gast willkommen. Sie wollte eigentlich möglichst schnell nach Hail, aber da sie das große Lager interessierte – das größte, das sie jemals gesehen hatte – und sie sich vom Charme Abu Taijis angezogen fühlte, erklärte sie sich bereit zu bleiben. Er ging mit ihr zum Harem und stellte ihr seine Frauen vor. Alle waren in blauen Stoff gehüllt, ihre dunkelhäutigen Gesichter blau tätowiert und die Lippen mit Indigo gefärbt. Als sie mit Gertrude allein waren, beklagten sie sich darüber, wie schwer das Nomadenleben für die Frauen sei. Schon im Morgengrauen müßten sie aufstehen und sofort arbeiten: Schafe füttern, Kamele melken, Brot backen, Zelte reparieren, Schafwolle spinnen, Kamelhaarstoffe weben und gleichzeitig ihre Kinder versorgen. Und wenn man wieder weiterzog, mußten sie die Zelte abbauen, die Sachen packen und mit den Kindern auf dem Arm losmarschieren. Gertrude hörte sich ihre Klagen aufmerksam an und fotografierte ihre bemalten Gesichter.

Abends aß sie gemeinsam mit Muhammad. In ihrem französischen Kleid und im Pelzmantel saß sie auf den feingewebten Teppichen, die man auf dem weichen Sand ausgebreitet hatte, und rauchte eine Zigarette aus ihrer Elfenbeinspitze. Er hatte sich in einen Mantel aus Schaffell gewickelt, trug auf dem Kopf eine *Keffieh* aus Leinen und hielt das Mundstück einer Wasserpfeife zwischen den dicken Lippen. Männer jeden Alters saßen mit ihnen um das große Feuer, das die Luft mit beißendem Rauch erfüllte, und redeten stundenlang über Wüstenpolitik und über den tollkühnen Audeh Abu Taiji. Und Muhammad erzählte ihr mit blitzenden Augen von den Abenteuern der Fürsten der Nedschd.

Lange nach Sonnenuntergang, als die *Nagas,* die Kamelmütter, schon zurück im Lager waren, erhob Muhammad sich, wickelte sich fester in den Pelzmantel, verschwand in der Dunkelheit und kehrte mit einer großen Holzschüssel voll Kamelmilch für Gertrude wieder. Sie trank sie mit großem Genuß. »Ich glaube, wenn man am Lagerfeuer von Abu Taiji die Milch der *Naga* getrunken hat, ist das eine Art Wüstentaufe, dann gibt es kein anderes Heil mehr«, schrieb sie in das Tagebuch für Dick. Und als sie an diesem frostigen Abend ihr Zelt aufsuchte, huschte eine Sternschnuppe über den Himmel.

Am nächsten Tag war es Zeit weiterzuziehen. Muhammad Abu Taiji machte ihr eine halbe Ladung Mais zum Geschenk, und sie revanchierte sich mit einem Zeiss-Fernglas. Sie hatte beobachtet, daß er in seinem Stamm auch die Funktion des Richters ausübte. »Er ist ein Mann und ein guter Kerl. Du kannst Dein Haupt in seinen Zelten niederlegen und nachts schlafen und brauchst keine Angst zu haben«, schrieb sie. »Ich habe viel über die Wüste und ihre Bewohner gelernt. Die Howeitat sind großartige Leute.« Muhammad habe sie in den drei Tagen mit ausgesuchter Höflichkeit behandelt, und sie seien »gute Freunde« geworden. Als sie später gemeinsam mit T. E. Lawrence die Revolte gegen die Türken organisierte, erwies sich diese Freundschaft als sehr wertvoll.

Sie waren noch zwanzig Nächte von Hail entfernt. Die Landschaft war jetzt in einen rotgoldenen Farbton getaucht, und das graugrüne Wüstengestrüpp trug blasse Blüten. Gertrude lernte eine wohlhabende Schammar-Familie kennen, die auf dem Weg zurück in die Nedschd war. Sie boten ihr Schutz vor den Schammar an und ersuchten sie im Gegenzug um Schutz vor den dortigen Stämmen. Zu ihrer Gruppe zählten jetzt also auch arabische Aristokraten mit ihren Kamelen und Schafherden und außerdem Mitglieder des Stammes der Sherarat. Sie zogen durch die Wüste, und sie schrieb an Doughty-Wylie: »Was für eine Welt. Unglaubliche Einsamkeit – von Gott und Mensch verlassen. So sieht es aus und ist es auch. Ich glaube, niemand kann hierherreisen und als derselbe Mensch zurückkehren. Es drückt Dir seinen Stempel auf, zum Guten oder Schlechten. Ich wünschte, Du wärest hier und könntest diese weite, verlassene Landschaft sehen und die Luft atmen, die wie die Quelle des Lebens ist.« Das war die wahre Wüste, riesige, langgestreckte Dünen oder flache Täler. »Trotz der Trostlosigkeit und Leere ist es hier schön – oder ist es gerade wegen der Leere so schön? Wie dem auch sei, ich liebe die Wüste, und obwohl die Kamele so langsam gehen und gleichzeitig dabei fressen, verspüre ich keine Ungeduld und nicht den Wunsch, irgendein Ziel zu erreichen.«

Inzwischen waren die Ruinen seltener geworden, und es gab daher auch weniger zu fotografieren. Sie setzte ihre kartographische Arbeit fort, indem sie hinter der Karawane herging und den Kurs mit dem Kompaß überprüfte. Von einem Howeitat, auf den sie unterwegs traf, erfuhr sie, daß Scheich Saijah, ein berüchtigter Halunke aus dem Wadi Sulaiman, sein Lager ein paar Stunden weiter östlich aufgeschlagen hatte. Es war besser, ihn um Schutz zu bitten als sich zu verstecken und einen Überfall zu riskieren. Nachdem sie sich seinem Zelt genähert hatte, begrüßte er sie herzlich und bot ihr Datteln und Kaffee an. Doch dann fing er an, sie auszufragen, wohin sie wolle, und weckte damit Gertrudes Mißtrauen. Als er sie wenig später in ihrem Lager besuchte, war plötzlich alle Höflichkeit verschwunden. Er kramte in ihren Sachen herum, sah sich jedes einzelne Teil an und wollte alles mitnehmen – was sie voller Zorn ablehnte. Dann ging er in das Zelt der Männer. Ein paar Minuten später kam er mit Muhammad im Schlepptau zurück und erklärte wütend, noch nie sei eine Christenfrau in seinem Territorium gewesen, und sie habe dazu kein Recht. Er forderte sie auf, ihm ihr Fernglas und ihre Pistole zu geben. Da es schon dunkel wurde, entschloß sie sich schweren Herzens, ihm die Waffe als Gegenleistung für das Versprechen, daß er ihr einen *Rafik* schicke, zu überlassen.

Am nächsten Morgen kam er noch einmal zurück und drohte, falls sie sich weigere, das Zeiss-Glas herauszurücken, werde er ihr keine Eskorte zur Verfügung stellen. Der Wind war bitterkalt, und sie saß angespannt und zitternd da, während ihre Männer die Modalitäten aushandelten. Sie konnte hören, was gesprochen wurde, und das Warten wurde ihr vor Angst noch länger, als sie hörte, wie dieser einäugige Halunke vor ihren Männern Said und Fattuh verkündete, daß er sie umbringen wolle. Wenn sie ihm dabei helfen würden, könne man sich die Beute teilen. Aber ihre Diener weigerten sich. Trotzdem mußte sie sich letzten Endes sowohl von ihrem wertvollen Fernglas als auch von ihrer Pistole trennen. Dann stieg sie auf ihr Kamel und warf dem Dieb einen zornigen Blick zu. Er war inzwischen wieder freundlicher geworden. »Warum sagst du nicht *hal*, ›wie geht es‹?« fragte er sie grinsend. »Nicht ein Wort würde ich mehr mit dir sprechen«, fauchte sie ihn an, und in ihr Tagebuch schrieb sie: »Möge Gott ihm auch das andere Auge rauben!«

Obwohl sie immer noch eine Woche von der Nedschd, dem schlimmsten Teil der Wüste, entfernt waren, fühlte sie sich jetzt völlig sicher. An den Quellen von Haisan, wo sie ihre Kamele tränkte, erwartete sie jedoch eine schlechte Nachricht: Der Emir Ibn Raschid war nicht in Hail. Er befand sich zur Zeit in der Nefud, dem nördlichen Teil der Wüste, auf Raubzug. Er hatte seine Männer zwar über ihre bevorstehende Ankunft informiert, sie hätte jedoch lieber mit dem Führer selbst als mit seinen Stellvertretern verhandelt.

Eines ihrer Kamele wollte sich nicht mehr bewegen. Sie dachte zuerst, das Tier sei erschöpft, und brachte ihm Futter, um es auf diese Weise aufzumuntern. Aber das Tier lag bereits im Sterben. »Es ist verloren«, sagte Muhammad. »Sollen wir es opfern?« Tiere bedeuteten ihr viel. Schon als Kind hatte sie der Tod eines ihrer Schoßtiere immer tief erschüttert, und sie hatte stets für dessen würdevolle Bestattung gesorgt. Jetzt fühlte sie die gleiche Traurigkeit beim Anblick dieser verendenden Kreatur. »Das wäre das Beste«, erwiderte sie. Da schnitt Muhammad dem Kamel die Kehle durch.

Sie durchquerten jetzt die Einöde der Nefud, die Tage waren

eintönig, die Nächte unendlich einsam. Abgesehen von den grausigen Geschichten, die ihre Männer am Lagerfeuer erzählten, gab es kaum eine Unterhaltung. Sie war frustriert, weil sie nichts zu tun hatte, und isoliert, weil es um sie herum keine freundlichen Menschen gab. Von der Monotonie überwältigt und immer noch neun Tage von Hail entfernt, schrieb sie an Dick, daß sie unter starken Depressionen leide. War das Abenteuer »überhaupt der Mühe wert. Nicht wegen der Gefahr – das macht mir nichts aus. Aber ich fange an, mich zu fragen, welchen Gewinn ich daraus ziehen kann. Eine Kompaßüberquerung des Gebiets, das mehr oder weniger bekannt war, ein paar neue Namen auf der Landkarte ... Ich bin zu dem Ergebnis gekommen, daß ich in zivilisierteren Ländern nützlicher beschäftigt sein könnte, wo ich weiß, wonach ich zu suchen und wie ich es aufzuzeichnen habe. Wenn es hier etwas aufzuzeichnen gibt, ist die Wahrscheinlichkeit groß, daß man es nicht findet oder erreicht, weil ein feindseliger Stamm den Weg versperrt, oder die Straße wasserlos ist oder etwas in der Art ... Ich fürchte, wenn ich zum Ende komme, werde ich sagen: ›Es war Zeitverschwendung.‹ Es ist geschehen, und ich kann nun nicht mehr zurück, aber ich glaube, ich war eine Närrin, in diese Wüsten zu reisen ...

Zwischen mir und den Briefen liegen so große Entfernungen, überhaupt zwischen mir und allem anderen, und ich bin weit davon entfernt, mich wie die Tochter von Königen zu fühlen, die ich eigentlich sein sollte. Es ist langweilig eine Frau zu sein, wenn man in Arabien ist.«

Der Himmel öffnete sich, der Donner grollte, und es hagelte und regnete in Strömen. Gertrude saß in ihrem Zelt, las *Hamlet,* und während sie sich mit der tragischen Geschichte von Habgier und Betrug im dänischen Königshaus befaßte, die den erbitterten Rivalitäten in der Wüste ähnlich war, rückte die Welt wieder in ihr Blickfeld: »Die Prinzen und die Mächte Arabiens bekamen wieder den Platz, der ihnen gebührte«, schrieb sie an Dick, »und über ihnen erhob sich die menschliche Seele, bewußt und nur sich selbst Rechenschaft schuldig ...«

191

Ein paar Tagesreisen später hatten sie den Rand der Nefud erreicht. Vom Gipfel der letzten Düne blickte sie nach unten: Die trostlose Landschaft war furchterregend, der schwarze, leblose Sand wurde von einem unbarmherzigen Wind aufgepeitscht. Dort unten drohte die Nedschd, die Wüste Zentralarabiens. »*Subban Allah!*« sagte einer ihrer Männer, »wir sind in der *Jehannum,* der Hölle, angekommen.«

Die dreijährige Gertrude Bell kurz nach dem Tod ihrer Mutter im Jahre 1871 (Universität Newcastle)
Rechts: Im Alter von acht Jahren beim Vorlesen für ihren gelangweilten Bruder Maurice (Universität Newcastle)

Die Vierjährige mit ihrem vergötterten Vater Hugh Bell. »Hindernisse sind dazu da, um überwunden zu werden«, war sein Leitmotiv (Universität Newcastle)
Rechts: Die neunjährige Gertrude und ihr Bruder Maurice mit ihrer Stiefmutter Florence Bell (Universität Newcastle)

Porträt der Sechzehnjährigen vor der Aufnahme ins Londoner Queen's College (Universität Newcastle).
Rechts: Gertrudes erster Schwarm Billy Lascelles (Universität Newcastle)

Unten: Mit der Familie und Freunden nach einem Tennismatch in Rounton. *In der Mitte sitzend:* Gertrude und Hugh Bell; *zu ihrer Linken:* Molly und Maurice Bell, Valentine »Domnul« Chirol (mit Seglerkappe), Gerald Lascelles, Florence Bell (Universität Newcastle)

Vizekonsul Dick Doughty-Wylie und seine Frau Judith in ihrem Garten in Konya, Türkei, 1907. Doughty-Wylie und Gertrude verband mehr als nur Freundschaft (Universität Newcastle)

Unten rechts: Dick Doughty-Wylie, 1914. Ob Soldat, Politiker, Dichter oder Abenteurer - er verkörperte alles, was sich Gertrude von einem Mann erträumte (Universität Newcastle)

Türkei, Juni 1907: Gertrude mit ihrem »Mädchen für alles« Fattuh vor ihrem Zelt (Universität Newcastle)

Unten: Uchaidir, Irak, 1909: Beim Vermessen ihrer ersten bedeutenden archäologischen Entdeckung (Universität Newcastle)

Rechts: Hail, 1914: Das mit hohen Säulen ausgestattete Gästehaus, in dem Gertrude festgehalten wurde (Universität Newcastle)

Unten: Die abmarschbereite Karawane Gertrudes vor den Mauern von Hail, dem Hauptquartier Ibn Raschids, 1914 (Universität Newcastle)

November 1916: Der Araber-
führer Ibn Saud besichtigt in
Begleitung von Gertrude Bell
und Sir Percy Cox die Stadt
Basra (Universität Newcastle)

Links: Hugh Bell beim Zeitung-
lesen im Wohnzimmer von Gertrudes Haus in Bagdad, 1920
(Universität Newcastle)

Gertrudes Hauptwidersacher Arnold T. Wilson, der ihr in Bagdad das Leben schwermachte (Foto von 1920)

Unten: Sir Percy Cox bei Verhandlungen mit Ibn Saud über die Festlegung der Grenze zwischen dem Irak und Kuwait, 1920

Bedienstete und Windhunde im
Garten von Gertrudes Haus in
Bagdad, 1920 (Universität New-
castle)

Rechts: Porträt mit Federhut
und Pelzboa (Universität Newcastle)

12.

Als Gefangene
in Arabien

Die Nedschd war leer und unheimlich still, und ihre flachen Ebenen schienen sich bis zum Horizont zu erstrecken. Am Dienstag, dem 24. Februar 1914, trafen Gertrude und ihre Männer in Hail ein. Die antike Stadt, früher eine Handelsmetropole, war eine Zwischenstation auf der Weihrauchstraße zwischen dem Golf von Arabien und der Levante. Viele hundert Jahre hatten hier die Perser auf ihrer Pilgerreise nach Mekka einen Halt eingelegt. Mitte des neunzehnten Jahrhunderts war Hail die Hauptstadt Ibn Raschids vom Stamm der Schammar geworden. Und seit dieser Zeit gab es auch den ständigen Konflikt zwischen ihm und Ibn Saud vom Stamm der Anaseh.

Zehn Jahre zuvor war Ibn Saud dem Exil entflohen, in das Ibn Raschid seinen Vater geschickt hatte. Mit der Unterstützung von fünfzehn Männern hatte er nachts die Mauern von Riad überwunden, um die Stadt im Morgengrauen, wenn die Tore geöffnet wurden, einzunehmen. Diese verwegene Tat hatte ihm den Ruf eines Wüstenkriegers eingebracht. Als Gertrude in Hail ankam, befanden sich (was sie jedoch nicht wußte) die Saudis, die sich für die Jahre im Exil rächen wollten, und ihre fundamentalistische Wahhabi-Armee im Kriegszustand. Die Raschids waren inzwischen bedeutend schwächer geworden, denn die Stammesfehde hatte derart grausame Ausmaße angenommen, daß das älteste noch lebende Mitglied der herrschenden Raschid-Familie, der Emir, gerade einmal sechzehn Jahre alt war.

Gertrude kampierte in der Nacht des 24. Februar auf einer Ebene, deren Boden aus Granit bestand und in der nur ein paar dornige Akazien und duftende Wüstenpflanzen wuchsen. Statt unangemeldet die von Mauern umgebene Stadt zu betreten, war es sicherer zu warten, bis die Boten ihre Geschenke überbracht und ihre Ankunft angekündigt hatten. Bei Sonnenaufgang stand sie auf, zog ihr Leinenkostüm und einen Hut mit Rand an, um den sie eine seidene *Keffieh* gewickelt hatte und ritt dann auf ihrem Kamel nach Hail. Der Führer Ali kam ihr entgegen und berichtete, daß er Ibrahim, den Onkel des Emirs, getroffen habe, der die Regierungsgeschäfte in Abwesenheit des Herrschers führte. Ibrahim hatte Gertrude drei berittene Sklaven entgegengeschickt, die sie in die Stadt begleiten sollten.

Flankiert von den mit Schwertern bewaffneten Reitern und ihren eigenen Männern ritt Gertrude wie eine Königin auf die mittelalterlichen Festungsanlagen zu. Dann stieg sie ab und betrat die Stadt durch das Südtor. An der Tür des ersten Hauses wurde sie über eine lange Rampe in einen offenen Hof und anschließend in eine sehr hohe Säulenhalle geführt. Der Boden war mit Teppichen bedeckt, islamische Schriftzeichen verzierten die Wände, und an den Seiten standen mehrere Diwane. Das war der *Roschan,* die Empfangshalle im Sommerpalast des verstorbenen Muhammad Ibn Raschid. Man bat Gertrude und ihre Begleiter zu warten.

Sie entdeckte eine Leiter, stieg hinauf und warf einen Blick auf die Stadt, aber bevor sie etwas jenseits der Gärten und Kornfelder erkennen konnte, mußte sie wieder hinuntersteigen. Zwei Frauen waren gekommen, um sie abzuholen: Die eine, eine alte Witwe, war die Hausverwalterin, die andere, eine lebhafte Tscherkessin namens Turkijjeh, trug einen dunkelroten Schleier, ein leuchtendrotes Gewand und Perlenketten um den Hals. Sie war Muhammad Ibn Raschid Jahre zuvor vom Sultan in Konstantinopel zum Geschenk gemacht worden. Jetzt sollte sie sich um Gertrude kümmern.

Turkijjeh fragte sie nach ihren Plänen, und sie sagte ihr offen, daß sie hoffe, weiter nach Süden reiten zu können; dort wolle sie Ibn Saud besuchen (der bekanntermaßen Ibn Raschids Feind war). Gertrude war sehr bald klar, daß die Frau den Auftrag hatte, sie auszuhorchen. Nichtsdestotrotz war sie, was den lokalen Klatsch anbetraf, eine wertvolle Informationsquelle. Hail war eine Brutstätte von Verschwörungen und Mordkomplotten. Allein in den letzten acht Jahren waren drei Emire Opfer von Attentaten geworden, und ihre Sklaven und Eunuchen hatte man dabei gleich mit umgebracht und ihre Leichen in die Palastbrunnen geworfen. Die Haremsinsassinnen wurden von dem jeweiligen Attentäter als Ehefrauen übernommen. Zur Zeit herrschte angeblich Ibrahim, in Wirklichkeit jedoch hatte dessen Großmutter Fatima das Sagen.

Nach dem Mittagessen breitete sich ein schwerer Duft von Rosenöl in dem *Roschan* aus, und eine Sklavenparade kündigte die Ankunft des Onkels des Emirs an. Er war stark parfümiert, trug ein Gewand aus indischer Seide und ein mit Gold beschlagenes Schwert. Jovial lächelnd betrat er den Raum, setzte sich sogleich neben Gertrude auf den Diwan und unterhielt sich mit ihr über die europäischen Glücksritter, die vor langer Zeit Hail besucht hatten. Er machte einen intelligenten und gebildeten Eindruck, hatte aber einen unsteten Blick. Gertrude fühlte sich in seiner Anwesenheit nicht wohl, zumal er ihr erzählte, daß der momentan herrschende Emir durch eine Anzahl von Morden innerhalb der Familie an die Macht gekommen war. Nach einer gewissen Zeit stand Ibrahim auf, um sein Nachmittagsgebet zu halten. Bevor er ging, flüsterte er einem ihrer Diener etwas ins Ohr: Die Religionsführer der Stadt mißtrauen Gertrude. Aus diesem Grund dürfe sie den *Roschan* ohne seine Erlaubnis nicht verlassen.

An diesem Tag kam niemand mehr zu ihr, und auch in der Nacht geschah nichts – das gleiche an den folgenden beiden Tagen und Nächten. Sie ging auf und ab, setzte sich hin, stand wieder auf, und wartete, daß irgend etwas passieren würde – vergeblich. Man hatte sie in Hail gefangengesetzt.

Endlich am vierten Abend durfte sie zu Ibrahim. Lange nach Sonnenuntergang – der einzigen Zeit, in der es den Frauen in Hail erlaubt war, die Straße zu betreten – wurde sie von Sklaven durch die dunkle, stille Stadt geführt. Unterwegs begegneten ihnen nur ein, zwei Personen, die dicht an den Mauern entlanghuschten. Als

sich das Pferd, das man ihr gegeben hatte, dem Tor des festungs-
artigen Palasts näherte, wurde sie von einer ganzen Sklavenschar
empfangen.

Sie betrat die Säulenhalle, die als Empfangsraum diente, und
ging sofort über den polierten Steinboden auf Ibrahim zu. Er saß
mit einer Gruppe von Männern in der gegenüberliegenden Seite
des Raumes. Sie standen von ihren Teppichen auf, um sie zu begrüßen, nahmen die Geschenke in Empfang, die sie ihnen mitgebracht hatte, und ihr Gastgeber forderte sie auf, zu seiner Rechten
Platz zu nehmen. Ein Sklave goß Kaffee ein, und sie lehnte sich in
die Kissen zurück, entspannte sich ein wenig, trank das bittere Getränk, während man über die Geschichte des Schammar-Stammes
im allgemeinen und die der Raschids im besonderen diskutierte.
Bevor sie jedoch auch nur ein Wort über ihre Gefangennahme äußern konnte, brachte ein Sklave ein Weihrauchgefäß und schwang
es dreimal vor jedem Gast – zum Zeichen, daß die Einladung zu
Ende war. Ibrahim gab ihr ihre Geschenke zurück.

Die Zeit schien stillzustehen. Jeden Morgen wurde sie von dem
näselnden Gebet ihres Türhüters geweckt: »Allahu akhbar, Allahu
akhbar – Gott ist groß.« Jeden Nachmittag hoffte sie, man würde
ihr mitteilen, daß sie wieder frei sei. Aber nichts dergleichen geschah, und sie konnte nichts tun, sie war nervös und gereizt. Die
Stille gellte ihr in den Ohren, und sie hatte das Gefühl, daß die hohen Mauern des *Roschan* sie erdrückten.

Am sechsten Morgen erlaubte man ihr, mit einer Eskorte in Ibrahims Gärten auszureiten. Am Abend desselben Tages ließ Ibrahim
sie zu einer Privataudienz zu sich kommen. Sie überreichte ihm
seine Geschenke von neuem und erklärte ihm, daß sie ihr ganzes
Geld ausgegeben habe. Abgesehen von dem Betrag für ein paar
Kamele, die sie bei ihrer Ankunft in Hail verkauft hatte, war sie
praktisch völlig mittellos. Und ihre restlichen Kamele grasten irgendwo weit weg. Ibrahim hörte zu und schwieg. Sie müsse dringend weiter, flehte sie ihn an, habe aber kein Transportmittel und
kein Geld mehr, um die *Rafiks* zu entlohnen. Sie bat ihn, ihren
Kreditbrief einzulösen. Endlich bequemte sich Ibrahim zu ein paar

Worten: Der Kreditbrief könne erst eingelöst werden, wenn der Emir zurück sei. Und wann? Es würde mindestens noch einen Monat dauern, erwiderte er. Ihre Angst wurde noch größer, und sie zündete sich zur Beruhigung eine Zigarette an.

»Ich wußte nicht, was sie mit mir vorhatten«, schrieb sie. Sie hatte bei ihrer Ankunft verkündet, daß sie den Todfeind der Raschids, Ibn Saud, besuchen wolle. Das war dumm von ihr gewesen, denn nun betrachtete man sie zweifellos als eine Verräterin und mußte befürchten, daß sie den Sauds wertvolle Informationen liefern könnte. Gertrudes Schicksal lag jetzt in den Händen dieser Männer. »Nur Gott wußte, wie das alles enden würde.« Sie hatte keine andere Wahl, sie mußte weiterhin mit Turkijjeh in dem großen Raum sitzen und sich ihre haarsträubenden Geschichten anhören, in denen es ausschließlich um Mord, Vergewaltigung und Blutrache ging. »In Hail bedeutet ein Mord nicht mehr, als wenn jemand Milch vergießt«, lautete ihr Fazit.

Nach einer Woche kamen ihre eigenen Männer und berichteten ihr, was man sich in der Stadt erzählte. Der Friede, zu dem man sich in Damaskus verpflichtet habe, sei eine Farce, überall herrsche Krieg. Der Emir sei im Norden auf dem Feldzug, und Ibn Saud mobilisiere seine Truppen. Die Straße habe man gesperrt, so daß es unmöglich sei, nach Süden zu reiten, um Ibn Saud zu besuchen, der gerade einen Angriff auf Hail vorbereite. Und wenn die Stadt belagert werde, sei ihre Überlebenschance sehr gering.

Sie ließ Ibrahim eine Nachricht zukommen und fragte ihn nach ihrem Geld. Said, der einflußreiche Chef der Eunuchen, überbrachte ihr die Antwort des Emirs. Sie könne Hail nicht ohne die Erlaubnis des Emirs verlassen. »Ich habe kein Geld mehr und muß gehen«, flehte sie ihn an. »Kommen und Gehen liegen nicht in unserer Hand«, erwiderte er kühl.

An diesem Abend wurde sie gebeten, die junge Mutter des Emirs aufzusuchen. Wieder folgte sie den Sklaven durch die unheimliche Finsternis zu dem riesigen Palast und wurde dort in den mittelalterlichen Harem geführt, der sie stärker als alles andere an tausendundeine Nacht erinnerte. Nicht nur die Frauen, sondern auch die Kinder, die in den Säulenhallen umherwuselten, waren mit indischem Brokat gekleidet und mit Edelsteinen geschmückt. Überall standen Sklaven und Eunuchen. Sie hörte sich die Geschichten der Frauen an, die ihr erzählten, wie sie von einem Mann zum nächsten weitergereicht worden seien.»... der Sieger nimmt sie ... seine Hände sind rot vom Blut ihrer Ehemänner und Kinder!« Später am Abend wurde sie wieder in ihre Unterkunft zurückgeleitet. Die Türen schlossen sich hinter ihr, und sie stand wieder einmal unter Hausarrest.

Neun Tage waren vergangen, die Stille wurde immer erdrückender, die hohen Mauern nahmen ihr die Luft zum Atmen. Noch einmal bettelte sie um ihre Freiheit, aber man gestand ihr nur einen Spaziergang im Garten zu, in Begleitung zweier parfümierter Prinzen. Die beiden jungen Männer, die goldbestickte Gewänder trugen, sagten kaum ein Wort und starrten sie nur mit ihren schwarz umrandeten Augen an. Später kam Said, der Obereunuch, noch einmal vorbei und wiederholte die Auskunft, daß nichts ohne die Genehmigung des Emirs geschehen könne. Gertrude hatte nichts unversucht gelassen: Sie hatte Turkijeh und Said angefleht, Fatima und Ibrahim Nachrichten zukommen lassen, aber alles war vergeblich gewesen.

Am frühen Abend wurde sie dann in das Männerzelt bestellt, wo Said die Oberaufsicht hatte. Diesmal verzichtete sie auf jegliche weitschweifige arabische Phrase und verlangte wütend ihre Kamele und ihr Geld. Sie müsse Hail auf der Stelle verlassen, erklärte sie. Dann stand sie abrupt auf und verließ die Männer, die stumm dasaßen. Sie wußte genau, daß sie damit ein tollkühnes Wagnis eingegangen war, etwas, das sich normalerweise nur ein großer Scheich leisten konnte. Aber sie war so in Rage, daß sie sich keine Gedanken über die Folgen ihres Ausbruchs machte.

In der Abenddämmerung kamen ihre Kamele an. Als es dunkel geworden war, brachte Said ihr einen Beutel mit Goldmünzen im Wert von zweihundert Pfund, dem Gegenwert ihres Kreditbriefs. Keine Erklärung, keine Entschuldigung. Sie könne gehen, wann und wohin sie wolle, erklärte er ihr. »Ich bin Ihnen sehr verbunden«, antwortete sie würdevoll. Aber dann erinnerte sie ihn daran, daß man sie fast zwei Wochen lang in Hail festgehalten habe. Kühn verlangte sie, ihr den Festungspalast und die Stadt auch einmal im hellen Tageslicht zu zeigen.

Am nächsten Morgen – es war der 7. März – begleitete man sie bei einer Besichtigung der Stadt. Sie durfte alles fotografieren: die Gebäude, den Markt und die Menschen. Anschließend lud Turkijjeh sie zum Tee ein. Einer Ansammlung Tauber und Blinder, die vor ihrer Tür standen, warf sie einen Beutel mit Kupfermünzen zu. Dann sammelte sie ihre Männer um sich, und als sie endlich wieder bequem auf ihrem Kamel saß, stieß sie einen tiefen Seufzer der Erleichterung aus und kehrte Hail den Rücken.

»Und jetzt will ich Dir sagen, was ich ganz allgemein von der arabischen Politik halte«, schrieb sie an Dick. »Hail hat einen finsteren Eindruck auf mich gemacht. Ich mag die Herrschaft der Frauen und Eunuchen nicht . . . Ich glaube, die Raschids gehen ihrem Ende entgegen. Nicht ein erwachsener Mann ihres Hauses ist am Leben geblieben – der Emir ist erst sechzehn oder siebzehn, und alle anderen sind kleine Kinder, so grausam ist die Familienfehde. Ich würde sagen, daß die Zukunft bei Ibn Saud liegt«, prophezeite sie und sollte damit recht behalten. »Ich bringe es nicht über mich, den Raschids viel Gutes zu wünschen. Ihre Geschichte ist eine einzige lange Geschichte von Mord und Verrat – Du wirst sie eines Tages hören. Ich weiß nicht, wie Ibn Saud ist, aber schlimmer kann er nicht sein. Das wär's also! Meine nächste arabische Reise wird zu ihm führen. Ich habe schon alles geplant.«

Aber alle Hoffnungen, direkt weiter nach Süden zu Ibn Saud reisen zu können, waren zunichte gemacht worden. Der schnellste Weg zurück führte über Bagdad, und am 8. März reiste Gertrude dorthin ab. Sie war völlig erschöpft von den Strapazen ihrer Gefangenschaft und enttäuscht, weil sie ihre Reise nicht zu Ende bringen konnte. Jetzt lagen Tagesritte von acht bis zehn Stunden durch die Nefud vor ihr, wo nicht nur gefährliche Räuber ihr Unwesen trieben, sondern sich auch die schiitischen Stämme mit den Türken bekriegten. Es gelang ihr jedoch, diesen Gefahren zu entrinnen, und nach drei Wochen hatte sie Kerbela, die heilige Wüstenstadt der Schiiten, erreicht. Direkt nach ihrer Ankunft stattete sie einem alten Bekannten einen Besuch ab. Sie unterhielt sich mehrere Stunden lang mit ihm über Religion, Politik und über die Zukunft, und er teilte ihr mit, daß er nach England reisen werde, um dort zu studieren.

»Und was wird dann aus Ihrer Familie?« fragte sie ihn.

»Die bleibt hier«, erwiderte er, »ich werde mich wahrscheinlich vorher von meiner Frau scheiden lassen.«

»Er wird sich wohl in England eine neue Braut erwählen«, schrieb Gertrude. »Ich wünschte, ich könnte ihm eine aussuchen – eine nette. Ich mag den guten, kleinen Mann.« Und das beste sei gewesen, so notierte sie an diesem Tag im März, daß sie sich seit dem 15. Dezember zum erstenmal wieder in ihrer Muttersprache habe unterhalten können.

Am nächsten Tag verließ sie Kerbela und traf ein paar Stunden später bereits in Bagdad ein. »Das Ende des Abenteuers läßt einen immer mit einem Gefühl der Desillusion zurück«, schrieb sie Dick, »... einfach nichts. Staub und Asche in den Händen, tote Gebeine, die aussehen, als würden sie sich nie erheben und tanzen – man wendet sich ab und versucht, den Blick auf das Neue vor sich zu richten. Dieses Abenteuer war jedenfalls nicht erfolgreich. Ich habe nicht erreicht, was ich mir vorgenommen hatte. Aber ich bin jetzt darüber hinweg ... mit diesem bin ich fertig.«

In der britischen Botschaft in Bagdad lag Post für Gertrude. Briefstapel von der Familie und von Freunden. Ihr Herz schlug schneller, als sie die Briefe von Dick öffnete. Aber auch er war einsam und mutlos.

»Wo bist Du? Es ist, als schriebe ich an eine Idee, an einen Traum«, klagte er. »Warum sieht heute abend alles so finster aus? Ist es das Bedauern über die Dinge, die wir verloren haben, diese großartigen, prächtigen Dinge, die ich in Deinem Buch, in Deinem Geist und in Deinem Körper finde? Und meine Liebe zu Dir, alles vergebens? ... Hättest Du es gern, wenn ich Dir einen Liebesbrief schriebe – um Dir ganz leise flüsternd zu sagen, was der Geist laut herausschreit –, Dir, meiner Liebsten, zu sagen, wie froh, dankbar und demütig ich bin, wenn ich an Dich denke ...« Wie hypnotisiert faltete sie seinen Brief zusammen und steckte ihn weg.

Gertrude hatte in der Stadt zu tun: Sie mußte Kamele verkaufen, Leute besuchen und Vorbereitungen für den Rest ihrer Reise treffen. Colonel Ramsey, der neue britische Konsul in Bagdad, war nicht nur wenig hilfreich, sondern schien ihr darüber hinaus ein Ignorant zu sein. Verächtlich schrieb sie, daß er den ganzen Vormittag verschlafe und dann nach dem Mittagessen in seinem Zimmer Karten spiele. Er spreche keine Fremdsprache, nicht einmal französisch, und wisse so gut wie nichts über die Türkei oder über das türkische Arabien: »Einen solchen Mann schicken wir zu einer Zeit hierhin, wo sowohl die Bagdad-Eisenbahn als auch unser Bewässerungssystem langsam Gestalt annehmen ... Gott im Himmel!«

Im Gegensatz zu diesem ignoranten britischen Nichtstuer war der Nakib, der lokale moslemische Religionsführer, ein Mann von umfangreichem Wissen und großer Autorität und ein loyaler türkischer Untertan. Gertrude hatte ihn schon früher kennengelernt und verbrachte diesmal zwei Stunden bei ihm. Hinterher schrieb sie: »Das Gespräch mit ihm hat mir wie immer großes Vergnügen bereitet.«

Zwischen diesen Begegnungen las sie die Briefe von Dick. Er hatte wieder eines ihrer persönlichen Tagebücher bekommen, schrieb er, und den ganzen Tag darin gelesen: »Es ist absolut wundervoll, und ich liebe es und ich liebe Dich. Ich küsse Deine Hände und Füße, geliebte Frau meines Herzens. Ich werde es erst einmal beiseite legen und dann in vielen Gedanken, in vielen Stunden, vielleicht sogar in vielen Leben beantworten.« Er hatte seinem Onkel Charles Doughty von ihr berichtet und übermittelte ihr in diesem Brief die Grüße dieses berühmten Forschungsreisenden. Und er fuhr voller Bewunderung fort:

»Und die Wüste hat Dich – Dich und Deinen großen Mut, meine

Wüstenkönigin – und mein Herz ist bei Dir ... Eine so vollkommene Liebe läßt mich ganz bescheiden werden, Liebste – etwas, von dem man nur geträumt hat, so wie man nur eine Ahnung von der Größe Gottes hat; es ist alles wie ein Wunder. Ich bin eines solchen Geschenkes nicht würdig. Wenn ich jung und frei wäre und ein richtiger Ritter, würde ich einfach kommen, Dich in die Arme nehmen und küssen. Aber ich bin alt und müde und habe so viele Fehler. Ach, meine Geliebte, meine Liebe, die Dinge, die Du sagst, gehen mir direkt ins Herz – Du antwortest meiner Seele.«

Und wieder schrieb er von seiner Lust: »Du hast recht – nicht für uns auf diese Weise –, denn wir sind Sklaven, nicht daß es nicht das Richtige und die natürliche Lösung wäre – wenn die Leidenschaft des Körpers geweckt wird und sich in eine Leidenschaft der Seele verwandelt –, in diesen Träumen gibt es eine Ekstase, die selten einem menschlichen Wesen zuteil wird, nur denen, wie Du sagst, die von Gott *wirklich* vereint worden sind. In einigen göttlichen Augenblicken mögen wir Menschen diese Ekstase erreichen. Uns wird das nie beschieden sein. Aber uns bleibt trotzdem noch soviel. Wie Du sagst, liebste, weise Königin – wir werden uns all das nehmen, was wir erreichen können.«

Seine Briefe bestärkten sie wieder in ihrer Ansicht, daß das, was sie bisher unternommen hatte, doch nicht umsonst gewesen sei. Er gab ihr das Gefühl, tapfer, stark, mutig und vor allem weiblich zu sein. Während sie in der Wüste gewesen war, hatte er ihr immer wieder geschrieben und ihr von seiner Begegnung mit ihrem Vater in London berichtet, von seinem neuen Auftrag in Äthiopien, seiner leidenschaftlichen Liebe zu ihr, und wie gern er in dem Tagebuch las, das sie speziell ihm gewidmet hatte. »Du schreibst in dem Buch, daß Du gern hören würdest, wie ich Dir sage, daß ich Dich liebe – aber daß Du mich dabei sehen und hören möchtest. Und Du hast es in dem Buch für mich aufgeschrieben, damit ich etwas habe, an dem ich mich festhalten kann.

Ich liebe Dich – nützt Dir das etwas dort in der Wüste? Wird sie dadurch etwas weniger unendlich, weniger einsam, weniger wie der äußerste Rand des Lebens? Eines Tages werde ich es Dir vielleicht direkt ins Ohr flüstern oder mit einem Kuß ausdrücken können ...

Du schenkst mir eine neue Welt, Gertrude. Ich habe schon oft Frauen geliebt, so wie ein Mann Frauen liebt, gut, schlecht, wenig oder viel, so wie es mein Blut wollte, oder weil es an der Zeit war oder ich dazu aufgefordert wurde, oder auch nur wegen des Abenteuers – um zu sehen, was geschehen würde. Aber all das liegt hinter mir.

Wo bist du jetzt?« fragte er verzweifelt und fuhr beinahe grausam fort: »Ich stelle mir am liebsten vor, Du wärest ganz allein und einsam und sehntest Dich nach mir.«

Sie hatte ihm geschrieben, wie sehr sie Untreue verabscheue und wie gern sie heiraten würde. »Es gibt eine wirkliche Ehe, eine Treue des Geistes. Und der kann nichts etwas anhaben«, antwortete er. »Körperliche Treue ist nur ein Wort, aber dessen Bedeutung ist etwas anderes. Von der ersten Form halte ich nicht viel, auf der zweiten ruht die ganze Welt. Keuschheit ist keine Tugend, aber wenn man liebt, muß man es mit jedem Herzschlag sagen. Ich weiß nicht, warum ich das geschrieben habe. Ich habe dadurch mein Königreich verlassen müssen und kann nicht wieder dorthin zurückkehren. Aber ich werde nie Dein Liebhaber sein, meine Geliebte, niemals. Ich lese dieses wunderschöne, leidenschaftliche Buch und weiß es. Niemals Dein Geliebter, das heißt, wir werden niemals Mann und Frau sein, so wunderbar das auch wäre. Aber das, was wir haben, wird überdauern und blühen. Ja, wir werden vernünftig sein, so wie du es gesagt hast, und zärtlich ...«

Sie konnte nur seine Worte lesen und von ihm träumen. Dick hatte England wieder verlassen und eine diplomatische Aufgabe in Äthiopien übernommen. Es gab keine Möglichkeit, sich zu treffen.

Anfang April 1914 sagte Gertrude Bagdad Lebewohl und reiste über Damaskus nach Konstantinopel, wo sie hoffte, den britischen Gesandten Sir Louis Mallet zu treffen. Zwar hatte er vier Monate zuvor versucht, sie an ihrer Reise zu hindern, doch jetzt konnte sie ihm wertvolle Informationen überbringen, die sich auf Arabien, Ibn Raschid und Ibn Saud bezogen.

Vor ihrer Abreise schrieb sie an Domnul: »Du wirst mich für eine Wilde halten, denn ich habe merkwürdige Dinge gesehen und gehört, und sie beeinflussen meinen Verstand. Du mußt versuchen, mich ein bißchen zu zivilisieren, geliebter Domnul. Ich glaube, Du wirst mich nicht verändert finden, und ich weiß, daß Du Nachsicht mit mir üben wirst. Ob ich mit England Nachsicht üben kann – zu denselben Dingen zurückkehren und wieder von vorn beginnen –, das frage ich mich manchmal. Aber sie werden auch nicht ganz dieselben sein, denn ich komme mit einem für immer veränderten Geist zu ihnen zurück. Ich habe viel gewonnen und werde es nie wieder vergessen.

Ich habe keine große Lust, in London zu bleiben ... Ich liebe Bagdad und den Irak. Das ist der wahre Mittlere Osten, und dort ist alles in Bewegung geraten. Und die ganze romantische Atmosphäre bewegt mich und nimmt mich gefangen.«

13.

Kriegswirren

Drei Wochen später verließ Gertrude Bagdad und durchquerte die Wüste westwärts in Richtung Damaskus. Die Strapazen, deretwegen andere diese Strecke mieden, schreckten sie nicht. Ihre Karawane war kleiner und daher auch beweglicher geworden: zwei kleine Eingeborenenzelte für die Übernachtung und nur ein Teppich als Bett. Dazu Fattuh, Sayyah und Fellah als Begleiter. Sie befanden sich im Gebiet der Anaseh, der »wahren Beduinen«, wie sie diese Kamelhirten nannte, die ständig durch die Wüste wanderten. »Alle anderen sind nur Araber.« Sie war froh, bei ihnen zu sein, mit ihren Scheichs am Lagerfeuer zusammenzusitzen und Kaffee zu trinken. Aber sie mußte immer daran denken, was einer ihrer *Rafiks* an einem solchen Lagerfeuer einmal gesagt hatte:

»Noch in vielen Jahren werden wir immer, wenn wir wieder an diese Stelle kommen, sagen: ›Hier waren wir mit ihr, hier hatte sie ihr Lager.‹ Man wird immer wieder darüber reden, man wird uns fragen, was es Neues über dich gibt, und wir werden davon sprechen und berichten, wie du gekommen bist.«

Es wurde ihr mulmig zumute, wenn sie daran dachte, was sie wohl über sie sagen würden: »Sie werden vermutlich meine ganze Rasse nach mir beurteilen.«

Sie wollte die syrische Wüste ohne Führer durchqueren: »Es freut mich mehr, wenn ich damit selbst fertig werde. Und bis jetzt ist noch alles gutgegangen.«

Sie ritten schnell und saßen manchmal elf Stunden pro Tag im Sattel. Zum erstenmal gelang es ihr, auf ihrem Kamel zu schlafen. Als sie gerade ein paar Tage unterwegs waren, entdeckten sie plötzlich die Spuren einer Räuberbande. Daher erschien es ihnen als zu gefährlich, eine Rast einzulegen. Sie ritten über ein Land, das einfach nur »flach, flach, flach« war. An einer Quelle erfuhren sie, daß die Räuber, deren Spuren sie gesehen hatten, den Schammar angehörten und dem dortigen Anaseh-Stamm bereits vierzig Kamele gestohlen hatten. Die Bestohlenen hätten die Diebe verfolgt, erzählte ihr ein Junge, und von ihnen zehn Stuten erbeutet. Außerdem hätten sie einen ihrer Anführer getötet. »Haben seine Kumpane ihn begraben?« fragte Gertrude, die befürchtete, daß der Leichnam in der offenen Wüste lag. »Nein, Wallah«, erwiderte der Junge, »sie haben ihn liegenlassen, damit die Hunde ihn fressen.« Eine grausame Vorstellung: »Ich konnte dieses Bild nicht wieder loswerden«, schrieb sie an Dick, »wie der tote Mann da in der Wüste liegt und die Hunde sich über ihn hermachen.«

Sie und ihre Männer setzten ihren Weg fort zu den schwarzen Zelten der Anaseh, die sich wie dunkle Punkte vor dem Horizont abzeichneten. Die Nacht verbrachten sie auf einer grasbewachsenen Ebene in der Nähe einer weidenden Kamelherde, und erst im Morgengrauen konnten sie das Lager vor sich erkennen. Allein in der Ebene zählten sie hundertfünfzig Ziegenfellzelte, und hinter der grünen Anhöhe unter einer riesigen Klippe befanden sich noch bedeutend mehr. Als sie schließlich das Lager der Anaseh erreicht hatten, ritt Gertrude zu den größten Zelten, weil sie genau wußte, daß sie dem Scheich gehörten. Sie ließ ihr Kamel vor dem Kaffeezelt der Beduinen niederknien, verbarg ihre Nervosität und betrat selbstbewußt das Quartier von Fahad Bei ibn Hadhdhal, dem obersten Scheich der Anaseh.

Fahad Bei war ein alter Mann, dem der Ruf einer beispiellosen Skrupellosigkeit und Brutalität vorauseilte. Aber er hatte ein gewisses Charisma – und zwar aus mehreren Gründen. Erstens war er einer der mächtigsten Anaseh, zweitens besaß er in Kerbela ausgedehnte Palmenhaine, und drittens war seinem Vater von den Türken ein hoher Titel verliehen worden, den er geerbt hatte. Er war siebzig Jahre alt, klein und schlank, hatte einen schneeweißen Bart, und sein Gesicht war von der Sonne verbrannt. Seine Robe überdeckte die Narben von Wunden, die ihm als jungem Mann bei einem Überfall beigebracht worden waren. Die Lanze eines Gegners hatte ihn von hinten durchbohrt. Noch heute hatte er ein Loch in der Brust. »Nur ein Araber aus der Wüste kann eine solche Verletzung überleben«, schrieb Gertrude später.

Er breitete eigens für sie feingewebte Teppiche aus und bat sie, Platz zu nehmen. Sie machte es sich bequem, lehnte sich an einen hölzernen Kamelsattel und wurde dabei von einem Falken, der hinter Fahad Bei saß, und von einem Windhund, der neben ihm lag, neugierig beäugt. Nachdem die Diener den üblichen starken Kaffee und Datteln serviert hatten, wollte er von ihr wissen, ob es im Irak ruhig sei. Sie verneinte und erklärte ihm, daß die Türken ziemlich beunruhigt seien. Sie sprachen über die Stadt Basra im südlichen Irak und den Politiker Saijid Talib, der als ungemein skrupellos galt. Und dann fragte Fahad Bei sie genauer aus. Warum sie durch das Land reisen wolle. »Im Islam wird gelogen«, fuhr er fort, »unter Engländern jedoch nicht. Sagen Sie mir die Wahrheit. Warum kommen so viele Menschen in die Wüste? Wollen sie dort Profit machen oder geht es um Industrien?« Sie erklärte ihm, daß Wissensdurst und Neugier die Triebfedern seien. Er wollte das nicht glauben und sagte ihr das auch. Die Reisenden »könnten sterben«, »es wäre gefährlich«, »es wäre beschwerlich«. Sie blieb jedoch dabei, daß die Briten sich nicht für die Wüste interessierten, um aus ihr finanziellen Gewinn zu ziehen. Sie wollten nicht nur zu Hause herumsitzen, sondern etwas von der Welt sehen. »Sadaq«, sagte sie, »glauben Sie mir.« – »Sadaq«, erwiderte er. »Ich glaube Ihnen.«

Er zeigte ihr ein langes Zelt, in dem sein Harem untergebracht war, und machte sie mit seiner letzten Frau und ihren gemeinsamen Kindern bekannt. Alle stellten sich in Reih und Glied auf, und Gertrude fotografierte sie. Später am Tag trommelte sie ihre Leute zusammen und ging mit ihnen zu einer antiken Ausgrabungsstätte, um Messungen durchzuführen. Auf dem Rückweg zum Lager verdunkelte sich der Himmel plötzlich, und ein Wolkenbruch mit Hagel und Regen prasselte nieder. Als das Unwetter vorbei war, kam

Fahad Bei zu ihr ins Zelt und ließ seine Diener das beste Festmahl zubereiten, das ihr jemals von einem arabischen Scheich serviert worden war. Sie aßen geröstetes, mit Curryreis gefülltes Lamm, dazu Brot, Joghurt und Fleischpastetchen, die zusammen mit Reis gereicht wurden.

Hinterher tranken sie Kaffee und rauchten, und sie berichtete ihm von den Nakibs und anderen Bekannten aus Bagdad und Basra und beantwortete weitere Fragen über die Stimmung in den Städten und die öffentliche Meinung über die Türken. Sie informierte ihn über die Situation in den europäischen Großstädten und amüsierte ihn mit dem Klatsch aus den Salons von Konstantinopel und dem Palast in Hail. Als sie am nächsten Tag weiterritt, drängte er ihr förmlich eine Eskorte auf. Sie war von seiner Freundlichkeit beeindruckt, ahnte damals aber noch nicht, daß er später einer ihrer wichtigsten Verbündeten werden sollte.

Ein paar Tage später suchte erneut ein Unwetter die Wüste heim. »Bösartige Regenmassen ergossen sich auf die Erde«, schrieb sie in ihr Tagebuch und fragte Dick: »Erinnerst Du Dich an Shelleys ›Lied an den Geist der Freude‹?«

»Ich lieb Schnee und alle Form
Glitzernd weißen Frosts;
Ich lieb Wellen, Wind und Sturm –
Und das Maß des Trosts,
Das Natur dem Menschen zeigt,
Ungetrübt von seinem Leid.«[1]

Am Morgen des 1. Mai traf sie in Damaskus ein. Sie war so erschöpft, daß sie es nicht einmal fertigbrachte, den Anblick der Weinberge und Obstgärten zu genießen. Noch nie zuvor hatte sie sich so müde gefühlt. Sie ging früh zu Bett und schlief ein, zwei Stunden, aber durch ihre Träume zogen immer noch die Kamele. Während ihres Aufenthalts in der Stadt hörte sie eine Schreckensmeldung aus Hail. Ibrahim, der Onkel des Emirs, war ermordet

208

worden, man hatte ihm mit einem Schwert die Kehle durchgeschnitten.

Aus Konstantinopel kam die Nachricht, das Sir Louis Mallet sie erwartete. Er war sehr interessiert zu erfahren, was sie in Arabien erlebt hatte.

Sie nahm ein Schiff von Beirut nach Konstantinopel und kam vier Tage später dort an, zu einer Zeit, in der sich das Osmanische Reich in Aufruhr befand. Die Jungtürken – eine Vereinigung von Studenten und Mitgliedern der Militärakademien, die sich 1908 zusammengeschlossen und Sultan Abdul Hamid gezwungen hatten, abzudanken und die Verfassung wieder in Kraft zu setzen – hatten kurz zuvor das Kriegsministerium besetzt und die Regierungsgewalt übernommen. Außerdem war das siebenhundertjährige Reich, das sich früher über Asien, Europa und Afrika erstreckt hatte, bereits mächtig geschrumpft. Schon als die Briten die Kontrolle über den Suezkanal erkauft hatten, hatte der Sultan Ägypten verloren. Marokko war an die Franzosen gegangen, Libyen von Italien übernommen worden. Eine Welle des Nationalismus hatte auf dem Balkan zu weiteren Verlusten geführt: Serbien, Bulgarien, Griechenland und Montenegro hatten ihre Unabhängigkeit erklärt.

Die türkische Regierung, der Korruption völlig anheimgefallen, befand sich finanziell in desolatem Zustand. Um den Balkankrieg finanzieren zu können, hatte sie sich Geld geliehen, und ihr Überleben hing von Krediten der europäischen Länder ab. Die Deutschen waren besonders hilfreich gewesen und hatten die wichtige Bagdad-Bahn finanziert und gebaut. In dieser aggressiven Präsenz der Deutschen im Mittleren Osten sahen die Briten eine Bedrohung, da sie von jeher besonderes Augenmerk auf den Schutz ihrer Verkehrswege nach Indien gelegt hatten.

Inzwischen war das Interesse Großbritanniens an dieser Region noch weiter gewachsen. Die konkurrenzlose britische Marine lieferte Güter in die ganze Welt und transportierte drei Viertel der notwendigen Lebensmittel nach England. Um diese Vormachtstellung aufrechtzuerhalten, ließ der Erste Lord der Admiralität,

Sir Winston Churchill, die englischen Schlachtschiffe von Kohle-auf Ölbefeuerung umrüsten, wodurch sie sich den herkömmlichen Schiffen als weit überlegen erwiesen. Sie waren schneller, verfügten über eine größere Reichweite und konnten auf hoher See aufgetankt werden. Darüber hinaus war das Betanken im Vergleich zum Verladen der Kohle bedeutend weniger arbeitsintensiv, so daß die Besatzungen verkleinert werden konnten.

Großbritannien war zwar der wichtigste Kohlelieferant der Welt gewesen, besaß jedoch kein eigenes Öl. 1912 unterzeichnete Churchill eine Vereinbarung über die Erweiterung der britischen Anteile an der Anglo-Persian Oil Company. Da sich die Ölfelder im südlichen Persien und die Raffinerien in Abadan nahe bei Basra befanden, hielten es die Briten für unerläßlich, diese lebenswichtigen Gebiete zu schützen. Aufgrund des labilen Zustands des Osmanischen Reichs war die Region sehr gefährdet, vor allem befürchtete man Angriffe, die mit deutscher Unterstützung durchgeführt würden.

Gertrude konnte es kaum erwarten, dem britischen Gesandten in Konstantinopel ihre Erfahrungen mit den Wüstenarabern mitzuteilen. Obwohl die Briten hofften, daß die Türkei im Falle eines Krieges neutral bleiben würde, war man doch mißtrauisch und befürchtete, sie könnte sich mit den Deutschen verbünden. Bei den arabischen Stämmen hatte Gertrude mit eigenen Augen sehen können, wie sehr die Türken an Prestige verloren hatten. Sie war der Meinung, daß die Briten diese Situation ausnutzen sollten. Gut informierte Freunde hatten ihr versichert, daß die Araber in Syrien nichts dagegen hätten, wenn die Briten das Ruder übernähmen. Außerdem hatte sie gehört, daß auch Ibn Saud, der Jahre im Exil in Kuwait zugebracht hatte, in Arabien immer mächtiger wurde. Ihm als einem Freund der Briten war sehr daran gelegen, sich mit dem Vereinigten Königreich zu verbünden.

Sir Louis Mallet hörte aufmerksam zu. Ihre Geschichte faszinierte ihn dermaßen, daß er sofort ein Telegramm an den Außenminister Sir Edward Grey abschickte. Er beschrieb ihre Reise, ihren Eindruck von Ibn Raschid und teilte ihm mit, was sie über

Ibn Saud und die schwache Präsenz der Türken gehört hatte: »Die Stämme, die unter der Herrschaft des Osmanischen Reichs gestanden hatten, sind außer Kontrolle geraten. Miß Bells Reise, die in jeder Beziehung eine höchst bemerkenswerte Unternehmung war, ist hier bei uns natürlich auf ein reges Interesse gestoßen.«

Gerüchte über Gertrudes Abenteuer verbreiteten sich rasch in der Stadt. Leute, die sie bei früheren Aufenthalten kennengelernt hatte, wollten unbedingt von ihren jüngsten Erlebnissen hören. Sie blieb zwar nur kurz in Konstantinopel, nahm aber die Gelegenheit wahr, bei Philip Graves, dem Korrespondenten der *Times,* zu Abend zu essen. (Seine Frau machte große Augen, als sie sah, wie Gertrude sich eine Zigarette anzündete.) Außerdem besuchte sie den frischverheirateten, jungen Diplomaten Harold Nicolson und seine schwangere Frau Vita Sackville-West.

Das gesellschaftliche Leben interessierte Gertrude jedoch nicht so sehr, deshalb traf sie am 24. Mai 1914 in London ein, wo ihr die prestigeträchtige Goldmedaille der National Geographic Society verliehen wurde. Sie fuhr sofort nach Rounton, um sich auszuruhen und von den emotionalen und körperlichen Strapazen der Reise zu erholen. Dabei blieb es ihr nicht verborgen, daß auch in England das Leben in Bewegung geraten war: Die Gesellschaft befand sich im Umbruch. Während ihrer Abwesenheit waren mehrere umstrittene Bücher erschienen: »*Der Weg zu Swann*« von Proust, »*Söhne und Liebhaber*« von D. H. Lawrence und »*Jugendbildnis*« von James Joyce. George Bernard Shaw hatte ein Theaterstück mit dem Titel »*Pygmalion*« geschrieben, das im April 1914 im His Majesty's Theatre Premiere hatte und einen Ausspruch enthielt, der von der ganzen Nation aufgegriffen wurde: »Not bloodly likely« – »Einen Scheißdreck werd' ich tun!«[2] Die Suffragetten kämpften immer noch, doch die Frauen waren inzwischen ohnehin von den Fischbeinkorsetts befreit worden und genossen die neuen elastischen Büstenhalter. Aber es gab auch düstere Aspekte: Die Welt stand am Rande eines Krieges, der zwei Monate später ausbrechen sollte.

Während Gertrude sich zu Hause ausruhte, erreichten England bestürzende Nachrichten: Erzherzog Ferdinand, der Thronfolger der k.u.k. Monarchie, war am 18. Juni 1914 in der bosnischen Hauptstadt Sarajewo ermordet worden. Der Attentäter war ein siebzehnjähriger Schüler serbischer Herkunft, der mit den serbischen Großmachtsträumen, die auch Bosnien und die Herzegowina einbezogen, sympathisierte. Dieser Vorfall, diese »verdammte, dumme Geschichte auf dem Balkan«, war genau der Funke, von dem der deutsche Reichskanzler Bismarck gesagt hatte, er werde die Welt in Flammen setzen und Krieg bedeuten.[3] Der Vorfall, der die Welt vorübergehend lähmte, löste eine Welle diplomatischer Aktivitäten aus, um jene Verträge und Bündnisse zu erneuern, die zuvor von den Führern der großen europäischen Nationen unterzeichnet worden waren.

Bereits 1904 hatten England und Frankreich ihre gegenseitige Unterstützung im Falle eines Krieges gegen das Deutsche Reich vertraglich besiegelt. Danach, im Jahre 1907, hatte England mit Rußland einen Pakt geschlossen. Obwohl sich beide Länder mit größtem Mißtrauen begegneten, überwog letztendlich die Furcht vor den erstarkenden Deutschen. Und es war nicht nur Verfolgungswahn, der die drei Nationen England, Frankreich und Rußland dazu bewogen hatte, einen Dreierbund zu schließen. Der Krieg sei »eine biologische Notwendigkeit«, hatte General Friedrich von Bernhardi, einer der führenden deutschen Strategen, gesagt. Deutschland verfügte inzwischen über die zweitstärkste Kriegsflotte der Welt, und deutsche Geschäftsleute und Politiker rieben sich bei der Aussicht auf große Märkte und ein erweitertes Territorium die Hände. Sie berauschten sich an der Möglichkeit, zur Weltmacht Nummer Eins zu avancieren. Engländer, Franzosen und Russen befürchteten, daß die kriegslüsternen Deutschen über den ganzen Kontinent nach Ost und West marschieren könnten, um die Welt zu erobern.

Auf die Ermordung des Erzherzogs folgte eine unmittelbare Reaktion. Österreich-Ungarn erklärte Serbien den Krieg. Rußland, das sich als slawische Nation empfand, fühlte sich verpflichtet, den ebenfalls slawischen Serben beizustehen. Die Kriegserklärung der Russen an die k.u.k. Monarchie veranlaßte wiederum die Deutschen, Österreich-Ungarn zu Hilfe zu kommen. Deutschland machte mobil, deutsche Truppen marschierten an der Grenze zu Frankreich auf, und die deutsche Flotte war im Begriff, in den Ärmelkanal einzudringen. Das alles führte zu einer weiteren Eskalation: England und Frankreich hatten keine andere Wahl, als auch ihre Truppen zu mobilisieren und gemeinsam gegen Deutschland in den Krieg zu ziehen. Ab dem 1. August 1914 hallte Kanonendonner über den europäischen Kontinent.

An der Ostfront verbündeten sich die Türken sehr bald mit den Deutschen. Die britische Regierung sorgte sich in erster Linie um ihre Verkehrswege nach Indien und ihre Ölfelder am Persischen Golf, die bereits von den Feinden bedroht wurden. Gertrude, die früher für die britischen Behörden ein ständiges Ärgernis gewesen war, wurde plötzlich zu einer Quelle lebenswichtiger Informationen über den Mittleren Osten. Man bat sie, einen ausführlichen Bericht über ihre Erfahrungen in Syrien, im Irak und in Arabien abzufassen. Am 5. September 1914 ging dieses Papier mit ihrer Einschätzung der Situation an den Leiter der militärischen Operationen in Kairo, der ihn sofort an den Außenminister Sir Edward Grey weiterleitete:

»Syrien, vor allem der Süden des Landes, ... ist extrem proenglisch«, hatte sie geschrieben. »Letzten Winter hat mir ein sehr intelligenter Deutscher namens Loytved, ein alter Freund von mir, der jetzt in Haifa lebt, gesagt, daß der Wunsch der Syrer nach britischer Jurisdiktion absolut echt sei. Und ich selbst glaube das ebenfalls ...

Insgesamt würde ich sagen, daß es der Irak gar nicht gern sieht, daß die Türkei Krieg gegen uns führt, und sicher wird das Land nicht aktiv daran teilnehmen. Die Türken werden sich jedoch sehr wahrscheinlich auf die arabischen Scheichs konzentrieren, die unter unserem Schutz gestanden haben. Eine solche Aktion würde bei den arabischen Unionisten, die Saijid Talib von Basra, [den Scheich von] Kuwait und Ibn Saud als die entscheidenden Protagonisten betrachten, auf wenig Gegenliebe stoßen. Talib ist ein Schurke, der von uns nie unterstützt worden ist, unsere Leute (die Händler) haben jedoch gute Beziehungen zu ihm. Kuwait ist auf Gedeih und Verderb auf uns angewiesen, und das weiß dort auch jeder. Ibn Saud ist sehr daran interessiert, von uns anerkannt zu werden, man könnte ihn also leicht als Bundesgenossen gewinnen. Ich glaube, alles in allem könnten wir den Türken am Golf ganz schön einheizen ...«

Ihr Bericht wurde sowohl vom Kriegsministerium als auch vom Außenminister in London und vom militärischen Geheimdienst in Kairo aufmerksam studiert. In Europa hatte der Krieg bereits begonnen, und schon wenige Wochen später kämpften Großbritannien, Frankreich und Rußland auch gegen die Türken. Im September 1914, noch bevor die britische Regierung sich über ihre Politik den Osmanen gegenüber entschieden hatte, sprach Gertrude die dringende Empfehlung aus, eine arabische Revolte gegen die Türken zu inszenieren. Und sie wünschte sich sehnlichst, vor Ort zu sein. Man verwehrte ihr jedoch über ein Jahr lang die Genehmigung, weil die Region für eine Frau als zu gefährlich betrachtet wurde. Das Frausein war ein großes Hindernis.

14.

Ein tragisches Ende

Gertrude nahm sich in der französischen Hafenstadt Boulogne ein Zimmer in einem kleinen Hotel und gewöhnte sich an eine tägliche Routine. Jeden Morgen unternahm sie einen Spaziergang am Meer entlang und eilte dann durch die mit Kopfstein gepflasterten Straßen zum Haus Rue Victor Hugo 36. Dort arbeitete sie beim Roten Kreuz. Die Schlachtrufe der Suffragetten und ihrer Gegner waren verhallt und von den Schreien der Verwundeten des Krieges übertönt worden. Wie viele andere Frauen hatte sie sich freiwillig gemeldet und war mit ihrer Freundin Flora Russell nach Frankreich gefahren.

Ihr Büro sah ziemlich trostlos aus und war mit Papieren förmlich vollgestopft. Sie gab sich die größte Mühe, ihre Umgebung etwas zu beleben, indem sie die Wände tapezierte und frischen Flieder oder Narzissen auf den Tisch stellte. Aber die Tätigkeit selbst war so deprimierend, daß keine frohe Stimmung aufkommen konnte. Jeden Tag mühte sie sich ab, Soldaten ausfindig zu machen, die entweder verwundet oder vermißt waren. Von neun Uhr morgens bis neun Uhr abends, manchmal sogar länger, registrierte sie Namen und korrespondierte mit den Familien vermißter Soldaten. Die herzzerreißenden Briefe der Eltern, die ihre Söhne suchten, motivierten sie stets von neuem. Oft war die Aufgabe jedoch unlösbar: Der Sohn blieb vermißt oder war gefallen. Trotzdem schrieb sie den Familien, freundlich, stets bemüht, etwas Gutes zu berichten. Weihnachten 1914 hatte sie die Leitung der Abteilung übernommen und gleich damit begonnen, die Registratur neu zu ordnen. Aber auch das war nur ein Mittel zum Zweck, die Zeit zu füllen. Sie verspürte immer noch große Sehnsucht nach Dick, und keine Arbeit der Welt hätte den Schmerz betäuben können, den die Trennung ihr bereitete. Er blieb auf seinem Posten in Äthiopien, und obwohl ihre Familie sie immer wieder aufforderte heimzukommen, schreckte sie vor dem Gedanken, ohne ihn in England leben zu müssen, ab. »Ich werde vorläufig nicht nach England zurückkehren«, schrieb sie an Domnul. »Hier kann ich wenigstens den ganzen Tag arbeiten – und das ist für mich eine kleine Brücke über den Abgrund des Elends, über den ich schon so lange gehe. Manchmal droht sie jedoch einzustürzen.«

Wenn sie überhaupt den Wunsch gehabt hätte, irgendwo anders sein zu können, dann im Mittleren Osten. Die Türken hatten sich inzwischen mit den Deutschen verbündet (trotz der Bemühungen der Engländer, ihnen eine Neutralitätszusage abzuringen), und im Dezember 1914 erwarteten die britischen Truppen in Ägypten einen türkischen Angriff auf den Suezkanal. In Mesopotamien waren siebenundvierzig Truppentransporter – die bis dahin größte Flotte dieser Art –, die von Indien in den Mittleren Osten beordert worden waren, bereits in den Hafen der lebenswichtigen Stadt Basra eingedrungen, und die britischen Einheiten hatten sich in Richtung Bagdad auf den Weg gemacht. Nur wenige Monate waren vergangen, seit Gertrude sich im Irak noch wie zu Hause gefühlt hatte. Jetzt schien dort kein Platz mehr für sie zu sein. Sie schrieb an Domnul, der sich zu jener Zeit im Orient aufhielt. »Wenn ich doch nur in Mesopotamien sein könnte. Ich würde so gern hören, daß man Bagdad erobert hat. Du wirst sehen, daß es dort nur wenig Widerstand geben wird . . . Ich bin gespannt auf die Einzelheiten.«

Aber die Einzelheiten, die ihr berichtet wurden, waren ausschließlich grausige Beschreibungen eines blutigen Krieges. An ihrem trostlosen Schreibtisch oder beim Mittagessen in einem der Cafés, wo sich die Soldaten trafen, hörte sie die schrecklichen Geschichten von der Front. Sie »stehen in den Gräben bis an die Knie im Wasser, und durch den Schlamm ist kein Durchkommen möglich«, berichtete sie. »Man sinkt bis zu den Knien, bis zu den Oberschenkeln darin ein. Wenn die Soldaten Deckung nehmen und schießen wollen, können sie nicht abdrücken, weil sie bis zu den Ellbogen im Morast stecken.« Obwohl den Frauen, die beim Roten Kreuz arbeiteten, der Zutritt zum städtischen Krankenhaus verweigert wurde, gelang es Gertrude hineinzukommen. Dort sah sie mit eigenen Augen die Schrecken des Krieges: Soldaten, die halbe Kinder waren und in ihrer Naivität nicht begreifen konnten, was ihnen von den Granaten zugefügt worden war. Dem einen fehlte ein Arm oder ein Bein, dem anderen hatte ein Schrapnell das Augenlicht genommen. Am ersten Januar 1915 wünschte sie ihren Eltern ein »glücklicheres neues Jahr«. Sie selbst arbeitete Silvester in ihrem Büro und legte nur eine kurze Pause ein, um etwas Schokolade zu essen.

Ein paar Meter weiter, im Hotel Meurice, verbrachte sie viele Nächte in ihrem kleinen Hotelzimmer damit, Briefe zu lesen, weil sie nervlich zu überstrapaziert war, um schlafen zu können. Ein Brief von Dick entfachte ihre Leidenschaft aufs neue, und sie antwortete ihm wie im Fieber:

»Liebster, Liebster, ich gebe Dir dieses Jahr und alle Jahre, die ihm folgen, dieses klägliche Geschenk – das Jahr und mich und all meine Gedanken und Liebe ... Du füllst meine Schale, diese flache Schale, die so tief geworden ist, um Deine Liebe und meine zu halten. Liebster, wenn Du mir sagst, daß Du mich immer noch liebst und willst, dann singt mein Herz – und weint vor Sehnsucht. Ich habe alle Höhlen der Welt mit meiner Sehnsucht nach Dir gefüllt; sie fließt über und reicht zu den hohen Bergen hinauf, wo Du lebst. Und wenn Du in Deinem Garten stehst, wird sie Deine Füße berühren. Nein, danke mir nicht. Nimm Dir, was Dir gehört, halte es fest und bewahre es – falte mich in Dein Herz.«

So poetisch ihre Worte waren, so sehr waren seine von Lust und Begehren gekennzeichnet. Aber auf die ihm eigene Art versuchte er, auf ihre Ängste einzugehen. »Ist Sex soviel?« fragte er, »und die Sinne, der Kontakt und all die anderen verwirrenden Dinge. Sie können viel bedeuten – aber sie sind nicht das Beste, sie sind nur die Landschaft; das andere ist die Sonne, in deren Licht wir sie sehen. Du hast einmal gesagt, Du würdest mich auch lieben, wenn ich ein Dutzend Frauen hätte – das mache Dir nichts aus –, und das ist wahr, meine Liebste, das, was Du im Licht der Sonne gesehen hast ... Sex ist nicht wirklich etwas Großes – er wird genauso überbewertet wie die Keuschheit – die auch nur ein schwacher Anfang der Tugend ist und oft auch nur eine positive Aussicht ...«[1]

»Dick, liebe mich«, erwiderte sie. »Ich lebe nur für Dich.«

Ihre Verzweiflung verwandelte sich plötzlich in Freude, sie fühlte sich wie ein hungriges Waisenkind, dem man eine ganze Schachtel Schokolade geschenkt hat: Dick war aus Äthiopien zurückbeordert worden. Er schrieb, er werde wahrscheinlich in Frankreich einen Zwischenstopp einlegen und sich dann in England einen neuen Einsatzbefehl holen. Allerdings hatte er vor, sich in Boulogne mit seiner Frau zu treffen (Judith arbeitete ebenfalls dort, und zwar als Krankenschwester – Ironie des Schicksals). Aber er versicherte ihr, sie habe keinen Grund, sich Sorgen zu machen, denn Judith würde ihren Arbeitsplatz nicht verlassen. Er bat sie, sich doch mit ihm in London zu treffen.

Die gute Nachricht hatte sie in Hochstimmung versetzt, und Mitte Februar fuhr sie nach England, wo sie vier wunderschöne Tage miteinander verbrachten. Sie war überglücklich, ihn zu sehen, ihn berühren zu können, und sie hatte das absolut sichere Gefühl, daß er all das verkörperte, was sie sich je gewünscht hatte: Intelligenz, Verständnis, Zärtlichkeit, Liebe, Fürsorglichkeit und Stärke. Als sie in seinen Armen lag, wurden die Träume des letzten Jahres plötzlich wahr. Er preßte seine Lippen auf die ihren, und sie verschmolz förmlich mit ihm. Er sagte ihr, sie sei das Leben selbst, ein Feuer, das von der Leidenschaft genährt werde. Sie hörte seine Worte und war ekstatisch vor Glück. Sie hatte nur noch den einen Wunsch, sich ihm hinzugeben. Aber dann erwachte plötzlich wieder eine Kraft in ihr, die stärker war als ihr Begehren. Sie geriet in Panik, und abrupt entzog sie sich ihm. Noch einmal wurde sie von Sehnsucht und Lust überwältigt, erneut umarmten und küßten sie sich. Aber wieder holte diese Kraft sie zurück. Und am Ende ihres Rendezvous blieb ihre Liebe unerfüllt.

Voller Kummer schrieb sie ihm einige Tage später:

»Eines Tages werde ich es Dir sagen, werde ich versuchen, es Dir zu erklären – die Angst, den Schrecken –, und Du hast geglaubt, ich sei tapfer. Versteh mich bitte – es war nicht die Angst vor den Konsequenzen –, daran habe ich auch nicht eine Sekunde lang gedacht. Es ist die Angst vor etwas, das ich nicht kenne: Kein Mann kann das wirklich verstehen. Du mußt alles darüber wissen, ich werde es Dir sagen. Jedesmal, wenn es mich überwältigt, hatte ich nur den einen Wunsch, daß Du Dich darüber hinwegsetzen könntest – denn es ist lediglich ein böser Geist, lediglich der Schatten eines Geistes. Aber ich war einfach nicht in der Lage, Dich zu bitten, mich davon zu befreien. Ich brachte es nicht fertig. Das letzte Wort kann ich nicht aussprechen. Du mußt es tun und den bösen Zauber beenden. Angst ist etwas Fürchterliches – laß mich nicht länger im Schatten dieses Schreckens leben. Es ist nur ein Schatten – ich weiß, daß es nichts ist ... Nur Du kannst mich davon befreien – es verjagen. Ich weiß das jetzt, aber bis zum letzten Augenblick war mir das nicht wirklich klar gewesen – kannst Du mir das glauben? Ich hatte schreckliche Angst. Aber dann erkannte ich endlich, daß es nur ein Schatten war. Und jetzt weiß ich es ...«[2]

Und niedergeschlagen fuhr sie fort:

»Ich kann nicht schlafen – ich kann nicht schlafen. Es ist ein Uhr früh am Sonntag. Ich habe versucht zu schlafen, jede Nacht wird es immer weniger möglich. Du und Du und immer Du stehst zwischen mir und meiner Ruhe. Leben nanntest Du mich und Feuer. Ich stehe in Flammen und werde verzehrt. Dick, es ist nicht möglich so zu leben. Wenn alles vorbei ist, mußt Du Dich bekennen. Du mußt es wagen – bin ich es, die Dir Mut einhauchen muß, mein Soldat? Fordere mich vor aller Welt und halte mich für immer und ewig. ... Ich hasse jede Geheimniskrämerei – letzten Endes würde ich untergehen, mich selbst hassen und sterben. Aber ich kann offen zu Dir kommen, damit kann ich leben, denn was habe ich schon zu verlieren? Für mich heißt es, alles oder nichts. Ich atme, denke und bewege mich in Dir. Glaubst Du, daß Du das schaffen kannst, wagst Du es? Wenn alles vorüber ist und Du Deine augenblickliche Arbeit gut hinter Dich gebracht hast, wirst Du es dann für mich wagen? Anders geht es nicht. Ich kann ohne Dich nicht leben ...

Die Menschen, die mich lieben, würden in jedem Fall zu mir halten, wenn ich so handeln würde – ich kenne sie. Aber sie würden mich nicht verstehen, wenn ich sie belüge. Letzten Endes würde man mich ja doch dabei erwischen. Aber selbst das nähme ich in Kauf, so wie ich auch alle möglichen Tricks bis zum bitteren Ende anwenden würde ... Wenn Du an Ehre denkst, dann ist das Ehre und alles andere unehrenhaft. Wenn es Treue ist, an die Du denkst, dann ist dies Treulosigkeit – sei der Liebe treu ... Da ich alles erhobenen Hauptes und ohne Ausflüchte durchstehen möchte, könnten wir letzten Endes vielleicht sogar heiraten. Ich rechne nicht damit, aber für mich wäre das besser, bedeutend besser ...

Nun hör zu – ich werde Dir so nicht mehr schreiben ... ich komme jetzt zum Ende. Wenn Du mich liebst, dann nehme mich so – wenn Du mich nur für eine Stunde begehrst, dann laß uns diese Stunde genießen. Ich bin bereit, die Rechnung zu zahlen. Und ich habe Dir den Preis genannt. Was auch immer geschehen mag, wie auch immer Du Dich entscheidest, ich werde zu Dir kommen und es annehmen – ich habe keine Angst, jene Grenze zu überschreiten ... Aber verfehle das Lagerfeuer nicht, das in diesem Brief brennt – eine klare Flamme, eine leuchtende Flamme, die von meinem Leben genährt wird.«

Zu ihrem großen Schrecken sah Gertrude sich bald darauf mit der Person konfrontiert, die sie am wenigsten zu sehen wünschte: Dicks

Frau erschien in ihrem Büro in Boulogne. Beide hatten seit ihrer Begegnung in der Türkei miteinander korrespondiert, jetzt aßen sie gemeinsam zu Mittag und redeten beiläufig über ihre Arbeit. Judith gab keinen Hinweis darauf, daß sie etwas über die Beziehung zwischen ihrer Freundin und ihrem Mann wußte, aber das Treffen nahm Gertrude arg mit. Sie flehte Dick an, seine Frau daran zu hindern, sie noch einmal zu besuchen. »Ich war in einer fürchterlichen Situation«, schrieb sie ihm, »hilf mir, damit ich so etwas nicht noch einmal erleben muß.« Sie fühlte sich hin und her gerissen zwischen Reue, Begehren und Schuld. »Vergiß mich nicht – Du wirst mich doch nicht verlassen? Das ist nicht möglich. Das ist Folter, ewige Folter, an die man sich vielleicht gewöhnt. O mein Liebster, und es könnte Ekstase sein.«[3]

Immer wieder mußte sie über das nachdenken, was sich in den vier wunderbaren, entsetzlichen Tagen in England ereignet hatte. Sie fragte sich, was sie getan hatte, und versuchte, ihre Gefühle mit ihrem Verhalten in Einklang zu bringen. Früher hatte sie Angst vor einer Schwangerschaft gehabt, jetzt wäre sie für sie ein Segen gewesen. Gertrude, die jahrelang Atheistin gewesen war, schien plötzlich gläubig geworden zu sein: »Angenommen, das andere wäre passiert, das, wovor Du solche Angst hattest – das, wovor auch ich etwas Angst hatte –, *das* hätte Dich in jedem Fall zu mir zurückgebracht. Und wenn das, wovor Du solche Angst hattest, passiert wäre, würde ich den Herrn preisen und hätte vor nichts mehr Angst ... Es wäre nicht nur das größte Geschenk, das ich Dir machen könnte – sogar noch größer als die Liebe –, sondern auch eine göttliche Erfüllung für mich, ein neues Leben, in Ekstase entstanden, etwas, das man mit der gleichen Inbrunst verehren kann, mit der man den Schöpfer verehrt, etwas, für das man leben kann.«[4]

Ihre Briefe erreichten ihn auf dem Weg zur Front. Nachdem die Türkei sich mit Deutschland verbündet hatte, reagierten die Briten sofort. Sir Winston Churchill, Erster Lord der Admiralität, entwickelte eine Strategie, mittels der den türkischen Streitkräften der Weg nach Bagdad abgeschnitten werden sollte. Dreißigtausend australische und neuseeländische Soldaten landeten über Nacht in Gallipoli. Sie sollten die Dardanellen für die britischen Truppen öffnen, Konstantinopel einnehmen, die russischen Verbündeten mit Nachschub versorgen und verhindern, daß die Deutschen den Türken Beistand leisteten. Dick Doughty-Wylie, der seit seiner Zeit als Vizekonsul in Anatolien mit türkischen Verhältnissen vertraut und für seinen heldenhaften Einsatz bei der Rettung der Armenier hoch dekoriert worden war, gehörte zu jenen britischen Offizieren, die den Angriff führen sollten.

Während er sich Mitte März 1915 auf dem Weg zu den Dardanellen befand, bat man Gertrude, dem Kriegsministerium ihre unveröffentlichten Karten von Syrien zu überlassen. Ende des Monats wurde sie nach London eingeladen, wo sie die Regierung über die Situation im Mittleren Osten informieren sollte. Dann setzte sich Robert Cecil, einer ihrer Freunde und Direktor des Roten Kreuzes, dafür ein, daß man ihr die Leitung des Hauptbüros des Roten Kreuzes in England übertrug. Wieder einmal waren ihre Tage lang und mühsam, und wenn sie von dem grauen Stadthaus in der Sloane Street 95 zu ihrem Büro im Norfolkhaus nahe dem Piccadilly Circus ging, mußte sie ständig an Dick denken.

Kurz bevor seine Soldaten an Bord der Truppentransporter gingen, die sie nach Gallipoli brachten, bekam sie einen Brief von Doughty-Wylie – und da wußte sie, daß er sie immer noch von ganzem Herzen liebte: »So viele Erinnerungen, meine geliebte Königin, an Dich und Deine wunderbare Liebe, an Deine Küsse, Deinen Mut und an die wunderschönen Briefe, die Du mir geschrieben hast, die Dein Herz an mein Herz geschrieben hat – diese Briefe, von denen ich einige in meinem Gepäck habe, sind wie Blutstropfen.«

Für Gertrude kam ihre Liebe einem Schöpfungsakt gleich. Am 2. April vertraute sie ihm an: »Zwischen Dir und mir gibt es ein ewiges Geheimnis. Niemand kennt die Frau, die Dich liebt, und niemand wird sie je kennenlernen. Mit Leib und Seele ist sie ein anderes Wesen als das, was sich hier auf der Erde unter den Augen der Menschen bewegt – neu geboren und neu geformt aus unserer gemeinsamen Liebe. Nur Du kennst sie und hast sie gesehen ... Du hast ihr Leben eingehaucht, aber ich habe sie erschaffen, Knochen für Knochen. Da Du sie gezeugt hast, darfst Du sie auch lieben, ohne Angst haben zu müssen. Und das wirst Du auch ...«[5]

Von der Front kamen nur spärliche Nachrichten. Die Zensur des Kriegsministeriums fing alle Berichte ab, die in irgendeinem Zusammenhang mit den Kriegsereignissen standen, Briefe, die England erreichten, waren so mit Tinte geschwärzt, daß man außer der Anrede und den Grüßen kaum noch etwas lesen konnte. Am 1. Mai 1915 erfuhr Gertrude auf einer Party bei Freunden in einem beiläufigen Gespräch Neuigkeiten aus Gallipoli, die ihr einen Schock versetzten. Die Landung hatte unter keinem günstigen Stern gestanden. Es war dem australisch-neuseeländischen Expeditionskorps nicht gelungen, den Gegner zu überraschen: Beim Einlaufen in die Bucht wurden sie von türkischen Truppen sofort mit Maschinengewehrfeuer belegt. Dabei war Dick Doughty-Wylie durch einen Kopfschuß getötet worden.

Gertrude war wie gelähmt. Unauffällig verließ sie die Abendgesellschaft und lief, so schnell sie konnte, zu Elsa, ihrer jüngeren Schwester. Diese hatte noch Monate zuvor versichert, daß Gertrude sich trotz aller Schwierigkeiten richtig verhalten habe. Erst als sie in der Wohnung ihrer Schwester war, ließ sie ihren Tränen freien Lauf.

Nach einer Weile hörte sie auf zu weinen und wurde ganz ruhig, aber schon ein paar Minuten später verlor sie erneut die Beherrschung. Sie war schon früher mit dem Tod konfrontiert worden: Mit drei Jahren hatte sie ihre Mutter verloren, mit fünfundzwanzig Henry Cadogan, ihren Verlobten, und mit dreißig fast zur gleichen Zeit ihre Lieblingstante Mary Lascelles und ihre beste Schulfreundin Mary Talbot. Der Verlust von Dick Doughty-Wylie war jedoch mehr, als sie ertragen konnte. Ihr war das größte Geschenk genommen worden, das sie je vom Leben bekommen hatte. Sie konnte sich kaum noch beherrschen, mußte mit irgend jemandem über Dick reden. Sie vertraute sich ihrem Freund Domnul, Lord Robert, ihren Schwestern Elsa und Molly und ihrer Freundin Elizabeth Robins an. Und niemand verriet ihr Geheimnis. Aber weder ihre Freunde noch die anderen Familienmitglieder konnten sie trösten. Tagelang wollte sie außer Domnul niemanden sehen. »Ich kann den Schmerz nur ertragen, wenn ich allein bin«, schrieb sie an Lisa Robins.[6]

Für ein paar Tage zog Gertrude sich nach Rounton zurück. Das vertraute Nest im Nordosten war für sie immer ein Ort gewesen, der ihr schmerzvolle Erfahrungen erleichtern half. In den Gärten fand sie neue Kraft. Hier war ihr England, eine Festung aus Blättern und blühenden Birnbäumen. Hier war sie zu Hause. John Ruskin, ein Freund ihres Großvaters, hatte einmal geschrieben: »Ein Ort des Friedens, hier ist man nicht nur vor Verletzungen, sondern vor allen Schrecken, Zweifeln und Trennungen geschützt.« In ihrer Kindheit war Rounton das Zuhause ihrer Großeltern gewesen, es war ein Ort, der einem Kind, das schon mit drei Jahren Schwarz tragen mußte, Geborgenheit vermittelte.

Jetzt, wo Hugh und Florence bei ihr waren, um sie zu trösten, versuchte Gertrude, wieder zu Kräften zu kommen. Mit der Zeit schien es ihr ein bißchen besserzugehen, bemerkte Florence Lisa Robins gegenüber. Sie sprach jedoch immer noch von der »Hoffnungslosigkeit der Lage«[7]. Florence brachte für eine solche Haltung wenig Verständnis auf: »Es hat keinen Sinn, sich so zu verhalten. Von englischen Frauen erwartet man, daß sie sagen: ›Sprich niemals vom Sterben.‹ Sie müssen der ganzen Nation den Rücken stärken, indem sie sagen: ›Ja, es ist sehr schlimm – aber es wird auch wieder besser werden.‹« Doch Gertrudes Schmerz war zu groß, als daß ihr solche Platitüden hätten helfen können.

Als Lisa eines Tages nach Rounton kam, ging Gertrude mit ihr im Moor spazieren. Sie vertraute ihrer Freundin an, wie sehr Dick es sich gewünscht habe, daß sie mit ihm fortzöge. Sein größter Kummer sei es gewesen, daß sie sich geweigert habe, schon mit ihm zusammenzuleben, als er noch mit Judith verheiratet war. Gertrude blieb einen Augenblick lang stehen. Um den Hals trug sie einen rosa Schal, die Arme hatte sie vor der Brust verschränkt, ihr Gesicht war angespannt – dann blickte sie auf und beschrieb einen Traum, den sie kürzlich gehabt hatte: »Ich fiel in ein dunkles, schwarzes Loch und hielt ein Schwert an meine Brust – und dann stürzten wir immer tiefer, ich und mein Schwert ...«[8]

15.

Flucht in den Osten

Im Herbst 1915 war der Himmel über London noch grauer als gewöhnlich, so als hätten ihn die feindlichen Flugzeuge und die Granaten, die vom Himmel prasselten, noch mehr verdunkelt. Das Motorengeräusch der deutschen Flieger, die an diesem Septembertag über Hampstead kurvten, nahm Gertrude, die den Angriff von Elsas Balkon aus beobachtete, gefangen. »Wir sahen nur, wie die Granaten explodierten«, schrieb sie an Florence. »Ich glaube nicht, daß sie viel Schaden angerichtet haben.«[1]

Die wenigen Zeilen, die offensichtlich in Eile hingekritzelt worden waren, ließen weder Angst noch Erleichterung erkennen. Gertrude, die für gewöhnlich lange und sehr anschauliche Briefe schrieb, war nicht mehr in der Lage, ihre Gefühle auszudrücken. Der schreckliche Verlust hatte sie betäubt. Ihre Schwester Molly notierte in ihrem Tagebuch: »Das hat ihr Leben beendet – sie sieht keinen Sinn mehr darin, Dinge zu tun, die sie früher gern getan hat ... Man kann sich nur sehr schwer vorstellen, daß sie aus den Trümmern, die ihr geblieben sind, etwas Neues aufbauen kann. Sie ist weder glücklich noch freundlich. Statt mit zunehmendem Alter sanfter zu werden, hat der Kummer alle Quellen ihrer Freundlichkeit versiegen lassen.«[2]

Freunde konnten sie kaum trösten, und so wie sie es früher genossen hatte, wenn sie allein war, sosehr litt sie jetzt unter der Einsamkeit. »Es ist unerträglich«, schrieb sie an Florence, »daß ich mich in meiner eigenen Gesellschaft nicht mehr wohl fühle, so wie es früher war, aber ich kann mich einfach nicht vor meinen eigenen Gedanken schützen, die immer unerträglicher werden.« England war für sie nur noch der Ort, wo man ihr Herz gebrochen hatte, und die feuchtkalte Luft umklammerte sie förmlich.

Im November 1915 weitete sich der Krieg gegen die Türken aus und umfaßte im Osten bereits das Gebiet zwischen Gallipoli und Mesopotamien. Gertrudes sehnlichster Wunsch war es, in den Mittleren Osten zurückkehren zu können. Bestärkt wurde sie darin durch die Menschen, das Klima und die Spannungen in der Region, doch die Regierung verweigerte ihr die Ausreise mit der bekannten Begründung, daß die gegenwärtige Situation dort für eine Frau viel zu gefährlich sei. Als sie jedoch Mitte des Monats ihr Büro im Norfolkhaus betrat, nahm sie ihre Freundin Janet Hogarth beiseite und erklärte ihr aufgeregt: »Ich habe Nachricht von David. Er sagt, jeder könne Vermißte suchen, aber nur ich sei fähig, den Norden Arabiens zu topographieren. Nächste Woche reise ich ab.«

David Hogarth war in Kairo Leiter einer kleinen Abteilung des militärischen Geheimdienstes – ein paar Offiziere, Archäologen und Journalisten –, die erst ein Jahr zuvor eingerichtet worden war und deren Aufgabe darin bestand, Nachrichten zu koordinieren. Wie Gertrude hatten diese Leute das Foreign Office früher mit wichtigen Informationen aus ihrem jeweiligen Arbeitsgebiet versorgt. Da der Krieg sich ständig weiter ausbreitete, war man dringend auf aktuelle Neuigkeiten über die Araber angewiesen. Hogarth hatte aus diesem Grund Reginald Hall, den Leiter der »Naval Intelligence« (Nachrichtendienst der Marine) gedrängt, Gertrude als Spionin zu rekrutieren.

Auf diesen Augenblick hatte sie schon lange gewartet: Nach über einem Jahr, das sie mit Büroarbeit förmlich »totgeschlagen« hatte, konnte sie endlich wieder in den Teil der Welt zurückkehren, in dem sie wirklich willkommen war. Außerdem spielte sie diesmal nicht nur die Rolle einer Beobachterin, sondern war auch selbst beteiligt. Jetzt war sie keine lästige Touristin mehr, sondern eine erfahrene Praktikerin, auf welche die britische Regierung nicht verzichten konnte, obwohl ebenjene Regierung noch zwei Jahre zuvor mit allen Mitteln versucht hatte, sie daran zu hindern, nach Arabien zu reisen. Diesmal würde man ihre Reisekosten übernehmen und ihr zusätzlich eine Aufwandsentschädigung zahlen. »Ich glaube, es ist richtig, wenn ich das Angebot annehme, meinst du nicht auch?« fragte sie ihren Vater.

In ihrem Haus in der Sloane Street packte Marie, ihr Dienstmädchen, den Schrankkoffer mit entsprechender Kleidung für die kühlen Abende in Kairo und Sonnenschirmen, die sie vor der heißen Sonne Ägyptens schützen sollten. Eine Woche später, als Kleider, Bücher und Toilettenartikel verstaut waren, verabschiedete sich Gertrude von Florence und Hugh. Sie wußte weder, wie lange sie wegbleiben würde, noch wohin ihre Reise sie nach Ägypten noch führen würde. Aber sie war zufrieden.

In Hochstimmung begab sie sich am 19. November 1915 in Southampton an Bord der *S. S. Arabia*. Von Marseille bis Port Said war das Wetter stürmisch, das Schiff rollte Tag und Nacht so stark, daß die meisten Passagiere seekrank wurden. Es war eine »schreckliche Reise« berichtete Gertrude, aber sie hatte »triumphierend« durchgehalten. Am Abend des 25. November, also fünf Tage später, lief das Schiff in Port Said ein. Am folgenden Nachmittag war Gertrude bereits in Kairo und freute sich auf das Wiedersehen mit ihrem alten Mentor David Hogarth. Als sie zu ihm kam, stand an seiner Seite sein Assistent, ein blonder, blauäugiger junger Mann namens T. E. Lawrence.

»Gerty!« rief der junge Mann.

»Mein lieber Junge!« begrüßte Gertrude ihn. Lawrence – wie üblich sehr salopp gekleidet – war gekommen, um sie in Ägypten willkommen zu heißen. Sie fuhren durch die staubigen Straßen, und Gertrude spürte wieder jene typisch levantinische Atmosphäre, ein Menschengemisch aus Beduinen, türkischen Händlern, jüdischen Kaufleuten, sudanesischen Dienstboten, britischen Beamten und Soldaten, die von Gallipoli zurückbeordert worden waren. Schließlich erreichten sie das Hotel Continental im eleganten Viertel Ismailia, wo Hogarth und Lawrence untergebracht waren.

Gertrude betrachtete die üppigen Gärten und die luxuriöse Umgebung, eine eigenartige Kombination von englischem Kitsch und orientalischer Eleganz, und beobachtete die Gäste, die auf der Veranda Pfefferminztee tranken. Ägyptische Pagen in einer Art langer Nachthemden kümmerten sich um ihr Gepäck und halfen ihr, sich in ihrem Zimmer – schon eher eine modern eingerichtete Suite mit einem Bad und einem überdachten Balkon – häuslich einzurichten. Sie zog sich um und ging zum Abendessen nach unten, diesmal als Stabsoffizier des militärischen Geheimdienstes. Es gab viel zu besprechen, und als man nach dem Essen beim türkischen Mokka saß, zündete Gertrude sich eine Zigarette an und berichtete den beiden von der Heimat, während Hogarth ihr einen Überblick über ihre zukünftige Tätigkeit gab und Lawrence sie mit dem lokalen Klatsch amüsierte.

Am nächsten Morgen gab sie ein dringendes Telegramm nach Hause auf: »Schickt mir bitte umgehend meinen neuen weißen Rock und das rote Chiffon-Abendkleid.« Dann machte sie sich an die Arbeit.

Das Büro des militärischen Geheimdienstes, das wenig später in »Arabisches Büro« umbenannt werden sollte, befand sich in drei Zimmern des nahe gelegenen Hotels Savoy. In Friedenszeiten war das Hotel Treffpunkt eleganter Damen und Herren gewesen, jetzt diente es dem Kriegsministerium als Hauptquartier. Es wimmelte von Briten in Khakiuniformen – Offizieren mit hohen Wildlederstiefeln und den typischen Stöckchen unter dem Arm. Gertrude durchschritt mit ihrem Federhut hocherhobenen Hauptes und sehr selbstbewußt die Flure des Savoy, aber ihre Stimmung wurde durch den eisigen Empfang, den man ihr bereitete, ziemlich gedämpft: »Die Militärs sind hier ziemlich verärgert, weil sei nicht wissen, wie sie sie behandeln sollen und an was man sie heranlassen darf«, hatte Hogarth seiner Frau ein paar Tage vor Gertrudes Ankunft geschrieben. »Ich habe es ihnen gesagt, aber ich bin sicher, sie wird das selbst in Ordnung bringen. Die brauchen sich keine Sorgen zu machen!«[3]

Er hatte recht: Gertrude ließ sich nicht beirren. Sie ignorierte das Mißtrauen der Offiziere und machte sich sofort an die Arbeit. Nach Monaten schwerer Depressionen kehrte zum erstenmal wieder ihre alte Begeisterung zurück. Sie war in ihrem Element und versuchte wie ein Schulmädchen, sich in dieser Männerwelt durch besondere Leistungen hervorzutun. Endlich hatte sie nicht mehr das Gefühl, ein Ballon zu sein, aus dem die Luft entwichen war. Statt dessen schwebte sie immer höher über den Köpfen der anderen. Am 30. November 1915, ein paar Tage nach ihrer Ankunft, schrieb sie Florence einen begeisterten Brief: »Es macht richtig Spaß.« Und am selben Tag schrieb Hogarth an seine Frau: »Gertrude ist auf dem besten Weg, den Laden hier zu übernehmen.«

Sie mußte zwar immer noch scheele Blicke von den Militärs in Kauf nehmen, stieß aber auch auf freundliche Reaktionen. Die meisten Mitglieder des Abwehrdienstes – wegen ihrer unorthodoxen Arbeitsweise nannte man sie die »Intrusives« (Störenfriede) – waren alte Bekannte von ihr, die im Dezember 1914 in Kairo eingetroffen waren, um dort neue Aufgaben zu übernehmen: Lawrence kam von seinen Ausgrabungen in Karkemisch und zeichnete nun Landkarten und schrieb geographische Berichte. Leonard Woolly, ein weiterer Archäologe aus Oxford, der ebenfalls in Karkemisch gearbeitet hatte, war für die Propaganda zuständig. Dann gab es dort noch verschiedene Freunde aus der Botschaft in Konstantinopel: Wyndham Deedes, Türkeiexperte, hatte nach ihrer Reise nach Hail ihren Bericht bekommen, George Lloyd, ein Freund der Familie und Finanzexperte, hatte ihr vor Jahren ihren treuen Diener Fattuh vermittelt. Dann Philip Graves, der Korrespondent der *Times,* von dem sie in Konstantinopel oft zum Dinner in seinem Haus eingeladen worden war, und verschiedene Leute, die sie auf ihren ersten Reisen kennengelernt hatte: Mit dem brillanten Aubrey Herbert, einem Mann, der mindestens sieben Sprachen beherrschte, hatte sie 1903 auf ihrer Reise um die Welt in Japan zu Mittag gegessen, und auch der pragmatische Mark Sykes, der inzwischen für das Kriegsministerium arbeitete und Fakten sammelte und den sie 1905 in Jerusalem kennengelernt hatte, zählte dazu. Dann der hochgebildete Ronald Storrs, der Orient-Sekretär in Ägypten gewesen war und seine Position folgendermaßen beschrieb: »Ich bin für England Augen, Ohren, Interpretation und Geheimdienst ... und vieles mehr.« Kommandeur war General Gilbert Clayton, eine Vaterfigur, der fest an einen Aufstand der Araber gegen die Türken glaubte. Seit November 1914 hatte er diesen Gedanken verfolgt und den Herrscher von Asir, in der Nähe des Jemen, in dieser Hinsicht ermutigt.

In den Büros herrschte eine hektische Betriebsamkeit: Ständig liefen Leute hin und her, Telefone klingelten unablässig, und die ganze Atmosphäre war extrem spannungsgeladen.

Im Mittleren Osten hatte der Krieg mit der Schlacht von Gallipoli begonnen. Sie war ein strategischer Versuch gewesen, die Türken in Schach zu halten, bevor sie mit zwei größeren Angriffen beginnen konnten: den einen auf Ägypten und den Suezkanal, den anderen auf Mesopotamien (Irak) und die nahe gelegenen Ölraffinerien in Abadan am Persischen Golf. Zunächst hatte sich der Geheimdienst in Kairo auf Gallipoli konzentriert: Man wollte wissen, wie stark die türkische Armee in den Dardanellen war und wo genau die Truppen lagen, wer sie kommandierte und über welche Waffen sie verfügten. Nach dem Debakel von Gallipoli hatte sich das Interesse des Geheimdienstes jedoch auf Mesopotamien, Arabien und den Golf verlagert.

Erfolg oder Mißerfolg hingen von der Hilfe der Araber ab. Vor Jahren hatte Gertrude sich noch verächtlich über die Einheit der Araber geäußert und die Existenz eines arabischen Nationalismus bestritten. Aber verschiedene Faktoren hatten für einen Gesinnungswandel der Araber gesorgt und die Entstehung einer nationalistischen Bewegung gefördert. Die zunehmende Labilität des Osmanischen Reichs hatte den Sultan dazu veranlaßt, seinen Anspruch auf das Amt des Kalifen, des obersten muslimischen Geistlichen, erneut geltend zu machen, was für die arabischen Religionsführer eine Bedrohung darstellte. Da er sich Sorgen wegen der Konkurrenz seitens der Araber machte, hatte er sogar den Scherifen Hussein, den Wächter der heiligen Stätten in Mekka und Medina und Oberaufseher der Pilgerfahrten, nach Konstantinopel ins Exil geschickt. Aufgrund des desolaten Zustands der türkischen Wirtschaft litten die Araber außerdem unter Steuererhöhungen und einer galoppierenden Inflation. Darüber hinaus war die türkische Armee, die zu viele kostpielige Kriege geführt hatte, dazu übergegangen, Araber zwangsweise einzuziehen. Und in Konstantinopel hatten die türkischen Reformer eine »Türkifizierung« der osmanischen Welt erzwungen: Anstelle des Arabischen war Türkisch zur offiziellen Landessprache erklärt worden, worüber sich die Bevölkerung des gesamten Reichs, die zum größten Teil arabisch sprach, empörte. Studenten und Gelehrte betrachteten das Arabische als die Sprache der Gebildeten, und für die Moslems war es die Sprache des Islam. Die Reformer verboten die Bildung neuer politischer und ethnischer Organisationen und schlossen alle existierenden nichttürkischen Clubs, was weitere empörte Reaktionen zur Folge hatte und die arabischen Aktivisten in den Untergrund trieb. Da England inzwischen der Türkei den Krieg erklärt hatte, wurden die arabischen Nationalisten als potentieller Verbündeter angesehen.

In Wirklichkeit waren die arabischen Stämme jedoch hin- und hergerissen: Einerseits wollten sie sich mit den Türken verbünden (die zwar eine ungeliebte Besatzungsmacht, aber auch Moslems waren), andererseits mit den Engländern (die neue Machtverhältnisse schaffen würden, aber leider Christen, also Ungläubige, waren). Man befürchtete sogar, daß die Araber zum heiligen Krieg gegen die Briten und Franzosen aufrufen könnten. Wenn es dagegen dem Geheimdienst gelingen sollte, die richtigen Araber zu finden – starke Führerpersönlichkeiten, die nach Unabhängigkeit strebten und mit den Briten sympathisierten –, ließe sich vielleicht ein Aufstand gegen die Türken organisieren: ein Gedanke, der schon seit einiger Zeit in den Köpfen der Briten herumspukte. Im Februar 1914 war ein Sohn des Scherifen Hussein von Mekka nach Kairo gekommen, um dem britischen Hochkommissar Lord Kitchener seine Aufwartung zu machen und herauszufinden, ob er gegebenenfalls bereit wäre, einen arabischen Aufstand gegen die Türken zu unterstützen. Kitchener hatte sich damals auf keinerlei Zusage eingelassen, Gertrude dagegen hatte im selben Jahr die große Bedeutung einer solchen Revolte erkannt und im September 1914 nach ihrer Rückkehr aus Hail in einem offiziellen Bericht ihre Ansicht dargelegt: »Ich bin der Meinung, daß wir den Türken am Golf die Hölle heiß machen könnten ...«

Der Schlüssel zum Erfolg lag in den Informationen.

Eine Zeitlang war T. E. Lawrence mit der Aufgabe betraut, Daten über die arabischen Stämme zu sammeln. Das Büro verfügte über Informationen über die Bevölkerung in Westarabien und in der Hedschas, wo der Scherif Hussein von Mekka über sechshunderttausend Mitglieder der Harb-Konföderation herrschte. Aber es war kaum etwas über die Stämme im Irak bekannt, am Golf oder in der Nedschd. Gertrude war eine ausgezeichnete Expertin, sie wußte mehr über die maßgeblichen Persönlichkeiten und die Politik der Araber im Norden und in Zentralarabien als jeder andere (außerdem war sie die letzte Europäerin, die diese Region besucht hatte), ganz abgesehen von den Erfahrungen mit den Stämmen in Syrien und Mesopotamien (Irak), die sie auf ihren sechs langen Wüstendurchquerungen gesammelt hatte. Mr. Lorimer, der britische Repräsentant in Bagdad, hatte einmal gesagt, er habe »keinen Menschen kennengelernt, dem die einzelnen Nationen vertrauter gewesen« wären als Gertrude.

Sie setzte sich sofort an ihren Schreibtisch in Hogarths Büro und ergänzte so schnell wie möglich die Unterlagen mit den fehlenden Informationen. Ein paar Wochen später bekam sie ihr eigenes Büro und beschäftigte sich mit den einzelnen Stämmen, während Lawrence zumeist »Aktenvermerke über Eisenbahnen, Truppenbewegungen, die Beschaffenheit des Landes, das Klima und die Zahl der Pferde, Kamele oder Schafe oder ihrer Flöhe machte ... und dann zeichnete er Karten, in die er alle diese Dinge eintrug«[5].

Gertrude arbeitete jeden Tag bis sieben Uhr abends an der Katalogisierung der einzelnen Clans. Überall lag Papier, der Aschenbecher quoll über, aber ihre besondere Begabung für Details erwies sich als großer Gewinn: Sie protokollierte alles, was sie über die einzelnen Stämme und die Wüste wußte, sie erinnerte sich an die Lagerplätze, die Brunnen, die Eisenbahnstrecken, die Topographie des Terrains, die Anzahl der Mitglieder eines Stammes, ihre Herkunft und ihre Scheichs. Sie verfaßte Analysen ihrer Persönlichkeiten und bewertete ihre politischen Bündnisse. Manche bekämpften sich gegenseitig, andere waren zwar Freunde, rivalisierten aber miteinander. Den einen konnte man vertrauen, anderen nicht. Einige verloren zunehmend an Macht, andere stiegen auf. Manch einer, so schrieb sie, wie zum Beispiel Scheich Ibn Raschid, dessen Herrschaftsbereich nahe der Grenze zu Mesopotamien lag und dessen Hauptquartier in Hail einst das Zentrum der Aktivitäten zur Wahrung der Interessen des osmanischen Einflusses in Arabien gewesen war, hatte sich von den Türken die Taschen füllen lassen. Und dann gab es noch Ibn Saud und den Scherifen Hussein von Mekka, zu jener Zeit »die mächtigsten Scheichs in Arabien«, deren Autorität in der Wüste jedoch immer sehr auf die jeweilige Person bezogen und nie von Dauer gewesen war. Beide beäugten einander »mit Furcht und Eifersucht«.

Ein großer Teil dessen, was sie zu Papier brachte, stammte aus ihren eigenen Erkenntnissen. Was ihr an Informationen fehlte, erfuhr sie von arabischen Nationalisten, die sie in ihrem Büro aufsuchten und britische Unterstützung erbaten. »Sie kommen zu mir und bleiben stundenlang sitzen«, erklärte sie Lord Robert Cecil (der inzwischen stellvertretender Außenminister geworden war) in einem unzensierten Brief. Mit ihrer Hilfe korrigierte sie die Namen der Orte, Personen und Stämme und erfuhr im Verlauf der Gespräche etwas über »Menschen, die nah oder weit entfernt lebten und für uns bisher kaum mehr als Schatten gewesen waren«. Einige der Nationalisten stammten aus Arabien und waren Anhänger des Scherifen Hussein, andere, wie zum Beispiel Asis al Masri, lebten in Ägypten und waren absolut antitürkisch. Andere wie der listige Saijid Talib aus Basra, der dreiste Scherif Muhammad al-Faroki, der gebildete Nuri Said und der Militärexperte Dschafar al-Askari waren Mesopotamier, Offiziere der osmanischen Armee, in der sich eine irakische Geheimorganisation gegen die Türken gebildet hatte. Gertrude erinnerten die Gespräche an ihre früheren Reisen, und sie genoß die Diskussionen. »Es macht mir großen Spaß«, schrieb sie.

Jeden Morgen nahm sie eine Stunde Sprachunterricht bei einem arabischen Privatlehrer. Er war »ein charmanter kleiner Mann«, mit dem sie sich auf den Balkon setzte, wo sie lasen oder Konversation übten und sich dabei über Leute und Orte unterhielten, die sie kannte. Den Rest des Tages verbrachte sie in ihrem Büro, aber schon wenige Wochen nach ihrer Ankunft in Kairo schrieb sie Florence enttäuscht: »Zu meinem großen Leidwesen reist Mr. Hogarth morgen ab. Er hat mich immer so freundlich unterstützt.« Am liebsten waren ihr ruhige Zusammenkünfte mit Kollegen, und wenn sie abends ins Hotel zurückkam, traf sie dort andere Bekannte, mit denen sie zu Abend aß, vor allem T. E. Lawrence. »Gewöhnlich diniere ich hier mit Colonel Wright, Mr. Lawrence und noch ein paar anderen Leuten«, berichtete sie in ihrem ersten Brief nach Hause. »Wir sitzen alle an einem Tisch.«

Obwohl Gertrude und Lawrence aus extrem unterschiedlichen Gesellschaftsschichten stammten – sie war der Sproß einer der prominentesten Familien Englands, er ein uneheliches Kind aus der unteren Mittelklasse –, waren sie sich doch sehr ähnlich. Beide waren Außenseiter, beide Einzelgänger, die sich in der Weite der Wüste wohler fühlten als in einem Salon mit vielen Menschen. Beide kamen mit den Beduinen besser zurecht als mit ihren Landsleuten. Gertrude hatte schon früher einmal geschrieben: »Im Mittleren Osten findet man ... größere Toleranz, die auf die Verschiedenartigkeit zurückzuführen ist ... Ein Europäer kann sich an den entlegensten Plätzen herumtreiben, ohne daß man ihn mit neugierigen Augen betrachtet, geschweige denn kritisiert. Man hört sich die Neuigkeiten, die er mitbringt, interessiert an, auch seine Meinung nimmt man aufmerksam auf, aber niemand wird ihn für verrückt oder eigenartig halten. Auch wenn seine Art zu handeln und zu denken anders ist als jene der Menschen, bei denen er sich gerade aufhält, versteht man ihn nicht falsch.« Mit diesen Worten beschrieb sie sich und Lawrence.

Gertrude und Lawrence waren beide Schützlinge von Hogarth und arbeiteten eng zusammen. Beim Abendessen sprachen sie über den Scherifen Hussein und überlegten sich, wie man ihn bei der Stange halten könnte. Sie verabscheuten die Franzosen und diskutierten darüber, wie sich ihr Einfluß in Syrien verringern ließe. Sie machten sich Sorgen über die Regierung in Indien und fragten sich, was die Inder dazu veranlassen könnte, einen arabischen Aufstand in der Wüste zu unterstützen. Sie unterhielten sich über die Reibereien zwischen dem Außenministerium, dem Kriegsministerium, der indischen Regierung und ihrem Kairoer Büro. Wegen der Zensur wurde kaum etwas von ihren Gesprächen in England bekannt.

Trotz der katastrophalen Niederlage von Gallipoli und obwohl der Krieg in Mesopotamien weiterging und immer noch ein türkischer Angriff auf den Suezkanal drohte, herrschte in Kairo eine ausgelassene Stimmung. Die Menschen dort waren wie Kinder, die sich einem Spiel widmeten, ohne die Ängste der Erwachsenen wahrzunehmen. Wohlhabende Zivilisten und schicke Offiziere vergnügten sich auf den Tennisplätzen, auf den Polofeldern oder auf der Pferderennbahn. Mittwoch abends ging man ins Hotel Majestic zum Tanz, das Shepheard's bot jeden Abend ein opulentes Dinner, ansonsten traf man sich auf einer mondänen Party in irgendeinem Privathaus. Kairo war in Hochstimmung. Henry McMahon, der britische Botschafter, und seine »charmante, angenehme« Frau luden Gertrude sogar ganz pauschal ein, mit ihnen zu Abend zu essen, wann immer sie Lust dazu habe.

Wenn sie bei ihnen war, unterhielt man sich zumeist über einen potentiellen arabischen Aufstand gegen die Türken. Seit Juni 1915, sechs Monate, nachdem Sir Henry McMahon als Nachfolger Lord Kitcheners in Kairo angekommen war, korrespondierte er mit Hilfe des Arabischen Büros mit dem Scherifen Hussein von Mekka. Der Scherif war einer der drei mächtigsten Männer Arabiens – neben Ibn Raschid und Ibn Saud –, und sein Herrschaftsbereich in der Hedschas erstreckte sich über den westlichen

Teil Arabiens und umfaßte die heiligen Städte Mekka und Medina, den aufblühenden Hafen von Dschidda und die Bergregion von Taif. Als Nachfahre des Propheten Mohammed und Hüter des Heiligtums in Mekka war Scherif Hussein von den drei Scheichs die wichtigste geistliche Persönlichkeit und für die Briten damit ein willkommener Verbündeter. Schon zu Kitcheners Amtszeit hatte ein ständiger Brief- und Nachrichtenaustausch stattgefunden, und jetzt schwebte McMahon auf Wolken, weil es ihm gelungen war, mit Hussein Verhandlungen aufzunehmen, denn der Scherif plante mit finanzieller Unterstützung der Briten einen Schlag gegen die Türken. Als Gegenleistung hatten die Briten ihm vage Versprechungen gemacht, die sich auf ein arabisches Königreich nach dem Krieg bezogen. Um seinen guten Willen zu beweisen, hatte McMahon dem Scherif bereits eine Akontozahlung von zwanzigtausend Pfund angewiesen.

»Die Verhandlungen mit dem Scherifen waren ... sehr geschickt geführt«, schrieb Gertrude an Lord Cecil. Sie waren in der Tat so geschickt geführt worden, daß der genaue Inhalt der britischen Zusagen einen langjährigen, erbitterten Streit zwischen den arabischen Nationalisten und den britischen Kolonialisten auslösen sollte. Aber Gertrude machte sich Sorgen wegen Hussein: »Nach allen Informationen, die wir hier bekommen, hat er inzwischen in Arabien eine beachtliche Position erlangt, aber seine Stärke beruht auf moralischem, nicht auf militärischem Gebiet«, schrieb sie und schlug vor, man solle versuchen, seinen Rivalen Ibn Saud ebenfalls auf die Seite der Briten zu ziehen. Weil sie darauf bestand und andere ihre Meinung teilten, setzten die Briten auch Ibn Saud auf ihre Lohnliste und zahlten ihm fast zehntausend Pfund pro Monat. Gegen Ende des Krieges schlug er Ibn Raschid bei Hail, entmachtete 1925 den Scherifen Hussein und wurde schließlich Herrscher ganz Arabiens.

Ein arabischer Aufstand, der vom Arabischen Büro in Kairo schon seit langem vorbereitet worden war, wurde immer wahrscheinlicher, aber »in der Zwischenzeit«, so schrieb sie Lord Cecil, mußten erst noch zwei Hindernisse beiseite geräumt werden: die

Franzosen, die einen zu großen Teil Syriens kontrollierten, und Indien, dessen Vizekönig das Oberkommando über die britischen Truppen in Mesopotamien und am Golf hatte und der kein Interesse an einem Krieg in Arabien erkennen ließ.

McMahon hatte dem Scherif gegenüber in seinen Briefen vage Andeutungen gemacht: Sein zukünftiges Königreich werde abgesehen von den Gebieten, die bereits unter seiner Herrschaft standen, Mesopotamien, den größten Teil Großsyriens einschließlich des gesamten Transjordanien und einen Teil Palästinas umfassen. Die Briten wußten jedoch genau, daß es ihnen an jeglicher Berechtigung mangelte, dem Scherif diese Territorien zu überlassen, denn schließlich hatten die Franzosen diesbezüglich auch noch ein Wörtchen mitzureden. Seit den Kreuzzügen unterhielt Frankreich enge politische und wirtschaftliche Beziehungen zu Syrien in den *Vilayets* von Aleppo, Damaskus und Beirut.

Während Sir Henry McMahon ein ziemlich verschwommenes Bild des zukünftigen arabischen Königreichs entwarf, glättete Mark Sykes die Wogen und bereitete einen Pakt zwischen den Briten und den Franzosen vor. Er war vom Außenministerium gerade erst, im Sommer 1915, für sechs Monate in die Region geschickt worden und sollte ausloten, was man dort von einem arabischen Staat in der Nachkriegszeit halten würde. Gertrude und Lawrence versuchten Sykes davon zu überzeugen, daß die Franzosen sich nur mit einem minimalen Teil der Gebiete abzufinden hätten.

Sykes, der kurz zuvor von einer Reise durch den Mittleren Osten und Indien zurückgekehrt war, sprach stundenlang mit Gertrude über die Araber und ihre Gefühle den Engländern und Franzosen gegenüber. Er stimmte Gertrude zu »... daß die Araber sich nicht selbst regieren könnten«, schrieb sie Lord Cecil, »... niemand weiß das besser als ich«. Aber sie glaubte, daß die Araber von den Engländern abhängig bleiben würden und bereit wären, sich von ihnen beraten zu lassen, wie sie ihren neuen Staat nach dem Krieg führen sollten. Ihre größte Sorge galt den Franzosen. Sie war der Meinung, daß sie die Bedürfnisse der Araber ignorierten, sie auf diese Weise provozierten und dadurch einen neuen Krieg der Araber gegen den Westen heraufbeschworen. Sie gab sich große Mühe, Sykes davon zu überzeugen, daß es besser wäre, Frankreich nach einem etwaigen Sieg lediglich einen Teil Nordsyriens und die hauptsächlich von Christen bewohnten Gebiete des Libanon zu überlassen. Doch trotz ihrer Argumente war Sykes bereit, sich nach seiner Rückkehr nach England mit dem französischen Abgesandten François-Georges Picot, der beauftragt war, Syrien vom Mittelmeer bis zum Tigris zu beanspruchen, zu einigen.

Was das Territorium (Mesopotamiens) – einschließlich Basra und Bagdad – betraf, so stimmte Sykes mit Gertrude überein. Die arabischen Nationalisten könnten den Briten zwar helfen, die Türken zu besiegen, die politische und militärische Oberhoheit in Mesopotamien und Arabien müsse jedoch bei der britischen Regierung in Indien und nicht bei der Administration in Ägypten liegen.

Im November 1914 war das indische Expeditionskorps D nach Mesopotamien abkommandiert worden, um Basra einzunehmen. Nachdem die Türken dort besiegt worden waren, rückte dieser von General Townshend befehligte Verband weiter nach Bagdad vor. Sykes war nach Delhi geschickt worden, um den Vizekönig Lord Hardinge davon zu überzeugen, daß es sinnvoll wäre, eine arabische Revolte zu unterstützen, die schließlich zur Gründung eines arabischen Königreichs unter Einbeziehung Mesopotamiens führen würde. Hardinge hielt einen solchen Aufstand jedoch für viel zu gefährlich. Großbritannien war das größte moslemische Imperium der Welt. Millionen indischer Moslems gehörten zur islamischen Gemeinschaft der Sunniten, und ihr Führer, der Kalif, war Sultan der Türkei. Hardinge befürchtete, daß die indischen Moslems seines Herrschaftsbereichs als Nichtaraber kaum für eine arabische Revolte gegen die Türken, die schließlich ebenfalls Sunniten waren, zu begeistern wären. Und sie wären vor allem sehr verärgert, wenn es in der Nähe der heiligen Stätten zu Unruhen käme. Er weigerte sich daher, eine arabische Unabhängigkeitsbewegung zu unterstützen.

Was ihn jedoch noch mehr empört hatte, war die Tatsache, daß McMahon dem Scherif Hussein Mesopotamien versprochen hatte. Basra war für die Briten als Hafenstadt lebenswichtig. Der Stadt kam eine große strategische Bedeutung zu, denn von dort aus konnten die persischen Ölfelder und die größten Ölraffinerien der Welt in Abadan überwacht werden. Außerdem lag Basra an einem strategisch wichtigen Punkt auf der Route nach Indien, und Bagdad war seit dem siebzehnten Jahrhundert ein wichtiges Wirtschaftszentrum der Briten, von dem aus der gesamte Handel in der Golfregion abgewickelt wurde. Nach Meinung britischer Beamter, die im Dienst der indischen Regierung standen, war das, was die Arabisten in Kairo schaffen wollten, ein »Frankensteinsches Monster«.

Die britische Administration in Indien wollte Mesopotamien annektieren. Vizekönig Hardinge, der sich über seine Kollegen in Kairo schwarz ärgerte, schrieb einen wütenden Brief an das Foreign Office in London: »Ich bete zu Gott, daß dieser geplante arabische Staat in tausend Stücke bricht, falls er je gegründet werden sollte. Niemand hätte sich ein Konzept für den Mittleren Osten ausdenken können, das den britischen Interessen mehr schaden dürfte. Es bedeutet nichts anderes als Mißwirtschaft, Chaos und Korruption, denn unter den arabischen Stämmen hat es noch nie so etwas wie Stabilität oder einen Zusammenhalt gegeben, und es wird ihn auch in Zukunft nicht geben … Ich kann Ihnen gar nicht sagen, für wie schädlich ich diese Einmischung und den Einfluß aus Kairo halte.«

Ende 1915 war man im Arabischen Büro der Verzweiflung nahe. Die britische Administration in Ägypten und die Verwaltung in Indien betrachteten sich inzwischen als Rivalen. Kairo kontrollierte Ägypten und den Sudan, Indien die Scheichtümer und Emirate am Persischen Golf. Beide Administrationen beschäftigten sich mit der Frage: Wer wird in Zukunft die Kontrolle über den Mittleren Osten haben? Die indische Administration wollte ihre Oberhoheit über Arabien behalten und Mesopotamien annektieren. Die ägyptische Administration plante ein arabisches Königreich, das sich von Arabien bis nach Mesopotamien (Irak) erstreckte. Es sollte zwar zur britischen Einflußsphäre gehören, jedoch nicht so stark von den Briten dominiert werden und somit bedeutend geringere Kosten verursachen.

Die Kommunikation zwischen Kairo und Delhi war empfindlich gestört, die Telegramme, die hin- und hergeschickt wurden, enthielten nur brüske Formalitäten. In einem mit der Diplomatenpost beförderten Brief an ihren Vater schrieb Gertrude: »Zwischen Indien und Ägypten gibt es ziemlich heftige Reibereien wegen der arabischen Frage. Das hat einen Mangel an Kooperation zwischen den Geheimdiensten beider Länder zur Folge, der immer schlimmer wird, je länger dieser Zustand andauert.«

Um die Pläne für einen arabischen Aufstand realisieren zu können, brauchte man in Kairo Hardinges Unterstützung. Nur der Vizekönig Indiens war in der Lage, die Soldaten, das Geld und die Waffen bereitzustellen. Es gab nur einen Menschen, dem es gelingen könnte, Hardinge umzustimmen. Gertrude hatte Hardinge schon in Bukarest kennengelernt, wo sie zusammen mit Domnul ihren Onkel, den britischen Gesandten Frank Lascelles, besucht hatte. Da Domnul, ein guter Freund Hardinges, sich zur Zeit in Indien aufhielt und an einem speziellen Regierungsprojekt arbeitete, bat ihr Chef General Clayton sie, ihn einmal aufzusuchen.

»Also werde ich ihn besuchen«, berichtete sie ihrem Vater, »obwohl es mich ein wenig nervös macht, daß ausgerechnet ich das erledigen soll ... Aber die Tatsache, daß ich keine offizielle Person bin, hat den Vorteil, daß es niemandem schadet, wenn ich keinen Erfolg habe.«

»Ich bin von einer Minute zur anderen abberufen worden, um mit einem Truppentransporter nach Suez zu fahren«, schrieb sie am 24. Januar 1916 und konnte ihre Anspannung kaum verbergen. »Ich lasse mich wirklich auf die seltsamsten Dinge ein.« An Bord der *S.S. Euripides* befanden sich zwei Bataillone, die nach Indien verlegt wurden. »Meine Katze und ich sind die einzigen Personen, die keine Uniform tragen«, schrieb sie Florence. Die Reise dauerte fünf Tage und endete in Karachi. Von dort aus fuhr sie mit dem Zug nach Delhi. Als sie an einem eiskalten Morgen dort eintraf, war sie über und über mit Staub bedeckt. Domnul, der inzwischen ein bißchen fülliger geworden war, holte sie am Bahnsteig ab.

Er brachte sie mit seinem Dienstwagen in ihr Quartier, ein luxuriöses Zelt mit einem Wohnzimmer, Schlafzimmer und Bad, und unterhielt sich mit ihr, während sie frühstückte. Kurze Zeit später erschien der Vizekönig. Gertrude vollführte einen Hofknicks und trug ihm ihr Anliegen vor. Sie schrieb aufgeregt nach Hause: »Er möchte zu gern, daß ich wieder in mein altes Jagdrevier zurückkehre«, und meinte damit den Irak.

Nach einem Mittagessen in der Residenz des Vizekönigs legte sie ihm ein Memorandum vor, in dem sie erklärte, was sie ihrer Meinung nach tun könne, um die Beziehungen zwischen Indien und Ägypten zu verbessern. Trotz all seiner Macht als Oberster Administrator Indiens wurde Hardinge ständig übergangen. In Kairo hatte man über seinen Kopf hinweg Beschlüsse gefaßt und bestimmte Aktionen in die Wege geleitet. Ihm war daher sehr daran gelegen, die Kommunikation zu verbessern, und sie machte sich mit seiner Hilfe an die Arbeit. Sie traf sich mit Mitarbeitern des britisch-indischen Geheimdienstes, die in Simla stationiert waren, wühlte sich durch alle möglichen Geheimdossiers, um ihren Bericht über die einzelnen Stämme zu ergänzen, arbeitete mit den Beamten des indischen Büros für auswärtige Angelegenheiten zusammen und vergaß dabei nie, um Unterstützung für einen Aufstand der Araber zu werben. Sie konnte sich des Eindrucks nicht erwehren, daß alle »sehr daran interessiert waren, mit mir zu reden – viel mehr, als ich erwartet hatte«. Vom britisch-indischen Geheimdienst wurde sie sogar gebeten, als Redakteurin für eine geplante Publikation, den *Gazetteer of Arabia*, zu arbeiten. Nach drei Wochen hatte sie das Gefühl, daß ihr Besuch ein Erfolg gewesen war. Stolz schrieb sie ihrem Vater: »Ich glaube, ich habe die Dinge zwischen Kairo und Delhi ein wenig zurechtgerückt.« In einem anderen Brief fügte sie hinzu: »Es ist außerordentlich wichtig, daß Indien und Ägypten eng zusammenarbeiten, denn beide haben es nur mit zwei verschiedenen Seiten ein und desselben Problems zu tun.«

Ihr größtes Interesse galt jedoch Mesopotamien. In einer Notiz an Captain Hall, den Leiter des Geheimdienstes der Marine, schrieb sie: »Ich kann mich noch gut daran erinnern, wie Sie auf einer Landkarte mit dem Finger auf die Gegend von Bagdad deuteten und sagten, daß eine erfolgreiche Beendigung des Krieges davon abhinge, was wir dort unternähmen. Sie sind einer der Männer, die begriffen hatten, wie ernst die Probleme sind, die dort auf uns warten.«

Jedenfalls konnten die Briten nicht auf den Irak verzichten. Von seinen Getreideressourcen konnte die Armee ernährt, mit seinem Öl die Marine versorgt werden, und außerdem lag das Land genau in der Mitte des Landwegs nach Indien. Indem die Briten eine Revolte der Araber gegen die osmanische Armee unterstützten, hofften sie, daß es ihnen gelänge, die Türken in Mesopotamien aufzuhalten. Nachdem sie es tatsächlich fertiggebracht hatte, die Kommunikationsschwierigkeiten zwischen Indien und Ägypten zu beheben, verabschiedete sich Gertrude Ende Februar 1916 von Domnul und Hardinge und fuhr von den guten Wünschen des Vizekönigs begleitet mit dem Schiff nach Basra.

Wegen ihrer Lage an der äußersten Spitze des Golfs, an einer Stelle, wo der Irak, Kuwait, Arabien und Persien aneinandergrenzten, war diese Stadt ein idealer Horchposten, und es gab kaum eine Person, die dafür geeigneter gewesen wäre als Gertrude. Hardinge hatte ihr aufgetragen, in den nächsten Wochen Informationen über die Araber zu sammeln und die Funktion eines Verbindungsoffiziers zwischen dem britischen Geheimdienst in Kairo und dem Geheimdienst in Delhi zu übernehmen.

Sie sollte Auge, Ohr, Mund und Hand Großbritanniens sein. Sie sollte aufpassen und zuhören, mit den Arabern im Irak reden und sie bei Laune halten. Ihre Aufgabe bestand darin, die arabischen Stämme davon zu überzeugen, daß es für sie vorteilhaft sei, mit den Briten zusammenzuarbeiten. Gleichwohl war es kein offizieller Auftrag.

16.

Eine »außergewöhnlich kluge Frau«

Der britische Truppentransporter ließ das feuchtschwüle Klima von Karachi hinter sich und überquerte den Indischen Ozean in Richtung Persischer Golf, wo weniger extreme Witterungsbedingungen herrschten. Gertrude konnte die Küste Kuwaits, das seit 1899 durch einen Schutzvertrag mit England verbündet war, und den Frischwasserhafen vorbeiziehen sehen. Danach passierten sie Abadan und die Ölraffinerie der Anglo-Persian Oil Company, deren Öl hauptsächlich als Treibstoff für die britischen Kriegsschiffe verwendet wurde. Dann glitt das Schiff über das gelbe Wasser des schmalen Schatt al-Arab, der die gemeinsame Mündung von Euphrat und Tigris und den Zugang zum lebenswichtigen mesopotamischen Hafen, Basra, bildete.

Gertrude stand an der Reling und genoß den Anblick der ihr vertrauten Küste mit ihren malerischen Dattelpalmen, den Hütten der Einheimischen und den von Lehmmauern umgebenen Gärten mit den Aprikosenbäumen. Die Menschen siedelten schon seit Tausenden von Jahren am Ufer des Flusses. Sie hatten gelernt, die Fluten zu zähmen, und lebten von dem, was der fruchtbare Boden hergab: Reis, Gerste, Weizen, Mais, Datteln und Baumwolle. »Es besteht kein Zweifel, daß der fruchtbare Boden der Grund ist, warum hier die erste Zivilisation entstanden ist«, schrieb Gertrude, als sie das Ufer zum erstenmal sah. Ganz in der Nähe befand sich der biblische Garten Eden, aus dem Adam und Eva vertrieben worden waren, und hier hatte Noah seine Arche gebaut. In der Blütezeit Babyloniens war hier der Turm von Babel entstanden, und die Sumerer hatten in dieser Region die erste Schrift entwickelt. Seit dem frühen Mittelalter waren etliche Eroberer mit ihren Gefolgsleuten über dieses Land aus tausendundeiner Nacht hergefallen: Zuerst hatten hier die frühen Moslems geherrscht, dann die Abbasiden, deren Reich 1258 den wilden Mongolen zum Opfer fiel. Hulagu, ein Enkel des Dschingis Khan, ließ nicht nur Bagdad zerstören, die Intellektuellen ermorden und den islamischen Kalifen umbringen, sondern darüber hinaus das ganze Land und alle Bewässerungsanlagen verwüsten. Erst im Jahre 1534, also dreihundert Jahre später, zwang Suleiman der Prächtige den Irak in die Einflußsphäre der Osmanen.

Für Gertrude war »Romantik« das Schlüsselwort für den Irak. »Wo immer Du auch hinblickst, findest Du romantische Plätze. Die beiden großen Flüsse mit den berühmten Namen, die unendlichen Ebenen Babyloniens, früher einmal der Garten der Welt und heute nur noch Wüste. Und die Geschichte, die bis in die graue Vorzeit zurückreicht – all das ist romantisch.«

Am Morgen des 3. März 1916 trat Gertrude vorsichtig auf den Kai von Basra, raffte ihre langen Röcke mit der einen Hand, während sie ihren Hut mit der anderen festhielt, und versuchte den vielen schwarzen Fliegen und den Mückenschwärmen auszuweichen. Den Hafen säumten die für Basra typischen gelben Ziegelhäuser, deren mit Kreuzlatten verkleidete Holzbalkone sich wie neugierige Gaffer über die Lehmstraßen beugten, in denen es vor Menschen wimmelte. Sie war froh, das alles wiedersehen zu können, und schrieb ihrem Vater sofort nach ihrer Ankunft: »Ich habe das Gefühl, wieder zu Hause zu sein, und bin froh darüber, obwohl alles fürchterlich schmutzig ist.« Trotzdem machte sie sich Sorgen wegen ihres Auftrags, denn sie wußte nicht, wie man sie hier empfangen würde. Würde man eine Tätigkeit für sie finden oder sie sofort wieder wegschicken? »Warten wir es ab«, schrieb sie voller Spannung.

Während der Krieg aus der Sicht von Delhi und Kairo weit weg war, stand Basra immer noch unter dem Eindruck der Kampfhandlungen. Nachdem die Briten das türkische *Vilayet* im Jahre 1914 erobert hatten, war die Regierungsprovinz mit ihren dreißigtausend Arabern britisch besetztes Gebiet geworden. In der Stadt, die von einer Militärregierung verwaltet wurde, befanden sich Tausende von britischen Soldaten. Sir Percy Cox, der oberste politische Offizier – »ein sehr bedeutender Mann«, schrieb Gertrude ihrem Vater –, hielt sich zwar gerade im Hauptquartier der indischen Administration in Bushire auf, gleichwohl wurde sie sehr herzlich empfangen. Da es in Basra nur wenige englische Ehefrauen gab und Lady Cox, der Gertrude bereits früher begegnet war, so gut wie niemanden hatte, mit dem sie reden konnte, zeigte sie ihr sofort ihr altes arabisches Haus und lud sie ein, dort zu wohnen.

Am nächsten Morgen machte sich Gertrude durch die Palmenhaine und über die Bewässerungskanäle auf den Weg zum Hauptquartier, um sich dort vorzustellen. In dem großen Ziegelbau begrüßte sie Oberst Beach, den Chef des militärischen Geheimdienstes. Außerdem erneuerte sie ihre Freundschaft mit Campbell Thompson, den sie das letztemal in Karkemisch gesehen hatte. Er war inzwischen Beachs Assistent geworden und für die Dechiffrierung türkischer Telegramme zuständig. Die beiden seien sehr herzlich gewesen, schrieb Gertrude an Florence, die restlichen Mitarbeiter hätten sich dagegen kaum Mühe gegeben, ihr Mißfallen zu verbergen.

Hardinge hatte sie im Grunde genommen ohne eine klar definierte Aufgabe nach Basra geschickt. Sie hatte weder einen Titel, noch stand sie auf der Gehaltsliste des Militärs. In der Männerwelt des »Indischen Expeditionskorps ›D‹« war Miß Bell, wie man sie nannte, nichts anderes als eine flatterhafte Person, gegen deren Einmischung man sich zur Wehr setzen mußte. Man erteilte ihr Lektionen, die sich auf das militärische Reglement bezogen, erklärte ihr, daß ihre Post streng zensiert werde, und schrieb ihr vor, wohin sie zu gehen und was sie zu tun hatte. Einer Frau, die in den Zelten vieler Wüstenscheichs willkommen geheißen worden war, verbot man, die Häuser der Eingeborenen ohne Begleitung zu betreten. Gertrude drückte ihre Zigarette aus und hörte ungeduldig zu.

Sie war für die Kommunikation zwischen Delhi und Kairo zuständig, sollte im Interesse der indischen Administration Beiträge für den *Arab Gazetteer* sammeln und für das ägyptische Büro um Unterstützung für eine Revolte der Araber werben. Das Militär in Basra (das zu den britisch-indischen Streitkräften gehörte) hatte sie jedoch bereits wissen lassen, was man von den Ideen des Kairoer Büros hielt:»Ich sähe es am liebsten, wenn es zu einem Anschluß Mesopotamiens an Indien käme, und zwar als indische Kolonie für die Inder«, hatte Captain Arnold T. Wilson im November 1914, also mehr als ein Jahr zuvor, erklärt.»Die Verwaltung sollte in den Händen der indischen Administration liegen, und die riesigen, unbewohnten Wüstengebiete könnten mit der Zeit kultiviert werden. Man sollte dort die kriegerischen Stämme des Punjab ansiedeln.« Der starrsinnige Wilson, der Stellvertreter von Percy Cox, dachte nicht im geringsten daran, Miß Bell oder die Vorschläge, die sie aus Kairo mitgebracht hatte, zu akzeptieren.

Zum Glück war Oberst Beach kooperativer. Mit seiner Hilfe erhielt Gertrude Zugang zu den Archiven des Geheimdienstes, um dort für den *Gazetteer* recherchieren zu können. Aber da sich in Basra soviel Militär aufhielt, war es schwer, ein Büro für sie zu finden. Sie war deshalb in den ersten Tagen mit ihrem Material über die Stämme, deren Namen und Heimat Teil ihres Lebens geworden waren, und Mr. Thompson in Oberst Beachs Schlafzimmer eingepfercht:»Was weder für ihn noch für uns beide sehr angenehm ist«, notierte sie trocken.

Zum Tee traf sie sich mit den politischen Offizieren – darunter der gutaussehende H. St. John Philby und der hochgewachsene, dunkeläugige A. T. Wilson – und versorgte sie mit dem neuesten Klatsch. Sie brachte sie auf den letzten Stand, was Kairo anbetraf, und berichtete ihnen Details aus den Verhandlungen zwischen Sir Henry McMahon und Scherif Hussein.»Es mangelte ihr nicht gerade an Selbstbewußtsein«, konstatierte St. John Philby in seinen Memoiren.

Später am Abend schrieb Gertrude in ihrem Zimmer bei den Cox ihrem Vater:»Ich glaube, es wird hier außerordentlich interessant.

Ich muß mir jetzt nur noch einen Diener suchen – am liebsten wäre mir natürlich Fattuh. Das Wetter ist sehr schön, aber Basra sieht vielleicht aus! Frösche und Morast, das ist der Haupteindruck. Verschlammte Bäche und jede Menge Araber – aber mir gefällt es.«

Einige Tage lang ging alles so weiter, bis am 8. März Sir Percy Cox zurückkehrte. Sie hatte ihn bereits 1902 in Indien kennengelernt und ihn 1909 bei gemeinsamen Freunden, den Ritchies, wiedergesehen. Seinerzeit hatte Sir Percy sie nachdrücklich davor gewarnt, nach Arabien zu gehen – vor allem sollte sie nicht versuchen, Ibn Raschid oder Ibn Saud zu treffen. Sie war seinem Rat gefolgt und statt dessen durch die syrische Wüste nach Uchaidir geritten. Schon damals hatte ihr Cox allen Mut genommen, und auch jetzt konnte sie die Aussicht, ihn wiederzusehen, nicht gerade beruhigen.

Er trug die Uniform eines Armeeoffiziers, aber die weißen Streifen auf dem Kragen wiesen ihn als politischen Offizier aus. Er war einundfünfzig, vier Jahre älter als Gertrude, groß, hager und machte einen vornehmen Eindruck. Er hatte graues Haar, einen stark ausgeprägten Unterkiefer, eine große Hakennase und blaue Augen, mit denen er sie offen betrachtete. Er war ein kühler, nüchterner Soldat und Politiker und hatte in Harrow und Sandhurst studiert. Seit fast zehn Jahren war er Repräsentant der indischen Administration dieser Region und hatte sich in dieser Zeit nicht nur den Respekt seiner Landsleute erworben, sondern wurde auch von den Arabern sehr geachtet. Obwohl er über Gertrude bestens informiert war, verhielt er sich ihr gegenüber nicht so väterlich wie Chirol, Hogarth oder sogar Hardinge. Er konnte das Mißtrauen, das er für ihre Kollegen in Kairo empfand, kaum verhehlen, und die Zusagen McMahons gegenüber Scherif Hussein erschienen ihm unvernünftig, wenn nicht gar skandalös. Daß man jetzt auch noch eine Frau nach Basra geschickt hatte, diente ebenfalls kaum zu seiner Beruhigung. Hardinge hatte ihm jedoch in einem Brief geraten, sie ernst zu nehmen: »Sie ist eine außergewöhnlich kluge Frau mit dem Gehirn eines Mannes.«

Als oberster politischer Offizier hatte Sir Percy die Aufsicht über die neue Verwaltung in Mesopotamien. Gute Beziehungen zu den dortigen Stämmen waren dabei eine wichtige Voraussetzung: Die Araber konnten nicht nur die Lebensmittelversorgung und Unterbringung für die Briten gewährleisten, sondern darüber hinaus auch der Armee helfen, die Türken zu schlagen. Aber die Scheichs, von denen viele ihren Reichtum den Türken verdankten, konnten sich mit diesen ebensogut verbünden, was für die Briten katastrophale Folgen hätte. Wenn es zu einem solchen Bündnis käme, würde es den Nomadenstämmen nicht schwerfallen, die britischen Nachrichtenverbindungen zu unterbrechen, die Pipelines zu sprengen und den Nachschub von Lebensmitteln und Wasser zu blockieren. Außerdem würden sie die osmanische Armee verstärken – schließlich handelte es sich bei ihnen um zigtausend Männer und Gewehre.

Man hatte bereits eine ganze Reihe frustrierender Absagen hinnehmen müssen. Als ein amerikanischer Unterhändler der Briten an einen der bedeutenden Scheichs herangetreten war, hatte der ihm gesagt: »Die Türken haben mir hundertfünfundzwanzigtausend Dollar geboten, wenn wir uns mit ihnen verbünden. Wenn die Briten mir zweihunderttausend Dollar geben, verbünden wir uns mit ihnen und sagen den Türken ab.« Als die Briten das hörten, lehnten sie sein Angebot ab, denn sie wollten sich nicht erpressen lassen. Der Scheich hatte daraufhin bedauernd den Kopf geschüttelt und gesagt: »Das tut mir leid, denn ich glaube, daß die Briten den Krieg gewinnen werden. Ich wäre lieber auf der Seite der Gewinner gewesen.«

Als man später versuchte, mit einem anderen Scheich namens Ajaimi Sadun, der über viertausend türkische Gewehre verfügte, ein Treffen zu arrangieren, zierte sich dieser mächtige Mann. Er fürchte um seinen guten Ruf, wenn er die Türken grundlos im Stich ließe. Vielleicht könnte man ja eine Entschuldigung dafür finden. Er gab zu, daß er den Türken mißtraute, aber andererseits hätten sie ihm das gesamte Land im *Vilayet* Basra, das der osmanischen Krone gehörte, versprochen. Wenn die Briten ihm jedoch zusicherten, daß sie den Krieg gewännen, würde er die Seiten wechseln, obwohl andererseits die britische Regierung eine außerordentlich unsichere Größe sei. Die Entscheidung falle ihm sehr schwer. Schließlich beschloß er dann doch, sich mit den Türken zu verbünden.

Solche Mißstimmungen trugen dazu bei, daß der britische General die Araber noch mehr verachtete. Viele von ihnen überfielen in Basra Militärdepots und taten herzlich wenig, um der Armee dabei zu helfen, die Stämme für sich zu gewinnen. Cox war der Meinung, daß das Oberkommando unfähig sei. In den letzten drei Monaten hatte das »Indische Expeditionskorps ›D‹« versucht, nach Norden in Richtung Bagdad vorzudringen – ohne ausreichende Flußtransportmöglichkeiten, Flugzeuge, Ärzte, Medikamente oder Lebensmittel. Die Einheiten mußten sich durch die Sümpfe des osmanischen Territoriums kämpfen, wo – was alles noch verschlimmerte, wie Gertrude später schrieb – die »Araber den Gewinner unterstützten« und glaubten, dies könnten nur die Türken sein. »Sie schlichen wie Schakale um unsere Truppen herum, plünderten unsere Camps, ermordeten die Verwundeten und zogen den Toten die Kleider aus.« Cox' Geduld mit der militärischen Führung, vor allem mit General Lake, der den Oberbefehl hatte, war am Ende. Da er Gertrude als eine nützliche Verbündete betrachtete, behandelte er sie mit großer Höflichkeit und versprach ihr, alle Araber, die irgendwie von Interesse sein könnten, zu ihr zu schicken.

Am Tag nach ihrem Treffen mit Cox aß Gertrude mit den maßgeblichen Kommandeuren zu Mittag. Als sie die Offiziersmesse betrat, erhoben sich General Lake, General Cowper, General Money und General Offley Shaw vom indischen Expeditionskorps in ihren gestärkten Khakiuniformen und gewichsten und gezwirbelten Schnurrbärten steif von ihren Sitzen. Erhobenen Hauptes ging sie zum Tisch, lupfte ihre Röcke ein ganz klein wenig und setzte sich hin. Wie eine langstielige Rose saß sie steif und stachlig wie beim Examen in Oxford mit den vier eisernen Männern an einem Tisch.

Über den Tisch hinweg, der mit einem riesigen Damasttischtuch bedeckt war, hoben sie ihre Gläser und tranken einander mit von den Deutschen erbeutetem Rheinwein zu. General Lake sah unter seinen buschigen Augenbrauen prüfend auf ihre gelassene Erscheinung, und die Offiziere, ausgesucht höflich, überschütteten sie mit Fragen, die sich vor allem auf das Arabische Büro bezogen. Wie ihre Kollegen in Delhi waren auch sie gegen eine nationalistische arabische Bewegung und gegen einen arabischen Aufstand gegen die Türken sowie gegen den Scherif von Mekka, und sie lehnten es auch ab, die Kontrolle über Mesopotamien aufzugeben. Das, was ihnen jedoch am meisten mißfiel, klammerten sie aus: Sie hatten etwas dagegen, daß sich eine Frau in ihre Angelegenheiten einmischte.

Trotzdem waren sie auf ihre Hilfe angewiesen. Die britischen Truppen, die mit einer türkischen Armee gleicher Stärke konfrontiert waren, mußten sich auf dem Weg nach Bagdad durch ein Gebiet kämpfen, von dem sie keine Karten hatten – durch die Wüste, durch Sümpfe und Palmenhaine. Um sicher zu sein, daß sie von den Eingeborenen nicht aus dem Hinterhalt angegriffen würden, benötigten sie ortskundige Führer, Männer, denen sie vertrauen konnten. Und sie brauchten verläßliches Kartenmaterial, um sich orientieren zu können.

Gertrudes grünen Augen entging nichts, und als sie mit ihrer tiefen Stimme zu reden begann, entkräftete sie die Argumente ihrer Gesprächspartner im Nu. Sie könne den Generälen sehr wohl helfen, versicherte sie ihnen. Auch sie wisse, wie wichtig es sei, Verbindung zu den Arabern aufzunehmen, und sie habe schon von den diesbezüglichen negativen Resultaten gehört. Niemand verfügte über bessere und freundschaftlichere Beziehungen zu den Scheichs und anderen hochgestellten arabischen Persönlichkeiten als Gertrude. Sie wußte von vielen nicht nur den Namen, sondern kannte auch ihre Söhne und Brüder. Sie hatte mit ihnen in ihren Zelten und Salons gesessen, mit ihnen Kaffee getrunken und das Brot gebrochen. Mit ihrer Hilfe könnte man die arabischen Scheichs überreden, den Briten zu helfen und die Truppen mit Lebensmitteln zu versorgen. Und sie könnte die Karten zeichnen, die den Soldaten den Weg nach Bagdad wiesen.

Die Antwort der Generäle erfolgte beim Pudding. Gertrude schrieb später am Nachmittag ihrer Mutter: »Sie ließen mich mit meinen Karten und Büchern auf eine wunderschöne große Veranda umziehen, die an ein kühles Zimmer grenzte, in dem ich den ganzen Tag ungestört arbeiten konnte.« Begeistert und mit einer gewissen Naivität stellte sie fest: »Alle sind erstaunlich freundlich zu mir.«

Gertrudes Kontakt zu ihrer Familie war durch den Krieg sehr erschwert worden. Zu gern hätte sie gewußt, wie es ihrem Bruder Maurice ging, der an der europäischen Front verwundet worden war und auf Genesungsurlaub in der Heimat weilte. Aber die Post aus England war nach Basra über einen Monat lang unterwegs, und da viele Schiffe versenkt wurden, endeten häufig auch die Postsendungen auf dem Grund des Meeres. »Man hat das Gefühl, unendlich weit weg zu sein, und das stimmt ja auch. Das Echo des Krieges in Frankreich, das Euch in den Ohren gellt, ist hier gegenüber dem Lärm aus Mesopotamien kaum noch zu vernehmen«, schrieb sie ihrem Vater.

Wegen der strengen Zensur konnte sie in ihren Briefen kaum etwas über die lokalen Neuigkeiten berichten. Sie machte Andeutungen über Kut el-Amara, wo aufgrund zahlreicher Führungsfehler mehrere tausend britische Soldaten, die versucht hatten, sich durch die Sümpfe von Basra nach Bagdad durchzukämpfen, eingekesselt worden waren. Nach einer Schlacht bei Ktesiphon, nur noch sechzig Kilometer vom Ziel entfernt, hatten sie sich wieder nach Kut zurückziehen müssen. Dort, in dieser schmutzigen Stadt am Tigris, wurden sie umzingelt. Es mangelte ihnen an Verpflegung, Medikamenten und Munition, um den Belagerungsring durchbrechen zu können. Sie saßen buchstäblich in der Falle. Drei Monate lang hatten die Soldaten, von denen viele verwundet waren oder unter Ruhr oder Malaria litten, verzweifelt auf Entsatz gewartet. Aber die britischen Truppen, die ihnen zu Hilfe kommen sollten, wurden von Einheiten der türkischen Armee, die aus Arabern bestanden und deren Stärke die eigene um das Zehnfache übertraf, aufgehalten. Immer wieder transportierte man Schiffsladungen britischer Soldaten flußaufwärts, und ebensooft wurden ihre Leichen in hölzernen Barken zurückgebracht. Trotzdem setzte sich bei den Briten das Gefühl durch, daß die Türken ihre Stellung auf Dauer nicht halten könnten.

Ihrer Mutter schrieb Gertrude, daß sie weder wisse, wie lange sie in Basra bleiben noch wohin sie als nächstes gehen würde. Es sah allerdings so aus, als würde ihr Aufenthalt in Mesopotamien von bedeutend längerer Dauer sein, als sie ihn geplant hatte. Der Gedanke an den feuchtheißen Sommer, der in zwei Monaten begann, löste eine Flut von Wünschen aus. Für die heiße Zeit brauchte sie eine neue Garderobe: pflegeleichte Kleider und Unterwäsche sowie Strümpfe aus Crêpe de Chine, ein Abendkleid aus cremefarbener Spitze, schmale schwarze Samtbänder als Halsschmuck, ein Paar Knickerbocker aus Tussah-Seide und zwei dünne Korsetts. Zudem benötigte sie ein Fernglas und eine neue, stärkere Brille, denn das Kartenzeichnen strengte ihre Augen an.

Wie erwartet setzten die Frühjahrsregenfälle ein, überschwemmten die Stadt und verwandelten die Straßen in Morast. Eines Morgens wurde Gertrude auf dem Weg von Cox' Haus zum Hauptquartier von einem Wolkenbruch völlig durchnäßt. Man hatte ihr Bescheid gegeben, daß Oberst Beach sie zu sehen wünsche. Er hatte einige Informationen für sie: Es sähe ganz so aus, als ob die britischen Truppen im Norden bald weiter auf Bagdad vorrücken und dann mit den lokalen Stämmen in Kontakt kommen würden. Nach diesem Gespräch ließ der Oberst Gertrude noch oft zu sich kommen. Er stellte sie entweder ortsansässigen Arabern vor oder bat sie um ihre Unterstützung bei der Erstellung der Karten und der Registrierung der Stämme. Über fünfzig verschiedene Gemeinschaften waren im Gebiet zwischen Euphrat und Tigris beheimatet, darunter die Abu Muhammad, die dort Reis anbauten, die Bani Lam, Nomaden, die edle Pferde und Kamele züchteten, die Unruhestifter Bani Rabiah von Kut und die zweihunderttausend Menschen, aus denen die lose Konföderation der Muntafik bestand, darunter auch die Sadun. Hinzu kamen zweihundertfünfzigtausend Anaseh, Beduinen, die von Aleppo bis nach Zentralarabien durch die syrische Wüste streiften, und der am Euphrat oberhalb von Ramadi lebende große Hirtenstamm der Dulaim. Seit die Nomadenstämme vor etwa einem Dutzend Generationen von Arabien nach Norden gezogen waren, hatte sich die Stammesorganisation nicht verändert. Die Macht der Scheichs war tief verwurzelt, Gesetze und Bräuche des Stammes hatten die Zeit überdauert, und oft aus nichtigem Grund vom Zaun gebrochene Stammesfehden mußten immer wieder als Vorwand für bittere Rachefeldzüge herhalten.

Diesmal bat Beach Gertrude, geheime Nachrichten hinter die feindlichen Linien zu übermitteln: Sie sollte Nuri Said, jenen mesopotamischen Offizier in der osmanischen Armee, der einen Geheimbund gegen die Türken organisiert hatte, ein »Wort der Freundschaft« bekunden, und Fahad Bei, den obersten Scheich der Anaseh, dazu ermutigen, sich von den Türken zu befreien. Er war »sehr daran interessiert, das Experiment durchzuführen«. Abgesehen davon, so der Colonel, habe er Schwierigkeiten, zu einem Scheich des Stammes der Dulaim Kontakt aufzunehmen. »Warum lassen wir ihm nicht durch Fahad Bei eine Nachricht zukommen?« schlug Gertrude vor. »Um diese Jahreszeit kampieren sie alle zusammen.« Es war erst zwei Jahre her, da hatte sie selbst auf dem Rückweg von Hail in Fahad Beis Lager nahe bei Kerbela übernachtet und ein paar Jahre zuvor in den Zelten der Dulaim Kaffee getrunken.

Zum Abendessen watete sie durch den Morast zurück zu den Cox', die sie als einzige regelmäßig zu sich einluden. Von ihren Kollegen wurde sie geschnitten oder brüskiert, denn sie betrachteten sie immer noch mit Mißtrauen. Nur Henry Dobbs, ein alter Bekannter der Familie, der zum politischen Offizier ernannt worden war, und sein Stellvertreter Reader Bullard boten ihr an, mit ihr in den Palmengärten spazierenzugehen. Ihnen verdankte sie auch, daß sie Dorothy und John Van Ess kennenlernte, einen Missionar und seine Frau, die zwei ihrer besten Freunde wurden.

John Van Ess hatte ausgedehnte Reisen in das Marschland unternommen und viele Erkenntnisse über die dortigen Dörfer und

Stämme gesammelt. Nach der Eroberung Basras durch die Briten hatte er diese mit Informationen versorgt und ihnen arabische Agenten, die hinter den türkischen Linien operierten, zugeführt. Obwohl er als Missionar Menschen bekehrte und Gertrude Atheistin war, hatten die beiden viele Gemeinsamkeiten, und schon sehr bald fragte sie ihn immer um Rat, der sich auf die lokalen Stämme bezog. Später dichtete er einen Limerick über sie.

»G is for Gertrude, of the Arabs she's Queen,
And that's why they call her *Um el Mumineen,*
If she gets to Heaven (I'm sure, *I'll* be there)
She'll even ask Allah, ›What's your tribe, and where?‹«

(»G wie Gertrude, Königin der Araber,
Sie nennen sie deshalb nur noch *Um el Mumineen,*
Und wenn sie in den Himmel kommt (ich bin sicher, daß ich dort sein werde),
Wird sie sogar Allah fragen: ›Zu welchem Stamm gehörst du, und wo lebt der?‹«)

So fasziniert Gertrude von den arabischen Männern war, so wenig hatte sie für ihre Frauen übrig. Sie betrat selten einen Harem, und wenn sie in der Stadt war, kümmerte sie sich so gut wie nie um die Frauen. Und am Islam lag ihr genausowenig wie am Christentum. Dieses Desinteresse irritierte Dorothy Van Ess, die der festen Meinung war, daß man den Charakter und die Psyche der arabischen Männer nur verstehen könne, wenn man auch über das Leben im Harem Bescheid wisse. Außerdem dürfe man in keinem Fall den tiefgreifenden Einfluß des Islam auf die gesellschaftlichen und politischen Verhältnisse übersehen. Gertrude vertrat da eine andere Ansicht. Dorothy riß der Geduldsfaden, und sie schimpfte: »Ich halte dich für intelligent genug, daß du über diese beiden Dinge ganz anders denken würdest, wenn du etwas davon wüßtest.« Gertrude lachte. »Touché!« erwiderte sie.

In Wirklichkeit waren die beiden Frauen gute Freunde geworden. »Ich bin es langsam leid, immer nur Männer zu sehen«, klagte Gertrude ihrer Mutter. »Mit Lady Cox kann kein Mensch etwas anfangen – sie ist so verdammt dumm ... Sie ist zwar immer ungeheuer freundlich, aber es gibt absolut kein Thema, über das man mit ihr reden könnte. Aber ich habe in Mrs. Van Ess einen phantastischen Ersatz gefunden.«[1] Im Hinblick auf die arabischen Frauen war ihr Interesse nach wie vor sehr gering. Sie gestand ihnen zwar zu, daß sie womöglich im Hintergrund einen gewissen Einfluß ausübten, ihr Hauptaugenmerk galt jedoch der politischen Macht der Männer und ihrer brutalen, intensiven und direkten Auswirkungen auf die Gesellschaft.

»Briefe sind immer eine ganz besondere Freude«, schrieb Gertrude hoffnungsvoll an Hugh. Sie saß allein in ihrem Zimmer in Basra, und es gab nicht viel, auf das sie sich hätte freuen können. Sobald sie Post bekam, entwarf sie ihre Antwort. Für sie waren Briefe die Nabelschnur, die sie mit ihren einflußreichen Freunden verband. Lord Cromer, Mr. Montagu, der für indische Belange zuständige Minister, Mr. Asquith, der Premierminister, alle bekamen von ihr Briefe, in denen sie die Aktivitäten in Mesopotamien beschrieb. Auch Captain Hall, dem Leiter des Geheimdienstes, hatte sie einen langen Brief geschickt und ihm berichtet, was die Leute in Delhi und Basra über die Zukunft des Irak dachten – vor allem, daß das Land von Ägypten und nicht von Indien aus regiert werden müsse. Hinterher schrieb sie ihrem Vater: »Vielleicht kannst Du einmal versuchen, ganz diskret in Erfahrung zu bringen, ob er gern Briefe von mir bekommt. Ich möchte ihm nämlich nur schreiben, wenn ich sicher bin, daß ich ihm etwas berichten kann, was ihm nützlich sein könnte.«

Sie korrespondierte auch mit T. E. Lawrence in Kairo. Dort konnten ihre Kollegen einen gewissen Erfolg verzeichnen: Am 9. März 1916 hatte das britische Kabinett beschlossen, Scherif Hussein eine monatliche Finanzhilfe von 125 000 Pfund in Gold-Sovereigns zu gewähren, und diese Zahlungen wurden über ein Jahr lang beibehalten. Außerdem wollte man ihm fünftausend Gewehre und eine Viertelmillion Schuß Munition schicken, um seinen Erfolg gegen die Türken sicherzustellen.[2]

Auch in Mesopotamien spitzte sich die Situation zu. Es hatte den Anschein, als würden die britischen Truppen schon bald weiter in Richtung Bagdad vorrücken, so wie Oberst Beach das erwartet hatte. Gertrude schrieb in diesem Zustand an T. E. Lawrence: »Es wird viel zu tun geben, und es dürfte interessant sein zu sehen, wie das Ganze ausgeht. Es tut mir nur leid, daß Sie nicht hier sind. Telegraphieren Sie mir aber bitte, wenn Sie irgendwelche Vorschläge haben. Nehmen Sie sich abends einen Augenblick Zeit und senden Sie mir ein paar Worte über die neuesten Entwicklungen.«

Da ihr die mangelnde Kommunikation zwischen Indien und Ägypten immer noch Sorgen machte, fuhr sie fort: »Ich bin stets der Meinung gewesen, daß ein Gedankenaustausch zwischen den Leuten der verschiedenen Abteilungen von großem Vorteil wäre, ... und ich fände das Ganze noch besser, wenn Sie zu diesem Zweck hierherkommen könnten.«

»Jetzt habe ich aber genug geschrieben«, beendete sie ihren Brief und gestand ihm noch niedergeschlagen: »Wenn Sie das lesen, glauben Sie womöglich, ich sei eine reale Person, die sich ernsthafte Gedanken über das macht, was zur Zeit vorgeht. Aber ich fühle mich überhaupt nicht wie eine reale Person, sondern eher wie ein Stück Treibholz ohne jede Verantwortung, das ziellos einmal hier, einmal dort angeschwemmt wird, bis ich dann eines Tages irgendwohin zurückgetrieben werde und mich an all diese Monate erinnern werde und an das, was ich in dieser Zeit getan habe. Und ich werde keine Antwort finden. Ich hasse den Krieg und bin alles so leid – den Krieg, das Leben. Nicht wegen Basra, hier gefällt es mir genausogut wie irgendwo anders – oder ich wäre woanders genauso gern wie hier, außer in England. Nicht dort.«

TEIL II

Die Chatun

17.

Eine
verworrene Situation

Britische Beamte in London hatten das Büro des militärischen Geheimdienstes in Kairo neu organisiert – sie nannten es jetzt wieder »Arab Bureau« – und David Hogarth zu seinem Leiter ernannt. Die Aufgabenstellung war klar: Das Büro sollte den arabischen Aufstand unterstützen. Aus diesem Grund wollte Hogarth, daß Gertrude Basra verließ und wieder nach Kairo zurückkehrte, denn für ihre Vorgesetzten in Ägypten war sie eine schier unerschöpfliche Informationsquelle. Lawrence wurde in der folgenden Woche in den Irak geschickt, um dort einen Ersatz für Gertrude zu suchen, und dann sollte sie mit ihm nach Kairo zurückfahren.

Aber Lawrence war noch in einer anderen, geheimen Mission unterwegs: Kurze Zeit zuvor hatte General Clayton versucht, die britischen Truppen in Kut zu retten, und angeregt, Asis al Masri, einen ehemaligen Offizier der türkischen Armee, damit zu beauftragen, die unzufriedenen Araber, die unter den Türken dienten, zum Überlaufen zu bewegen. Die Generäle in Basra hielten jedoch nicht viel von diesem Vorschlag, der ihnen ziemlich unrealistisch zu sein schien. Aber die Situation spitzte sich immer weiter zu. Ohne daß Gertrude etwas davon wußte, hatte sich General Townshend einen bedeutend unehrenhafteren Plan ausgedacht. Der britische Kommandeur, der die gegen die türkische Übermacht in Kut kämpfenden Briten befehligte, hatte den Vorschlag gemacht, den türkischen Kommandeur zu bestechen. Wenn Whitehall einverstanden wäre, würde man eine Million Pfund zahlen, um den britischen Soldaten einen freien Abzug zu gewährleisten. Der Mann, der das Geld überbringen sollte, war T. E. Lawrence.

Anfang März hatte Lawrence seiner Mutter eine eilige Nachricht zukommen lassen, wobei ihm natürlich klar war, daß der Zensor sie lesen würde: »Ich gehe einen Monat oder sechs Wochen weg, um mit ein paar Leuten zu reden und ihnen gewisse Vorschläge zu machen. Ist das unbestimmt genug? Ich hoffe, daß ich bald mit Miß Bell zusammentreffe, denn wir beide haben so ziemlich die gleiche Wellenlänge.«[1]

Ende des Monats fuhr er mit dem Schiff nach Mesopotamien (Irak) und teilte seiner Mutter mit, daß er ihr aus Basra nicht schreiben könne. Er habe »an Land sehr viel zu tun« und sei mit Dingen beschäftigt, über die er keine Auskunft geben dürfe. Er fügte jedoch hinzu: »Ich möchte Gertrude auf dem Rückweg mitbringen, dann ist unser arabisches Büro wieder komplett.« Die Tatsache, daß es eine große Seltenheit war, daß Lawrence eine Frau beim Vornamen nannte, ist ein Beweis für die ungewöhnliche Beziehung zwischen den beiden.

Als Lawrence am späten Abend des 5. April 1916 in Basra das Büro von Gertrude Bell und Campbell Thompson betrat, regnete es in Strömen. Er hatte sich gerade mit viel Geschick die dreihundert Meter von der Anlegestelle zum Büro manövriert, wobei er »über eine Schicht aus Schmierseife und Toffee geschliddert war«. Gertrude und Thompson freuten sich ungeheuer, ihren alten Freund wiederzusehen, und begleiteten ihn sofort ins Hauptquartier zu Sir Percy Cox. Lawrence überreichte dem ranghöchsten politischen Offizier einen Brief von Sir Henry McMahon, dessen Inhalt zufolge er »im Auftrag des Kriegsministeriums für die arabischen Angelegenheiten zuständig« sei.

Percy Cox, den man bereits über den Plan, die Türken zu bestechen, informiert hatte, war entsetzt. Er habe keine Instruktionen für Lawrence, erklärte er. Außerdem, so schrieb er pikiert in einer Aktennotiz an Colonel Beach, wolle er nicht, daß sein Name mit dieser Angelegenheit in Verbindung gebracht werde. »Sie müssen verstehen, ich bin nicht nur vorübergehend hier – ich bin auf Dauer am Golf stationiert und werde wahrscheinlich auch noch hier sein, wenn die Feindseligkeiten beendet sind. Das geplante Projekt dürfte mit ziemlicher Sicherheit früher oder später allgemein bekannt werden, besonders im Falle eines Mißerfolgs. Als politischer Offizier der indischen Regierung kann ich es mir nicht leisten, mit einer solchen Angelegenheit in Verbindung gebracht zu werden.«

Bevor Lawrence die dreihundertzwanzig Kilometer lange Route nach Kut in Angriff nahm – ausgerüstet mit Biskuitdosen, Rindfleisch, Marmelade und Brotlaiben –, traf er sich noch häufiger mit Gertrude (ohne ihr jedoch den wahren Grund seiner Reise zu verraten) und lernte Leute kennen, die sie bewunderte, wie zum Beispiel Reader Bullard. Er diskutierte lange mit ihr über das »Arab Bureau« und die Zukunft des Mittleren Ostens, und er sprach mit dort ansässigen Arabern, von denen er annahm, daß ihnen an einem Aufstand gegen die Türken gelegen wäre. In Basra hatte man eine panarabische Partei gegründet, deren Chef Saijid Talib, ein einflußreicher, jedoch skrupelloser Nationalist, von Cox als »Staatsgast« nach Indien deportiert worden war. Die anderen, mit denen Lawrence sich traf, zeigten kein Interesse an dem Projekt, und er nannte sie »Schakale«.

»Lawrence' Ankunft hat die Woche sehr belebt«, schrieb Gertrude, kurz bevor er Basra am 10. April verließ. »Wir haben uns prächtig unterhalten und die unwahrscheinlichsten Pläne für eine Weltregierung entwickelt. Er fährt morgen flußaufwärts, wo zur Zeit heftig gekämpft wird. Ihr könnt Euch nicht vorstellen, mit welchen Ängsten wir auf Nachrichten von dort warten.«

Als er abgereist war, hatte sie kaum noch Verbündete. Zwar kam Aubrey Herbert, ein Linguist und Freund ihrer Familie, nach Basra, aber er blieb nur einen Tag und fuhr dann weiter nach Norden, um sich mit Lawrence zu treffen und ihn bei den Verhandlungen mit den Türken zu unterstützen. Ein Jahr zuvor, kurz bevor Doughty-Wylie nach Gallipoli aufgebrochen war, hatten Dick und Herbert, der als Offizier des Geheimdienstes in Ägypten arbeitete, miteinander zu Abend gegessen. Wenn sie jetzt gemeinsam in Basra dinierten, würde sie Gelegenheit haben, mit Herbert über Dick zu reden. »Wie ich mich freue, ihn zu treffen!« schrieb sie. »Man ist so entsetzlich einsam, wenn man ganz auf sich selbst gestellt ist. Deshalb war auch Mr. Lawrence solch ein Geschenk des Himmels. Zumindest spricht er dieselbe Sprache wie ich.«[2] Lawrence mochte zwar nicht ihrer Klasse angehört haben, aber die beiden waren zumindest einer Meinung.

Als Gertrude aus dem Fenster ihrer neuen Wohnung auf den Fluß blickte, besserte sich ihre Stimmung ein wenig. Der Frühlingsregen hatte aufgehört, die Stadt war nicht mehr mit Schlamm bedeckt, und die Blumen, die sie so vermißt hatte, blühten wieder. »Im April blüht sogar Basra in wunderbarer Weise auf«, schrieb sie begeistert an ihren Vater. »In den Palmenhainen stehen das Gras und das Korn hoch, die Granatäpfel blühen, die Maulbeeren sind fast reif, und in dem Garten des Hauses, in dem ich wohne, wachsen Rosen, die so schön sind, daß ich sie kaum beschreiben kann. Mein Garten ist der einzige in ganz Basra, ich habe also Glück gehabt.«

Sie stand jeden Morgen um halb sechs auf und frönte ihrem Lieblingssport: Sie ritt durch die Palmenhaine bis zum Rand der Wüste, an den »britischen und allen möglichen indischen Truppen, Büffelkarren, Maultieren, Automobilen und Lastwagen, Kamelen Schilfhütten und Telefonleitungen vorbei«. Um halb neu war sie gebadet, hatte gefrühstückt und saß wieder in ihrem Büro. Mit Ausnahme der glühenden Sonne konnte sie sich über nichts beschweren. Ihre Arbeit an dem *Gazetteer* war zwar beinahe fertig, auf anderen Gebieten gab es jedoch noch viel zu tun. Sie verbrachte ihre Tage damit, mit Arabern, die in das Hauptquartier kamen, zu reden, Landkarten zu korrigieren und Informationen zwischen Kairo und Delhi zu übermitteln. Hogarth hoffte, daß jemand anderer diese Aufgaben übernehmen könnte, wenn Gertrude nach Ägypten zurückkehren würde.

In Wirklichkeit gefiel ihr die Arbeit in Basra besser als die in Kairo. In Ägypten würde man sie an einen Schreibtisch setzen und sie eine Flut von Papieren bearbeiten lassen. Hier war das Material noch im Rohzustand, frisch und aus erster Hand. Und sie war für die Aufgabe absolut qualifiziert: Sie konnte fließend arabisch sprechen und lesen, und über die politische Situation war sie völlig im Bilde. Im Geheimdienst sei niemand, der diese Aufgabe übernehmen könne, erklärte sie Hogarth. Sie hatte allerdings schon Bullard vorgeschlagen und ihn Lawrence vorgestellt, der einverstanden gewesen war. Da sie ihre Tätigkeit jedoch nur ungern aufgab, teilte sie Hogarth ihre Zweifel mit: »Solange ich noch hier bin, kann ich das neue Material komplett bekommen, aber ein großer Teil davon trifft auf zwei Beinen hier ein, zum Beispiel in Gestalt eines Scheichs aus Nasiriyah, oder von sonstwo. Wenn ich nicht mehr hier bin, wird keiner in der Lage sein, die Informationen zu sammeln, die uns in dieser Form angeboten werden.«

Ein anderer möglicher Nachfolger wäre Campbell Thompson gewesen, aber Gertrude hielt ihn nicht für geeignet. Ohne ein Blatt vor den Mund zu nehmen, erklärte sie ihrem Chef: »Wenn ich das mal so sagen darf, er ist einfach nicht zu gebrauchen – ich glaube, ich habe noch nie einen Menschen kennengelernt, der so liebenswürdig und so ... ineffizient ist.« Sie arbeitete intensiv an den neuen Landkarten, eine Tätigkeit, die Campbell Thompson hätte übernehmen können. Sie schrieb jedoch: »Er haßt Landkarten und kann sie nicht ausstehen!«

Sie teilte Hogarth mit, man habe erfahren, daß unter den Arabern in der türkischen Armee große Unzufriedenheit herrsche. Aber so enttäuschend das auch für sie war – sie konnte erst dann in den Norden reisen, um diese Informationen zu überprüfen, wenn das Problem in Kut gelöst war. Nichtsdestotrotz hatte sie ihren eigenen Nachrichtendienst aufgebaut, der aus Arabern bestand, die sie ständig auf dem laufenden hielten. Außerdem hatte sie längst durchgesetzt, daß sie ohne die von offizieller Seite verordneten Begleitpersonen ausgehen konnte. Sie flatterte wie ein junger Vogel im Frühling von einem Eingeborenenhaus zum anderen. Bald darauf berichtete sie Hogarth: »Ich fahre morgen nach Zubair und werde mich dort mit den Scheichs und anderen prominenten Persönlichkeiten treffen.«

Morast und Wasser überwindend, erreichte Gertrude jenes Terrain aus hartem Sand, das den Rand der Wüste markierte. Hundertdreißig Kilometer westlich lag die Oase von Zubair – damals, als der Euphrat seinen Lauf noch nicht verändert hatte, hatte hier die alte Stadt Basra gestanden, Heimat von Sindbad dem Seefahrer und Grabstätte Alis des Barmekiden – heute »ein komischer kleiner Wüstenort ähnlich wie Hail«. Mit Unterstützung des dortigen politischen Offiziers fand sie einen Schlafplatz in der Post und richtete sich das Zimmer, das einen Lehmboden hatte, mit dem Feldbett, dem Stuhl und der Campingbadewanne ein, die sie mitgebracht hatte.

Der Ort war seit Jahrhunderten der Markt für die Beduinen. Karawanen aus Arabien suchten ihn auf, die Einkäufer von Ibn Raschid feilschten in den Läden und kauften Kleidung, Haushaltwaren, Gewehre, Mais, Öl, Kaffee, Tee und Zucker. Ein großer Teil dieser Waren wurde an die Türken geliefert. Gerüchte summten in der Luft wie die Arbeitsbienen in einem Rosengarten.

Der Scheich von Zubair, der seine Gäste an der Feuerstelle empfing, wo der Kaffee zubereitet wurde, war eine Autorität, was die Politik der Wüste anbetraf, und ein wohlhabender Mann, denn er besaß zahllose Dattelplantagen und Kamelherden. Außerdem mußten die Angehörigen seines Stammes Steuern an ihn abführen. Mit den Briten hatte er Frieden geschlossen. Gertrude war bereits mehrmals zum Abendessen von ihm eingeladen worden. Sie besuchte den bärtigen Scheich, der ein goldbesticktes Gewand trug, in seinem Palast und saß neben ihm auf einem der langen Diwane. Die Wände des Raums wurden von Falken mit braunen Kappen auf den Köpfen gesäumt. Bei einem typischen Beduinenmahl aus geröstetem Lamm, Reis und Gemüse, das in Kohlblätter eingewickelt war, Huhn und hartgekochten Eiern bot er seinem Ehrengast das Auge des Lamms an und teilte Gertrude die letzten Neuigkeiten mit. Sie erfuhr von ihm, wo die türkischen Truppen operierten, und hörte zum erstenmal von den Aktivitäten einer großen Gruppe aus Hail, die sich gegen Ibn Raschid gewandt hatte und mit ihren Kamelen und Zelten an die mesopotamische Grenze gezogen war.

Schon vor der Ankunft Gertrudes in Basra hatte der Scheich als

Übermittler von Botschaften fungiert. Er war von Percy Cox gebeten worden, Ibn Raschid eine Nachricht zukommen zu lassen »und ihm ein Freundschaftsangebot zu machen«, wie Gertrude es in einem Brief an Lawrence ausdrückte, »ihn jedoch gleichzeitig zu warnen, daß es für ihn in der Zukunft sehr unangenehm werden könne, wenn er es sich mit den Briten verderben würde, da wir seine Marktstädte kontrollierten. Diese Nachricht war abgeschickt worden, bevor ich hierher gekommen bin«, schrieb sie. »Man hat sie einer kleinen Karawane der Schammar mitgegeben, die in Zubair Rast machte.«

Jetzt erfuhr sie mehr über Ibn Raschid: »Seine Absichten sind ... zweifelhaft«, berichtete sie später, »aber ich glaube nicht, daß er viel Schaden anrichten kann. Eines ist jedoch sicher: Es wäre besser für uns, wenn wir uns mit ihm einigen könnten.« Gertrude wollte dem jungen Herrscher einen persönlichen Brief schicken. Hogarth erklärte sie, daß es an der Zeit sei, zwischen Ibn Raschid und Ibn Saud Frieden zu stiften. Problematisch waren nur die Waffenlieferungen. »Wir können unmöglich beide mit Waffen versorgen, das wäre einfach absurd. Wenn wir jedoch zu beiden freundschaftliche Beziehungen pflegen wollen, können wir nicht nur einen mit Waffen unterstützen. Damit wären wir an dem Punkt angelangt, den ich schon immer erreichen wollte. Wir haben keine andere Alternative, als keinem von beiden Waffen zu liefern.«

Sie machte einen Höflichkeitsbesuch in Scheich Ibrahims Harem, unterhielt sich mit den unverschleierten, tätowierten Frauen, die Wasserpfeifen rauchten und sie mit Kaffee bewirteten. Dann nahm sie wieder Abschied von der klaren Wüstenluft und kehrte ins Hauptquartier zurück, wo Post auf sie wartete. Zwei Briefe von ihren Eltern waren angekommen, einer, von ihrem Vater, verlorengegangen. »Ich fürchte, sein Brief vom 23. März ist mit der *Sussex* untergegangen«, schrieb sie Florence, »und ich vermute, die Kleider, die Du mir geschickt hast, hat das gleiche Schicksal ereilt. Hoffentlich haben wir beim nächstenmal mehr Glück.«

In Basra war es inzwischen fürchterlich heiß und schwül geworden. Gertrude saß an ihrem Schreibtisch, hatte alle Türen und Fenster fest geschlossen, um die Sonne auszusperren, und der elektrische Ventilator lief auf Hochtouren. Drei Jahre zuvor hatte sie im Frühling zum letztenmal die Osterglocken in Rounton blühen sehen. »Ich frage mich, wie es meiner lieben Familie geht, und warte sehnlichst auf einen Brief«, schrieb sie mit einem fast hörbaren Seufzer. »Wenn man so weit weg ist, fällt man in eine Art Koma, aus dem man ab und zu wieder wach wird.«

Aber es sei nicht die Hitze, die ihr zu schaffen mache, versicherte sie ihren Eltern, sondern ihre Kleidung. Im Gegensatz zu ihren männlichen Offizierskollegen, die sich jederzeit eine frische saubere Uniform geben lassen konnten, hatte sie niemanden, der ihr ein neues Kleid nähen konnte. Ihre Sachen fielen bereits auseinander. »Man zieht hier zum Glück fast nichts an, aber es ist natürlich um so wichtiger, daß dieses Nichts nicht auch noch Löcher hat.« Und auch die Einsamkeit machte ihr zu schaffen, denn weder Aubrey noch Lawrence waren bislang zurückgekommen: »Sie sind flußaufwärts gefahren und verschwunden. Ich sehne mich nach jemandem, den ich kenne und der mir erzählt, was in der Welt geschieht. Wir erfahren hier kaum noch etwas.«

Nachdem die Nachricht von der Belagerung Kuts England erreicht hatte, bekam Gertrude einen Brief von ihrem Vater, der einen Artikel aus dem *Economist* enthielt, in dem man der indischen Administration die Schuld an diesem militärischen Debakel zuschrieb. Gertrude hatte vermutlich gar nicht gewußt, daß General Townshend nach der von London befohlenen Einnahme Basras für den verfrühten Vorstoß auf Bagdad, dem London nur widerstrebend zugestimmt hatte, verantwortlich gewesen war. Der Artikel veranlaßte sie, einen empörten Brief zu schreiben, denn sie wußte genau, daß Hugh ihn einflußreichen Freunden in Whitehall zu lesen geben würde. Ihr war klar, daß man die indische Administration nicht allein für die militärische Katastrophe verantwortlich machen konnte.

»Wie üblich haben wir uns in dieses Abenteuer gestürzt, ohne vorher ein paar vernünftige Überlegungen über die politische Situation anzustellen. Wir haben so getan, als sei Mesopotamien eine isolierte Einheit, obwohl es in Wirklichkeit zu Arabien gehört und seine Politik unauflöslich mit der großen, weitreichenden arabischen Frage verknüpft ist. Und diese Frage hat viele Facetten, je nachdem unter welchem Aspekt man sie betrachtet. Trotzdem geht es immer um denselben unteilbaren Block. Man hätte die Koordination der arabischen Politik und die Strategie, die man Arabien gegenüber verfolgen will, zu Hause entwickeln müssen – denn nur dort wäre das mit Erfolg zu bewerkstelligen gewesen. Aber es gab niemanden, der dazu in der Lage gewesen wäre, tatsächlich hat nicht einmal jemand daran gedacht. Also blieb es unseren Leuten in Ägypten überlassen, sich gegen den heftigen Widerstand aus Indien und London um ein generelles Konzept zu bemühen, das – davon bin ich überzeugt – letzten Endes die Grundlage für unsere Beziehungen zu den Arabern sein wird. Bis zum jetzigen Zeitpunkt kämpfen wir immer noch gegen die Ignoranz und Gleichgültigkeit der Leute zu Hause – und der Kampf ist noch nicht gewonnen ... Und keiner ist da, der die Führung übernehmen könnte.

Schluß jetzt mit der Politik. Aber wenn allgemein behauptet wird, wir würden uns hier durchwursteln, werde ich wütend. Durchwursteln! Ja, das stimmt sogar – wir waten durch Blut und Tränen, die nie hätten vergossen werden müssen.«

Über dreiundzwanzigtausend britische Soldaten, die man zur Verstärkung angefordert hatte, waren getötet worden (nur zwei Tage vor Abfassen des Briefes), als General Townshend sich schließlich mit dem Kommandeur der türkischen Truppen traf und ihm vorschlug, Lawrence und Herbert zu gestatten, mit General Khalil zu sprechen – was schlichtweg abgelehnt wurde. Die Türken bestanden darauf, daß die britischen Soldaten Kut sofort zu räumen und zu kapitulieren hätten. Am 29. April 1916 setzte der Funker in Kut seine letzte Meldung ab: Über dreizehntausend britische und indische Soldaten wurden gefangengenommen und auf einen Marsch geschickt, der einem Todesurteil gleichkam. Der Fall von Kut war eine der schwersten Niederlagen in der Geschichte Großbritanniens.

Lawrence, Herbert und Oberst Beach, die nichts von der Kapitulation wußten, verließen die Schützengräben und arbeiteten sich mit einer weißen Fahne langsam ein paar hundert Meter zu den türkischen Linien vor. Man schickte ihnen einen türkischen Soldaten entgegen, der sie mit verbundenen Augen zu General Khalil brachte. Als sie von ihm erfuhren, daß ihre Landsleute kapituliert hatten, waren sie natürlich überrascht, versuchten aber sofort, einen Austausch der Gefangenen zu erreichen. Es war jedoch bereits Einigung darüber erzielt worden, britische Verwundete und Kranke gegen türkische Gefangene auszutauschen. Abgesehen von einem guten türkischen Abendessen hatte sich die ganze Aktion als eine Katastrophe erwiesen. Nachdem die gesamte Weltpresse in einer für England demütigenden Weise über den fehlgeschlagenen Bestechungsversuch berichtet hatte, kehrten Lawrence und Beach am 8. Mai wieder nach Basra zurück.

Lawrence war empört über das, was er in Kut gesehen hatte, und schrieb einen bitteren Brief an das Kairoer Büro. Abgesehen von Sir Percy Cox, der »entzückend«, und Miß Bell, die für ihn erste Klasse sei, sei der Irak ein einziges »blunderland« [ein Land, in dem nur Mist gebaut wird]. Da Gertrude jedoch in Kairo gebraucht wurde, mußte er jemanden finden, der ihre Arbeit als Vertreterin des Arab Bureau in Basra übernehmen konnte. Er wandte sich an Percy Cox, aber der verwies ihn an Oberst Beach.

Lawrence ließ jedoch nicht locker und erklärte Cox, daß das Arab Bureau eine »Angelegenheit des Foreign Office« sei und sein Vertreter aus diesem Grund »mit den politischen Aspekten der Arbeit vertraut sein müsse«. Er einigte sich mit Cox, daß Miß Bell sich zunächst weiter mit den Stämmen beschäftigen und die kartographischen Arbeiten fortführen solle, während sie sich um einen

Nachfolger kümmern würden. Aber um sie zu ersetzen, brauchte man mindestens zwei Leute. »Ich glaubte nicht, daß eine Person uns all das liefern kann, was wir haben wollen«, schrieb Lawrence. Nur eine charmante Frau wie sie sei dazu fähig: »Ich bin der Meinung, daß Miß Bell wegen ihres Geschlechts, ihrer Energie und ihrer Unbefangenheit besonders geeignet ist, politische Offiziere so weit zu bringen, daß sie ihr alles aushändigen, worum sie diese bittet.«

Trotzdem gab es Bewerber für diese Position. Aus Kairo hatte man George Lloyd und aus Indien Major Baker geschickt. Lloyd sprach jedoch kein Arabisch, und Baker war noch nie im Mittleren Osten gewesen. Am 14. Mai wandte sich Gertrude schriftlich an Hogarth und betonte, wie wichtig es sei, daß ihr Nachfolger das Arabische in Wort und Schrift beherrsche. »Selbst die Informationen, die uns vom Politischen Büro geliefert werden, verlangen eine intime Kenntnis der Sprache. Die Namen der Clans, der Menschen und der einzelnen Stämme werden auf so viele unterschiedliche Weisen geschrieben, daß sehr oft zwei völlig verschiedene Wörter in Wirklichkeit dasselbe bedeuten. Und der direkte Umgang mit den Eingeborenen (aus dem ein großer Teil meiner Arbeit besteht) macht Kenntnisse des Arabischen unumgänglich.«

Obwohl die Arbeit im Irak nicht leicht war, wollte Gertrude unbedingt dort bleiben.

In Basra gab es außerordentlich viel zu tun. Ibn Raschid mußte immer noch neutralisiert und »an die Leine genommen werden«. Als eines Tages einige seiner Leute Gertrude in ihrem Büro aufsuchten, gab sie ihnen einen langen Brief für den Emir mit. Sie war inzwischen für die gesamte Koordination zwischen Kairo und Basra zuständig und hoffte, dadurch einen engeren Kontakt zu Percy Cox herstellen zu können. »Ich mag ihn sehr«, berichtete sie ihrem Vater, »er ist ein bedeutender Mann, und es wird mir ein Vergnügen sein, mit ihm zu arbeiten.«

Ihre Berichte waren auch im *Arab Bulletin* erschienen, einer geheimen Publikation, die vom Arab Bureau in Kairo herausgegeben wurde. Das Blatt, das Berichte über Persönlichkeiten und die Politik des Mittleren Ostens enthielt, wurde nur an die ranghöchsten Beamten des Geheimdienstes verteilt. Gertrudes Informationen – so schrieb sie ihrem Vater – stammten sowohl von den Eingeborenen als auch von Menschen, die »auf der Flucht vor türkischer Unterdrückung in Scharen aus Bagdad geströmt kommen«. Viele von ihnen kannte sie persönlich, und wenn das nicht der Fall war, kannte sie zumindest deren Freunde. Und da fast alle schon von ihr gehört hatten, konnte sie mit ihnen »auf gleicher Ebene« verkehren. Sie schrieb, daß ihr das großen Spaß mache: »Manchmal ist es auch sehr nützlich, denn man bekommt auf diese Weise einen Einblick in die Seele des Orients.«

In einer ihrer Analysen wagte sie eine vorsichtige Prognose: »Die Menschen leben in Zelten oder Schilfhütten, sie sind Nomaden. Sie haben nie erlebt, daß man sie kontrolliert, abgesehen von der für sie abstrakten Vorstellung einer türkischen Autorität ... Persönliche Unabhängigkeit ist bei ihnen Tradition ... Sie wissen nichts von der Welt außerhalb ihrer Sümpfe und Weiden ... Und die Möglichkeiten, die ihnen diese Welt bieten würde, sind ihnen gleichgültig. Solche Menschen werden nicht von einem Tag auf den anderen europäische Ambitionen übernehmen oder europäische Methoden willkommen heißen. Man darf sie auch nicht unter Druck setzen. Ob das, was wir ihnen beibringen können, sie glücklicher machen wird, oder das Lernen und die unvermeidlichen Lektionen ihnen die sprichwörtliche Weisheit vermitteln werden, bleibt abzuwarten. Wenn der Lernprozeß einen Sinn haben soll, wird er in jedem Fall langsam ablaufen und lange dauern müssen.«

Erst im Sommer nach Beendigung der Belagerung von Kut konnte Gertrude am Ufer des Euphrats entlangreisen. Da sie unbedingt bestimmte Informationen sammeln mußte, versuchte sie, die Sonne, die ihr auf den Rücken brannte, und den Wind, der ihr ins Gesicht blies, so gut sie konnte zu ignorieren, und durchquerte auf einem Dampfer in Begleitung ihres Freundes General MacMunn das Marschland. Vorbei an künstlichen Schilfinseln – an Dörfern, die sich mit dem Fluß hoben und senkten – fuhren sie nach Nasiriyah, wo einige Eingeborene als Agenten für die Briten angeworben worden waren. Anfang Juni sah sie sich die Stadt an, arbeitete ihre Berichte aus, ergänzte fehlende Daten, besuchte abends angesehene Persönlichkeiten in ihren Häusern und sammelte geheime Informationen über die Türken.

Auf dem Weg nach Basra lernte sie bei einem Zwischenstopp Captain Dickson, den in Suk al-Shuyukh stationierten Steuerbeamten, kennen. Um die Kosten für die Besatzungstruppe wieder hereinzubekommen, besteuerten sowohl die Briten als auch die Türken die dortigen Stämme. Dabei benutzten sie die Scheichs als Geldeintreiber und zahlten ihnen dafür einen gewissen Prozentsatz. Wie seine Kollegen war auch Dickson ständig mit der Gewieftheit der dort ansässigen Araber konfrontiert. Es machte ihm immer Spaß, die Geschichte von dem alten Scheich zu erzählen, bei dem er die fälligen Abgaben kassieren wollte. Da es keine Aufzeichnungen darüber gab, welchen Betrag seine Vorgänger, die Türken, bekommen hatten, fragte Dickson den erstbesten Scheich, den er traf, wie viele seiner Dattelpalmen die osmanische Verwaltung besteuert habe. »Bei Gott, o Dickson, das weiß ich nicht«, hatte er geantwortet.

»Blödsinn«, sagte Dickson, »natürlich weißt du das. Also für wie viele Bäume hast du 1914 zahlen müssen?«

»Bei deinem Kopf, bei meinen Augen, ich habe keine Ahnung«, erwiderte der Scheich. »Aber schreib fünfzehnhundert!« schlug er vor.

Dickson notierte fünfzehnhundert Bäume in seinem Buch und kassierte die entsprechende Steuer. Einige Tage später zeigte ein Informant Dickson eine alte türkische Steuerquittung, der zufolge der Scheich fünftausend Bäume besaß. Dickson ließ den Scheich in sein Büro kommen und verlangte von ihm eine Erklärung.

»Fünftausend sagst du, mein Lieber?« wunderte sich der Scheich. »Bei Gott, das ist merkwürdig.« Und dann vollführte er eine großzügige Handbewegung und sagte: »Y'Allah! Schreib sechstausend, mein Freund. Wir wollen uns doch nicht streiten.«

Als er sich ein paar Monate später mit dem Scheich angefreundet hatte, fragte Dickson ihn, wie hoch die Zahl seiner Dattelpalmen denn nun tatsächlich sei.

»Das weiß nur Gott«, antwortete der Scheich, »aber es werden wohl kaum weniger als neunzigtausend sein.«

Nach Basra zurückgekehrt, bekam Gertrude sofort wieder die Feindseligkeit seitens ihrer Kollegen zu spüren, sie litt erneut darunter, daß sie keine offizielle Position innehatte. Nur der Freundlichkeit von Sir Percy Cox verdankte sie es, daß sie überhaupt in der Lage war, ihre Arbeit fortzusetzen. Ihre Loyalität diesem Mann gegenüber wurde im gleichen Maß stärker, wie sie sich von Hogarth, ihrem Freund und Chef des Büros in Kairo, distanzierte. Schließlich war er es gewesen, der sich geweigert hatte, sie mit einem Titel zu versehen oder ihr ein Gehalt zu zahlen. Nachdem sie sich über verschiedene Vorfälle geärgert hatte, gab sie am 15. Juni in einem Brief an Hogarth jegliche Zurückhaltung auf und teilte ihrem alten Mentor verärgert mit:

»Wenn Sie nichts dagegen haben, möchte ich meinem Herzen einmal Luft machen. Sie schrieben mir, daß Sie einiges aus meinen privaten Briefen in das Bulletin übernommen hätten, und ich erfahre, daß das schon mehr als einmal geschehen ist.« Cox hatte Hogarth telegraphisch aufgefordert, dieses Material nicht zu veröffentlichen, was ganz in ihrem Sinne gewesen war. »Es würde Ihnen bestimmt nicht gefallen, wenn Sie Teile Ihrer privaten Briefe an mich in den *Basrah Summaries* wiederfinden würden, oder? Genauso ist es umgekehrt.«

Noch schlimmer war jedoch, daß sie nur Hogarth zuliebe für das Kairoer Büro arbeitete und dort offiziell gar nicht geführt wurde.

»Was Kairo anbetrifft, so habe ich hier keinen offiziellen Status, weil Sie mir keinen verliehen haben. Ich bin nicht Ihre Korrespondentin. Wenn ich glaube, etwas gefunden zu haben, was Sie interessieren könnte, muß ich die Leute hier um den Gefallen bitten, es Ihnen zu schicken.« [Und sie wies ihn noch einmal darauf hin:] »Ich bin nicht einmal von Ihnen hierher geschickt worden. Der Vizekönig hat darum gebeten, mir alle Geheimpapiere zugänglich zu machen und mir Gelegenheit zu geben, die Geschichte der Stämme zu studieren. Aber selbst wenn ich Ihre offizielle Korrespondentin wäre, könnte nichts von dem, was ich Ihnen schicken würde, offiziell verwendet werden, ohne daß es vorher von Oberst Beach und Sir P. C. genehmigt worden ist. Private Briefe sind eben nur private Briefe. Sie haben keine offizielle Bedeutung. Ich bin inzwischen der Meinung, daß Sie mir das Leben hier ziemlich schwergemacht haben ... Ich hoffe, Sie werden meine Aufgaben bald genauer definieren. Es gibt hier ein paar Dinge, die Sie wahrscheinlich sehr interessieren würden, aber ich kann Ihnen nicht darüber berichten, weil hier niemand dafür zuständig ist.«

Sie hatte einige Informationen, die sie gern an Hogarth weitergegeben hätte, aber dazu brauchte sie Sir Percys Genehmigung. »Er ist zwar in solchen Dingen außerordentlich freundlich und macht mir überhaupt keine Schwierigkeiten, aber es wäre für uns beide doch bedeutend praktischer, wenn ich Ihnen solche Nachrichten nicht nur unter der Voraussetzung schicken könnte, daß mir einer einen Gefallen tut.

Ich habe außerdem eine Anzahl von Persönlichkeitsprofilen von Leuten aus der Euphratregion fertiggestellt, und sobald es mir gelungen ist, jemanden zu finden, der diese Berichte tippt, werde ich sie Ihnen zukommen lassen. Aber auch das hängt wieder von Sir Percys Freundlichkeit ab – mir selbst steht keine Stenotypistin zu. Außerdem habe ich Mr. Lawrence gesagt, daß ich Schwierigkeiten mit meiner Unterbringung habe.« Sie erhielt kein Gehalt, und ihre Zimmerwirte berechneten ihr zwar keine Miete, »sagen aber, daß es besser wäre, wenn ich offiziell dort untergebracht würde. Wie Sie wissen, möchte ich kein Gehalt haben, aber es erscheint mir doch ungeheuerlich, daß die guten Leute mich hier aus dem Gästefonds unterhalten müssen, den sie von ihrer Firma bekommen.«

Cox hatte ihr gesagt, wenn Kairo ihr eine offizielle Position zuwiese, sei diese auch mit einem Gehalt verbunden. Sie versicherte Hogarth, daß sie nicht viel haben wolle, nur »genug, um meinen Unterhalt bestreiten zu können«.

Sie habe all diese Dinge auch mit Lawrence besprochen, fuhr sie fort. Aber »Mr. Lawrence ließ alles offen, und inzwischen sind beinahe zwei Monate vergangen, ohne daß man einer Lösung näher gekommen wäre.«[3]

Immer noch verärgert, schickte sie zwei Tage später eine Nachricht an Domnul, der sich nach Abschluß seiner Arbeiten in Indien inzwischen wieder in London aufhielt: »Du kannst Dir nicht vorstellen, wie schwierig meine Arbeit hier ist, trotzdem bin ich immer noch froh, hier zu sein.« Und je schwieriger es wurde, desto mehr fühlte sie sich in ihrem Gefühl bestärkt, auszuharren.

Vierzehn Tage später änderte sich jedoch ihre Stimmung schlagartig: Sie hatte erfahren, daß ihre Hartnäckigkeit schließlich doch von Erfolg gekrönt war. Man hatte ihr einen offiziellen Status eingeräumt: Gertrude Bell wurde die volle Mitgliedschaft im politischen Stab von Sir Percy Cox und des »Indischen Expeditionskorps ›D‹« zuerkannt. Sie bekam ein festes Monatsgehalt von dreihundert Rupien und den Titel eines Verbindungsoffiziers und einer Korrespondentin für Kairo. Major Miß Bell war von jetzt an der einzige weibliche politische Offizier in den britischen Streitkräften.

18.
Eine
selbständige Frau

Es war Sir Percys Aufgabe, Indien über die Stimmung unter den Arabern am Golf auf dem laufenden zu halten. Außerdem erwartete man von ihm, daß er jederzeit darüber informiert war, welche Absichten Ibn Raschid und Ibn Saud verfolgten. Darüber hinaus mußte er sich um die Spione der Deutschen kümmern, die mesopotamischen Stämme von Basra bis Bagdad und im benachbarten Persien im Auge behalten und immer genau über alle Launen der Scheichs im Bilde sein. Bei ihm als Mitglied des Hauptquartiers des Geheimdienstes galt es als selbstverständlich, daß er an Verhören von Gefangenen und Spionen teilnahm, die Informationen überprüfte und Informanten und Dolmetscher beschaffte, berichtete er später.

Kein Mitglied seines Stabs eignete sich besser für diese Aufgaben als Gertrude. Aber sie war mit einer Clique politischer Offiziere konfrontiert, die sich ebenso feindselig verhielt wie die militärische Geheimdienst-Bruderschaft, die sie gerade hinter sich gelassen hatte: Oberst Leachman war arrogant, Hubert Young schenkte ihr überhaupt keine Beachtung, und A. T. Wilson, Cox' brillanter Adjutant, dem es ein besonderes Vergnügen bereitete, stapelweise Berichte zu verschicken, die mit Zitaten aus dem Alten Testament oder von Bacon, Milton und Shakespeare gespickt waren, begegnete ihr wegen ihrer einflußreichen Freunde in Kairo, Delhi und London mit Mißtrauen.

Beim Mittagessen in der Offiziersmesse konnte sie nur aus den bissigen Andeutungen, mit denen er sich gegenüber St. John Philby oder anderen äußerte, schließen, was er nach Delhi oder London berichtet hatte. Da ihn ihre Pläne hinsichtlich des Iraks beunruhigten, sorgte er dafür, daß sie von seinen Entscheidungsprozessen ausgeschlossen blieb. Er verweigerte ihr sowohl die Kenntnisnahme der Informationen, die nach draußen gingen, als auch den Zugang zum Code der geheimen Telegramme, die an ihn gerichtet waren. Er war zwar mit einer »Distinguished Service Medal« (Medaille für hervorragende Leistungen im Dienst) ausgezeichnet worden, aber von der Ritterlichkeit, die ihm nachgesagt wurde, merkte Gertrude kaum etwas. George Lloyds vorübergehende Versetzung in den Stab von Sir Percy Cox half ihr ein wenig, das Gefühl der Isolation zu überwinden. Bei ihren gemeinsamen morgendlichen Ausritten hatte sie Gelegenheit, mit ihm über alles zu reden.

So interessant sie die Arbeit fand, sosehr vermißte sie ihre Freunde. In einem Brief an ihren Vater klagte sie: »Du bist mir so fern, ich wünschte mir, ich könnte irgendwo auf halber Strecke sitzen und ein-, zweimal die Woche mit Dir reden.« Der »liebenswürdige« und »großmütige« Sir Percy Cox verhielt sich immer noch ein wenig unnahbar und reserviert, und obwohl sie ihn mehrmals pro Woche traf, war er nicht der Typ, den sie um Rat fragen oder mit dem sie sich über den letzten Klatsch unterhalten konnte.

Die Tagesereignisse, bedeutende und unbedeutende, lösten bei ihr ein Wechselbad der Gefühle aus. Am Montag, dem 5. Juni 1916, zog Scherif Hussein an der Spitze seiner Männer in den Kampf gegen die türkischen Streitkräfte. Einige Wochen später berichtete Gertrude siegesgewiß: Auch wenn die Kämpfe in Mekka nur ein Vorspiel gewesen seien, »verdanken wir das meinen lieben Freunden und Chefs in Ägypten ... Der Aufstand in der heiligen Stadt hat einen ungeheuren moralischen und politischen Wert ...« Als Hugh seine Tochter in einem Brief fragte, ob sie für diese Revolte verantwortlich zu machen sei, vertraute sie ihm an: »Nein, ich habe den Scherif nicht aufgehetzt! Das hat er selbst getan. Aber die Angelegenheit hängt auch mit meiner Reise nach Indien zusammen.«

Die freudige Erregung, die sie im Juni empfunden hatte, wurde jedoch sehr bald durch die Stellungnahme des Vizekönigs von Indien gedämpft, der sich offen gegen diese arabische Revolte aussprach. Er nannte sie eine »unangenehme Überraschung« und befürchtete, daß die Mohammedaner Indiens sie als eine »Einmischung der Christen« in die islamische Religion auffassen würden.

Der Juli bescherte ihr weitere Enttäuschungen. George Lloyd war zur Front in Amara gereist, wo die britische Armee auf ihrem Vormarsch nach Bagdad immer noch gegen die Türken kämpfte. Nach seiner Rückkehr berichtete er über die haarsträubenden Verhältnisse, die er dort vorgefunden hatte. So würden die Soldaten unter großem Mangel an Eis und Verpflegung leiden. »Selten sind menschliche Organisationsfähigkeiten und Planung schlechter demonstriert worden als bei diesem Feldzug«, schrieb Gertrude in einem Brief an ihre Eltern. »Eines Tages werde ich Euch die Geschichten erzählen – und Ihr werdet sie mir nicht glauben. Man muß es mit eigenen Augen gesehen haben. Ich glaube nicht, daß die Administration Indiens sich von der Schuld reinwaschen kann.« Sie machte jedoch auch der Regierung in London Vorwürfe, die das Ganze politisch nicht sorgfältig genug vorbereitet habe: »Für unsere Nachlässigkeit und die schlechte Planung haben wir mit Blut und Elend zahlen müssen, und wir können die Toten nicht wieder lebendig machen.«

Sie empfand Erleichterung darüber, daß ihr Bruder wieder wohlbehalten in England war, und Dankbarkeit, daß er nicht in Mesopotamien kämpfen mußte. Sie schrieb: »Die Schwierigkeit besteht darin, daß wir uns nicht genau darüber im klaren sind, was wir mit diesem Land vorhaben. Wie sollen wir die Leute dazu bringen, unsere Partei zu ergreifen, wenn wir selbst nicht wissen, ob wir letzten Endes auch hier sein werden, um zu ihnen zu stehen? Es ist kein Wunder, daß sie zögern. Und wir müssen eine Menge Überzeugungsarbeit leisten, um ihnen klarzumachen, daß ihre und unsere Interessen sich miteinander vertragen.« Weder die Regierung in London noch die in Indien hatten konkrete Pläne für die Zukunft erarbeitet. Außerdem hatte sich Scherif Hussein sehr zum Leidwesen vieler Araber im Vertrauen auf die Unterstützung durch einen Aufstand Syriens selbst zum König aller Araber erklärt.

Die ganze Situation spitzte sich noch weiter zu, weil weder sie noch Sir Percy trotz aller Überredungskünste es fertiggebracht hatten, Ibn Raschid zur Wahrung der Neutralität zu bewegen. »Es ist uns einfach nicht gelungen, Ibn Raschid für uns zu gewinnen«, berichtete sie betrübt. »Trotzdem sind es nicht die direkten Kriegsprobleme, die mich am meisten beschäftigen, sondern die Probleme, die auf uns nach dem Krieg zukommen, und ich weiß noch nicht, wie wir die lösen werden. Es kann jedoch nichts schaden, sich jetzt schon Gedanken darüber zu machen, und das tue ich auch. Schreibt mir doch bitte«, bat sie, »mir stehen viele offizielle Kanäle dafür zur Verfügung.«

Kurz darauf fuhr Percy Cox wieder flußaufwärts und überließ sie ihrem Schicksal und seinem Adjutanten A. T. Wilson. Im Sommer floh jeder, der dazu in der Lage war, vor der drückenden Hitze aus Basra. Mr. Dobbs, der unter Erschöpfungszuständen litt, war im August nach Indien gefahren, und George Lloyd hatte sich nach Ägypten abgesetzt. »Ich habe hier zwar viele Bekannte, aber außer Mr. Dobbs und General MacMunn keine Freunde«, schrieb Gertrude nach Hause. In MacMunn, dem Generalinspekteur des Kommunikationswesens, hatte sie einen Verbündeten gefunden: »Er ist ein netter Mensch voller Vitalität und Energie«, und sie befuhr oft mit ihm in seinem Motorboot den Fluß. »Aber Ihr könnt Euch nicht vorstellen, wie das ist. Ich habe hier niemanden, den ich vorher schon gekannt habe oder der mich schon von früher kennt.«[1] Auch Dorothy Van Ess, ihre einzige Freundin, verbrachte ihren Urlaub in Indien. Bevor sie abgereist war, hatte Gertrude sie gebeten, ihr ein paar leichte Kleider mitzubringen. Mrs. Van Ess hatte sich nämlich erinnert, in einem eleganten Geschäft in der Nähe des Hotels Taj Mahal ein paar Röcke gesehen zu haben. Aber sie warnte sie, daß sie wahrscheinlich ziemlich teuer seien. »Meine Liebe«, erwiderte Gertrude, »zahle, was verlangt wird. Ich *muß* einfach etwas anzuziehen haben!«

Die Hitze war unerträglich geworden, es schien so, als liege die ganze Stadt unter einer dicken, feuchten Wolldecke. In Basra hat-

ten sich alle in ihre Häuser zurückgezogen und schliefen. Gertrude wurde mitten in der Nacht wach und stellte fest, daß sie und ihr seidenes Nachthemd in Schweiß gebadet waren – kein Wunder bei einer Außentemperatur von über vierzig Grad. »Alles, was man berührt, ist heiß, alle unbelebten Objekte – das Haar, wenn man es als unbelebtes Objekt bezeichnen kann –, der Keks, den man ißt, die Kleider, die man auszieht.« Malaria und Typhus grassierten, Stenotypistinnen und andere Büroangestellte »fielen um wie die Fliegen«. Auch Gertrude blieb nicht verschont: Nachdem sie im Juli und August mehrfach unter Fieberanfällen gelitten hatte, bekam sie im September Gelbsucht.

Zwei Wochen lang lag sie wie ein nasses Handtuch im Bett eines Erholungsheims für Offiziere am Flußufer. Sie war noch nie so krank gewesen. Am 20. September hatte sie sich jedoch wieder so weit erholt, daß sie sich auf die Veranda des Hospitals setzen konnte. Sie aß, schlief und las Romane, das war das einzige, wozu sie sich aufraffen konnte. Ihr Lesestoff reichte von Liebesromanen bis zu philosophischen Phantasien, von Anthony Hope auf der einen bis zu »*The Crock of Gold*« auf der anderen Seite. Von ihrem Londoner Buchhändler ließ sie sich monatlich vier bis sechs Bücher schicken.

Zwei Wochen später lebte sie immer noch in dem Erholungsheim und war froh, endlich wieder ein Wollkleid anziehen zu können. Die Hitze war vorüber, die Temperatur hatte sich auf zweiunddreißig Grad verringert, und sie fröstelte. Jetzt, da die kühlere Jahreszeit vor ihr lag, dachte sie natürlich wieder an ihre Kleiderprobleme. Sie wünschte sich einen violetten Filzhut für den Winter, ein Abendkleid aus schwarzem Satin, einige Blusen aus schwerer Seide, einen purpurroten Strickrock, eine Jacke aus weißem Serge für die Fahrt im Auto und eine mit Satin bestickte chinesische Jacke für kühle Abende. Voller Freude schrieb sie ihrem Vater, daß die *Times* ihr wieder geschickt werde, die Firma Smith & Sons jedoch offenbar vergessen habe, die wöchentliche Literaturbeilage beizulegen: »Könntest Du ihn vielleicht einmal fragen, was zum Teufel er sich dabei denkt?« beschwerte sie sich.

Als sie nach genau einem Monat Anfang Oktober zum erstenmal wieder in ihr Büro kam, erfuhr sie, daß ihre offiziellen Berichte in London wahre Beifallsstürme ausgelöst hätten. Stolz bemerkte sie ein paar Wochen später, daß sie von den unterschiedlichsten Leuten Dankesbriefe bekommen habe, so auch von Austin Chamberlain. Kurz darauf, am 16. Dezember 1916, lobte Sir Henry McMahon sie vor seiner Abreise nach Kairo über den grünen Klee: »Ich nehme dies zum Anlaß, ... Miß Gertrude Bell für ihre Dienste meine höchste Anerkennung auszusprechen. Ihre intimen Kenntnisse des Arabischen, ihr Können und ihre Energie haben ihre Arbeit ausgezeichnet. Vor allem das große Engagement, mit dem sie über längere Zeit unter sehr erschwerten klimatischen Bedingungen für das Arab Bureau gearbeitet hat, verdient besondere Erwähnung.«

Ihr Aufgabenbereich war erweitert worden: Sie fungierte inzwischen als Sir Percy Cox' Verbindungsfrau zu den Arabern, eine Tätigkeit, die ihr sehr zusagte: »Ich bin mit der Zeit zu einer Art Prellbock zwischen den verstörten und zum größten Teil mißtrauischen Scheichs und der obersten Autorität geworden«, erklärte sie. Einen Augenblick lang mußte sie an Doughty-Wylie denken und fügte nachdenklich hinzu: »Ja, das alles ist ein Geschenk des Himmels. Ich weiß nicht, was ich sonst getan hätte. Und ich werde diese Tätigkeit auch in Zukunft noch ausüben – obwohl ich mir keine Gedanken über die Zukunft mache. Heute leben und dann schlafen gehen, das reicht mir.«[2]

Sie hoffte, daß ein Brief, den sie an Fahad Bei geschrieben hatte, bald Erfolg bringen würde. Der oberste Chef der Anaseh, der das Gebiet an der westlichen Grenze des Euphrats kontrollierte, hatte bisher alle britischen Freundschaftsangebote ausgeschlagen. Und selbst als ein Gesandter zu ihm geschickt worden war, der ihn überreden sollte, hatte der Scheich sich geweigert, ihn zu empfangen: Seine Sympathien galten nach wie vor den Türken, denn diese hatten sich seiner Loyalität versichert, indem sie seinen Vater zum *Kaimmakam* gemacht und ihm damit das Recht eingeräumt hatten, von jeder Karawane, die sein Land durchquerte, Zoll zu erhe-

ben. Fahad Bei hatte den Titel und die damit verbundenen Einnahmen geerbt. Da er jedoch fünftausend Männer und Gewehre mobilisieren konnte, war Gertrude der Meinung, daß es nicht schaden könnte, es noch einmal zu versuchen, Freundschaft mit ihm zu schließen. Im Herbst 1916 schickte sie dem Scheich eine Nachricht. Aber es dauerte Monate, bis sie endlich eine Antwort bekam.

Die drückende Hitze und der Krieg hatten ihren Tribut gefordert. Gertrudes Haar wurde grau – und was noch schlimmer war: Es fiel ihr beim Waschen büschelweise aus. Bei Rudolfe in der Sloane Street hatte sie »zwei Flaschen mit solchem Haarzeugs« bestellt, befürchtete aber, daß der Brief mit der *S.S. Arabia* untergegangen war: »Man müßte Rudolfe einmal fragen, ob er den Brief erhalten hat, weil ich sonst bald eine Glatze haben werde.«[3]

Kahlköpfig oder nicht – im November war sie wieder so weit zu Kräften gekommen, daß sie reisen konnte. Sie packte Lebensmittel, Kleider und ihre Campingausrüstung ein, nahm den Nachtzug nach Kurna und verspeiste zum Abendessen in einem leeren Eisenbahnwaggon Zunge und Birnen aus der Büchse. Am nächsten Tag war sie beim dortigen Scheich zum Mittagessen und versuchte, ein paar Informationen aus ihm herauszuholen. In der darauffolgenden Woche unternahm sie eine archäologische Exkursion an das Ufer des Euphrats westlich von Nasiriya, um die in der Nähe gelegenen Hügel der Chaldäer von Ur zu besichtigen. Die Ruinen der alten Stadt, aus der Abraham geflohen war, wurden sowohl von den Ingenieuren der Eisenbahn als auch von den Armeegenerälen bedroht. Gertrude ließ es sich nicht nehmen, diese Ausgrabungsstätte vor beiden zu schützen. Dann geschah jedoch etwas, das sie zwang, sofort ins Hauptquartier zurückzukehren: Ibn Saud, der Scheich, den sie schon so lange kennenlernen wollte, befand sich auf dem Weg nach Basra.

Am Abend des 26. November 1916 kam Abdul Asis Ibn Saud, der schon zu Lebzeiten eine Legende geworden war, in Basra an. Der mit fünfundsechzig Frauen verheiratete Stammesführer hatte

durch zahlreiche verwegene Abenteuer von sich reden gemacht: Er war aus Kuwait geflohen, hatte Riad erobert und die Türken 1914 in Hasa besiegt, wofür er sich mit dem Titel eines Wüstenkriegers und Wüstenstaatsmanns schmücken konnte. In seiner weißen Robe und der karierten *Keffieh* war er eine imponierende Erscheinung. Er war fünfundvierzig Jahre alt, kräftig gebaut, fast einsneunzig groß, hatte eine dunkle Haut, schwarzes Haar und einen schwarzen Spitzbart sowie eine gerade Nase mit großen Nasenlöchern.

Sir Henry Cox hatte ihn auf der Reise von Kuwait begleitet. Er hatte dort mit den Briten ein Abkommen unterzeichnet und war mit dem Titel »Komtur des Indischen Imperiums« ausgezeichnet worden. Darüber hinaus hatte man ihm dreitausend Gewehre, vier Maschinengewehre und eine monatliche Subvention von fünftausend Pfund versprochen, um ihn bei der Stange zu halten. Man hoffte, den Führer der Wahhabiten, der islamischen Fundamentalisten unter den Beduinen, auf diese Weise daran hindern zu können, einen Konflikt mit Scherif Hussein vom Zaun zu brechen, denn der hatte sich erst kurz zuvor mit den Briten verbündet und den Aufstand gegen die Türken in Mekka angeführt. Aber je mächtiger Hussein wurde, desto mehr eskalierte auch die Feindschaft zwischen den beiden Emiren. So war Ibn Saud empört, weil Hussein sich seit neuestem angemaßt hatte, sich zum König aller Araber auszurufen.

Am Morgen nach seiner Ankunft überreichte man dem Wüstenherrscher, der von einer Schar bedeutender Persönlichkeiten begleitet wurde, ein juwelenbesetztes Schwert als Geschenk des neuen britischen Armeekommandeurs General Maude. Früher hatte man einmal gehofft, daß Ibn Saud einen Aufstand der Araber in die Wege leiten würde, aber nachdem ein britischer Agent, ein gewisser Captain Shakespear, im Winter 1915 auf dem Weg zu ihm getötet worden war, hatten sich diesbezügliche Erwartungen als Illusion erwiesen. Zwischen dem Emir und den Briten war damals kein Abkommen unterzeichnet worden. Sir Percy und die Beamten der indischen Administration waren der Meinung, daß Ibn Saud

die stärkste Waffe im Kampf gegen die Türken sei. Ein Sieg über die Osmanen hätte ihm sofort die Kontrolle über ganz Arabien verschafft; außerdem wäre damit die Machtposition der indischen Administration in Mesopotamien gewährleistet gewesen. Aber dazu war es zu spät. Die britische Regierung in London und ihre Repräsentanten in Kairo hatten Scherif Hussein im Kampf gegen die Türken unterstützt. Mit dem Abkommen, das jetzt in Kuwait unterzeichnet worden war, sollte zumindest sichergestellt werden, daß Ibn Saud den Scherif nicht angriff. Wenn er sich statt dessen mit Ibn Raschid anlegte – um so besser.

Zu Ehren von Ibn Saud hatte man eine Rundfahrt durch Basra arrangiert. Um ihn zu beeindrucken, gab man ihm eine Kostprobe britischer Technologie. Innerhalb weniger Stunden nahm er eine Parade der britischen Truppen ab und sah, wie hochexplosive Geschosse aus einem improvisierten Graben abgefeuert wurden und Flakgranaten in der Luft detonierten. Man weihte mit ihm eine brandneue Eisenbahnstrecke ein und fuhr ihn mit dem Auto in die Wüste. In einem Krankenhaus, das in einem vom Scheich von Muhammarah zur Verfügung gestellten Palast eingerichtet worden war, konnte er sich seine lange schlanke Hand auf einem Röntgenschirm betrachten und kurz darauf den Start eines Flugzeugs betrachten. Gertrude, die einen Hut mit einem Seidenrand, eine schicke Jacke und einen Rock trug und ihre Kamera über die Schulter gehängt hatte, wich nicht von seiner Seite. In ihrem klassischen Arabisch, das ihm fremd in den Ohren geklungen haben muß, sagte sie: »Abdul Asis, schauen Sie hier«, oder »Abdul Asis, was halten Sie davon?«

So beeindruckend die Parade der britischen Soldaten auch gewesen sein mochte, eine noch größere Wirkung hatte Gertrude auf ihn ausgeübt. Sie war die erste europäische Frau, die er kennenlernte, und trotz aller vorherigen Warnungen war er nicht darauf vorbereitet, daß dieses weibliche Wesen ihm nicht nur unverschleiert unter die Augen treten durfte, sondern darüber hinaus noch gewisse Privilegien genoß und an allen möglichen Anlässen teilnahm, ob es sich dabei um Diskussionen über die arabische Politik oder um Fei-

erlichkeiten handelte, die man zu seinen Ehren veranstaltete. Argwöhnisch betrachtete er unter seinen schweren Augenlidern diese Engländerin, die einfach überall zu sein schien.

Sie hielt ihn dagegen für eine »der imponierendsten Persönlichkeiten«, denen sie je begegnet sei, »ein Mann, der noch staunen konnte, ohne dabei sein Gesicht zu verlieren. Er stellte unzählige Fragen und machte ein paar intelligente Zwischenbemerkungen: Er ist ein großer Mann«, konstatierte sie und fügte voller Ironie hinzu: »Ich wünschte, wir könnten ihm beibringen, wie man Frieden schließt. Vorher müssen wir jedoch diesen Krieg hinter uns bringen, und wir können nur hoffen, daß es danach besser wird. Aber wir wissen es nicht, so wie wir auch nicht wissen, ob wir diesen Leuten nützen oder schaden. Das ist ein Gedanke, der einen vor allem jetzt, da unsere Zivilisation so vollständig zusammengebrochen ist, zur Verzweiflung bringen kann. Doch wir können sie nicht sich selbst überlassen, denn man wird sie nicht in Ruhe lassen; und wie man auch immer darüber denken mag, die Welt wird sich weiterentwickeln – auch in Arabien.«

In einem Kommuniqué an das Außenministerium und für das *Arab Bulletin* schrieb Gertrude: »Er ist Politiker, Herrscher und Räuber in einer Person, ein Typ, der einen Teil der arabischen Geschichte verkörpert. In jeder Gesellschaft stellen solche Menschen eine Ausnahme dar, in der arabischen Rasse tauchen sie jedoch immer wieder auf, und in diesem Teil der Welt werden sie auch gebraucht ... Im gesamten Verlauf der arabischen Geschichte und auch heute noch ist die Persönlichkeit des Führers die wichtigste Kraftquelle. Er stellt die politische Einheit her, und wenn er geht, zerbricht sie. Dabei spielt es keine Rolle, ob er ein Kalif der Abbasiden oder ein Emir von Nedschd ist.« Ihre Analyse hinsichtlich der dominierenden Persönlichkeiten dieser Region hat nicht an Aktualität verloren – Männer wie Gamal Abd el-Nasser, Jassir Arafat und Saddam Hussein sind der Beweis dafür.

Ihr ausführlicher Bericht über Ibn Saud und die britischen Beziehungen zu Arabien war in der ersten Dezemberwoche fertig und wurde den höchsten Regierungsvertretern in England, Ägyp-

ten und Indien zugestellt, wo man ihm die gebührende Beachtung schenkte. Gleichwohl fühlte sie sich eingeengt: Einen Monat zuvor war T. E. Lawrence abgereist, um sein erstes Abenteuer in der Armee des Scherifs zu bestehen. Gertrude war als Frau dazu verdammt, sich mit Schreibtischarbeit zu beschäftigen. Frustriert schrieb sie: »Als Frau kann man hier nur herumsitzen und Protokolle schreiben, hol's der Teufel. Ich kann natürlich alles auf eine Art und Weise protokollieren, daß Leute unbewußt die Vorgänge so bewerten, wie sie meiner Meinung nach bewertet werden sollten. Aber manchmal denke ich, daß das ein schwacher Trost ist, ein sehr schwacher Trost.«

Zehn Tage vor Weihnachten 1916 saß sie sinnierend in ihrem Zimmer und schrieb ihren wöchentlichen Brief an ihren Vater: »Weißt Du, wenn ich darüber nachdenke, wann ich in meinem Leben am glücklichsten war, dann fallen mir zuerst immer die Reisen ein, die wir früher gemeinsam nach Italien unternommen haben, diese langen, wunderschönen Reisen. In den großen Dingen war ich sehr unglücklich und in den kleinen sehr glücklich ... Nur diese ganz große Sache, absolute Liebe und Vertrauen in meine eigene Familie – das habe ich immer gehabt und werde es auch nie verlieren können. Und Du bist der Dreh- und Angelpunkt dieses Glücks.«

Ihr Vater war für sie immer eine Quelle der Kraft gewesen. Von frühester Kindheit an konnte sie sich stets auf das sichere Gefühl verlassen, daß er sie liebte. Ihm verdankte sie das Selbstbewußtsein und die Selbstsicherheit, die sie nach fernen Zielen streben ließen. »Der vorherrschende Einfluß« in ihrem Leben, so schrieb ihre Stiefmutter später, »war das Verhältnis zu ihrem Vater. Sie war ihm treu ergeben, bewunderte ihn von ganzem Herzen, und zwischen ihnen bestand eine sehr enge Beziehung, die beide Teile glücklich machte. Es war eine tiefe gegenseitige Zuneigung – für beide die Grundlage ihrer Existenz ...«

Die Liebe ihres Vaters hatte auf sie die Wirkung eines Zaubertranks, sie verlieh ihr immer wieder neue Kraft und half ihr über alle Enttäuschungen hinweg. Sie dankte ihm für das Vertrauen, das

er in sie setzte, indem auch sie ihm vorbehaltlos vertraute: Er war für sie die absolute Autorität. Selbst als er sich geweigert hatte, ihrer Verlobung mit Henry Cadogan zuzustimmen, und ihr damit sehr weh getan hatte, hatte sie seine Entscheidung, wenn auch schweren Herzens, akzeptiert. Ihr Vater war von frühester Kindheit an ihr bester Freund gewesen. Es gab Zeiten, da war sie Hugh Bells kleine Tochter, dann wieder seine Gefährtin. Immer war er jedoch ihr Schutzengel.

Zwanzig Jahre später hatte sie in dem charmanten St. John Philby einen neuen Freund gefunden. Beide konnten A. T. Wilson, den Philby für »herrschsüchtig« hielt, nicht sonderlich leiden. Beide interessierten sich für die kartographische Erfassung der einzelnen Stämme und für die Ahnentafeln der Scheichs. Vor allem aber waren sie gute Freunde geworden. Am 21. Dezember 1916 schrieb Gertrude ihren Eltern, daß sie und St. John gemeinsam den Tigris hinauffahren wollten. Philby war von Cox gebeten worden, einen Bericht über die dortigen Unruhen zu erstellen. Gertrude hatte keine große Lust, an den Weihnachtsfeierlichkeiten in Basra teilzunehmen, und war daher erleichtert, als sie beide in Cox' Motorboot steigen konnten. Es war ihr viertes Weihnachten im Ausland: »Arabien, Boulogne, Kairo und Kalat Salih. An letztgenanntem Ort hoffe ich am ersten Weihnachtstag zu sein, und ich bin wirklich froh, den Feierlichkeiten hier entfliehen zu können«, denn ihr würde bei dieser Gelegenheit nur wieder schmerzlich bewußt werden, daß sie keinen Mann und keine Familie hatte.

An einem warmen, sonnigen Tag fuhren sie an den Schilfhütten vorbei den Tigris hinauf. In dem Ort, in dem sich angeblich das Grab des Propheten Esra befindet, legten sie einen Zwischenstopp ein und trafen schließlich in Kalat Salih ein, wo ihr gemeinsamer Freund Mr. Bullard ihnen seine Hütte angeboten hatte. Gertrude und der gutaussehende Philby redeten stundenlang miteinander, und sie schrieb hinterher begeistert: »Wir haben uns in dem winzigen Haus eingenistet, uns Lebensmittel kommen lassen und uns auf ein frugales Leben mit Büchsenessen eingestellt. Aber zu un-

serem Erstaunen entwickelte mein Boy ungeahnte Kochtalente, so daß wir fünf Tage lang buchstäblich wie die Maden im Speck lebten.«

Streifzüge durch die Marschen führten sie in einen Teil des Landes, den sie noch nie gesehen hatte: ein Dorf nach dem anderen, alle aus Ried gebaut, und Reisfelder, die mittels vom Tigris abgeleiteter Kanäle bewässert wurden. Nachdem sie sich eine Woche lang mit den Arabern des Marschlands getroffen und mit ihren Scheichs zu Abend gegessen hatten, kehrte Philby ins Hauptquartier zurück, um seine Frau zu begrüßen, die gerade aus Indien angekommen war. Gertrude blieb noch ein paar Tage und sammelte Informationen, die ihr in Basra gefehlt hatten. Dann fuhr auch sie nach Hause zurück, aber dort wartete nur ihre Post aus England auf sie.

Das Jahr 1917 begann mit Regen und Schlamm, und wieder war es gefährlich, zu Fuß zur Arbeit zu gehen. Gertrude hatte jedoch inzwischen ein neues Quartier – eine Suite von zwei Zimmern im politischen Büro – und zwei Diener, die ihr das Leben ein wenig angenehmer gestalteten. Das alles verdankte sie Percy Cox. Ihre Unterkunft bestand aus einem großen Wohnzimmer und einem Ankleidezimmer, das vom Bett abgetrennt war. »Das ist ein Segen«, schrieb sie, denn es sei »schrecklich unbequem« gewesen, keinen Platz zu haben, wo sie nachts habe arbeiten können. Es gab natürlich immer noch kleine Unannehmlichkeiten: Sie war die Dosenbutter und Dosenmilch leid, sie schmeckten ihr zu fad. Die Hülle ihres Federhalters war zerbrochen, so daß sie sich einen neuen Füllfederhalter mit einer breiten Feder aus England kommen lassen mußte. Außerdem fielen ihr immer noch die Haare aus, und ein Paket mit Kleidern war versehentlich in Bombay gelandet.

Als es dann endlich in Basra ankam, öffnete Gertrude es sofort. Anstelle des von ihr gewünschten Satinkleids fand sie jedoch nur einen kleinen Pappkarton mit einer schwarzen Jacke, einer goldenen Blume und etwas Tüll. Fast in Tränen schrieb sie Florence, daß man sich in Indien an dem Paket zu schaffen gemacht habe: »Das

Abendkleid ist weg. Ist das nicht unerhört?« Noch zehn Tage später konnte sie sich nicht beruhigen: »Das mit meinem schwarzen Abendkleid aus Satin ist doch wirklich ein Trauerspiel. Genau das Kleid, auf das ich mich so gefreut hatte ... (Ich habe das Gefühl, als spielte ich die Hauptrolle in *Des Kaisers neue Kleider*).« Aber noch schlimmer als der Verlust des Kleides war der Haarausfall: »Es wird nicht mehr lange dauern, dann muß ich Dich bitten, mir eine schöne Perücke zu schicken. Ich habe kaum noch genügend Haare, um meinen Hut festzustecken«, stöhnte sie.

Aber im Vergleich zu der Anerkennung, die sie für ihre Arbeit bekommen hatte, war das alles zwar lästig, aber unerheblich. »Es freut mich, Euch mitteilen zu können, daß meine Äußerungen in London ein geradezu phänomenales Echo gefunden haben«, berichtete sie ihren Eltern voller Stolz am 13. Januar 1917. Auch vom indischen Büro bekam sie eine Belobigung, allerdings kam von dort auch die Information, daß ihre Briefe zensiert würden. So bitter das für sie persönlich war, sie unterlag in ihrer Stellung gewissen Geheimhaltungspflichten, und darum nahm sie diese Einschränkungen hin.

Mit ihren Ansichten lag sie inzwischen mehr auf der Linie des indischen Büros in Basra als auf der ihrer Kollegen in Kairo. In einer Nachricht an Hogarth befürwortete sie zwar die Politik des Arab Bureau, ließ aber durchblicken, daß sie ein Mitglied von Sir Percys Team sei: »Ich glaube immer noch, daß wir uns für den Scherif entscheiden werden«, schrieb sie. »Bei ihm scheint sich alles in zufriedenstellender Weise zu entwickeln, und das ist für uns ausschlaggebend.« Aber gemeinsam mit Sir Percy Cox unterstützte sie auch Ibn Saud und wünschte sich, er würde sich mit dem Scherif gegen die Türken verbünden. »Ich glaube, der richtige Zeitpunkt ist gekommen, wir sollten ihn jetzt darum bitten.« Über Ibn Raschid, von dessen skrupelloser Sippe sie damals in Hail festgehalten worden war, berichtete man, daß sein Schwager, der gleichzeitig sein Wesir war, plane, den aufsässigen Emir umzubringen.

Ihre Arbeit über Ibn Saud sollte in Kürze erscheinen: »In den Zeitungen werdet Ihr einen Beitrag von mir über Ibn Saud lesen«,

schrieb sie ihren Eltern und fügte etwas zynisch hinzu: »Ich nehme an, das indische Büro wird ihn veröffentlichen. Nein, ich glaube doch nicht, daß Ihr ihn lesen werdet, denn die publizieren so etwas in der Regel in Zeitungen, die niemand liest.«

Mitte Februar 1917 waren auch ihre Berichte über die Stämme fertig und konnten veröffentlicht werden. Als sie die Druckfahnen durchlas, empfand sie ein Gefühl der Dankbarkeit. Ihrem Vater schrieb sie, das sei der rote Faden, der sich durch ihre gesamte Arbeit ziehe, und diese verschaffe ihr zunehmend größere Befriedigung. »*The Arabs of Mesopotamia*« würde den militärischen und politischen Instanzen ausführliche Hintergrundinformationen über die im Zweistromland ansässigen Stämme liefern.

Nachdem es den britischen Truppen unter dem Kommando des erfolgreichen Generals Maude im Laufe des Winters endlich gelungen war, Kut einzunehmen, rückten sie weiter auf Bagdad vor. Gertrudes Arbeit in Basra war beinahe beendet, und am 2. März 1917, ein Jahr nach ihrer Ankunft, berichtete sie nach Hause, daß der britische Geheimdienst sie gebeten habe, einen schriftlichen Überblick über die arabische Geschichte der Neuzeit zu erstellen. (»Genau das, was mir wirklich Spaß macht), also habe ich mich sofort an die Arbeit gemacht. Die Menge, die ich im letzten Jahr geschrieben habe, ist enorm … Da kommt einiges zusammen … Aber es bringt mich fast zur Verzweiflung, hier in meinem Büro hocken zu müssen, wo ich doch viel lieber in der Wüste wäre, um all die Orte kennenzulernen, von denen ich gehört habe.«

Sie fand es zwar schlimm, sich in Basra mit Schreibtischarbeit begnügen zu müssen, aber sehr zur Enttäuschung von Lawrence und Hogarth hatte sie auch keine Lust, wieder nach Kairo zurückzukehren. Ihre Loyalität Mesopotamien und vor allem Percy Cox gegenüber war stärker geworden. Hogarth schrieb an seine Frau: »Ich höre ziemlich häufig von Gertrude Bell – sie arbeitet immer noch sehr hart und steht wie gewöhnlich stark unter dem Einfluß ihres Chefs. Ihre Stimmung ist wechselhaft, das habe ich erwartet … Aber, wenn man so hinter den Kulissen arbeitet wie sie, ist nicht immer alles so toll, wie es nach außen den Anschein hat. Ich wage

zu behaupten, daß wir sie in Zukunft weniger häufig jubeln hören werden. Sie hat in der letzten Zeit offenbar mehrere Fieberanfälle gehabt, und es würde ihr sicher guttun, wenn sie eine Zeitlang in Indien oder hier verbringen würde ... aber sie ist nicht bereit, ihren augenblicklichen Gott zu verlassen.«[4]

Inzwischen machten sich die Briten daran, Bagdad einzunehmen, und Gertrude wartete ungeduldig darauf, zu Cox fahren zu können. Am 10. März 1917, kurz bevor die britischen Truppen die Eroberung Bagdads verkündeten, schrieb sie, daß sie hoffe, er werde sie bald kommen lassen. Der Fall von Bagdad bedeutete das Ende des deutschen Traums von einer Vorherrschaft im Mittleren Osten und war der erste große Erfolg der Briten in diesem Krieg. »Ich bin sicher, wir werden der Stadt Wohlstand bringen und sie zu einem bedeutenden Zentrum der arabischen Zivilisation machen. Ich hoffe, daß das zum Teil auch meine Aufgabe sein wird, und ich verliere dieses Ziel nie aus dem Auge.« Sie erinnerte sich an ihre Zeit in Bagdad zurück und wollte genau wissen, wie es jetzt in der Stadt aussah. Es waren gerade drei Jahre vergangen, seit sie dort gewesen war. »Wenn ich auf diese Zeit zurückblicke, kommt es mir vor, als wären es drei Leben gewesen.«

Jedem in der Familie, der den Verdacht haben sollte, sie leide unter Heimweh, versicherte sie, daß sie trotz aller Rückschläge »bedeutend lieber im Mittleren Osten bleibe, in einer Umgebung, die mich ständig interessiert, an Orten und mit Leuten, die keine schmerzlichen Erinnerungen in mir wachrufen ... In mancher Hinsicht habe ich es nicht immer leicht gehabt. Aber ich glaube, ich habe die meisten Schwierigkeiten überwunden, und die zunehmende Herzlichkeit meiner Kollegen ist für mich ein Quell reiner Zufriedenheit.«

Unter all ihren Kollegen verstand sie sich in dieser Zeit am besten mit General MacMunn. Er war aus Bagdad mit einer Menge interessanter Geschichten zurückgekehrt, und fast jeden Abend segelten sie entweder auf dem Fluß oder fuhren mit dem Auto in die Wüste. Als sie es sich eines Abends auf seiner Yacht bequem gemacht hatte, fragte er sie, welche Rolle sie im zukünftigen Mesopotamien

spielen werde. »Ich glaube, ich werde mich darum kümmern müssen«, erwiderte sie. Ein paar Tage später wurde sie nach Bagdad beordert. Sir Percy Cox hatte ihr bereits den Titel »Orientsekretärin« verliehen, eine Schlüsselposition beim Geheimdienst. Jetzt konnte sie sich um ihre Zukunft kümmern.

19.

Bagdad

Bagdad wirkte so leicht wie eine Brise in der Nacht, erschien so verlockend wie die Geschichten aus »*Tausendundeiner Nacht*«. Im zehnten Jahrhundert, zur Zeit Harun al-Raschids, erzählte die Sklavin Scheherazade hier ihrem mordlustigen Herrn Geschichten von verführerischen Frauen und lüsternen Männern, von goldenen Palästen und silbernen Teichen, von Eunuchen und Sklaven, von Ali Baba und Aladin und brachte ihn so davon ab, sie töten zu lassen.

Die Zitadelle am Tigris, die acht Jahrhunderte nach Christi Geburt und ein Jahrhundert nach dem Tode Mohammeds unter dem abbasidischen Kalifen Mansur erbaut worden war, hatte fünfhundert Jahre überdauert. Die Stadt war der Mittelpunkt des abbasidischen Reichs und zeitweise die größte und reichste Metropole der Welt gewesen. In ihren engen Straßen hatten sich einmal über eine Million Menschen aller möglichen Rassen gedrängt, hatten in den Läden gearbeitet, sich in den Badehäusern vergnügt oder sich zu einem Schwätzchen in einem der zahlreichen Cafés getroffen. Schon vor tausend Jahren war Bagdad eine elegante, kosmopolitische Stadt gewesen, mit Buchhandlungen, literarischen Salons, Banken, Handelshäusern, Gärten und Zoos. Große Schriftsteller und Dichter haben hier einige der berühmtesten Werke der arabischen Literatur geschrieben und Euklid, Platon und Aristoteles ins Arabische übersetzt. Mathematiker, die mit arabischen Ziffern rechneten, führten hier den Wert Null ein. Wissenschaftler bauten eine Sternwarte und untersuchten die Krümmung der Erdoberfläche. Ärzte, die ihre Examina in medizinischen Hochschulen ab-

gelegt hatten, arbeiteten hier in öffentlichen Krankenhäusern. Geschäftsleute aus Bagdad konnten noch in China bei Filialen ihrer Bank Schecks einlösen. Frachtschiffe, die den Fluß befuhren, transportierten Gold aus Afrika, Silber und Gewürze aus Indien, Porzellan aus China und Perlen vom Golf. Aus Ostafrika gelangte Elfenbein nach Bagdad, und die Karawanen aus Turkestan brachten Sklaven in die Stadt. Im Gegenzug exportierte man feinste Baumwollhemden, dicke Baumwollhandtücher, phantasievolle Turbane aus bunter Seide, heilende Öle und Arzneien, Schwerter von besonderer Qualität, feine Lederwaren und Papier in alle Welt.

Doch dieser florierende Handel kam allmählich fast völlig zum Erliegen. Die Tyrannei der Mongolen, die Feudalherrschaft der Perser, die korrupte türkische Besatzungsmacht sowie Epidemien und Überschwemmungen im neunzehnten Jahrhundert hatten den größten Teil der Stadt zerstört. Als die britischen Truppen im März 1917 in Bagdad einmarschierten, lebten dort nur noch zweihunderttausend Menschen – zum größten Teil Sunniten und Juden –, die in schäbigen Hütten innerhalb der brüchigen Stadtmauern hausten. Aber man konnte und kann auch heute noch vereinzelt großartige osmanische Bauten aus gelben Ziegelsteinen finden, zwei bis drei Stockwerke hoch, auf große, grüne Rasenflächen gestellt. Schlanke Minarette glänzten in der Sonne, und die ganze Stadt war von Palmenhainen umgeben. Grüne Gärten brachten ein wenig Abkühlung, und der Duft des Jasmins, der Rosen, Orangen, Zitronen, Pfirsiche und Granatäpfel erfüllte die Morgenluft.

Es dauerte nicht lange, bis die Briten die Stadt völlig umgekrempelt hatten. Plötzlich gab es hier Pferderennen, Polowettkämpfe, man spielte Cribbage und Domino, trank seinen Fünfuhrtee und spielte Tennis. Gertrude kam im April dort an und freute sich wie ein Schneekönig, daß sie daran teilhaben durfte. Es war jedoch nicht leicht gewesen: General Maude, der neuernannte Chef der Militärkommandantur, hatte beschlossen, sie nicht nach Bagdad zu lassen. Er wollte keine Frau dort haben, vor allem keine in offizieller Mission. Aber Sir Percy kam Gertrude rasch zur Hilfe. Er erklärte dem General, daß man sie genauso behandeln solle wie die

männlichen Mitglieder des Stabs, vor allem aber könne sie Dienste leisten, zu denen niemand anderer fähig sei. Cox brauchte Gertrudes Hilfe, denn er wollte die lasche osmanische Administration so schnell wie möglich durch eine effiziente Verwaltung ersetzen, neue Gesetze erlassen und neue Institutionen und Dienststellen einführen. Dabei sollte sie die Verbindung zum Volk herstellen. Und von allem anderen abgesehen war sie schließlich keine gewöhnliche Frau.

Genau drei Jahre waren seit ihrer letzten Reise von Hail nach Bagdad vergangen. Damals war sie völlig erschöpft und niedergeschlagen nach Arabien zurückgekehrt, denn sie konnte weder über irgendwelche bedeutenden archäologischen Funde berichten, noch war es ihr gelungen, Ibn Saud kennenzulernen. Sie wurde damals, im Jahre 1914, vom Gefühl beherrscht, auf der ganzen Linie versagt zu haben. Diesmal kam sie jedoch als Siegerin nach Bagdad, sie empfand Stolz über ihren Erfolg als Mitarbeiterin des Geheimdienstes und Begeisterung, daß es den Briten gelungen war, die Stadt zu erobern. Ihre Ankunft wurde vom Jubel der antitürkischen Araber über ihre Befreiung durch die Briten begleitet.

Darauf folgte jedoch große Verwirrung. Gegen Sir Percys Rat hatte man in London eine blumige Proklamation formuliert und laut verlesen lassen, in der die Araber von Mesopotamien aufgefordert wurden, sich an der neuen Regierung zu beteiligen, um sich mit dem Rest der arabischen Völker vereinigen zu können. Für die Mesopotamier warf diese Proklamation jedoch mehr Fragen auf, als sie beantwortete. Wie sollte die neue Regierung aussehen? Wie stellte man sich die Verbindung zwischen ihnen und der Bevölkerung von Syrien und Arabien (dem heutigen Saudi-Arabien) vor? Wie sah ihre Zukunft aus? Würden die Türken zurückkommen? Aus der Sicht der meisten Araber war ein neuer, fremder Eroberer, noch dazu ein ungläubiger und westlicher, ins Land gekommen und hatte die moslemische Besatzung vertrieben. Jetzt behauptete er, er habe die Leute befreit, nur um dann – wie alle anderen vor ihm – selbst die Herrschaft zu übernehmen.

Aus ganz Mesopotamien strömten die Menschen in die Stadt, die ungewisse Zukunft hatte sie in Angst versetzt. Vor der britischen Botschaft, die in einem Gebäude aus osmanischer Zeit untergebracht war, das noch heute am Ufer des Tigris steht, drängte sich ein Besucherstrom. In dem großen Garten und im Inneren des Hauses wimmelte es von Leuten, die Gertrude noch von früher kannte, unter ihnen viele Bittsteller, weißhaarige alte Männer und junge, aufstrebende Unternehmer, die nervös in den Fluren auf und ab gingen. Auf den Böden kauerten schwarz gekleidete Frauen, während bärtige Scheichs in wallenden Gewändern mit geflochtenen Kopfbedeckungen auf den Sofas saßen. Und im Innenhof hatten sich heilige Männer mit Turbanen und *Sayids*, die Land besaßen, versammelt.

Gertrude hatte sich direkt vor Sir Percys Büro einen Platz eingerichtet, wo sie als »Kokus'« (so wurde Cox von den Einheimischen genannt) »offizieller Filter« Gespräche mit den Arabern führte. Sie sollte versuchen, den Leuten die Angst zu nehmen, und sie im Hinblick auf ihren Einfluß zu beurteilen, denn für die neu eingerichteten Dienststellen wurden zuverlässige Zivilisten benötigt. Außerdem mußte man wohlhabende und einflußreiche prominente Bürger und heilige Männer, auf deren Loyalität Verlaß war, als Freunde gewinnen. Scheichs, die viele Menschen regierten, mußten finanziell unterstützt werden, wenn man sich ihre Mitarbeit sichern wollte. Unbekannte Stammesmitglieder aus dem fruchtbaren Tal des Euphrats, auf deren Getreideernten man für die Versorgung des Militärs und der Zivilbevölkerung angewiesen war, mußten auf ihre Zuverlässigkeit hin überprüft werden.

Gertrudes Arbeit bestand aus dem Sammeln von Informationen, die sie anschließend sortierte. Obwohl sie darüber hinaus noch Kurator des dortigen Museums war, lautete ihr offizieller Titel immer noch »Oriental Secretary«. Als Geheimdienstexpertin und Beraterin in arabischen Angelegenheiten oblag es ihr, die Macht und die politischen Absichten der lokalen Führungspersönlichkeiten einzuschätzen, herauszufinden, ob sie noch Beziehungen zu den feindlichen Türken unterhielten, und ihre Loyalität den Briten gegen-

über zu überprüfen. Zwei Wochen nach ihrer Ankunft hatte sie bereits Landkarten, Listen der Stämme und Geheimberichte über die wichtigsten Persönlichkeiten Bagdads zusammengestellt. »Es läuft nicht schlecht«, schrieb sie. Da ihre Arbeit streng geheim war und sie keine Einzelheiten preisgeben durfte, konnte sie ihrer Familie immer nur versichern, daß sie zufrieden sei und endlich wieder frische Butter, Joghurt und Milch bekommen könne. Außerdem sei ihre Arbeit »tausendmal interessanter« als die in Basra. Schon bald mußte sie für das Kriegsministerium lange Berichte über die Türkei schreiben und Artikel über Mesopotamien und Kleinasien verfassen. Zu diesem Zweck sammelte sie Mitteilungen des Geheimdienstes, schrieb Aufsätze für das geheime *Arab Bulletin* und führte Untersuchungen durch, die sich auf bestimmte Stämme, auf schiitische Traditionen und vieles mehr bezogen.

Sie besuchte auch den weißbärtigen Abdul Rahman al Gailani, den Nakib von Bagdad, den höchsten religiösen Würdenträger der sunnitischen Gemeinde und Sproß einer Familie, die ihre Herkunft bis auf Mohammed zurückführte. Er spielte in der Stadt eine wichtige Rolle, und sein Machtbereich erstreckte sich fast über die ganze Welt. Selten wurde es einer unverschleierten Frau – Gertrude trug ihren Rüschenrock und den Blumenhut – gestattet, den Nakib zu sehen, aber sie hatte ihn früher schon mehrmals in seinem prächtigen Haus am Tigris besucht. Als sie jetzt die Säulenhalle betrat, empfing sie der heilige Mann mit offenen Armen, einer Geste, die inzwischen eine noch größere Bedeutung bekommen hatte, denn ihre hohe Position in der Regierung bestätigte ihren Status als »Mann ehrenhalber«. Die Einheimischen nannten sie respektvoll *El Chatun*, »die Hofdame«, und für manche war sie jene Frau, »die zum Wohl des Staates immer die Augen und Ohren offen hat«[1]. Sobald sie anfing, über die komplizierte Tagespolitik zu reden, vergaßen die meisten Araber jedoch, daß sie eine Frau war. »Eine sehr gescheite Frau«, erinnert sich einer, mit dem sie verhandelt hatte, »sehr, sehr, sehr, sehr, sehr, sehr gescheit.«[2]

Und sie genoß jeden einzelnen Augenblick. Ein paar Tage nach ihrer Ankunft zog sie los und suchte sich eine Wohnung. Das Haus,

das man ihr zugewiesen hatte, war »ein winziger, stickiger Kasten«. In einem belebten Teil der Stadt, direkt gegenüber dem Gebäude der britischen Lynch Company, hatte sie hinter einer Mauer drei kleine, von einem Rosengarten umgebene Sommerhäuser entdeckt, die allerdings ziemlich renovierungsbedürftig waren. Mit der Unterstützung ihres Freundes Musa Chalabi, eines reichen Gutsbesitzers, der einer der vornehmsten Familien der Stadt angehörte, ließ sie eine Küche und ein Bad anbauen und stellte einen Koch, einen Diener und einen Gärtner ein. Im Mai wohnte sie dann zum erstenmal in ihrem eigenen Haus, freute sich über ihre Blumen und genoß die kühle Brise, die vom nahen Fluß herüberwehte.

Ihr Leben pendelte sich in einen Rhythmus ein, der ihr sehr angenehm war. Sie stand morgens vor sechs auf, zog ihre Reithosen an, setzte ihren Bowler auf und ritt mit ihrem Lieblingspferd am Flußufer entlang, manchmal bis in die Wüste, manchmal zu den sechs bis sieben Kilometer vom Zentrum entfernten Gärten von Hadschi Nadschi. Heute schließen sie schon den größten Teil der Botschaftsresidenzen und einige der Geschäftsstraßen Bagdads ein. Mit dem Besitzer, Hadschi Nadschi, einem schlanken, gutaussehenden Schiiten, freundete sie sich schnell an. Er erklärte ihr die schiitischen Bräuche und Verhaltensweisen, bot ihr frisches Obst und Honig aus seinen Gärten an und erteilte ihr nützliche Ratschläge. Diese morgendlichen Picknicks wurden sehr bald zum Stadtgespräch, und es dauerte nicht lange, da kursierten Gerüchte, die besagten, daß die Beziehung zwischen den beiden nicht nur platonisch sei. Auch heute wird das gelegentlich noch behauptet.

Menschen, die nie erlebt hatten, daß eine Frau von den Männern widerspruchslos akzeptiert wurde, fiel es schwer zu glauben, daß Sex keine Rolle dabei gespielt haben sollte. Hinzu kam, daß sie in ihren eleganten Kleidern etwas intensiv Weibliches ausstrahlte. Sie war extravertiert, sehr gesellig und entwickelte beim Flirten einen verführerischen Charme. Als einer der heiligen Männer bei ihr zu Besuch weilte, achtete er peinlich genau darauf, ihr nicht in das unverschleierte Gesicht zu blicken. Das hinderte ihn jedoch kei-

neswegs daran, sich mit ihr über seine ganz persönlichen Angelegenheiten zu unterhalten. »Und zum Schluß«, schrieb sie fröhlich nach Hausse, »riskierte er dann doch noch ein Auge, natürlich nur, damit er mich beim nächstenmal wiedererkannte.« Es war jedoch vor allem die Kraft ihres Geistes, mit der sie die Männer eroberte.

Sechs Monate zuvor hatte Gertrude Fahad Bei ibn Hadhdhal, dem obersten Scheich der Anaseh, einen Brief geschickt, in dem sie ihn inständig bat, den Aufstand der Araber und das Bündnis mit den Engländern zu unterstützen. Er war der mächtigste Nomadenfürst an der Westgrenze des Iraks, verfügte über fünftausend Gewehre und beherrschte die riesige Wüste zwischen Syrien und dem Euphrat. Da Deutsche, Türken und Syrer hier ihre Waffen und ihren Nachschub durchschleusten, waren die Briten auf seine Hilfe angewiesen. Wenn es ihm gelingen sollte, die Feinde aufzuhalten, werde das Vereinigte Königreich ihn großzügig entlohnen. Aber die Türken, die zu jenem Zeitpunkt immer noch die westliche Wüste beherrschten, hatten ihm ein ähnliches Angebot gemacht, und er und seine Familie verdankten ihnen einen Teil ihres Reichtums. Außerdem waren die Türken eine bekannte Größe, während es sich bei den Briten um fremde Eindringlinge handelte. Aus diesen Gründen betrachtete er es als ein großes Risiko, sich mit ihnen einzulassen. Gertrude hatte deshalb lange an der Formulierung ihres Bittbriefs gefeilt.

Ende Mai 1917 kam der fünfundsiebzigjährige Scheich dann schließlich nach Bagdad. Es war drei Jahre her, seit sie ihn zum letztenmal gesehen hatte. Damals hatte der schmächtige, braunhäutige Mann ihr mit einem Falken auf der Schulter und einem Windhund an der Seite in seinem Zelt gegenübergesessen. Als die beiden sich begrüßten, konnte jeder sofort erkennen, wie sehr sie sich mochten – »fast schon kompromittierend«, witzelte einer ihrer Freunde. Bei einer Zusammenkunft in der Botschaft, an der auch Cox teilnahm, erklärte Fahad Bei, es seien letzten Endes Gertrudes »starke Argumente« gewesen, die ihn überzeugt hätten. Und dann beschrieb er seinen Sinneswandel in allen Einzelheiten.

Als ihr Schreiben eingetroffen sei, habe er seine Männer aus der

Wüste kommen lassen und ihnen den Brief laut vorgelesen. Dann habe er sich an seine Anhänger gewandt und erklärt: »Meine Brüder, ihr habt gehört, was diese Frau zu sagen hat. Sie ist zwar nur eine Frau, aber eine mächtige und tapfere. Und wenn schon die Frauen der Anglez so sind, müssen ihre Männer mutig und stark wie Löwen sein. Wir sollten lieber Frieden mit ihnen schließen.«

Nichts hätte sie stolzer machen können. Sowohl in England als auch im Irak kamen die Frauen immer erst an zweiter Stelle, das war eine traurige Tatsache. Aber Gertrude zweifelte nicht daran, daß sie in den Augen der Araber und auch für Cox neben jedem Mann bestehen konnte.

So erfolgreich die Verhandlungen mit Fahad Bei waren, so problematisch gestalteten sich die Beziehungen zu den Kollegen in Kairo. In Übereinstimmung mit dem Briefwechsel zwischen McMahon und Scherif Hussein hatte sich das Arab Bureau damit einverstanden erklärt, die Forderungen des Scherifen, der sich ein arabisches Königreich wünschte, zu unterstützen, wenn er bereit wäre, sich an die Spitze einer arabischen Revolte gegen die Türken zu stellen. Ronald Storrs, der Chef des Geheimdienstes in Ägypten, hatte Hussein in seinem Hauptquartier in der Hedschas aufgesucht und ihm Geld, Waffen und goldene Uhren mitgebracht. Wenige Tage nach diesem Treffen hatten die Männer des Scherifen Mekka eingenommen und die Türken in Dschidda zur Kapitulation gezwungen.

Erst im April 1917 hatte Sir Percy jedoch erfahren, daß zwischen Mark Sykes und Georges Picot schon ein Jahr zuvor ein Pakt geschlossen worden war, dem zufolge der osmanische Teil des Mittleren Ostens, also die eroberten Gebiete, zwischen Großbritannien und Frankreich aufgeteilt werden sollten. Man wollte in Mesopotamien eine britische Einflußsphäre schaffen, die Euphrat und Tigris einschließlich Basra, Bagdad und Chanakin umfaßte. Die französische Zone sollte an der Küste Syriens entlang verlaufen und sowohl Beirut als auch das Land zwischen Kilikien und dem oberen Tigris einschließen. Der Pakt sah darüber hinaus vor, daß Frank-

reich und Großbritannien sich bereit erklärten, »einen selbständigen arabischen Staat oder einen Staatenbund ... unter der Oberhoheit eines arabischen Scheichs anzuerkennen«. Auf diese Weise sollte ein Teil der Zusagen eingelöst werden, die gegenüber dem Scherif gemacht worden waren. Außerdem wurde der Beschluß gefaßt, Palästina unter eine internationale Verwaltung zu stellen.

Als David Hogarth ein Jahr zuvor über das Sykes-Picot-Abkommen informiert worden war, hatte er sofort einen Brief an Captain Hall, den Leiter des Geheimdienstes, geschrieben und ihn beschworen, daß niemand etwas davon erfahren dürfe: »Die Realisierung dieser Vereinbarung kann uns zur Zeit im Hinblick auf unsere arabische Politik kaum nützen. Nur wenn sie in der nächsten Zeit streng geheimgehalten wird, lassen sich große Nachteile vermeiden.« Und so erfuhren Sir Percy und Gertrude Bell ein Jahr lang nichts von dieser Übereinkunft.

Als man Cox schließlich darüber informierte, wurde er fuchsteufelswild, weil man ihn getäuscht hatte. Was sollte jetzt aus Mesopotamien werden? Cox hatte gehofft, daß man den Irak der indischen Administration unterstellen und Ibn Saud zum König krönen würde – was wiederum McMahon und das Arab Bureau Hussein versprochen hatten. Inzwischen war sogar schon davon die Rede, daß dem Sykes-Picot-Abkommen zufolge für Bagdad ein lokaler Herrscher vorgesehen sei, während Basra den Briten und Mosul den Franzosen zugesprochen werden sollte. Cox verlangte eine Erklärung.

Als Ronald Storrs im Juni 1917 in Bagdad eintraf, um die Aktivitäten des Arab Bureau zu erläutern, wurde er mit einem Boot zu Cox' Haus gebracht. Während sie mit einem Cocktail in der Hand auf dem Balkon standen und auf den Tigris blickten, und auch beim anschließenden Dinner stellten Cox und Gertrude viele Fragen. Wie beurteilte Kairo die Situation? Was war in Arabien los? Er berichtete ihnen unter anderem über die Hedschas. Er sei mehrmals dort gewesen und habe mit Hilfe von T. E. Lawrence den Mann kennengelernt, der die Wüste in Flammen setzen könne. Dieser Mann, der dritte Sohn Scherif Husseins, heiße Feisal und sei

eine kluge, äußerst sensible Führerpersönlichkeit, ein geschickter Stratege und tapferer Kämpfer. Während Storrs den charismatischen Feisal beschrieb, machte Gertrude sich Notizen.

Am nächsten Morgen in ihrem Büro war Gertrude an der Reihe und versorgte Storrs mit den notwendigen Informationen. Sie schilderte ihm in umfassender Weise die Situation in Mesopotamien, las ihm eine Liste der Stämme und Scheichs vor, berichtete ihm über deren Sitten und Gebräuche, über ihre Rivalitäten und die politischen Beziehungen und behandelte dabei alle Themen mit großer Professionalität und Gelassenheit. Dann unternahm sie mit ihm einen ausgiebigen Stadtbummel und fühlte sich dabei wie ein Mädchen, das die Schule schwänzt. Sie sprach mit den Scheichs und anderen prominenten Persönlichkeiten, fragte sie nach ihrer Meinung und redete mit den Händlern im Basar über die politische Situation (was sie oft tat). Am Ende des Stadtbummels hatte Gertrude den zukünftigen Gouverneur von Jerusalem ziemlich beeindruckt. Ihre Kenntnisse des Iraks, ihre Vertrautheit mit den Einheimischen, ihre Einsichten in die Beziehungen zwischen syrischen Arabern, Arabien und Mesopotamien seien einmalig, schrieb Storrs in sein Tagebuch. Ihr »erstklassiges Gehirn«, ihr »universelles« Wissen und ihre »ausgeglichene« Beurteilung seien außergewöhnlich. Aber trotz all ihrer Kraft und ihres Antriebs müsse sie vorsichtig sein: »Ihr zerbrechlicher Körper« brauche dringend Ruhe, wenn sie die Hitze im Sommer überstehen wolle.

Für Gertrude hatte sich der Besuch als eine willkommene Abwechslung erwiesen. Daß zudem ihr guter Freund St. John Philby angekommen war — dank ihrer Überredungskünste hatte Sir Percy ihn zu seinem Stellvertreter ernannt —, erhöhte ihre Freude und Begeisterung für ihre Arbeit in Mesopotamien nur noch. Sie habe so etwas noch nie erlebt, schrieb sie ihrem Vater: »Es ist erstaunlich — wie die Erschaffung einer neuen Welt.« Während sie für Whitehall einen Plan entwarf, bemerkte sie, daß sie bei der Gestaltung der Zukunft dieses Landes »entscheidend mitreden kann. Das werde ich können, das werde ich ganz gewiß ... Was spielt alles andere für eine Rolle, wenn die Aufgabe eine so große ist?«

Zum erstenmal seit Jahren machte sie sich Gedanken über die Zukunft. Die Arbeit hatte ihre Lebensgeister geweckt, und erst jetzt fühlte sie sich in ihrem kleinen Haus richtig wohl. Freunde wie Philby und Bullard kamen häufig zum Abendessen, genossen den köstlichen Braten und die entsprechenden Weine und unterhielten sich mit ihr angeregt über alle möglichen Themen. Gertrude äußerte sich über die Stärken und Schwächen der türkischen Verwaltung, über die Situation der Labour Party in England, über die Fleischpreise in Bagdad und das Freßverhalten der Gazelle, die ihr kurze Zeit zuvor geschenkt worden war. Wenn die neuesten Kleidermodelle, die man ihr aus England geschickt hatte, nicht ganz ihren Vorstellungen entsprachen (eines war »eher ein Pelzmantel als ein Abendkleid. Wenn es heiß wird, kann ich damit unmöglich zum Dinner ausgehen«), glichen die Freundlichkeit der Menschen, die warme Sonne, die Blumenpracht und das frische Obst diese kleinen Enttäuschungen wieder aus. »Hier ist es so wunderschön, ich kann Dir gar nicht sagen, wie sehr ich diese Stadt liebe«, schrieb sie ihrem Vater.

Als er sie einlud, ihren Urlaub in England zu verbringen, lehnte sie überraschenderweise ab. Sie wolle den Irak nicht verlassen, denn zur Zeit spielten sich dort zu viele wichtige Dinge ab. Aber, so versicherte sie ihm, es sei immer noch so, daß seine Liebe ihr die Kraft gebe weiterzumachen. Und in einer seltsamen Mischung aus mädchenhafter und fraulicher Leidenschaft schrieb sie ihm, daß ihre Beziehung etwas ganz Besonderes sei: »... einmalig, das ist sie, mein liebster Vater. Du weißt, daß es auf der Welt nichts gibt, das ich Dir nicht anvertrauen würde, große Dinge, kleine Dinge, und ich wäre dabei immer absolut sicher, daß Du mit mir fühlen, mich verstehen und mir wenn nötig auch verzeihen würdest. Ich kann Dir gar nicht sagen, was Du mir in meinem großen Kummer bedeutet hast, in einem Kummer, der so groß war, daß ich mich heute immer noch wundere, wie man so etwas überhaupt aushalten kann, aber ich bin sicher, Du weißt es. Und jetzt, wo ich in dieser neuen Welt bin, die um mich herum entstanden ist, tut es mir leid, daß ich das nicht alles mit Dir tei-

len kann.« Zum Thema Mittlerer Osten schrieb sie: »Er bedeutet für mich ein neues Leben, eine neue Existenzmöglichkeit ... Ich liebe es [das Land], müßt Ihr wissen, ich liebe meine Arbeit und freue mich über das Vertrauen meines Chefs.«

Dann schlug der Sommer zu, und die Hitze schien aus einem Hochofen zu kommen: Im Juli stieg das Thermometer täglich auf fast fünfzig Grad. Gertrudes Sonnenschirm war völlig nutzlos, ihre helle Haut wurde von der Sonne verbrannt, ihre Wangen und ihre Augen schmerzten vom ständig aufgewirbelten Staub. Es kühlte nicht einmal nachts ab. Um überhaupt schlafen zu können, schleppte sie ihre Matratze auf das Dach und lag im Freien auf triefend nassen Bettüchern. Wenn sie trocken waren, wurde sie wach und tauchte sie wieder in kaltes Wasser. Schon nach kurzer Zeit zog sie sich eine Tropenkrankheit zu und mußte ins Krankenhaus. Dort steckte sie sich die Smaragdbrosche, die ihr Vater ihr zum Geburtstag geschickt hatte, an ihr Nachthemd.

Irgendwann im August war sie wieder so weit auf den Beinen, um über die Geschichte von dem Engländer lachen zu können, der vor dem Krieg ein türkisches Militärlazarett besucht hatte. Dort wurden die Patienten im offiziellen Protokollbuch in vier Kategorien eingeteilt: »Aufgenommen, geheilt, gestorben, weggelaufen.« Auf der letzten Seite dann die Bestandsaufnahme: »Aufgenommen 6. Geheilt 0. Gestorben 2. Weggelaufen 4.«

Im Büro hatte ein häßlicher Streit mit dem Armeekommandeur die Atmosphäre vergiftet. General Maude war zwar ein guter Soldat, aber auch ein ziemlich herrischer Mensch, der Cox (seinen Klassenkameraden von Sandhurst) mit Arroganz behandelte und den Arabern mit Intoleranz begegnete. Seine ständige Einmischung in die Politik hatte den normalerweise geduldigen Cox so weit gebracht, daß er ernsthaft an Rücktritt dachte. Da Gertrude sehr viel an Sir Percy lag, konnte sie die Sache nicht auf die leichte Schulter nehmen. Er war ihr Mentor, eine Vaterfigur und ein Kollege, dem sie mehr verdankte als nur ihre Stelle – ihr Leben war mit dem seinen verbunden. So wie Menschen, die eng zusammenarbeiten, mit-

unter spüren, daß sich zwischen ihnen auch eine gewisse erotische Spannung entwickelt, fühlte sich Gertrude durch ihn beflügelt. (Sie wäre selbst im Traum nicht auf den Gedanken gekommen, ihre Beziehung zu Cox mit sexuellen Gefühlen in Zusammenhang zu bringen. Möglicherweise hätte sie von Bewunderung gesprochen, jedenfalls fühlte sie sich von ihm stark angezogen.) Mit Cox' Genehmigung schrieb sie ihrem guten Freund Arthur Hirtzel, einem Unterstaatssekretär des Außenministeriums der indischen Verwaltung, einen bitteren Brief und verglich darin das Oberkommando der Armee mit den »Insassen eines Irrenhauses«.

Ihre guten Beziehungen und die starke Wirkung ihrer Worte durfte man nicht unterschätzen. Hirtzel leitete den Brief an Lord Curzon, den Außenminister, weiter. Er bestätige seine schlimmsten Befürchtungen, sagte Curzon und versprach ihr, die Angelegenheit im Kriegsministerium zur Sprache zu bringen (natürlich ohne Miß Bell zu erwähnen). Bevor General Maude jedoch abgemahnt werden konnte, wurde er krank und starb zwei Tage später, am 16. November 1917, an Cholera.

Während der General zur letzten Ruhe geleitet wurde, befanden sich arabische Streitkräfte unter Feisals Kommando auf dem Vormarsch. Ihr Hauptziel bestand darin, die für die Türken sehr wichtige Eisenbahnlinie von Medina nach Damaskus zu unterbrechen. Die arabischen Krieger, ein zusammengewürfelter Haufen aus verschiedenen Stämmen, waren für diese Art des Guerillakriegs bestens geeignet, jedoch zu wenige, um wirkliche Schlagkraft zu entwickeln. Man mußte Stämme, die sich seit langem befehdeten, überreden, Seite an Seite zu kämpfen. Erst als sie erfuhren, daß Feisal sie anführen würde, erklärten sich die Männer der Billi, der Juheina, der Harb, der Ruwalla und der Beni Sakhr bereit, an dem arabischen Aufstand teilzunehmen.

Im Sommer 1916 hatten sie bereits Dschidda, Rabigh, Janbu und Mekka eingenommen. Im Januar 1917, also sechs Monate später, eroberte Feisal, dem T. E. Lawrence als politischer Berater zur Seite stand, mit Hilfe der britischen Marine den Hafen von Wajh.

Nach einem achthundert Kilometer langen Marsch von Mekka nach Norden errangen die Araber einen entscheidenden Sieg in Akaba. Gertrudes Freunde, die Abu Taiji – der Stamm vom Volk der Howeitat aus dem Norden Arabiens –, hatten zusammen mit Lawrence den Angriff geführt, dessen erfolgreicher Abschluß den Briten zum Helden machte. Im September hatte die arabische Armee in Mudawwarah die Eisenbahnlinie angegriffen, die durch die Hedschas führte, eine Lokomotive zerstört, siebzig türkische Soldaten getötet, dreißig weitere verwundet und neunzig gefangengenommen. Nach einigen schweren Niederlagen im Jarmuktal ließen sie im Herbst einen Zug entgleisen, in dem Dschamal Pascha, der Gouverneur von Syrien und Kommandeur eines türkischen Armeekorps, saß. Ende November 1917 kämpfte die arabische Armee, die von zwei irakischen Offizieren, dem Militärexperten Dschafar al-Askari und dem brillanten Politiker Nuri Said, beraten würde, dem britischen General Allenby den Weg von Suez nach Jerusalem und von dort (mit Lawrence und Feisal als Rückendeckung) nach Damaskus frei. Feisal, dem Lawrence weitere britische Unterstützung zugesagt hatte, war auf dem besten Wege, Herrscher von Syrien zu werden.

David Hogarth schrieb später, Gertrude sei maßgeblich am Gelingen des arabischen Aufstands beteiligt gewesen, weil sie »Unmengen von Informationen« über das »Stammeswesen zwischen der Hedschas-Eisenbahn und der Nefud, vor allem aber über die Howeitat-Gruppe« zusammengetragen habe. Diese Informationen, betonte Hogarth, »benutzte Lawrence, der sich voll und ganz auf ihre Berichte verließ, in den arabischen Feldzügen von 1917 und 1918 mit großem Erfolg«[3].

Seinen Ruhm verdankt Lawrence dem amerikanischen Schriftsteller Lowell Thomas, der seine Abenteuer verewigt hat, während Gertrude sich bewußt zurückhielt und die Öffentlichkeit scheute. Nachdem ihr im Oktober die hohe Auszeichnung »Commander of the British Empire« verliehen worden war, landeten alle Interview-Wünsche der Presse in ihrem Papierkorb. Sie schimpfte sogar mit ihren Eltern, weil sie mit den Journalisten gesprochen

hatten: »Bitte, bitte gebt keine Informationen über mich«, schrieb sie. »Ich habe das schon so oft gesagt, daß ich glaube, Ihr versteht, wie sehr ich den ganzen Rummel hasse.« Sich selbst zu verkaufen war ihr zuwider, obwohl man nicht sagen konnte, daß sie unter Minderwertigkeitskomplexen litt. Colonel Leachman, einer der besten politischen Offiziere, hatte ihr sogar einmal gesagt, »ihre grenzenlose Selbstgefälligkeit« habe schon im ganzen Irak die Runde gemacht.

Als Ende des Jahres die sogenannte Balfour-Deklaration veröffentlicht wurde, war Gertrude empört. Sir Arthur Balfour, der britische Außenminister, hatte Lord Rothschild, dem Oberhaupt der jüdischen Gemeinde Englands, einen Brief geschrieben und ihm »eine nationale Heimat für das jüdische Volk« in Palästina versprochen. Doch die Balfour-Deklaration beinhaltete die Zusage an die bereits in Palästina lebenden Araber, daß ihre »Bürgerrechte und ihre Religion« nicht angetastet würden.

»Ich hasse Mr. Balfours zionistische Erklärung«, giftete Gertrude in einem Brief an ihre Eltern: »Ich bin fest davon überzeugt, daß sie nicht umgesetzt werden kann. Für das, was die Juden vorhaben, ist das Land denkbar ungeeignet. Es ist ein armes Land, das keine großen Entwicklungsmöglichkeiten hat. Gut zwei Drittel der Bevölkerung sind mohammedanische Araber, welche die Juden verachten. Meiner Meinung nach ist das Ganze ein künstliches, realitätsfernes Konzept. Ich wünsche dem Plan den Mißerfolg, den er verdient hat und den er, wie ich glaube, auch erleben wird.« Ein Teil ihrer Prophezeiung wurde bittere Realität: Die Schwierigkeiten zwischen Arabern und Juden, die von ihr vorhergesehen worden waren, überdauerten fünf Generationen. Erst gegen Ende des zwanzigsten Jahrhunderts sind die Menschen in Palästina – Juden und Araber – bereit einzusehen, daß beide ein Recht darauf haben, in diesem Land zu leben. Aber das »völlig künstliche Konzept« einer nationalen Heimat für die Juden ist inzwischen trotzdem verwirklicht worden: Israel ist heute der einzige demokratische Staat im Mittleren Osten.

Obwohl ihr die Situation in Palästina Sorgen machte, gab es andere Probleme, die ihr mehr am Herzen lagen. Im Tal des Euphrats waren Angehörige schiitischer Stämme den Türken zu Hilfe gekommen, woraufhin Cox den Befehl gegeben hatte, ihre Verbindungen zum Feind zu unterbrechen, und persönlich in das Krisengebiet gefahren war. Aber da die Schwierigkeiten andauerten, beschloß Gertrude im Dezember 1917, sich selbst darum zu kümmern, zumal sich in dieser Region niemand so gut auskannte wie sie.

Nachdem sie ihre Campingausrüstung und ihre Koffer in den offenen Ford gepackt hatte, machte sie sich mit ihrem Diener am Steuer auf den Weg. In der klaren Januarsonne fuhren sie über holprige Wüstenpfade in südwestlicher Richtung nach Kerbela. Sie kannte diese Strecke nur zu gut: Als sie vor Jahren die Ruinen von Uchaidir entdeckt hatte, war sie in Hochstimmung und mit dem von ihr selbst gezeichneten Grundriß in der Tasche auf demselben Weg nach Bagdad zurückgeritten. Später hatte sie niedergeschlagen ebenjene Route benutzt, nachdem sie aus ihrem Arrest in Hail entlassen worden war. Wehmütig dachte sie an die alten Zeiten zurück, die nie wiederkehren würden, und machte sich Sorgen, daß auch der gutmütige Fattuh, ihr alter Diener, der sie auf ihren Reisen begleitet hatte, ein Opfer der Türken geworden sein könnte.

Während sie über die Wüstenstraße fuhren, die sich durch das weite, unfruchtbare Land zog, ließen sie die Gedanken an die Vergangenheit nicht los. Nur zweimal wurde die Monotonie durch kleine Marktflecken unterbrochen. Erst spät am Nachmittag verwandelte sich der Sand in Gras, und aus den kleinen Wüstenbüschen wurden große Palmen und Weiden. Sie folgten noch einen ganzen Tag dem Ufer des Euphrats, bevor sie die heilige Stadt Kerbela erreichten. Wie ihre Schwesterstadt Nedschef war sie früher eine Brutstätte des Fanatismus gewesen, ein Ort, an dem die Schiiten den Dschihad, den Heiligen Krieg gegen die ungläubigen Christen, geplant hatten. Hier stand die Wiege des Islam, hier hatte man Ali, den Schwiegersohn des Propheten Mohammed, und Hussein, den Enkel des Propheten, aus dem Hinterhalt ermordet. Und an

diesen Ort brachten fromme Schiiten, von denen viele aus Persien anreisten, immer noch ihre Toten. (Die Spaltung des Islam in Schiiten und Sunniten hat sich schon sehr früh vollzogen. Die Schiiten betrachteten Ali ibn Ali Talib, den Schwiegersohn Mohammeds, als dessen rechtmäßigen Nachfolger. Die Sunniten entschieden sich dagegen für Abu Bakr, einen engen Freund des Propheten.)

Auch aus anderen Ländern kamen Reisende in diese Stadt: Perser, die im Dienst der Deutschen und Türken spionierten, feindliche Karawanen aus Aleppo und Damaskus, die Lebensmittel und sonstige Vorräte einkauften. Die Händler von Kerbela machten gute Geschäfte, während die Scheichs hohe Zölle für die Lastkamele kassierten. Zum Schaden Englands hetzten syrische Kunden die Bewohner der Stadt ständig mit antibritischer Propaganda auf. Sie stießen damit auf offene Ohren, denn als den Briten während der Kämpfe die Vorräte ausgegangen waren, hatten sie Kerbelas Schafherden und alles andere Vieh geschlachtet, um die Verpflegung ihrer Truppen zu gewährleisten. Noch dazu hatten sie hohe Steuern zwecks Finanzierung der Verwaltung erhoben und Straßensperren errichtet, um die Verbindung zu den Türken zu kappen. Ganz Kerbela war in Aufruhr geraten.

Gertrude bewegte sich vorsichtig durch die engen Straßen der Stadt, traf sich mit prominenten Bürgern und war die erste europäische Frau, welche die feuchte, dunkle Zelle des berühmtesten heiligen Mannes der Stadt betreten durfte. Obwohl sie mit wirklich guten Argumenten aufwartete, mußte sie ihre ganze Überzeugungskraft aufbieten, um die maßgeblichen Persönlichkeiten umzustimmen. Aber es war noch zu früh, um sagen zu können, ob ihre Worte etwas bewirkt hatten.

In Nedschef war es noch schlimmer. In der Stadt, einem Labyrinth unterirdischer Häuser, die durch ein Tunnelsystem miteinander verbunden waren, herrschte eine unheilvolle, von Fanatismus geprägte Atmosphäre. Trotzdem war Gertrude von ihrer geheimnisvollen Schönheit fasziniert. Hier, so schrieb sie, saßen die heiligen Männer in einer Weise zusammen, die an die Antike erinnerte. »Um sie riecht es nach Altertum, und die Luft ist vom Staub der

Jahrhunderte so gesättigt, daß Du nicht hindurchsehen kannst – und sie auch nicht.«

Der ausgedehnte Handel mit Schmuggelwaren und die Zahlungen der Türken waren der Grund dafür, daß die vierzigtausend Araber, welche die Stadt bevölkerten, freundliche Beziehungen zu den Feinden der Briten unterhielten. Und das zog Kreise: Wenn Stämme, die mit den Briten sympathisierten in die Stadt kamen, um große Mengen an Getreide zu kaufen und so die Vorräte reduzierten, machten die Einheimischen ihrem Unmut Luft. Nachdem Gertrude sich mit den dortigen Scheichs getroffen hatte, schrieb sie. »Die Situation hier ist unbefriedigend.«

Als sie auf dem Rückweg kurz in Babylon haltmachte, wünschte sie sich, alles wäre wieder wie früher. Bei der Besichtigung der Ruinen mußte sie daran denken, wie sie hier mit den deutschen Archäologen kampiert hatte. Der Krieg hatte die ganze Welt auf den Kopf gestellt, die Kollegen von damals waren heute ihre Feinde. Das Herz tat ihr weh, als sie in dem leeren, staubigen Raum stand, in dem Fattuh ihre Campingmöbel aufgebaut und sie sich mit den Deutschen angeregt über ihre Pläne von Babylon und Uchaidir unterhalten hatte. »Was haben wir für eine entsetzliche Welt zerbrochener Freundschaften zwischen uns geschaffen«, schrieb sie.

Zurück in Bagdad, suchte sie ihr Büro am Tigris auf und fühlte sich übernervös. Sie ging auf die Fünfzig zu und litt unter Symptomen, die vielen Frauen in diesem Alter vertraut sind. Da ihr aber eine gute Freundin fehlte, die mit ihr über ihre Schwierigkeiten hätte reden können, suchte sie verzweifelt nach einer Ursache. Vor dem zweiwöchigen Ausflug an den Euphrat hatte sie über Lustlosigkeit, Apathie, ja sogar über eine vorübergehende Beeinträchtigung ihres Gedächtnisses geklagt. Ständig vergaß sie irgend etwas und sah sich deshalb gezwungen, langsamer und dafür abends länger zu arbeiten. Sie war müde und erschöpft und brauchte dringend einen Partner, dem sie sich anvertrauen konnte. »Was ich mir wirklich wünsche, ist eine Ehefrau«, schrieb sie ihren Eltern. »Ich kann gut verstehen, warum die Männer hier jede x-beliebige Frau heiraten!« Da Geduld nie ihre Stärke gewesen war, wurde sie im-

mer gereizter. Als ihre neuen Schuhe aus England nicht rechtzeitig ankamen, beschimpfte sie den Schuster, der seit fünfzehn Jahren für sie arbeitete, nannte ihn einen »Schuft« und warf ihm »ungeheuerliche Praktiken« vor. Als man ihr in der Offiziersmesse zum Mittagessen wieder Fleisch aus der Dose servierte, mußte sie sich zusammenreißen, um nicht zu explodieren. Frische Lebensmittel waren knapp, das wußte sie, aber dies war schon der vierzehnte Tag in Folge, an dem man ihr dieses fade Konservenfleisch vorgesetzt hatte. Sie blickte auf ihren Teller, warf Messer und Gabel hin und brach in Tränen aus.

Aber diese Beschwerden waren nichts im Vergleich zu den bedeutend tieferen, immer noch nicht völlig vernarbten Verletzungen. In ihrem Fall hatte die Zeit die Wunden nicht heilen können, die ihr der Verlust von Doughty-Wylie zugefügt hatte: »O liebster Vater, weißt Du«, schrieb sie, »daß es heute abend (am 22. Februar) genau drei Jahre her sind, seit Dick und ich Abschied nahmen? ... Ich habe die vier Tage von vor drei Jahren fast Minute für Minute neu durchlebt.« Ihr Vater hatte sie wieder einmal aufgefordert, doch im Sommer nach Hause zu kommen, sie aber hatte erneut abgelehnt. »Lieber Vater, Du weißt, daß ich Dich liebe, aber dieser Kummer im Hintergrund macht mich allem anderen gegenüber irgendwie gleichgültig, ob ich nach Hause gehen oder hier im Osten bleiben soll oder was sonst geschieht. Trotz allem ... ob ich nun bei Dir oder weit weg von Dir bin. Du bist für mich immer wieder ein wirklicher Trost.«

Aus ihrem Haus und aus dem Garten hatte sie eine Art Hort der Geborgenheit gemacht. Die bequemen Stühle im Wohnzimmer waren mit Chintz bezogen, überall lagen Perserteppiche, und den Kaminsims hatte sie mit antiken Tonscherben dekoriert. Wenn sie in diesem Zimmer Briefe an ihre Freunde schrieb, blickte sie manchmal aus dem Fenster und beobachtete ihre Gazelle. Ihr chaldäischer Diener sorgte dafür, daß das Haus und ihre Kleider stets in Ordnung waren, und kochte für sie. Ihr Gärtner hielt sich genau an ihre Instruktionen und zog Pflanzen aus den Samen jener Blumen, die in Rounton zu ihren Favoriten gezählt hatten. Sie bedauerte

es, daß sie nicht auch noch Osterglocken und Narzissen bestellt hatte. Trotzdem freute sie sich über die Iris und die Verbenen in ihren Beeten, über die tapfer in ihren Töpfen wachsenden Veilchen und die beinahe ständig blühenden Rosen. Gegen die unvermeidliche Sommerhitze, die kurz bevorstand, hatte sie Ventilatoren an der Decke installieren lassen, als die Stromleitungen erneuert worden waren. Sie fühlte sich somit ein wenig besser vorbereitet. Für Ende des Jahres plante sie sogar noch den Anbau eines weiteren Zimmers.

Einem Freund schrieb sie, daß sie gelernt habe, den Osten zu lieben – seine Szenerien, seine Klänge und seine Menschen. Sie betrachtete das Land nicht als Exil, sondern als ihre zweite Heimat. Würde nicht ihre Familie in Yorkshire leben, hätte sie nie den Wunsch, dorthin zurückzukehren.

Der Irak wurde ihr ständiges Zuhause, England war dagegen ein mit gespenstischen Erinnerungen gefüllter, verstaubter Dachboden.

20.

Chaotische
Zustände

Die Amtszeit von A. T. Wilson begann unter ganz anderen Voraussetzungen, als sie zweieinhalb Jahre später endete. Zu Beginn des Aufstands im Jahre 1918 entdeckte man, daß ein aus über hundert Arabern bestehendes islamisches Komitee, das in Nedschef verdeckt agiert hatte, die am Ufer das Euphrats lebenden Stämme zu einer Rebellion gegen die Engländer aufhetzen wollte. Sie ermordeten zuerst einen politischen Offizier und planten, drei weitere Männer umzubringen. Percy Cox befand sich zu dieser Zeit zum Rapport in Whitehall (London hatte vor, sich aus dem Irak zurückzuziehen), aber sein Vertreter, der Zivilkommissar Arnold T. Wilson, wurde gut mit der Situation fertig. Er ließ einige der Kriminellen deportieren, die eigentlichen Täter wurden gehängt.

»Ich glaube nicht, daß Ihr etwas über ihn wißt«, schrieb Gertrude an ihre Eltern. »Er ist vierunddreißig Jahre alt, ein bemerkenswerter Mensch mit brillanten Fähigkeiten und verfügt über eine Kombination aus geistiger und körperlicher Kraft, wie man sie äußerst selten antrifft.« Wilson hatte ein fabelhaftes Gedächtnis und war mit schier unerschöpflicher Energie ausgestattet. Als einziger konnte er Gertrude auf literarischem Gebiet das Wasser reichen, und sein Arbeitstag war fast noch länger als ihrer. Er trug immer einen Klassiker in der Tasche, spickte seine Berichte nach England mit Zitaten von Bacon, Shakespeare, Milton, Vergil und Sokrates und erlangte die Hochachtung seiner Gäste, indem er ihnen persische Gedichte und indische Weisheiten in verschiedenen Dialekten vortrug. »Ich bewundere ihn«, fuhr Gertrude fort, »er ist der beste Kollege, den ich je hatte, und er hat eine steile Kar-

riere vor sich. Ich glaube nicht, daß ich noch einmal im Leben einen Menschen kennenlernen werde, der soviel Energie hat.«

Sie mußte allerdings zugeben, daß sie in Basra nicht so gut mit ihm ausgekommen war. In der Offiziersmesse hatte er sie einfach ignoriert und sie auch nicht in seine Arbeit einbezogen. Er hatte sich sogar geweigert, sie in den Code einzuweisen, den er zur Nachrichtenübermittlung nach London und Indien benutzte. Als er dann in Bagdad eintraf, um Gertrudes guten Freund Philby abzulösen (der nach Arabien gegangen war, um Ibn Saud zu überreden, Scherif Hussein, der sich mit den Briten verbündet hatte, nicht anzugreifen), waren sich die beiden zunächst mit großem Argwohn begegnet. Wilson hatte sie in Basra als eine »geborene Intrigantin« bezeichnet, und sie hatte ihm ebenfalls mißtraut. Die kühle Art, mit der er jetzt das Amt eines Zivilkommissars ausübte, fand jedoch ihre Bewunderung.

Weil die Situation im Irak im Sommer 1918 sehr brisant war, hatte Gertrude es abgelehnt, nach England zu fahren – sie wollte dem Land in solchen Zeiten nicht den Rücken kehren. Wenn die *Chatun* ginge, hätten die Araber das Gefühl, im Stich gelassen zu werden. »In bescheidenem Rahmen gehöre ich zu den Leuten, die sie trösten können«, schrieb sie Hugh. Sie sei selbst »unwahrscheinlich gespannt«, wie sich die Zukunft des Landes gestalten würde, aber »ich sehne mich manchmal so sehr nach Dir, daß ich es kaum aushalten kann«. Ob Hugh nicht in den Irak kommen könne.

Ihr war klar, daß sie es aus gesundheitlichen Gründen nicht riskieren konnte, den Sommer in Bagdad zu verbringen. Sie hatte vor, nach Persien zu fahren, und wollte dort Ferien machen, die ihrer Vorstellung entsprachen: eine andere Umgebung, ein bißchen Ruhe und viel, viel Arbeit. Aber im Land des Schahs braute sich etwas zusammen. Der persische Herrscher stand kurz davor, seine Neutralität aufzugeben und sich mit den Deutschen zu verbünden. Außerdem gab es an der Grenze zum Irak Probleme mit den Türken, den Deutschen und den Russen, in deren Land es seit der bolschewistischen Revolution im November drunter und drüber ging. Die

Briten versuchten verzweifelt, die Verhältnisse im Mittleren Osten zu stabilisieren. Weil der neue bolschewistische Staat Persien bedrohte, machten sie sich nicht nur Sorgen um die Grenze, sondern vor allem auch um die Sicherheit ihrer Ölfelder in Abadan und ihrer Handelswege nach Indien. Und ihr Botschafter in Teheran, ein Mann mit wenig politischem Durchsetzungsvermögen, verschlimmerte die Situation nur noch.

Da das Kriegsministerium eindeutig definierte Grenzen gefordert hatte, befaßte sich Gertrude im Frühjahr 1918 intensiv mit den Karten von Mesopotamien und Persien und traf die erforderlichen Entscheidungen. Von den hohen Fenstern ihres Büros in Bagdad hatte man einen Blick auf den Tigris, auf dem Ziegelfußboden des kühlen, großen Raums lagen dünne Perserteppiche, und überall an den weißgetünchten Wänden hingen Landkarten. Auf dem schwarzen Bücherschrank standen persische Vasen, ein weißes Sofa, einige weiße Stühle, ein Schreibtisch und ein großer Kartentisch ergänzten die Einrichtung des Büros. Und draußen auf dem Balkon, der sich um das ganze Gebäude zog, saßen die *Kavasses*, die Bürodiener mit den hohen Filzhüten, welche die Akten von einem Büro zum anderen trugen und den Tee brachten. Direkt nebenan, im ersten Stock der Botschaft, lag Wilsons Büro, in dem Gertrude ein und aus ging.

Ende Juni fuhr sie nach Teheran, um dort ihren Urlaub zu verbringen. Sie blieb zunächst eine Woche in der Stadt, kampierte dann ein paar Wochen in den Bergen und reiste den Rest der Zeit quer durch das Land und sammelte Informationen. Ende August kam sie ausgeruht und erholt zurück mit der Absicht, für den Geheimdienst ein Buch über Persien zu schreiben. Vor allem aber freute sie sich darauf, Cox wiederzusehen.

Bei ihrer Rückkehr erwartete sie eine Hiobsbotschaft. Wilson bat sie in sein Büro und teilte ihr mit, Sir Percy Cox sei nach Persien versetzt worden und werde Bagdad verlassen. Für Gertrude war das ein schwerer Schlag. Sie sah zwar ein, daß diese Maßnahme im Interesse des britischen Empire keine schlechte Entscheidung darstellte, denn die Situation in Persien war mehr als brisant. Man

brauchte dort dringend einen klugen Kopf, einen Mann wie Percy Cox, der mit wenigen Worten viel sagen und mit Menschen umgehen konnte. Viele Bittsteller stürmten wütend in sein Büro, doch keiner von ihnen war noch in einem solchen Gemütszustand, wenn er es wieder verließ. Trotzdem überkam Gertrude ein Gefühl der Traurigkeit, wenn sie daran dachte, daß sie ihren Mentor verlieren sollte. Wilson war zwar hochintelligent und ein unermüdlicher Arbeiter, aber er war auch ungesellig, dickköpfig und eigenwillig und keineswegs so sanft und freundlich wie Sir Percy.

Ein paar Wochen später kam Cox in ihr Büro. Während seines Aufenthalts in England hatte er ihre Eltern besucht und war ihr gegenüber jetzt noch väterlicher geworden: Ob sie auch von allen gut umsorgt werde. Ob sie glücklich sei, wollte er wissen. In einer für ihn ungewöhnlichen Gefühlsanwandlung beugte er sich zu ihr herab, umarmte sie herzlich und sagte ihr Lebewohl. Dann holte er seine Frau, seinen Papagei und seinen Assistenten Bullard und fuhr in einem Konvoi nach Teheran. Zurück blieben A. T. Wilson als amtierender Zivilkommissar und Gertrude Bell als Orientsekretärin. »Captain Wilson und ich sind jedoch ausgezeichnete Kollegen und die besten Freunde«, berichtete sie ihren Eltern, »und ich weiß, ich kann eine Menge tun, um ihm zu helfen, indem ich Leute empfange, verfügbar bin und sie reden lasse, soviel sie wollen.« Und sie hatte recht: Es würden viele Leute kommen, die mit ihr reden wollten. Was jedoch das gute Verhältnis zu Wilson anbetraf, so sollte sich das schon bald ändern.

Vielleicht hing es mit Cox' Abreise zusammen, daß sie krank wurde, vielleicht war es aber auch nur das Wetter. Jedenfalls verbrachte sie im Herbst viele Tage im Bett, mußte sich mit Malariaanfällen herumschlagen und Chinin schlucken. Die positiven Berichte munterten sie jedoch ein wenig auf. General Allenby hatte mit seinen arabischen Streitkräften Damaskus erobert, und am 1. Oktober ritt Feisal, der Sohn des Scherifen, mit mehreren hundert berittenen Soldaten der arabischen Armee in die Stadt ein. Mit Hilfe von T. E. Lawrence wurde drei Tage später in Syrien eine

unabhängige arabische konstitutionelle Regierung eingesetzt und der hochgewachsene, schlanke Feisal zu deren Chef erklärt. Das war ein Schlag ins Gesicht für die Franzosen und das Sykes-Picot-Abkommen, aber man wollte auf diese Weise die Versprechungen einlösen, die das Arab Bureau und vor allem Lawrence Scherif Hussein als Dank für die Revolte gemacht hatten, die er gegen die Türken angeführt hatte.

Gertrudes Stimmung verbesserte sich schlagartig, als am 31. Oktober 1918 auch noch die Nachricht eintraf, daß die Alliierten mit der Türkei einen Waffenstillstandsvertrag unterzeichnet hatten. »Hier ist der Krieg zu Ende«, schrieb sie mit großer Erleichterung nach Hause. »Ich kann es noch gar nicht so recht glauben.«

Trotz der Erschöpfung, einer Folge ihrer Malariaanfälle, hatte sie das Gefühl, auf Wolken zu schweben. Freudig nahm sie die Einladung ihres guten Freundes General George MacMunn an. Der Kommandeur, der ihre bevorzugte Gesellschaft beim Dinner geworden war, unternahm mit ihr eine Flußfahrt. An Bord seines luxuriösen Schiffs konnte Gertrude sich entspannen, sie las Romane, genoß das gute Essen und flirtete ein wenig mit ihrem Freund. Als sie den Tigris hinunterfuhren, erreichte sie die Nachricht, daß man sich mit Österreich-Ungarn geeinigt habe – und was noch besser war: daß auch mit Deutschland am 11. November 1918 ein Waffenstillstandsabkommen unterzeichnet worden war.

Fast zehn Millionen Menschen waren getötet und zwanzig Millionen verwundet worden. In diesem Krieg, der einer der brutalsten aller Zeiten gewesen war, waren ganze Nationen untergegangen und Weltreiche zerbrochen. Gertrude hatte mit eigenen Augen das Leid zahlloser Verwundeter und die zerfetzten Körper der Toten gesehen. Sie selbst hatte unter dem Mangel an Lebensmitteln, unter der Hitze, der Einsamkeit und Isolation, unter Krankheiten und Erschöpfungszuständen gelitten, vor allem aber unter dem Tod ihres geliebten Freundes Doughty-Wylie. Jetzt feierte sie das Ende des Krieges. Der Friede stand unmittelbar bevor – jedenfalls sah es zunächst so aus.

Das Osmanische Reich befand sich nach dem großen Krieg in chaotischem Zustand. Der »kranke Mann am Bosporus« lag in den letzten Zügen und überließ seine Erben ihrem Schicksal. Sollten sich andere um sie kümmern. Sowohl die Briten als auch die Araber machten sich Sorgen um die Zukunft des Mittleren Ostens, Sorgen, die noch größer wurden, als am 8. November 1918 die anglofranzösische Deklaration verkündet wurde. England und Frankreich erklärten in Basra und Bagdad, in Aleppo und Amman, in Jerusalem und Damaskus, in Radiosendungen, in den Zeitungen und auf Plakaten, daß »die Völker, die bisher unter dem Joch der türkischen Unterdrücker gelebt haben, befreit sind und nationale Regierungen eingerichtet werden, die das Volk selbst wählen wird«. Man versprach den Menschen, ihnen bei der Regierungsbildung zu helfen, und die neuen Nationen anzuerkennen, sobald sie sich etabliert hätten. Eine neue Parole ging von Mund zu Mund, sie lautete »Recht auf Selbstbestimmung« und stammte aus dem Vierzehn-Punkte-Programm des US-amerikanischen Präsidenten Woodrow Wilson. Die Araber mußten jetzt zwar kaum noch befürchten, daß die Türken zurückkommen könnten, aber es entstanden neue Ängste: Wer würde sie am besten regieren, und wie sollte man das Ganze angehen? Noch anderthalb Jahre zuvor waren sie noch wegen der Auswirkungen der britischen Verwaltung besorgt gewesen, jetzt machten sie sich Gedanken, wie sie sich selbst regieren würden.

Gertrude war überrascht. Ihrer Meinung nach war diese Erklärung zu früh gekommen. Allein in Bagdad, so schrieb sie ihrem Vater, »hat sie die ganze Stadt in Erregung versetzt. Es geschieht nicht oft, daß den Leuten gesagt wird, ihre Zukunft als Staat liege in ihren eigenen Händen, und daß sie um ihre Meinung gefragt werden. Alle reden, und glücklicherweise kommen sie alle zu mir, um mit größtem Eifer über ihre Ansichten zu diskutieren. Über zwei Punkte sind sich praktisch alle einig: Sie wollen, daß wir ihre Angelegenheiten regeln, und sie wollen Sir Percy als Hochkommissar. In allem anderen sind sie unterschiedlicher Meinung.«

Und dahinter lauere das Mißtrauen. Weiter schrieb sie: »Wir

können gar nicht vorsichtig genug sein in diesem Augenblick, wo die öffentliche Meinung so schwankend ist, daß alles Anlaß sein kann, sie in die eine oder andere Richtung zu lenken. Sie vermuten, daß wir bei allem, was wir ihnen sagen, Hintergedanken haben ... Ich spreche immer ganz offen, und sie glauben mir, denke ich, Sie wissen, mir liegen ihre Interessen mehr als alles andere am Herzen, und sie vertrauen mir auf die gleiche Art und Weise, wie sie Sir Percy vertrauen.«

Gertrudes Aufgabe bestand zunächst darin, die Meinung im Volk auszuloten. Der indische Außenminister wollte von ihr wissen, wie die Stimmung in den einzelnen Bevölkerungskreisen sei – bei den gebildeten Sunniten in der Stadt, bei der schiitischen Mehrheit auf dem Lande, in der großen jüdischen Gemeinde von Bagdad und bei den Christen von Mosul. Wollten sie die britische Krone oder einen arabischen König? Die meisten Städter wünschten sich zwar einen arabischen Emir, waren jedoch unterschiedlicher Ansicht, wer es sein sollte, schrieb sie Ende November nach Hause. Die einen bevorzugten den Sohn Scherif Husseins, die anderen das Oberhaupt einer prominenten Sippe von Mosul, wieder andere ein Mitglied der ägyptischen Königsfamilie, und es gab Leute, die am liebsten den Nakib von Bagdad, den heiligen Mann der Sunniten, an der Spitze einer Regierung gesehen hätten. Er lehnte jedoch sowohl für sich selbst als auch im Namen eines der Söhne des Scherifen ab und sprach sich für eine britische Verwaltung aus. Was die Haltung der Schiiten anbetraf, so würde es noch eine Weile dauern, bis sie ihre Meinung kundtun würden. Das ganze Durcheinander wurde noch durch die Sorge der jüdischen Gemeinde Bagdads vergrößert, die fürchtete, unter arabische Verwaltung zu geraten. Als sie sich aus diesem Grund für eine britische Staatsbürgerschaft aussprach, starteten ein paar tausend Juden, die mit den Türken sympathisiert hatten und deshalb während des Krieges interniert worden, doch jetzt nach Bagdad zurückgekehrt waren, eine Kampagne gegen die Briten, die ein ziemliches Chaos auslöste.

So weit wie möglich nahm Gertrude sich für jeden Zeit. Jeden

Morgen kamen scharenweise junge Männer in ihr Büro, einige in *Dishdashas*, langen Baumwollhemden, die meisten jedoch in westlichen Anzügen mit einem türkischen Fez auf dem Kopf. Die *Chatun* ließ Kaffee kommen, und während die Männer das starke schwarze Gebräu tranken und mit ihr redeten, zündete Gertrude sich eine Zigarette an und machte sich Notizen über ihre politischen Ansichten. Gelegentlich besuchte sie Stammesfürsten oder Freunde wie zum Beispiel ihren Hauswirt Musa Chalabi, der aus einer prominenten Kaufmannsfamilie stammte, oder Hadschi Nadschi, der ihr Obst aus seinen Plantagen mitgab. Sie sammelte Neuigkeiten und gab selbst der Gerüchteküche neue Nahrung – so hieß es beispielsweise, beide Männer seien ihre Liebhaber. Nachmittags versuchte sie, Kontakte zu anderen einflußreichen Männern zu knüpfen, indem sie deren Frauen besuchte, und jeden Dienstag lud sie solche Honoratioren zu sich zum Tee ein. »Und sie kommen tatsächlich«, schrieb sie stolz an Domnul, »sogar die verschleierten Frauen. Niemand außer mir würde es hier wagen, so etwas zu tun.«

Ständig wurde sie von moslemischen, aber auch jüdischen Frauen mit ihren Kindern an der Hand aufgesucht, die bei ihr den Schleier und die langen *Abbayas* ablegten. Viele trugen darunter türkische Seidenkleider, manche aber auch Modellkreationen, die sie sich nach Schnittmustern aus der *Vogue* genäht hatten. Mit Gertrudes Haus betraten sie eine Welt, die sie kaum kannten. Hinten in ihrem Garten stand Miß Bell in ihrem langen Seidenkleid und empfing ihre Gäste. Auf dem Kopf trug sie einen Hut, der mit Früchten drapiert war. Zweifellos galt sie damals allen als ein Vorbild britischer Autorität.

Die Diener gingen von Gast zu Gast, gossen Tee aus silbernen Kannen ein und reichten dazu Kekse, Kuchen und mit dicker Büffelcreme gefüllte, karamelisierte Walnüsse, eine besondere Spezialität des Kochs. Wenn es kalt oder regnerisch war, wurden die Gäste im Inneren des Hauses bewirtet. Man stellte dreißig Stühle – mehr paßten nicht in ihr Wohnzimmer – in einem Kreis in die Mitte. Zwei Stunden lang übertönten dann die Stimmen der Frauen, die

über den neuesten Klatsch genauso wie über ihre Ängste hinsichtlich der Zukunft redeten, das Klirren der Teetassen. Und während Gertrude aufmerksam zuhörte, entging ihrem geübten Ohr keine Nuance, die einen Hinweis auf eine politische Veränderung geben könnte.

Diese Begegnungen übten nicht nur auf die anwesenden Damen, sondern auch auf Gertrude eine ziemlich starke Wirkung aus. Ihr Desinteresse an den arabischen Frauen, das sie einmal Mrs. Van Ess gegenüber geäußert hatte, war einem tieferen Verständnis gewichen, das gleiche galt für die Harems. Humphrey Bowman, ein britischer Bildungsexperte, der in Bagdad ein Schulsystem einrichtete, bemerkte, daß sie sich intensiv um die Zukunft der arabischen Mädchen kümmerte.

Als Bowman zu seinem Antrittsbesuch bei ihr erschien und anklopfte, saß sie auf dem Boden und hatte den Kopf über Unmengen von Landkarten und Papieren gebeugt, ihre Zigarette lag auf dem Aschenbecher, das Kleid hatte sie unter die Knie geschoben. Ungeduldig rief sie: »Herein!« Da seine Ankunft längst überfällig war, erklärte er ihr zunächst, wer er sei, und überreichte ihr ein Empfehlungsschreiben. Gertrude überflog es flüchtig, warf es zu den restlichen Papieren und durchbohrte ihn förmlich mit ihrem Röntgenblick. »Ich freue mich, daß Sie gekommen sind«, sagte sie schließlich abrupt. »Ich bin sicher, wir werden Freunde werden.« Dann bot sie ihm einen Stuhl an, blieb selbst auf dem Boden sitzen und informierte ihn über die Geschichte des Landes und die gesellschaftlichen Bedingungen im Irak.

Größte Sorgen mache sie sich um die moslemischen Mädchen. Im Gegensatz zu den jungen jüdischen Frauen, die in der *Alliance* Englisch, Arabisch, Hebräisch und Französisch lernten, hatten die Mosleminnen unter der türkischen Herrschaft keine Schule besucht und waren mit wenigen Ausnahmen Analphabeten. Gertrude hatte selbst mit ansehen müssen, wie hilflos diese Frauen waren und in welchem Maß der Willkür ihrer Männer ausgeliefert.

»Wir müssen diesen Mädchen eine Möglichkeit geben, sich auszudrücken«, sagte sie. »Wenn Sie die Harems so gut kennen wür-

den wie ich, hätten auch Sie Mitleid mit diesen Frauen. Man hat nichts für sie getan, gar nichts.« Jetzt biete sich endlich eine Gelegenheit. Sie wünsche sich Schulen und Unterricht in Hauswirtschaftslehre und Hygiene. Die Mädchen seien mit Sicherheit sehr daran interessiert, etwas zu lernen, versicherte sie ihm, und man könne natürlich ausschließlich weibliche Lehrkräfte einsetzen. Danach entließ sie ihn. Aber ihre Wünsche wurden nicht vergessen. Das von Bowman im Irak entwickelte Schulsystem ist auch heute noch das beste in der arabischen Welt, es trug zur Einigung des Landes bei und umfaßte ein absolut neues Bildungskonzept für Frauen.

Der Gedanke, daß Frauen unterbewertet wurden, war Gertrude stets bewußt. Als ein paar Tage später ein Brief von Florence ankam, in dem sie fragte, ob ein kürzlich veröffentlichter Bericht über Mesopotamien von Gertrude stamme, griff sie sofort zu ihrem Federhalter und antwortete in scharfem Ton: »Ja, natürlich habe ich das ganze ›Arabs of Mesopotamia‹ geschrieben. Mir haben besonders die Besprechungen gefallen, die von den Männern der Praxis reden, die die anonymen Autoren sind, etc. Es ist witzig, ein Mann der Praxis zu sein, nicht wahr?«

Bei den Männern, welche die Macht in Händen hielten, standen ihre Berichte in hohem Ansehen. Ohne ihre ausgedehnten Reisen und ihre Freundschaften zu zahlreichen Arabern wäre eine solche literarische Leistung nicht möglich gewesen. Hinzu kamen ihre durchdachten politischen Einsichten, ihr historischer Weitblick, die unzähligen Details und das tiefe Verständnis für die fremde Kultur. Wie gut ihre Beziehungen zu den Arabern waren, wurde im September 1918 in Bagdad bei einem *Durbar*, einer Zusammenkunft der Scheichs und Saijids, noch einmal deutlich. Achtzig Stammesfürsten, von denen viele aus den entlegensten Provinzen kamen und sich weder gegenseitig noch die Briten kannten, waren vom britischen Oberbefehlshaber in einen öffentlichen Park geladen worden. Bei der Eröffnungszeremonie schüttelte der General jedem einzelnen die Hand, während Gertrude weiter hinten auf dem Podium saß. Sobald die Scheichs sie jedoch entdeckt hat-

ten, ließen sie die anderen Würdenträger stehen und kamen zu ihr, um sie zu begrüßen.

Viele einflußreiche Leute besuchten sie in ihrem Büro, um mit ihr über die positive Veränderung und die freundschaftlichen Beziehungen, die sich im letzten Jahr entwickelt hatten, zu reden. »Ich glaube, allein diese Freundschaftsbekundungen beweisen, daß sich unsere Arbeit gelohnt hat«, schrieb sie.

Ungefähr zur gleichen Zeit traf sie sich mehrmals mit einem Nomadenscheich, der eine Entschädigung für hundert Rinder forderte, die er angeblich während der britischen Besetzung verloren habe. Als Gertrude ihm eine Entschädigung von zwei Pfund pro Stück zusagte, leuchteten seine Augen, und er sagte, das sei durchaus akzeptabel. Da die *Chatun* aber alle möglichen Gerüchte gehört hatte, wußte sie genau, daß der Mann das Vieh entweder vorübergehend zu einem Nachbarn getrieben oder es gegen Frauen eingetauscht hatte. Als er aufstand und sich mit »Salam« verabschiedete, fragte Gertrude ihn auf arabisch. »Und wie viele Rinder hast du jetzt noch, o Scheich?«

»Fünfhundert«, erwiderte er.

»Und wie viele, bevor wir hierhergekommen sind?«

»Fünfzig.«

»Ali vom Fluß«, sagte sie ernst, »deine Herden sind von uns gut gehütet worden, abgesehen von den hundert. Nimm die zweihundert Pfund, die stehen dir zu. Aber du mußt dem König von England, der deine vierhundertfünfzig Rinder so gut bewacht hat, drei Jahre lang pro fünfzig Stück zehn Pfund zahlen.«

Der alte Scheich schwieg eine Weile, dann sagte er: »O du Gerechte, ich bitte dich, das mit der Rechnung nicht so ernst zu nehmen. Ich habe meine bereits vergessen.«

Als er das Zimmer verließ, hörte Gertrude, wie er murmelte: »Sie ist der Satan.«

An den meisten Nachmittagen mußte sie für das Außenministerium arbeiten: Obwohl man noch keine klaren Grenzen definiert hatte, war der Staat bereits gegründet worden. Im Auftrag von

Whitehall studierte Gertrude die Landkarten von Persien, der Türkei, Syriens, Kuwaits und Mesopotamiens und überprüfte dabei jeden Zentimeter des Landes, das sie so gut kannte. Sie schüttelte den Kopf über die ungenauen Grenzen, zog sorgfältig neue Linien und achtete darauf, daß die Provinzen Mosul, Bagdad und Basra auf dem Gebiet des Iraks lagen. Ihren Eltern berichtete sie: »Es ist ein amüsantes Spiel, wenn man das Land so gut kennt wie ich, jedenfalls fast das ganze Land. Wie gut, daß ich damals ständig kreuz und quer gereist bin.«

Sosehr sie die Festlegung der neuen Grenzen auch genoß, sie fand die Gründung eines völlig neuen Staates jedoch noch aufregender. Ein unabhängiger Staat Irak hatte bisher weder als politische noch als administrative Einheit existiert. Seit der Antike waren keine derartigen Grenzen mehr gezogen worden (und selbst damals schlossen sie nur das Gebiet von Bagdad bis Basra ein), nie zuvor hatte hier eine westliche Flagge geweht. Gertrude war nicht einfach nur für die Staatsgründung verantwortlich. Sie legte auch die Grenzen fest und bestimmte, wer das Land führen sollte, welche Regierungsform es haben würde, wer zu seinen Bürgern zählte und wie seine Gesetze und die einzelnen Institutionen aussehen sollten. Da sie sowohl eine Imperialistin als auch eine Orientalistin war, wollte sie etwas für England und gleichzeitig für die Araber schaffen. Dieses Gefühl der Macht war berauschend, und Anfang Dezember 1918 schrieb sie nach Hause: »Ich fühle mich manchmal wie der Schöpfer in der Mitte der Woche. Genau wie ich muß er sich gefragt haben, wie letztes Endes wohl alles aussehen werde.«

Das Land sollte von einem arabischen König regiert werden, Gertrude wollte jedoch in keinem Fall auf die britische Oberhoheit verzichten. Sie versteckte sich hinter der Behauptung, die Einrichtung einer Monarchie sei zu kompliziert, und hoffte, daß man den Wunsch nach einem arabischen Emir fallenlassen würde. »Der Gedanke, hier eine völlig neue Gerichtsbarkeit einrichten zu müssen, ist mir ziemlich zuwider«, schrieb sie, »aber zur Zeit hat man das offenbar vor.« Vielleicht würde man sich ja nicht auf eine bestimmte Person einigen können und Cox zurückholen. »Dann hät-

ten wir hier nur Sir Percy, und das wäre einfach wunderbar.« Und weiter: »Man hat mir zu verstehen gegeben, daß ich die zweite Wahl für den Hochkommissar sei.« Aber auch in diesem Fall litt sie wieder unter der Bürde ihres Geschlechts: »Was würden die Beamten hier sagen, wenn wir das wirklich vorschlügen? Dabei ist es in Wirklichkeit eine Aufgabe, die eine Frau genauso gut übernehmen kann wie ein Mann, denn sie besteht hauptsächlich daraus, mit Menschen umgehen zu können.« Sie unterschrieb den Brief mit: »Eure Euch liebende Hochkommissarin Gertrude.«[1]

Den ganzen Winter über diskutierten die britischen Offiziere der indischen Administration beim Mittagessen, beim Tee und beim Dinner in der Offiziersmesse über das Problem des Regierungschefs. Die arabischen Unabhängigkeitsbestrebungen machten ihnen schwer zu schaffen, und sie bezweifelten, daß ein lokaler Herrscher Garant für Stabilität sei. Auf Wunsch Londons ließ Wilson eine Volksbefragung durchführen. Dieses Vorgehen war ziemlich naiv, denn die meisten Leute hatten keine feste Meinung und waren auch gar nicht in der Lage, sich eine zu bilden. Gertrude kommentierte dies später trocken: »Es wäre nicht sehr sinnvoll gewesen, eine solche Befragung bei den Stammesangehörigen durchzuführen, das heißt bei den Schäfern, den Bewohnern des Marschlands und den Reis-, Gerste- und Dattelpflanzern zwischen Euphrat und Tigris, denn deren Urteilsfähigkeit und Erfahrung beschränken sich auf die Leistungsfähigkeit ihres nächsten Nachbarn.« Aus diesem Grund wurden in den ländlichen Gebieten und in den Provinzstädten nur die Scheichs und die einflußreichen Leute nach ihrer Ansicht gefragt.

Die Ergebnisse machten das Durcheinander nur noch größer. Allgemein herrschte zwar Übereinstimmung darüber, daß Mosul mit Bagdad und Basra vereinigt werden müsse, der Rest der Resultate jedoch so undurchsichtig wie eine Pfütze in der Regenzeit: Die sunnitischen Nationalisten wollten ein arabisches Königreich, die Schiiten einen islamisch-religiösen Staat, die Kurden im Norden einen eigenen unabhängigen Staat, und den Geschäftsleuten, die es unter dem Sultan zu Wohlstand gebracht hatten, wäre eine

türkische Regierung am liebsten gewesen. Eines jedoch hatte sich zur großen Enttäuschung des geschäftsführenden Kommissars der Zivilverwaltung jedenfalls klar und deutlich herausgestellt: Niemand wünschte sich eine Art indischer Administration. Für Wilson und Gertrude war es jedoch absolut undenkbar, die einheimische Bevölkerung mit der Kontrolle über das Land zu betrauen, weil dies das gleiche gewesen wäre, als überließe man einem Pferd ohne Reiter die Zügel. Wilson schlug statt dessen vor – und Gertrude stimmte ihm zu –, daß der neue Staat von einem britischen Hochkommissar regiert werden solle, während britische Beamte den arabischen Ministern beratend zur Seite stünden.

Für Gertrude wäre das die einzige vernünftige Lösung. Schon 1907 hatte sie geschrieben: »Der Orientale ist ein altes Kind.« Und ihr großer Respekt vor der Familie und ihr starkes Verantwortungsgefühl machten es ihr unmöglich, ihr Kind im Stich zu lassen. Es reichte nicht, es nur auf die Welt zu bringen, sondern es mußte auch umsorgt, erzogen und ausgebildet werden, bevor man es sich selbst überlassen konnte. Sie, der nie ein eigenes Kind vergönnt gewesen war, hatte statt dessen den Irak empfangen und geboren, und dieses Land war jetzt ihr Kind. Sie wollte es in der besten britischen Tradition unter der Kontrolle eines väterlichen britischen Hochkommissars erziehen, als Kindermädchen sollten die britischen Berater fungieren, während sie selbst die Rolle der Mutter übernahm. Und von Mesopotamien erwartete sie wie von einem braven Kind Dankbarkeit und Loyalität. Es sollte die Handelswege nach Indien sichern und seinem Vater, also Großbritannien, zum Dank seine landwirtschaftlichen Erzeugnisse, seine archäologischen Schätze sowie sein Öl zur Verfügung stellen.

Aber eine von nationalistischen Ideen besessene arabische Clique forderte mehr. Im Januar 1919 berichtete Gertrude über eine »kleine, lautstarke Gruppe von Leuten, die glauben, sie kämen ganz gut allein zurecht und hätten ohne uns bedeutend mehr Spaß. Eine Zeitlang könnte das tatsächlich gutgehen, aber es würde nicht sehr lange dauern.« Das Ganze werde »in Anarchie und Blut-

vergießen« enden. Mit dieser Prophezeiung sollte sie recht behalten.

In London diskutierten Beamte, die wenig über die Araber wußten, darüber, welche Politik anzuwenden sei, und entschieden über das Schicksal des Mittleren Ostens. In der Regierung wurden Stimmen laut, die sich über die hohen Kosten eines Verbleibs in Mesopotamien aufregten. Doch diejenigen, die ihren Sinn für die Realitäten bewahrt hatten, sorgten sich um die Zukunft des Landes, wenn dieses den Arabern überlassen werde. Man brauchte dringend eine verständige Person, die Whitehall in dieser Frage beraten konnte: Ende Januar bat Wilson Gertrude, ein paar Monate Urlaub zu machen, nach London zu fahren, um den Politikern »Orientierungshilfen zu geben« und über ihre Erfahrungen und die Informationen, die man im Irak gesammelt hatte, zu berichten. Wilson selbst erwartete von ihr, daß sie ihn detailliert über die Aktivitäten in England unterrichtete. Gertrude freute sich inzwischen auf die Reise, auf die Erholung, auf die Freunde und – auf den Geschmack eines richtigen Hammelbratens. »Das ist sehr prosaisch, nicht wahr, aber Du solltest mal das Fleisch sehen und zu essen versuchen, von dem ich lebe. Ich kann mir nicht vorstellen, von welchem Teil des Tieres es stammt.« Und sie war glücklich beim Gedanken, sich neue Kleider kaufen zu können und ihren Vater wiederzusehen.

21.

Paris
und die arabische Frage

General Allenby war von der britischen Regierung beauftragt worden, Feisal, den Sohn Scherif Husseins, zum neuen Herrscher Syriens (einschließlich der Städte Damaskus, Homs, Hama und Aleppo, jedoch ohne Beirut und den Rest des Libanons) zu bestimmen. In Übereinstimmung mit dem Sykes-Picot-Abkommen sollte Syrien in der Einflußsphäre Frankreichs verbleiben – das jedenfalls erklärte Allenby dem Prinzen und erwartete von ihm, daß er abgesehen von arabischen Gouverneuren und einer arabischen Verwaltung unter französischer Oberhoheit regiere. Auf seinem Palast werde zwar eine arabische Flagge wehen, seine Regierung müsse sich jedoch mit der Anwesenheit französischer Berater abfinden. Auch die Finanzen und die gesamte Politik des Landes sollten direkt von Frankreich aus koordiniert werden.

Feisal waren zuvor völlig anderslautende Zusagen gemacht worden. T. E. Lawrence, sein britischer Verbindungsmann und gleichzeitig sein militärisch-politischer Berater und Freund, hatte ihm versprochen, daß nur die Briten ihren Einfluß geltend machen und dabei sehr diskret vorgehen würden. Nun blieb Feisal nichts anderes übrig, als zähneknirschend zuzustimmen. Lawrence war verärgert (und befand sich in arger Verlegenheit, weil er sich ahnungslos für dieses Täuschungsmanöver hergegeben hatte), bat um Heimaturlaub und verließ Damaskus auf der Stelle. Zurück ließ er einen enttäuschten Feisal, besorgt über die Rolle, welche die Franzosen spielten.

Da man im Irak selten etwas aus den Nachbarländern erfuhr, war die Nachricht von Reuters Anfang 1919, daß Feisal zum syrischen Herrscher gekrönt worden sei, eine große Überraschung. Die Vorstellung, von einem arabischen König regiert zu werden, verstärkte die Angst der Christen und Juden vor der Unterdrückung durch die Moslems und ließ bei denen, die ihren Wohlstand den Türken, Briten und Franzosen verdankten, Zweifel aufkommen. Natürlich beflügelte die Meldung diejenigen, die eine arabische Herrschaft anstrebten. Und Berichte, daß Feisal seinen Vater als König der Araber bei den internationalen Friedensgesprächen in Paris vertreten würde, schürte die unterschiedlichen Emotionen noch mehr.

Bevor Gertrude Bagdad verließ, faßte sie alle politischen Informationen, die sie gesammelt hatte, in einem Memorandum zusammen. Ihr Bericht, den sie mit dem gewichtigen Titel *Selbstbestimmung in Mesopotamien* versehen hatte, wurde von Wilson an das indische Büro geschickt. Vor der Veröffentlichung der anglofranzösischen Erklärung zur Befreiung der Araber hatten sich die meisten Iraker damit abgefunden, »daß das Land britisches Mandatsgebiet bliebe«. Die Verlautbarmachung dieser Deklaration »eröffnete jedoch neue Möglichkeiten, die fast von allen mit einer gewissen Angst betrachtet wurden, aber den politischen Intrigen bestimmter, weniger stabiler und fanatischer Elemente Tür und Tor öffneten«.

Auf der einen Seite des irakischen Kräftespiels standen die Gruppen, die im eigenen Interesse mit den Briten sympathisierten, während auf der anderen Seite die Nationalisten einen Abzug (oder eine Unterwerfung) der britischen Truppen forderten, um somit den Arabern die Gelegenheit zur Selbstbestimmung zu geben.

Über kurz oder lang würde es zur Bildung einer nationalistischen Partei kommen, schrieb Gertrude. Die anglo-französische Deklaration beschleunigte den Prozeß jedoch. Sie hatte zur Folge, daß die »stabilisierenden Elemente«, die sich gegen einen arabischen Nationalismus wehrten (aus Angst vor extremistischen Auswüchsen), gezwungen wurden, sich unter den Schutz der Briten zu stellen.

Unter den Personen, die für die Briten Partei ergriffen, ragte vor allem ein Mann besonders heraus: der Nakib von Bagdad. Er war der religiöse Führer der Sunniten, und sein Einfluß reichte bis nach Indien und China. Außerdem hatte er sich seit vielen Jahren als weiser und zuverlässiger Freund der Briten erwiesen. Da der heilige Mann sich weigerte, in der Öffentlichkeit zu politischen Fragen Stellung zu nehmen, vertraute er sich Gertrude in einem privaten Gespräch an. Er sei strikt gegen einen arabischen Emir, weil nach seinem Dafürhalten sein Land noch nicht die Reife für eine arabische Regierung erlangt habe. Er betonte, wie wichtig die britischen Truppen für die Erhaltung des Friedens seien, und äußerte seine Hoffnung, daß die britische Verwaltung die Araber nach und nach in die Regierungsgeschäfte mit einbeziehen werde. Er war überzeugt, daß die rivalisierenden Parteien – Stadtbevölkerung und Nomaden, Sunniten und Schiiten, probritische Araber und Anhänger der panarabischen Idee – erst allmählich zu einem Konsens finden würden. Und letztlich würden sie dann auch lernen, sich selbst zu regieren.

Das britische Militär hatte den wohlhabenden Nakib höflich gebeten, seine große Residenz am Flußufer den Verwaltungsbeamten der Besatzungsmacht zur Verfügung zu stellen. Er selbst bewohnte inzwischen ein kleineres Haus gegenüber der großen Gailani-Moschee, in der sich auch das mit Silber ausgeschlagene Grab seines hochverehrten Vorfahren, des islamischen Theologen Abdul Kadir al-Gailani, befand. Gertrude hatte den Nakib um ein Gespräch gebeten und besuchte ihn am 6. Februar 1919.

Sie stieg die Treppen vom Hof zum ersten Stock hinauf, betrat das weißgetünchte Arbeitszimmer und setzte sich auf eines der harten, weißen Sofas, die an den Wänden standen. Durch die Fenster sah sie den Garten mit den Orangenbäumen, und unter einem der Eckfenster, dort wo der heilige Mann am liebsten saß, lag ein Buch auf einem kleinen Tisch. Bis der Nakib selbst kam, unterhielt sich sein erwachsener Sohn mit ihr. Als der heilige Mann den Raum betrat, stand sie auf, um ihn zu begrüßen. Er war sehr alt, hatte einen weißen Bart, und sein Körper war vom Rheuma gebeugt. Er trug

331

ein langes schwarzes Gewand, das mit weißem Stoff besetzt war, und einen weißen Turban, den er um einen roten türkischen Fez gewickelt hatte. Langsam kam er auf sie zu, gab Anweisungen, daß er nicht gestört werden wolle, begrüßte sie herzlich und ließ sich dann auf einem der harten Sofas nieder.

Gertrude hatte den Nakib schon auf einer ihrer ersten Reisen nach Bagdad kennengelernt und ihn unmittelbar nach Beginn ihrer Tätigkeit für Cox im April 1917 wieder besucht. Jetzt unterhielten sie sich über ihre Reise nach England und über die Zukunft des Iraks. Sie diskutierten über die Franzosen, deren Kultur er zwar liebte, deren Regierung er jedoch verachtete, und verglichen sie mit den Briten, deren Regierung und Politik er bewunderte und sie für beständig und fair hielt. Zu ihrer großen Freude gab er seiner Hoffnung Ausdruck, daß die Engländer blieben und den Irak weiterregierten.

»*Chatun*«, sagte er auf arabisch, »eure Nation ist groß, wohlhabend und mächtig; aber wo ist unsere Macht? ... Ihr seid die Regierenden, und ich bin der Regierte. Und wenn man mich fragt, was ich von einer Fortdauer der britischen Herrschaft halte, sage ich, daß ich ein Untertan des Siegers bin. Ihr, *Chatun*, kennt euch in der Staatskunst aus. ich gebe gern zu, daß ich die türkische Regierung, so wie sie früher einmal gewesen ist, geliebt habe. Wenn es mir möglich wäre, zur Herrschaft der alten Sultane aus der Türkei zurückzukehren, würde ich keine andere Wahl treffen. Aber was die gegenwärtige türkische Regierung anbetrifft, so verabscheue, hasse, verfluche ich sie und würde sie am liebsten zum Teufel schicken. Der Türke ist tot, er ist verschwunden, und ich bin froh, euer Untertan zu werden.«[1]

Doch auch er äußerte Vorbehalte gegen eine permanente Präsenz der Briten. Der Krieg sei schließlich vorbei, und es sei an der Zeit, daß die Briten die Herrschaft ihres Militärs beendeten. Man müsse endlich eine Zivilregierung einsetzen. Er wisse, daß sie in beratender Funktion nach London reise, und bitte sie, dafür zu sorgen, daß »Kokus«, Percy Cox, nach Bagdad zurückbeordert werde. »Es gibt in England Hunderttausende von Männern, die als Bot-

schafter nach Persien gehen könnten«, stellte er fest, »aber es gibt nur einen Sir Percy Cox, der sich für den Irak eignet. Man kennt und liebt ihn hier, und die Menschen im Irak vertrauen ihm. Er hat das richtige Alter und ist ein vernünftiger Mann.« Über A. T. Wilson, der sich strikt an die Anweisungen aus London gehalten hatte, meinte er: »Ich bin sicher, wenn Sir Percy Cox in Bagdad gewesen wäre, hätte man die Bevölkerung nicht gefragt, wie sie sich ihre Zukunft vorstellt. Der Unsinn wäre uns dann erspart geblieben.«

Der alte Mann erklärte ihr unmißverständlich, was sie in Whitehall sollte: »Wir möchten von Sir Percy Cox regiert werden.« Aber, riet er ihr, »sagen Sie ihnen nicht, daß Sie selbst eine Bagdadi geworden sind – auch wenn das die Wahrheit ist – und daß Sie nur an das Wohlergehen des Iraks denken. Denn dann werden Ihre Worte in London weniger Gewicht haben, und Sie können uns nicht mehr soviel nutzen.«

Danach diskutierte er mit ihr über das Problem der Selbstbestimmung, seiner Meinung nach eine wenig durchdachte Idee, für die er den amerikanischen Präsidenten verantwortlich machte. »Was weiß Scheich Wilson vom Osten und seinen Menschen?« stellte er seine rhetorische Frage. »Weiß er, wie wir leben, kennt er unsere Denkgewohnheiten? Ihr Engländer betreibt seit dreihundert Jahren Regierungspolitik in Asien, und eure Herrschaft ist ein Beispiel, dem alle Menschen folgen sollten. Geht euren eigenen Weg. Laßt euch nicht von Scheich Wilson gängeln. Ihr solltet euch nur von eurem Wissen und eurer Erfahrung leiten lassen.«

Gertrude brachte das Gespräch wieder auf die jüngsten Ereignisse in Bagdad. »Die meisten, die sich gegen euch ausgesprochen haben, sind Männer ohne Namen und ohne Ehre«, erklärte der Nakib. »Aber ich warne euch, hütet euch vor den Schiiten, obwohl ich grundsätzlich nichts gegen diese Sekte habe«, fügte er schnell hinzu. Sie nickte und ließ sich nicht anmerken, daß sie daran zweifelte. »Sie lieben und respektieren mich«, fuhr er fort, »und sie betrachten mich als ihren Scheich. Aber wenn ihr euch mit der Geschichte genauer befaßt, werdet ihr sehen, daß *Khiffah* [Sprunghaftigkeit] ein entscheidender Charakterzug der Schiiten ist. Haben sie

nicht Musa ibn Ali, den sie heute als Gott verehren, selbst umgebracht? Götzenhuldigung und Wandlungsfähigkeit sind in ihnen
vereint. Ihr könnt euch nicht auf sie verlassen.«

Als das Gespräch an diesem Punkt angelangt war, glaubte Gertrude, ein heikles Thema anschneiden zu können. Wie Scherif
Hussein war auch der Nakib ein Sunnit und Abkömmling des Propheten Mohammed. Vorsichtig fragte sie den heiligen Mann, was
er von Hussein halte. Sie seien entfernte Verwandte, antwortete er:
»Wir kommen aus einer Familie und haben die gleichen religiösen
Überzeugungen«, sagte er. Nichstdestotrotz lehnte er es ab, »seiner
oder seines Sohnes Ernennung zum Emir zuzustimmen«. Die Scherifen seien im Irak Fremde, erklärte er. Sie kamen aus der Hedschas
in Zentralarabien, also aus einer völlig anderen Region. »Die
Hedschas ist eine Sache und der Irak eine andere, zwischen beiden gibt es außer dem Glauben keine Gemeinsamkeiten. Unsere
Politik, unser Handel, unsere Landwirtschaft sind von denen der
Hedschas völlig verschieden.«

Der heilige Mann betonte noch einmal, daß ihm die gegenwärtige weltliche, nationalistische türkische Regierung zwar zuwider
sei, daß es ihm aber »tausendmal lieber wäre, wenn die Türken
in den Irak zurückkehren würden, als mit ansehen zu müssen, wie
der Scherif oder sein Sohn hier zum Emir ernannt würde«.

Ob er sich dann vorstellen könne, selbst Herrscher des Iraks
zu werden, fragte Gertrude. Er klopfte tadelnd mit dem Finger
auf ihre Hand, die auf der hölzernen Lehne des Sofas lag. Dann
beugte er sich vor und sagte lachend: »Wie können Sie mir eine
solche Frage stellen? Es würde den elementarsten Prinzipien meines Glaubensbekenntnisses widersprechen, politisches Oberhaupt
eines Staates zu werden. Außerdem«, fügte er hinzu, »bin ich
ein alter Mann. Die fünf oder sechs Jahre, die mir noch bleiben,
möchte ich in meinem Studierzimmer verbringen und über alles in Ruhe nachdenken.« Dann wurde seine Stimme eine Nuance
lauter: »Wenn es jedoch darum ginge, den Irak vor der vollständigen Zerstörung zu retten, würde ich mich anders äußern.« Sie
akzeptierte sein Nein. Trotz all ihrer Erfahrungen mit der arabi-

schen Welt kam es ihr nicht in den Sinn, daß er nur darauf wartete, von ihr überredet zu werden.

Nach anderthalb Stunden bat Gertrude um Erlaubnis, gehen zu dürfen. Der Nakib versicherte sie noch einmal seiner Zuneigung und erinnerte sie an ihre lange Freundschaft. Ihr bedeute sie viel, erwiderte sie, und sie danke ihm für sein Vertrauen. Er sagte, er hoffe, daß sie ihn wie einen Vater betrachten würde, und Gertrude war gerührt. Und er bete, daß sie bald wieder aus England zurückkomme. Dann entließ er sie: Sie möge in Frieden gehen.

Whitehall versprach, »möglichst nichts zu unternehmen, solange Miß Bell noch nicht anwesend ist«. Sie verließ Bagdad, fuhr jedoch nicht direkt nach England, sondern erst nach Frankreich. Dort waren die Staatsoberhäupter der ganzen Welt auf der Pariser Friedenskonferenz zusammengekommen, um die Beute aus dem Ersten Weltkrieg zu verteilen und die Überreste der drei Imperien Österreich-Ungarn, Rußland und Türkei aufzuteilen. A. T. Wilson hatte Gertrude gebeten, bezüglich Mesopotamiens für eine effiziente Repräsentanz der britischen Interessen zu sorgen. Aber das sollte sich als komplizierter erweisen, als er angenommen hatte: Lawrence und Feisal, die in der Wüste Seite an Seite gegen die Türken gekämpft hatten, mußten jetzt gemeinsam einen politischen Kampf gegen die Alliierten führen. Sie waren bereits in Paris, und Gertrude sollte sehr bald auf ihre Linie umschwenken und nicht mehr jenen Direktiven folgen, die Wilson ihr vorgegeben hatte.

Sie fuhr mit der *Ormonde* über Ägypten nach Europa, und als ihr Schiff morgens in Port Said angelegt hatte, wartete sie gespannt auf David Hogarth. Ihr Freund und Mentor war aus Kairo gekommen, um sich dort mit ihr zu treffen. Er fand sie »liebenswerter denn je«, und sie sehe »ein bißchen älter« aus, schrieb er seiner Frau, »aber immer noch wunderbar lebendig und gut angezogen«. Sie verbrachten zwei Stunden miteinander, klärten einige Fragen, mit denen er sich beschäftigte, und diskutierten über ihren Auftrag in Whitehall.[2]

Am 7. März 1919 traf Gertrude in Paris ein, wo eine äußerst gespannte Atmosphäre herrschte. Jede Nation hatte andere Vorstellungen von der Zukunft Europas: Den Italienern ging es hauptsächlich um die Auflösung Österreich-Ungarns, die Franzosen wollten die Deutschen entwaffnen, forderten Elsaß-Lothringen und das Saarland zurück und erhoben Anspruch auf einen Anteil des Osmanischen Reichs (einschließlich der Kontrolle über Syrien.) Den Briten ging es um die deutschen Kolonien in Afrika und im Südpazifik und um die Kontrolle über Mesopotamien, die sie nicht aufgeben wollten. Außerdem forderten sie Protektorate in Persien und Ägypten und die Demontage der deutschen Seestreitkräfte. Und wenn man davon absieht, daß die Amerikaner ihren Traum von einem Völkerbund verwirklichen wollten, ging es allen Beteiligten außerdem um die Ölvorkommen. Die höchsten Staatsbeamten eines jeden Landes waren gekommen und blockierten mit ihren Mietwagen die Straßen, ließen Tische bei Fouquet und im Pré Catalan reservieren, plauderten in der Pariser Oper und verliehen den Hotelhallen einen Anflug von großer Welt. »Es war ein Treffen der Nationen, wie es die Welt noch nie erlebt und an das sie nicht einmal im Traum gedacht hatte«, schrieb Domnul Chirol, der im Januar als Vertreter der britischen Regierung zur Eröffnung der Winterkonferenz aus London gekommen war, um sich um die französische Presse zu kümmern.

Der innere Kreis der weißhaarigen Staatsoberhäupter traf sich täglich im Élysée-Palast am Quai d'Orsay. Mit dicken Aktentaschen marschierte der Rat der Zehn in Begleitung der Militärattachés, Dolmetscher und Berater über das Parkett und durch die dicken Doppeltüren in das üppig ausgestattete Büro des französischen Außenministers. In Monsieur Picots prächtigem Zimmer, dessen Wände holzgetäfelt waren, mischte sich der Geruch von Schreibmaschinen-Farbbändern und polierten Möbeln mit der Aura des Geheimen. Kronleuchter strahlten in hellem Licht, und die dicken roten Damastvorhänge waren zugezogen, damit nur ja kein Laut und kein Zeichen aus diesem privilegierten Raum nach draußen dringen konnten. Um den langen, mit grünem Filz be-

zogenen Tisch, der mit allen möglichen Papieren und Landkarten bedeckt war, standen große vergoldete Lehnstühle, dahinter zwei weitere Reihen mit kleineren, ebenfalls vergoldeten Stühlen für die Entourage.

Am Kopf des Tisches thronte der französische Premierminister Georges Clemenceau. Wie alle anderen trug auch er einen schwarzen Wollanzug, einen gestärkten weißen Kragen und gestärkte weiße Manschetten. Als er aufstand, um sich an die erlauchte Versammlung zu wenden, stützte er sich mit seinen grau behandschuhten Händen auf die Lehnen seines Stuhls. Gebeugt, mit zurückgelehntem Kopf begann er zu reden. Zuerst sprach er langsam und bedächtig, nach einer gewissen Zeit immer schneller, die Worte verließen seinen von einem herabhängenden Schnurrbart nahezu verdeckten Mund wie Maschinengewehrsalven. Sobald eine Resolution formuliert worden war, las er sie vor und ließ keine weiteren Diskussionen darüber zu. Und während seinen Kollegen seine Sätze noch in den Ohren klangen, verkündete er kategorisch »*adopté*«, setzte sich hin und blickte unter buschigen Brauen mit halbgeschlossenen Augen in die Runde.

Flankiert wurde der »Tiger« vom britischen Premierminister David Lloyd George, der mit seiner Geliebten Frances Stevenson nach Paris gekommen war, und dem rätselhaften Präsidenten der Vereinigten Staaten, Woodrow Wilson, der in seinem Idealismus nichts anderes im Kopf hatte als Völkerbund und das Mandatssystem. »Die Völker der Welt sind aufgewacht, und die Völker der Welt sitzen im Sattel«, erklärte Wilson und hoffte auf diese Weise die Menschen in den ehemals von Deutschen und Türken besetzten Gebieten zur Selbstbestimmung anspornen zu können.

Des weiteren hatten am Tisch die Staatsoberhäupter Italiens, Belgiens, Griechenlands, Rumäniens, Chinas, Japans und Australiens Platz genommen – nur Rußlands Repräsentant fehlte. Die Verhandlungsführung war so streng geordnet wie die Gärten unterhalb der großen Fenster an der anderen Seite des Raums, und die Diskussionen der Minister plätscherten so sanft dahin wie die Schneeflocken, die draußen niederrieselten. Bei den Gesprächen

ging es vor allem um Europa, der Osten war nur eine Nebensache.

Der Gedanke an eine Selbstbestimmung für Mesopotamien oder Syrien kam den Delegierten lächerlich vor. Folgendes Gespräch, das drei hohe Staatsvertreter damals miteinander geführt haben, ist seitdem oft kolportiert worden:

1. Minister: »Ich fürchte, daß das Land schlecht regiert werden wird.«

2. Minister: »Das Land *wird* schlecht regiert werden.«

3. Minister: »Das Land *sollte* auch schlecht regiert werden.«

Schließlich gestand man weder Syrien noch Mesopotamien sofortige Autonomie zu. Statt dessen wurden beide Territorien wie auch andere Gebiete des ehemals türkischen Imperiums unter das Mandat Großbritanniens oder Frankreichs gestellt, wo man hoffte, mit Hilfe von Wilsons Konzept die Kontrolle über diese Region behalten zu können.

Vor dem schicksalhaften Tag und während der sich daran anschließenden Verhandlungen im Élysée-Palast konferierte ein paar Straßen weiter im Hotel Crillon die amerikanische Delegation. Die privaten Besprechungen der Briten fanden dagegen im Hotel Majestic und im benachbarten Astoria statt. Trotz vieler schöner Worte ging es jedoch überall, ob unter den Topfpalmen in der Hotelhalle oder in den Privatzimmern, immer nur um eines: um das Öl, jenen Rohstoff, der für alle lebenswichtig geworden war. Ohne Öl hätten die Briten, Franzosen und Amerikaner den Krieg nie gewinnen können, was der britische Außenminister Lord Curzon wie folgt ausdrückte: »Die Alliierten sind auf einer Woge von Öl zum Sieg getragen worden.« Schon aus strategischen Gründen konnte es sich keine Nation leisten, auf das schwarze Gold zu verzichten. Die nationale Sicherheit hing von jetzt an vom Öl ab, weswegen auch führende Experten Großbritanniens als Berater zu der Konferenz herangezogen worden waren. »Ständig kamen und gingen Experten, die man speziell zu diesem Zweck aus England hatte kommen lassen«, sagte Chirol, »Juristen, Bankiers, Wirtschaftler, Industrie- und Wirtschaftsbosse, die besten Köpfe, über die das Land ver-

fügte.« Arthur Balfour, Arthur Hirtzel und Edwin Montagu redeten sich bei der Diskussion über den Mittleren Osten und die kostbaren Ölquellen die Köpfe heiß, während Feisal, eine exotische Gestalt in wallenden Seidengewändern, durch die Korridore schwebte, an seiner Seite stets eine kleine, in Khaki gekleidete Gestalt: T. E. Lawrence.

Nachdem der Krieg nun zu Ende war, erwarteten Scherif Hussein und sein Sohn Feisal eine entsprechende Belohnung für ihre Hilfe beim Sieg der Briten über die Türken, Hussein dachte an ein arabisches Königreich, das Syrien, den Libanon, Palästina und den Irak umfassen sollte. Er beanspruchte den Thron der Hedschas für sich selbst und wollte zudem zwei seiner Söhne formell im Norden einsetzen: Feisal (der bereits dort war) in Damaskus, Abdullah, seinen Ältesten, in Bagdad. Falls die Franzosen den Libanon mit seiner hauptsächlich christlichen Bevölkerung behalten wollten, so sei er damit einverstanden. Die Franzosen waren jedoch nicht bereit, auch nur auf einen Teil Syriens zu verzichten, und die britischen Delegierten lehnten es strikt ab, sich vom Irak zu trennen.

Feisal und Lawrence waren aus London angereist, wo der Araber am 3. Januar 1919 mit dem zionistischen Führer Chaim Weizmann eine Vereinbarung unterzeichnet hatte, welche prinzipiell die Einrichtung eines jüdischen Siedlungsgebiets in Palästina garantierte. Danach trafen sie sich in Paris wieder. Mit Unterstützung von Oberst Richard Meinertzhagen, General Allenbys Geheimdienstchef und Mitglied der britischen Abordnung, setzte Feisal einen Brief an Felix Frankfurter, den Leiter der US-amerikanischen zionistischen Delegation, auf.

»Wir meinen, daß Araber und Juden von der Rasse her Vettern sind und von Mächten, die stärker waren als sie selbst, auf die gleiche Weise unterdrückt wurden ... Wir Araber, vor allem die gebildeten unter uns, betrachten die zionistische Bewegung mit der größten Sympathie ... Wir werden die Juden hier herzlich willkommen heißen ... Menschen, die weniger gut informiert und weniger verantwortungsvoll sind als unsere und

eure Führer, ignorieren die Notwendigkeit einer Zusammenarbeit zwischen Arabern und Zionisten und haben versucht, die örtlich begrenzten Schwierigkeiten, die naturgemäß in der frühen Phase der Entwicklung in Palästina entstehen mußten, für ihre Zwecke auszunutzen.«

Dieser Brief, der Feisals Unterschrift trägt, ist heute ein historisches Dokument, das von gegenseitigem Haß und tragischen Entwicklungen beinahe ausgelöscht worden wäre.

Erst dreißig Jahre später, nach blutigen Aufständen und einem erbitterten Krieg zwischen Zionisten und Arabern, wurde 1948 endlich der jüdische Staat geboren, und erst ein weiteres halbes Jahrhundert später waren die Juden in Israel und die Palästinenser bereit, das jeweilige Recht auf Heimat anzuerkennen. Dieser frühe Brief ist jedoch ein Vermächtnis und beweist, daß der Hussein-Clan als einziger unter den arabischen Führern den Juden gegenüber gute Absichten hatte. Später bestätigten Feisals Bruder Abdullah, der erste Herrscher Transjordaniens, und dessen Nachfolger und Enkel König Hussein von Jordanien ihre Bereitschaft, einen Judenstaat zu akzeptieren.

Feisal, der Wüstenprinz, war jedoch mit hochgeschraubten Erwartungen nach Paris gekommen. Gemeinsam mit Lawrence versuchte er die Franzosen zu überreden, ihn zum König Syriens zu krönen, zumal seine Regierung bereits in Damaskus ihres Amtes waltete. Die Pariser Friedensgespräche hatten am 23. Januar 1919 begonnen, und nach zwei Wochen wurde das ungleiche Paar Lawrence und Feisal vor den Rat der Vier bestellt. Lawrence, der ein weißes Gewand und eine Kopfbedeckung mit goldenen Tressen trug, war mit keinem offiziellen Auftrag betraut. Der zugleich auffallende und scheue Exzentriker wurde als Feisals Dolmetscher betrachtet. Als Befürworter der Sache des Araberprinzen begegnete man ihm mit Argwohn. Die meisten Mitglieder des britischen Außenministeriums trauten ihm nicht über den Weg. Man hatte ihn aus diesem Grund sogar ins Continental, ein weniger gutes Hotel, verbannt.

Clemenceau, Wilson, Lloyd George und der italienische Premier Vittorio Emanuele Orlando hörten Feisal, der eine goldene Robe trug, jedoch aufmerksam zu. Der Araberfürst sprach frei, er hatte sich nicht einmal Notizen gemacht, von seiner sonoren Stimme ging eine hypnotisierende Wirkung aus. Keiner der westlichen Delegierten, nicht einmal Lawrence, faszinierte die Anwesenden so wie dieser Emir. Ein amerikanischer Anwalt, der an den Gesprächen teilgenommen hat, sagte hinterher: »Seine Stimme schien den Duft des Weihrauchs zu verströmen und weckte bei den Zuhörern Visionen von farbenprächtigen Diwanen, grünen Turbanen, von Gold und glitzernden Juwelen.« Er hielt seine Rede auf arabisch, und Lawrence übersetzte sie mehr oder weniger frei. Aber der in der Türkei erzogene Feisal überraschte bei Fragen seiner Zuhörer damit, daß er in fließendem Französisch Rede und Antwort stand. Seine Anwesenheit wirkte wie ein magnetisches Feld, das Lloyd George so in seinen Bann zog, daß er mit fester Stimme erklärte, England werde seine arabischen Verbündeten nicht im Stich lassen. Damit stieß er Clemenceau vor den Kopf, der seinen englischen Kollegen verärgert an das Sykes-Picot-Abkommen erinnerte. Das Schicksal dieses Pakts schien unter einem schlechten Stern zu stehen: Ein paar Tage zuvor, am 2. Februar, war Mark Sykes Opfer einer Grippeepidemie geworden und gestorben.

Mehrere Wochen lang stand die östliche Frage auf der Tagesordnung. Feisal und Lawrence taten alles, was in ihren Kräften stand, sie lockten, sie versuchten die anderen zu beschwatzen, sie rasselten sogar mit dem Säbel, indem Feisal den Franzosen drohte, er werde die Araber in Syrien und in der Hedschas zum heiligen Krieg gegen sie aufhetzen. Aber damit verärgerte er nicht nur die Franzosen, sondern auch die Briten, die er dadurch in eine kompromittierende Lage manövriert hatte. Sie hatten sowohl Feisals Vater, Scherif Hussein, als auch den Franzosen die Kontrolle über Syrien versprochen. Großbritannien zeigte jedoch kein Interesse daran, eine der beiden Parteien in einem kostspieligen Krieg zu unterstützen. Man war in eine Sackgasse geraten. Feisal, der selbsternannte König, bestand darauf, seinen Thron zu behalten, und die Franzosen,

die schon seit geraumer Zeit ihre Ansprüche angemeldet hatten, waren nicht bereit, Syrien aufzugeben.

Als Gertrude am Ostersonntag 1919 im Hotel Majestic eintraf, um die Sache der Araber zu vertreten, wurde sie zuerst Feisal vorgestellt. Sie kannte seine Geschichte: Seine Eltern waren Cousin und Cousine, sein Vater der Hüter von Mekka, seine Mutter eine arabische Bäuerin aus derselben Stadt. Er war in der Wüste geboren und mit seinem Vater, den die Türken unter ihre Kontrolle gestellt hatten, nach Konstantinopel gegangen. Als Kind hatte er ziemlich häufig an Krankheiten gelitten, als junger Mann meistens nur in seinem Essen herumgestochert; er war ein starker Raucher und liebte arabische Lyrik. Wie es sich für einen Beduinen gehörte, hatte er natürlich auch schießen und reiten gelernt. Er war groß, schlank, dunkelhaarig, hatte die edlen, männlichen Züge eines Arabers aus der Wüste, die kultivierten Manieren eines türkischen Paschas sowie den Charme und das Charisma einer echten Führernatur. Als er mit Gertrude sprach, machte er ihr Komplimente und verstand es, sie von seinen politischen Ambitionen zu überzeugen.

Sie redeten nur ein paar Minuten miteinander, dann mußte Feisal zu einer Konferenz. Gertrude blieb mit seinem Arzt und Rustam Haidar, seinem Privatsekretär (der wie Feisal französisch sprach und Absolvent der Sorbonne war), zurück und berichtete ihnen, was sie erfahren hatte. Ihre Informanten hatten ihr berichtet, daß sich die Lebensbedingungen in Syrien verschlechtert hätten. Feisal müsse sich mit den Franzosen einigen, empfahl sie. Von den Amerikanern sei keine Hilfe zu erwarten, und die Briten wollten sich nicht einmischen. Später erzählten die beiden Lawrence, was sie ihnen gesagt hatte. »Miß Bell hat einen schwachen Verstand«, erwiderte er. »Sie sollten sie nicht weiter ernst nehmen.« Doch letzten Endes gab Lawrence' romantische Einstellung den Ausschlag für die Niederlage Feisals. Gertrudes Ansatz war bedeutend pragmatischer gewesen.[3]

Gertrude war von Feisal und Lawrence (dessen bissige Bemerkung ihr nicht zu Ohren gekommen war) und von ihrer wichtigen Rolle als Vertreterin Mesopotamiens hellauf begeistert. Die

Atmosphäre war durch die Mißverständnisse, die durch die widersprüchlichen Versprechungen des Sykes-Picot-Abkommens (das Syrien den Franzosen zusprach), des Briefwechsels zwischen McMahon und Hussein (in dem von einem arabischen Königreich unter Scherif Hussein die Rede war) und der Balfour-Deklaration (der zufolge den Juden in Palästina eine neue Heimat versprochen worden war) vergiftet worden. Erschwerend kam hinzu, daß alle hinter dem Öl her waren. Die in Mesopotamien vermuteten reichen Ölressourcen verursachten große Aufregung. Das alles zusammen hatte zur Folge, daß selbst der sonst so beredten Gertrude beinahe die Worte fehlten.

Als sie ein paar Tage später abends allein in ihrem Zimmer war, setzte sie sich an den Schreibtisch und schrieb an ihren Vater: »Ich bin in eine so erstaunliche Welt geraten, daß ich bis jetzt nur offenen Mundes darauf gestarrt habe, ohne ein Wort davon zu Papier zu bringen. Nicht einmal jetzt kann ich Dir sagen, wie sie ist, einfach, weil ich es nicht kann, aber langsam beginne ich, ein wenig klarer zu sehen. Unsere Ost-Affären sind unbeschreiblich komplex, und bis ich hier ankam, gab es niemanden, der über die mesopotamische Seite der Frage aus erster Hand berichten konnte.« Sie hatte tagsüber mit Lord Milner gesprochen, wollte mit dem fragwürdigen Balfour zu Mittag essen und hoffte, auch mit Lloyd George zusammenzutreffen. »Wenn mir das gelingen sollte, werde ich ihn sicher für mich gewinnen können.«

Zuerst, so fuhr sie fort, sei jedoch eine Unterredung mit der französischen Delegation erforderlich. »Die mesopotamische Frage ist so eng mit den Problemen Syriens verbunden, daß wir das eine nicht ohne das andere behandeln können«, erklärte sie. »Und was Syrien betrifft, so geht es vor allem um die Einstellung der Franzosen.« Es gab so viel zu tun, daß sie unbedingt Hilfe brauchte. A. T. Wilson kam aus Bagdad, und sie schlug vor, auch David Hogarth nach Paris zu beordern. Sobald die beiden eingetroffen waren, machte sie den Vorschlag, zu viert – also sie, Lawrence, Wilson und Hogarth – einen festen Nahost-Block zu bilden. In der Zwischenzeit würde sie vielen Leuten in Paris ihre Geschichte erzäh-

len, darunter ihrem Freund Domnul Chirol und Sir Robert Cecil. Und trotz des abfälligen Kommentars, zu dem er sich hinter ihrem Rücken hatte hinreißen lassen, stand T. E. Lawrence auf der Liste ihrer Verbündeten ganz oben.

Die meisten britischen Offiziellen hielten Lawrence für einen aufsässigen, schwierigen Menschen und charakterisierten seine Beziehung zu dem arabischen Emir mit abstoßend. Gertrude dagegen war von ihm begeistert und fand ihn »bezaubernd«. Vor den Gesprächen hatte sie ihn zwar einem Freund gegenüber einmal als einen »introvertierten Größenwahnsinnigen«[4] bezeichnet, aber Lawrence war der einzige, der ihre Leidenschaft für den Mittleren Osten verstehen konnte. Nachdem sie mit ihm und Domnul beim Herausgeber der *Times*, Wickham Steed, zu Abend gegessen hatten, war sie voller Bewunderung für die Art und Weise, in der Lawrence die Situation zwischen Feisal und den Syrern einerseits und den Franzosen andererseits dargestellt hatte. Sie schrieb an Hugh: »Er hat das ganz phantastisch gemacht. Sein Charme, seine einfache Art und seine Aufrichtigkeit haben bei den Zuhörern einen tiefen Eindruck hinterlassen und sie überzeugt.«

Gemeinsam oder jeder für sich eilten Gertrude und Lawrence von einer Konferenz zur anderen quer durch die Stadt, vom Majestic zum Crillon, dann zum Élysée-Palast. An einem kühlen Morgen setzte sich Gertrude im Büro von Arthur Hirtzel dicht an die Heizung und las Berichte, dann mußte sie sich beeilen, denn sie war mit Lawrence zum Mittagessen verabredet. Als beide in der Empfangshalle standen, entdeckten sie Lord Milner, den Berater von Lloyd George. »Gehen Sie einfach zu ihm und laden Sie ihn ein, mit uns zu Mittag zu essen«, drängte Lawrence sie. Ohne Umschweife folgte sie seiner Aufforderung. Milner sagte zu. Es sei ein entzückendes Mittagessen gewesen, gar nicht steif und offiziell, sondern ganz offen, berichtete sie später. Da Milner sich jedoch darüber im klaren war, daß er zuviel gesagt hatte, nahm er ihnen das Versprechen ab, ihn nicht zu zitieren. »Wir versicherten ihm, daß niemand von den Leuten, mit denen wir zu Mittag aßen, besonders diskret sei«, schrieb Gertrude. »Ich glaube, das liegt an

Mr. Lawrence. Er schafft eine Atmosphäre, in der es leichtfällt, die Karten auf den Tisch zu legen.«

Lawrence legte jedoch auch selbst seine Karten auf den Tisch und vertraute Gertrude an, daß er dabei sei, ein Buch zu schreiben. Er hoffe, damit den Mythos zerstören zu können, den Lowell Thomas mit seinem Buch geschaffen hatte. Er fragte sie, wie er ihrer Meinung nach die Schilderungen anlegen solle. Sollte er sie mit den vielen Details ausschmücken, die er als der legendäre Lawrence von Arabien erlebt hatte, oder wäre es besser, sich auf die weniger interessanten Fakten zu beschränken? Gertrude sagte ihm wahrheitsgemäß, was sie davon hielt, versicherte ihm, das Buch sei eine großartige Idee, und ermutigte ihn, an »Seven Pillars of Wisdom« (Die sieben Säulen der Weisheit) weiterzuarbeiten.

Gertrude verbrachte den größten Teil ihrer Zeit mit Lawrence. Als ihr Vater für ein Wochenende nach Paris kam, ging sie mit Hugh und ihrem »lieben Jungen« zum Mittagessen und diskutierte mit ihnen über die Situation in Syrien. Hugh, der mit einigen US-amerikanischen Delegierten befreundet war, stellte den Repräsentanten Präsident Wilsons seine Tochter vor. Mehrere Tage lang sprach Gertrude anläßlich verschiedener Einladungen zum Mittag- und Abendessen mit ihnen über die Araber und versuchte, ihnen die Problematik nahezubringen. Ihr Ziel war es, die Amerikaner davon zu überzeugen, daß es das Beste wäre, wen sie das Mandat von den Franzosen übernähmen. Vorübergehend schienen ihre Bemühungen sogar von Erfolg gekrönt zu sein: Am 25. März signalisierten die Amerikaner ihr Einverständnis, eine Kommission in die Region zu schicken, um sich selbst ein Bild machen zu können. Als Feisal das erfuhr, prostete er ihnen mit einem Glas Champagner zu, obwohl er sonst abstinent war. »Die Araber würden eher sterben, als das französische Mandat zu akzeptieren«[5], erklärte er einem amerikanischen Delegierten. (Es dauerte drei Jahre, bis die amerikanische King-Crane-Kommission ihren Bericht veröffentlichte. Die USA hielten sich also so lange aus dem politischen Krisenherd heraus, bis es schließlich zu spät war, um noch Einfluß auf die Entwicklung nehmen zu können.)

Kurz nachdem Gertrudes Vater wieder abgereist war, aß sie mit Harold Nicolson zu Abend. Sie hatte ihn und seine Braut schon 1914 kennengelernt, als beide als frischverheiratetes Paar in Konstantinopel weilten. Jetzt war er Mitglied der britischen Delegation, und seine Frau, Vita Sackville-West, hatte sich widerstrebend bereit erklärt, ihn kurz in Paris zu besuchen. Mit ihrer Ehe schien es bergab zu gehen. Vita, die zu der Zeit gerade ein Verhältnis mit Violet Markham hatte, hatte sich geweigert, ihre Geliebte zu verlassen. Drei Jahre später sollte sie dann eine Affäre mit Virginia Woolf haben. »Mrs. Vita war einen Tag lang hier«, schrieb Gertrude. »Sie ist eine außerordentlich attraktive Person, sie sähe allerdings noch besser aus, wenn sie sich ihre Nase nicht so schrecklich weiß pudern würde.«[6]

Abgesehen von solchem Klatsch setzte sich Gertrude unermüdlich für die Belange des Mittleren Ostens ein. Sie war ständig in irgendwelchen Restaurants oder Konferenzräumen anzutreffen, wo sie jeden am Ärmel festhielt, den sie kannte, um ihm eine Lektion über die Araber zu erteilen. Tatsächlich wußte sie mehr über die Wüste und ihre Bewohner als jeder andere, einschließlich Lawrence, sagte Domnul. Nachdem A. T. Wilson am 20. März eingetroffen war, erkannte er sofort, wie schwer sie es hier hatte. Er war bestürzt, als er feststellen mußte, wie wenig man über die Region wußte, und schrieb später:

»Militärische oder zivile Experten, die sich im westlichen Arabien auskannten, waren zahlreich vertreten, aber keiner außer Miß Bell war mit den Verhältnissen im Irak, in der Nedschd oder in Persien vertraut. Daß es im Irak eine schiitische Mehrheit gibt, wurde von einem der ›Experten‹, der einen internationalen Ruf genoß, als Produkt meiner Phantasie bezeichnet. Weder Miss Bell noch ich selbst konnten die Militärs und die Delegation des Außenministeriums davon überzeugen, daß im Mosul-*Vilayet* viele Kurden leben, mit denen wir sehr wahrscheinlich Probleme bekommen werden, daß man mit Ibn Saud ernsthaft rechnen müsse oder daß unsere Probleme nicht allein durch die Begeisterung des Arab Bureau abgetan werden könnten, wie das im Falle Syriens ge-

schehen war.« Und noch während Wilson in Paris weilte, traf die Nachricht ein, daß der im nördlichen Mesopotamien stationierte stellvertretende politische Offizier in einen Hinterhalt der Kurden geraten und getötet worden war. Der Vorfall wurde zwar nicht so ernst genommen, aber er ließ bereits zu dieser Zeit erkennen, welche Schwierigkeiten mit den Stämmen im Norden bevorstanden.

Wilsons positive Äußerungen über Gertrude hielten nicht lange an. Er war fest davon überzeugt, daß es für Mesopotamien nur eine einzige Lösung gebe: die Einsetzung eines britischen Hochkommissars. Sie dagegen tendierte mit der Zeit immer stärker dazu, das Land von einem arabischen Fürsten regieren zu lassen. Nachdem sie viele Stunden mit Lawrence und Feisal diskutiert hatte, gelangten alle drei zu der Überzeugung, daß ein Scherifenherrscher nicht nur für Syrien, sondern auch für den Irak am vorteilhaftesten sei.

Zwischen dem Kolonialisten A. T. Wilson, dem es vor allem darum ging, die britische Vormachtstellung zu erhalten, und Lawrence, der sich von ihm vorwerfen lassen mußte, er sei schuld an den britischen Problemen mit Frankreich, kam es zu erbitterten Auseinandersetzungen. Wilson atmete erleichtert auf, als er erfuhr, daß Lawrence sich nach Beendigung der Verhandlungen in England zur Ruhe setzen wolle. Dann war die Konferenz zu Ende. Man hatte sich über das Öl geeinigt, den Völkerbund gegründet, den Rest Osteuropas aufgeteilt und ein Abkommen über die Mandate für die ehemaligen türkischen Gebiete unterzeichnet. Während die Delegierten wieder nach Hause fuhren, blieb die arabische Frage wie ein großes Fragezeichen stehen, denn es war in diesem Punkt kaum etwas bewegt worden. Statt Syrien und Mesopotamien fest an Frankreich und England zu binden, hielt man eine Lösung des Problems für zu schwierig und schob sie, wie es in der Diplomatie üblich war, zwei Jahre auf, um dann an einem anderen Ort neu zu verhandeln.

Gertrude war nach Belgien gefahren, um sich mit ihrem Vater zu treffen, der dort seinen wohlverdienten Urlaub verbrachte. Als sie

einen Monat später endlich wieder in London war, stürzte sie sich sofort auf neuerschienene Bücher und hatte Anproben für neue Kleider. Es war ihr nicht entgangen, daß die Mode sich völlig geändert hatte. Die langen Kleider, die sie so geliebt hatte, waren überholt, die Röcke bedeckten jetzt gerade noch das Knie, und die Abendkleider waren im Rücken tief ausgeschnitten. Sie bestellte sich ein mit Straußenfedern eingefaßtes Kleid – den letzten Schrei. Statt des steifen Stoffs probierte sie gestrickte Seide und Wolljersey an, zu denen man reinseidene Strümpfe und modische Pumps trug. Bei der Modistin entschied sie sich dann noch für einen mit Federn besetzten Hut und eine Art Dreispitz, wie sie damals gerade in Mode waren.

Sie kaufte ein, las und ging mit Freunden, die sie seit vier Jahren nicht mehr gesehen hatte, essen. David Hogarths Schwester Janet, mit der sie in Oxford studiert hatte, schrieb hinterher über sie: »Sie war ein bißchen älter geworden, ihr Haar hatte einen grauen Schimmer bekommen, und sie sah aus wie fein geschmiedeter Stahl.«

Anfang Juli 1919 kehrte Gertrude nach Rounton zurück. Auf langen Spaziergängen mit ihrem Vater oder Ausritten durch die wogenden Kornfelder, beim Schwimmen, bei der Arbeit im Garten oder bei Gesprächen mit Freunden konnte sie die Anspannungen des langen Krieges und die gegenwärtigen Probleme des Mittleren Ostens verarbeiten. Endlich war ihr die Zeit vergönnt, über alles nachzudenken, was sie an Erfahrungen gesammelt hatte. Sie setzte sich an ihren Schreibtisch in ihrem alten Kinderzimmer und schrieb einen langen Brief an Wilson:

»Bis jetzt ging es in diesem Brief ausschließlich um die Geschäfte, zum Schluß möchte ich jedoch auch ein kleines bißchen Gefühl hineinbringen ... All das ist geschehen, seit ich zum letztenmal in diesem wunderschönen Zimmer saß, das mein Kinderzimmer war, ein Zimmer voller Bücher mit einem wunderschönen Blick auf die Landschaft. Ich kann die alte Welt, die dieses Zimmer und diese Bücher repräsentieren, nicht wieder zum Leben erwecken, und es wird mir auch niemals gelingen, den Schmerz zu betäuben, der zwischen

den beiden Welten liegt. Voller Staunen und mit großer Dankbarkeit vermag ich jedoch das zu akzeptieren, was die neue Welt mir gegeben hat, und darin spielen Sie eine wichtige Rolle – Sie selbst und das Militär, bei dem ich mich wie zu Hause gefühlt habe, und das verdanke ich Ihnen.«

Ende September packte sie ihre neue Garderobe in die großen Schrankkoffer und brach mit Marie, ihrem Mädchen, wieder in Richtung Mittlerer Osten auf. Auf der *Nevasa* suchte sie sich an einem warmen Morgen einen ruhigen Platz, weitab von den anderen Passagieren, machte es sich in einem der hölzernen Deckstühle bequem und holte ihre Schreibutensilien für einen kurzen Brief an ihren Vater hervor. »Ich bin froh, mich jetzt wieder mit der arabischen Politik befassen zu können und dabei zu denken, eine nahezu berühmte Persönlichkeit zu sein«, schrieb sie. »Es ist ein eigenartiges Gefühl, ein Teil des offiziellen Ostens zu sein. Früher habe ich mich immer gefragt, wie es wohl wäre, wenn man mit so einem Schiff ankommt und kein Außenseiter ist. Ich finde es ziemlich komisch, daß mir das bis jetzt nicht sehr oft vergönnt war.«[7]

Sie wollte auf ihrem Weg nach Bagdad in Kairo, Jerusalem, Damaskus und Aleppo Station machen, denn es war wichtig, daß sie sich persönlich um die dortigen Probleme kümmerte, daß sie selbst sah und hörte, was die Araber von den Franzosen, von den Briten, den Türken, den Zionisten und vom arabischen Nationalismus hielten. Am Ende ihrer Reise nach Ägypten und Syrien wollte sie dann einen offiziellen Bericht schreiben. Sie hatte jedoch keine Ahnung, in welche Schwierigkeiten sie geraten sollte.

22.

Stimmungen
in Arabien

Als Gertrude in Kairo ankam, erfüllte der Duft der Bougainvillea
die warme Brise und weckte die Hoffnung auf eine Wiedergeburt
in der arabischen Welt. Ägypter in dünnen *Dschellabas* schlurften an beiden Ufern des Nils durch die staubigen Straßen, ohne
sich um die Fliegen zu kümmern, die sie umschwärmten, sobald
sie einmal stehenblieben, um sich bei einem Straßenhändler Süßig-
keiten zu kaufen. Frauen balancierten gestapelte Körbe auf dem
Kopf, vorbei an ausgemergelten Eseln und Ochsen mit traurigen
Augen, die viel zu schwere Karren ziehen mußten. Feluken, die seit
uralten Zeiten gebräuchlichen ägyptischen Boote, zogen geräusch-
los über den Strom, und der Lärm der modernen Straßenbahnen
und Busse vermischte sich mit dem Singsang der Straßenverkäufer
und den durchdringenden Rufen der Muezzine, welche die Gläubigen an die Einhaltung der Gebetszeiten gemahnten.

In Gise, Zamalek oder Garden City, jenen wohlhabenden Stadt-
teilen, wo sich auch die britische Botschaft befand, lebten Moslems, Kopten, Christen und Juden der Oberschicht Seite an Seite
mit Europäern in prächtigen Villen oder eleganten Wohnungen
am Nilufer. Während die Männer ihre Geschäfte tätigten, an der
Kairoer Börse mit Baumwolle, Wertpapieren und Aktien handel-
ten, kauften die Frauen im jüdischen Kaufhaus Cicural die feinsten
Stoffe ein, bestellten ihre Lebensmittel bei Vazelakis, dem größten
und besten griechischen Lebensmittelhändler, und feilschten mit
armenischen Juwelieren um Gold und Edelsteine.

Über Kairos alte orientalische Tradition hatte sich eine Schicht
aus britischem Kolonialismus sowie britischen Gepflogenhei-

ten und Sitten gelegt, die irgendwie fremd wirkte. Englischsprachige Ärzte, Rechtsanwälte, Bankiers und Kaufleute genossen den Klatsch in der *Egyptian Gazette* und erfuhren dort beispielsweise, daß Mr. Macan Murkar, ein Juwelier aus Ceylon, im Hotel Shepheard's eine prächtige Kollektion gefaßter und ungefaßter Edelsteine ausstellte, daß Mr. und Mrs. England aus Los Angeles eine Jagdgesellschaft nach Britisch-Ostafrika organisierten, um ein paar Trophäen für das heimatliche Museum zu ergattern, daß der Herzog und die Herzogin von Alba soeben in der Stadt angekommen seien und der Kronprinz von Siam mit seiner Familie im Hotel Winter Palace in Luxor residiere.

Kosmopolitische Kairoer entspannten sich im Heilbad von Heluan, ließen sich dort mit Ultraviolettbestrahlung oder Nadelbädern behandeln oder spielten Golf im Gezira Sporting Club, wo die Damen gebeten wurden, keine langen Röcke zu tragen, weil sie damit die Oberfläche der sorgfältig gepflegten Greens beschädigten.

An sonnigen Nachmittagen fuhren die Wohlhabenden zum Mena House. Dort saß man auf der Terrasse des Hotels, das einst als Jagdhaus des Khediven fungiert, dann als Gästehaus für prominente Besucher der Eröffnung des Suezkanals im Jahre 1869 gedient hatte. Sie tranken Tee und genossen den Blick auf die Pyramiden. Als Gertrude in Kairo eintraf, war die Saison 1919 zwar vorüber, wenn sie jedoch im Winter oder im Frühling gekommen wäre, hätte sie sich zu den elegant gekleideten Damen in ihren langen Gewändern und mit ihren Tiaras gesellt, die von Männern im Frack in die Kairoer Oper begleitet wurden. Berühmte Sänger hatten dort »Tosca« oder »La Traviata« aufgeführt, und britische Schauspieler wie zum Beispiel Sybil Thorndike waren hier in einem der letzten Theaterhits des Londoner Westends aufgetreten. Möglicherweise hätte sie auch im Shepheard's zu Abend gegessen und getanzt und wäre dabei mit mindestens einem europäischen Monarchen kollidiert.

Obwohl es in Kairo im September 1919 oberflächlich betrachtet sehr zivilisiert zuging, spürte man, daß Gewalt in der Luft lag.

Man stand kurz vor einer Rebellion, über dem Nil zogen sich bereits dunkle Wolken zusammen. Da Ägypten britisches Protektorat war, waren die Ägypter von den Engländern gezwungen worden, Soldaten, Versorgungsgüter und vier Millionen Pfund in bar für den Kampf gegen die Türken zur Verfügung zu stellen. Nach dem Krieg und der anglo-französischen Deklaration über die Befreiung der Araber forderten auch die Ägypter das Recht auf Selbstbestimmung und griffen zu den Waffen, als London nichts davon hören wollte. Zunächst richtete sich der Volkszorn gegen das Eigentum britischer Untertanen, dann aber auch gegen die Häuser ägyptischer Bürger, die mit den Engländern sympathisierten. Schließlich zerstörten die Rebellen nicht nur Häuser und Geschäfte, sondern griffen auch britische Soldaten in der Eisenbahn an, warfen sie aus dem Zug, erschlugen sie und ließen die Leichen einfach neben den Schienen liegen. Da die britische Armee in der Übermacht war, konnte sie den Aufstand zwar niederschlagen, aber es deutete sich ein Vorgeschmack dessen an, was die Zukunft noch bringen würde. Gertrudes Ansichten wurden durch General Gilbert Clayton, den Innenminister, der sie über den glühenden Nationalismus und den Widerstand der Ägypter ins Bild setzte, stark beeinflußt.

Sie saß im Garten der britischen Botschaft, einem prächtigen neoklassizistischen Bau am Ufer des Nils, rauchte eine Zigarette nach der anderen, während Clayton mit ihr redete. Trotz der Maßnahmen der britischen Regierung in London glaube er, daß die Ägypter im wesentlichen im Recht seien. Zwar müsse man aus Gründen der Sicherheit einige Positionen weiterhin mit Briten besetzen, könne jedoch andere sofort an die Araber übergeben. Wenn das nicht geschehe, seien katastrophale Folgen nicht auszuschließen: »Wir müssen die Kontrolle über den Suezkanal, den Nil, die Armee und die Polizei behalten«, erklärte er. Was die Verwaltung betreffe, so »kann man sie den ägyptischen Ministern ohne britische Berater überlassen, man sollte nur dem Hochkommissar für jede Abteilung einen Berater zur Verfügung stellen. Die Ägypter werden zweifellos Fehler machen und in den einzelnen Abteilungen ein ziemliches Durcheinander anrichten«, aber sie hätten ein

Recht auf eine faire Behandlung. Wenn die Briten sich weigerten, solche mutigen Schritte zu unternehmen, würden sie letzten Endes mit einem »orientalischen Irland« konfrontiert.

Gertrude fragte ihn nach seiner Meinung über den Irak. Er riet ihr, sogleich die richtigen Schritte zu unternehmen. »Bleiben Sie von Anfang an konsequent bei einer Linie«, schlug er ihr vor. »Schauen Sie sich das Durcheinander hier an, so etwas müssen Sie auf jeden Fall vermeiden.« Gertrude protestierte. Erstens waren die irakischen Araber untereinander heillos zerstritten, und zweitens hatten sie kaum Erfahrung, was Regierungsangelegenheiten betraf. Wie sollten sie da ein Land, das sich sozusagen noch im Embryonalzustand befand, regieren? Ägypten war schon zu Anfang des neunzehnten Jahrhunderts ein moderner Staat geworden. Mesopotamien besaß dagegen keine solide Infrastruktur, auf der man aufbauen könnte. Tatsächlich versuchten die Briten, drei getrennte osmanische *Vilayets* – Basra, Bagdad und Mosul – und völlig verschiedene Bevölkerungsgruppen – Sunniten, Schiiten, Juden, Christen und Kurden – zu vereinen. Clayton blieb jedoch dabei, daß er selbst unter diesen Umständen unabhängige arabische Ministerien einrichten und von Beratern des britischen Hochkommissars unterstützen lassen würde. Die jeweiligen Minister könnten einen Rat bilden und dessen arabischen Präsidenten nach einer gewissen Zeit zum Staatsoberhaupt ernennen. Gertrude hörte ihm aufmerksam zu. Der Gedanke an eine Selbstbestimmung der Araber, der ihr durch Lawrence und Feisal in den Kopf gesetzt worden war, begann unter Claytons Einfluß Formen anzunehmen.

Clayton riet ihr, sich mit verschiedenen irakischen Nationalisten zu treffen. Einer von ihnen war Saijid Talib Pascha, ein ehemaliger Politiker, der aus einer einflußreichen Familie aus Basra stammte. Er hatte sich schon vor dem Krieg der Sache des arabischen Nationalismus verschrieben und war offenbar inzwischen Sprecher dieser Bewegung geworden. Der aalglatte, intelligente Saijid hatte bereits eine große Anhängerschaft gewonnen. Aber seine Methoden waren suspekt: Für die einen verkörperte er eine Art Robin Hood,

die anderen verachteten ihn als Erpresser und Mörder. Er verteilte unter den Armen großzügig das Geld, das er anderen abgenommen hatte. Es hieß sogar, er habe in seinem Haus ein Verlies, in das er seine Feinde einsperre.[1] Gertrude war außerordentlich mißtrauisch, befolgte aber Claytons Rat und besuchte ihn. Talib war charmant, weltmännisch und ehrgeizig. Er erklärte ihr, daß er wieder in seine Heimatstadt Basra zurückkehren wolle, um dort sein Land zu bestellen. »Wenn ich mich richtig erinnere«, bemerkte sie später trocken, »besitzt er gar kein Land.« Sie glaubte eher, daß der »durchtriebene« Bursche es darauf abgesehen habe, Emir des Iraks zu werden.

Auf Claytons Liste standen des weiteren Jasin Pascha, der zwar ein Extremist, aber überaus intelligent war, sowie Dschafar Pascha al-Askari und sein Schwager Nuri Pascha Said, zwei einflußreiche Iraker, die zusammen mit Feisal gegen die Türken gekämpft und jetzt mit ihm in Syrien die Macht innehatten. Sie machte sich eine Notiz, daß sie in Damaskus mit den beiden reden wollte.

Ein weiterer Punkt auf ihrer Tagesordnung war das Arab Bureau in Kairo. Während des Krieges hatte der britische Geheimdienst seine Informationen großzügig den Franzosen und Italienern zur Verfügung gestellt und dadurch seine eigene Position so geschwächt, daß die gesamte Organisation jetzt einer Erneuerung bedurfte. Gertrude war der Auftrag erteilt worden, den Informationsaustausch zwischen den britischen Außenstellen in Ägypten und im Irak zu koordinieren. Ihr Kommentar: »So etwas liegt mir.«

Von Ägypten fuhr sie nach Palästina. Sie sprach mit zahlreichen Arabern und lernte dabei »eine beeindruckende moslemische Frau« kennen, die sich weigerte, einen Schleier zu tragen. Sie hieß Nasirah Haddad, war fünfundzwanzig, attraktiv, einmal verwitwet, hatte danach einen Anwalt geheiratet und arbeitete in der Armenfürsorge. Der Schleier behindere sie bei der Arbeit, sagte sie, und sie hoffe, daß die nächste Generation ihn nicht mehr tragen müsse. »Sie ist die einzige Frau in Jerusalem, die so fortschrittlich denkt«, stellte Gertrude fest.[2] Ein Problem jedoch, das alle be-

schäftigte, stellte der Zionismus dar. Die Araber waren durch die Balfour-Deklaration, in der den Juden das Recht auf eine Heimat zugestanden worden war, in große Sorgen versetzt worden, denn sie mußten damit rechnen, vertrieben zu werden. Aber die osteuropäischen Juden, die vor den Pogromen in Polen und Rußland geflohen waren, brauchten dringend eine ständige Bleibe. Stundenlang diskutierte Gertrude mit Ronald Storrs, der inzwischen Gouverneur von Jerusalem geworden war, über dieses Problem. Um die neu angekommenen Juden daran zu hindern, sich in Palästina niederzulassen, hätten die Araber eine antizionistische Bewegung ins Leben gerufen, berichtete Storrs. Sie wurde in Jerusalem von einem moslemischen und in Jaffa von einem christlichen Vorsitzenden geleitet und stand in permanentem Kontakt mit dem britischen Verwaltungschef. Da diese Vereinigung jedoch die Briten für die Entstehung des Zionismus verantwortlich machte und der Antizionismus ihre einzige Existenzberechtigung war, richteten sich ihre gewalttätigen Anschläge schließlich gegen Juden und Briten.

Gertrude lernte unter anderen auch Kamil al-Husseini, den Mufti von Jerusalem, kennen. Der Religionsführer und Politiker war von den Briten eingesetzt worden und ein strikter Gegner der Franzosen. Wie so viele Palästinenser vertrat er die Idee des arabischen Nationalismus, betrachtete sich als Syrer und hatte sich mit Feisal verbündet, der mittlerweile in Damaskus herrschte.

Die Parteien Palästinas waren hoffnungslos zerstritten. Gertrude schilderte ihrer Familie die Situation: »Es gibt in Jerusalem praktisch nur noch ein Problem: den Zionismus. Alle Moslems sind gegen ihn und wütend auf uns, weil wir die Zionisten unterstützen. Alle Juden sind dafür und genauso wütend auf uns, weil wir sie nicht genügend unterstützen. Wir haben uns inzwischen dazu durchgerungen, die beiden Parteien zu trennen, und fragen uns jetzt, was wohl das Beste wäre. So wie die Leute, die hier die Verantwortung tragen, sympathisiere auch ich mit beiden Seiten. Ich glaube, wenn beide Parteien sich verantwortungsvoll verhalten würden, bräuchte keiner etwas zu befürchten. Aber sie werden

nicht vernünftig sein, und soweit ich das beurteilen kann, legen wir hier den Keim für eine Zwietracht, die das ganze Jahrhundert überschatten wird.«[3]

Am Abend des 7. Oktober 1919 traf Gertrude in Damaskus ein und mußte zu ihrem Ärger feststellen, daß das Konsulat nicht über ihre Ankunft unterrichtet worden war: »Schlechtes Personal«, notierte sie in ihrem Tagebuch. Sie bezog ein Zimmer im Damaskus Palace, in demselben Hotel, das ihr fünf Jahre zuvor bis zu ihrer Abreise nach Hail als Hauptquartier gedient hatte. Gleich am nächsten Tag sah sie sich in der Stadt um. In nur drei Jahren war Syrien von der türkischen zur arabischen Verwaltung übergegangen, und Damaskus hatte sich seitdem ziemlich verändert. Das Dach des in der Nähe der großen Omaijaden-Moschee gelegenen Basars war entfernt worden, so daß die Sonne in die Geschäfte scheinen konnte. Dschafar Pascha, der arabische Gouverneur unter Feisal, hatte weitere Verbesserungen durchführen und neue Straßen, welche die engen Passagen ersetzten, bauen lassen. Insgesamt konnte sie sich jedoch des Eindrucks nicht erwehren, daß die Menschen inzwischen weniger freundlich und die Straßen schmutziger waren als vorher. Trotzdem konnte niemand behaupten, daß die Araber nicht fähig wären, sich selbst zu regieren.

Der Krieg hatte zwar viele Menschen arm gemacht, doch als Gertrude ihren alten Freund Scheich Muhammad Bassam besuchte, mußte sie lächeln angesichts der Erkenntnis, daß er trotz ihrer eigenen Bemühungen, den Schmuggel von Mesopotamien nach Syrien zu unterbinden, in der Zwischenzeit immens reich geworden war. Der Mann, der ihr 1914 bei ihren Vorbereitungen für die Reise nach Arabien eine große Hilfe gewesen war, hatte während des Krieges erfolgreich alle möglichen Versorgungsgüter geschmuggelt und zu enorm überhöhten Preisen verkauft.

Die arabische Regierung war zwar schon seit einem Jahr im Amt, aber da die Franzosen sich immer noch weigerten, Feisal als den legitimen unabhängigen Herrscher Syriens anzuerkennen, hielt er sich zum damaligen Zeitpunkt in London auf und warb dort um

Unterstützung seitens der britischen Regierung. Er hatte seine engsten Mitarbeiter als Verwaltungsbeamte eingesetzt und seinem jüngeren Bruder Zaid vorübergehend die Amtsgeschäfte übertragen. Als Gertrude ihn besuchte und sein Haus betrat, wimmelte es dort von arabischen Offizieren in Khakiuniformen und schwarzen Eunuchen, abessinischen Sklaven, die aus Mekka importiert worden waren und dem Herrscher dienten. Der neunzehnjährige Zaid schien »ein netter Junge« zu sein und war »sehr freundlich«, und als sie sich über den Irak unterhielten, erklärte er ihr, daß »alle die Rückkehr von Sir Percy Cox nach Mesopotamien sehr begrüßen würden.«

Feisals Regierung setzte sich aus einer Gruppe selbständiger, vorwiegend mesopotamischer Nationalisten zusammen, die früher in der türkischen Armee gedient hatten und dann die Seite gewechselt hatten. Sie bildeten die mächtige Clique in Damaskus, die sie vor allem kennenlernen wollte. Jasin Pascha al-Hashimi, Dschafar Pascha al-Askari und Nuri Said würden eines Tages den Kern der arabischen Regierung im Irak bilden, vermutete sie und sollte damit recht behalten. Jasin, ein kleiner, untersetzter Mann in den Dreißigern, stand an der Spitze der *Al Ahd al Iraqi*, einer extrem nationalistischen Gruppe, deren erklärtes Ziel die Unabhängigkeit Mesopotamiens war. Diese Vereinigung wollte das Land von jeglichen fremden Einflüssen befreien und es unter die Kontrolle der Familie des Scherif stellen. Außerdem strebten sie ein Bündnis zwischen dem Irak und Syrien an. Gertrude war hocherfreut, als Jasin ihr bestätigte, daß die Iraker zumindest für die Dauer einiger Jahre nicht ohne britische Berater auskommen würden. Er glaube, daß Sir Percy Cox zum Hochkommissar am Hofe eines arabischen Königs bestellt werden könne, sei jedoch davon überzeugt, daß Feisals Bruder Abdullah, den man als König des Iraks vorgeschlagen habe, noch beliebter sein werde als Cox.

In Feisals Haus lernte sie auch Dschafar Pascha kennen. Der dicke, gemütlich wirkende Mann war eine Persönlichkeit von umsichtiger Autorität und ein außergewöhnlich guter Soldat, der sowohl von den Briten als auch von den Türken ausgezeichnet

worden war. Er war Kurde, kam aus Mosul und beherrschte sieben Sprachen: Englisch, Französisch, Deutsch, Arabisch, Türkisch, Kurdisch und Persisch. Als er Gertrude diesbezüglich auf die Probe stellte, kam sie mit den ersten fünf Sprachen ganz gut zurecht, aber Kurdisch hatte sie nie gelernt und ihr Persisch zum größten Teil vergessen. Da er ihre Begeisterung für die Araber kannte, bat er sie, ihm dabei zu helfen, wieder in den Irak zurückzukehren. Sie versprach ihm, es zu versuchen. »Er ist ein ehrlicher Mann, der uns nützen könnte«, bemerkte sie richtig. »Man hält ihn hier für den bei weitem fähigsten Administrator in der arabischen Regierung.«

Nuri Said war in der arabischen Armee Feisals Stabschef gewesen und bekleidete jetzt bei Hof ein ähnliches Amt. Er war als Sohn eines Anwalts in Bagdad geboren, zurückhaltender und introvertierter als Dschafar, aber genauso westlich erzogen. Die beiden bildeten ein gutes Gespann. Sie hatten sich auf der Militärakademie kennengelernt und waren Freunde geworden. Nachdem sie eine Vereinbarung getroffen hatten, der zufolge jeder die Schwester des anderen heiratete, wurde die Freundschaft noch enger. Während Dschafar eher über ein durchschnittliches politisches Talent verfügte, war Nuri ein sehr geschickter Stratege. Gertrude schrieb: »Wahrscheinlich ist er der beste Mann, ein Mann von beträchtlicher Intelligenz« und bewies damit Weitblick. Nuri verhielt sich den Briten gegenüber stets loyal und amtierte in vierzehn verschiedenen arabischen Regierungen des Iraks als Ministerpräsident.

In einem Brief an ihre Eltern schilderte Gertrude die Stimmungslage in der Stadt. Wo auch immer sie hinkam, spürte sie den Wunsch nach Selbstbestimmung, der »Geist von 1919« hatte alle erfaßt. »Wenn die Franzosen das nicht begreifen, wird es Aufruhr, Massaker und Gott weiß was sonst noch alles geben.«[4]

Am 12. Oktober reiste sie nach Aleppo, wo sie den treuen Armenier Fattuh, ihren alten *aide-de-camp*, wiedersah, der dort mit seiner Frau in einem winzigen gemieteten Haus wohnte. Er litt immer noch unter den Folgen des Krieges. »Nur weil er mein Diener gewesen war, haben die Türken ihm übel mitgespielt«, schrieb sie in ihr Tagebuch. Er hatte Gewicht verloren, sein früher so rundes

Gesicht war schmal und er sehr alt geworden. Für seine Tätigkeit in Diensten einer der führenden Agentinnen des britischen Geheimdienstes hatte er teuer bezahlen müssen. Trotzdem freute er sich sehr, sie wiederzusehen, und nach einer herzlichen Umarmung erzählte er ihr, was sich alles ereignet hatte: Zweimal war er von der türkischen Armee eingezogen worden, konnte sich aber jedesmal wieder freikaufen. Später hatten die Türken ihn ins Gefängnis gesteckt und ihm alles weggenommen, was ihm gehörte: seine beiden Häuser, seinen Garten, seine Pferde, ja sogar seine Karren. Er verdiente nun seinen Lebensunterhalt, indem er Holz transportierte.

Er besaß allerdings immer noch Teile ihrer Campingausrüstung, mit der sie durch die Wüste gezogen waren. Er holte die alten Tassen und Teller hervor und richtete ihr ein Picknick für die Autofahrt nach Bagdad. Diese Dinge erinnerten sie an die glücklichen Tage: »O Fattuh«, seufzte sie, »als wir vor dem Krieg gereist sind, waren unsere Herzen so leicht. Heute sind sie so schwer, daß nicht einmal ein Kamel uns noch tragen könnte.«

Er lächelte gutmütig und sagte: »Mylady, nein, ein Kamel könnte Sie nicht tragen.«

»Mein armer Fattuh«, sagte sie traurig, gab ihm etwas Geld und versprach ihm, sie würde ihm dabei helfen, von den moslemischen Behörden einen Garten zu mieten. Sie umarmten sich noch einmal, und dann fuhr sie nach Bagdad, ohne zu wissen, daß A. T. Wilson in ihrer Abwesenheit kraft seiner Autorität die dortige Zweigstelle des Arab Bureau geschlossen hatte. In einem Brief an einen Kollegen in London hatte er geschrieben: »Ich bin gespannt, was Miß Bell tut, wenn sie hierher kommt. Man wird sich um sie kümmern müssen.«

23.

Eine neue Denkweise

Als ihr Auto sich der Mauer näherte, die ihr Haus umgab, überkam Gertrude ein Glücksgefühl. Seit der Pariser Friedenskonferenz waren acht Monate vergangen. Sie lief sofort in den Garten, wo sie eine wahre Flut von Zinnien, Ringelblumen und Chrysanthemen erwartete. Ihr Haus war durch den Anbau neuer Zimmer erweitert worden. Die Bediensteten kamen aus dem Haus gelaufen, um sie willkommen zu heißen, und freuten sich, daß sie wieder da war. Die Nachricht von der Rückkehr der *Chatun* verbreitete sich wie ein Lauffeuer, und innerhalb weniger Stunden strömten zahllose Menschen in ihr Haus, um sie zu begrüßen. Sie war froh, wieder zu Hause zu sein. Sie genoß den vertrauten Anblick des Tigris und der Dattelpalmenhaine, das Geräusch der vierrädrigen Kutschen, die über die Straßen Bagdads rumpelten, und den Geruch des frischgebackenen Brots und der Zuckerrüben.

Sosehr sie sich darauf freute, ihre Freunde wiederzusehen, so wollte sie jedoch vor allem ihren Bericht über Syrien schreiben.

In ihrem Büro seien so viele Menschen, die mit ihr reden wollten, daß sie dort zu nichts käme, klagte sie. Sie war bereits beim Nakib gewesen und hatte ihn über alles informiert, was sie in Paris, London und auf ihrer Reise durch den Mittleren Osten erfahren hatte, und sie hatte der Familie Abdul Rahman Dschamils, eines ihrer arabischen Freunde, einen Kondolenzbesuch abgestattet. Obwohl er schon einen Monat zuvor gestorben war, herrschte unter den Frauen der Familie noch tiefste Trauer. Seine Frau und seine Schwester trugen Schwarz, sie hatten sich die Haare abschneiden lassen und waren immer noch in Tränen aufgelöst. »Es tut mir na-

türlich leid, daß er tot ist«, schrieb sie an Florence und fügte ziemlich bissig hinzu: »Aber ich bin andererseits froh, daß er nicht noch einmal sterben kann, damit mir solcher Kondolenzbesuch erspart bleibt. Es war furchtbar.« Niemand, so meinte sie, »kann einen Monat lang unentwegt weinen, es sei denn, er tut es absichtlich.«[1] Offenbar war es ihr in Vergessenheit geraten, wie lange sie selbst um Doughty-Wylie getrauert hatte.

Die fünfhundertfünfzig britischen Ehefrauen, Kinder und Verwandten, denen man nach dem Krieg die Erlaubnis erteilt hatte, nach Bagdad zu kommen, hatten das Leben der britischen Beamten drastisch verändert. »Die Bräute kommen in hellen Scharen angereist, um hier zu heiraten«, schrieb sie. Zwei Hochzeiten fanden allein kurz nach ihrer Rückkehr statt. Die zahlreichen Empfänge und Teepartys, die von britischen, moslemischen oder jüdischen Frauen gegeben wurden, boten ihr eine willkommene Gelegenheit, ihre neue Garderobe zur Schau zu stellen. In Bagdad wurde zu jener Zeit eine öffentliche Bibliothek eingerichtet, das Krankenhaus bekam eine gynäkologische Abteilung, und auch die moslemischen Mädchen durften jetzt ihre eigene Schule besuchen. Die jungen britischen Ehefrauen entwickelten sich sehr bald zu einem Regiment von Klageweibern: Sie beschwerten sich über die Hitze, über den Staub, über den Dreck auf der Straße, über das schreckliche Essen und die fürchterlichen Araber. »Diese Frauen, die nichts zu tun hatten« gingen ihr auf die Nerven. Sie verlangten von ihr, daß sie ihren Einladungen Folge leistete, nahmen jedoch an keiner der arabischen Zeremonien teil, zu denen Gertrude sie einlud. »Mir ist es gleich, was sie von mir halten, aber ich werde mich nicht mehr um sie kümmern«, schrieb sie wütend an Florence.

Bei den arabischen Männern fühlte sie sich mehr zu Hause als bei den englischen Frauen. Als ihr Kollege Sir Edgar Bonham Carter Anfang November in seinem Haus eine Willkommensparty gab, zählte Gertrude zu jenen fünf britischen Offiziellen, die eingeladen worden waren. Sie trug an jenem Abend ein hochgeschlossenes Kleid mit langen Ärmeln und einen Hut mit Fransen. Bei ihrer

Ankunft saßen etwa fünfzig arabische Männer in ihrer typischen Art im Kreis auf ihren Stühlen. Als sie Gertrude sahen, erhoben sie sich, und sie ging durch das ganze Zimmer auf sie zu, schüttelte allen die Hand, redete jeden einzelnen mit seinem Namen an und hatte für jeden ein persönliches Wort. »Wie geht es der Frau Gemahlin? Ist Ihr ältester Sohn wieder gesund? Wie steht das Korn? Was halten Sie von der politischen Lage?«

Abgesehen davon, daß sie sich in Gesellschaft arabischer Männer wohl fühlte (und sie die sich daraus ergebenden Kontakte bei ihrer Arbeit gut gebrauchen konnte), tat der besondere Status, den sie genoß, ihrer versnobten Seele gut. Gegen Ende November war sie bei einem hochgebildeten Moslem eingeladen, der zwar nicht unbedingt Sympathien für die Briten empfand, sie jedoch immer wie eine gute Freundin behandelt hatte. »Im Grunde will er nichts mit Europäern zu tun haben«, schrieb sie nach Hause, »aber mir zuliebe hatte er einen kleinen, ausgesuchten Kreis eingeladen. Ich muß zugeben, daß es für mich ein persönlicher Triumph ist, in einem solchen Haus zu sitzen und das Gefühl zu haben, dazuzugehören.«

Ihr eigenes Haus war inzwischen sehr gemütlich eingerichtet: Im Basar hatte sie sich einen hübschen schwarzen Schrank und eine Kommode gekauft. Marie, ihre Zofe, die gerade mit dem Schiff eingetroffen war, nähte die Vorhänge und kümmerte sich um Gestaltung der Räume. Ihr neuer Koch bereitete das Gemüse aus dem eigenen Garten zu. Sie hoffte nur, daß die neuen Möbel und das Geschirr, das sie bei Maples in England bestellt hatte, bald eintreffen würden, damit sie auch größere Gesellschaften geben konnte. Als ihr Personal vollständig war, lud sie Freunde wie Frank Balfour, den neuen Gouverneur von Bagdad, Bonham Carter, den Justizminister, und General MacMunn, den Stabschef, ein. Wer auch immer bei ihr zu Gast war, stets beherrschte Gertrudes tiefe, vom vielen Rauchen rauhe Stimme die Konversation. Dann blitzten ihre Augen, und ihre Begeisterung steckte die Männer an. Im Gespräch wechselte sie vom Französischen zum Englischen, vom Englischen zum Arabischen, von der Politik zum Klatsch. Sie redete

darüber, wie Whitehall sich die Verwaltung der Araber vorstellte, über die neuesten Modetänze, sie wußte, mit wie vielen Knoten pro Zoll ein erstklassiger Perserteppich geknüpft sein sollte, wie man sich beim Abendessen im Zelt eines Scheichs zu benehmen hatte; sie erzählte von den Ausgrabungen in Babylon, von dem Pferd, das General MacMunn ihr geschenkt hatte, und den beiden Salukis – großen Hunden mit einem seidigen Fell –, die ihr gerade von Fahad Bei geschickt worden waren. »Ganz gleich, über welches Thema auch gesprochen wurde, Gertrude war immer interessiert und unterhaltsam«[2], berichtete Sir George MacMunn fasziniert.

Absoluter Vorrang jedoch hatte ihr Bericht. Alles, was für das Foreign Office von Interesse sein konnte, hatte sie auf ihrer Reise noch einmal Revue passieren lassen und in allen Einzelheiten vom Zionismus bis zum Nationalismus durchgearbeitet. Sie betonte die Bedeutung einer arabischen Selbstverwaltung, die sich von Aleppo bis nach Damaskus erstreckte, und den Stellenwert der nationalistischen Gruppierungen. Nachdem sie drei Wochen lang jeden Tag bis spätabends im Büro gearbeitet hatte, war sie fertig. Zum Schluß hatte sie eine ausführliche Analyse der Situation in Syrien angefügt und den Bericht am 15. November 1919 mit »GLB« unterschrieben.

In ihrer Meinung hatte sie sich seit Beginn ihrer Reise um nahezu hundertachtzig Grad gedreht. Zunächst war sie davon überzeugt gewesen, daß die Araber niemals in der Lage sein würden, ihr Schicksal selbst zu bestimmen, jetzt sollten sie ihrer Ansicht zufolge in Syrien die Regierung übernehmen. Früher war sie stets davon ausgegangen, daß es keine einheitliche arabische Nation gebe, inzwischen hatte sie in Palästina und Syrien den Fanatismus der arabischen Nationalisten erlebt. Ursprünglich hatte sie darauf bestanden, daß Großbritannien die absolute Kontrolle behalten müsse, jetzt vertrat sie den Standpunkt, daß man einen erheblichen Teil der Macht abgeben müsse. General Clayton hatte ihr in Kairo die Augen geöffnet: Durch einen Kompromiß könnte Großbritannien nur an Bedeutung gewinnen. Je intensiver die Briten die Araber

in ihrem Streben nach Selbstbestimmung unterstützten – so wie es Gertrude in ihrem Bericht forderte –, desto länger würden sie ihren wirtschaftlichen und politischen Einfluß geltend machen können. Der Bericht stellte einen entscheidenden Wendepunkt in ihrem Denken dar.

Es machte wenig Sinn, darüber zu spekulieren, wer die Schuld an der gegenwärtigen Situation in Syrien trug – die Briten, die eine arabische Regierung eingesetzt hatten, oder die Franzosen, welche sich die Kontrolle nicht aus der Hand nehmen lassen wollten. Sie schrieb: »Es wäre bedeutend besser, wenn man sich einmal vor Augen führen würde, welche Auswirkungen der seit zwölf Monaten bestehende, unabhängige arabische Staat [Syrien] auf Mesopotamien gehabt hat und haben wird – selbst wenn er in Zukunft nicht mehr existieren sollte. Richtig ist, daß die arabische Administration [in Syrien] viel zu wünschen übrigläßt. Und ebenso richtig ist, daß sie durch unsere Subventionszahlungen an den Scherif künstlich am Leben gehalten wird. Trotzdem bietet sie nach außen hin das Bild einer nationalen Regierung. Die Geschäfte sind geöffnet, die Straßenbahnen verkehren, die Straßenbeleuchtung funktioniert, die Menschen kaufen und verkaufen, kurz, das Leben geht weiter.« Wenn Feisals Regierung in Syrien scheitern sollte, würden die Araber die Briten dafür verantwortlich machen, weil sie sie zuwenig unterstützt hätten, und die Franzosen wegen ihrer aggressiven Haltung beschuldigen. »Wenn sie zusammenbricht, ... wird man das Scheitern nicht auf innere Mängel, sondern auf die Gleichgültigkeit der Briten und den Ehrgeiz der Franzosen zurückführen.«

Zu der anglo-französischen Deklaration vom November 1918, die das Autonomie-Versprechen an die Araber beinhaltete, bemerkte sie: »Wir haben erklärt, daß wir beabsichtigen, die Gründung eigener Regierungen und Verwaltungen in Syrien und Mesopotamien zu unterstützen. Ich glaube, daß uns die Ereignisse des letzten Jahres in Mesopotamien keine andere Wahl lassen.« Gleichwohl mußte sie zugeben, daß die Entscheidung nicht leicht war. »Das Problem wird aufgrund der örtlichen Verhältnisse, des

großen potentiellen Reichtums des Landes, des Stammescharakters der Landbevölkerung und des Mangels an Unterlagen bei der Einstellung von Verwaltungsbeamten hier schwieriger zu lösen sein als anderswo.« Aber sie könne sich andererseits keine andere Reaktion vorstellen. »Meiner Meinung nach muß man möglichen Einwänden mit der Überlegung begegnen, daß jede andere Aktion Probleme schaffen würde, deren Lösung, wie wir sehr schnell merken würden, noch schwerer fiele.«

Dann kam ihre zwingende Schlußfolgerung: »Ein arabischer Staat in Mesopotamien ... ließe sich innerhalb weniger Jahre realisieren ... Die Anerkennung oder Schaffung eines in diesem Sinne logischen Regierungsprogramms, welches das System ersetzen könnte, an dem wir uns zur Zeit in Mesopotamien orientieren, wäre praktischer und populärer.«[3]

Als Wilson ihren Bericht las, kochte er vor Wut, und der größte Teil ihrer Kollegen in Bagdad war auch nicht gerade begeistert. Über lange Zeit hatte Großbritannien in Mesopotamien erhebliche Summen investiert. Es ging um einen Markt, der fast die Hälfte seines Bedarfs aus dem Vereinigten Königreich importierte – einschließlich Kohle und Eisen, Textilien und Industriegütern – und etwa dreißig Prozent dorthin exportierte, und zwar Datteln, Feigen, Oliven, Öl und Getreide. Außerdem waren die englische Marine und die im Aufbau befindliche Luftwaffe dringend auf das Öl angewiesen. Im Gegensatz zu den Vereinigten Staaten, die bereits 376 Millionen Barrel pro Jahr förderten, verfügte Großbritannien noch über keine eigenen Ölressourcen. Um in dieser Beziehung autonom bleiben zu können, hätten die Briten selbst Ölfelder erschließen müssen.

Im selben Monat, in dem Gertrude ihre Forderung nach einer autonomen Regierung für Mesopotamien erhob, gab der Generalstab in Bagdad ein Memorandum heraus, das noch einmal die große Bedeutung Mesopotamiens für das britische Empire betonte: »Die Zukunft der Welt basiert auf dem Öl«, hieß es in der Erklärung. »Es gibt bewiesenermaßen auf der Welt keine reicheren Ölfelder

als die unter britischer Kontrolle befindlichen Quellen im Süden Persiens. Obwohl die Felder in der Provinz Mosul und am Ufer des mittleren Euphrats bisher noch nicht genau erforscht worden sind, wird man dort höchstwahrscheinlich erhebliche Mengen an Öl fördern können ... Und wenn innerhalb der nächsten zehn Jahre die geplante Eisenbahn und eine Pipeline fertiggestellt sind, wird die Vormachtstellung der britischen Marine im Mittelmeer doppelt gesichert sein. Gleichzeitig wären wir nicht mehr so abhängig vom Suezkanal, der ohnehin ein Schwachpunkt unseres Verbindungswegs nach Osten ist.«

A. T. Wilson wußte nur zu gut, welcher Stellenwert dem Öl zukam. Er würde in keinem Fall das Risiko eingehen, Mesopotamien zu verlieren. Gertrudes Bericht auf seinem Schreibtisch vor Augen, spuckte er Gift und Galle. In höflicher Form schrieb er an Whitehall: »Ich erlaube mir, einen interessanten und wertvollen Bericht mit dem Titel ›Syrien 1919‹ von Miß G. L. Bell beizulegen.« Und dann fügte er einige seiner eigenen Beobachtungen hinzu:

»Der Bericht – und ich möchte hinzufügen, auch die Briefe, die ich in letzter Zeit aus London erhalten habe – geht von der Grundvoraussetzung aus, daß es möglich ist, in Mesopotamien und auch anderswo in nur wenigen Jahren einen arabischen Staat zu gründen und daß die Anerkennung und Schaffung einer solchen Regierung in diesem Sinne ... praktikabel und populär wären. Man geht mit anderen Worten davon aus, daß die anglo-französische Deklaration vom 18. November 1918 ein praktikables politisches Programm darstellt, das man in der nahen Zukunft verfolgen sollte. Meine eigenen Beobachtungen in diesem Land und anderswo haben mich jedoch zwangsläufig zu dem Schluß gebracht, daß diese Annahme falsch ist.«

Ein Streit war unvermeidbar, die Brücke, die sie zwischen sich errichtet hatten, drohte einzustürzen.

24.

Wüstenstürme

Gertrude wurde nun von der Mehrheit ihrer britischen Kollegen, die ihren Bericht über Syrien entschieden ablehnten, geschnitten. Ihr einziger Trost waren die vielen Araber, die sie in ihrem Büro aufsuchten und um Rat baten. Sie nannten sie *Umm al-Muminin*, Mutter der Gläubigen. »Die letzte Person, die diesen Namen trug, war Aisha, die Frau des Propheten«, schrieb sie stolz an Hugh. Im Dezember 1919 machten ihr auch alle möglichen kleineren Probleme das Leben schwer. Sie benötigte Dinge für ihr Haus: Betttücher, Decken, Kissenbezüge, Handtücher und eine Damastdecke für ihren Eßzimmertisch. Hinzu kam, daß sich die Lebenshaltungskosten nach dem Krieg drastisch erhöht hatten. Fleisch war sehr teuer geworden, Eier nicht so sehr, aber da sie als Zivilistin keine Armeerationen mehr bekam, mußte sie sich jetzt mit den hohen Lebensmittelpreisen abfinden. Ihrem Koch zahlte sie ein Jahresgehalt von hundertacht Pfund, ihrem Butler vierundachtzig Pfund – und bei ihm war eine Gehaltserhöhung fällig. Sie bekam sogar von Harrods eine Rechnung über vier Pfund, die sie aber »irgendwie« schon bezahlt habe, wie sie beteuerte.

Außerdem empfand sie große Trauer, weil ihr Vermieter Musa Chalabi, der einer der vornehmsten Familien Bagdads angehörte, gestorben war. Er und der Nakib waren die ersten Freunde gewesen, die sie in Bagdad gefunden hatte: »Er war mir nicht nur immer sehr zugetan«, erklärte sie ihrem Vater, »sondern hatte sich auch im Hinblick auf seine politische Meinung mir gegenüber immer sehr offen geäußert, was mir sehr geholfen hat. Er hatte keine Angst, nahm kein Blatt vor den Mund und kannte keine Ressenti-

ments. Wenn ich einmal einen guten Rat oder bestimmte Informationen brauchte, konnte ich jederzeit zu ihm kommen. Ich trauere um ihn – ohne ihn ist Bagdad nicht mehr dieselbe Stadt.«

Sein weiser politischer Rat hätte ihr angesichts der großen Probleme, die sich im Norden abzeichneten, viel Kummer ersparen können. Aber er lebte nicht mehr, und die Stämme an den Ufern des Euphrats bereiteten den Engländern Sorgen. Man befürchtete sogar, daß es zu einem größeren Aufstand kommen könnte. Arabische Streitkräfte hatten Deir es-Sor eingenommen, eine sechshundertfünfzig Kilometer nördlich von Bagdad am Euphrat gelegene Stadt in einem Gebiet, wo die Grenze zu Syrien noch nicht genau markiert worden war. Die dortigen Stämme hatten sich von der nationalistischen Bewegung in Syrien anstecken lassen. Es ging um die Frage, wer die Region verwalten sollte: ein britischer Politoffizier aus Mesopotamien oder ein Vertreter der arabischen Regierung in Syrien. Aufgrund von Gerüchten, denen zufolge sich eine arabische Streitmacht in Marsch gesetzt habe, um das fragliche Territorium zu erobern, machte sich der britische Politoffizier aus Deir sofort auf den Weg dorthin, um sich vor Ort über die Situation zu informieren. Da er jedoch nichts Verdächtiges feststellen konnte, kehrte er wieder zu seinem Stützpunkt zurück. Dabei geriet er in einen Hinterhalt, wurde beschossen und konnte sich nur mit Mühe nach Deir retten.

Er war zwar immer noch nicht mißtrauisch geworden, alarmierte aber vorsorglich Bagdad und verhaftete den Bürgermeister von Deir (dem er unterstellte, mit den Agitatoren gemeinsame Sache gemacht zu haben). Früh am nächsten Morgen rückten arabische Krieger aus Richtung Süden an, verbündeten sich mit den Bewohnern der Stadt und verwüsteten ganz Deir. Sie überfielen das Krankenhaus, die Kirche, die Moscheen und das Büro des Politoffiziers. Sie brachen seinen Safe auf und stahlen den Inhalt. Sie ließen das Petroleumlager in die Luft gehen, verwundeten neunzig Menschen, befreiten alle Gefängnisinsassen und griffen auch die britische Kaserne an. Als der Politoffizier versuchte, in der Stadt für Ruhe und Ordnung zu sorgen, fielen die Scheichs wü-

tend über ihn her und hätten ihn beinahe umgebracht. Im gleichen Augenblick überflogen jedoch zwei britische Flugzeuge die Stadt und beschossen sie mit Maschinengewehren. »Von einer Sekunde auf die andere änderten die Scheichs ihr Verhalten«, berichtete Gertrude. Minuten nachdem die Flugzeuge verschwunden waren, vereinbarten sie mit den Briten einen Waffenstillstand, der allerdings nicht lange halten sollte.

Am selben Nachmittag traf Ramadhan al-Shallash, ein aus Mesopotamien stammender Führer der nationalistischen *Al Ahd al Iraqi*, aus Damaskus ein. Er sicherte den britischen Offizieren zunächst freies Geleit zu, änderte dann jedoch plötzlich seine Meinung und nahm sie als Geiseln. Er ernannte sich selbst zum Anführer, ließ die Scheichs aus dem Euphrat-Gebiet zu sich kommen, entlohnte sie großzügig und überredete sie, sich gegen die Briten zu erheben – mehr noch: den Krieg bis nach Indien auszuweiten. Glücklicherweise bewahrten einige der Scheichs, darunter Fahad Bei, der oberste Chef der Anaseh, ihre Loyalität gegenüber den Briten.

Zwei Wochen lang war die Situation in Deir äußerst gespannt. Und in Bagdad war die Stimmung kaum besser. Die Kluft zwischen Gertrude und Wilson vertiefte sich zusehends. Er ignorierte sie in der Offiziersmesse und zog bei den Kollegen über sie her. In einem Brief an einen Freund hatte er geschrieben: »Miß Bell bereitet mir Schwierigkeiten. Sie ist in politischen Dingen ziemlich fanatisch.« Etwa zur gleichen Zeit, am 20. Dezember, berichtete Gertrude nach Hause: »Eine ziemlich anstrengende Woche, denn A. T. ist völlig überarbeitet – bei ihm ein chronischer Zustand. Er sollte eigentlich gar nicht arbeiten, wenn er sich so fühlt, denn er wird dann immer sehr schnell wütend und macht uns allen das Leben schwer.«

Vorübergehend schien sich die Lage zu entspannen. Feisals Regierung in Syrien legte scharfen Protest gegen die Eroberung Deirs durch die Rebellen ein, was zur Folge hatte, daß die britischen Offiziere am 25. Dezember freigelassen wurden. Am selben Abend gab Wilson eine Weihnachtsparty für alle politischen Offiziere und ihre

Ehefrauen. Obwohl Gertrude genau wußte, daß sie in ihrem dünnen Abendkleid vor Kälte zittern würde, zog sie es an und machte sich auf den Weg. Als sie ihre Kollegen sah, entrüstete sie sich: »Es sieht so aus, als hätten die meisten von ihnen zwei Frauen. Ich wünschte, ich könnte mir ihre Namen und Gesichter merken.« Als die Musik anfing zu spielen und die Gäste aufstanden, um zu tanzen, wünschte sie eine gute Nacht und ging nach Hause. »Ich tanze nicht mehr«, erklärte sie.

Am nächsten Morgen setzte sie sich in einen Sonderzug und fuhr nach Babylon, um dort Silvester zu feiern. Sie war eine Woche unterwegs, fuhr mit einem Motorboot den Euphrat hinunter nach Shamiyah, wo die Scheichs vor Wut kochten, weil die Briten ihnen so hohe Steuern auferlegt hatten. Dann fuhr sie weiter nach Nedschef, der heiligen Stadt, wo sie die Ohren spitzte, um zu erfahren, ob man dort an einen *Dschihad* dachte. Sie wollte wissen, wie weit die Stammesunruhen im Norden um sich gegriffen hatten und wie groß die Gefahr eines heiligen Krieges war.

Die Reise hatte ihr eine neue Perspektive vermittelt. Sie hatte sich mit den Scheichs und anderen wichtigen Persönlichkeiten getroffen, um sich eine persönliche Meinung bilden zu können. Zurück in Bagdad, schrieb sie ihrem Vater: »Ich habe Edwin Montagu [Minister für Indien] einen seitenlangen Brief geschrieben und ihm erklärt, wie eine Regierung aussehen müßte, die von uns eingesetzt wird. Ich habe ihm sogar den ersten Entwurf einer Verfassung geschickt ... Ich habe mir die größte Mühe gegeben herauszufinden, was getan werden sollte, und es ihm mitgeteilt. Der Rest liegt, wie wir sagen *alla Allah*, bei Gott. Ich habe mitunter das Gefühl, daß das einzige, an dem mir noch etwas liegt, ist, daß dieses Land auf den richtigen Weg gebracht wird ...«

Gertrudes private Korrespondenz mit Montagu und anderen Persönlichkeiten versetzte Wilson in Wut. Sie empfahl Whitehall nicht nur, eine arabische Regierung zu etablieren, was in krassem Widerspruch zu seiner Auffassung stand, sondern wandte sich mit ihren Briefen auch an die höchsten Stellen und unter-

minierte auf diese Weise seine Autorität. Das Schlimmste daran war – wenngleich er das natürlich nicht aussprach –, daß sie zudem eine Frau war. Und zwar eine, die sich in alles einmischte und die Männer kleinmachte. Der starrköpfige Wilson, offiziell ihr Vorgesetzter, war außer sich, daß sie die Chuzpe besaß, sich so gegen ihn zu stellen. In einem Brief an Cox forderte er ihre Entlassung.

Die Post von zu Hause brachte traurige Nachrichten. Frank Lascelles, ihr Lieblingsonkel, bei dem sie in Bukarest und Persien zu Gast gewesen war und der sie mit Domnul Chirol, Lord Hardinge, Henry Cadogan und so vielen anderen bekannt gemacht hatte, war gestorben. »Ich bin so betrübt«, schrieb sie im Januar 1920 an Florence. »Wenn ich daran denke, wieviel ich ihm zu verdanken habe, wie viele wunderbare Erinnerungen und wieviel Mitgefühl, tut mir das Herz weh, weil ich ihm nicht genug zurückgegeben habe.«

Auch die Situation rund um Mesopotamien erfüllte sie mit Trauer. Im Norden liebäugelten die Türken, enttäuscht darüber, daß die Unterzeichnung eines Friedensvertrags mit Großbritannien und Frankreich noch auf sich warten ließ, mit der bolschewistischen Propaganda. Und die Kurden waren bereit, sich mit jedem zu verbünden, der die christlichen Häretiker vernichten wollte. Die arabische Regierung in Syrien, der ohne finanzielle Unterstützung das Aus drohte, war zornig und nicht willens, die Hilfe der Franzosen anzunehmen, während Ägypten, dessen Unabhängigkeitsbestrebungen bei den Londoner Politikern seit Kriegsende auf strikte Ablehnung stießen, in zwei Teile gespalten und dabei war, sich, wie sie schrieb, »wegen unserer eigenen Dummheit zu einem zweiten Irland« zu entwickeln. Außerdem stand Mesopotamien zur Disposition:

»Und dieses Land, welchen Weg wird es mit all diesen Unruhe schaffenden Kräften gehen?« fragte sie. »Ich bete, daß die Leute zu Hause richtig beraten sind und ihnen klar ist, daß die einzige Chance hier die ist, von Anfang an politische Ambitionen anzuerkennen und nicht zu versuchen, die Araber in unsere Form zu pressen, und in einem Jahr in eine Zwangslage zu geraten – wer

weiß? Vielleicht schneller, die Welt bewegt sich so rasch – mit dem Ergebnis, daß das Chaos im Norden und Osten auch Mesopotamien überwältigt. Ich wünschte, ich hätte mehr Einfluß. Diese Woche habe ich an Edwin geschrieben, und ich werde auch an Sir A. Hirtzel schreiben. Ich bin zwar nur eine Minderheit von einer einzigen Person, was jedoch das politische Schicksal Mesopotamiens anbetrifft, bin ich meiner Sache so sicher, daß ich mich für meine Überzeugung ans Kreuz schlagen lassen würde. Sie müssen es einsehen. Sie müssen das zu Hause wissen. Sie können nicht so blind sein, daß sie die riesige Schrift an der Wand nicht lesen können, während gleichzeitig die Welt vor ihren Augen untergeht.«

Aber sosehr sie auch befürwortete, daß man im Irak eine arabische Regierung einsetzen müsse, so strikt waren Wilson und seine Offiziere dagegen. Da man sie in der Offiziersmesse mied und bissige Bemerkungen über ihr Haus machte und es spöttisch Keuschheitsrevier nannte, zog sie sich eben dorthin zurück. Sie stand am Fenster, streichelte ihre Hunde, blickte in den Garten und sah zu, wie die Maulbeerbäume ihre Blätter verloren.

Die Unruhen im Norden dauerten an. Weder Feisals Regierung noch die Briten wollten die Stämme um Deir durch neue Grenzlinien voneinander trennen. Aber der abtrünnige Ramadhan al-Shallash, der die Macht an sich gerissen und die britischen Offiziere in Deir als Geiseln genommen hatte, leistete Feisal Widerstand und taktierte dabei mit einer rigorosen Vorgehensweise. Er forderte von den Briten, ihre Besatzungstruppen achtzig Kilometer hinter die existierende Linie in Anah zurückzuziehen, und kündigte an, mit seinen Truppen weiter nach Norden vorzurücken und Mosul anzugreifen. Darüber hinaus trieb er im britischen Mandatsgebiet Steuern ein, schrieb Drohbriefe an die politischen Offiziere, verspottete die Scheichs, die unter britischer Kontrolle standen und hetzte seine Männer auf, den Kaufleuten aus Bagdad, die ihre Waren durch die Wüste nach Syrien transportierten, aufzulauern und sie auszurauben. Die Briten drohten mit Vergeltungsmaßnahmen und beschossen die Aufrührer mit Maschinengewehren.

Die Spannungen eskalierten nach Februar 1920, als Ramadhan al-Shallash von Maulud al-Khalaf, einem noch hochrangigeren Mitglied der nationalistischen Vereinigung *Al Ahd al Iraqi*, abgelöst wurde. Schließlich wurde die Situation völlig undurchsichtig. Es ließ sich kaum noch erkennen, ob die Regierung Feisals in Damaskus dem Druck der Nationalisten nachgegeben hatte und gegen die Briten im Irak zu Felde ziehen wollte, oder ob all diese Schwierigkeiten von den gegen Feisal gerichteten nationalistischen Extremisten verursacht wurden.

Es trug auch nicht gerade zur Klärung bei, daß Gertrude von den offiziellen Stellen in Kairo trotz ihrer Bitten keine aktuellen Informationen über Ägypten oder Syrien erhielt. »Wir bekommen keine Nachrichten aus Ägypten«, klagte sie Domnul in London, »obwohl man dort mit Sicherheit mehr über Syrien weiß als hier. Wir wissen beispielsweise nicht, ob Feisal zurück ist oder ob er sich mit den Franzosen arrangiert hat.« Doch arabische Stammesangehörige, die sie schon seit Jahren kannte, kamen nach und nach wieder von Aleppo nach Bagdad. Da sie ihnen früher manchen Gefallen getan hatte, revanchierten sie sich mit Informationen über Syrien und die Türkei.

»Ich habe einen vollständigen eigenen Geheimdienst mit den Agail von Bagdad«, schrieb sie Domnul Anfang Februar, »und ich glaube nicht, daß viele interessante Leute hier aufkreuzen können, ohne daß ich das erfahre.« Zur Situation in Mesopotamien erklärte sie ihm: »Wenn wir eine Regierung einsetzen und es auf eine wirklich liberale Art und Weise tun und nicht ängstlich sind, werden wir das Land auf unserer Seite haben.« Entscheidend war dabei, daß man die ländliche Bevölkerung und die Nomadenstämme vor den Bagdadis schützte, die sich um das Schicksal dieser Menschen keinen Deut scherten. Arabische Offizielle, so erläuterte sie, würden fast ausnahmslos Städter sein – aus Bagdad oder syrischen Städten –, denn sie seien die einzige gebildete Klasse. »Und die Stämme (mehrheitlich Schiiten) mögen die Städter überhaupt nicht.«

Das Verhältnis zwischen den Stadtbewohnern, die zum größten

Teil der sunnitischen Religionsgemeinschaft angehörten, und den überwiegend aus Schiiten bestehenden Nomadenstämmen war von Feindseligkeit und Mißtrauen geprägt. Mit der Zeit ließ sich das gleiche bezüglich der Beziehung zwischen Gertrude und Wilson sagen. Am 9. Februar 1920 bekam sie einen Brief von Sir Percy Cox aus Persien, der drei Monate unterwegs gewesen war. Sie riß ihn hastig auf und las:

»Liebe *Chatun*, es ist schön zu wissen, daß Sie wieder zurück sind. Ich wünschte, wir könnten uns treffen und uns unterhalten. Wie gut Sie doch über die Aktivitäten der Mächtigen informiert sein müssen! ... Ihr Brief vom 7. August kam erst nach drei Monaten hier an.«

Dann bemerkte sie eine kleine gekritzelte Notiz in Wilsons Handschrift: »Miß Bell – was für eine außergewöhnlich lange Zeit dieser Brief doch unterwegs war.« Wilson las ihre Post!

Und was noch schlimmer war – er hatte sich hinter ihrem Rücken bei Cox über sie beschwert: zum erstenmal im Dezember und dann noch einmal im Januar. Er hatte sich bitter darüber beklagt, daß sie ständig Briefe an ihre einflußreichen Bekannten in der Regierung geschrieben hatte, was für Gertrude dagegen nichts Ungewöhnliches gewesen war. Wilson betrachtete ihre Korrespondenz jedoch mit größtem Argwohn. Er wollte, daß man sie nach Hause schickte. Die Situation hatte sich inzwischen so dramatisch verschlechtert, daß sie in ihrer Verzweiflung Sir Percy diesen Vorschlag selbst machte.

Saijid Talib war einer Einladung Wilsons gefolgt und nach Bagdad gekommen. Als gebürtiger Iraker und Sohn des Nakib von Basra war er ein direkter Nachkomme des Propheten und galt bei zahlreichen Arabern und sogar bei manchen Briten als logischer Kandidat für das Amt des Regierungschefs. Es gab jedoch auch viele, die ihn fürchteten und haßten. Gertrude hatte ihn 1919 in Kairo kennengelernt und war ihm mit ziemlichem Mißtrauen begegnet – vor allem als er sagte, daß er in den Irak zurückzukehren gedenke. Er war der Nationalist, den sie am wenigsten mochte. Trotzdem

mußte sie sein Vertrauen gewinnen: Sie wollte wissen, was er vorhatte, damit er seine Pläne nicht hinter ihrem Rücken verwirklichen konnte. Nur seinetwegen besuchte sie als einzige Frau ein großes arabisches Fest, das man für ihn ausgerichtet hatte, und gab wenig später ebenfalls ein Dinner zu seinen Ehren.

Sie hatte zu diesem Abend Briten und Araber, darunter Sir Edgar Bonham Carter, Major Humphrey Brown, den Bürgermeister von Bagdad und den Sohn des Nakib, eingeladen. Als die Kerzen brannten und man die kostbaren Gläser hob, um Trinksprüche auszubringen, knisterte es in den Gesprächen förmlich vor Brisanz. Der schnurrbärtige Talib war ein weitgereister Mann mit westlichem Schliff, sehr distinguiert und charmant, obwohl man von ihm wußte, daß er jeden, der sich ihm in den Weg stellte, umbringen ließ. Gertrude brachte das Gespräch auf Syrien, die Stämme im Norden, die Probleme in Ägypten (wo er in den letzten fünf Jahren im Exil gelebt hatte) und die aktuelle Situation in Bagdad. Dann wandte sie sich mit einer provozierenden Frage an ihren zur Rechten sitzenden Ehrengast: »Sagen Sie mir einmal, Pascha, wie viele Menschen haben Sie bisher umgebracht?« Höflich antwortete Talib: »Ich bitte Sie, *Chatun*, – nach all den Jahren ist es schwer, die genaue Zahl anzugeben.«

Er war, so schrieb sie, »der klügste und vielleicht der größte Schurke, den man noch nicht aufgehängt hatte, ... vermutlich der bekannteste Mann in Mesopotamien – ein *succes de crime*. Talib ist ungeheuer gerissen, ihm entgeht nichts, und wenn er nach Bagdad gekommen ist, weil er wissen wollte, was sich hier im Land abspielt, dann weiß er es jetzt.« Sie hatte ihn diesmal bedeutend kühler empfangen als bei früheren Gelegenheiten. Später würde sie ihm nur noch die kalte Schulter zeigen.

Im Augenblick war er ihr nur lästig, es warteten dringendere Angelegenheiten auf sie. Heilige Männer der Schiiten in Kerbela und Nedschef im Süden hatten sich mit Kollegen aus Deir und Mosul im Norden zusammengetan, um eine Rebellion gegen die Briten vom Zaun zu brechen. Anfang März 1920 schickten sie ihre Vertreter zu einem arabischen Kongreß in Damaskus.

Der Einfluß der Religionsführer war unverkennbar, sie hatten ihre Anhänger fest im Griff. Die Briten versuchten, Kontakt mit ihnen aufzunehmen, aber schon jeglicher Ansatz einer Kommunikation schien zum Scheitern verurteilt. Die heiligen Männer der Schiiten begegneten ihnen mit großer Feindseligkeit. Annäherungsversuche der politischen Offiziere wurden schroff zurückgewiesen. Selbst Gertrude hatte keine Chance, »weil ihre Lehren es ihnen verbieten, eine unverschleierte Frau anzusehen, und meine Lehren es mir nicht erlauben, mich zu verschleiern. – Ich glaube, ich habe recht, denn es wäre ein stillschweigendes Eingeständnis der Minderwertigkeit, was unseren Umgang von Anfang an beeinträchtigt hätte.« Und es würde ihr auch nichts nützen, mit den Frauen Freundschaften zu schließen: »Wenn es den Frauen erlaubt wäre, mich zu sehen, würden sie sich vor mir genau wie vor einem Mann verschleiern. Du siehst also«, kommentierte sie das verwirrende Problem der Geschlechtszugehörigkeit, »ich bin für das eine Geschlecht zu weiblich und für das andere zu männlich.«

Trotzdem war es von schwerwiegender Bedeutung, Kontakte anzuknüpfen. Wenn es gelänge, die Religionsführer der Schiiten zu überreden, von einem Glaubenskrieg gegen die christlichen Ungläubigen abzusehen, oder wenn sie sich zumindest davon überzeugen ließen, daß es sinnvoll wäre, den Dialog mit den Engländern aufzunehmen, dann könnte man womöglich einer friedlichen Lösung näherkommen. Nachdem sie monatelang versucht hatte, sich beliebt zu machen, wurde sie im März endlich von einer prominenten schiitischen Familie nach Kadhimain eingeladen. Die drittheiligste Stadt des Iraks lag nur zwölf Kilometer von Bagdad entfernt, war jedoch »bitter panislamisch« und genauso fanatisch antibritisch. Gertrude spazierte als einzige Europäerin unter all den schwarz vermummten Frauen in Begleitung eines Schiiten aus Bagdad durch die engen, gewundenen Straßen der Stadt. Sie hielt einen Augenblick vor einem kleinen, geheimnisvollen Torbogen inne, zögerte und betrat dann eine fünfzig Meter lange, stockfinstere Passage, die zum Hof des Hauses von Saijid Hassan, dem heiligen Mann, führte.

Das Haus war mindestens hundert Jahre alt, sein oberes Stockwerk mit Gitterwerk aus Holz verkleidet und alle Zimmer um den Innenhof gruppiert. Es herrschte absolute Stille, kein Geräusch der Außenwelt konnte hier eindringen. Dann erschien der Sohn des heiligen Mannes, eine finster wirkende Gestalt in einer schwarzen Robe, mit einem schwarzen Bart und einem schwarzen Turban. Er hieß sie willkommen. Saijid Hassan selbst, mit seinem langen weißen Bart, der bis auf die Brust reichte, und seinen dunklen Augen eine beeindruckende Gestalt, wartete im Inneren des Hauses.

Gertrude raffte ihren Rock und ließ sich mit unterkreuzten Beinen auf dem Teppich nieder. Nie zuvor hatte ein solch heiliger Mann eine Frau zum Kaffee eingeladen, und Gertrude bemühte sich, einen guten Eindruck zu machen. Dann ergriff der alte Mann, wie es Sitte war, als erster das Wort. Da sie es nicht gewöhnt war, einfach nur still dazusitzen und zuzuhören, beteiligte sie sich aktiv an dem Gespräch und unterhielt sich mit dem heiligen Mann über alles mögliche: über seine Familie, die Sadrs, eine der gebildetsten Sippen in der gesamten schiitischen Welt, über deren Verwandte in Persien, Syrien und Mesopotamien, über Bücher und Büchersammlungen in Kairo, London, Paris und Rom. Er zeigte ihr Bibliothekskataloge aus allen Städten und redete so »temperamentvoll, daß ihm sein Turban ständig in die Stirn rutschte und er ihn immer wieder nach hinten schieben mußte«. So vergingen fast zwei Stunden, bis Gertrude endlich das Thema Syrien ansprach und ihm alles berichtete, was sie darüber wußte. Sie sagte ihm auch, was in dem Telegramm stand, das sie gerade bekommen hatte: Feisal sollte in Damaskus zum König gekrönt werden.

»Über ganz Syrien bis ans Meer?« fragte der heilige Mann.

»Nein«, erwiderte sie, »die Franzosen bleiben in Beirut.«

»Dann hat es keinen Sinn«, sagte er und machte mit den Händen eine wegwischende Bewegung. Daraufhin beleuchteten sie die Angelegenheit aus allen möglichen Blickwinkeln. Von Syrien kamen sie auf den Bolschewismus, ihrer Meinung nach »ein Produkt von Armut und Hunger«, und der *Mudschtehid* stimmte ihr zu. »Aber«, fügte er hinzu, »die ganze Welt ist seit dem Krieg arm

und hungrig.« Gertrude erwiderte, daß die Bolschewisten alles zerstören wollten, was je aufgebaut worden sei, ohne die Kunst des Bauens zu beherrschen. Auch in diesem Punkt war er ihrer Meinung. Damit hatte sich das Gespräch offenbar seinem Ende genähert. Sie schickte sich an zu gehen, aber der heilige Mann hielt sie zurück. »Es ist wohlbekannt, daß Sie die gelehrteste Frau Ihrer Zeit sind«, sagte er, »und wenn dies eines Beweises bedarf, ist er in der Tatsache zu finden, daß Sie die Gesellschaft der Gelehrten suchen. Deshalb sind Sie heute hier.« Sie dankte ihm überschwenglich und verabschiedete sich, »wobei ich mit Einladungen, wiederzukommen, so oft ich es wünschte, überschüttet wurde«. Ihr Besuch hatte sich als sehr erfolgreich erwiesen, denn endlich war es ihr gelungen, einen Kommunikationskanal zu einem der einflußreichsten Schiitenführer zu öffnen.

Nach ihrer Rückkehr nach Bagdad erfuhr sie, daß Feisal tatsächlich vom in Damaskus tagenden Kongreß zum König Syriens ausgerufen worden war. Direkt danach hatten die an dem Treffen teilnehmenden Vertreter Mesopotamiens mit Feisals Einverständnis seinen Bruder Abdullah zum König des Iraks gekrönt. Die Berichte über Abdullahs Charakter wichen jedoch voneinander ab. David Hogarth, der ihm nie persönlich begegnet war, hatte seine widersprüchliche Persönlichkeit ein Jahr zuvor in einem Telegramm mit folgenden Worten beschrieben:

Abdullah sei »träge, genußsüchtig und der skrupelloseste der Brüder und bösartiger als die anderen«. Er sei keine »dominante Persönlichkeit«, und es mangele ihm zudem an einer »großen Willenskraft«, er sei »nicht der geborene Herrscher«. Trotzdem, so Hogarth weiter, sei er »der fähigste« und werde von den »arabischen Intellektuellen als das einzige gebildete Mitglied der Familie betrachtet«. Hogarth war der Meinung, daß Abdullah intelligent genug sei, »die wahren Tatsachen zu erkennen und sich anzupassen«, und er werde »einen ganz passablen Herrscher abgeben«. »Außer ihm«, so der britische Regierungsvertreter, »sehe ich in

Mesopotamien keinen anderen arabischen Kandidaten, der geeignet wäre.«

Die Nachricht über Feisal und Abdullah versetzte Gertrude in Alarmbereitschaft. »Nun, jetzt sind wir an der Reihe«, schrieb sie im März 1920 an Florence. »Ich glaube, daß wir unseren ganzen persönlichen Einfluß geltend machen müssen. Jetzt zählt jede Stunde, in der wir in der Vergangenheit freundlichen Kontakt mit den Arabern hatten, wenn wir dieses Land davor bewahren wollen, ins tiefste Chaos zu stürzen.«

25.

Ein Hauch
von England

Die Nachricht von der Ernennung Abdullahs zum Emir des Iraks verwandelte das übliche Durcheinander in ein absolutes Chaos. Gertrude durchlebte eine hektische Woche, in der sie ständig Berichte schreiben mußte, sich mit den aufgeregten Einheimischen traf und abends Essen für nervöse Gäste arrangierte. Jetzt war sie daheim, blickte auf die Uhr und zuckte vor Schreck zusammen. In aller Eile ließ sie ihre Sachen zusammenpacken und rannte aus dem Haus, um den Zug nach Basra nicht zu verpassen. Ihr Fahrer fuhr so schnell es die schlammigen Straßen nach wochenlangen Regenfällen zuließen. Als sie jedoch den Bahnsteig erreichten, wurde ihr mulmig zumute: Der Zug war im Begriff abzufahren. Sie lief, was ihre Beine hergaben, hangelte sich in letzter Sekunde an einem Waggon hoch, suchte sich ihr Abteil und nahm dort ihren Platz ein. Dann atmete sie tief durch. Nach monatelangem Briefwechsel und aufwendiger Vorbereitung kam ihr Vater endlich einmal nach Mesopotamien, und sie war unterwegs, um ihn abzuholen.

Die Reise von Bagdad nach Basra über die neu eröffnete Strecke dauerte dreißig Stunden – es war eine kurvenreiche Fahrt und der Gleiskörper ziemlich uneben. Doch Gertrude ignorierte das Rütteln des Zuges, wischte den allgegenwärtigen Sand von ihrem hübschen Kleid und kam schließlich, gerade noch rechtzeitig, in Basra an. Aber dort erwartete sie nur ein Telegramm: Hugh Bell war in Karachi aufgehalten worden und würde erst in einigen Tagen eintreffen. Zum Glück hatte sie sich wenigstens Arbeit mitgebracht, die sie in der Zwischenzeit erledigen konnte. Zum anderen war ihr jetzt Gelegenheit geboten, sich von ihrer letzten Erkältung zu er-

holen: »Man sieht wieder einmal, nichts ist so schlecht, als daß es nicht auch etwas Gutes hätte«, schrieb sie an Florence. Außerdem würde ihr die Wartezeit die Möglichkeit geben, mit den einheimischen Scheichs über die Form der zukünftigen Regierung zu reden.

Ihre amerikanischen Freunde Dorothy und John Van Ess hießen sie in ihrem Haus willkommen, wo sie den größten Teil des Tages in deren Arbeitszimmer verbrachte. Sie hatte es sich auf einer Couch nach arabischer Art mit unterkreuzten Beinen bequem gemacht, rauchte eine Zigarette nach der anderen und diskutierte mit John über das künftige Staatswesen Iraks. Er vertrat wie A. T. Wilson die Ansicht, daß die Araber unfähig seien, sich selbst zu regieren. Der amerikanische Missionar, der jahrelang unter den einheimischen Stämmen gelebt hatte, glaubte nicht, daß der Irak reif für die Selbständigkeit sei. Wie Wilson wäre es auch ihm lieber, wenn man einen britischen Hochkommissar einsetzen und ein Kabinett aus arabischen Ministern bilden würde, denen britische Experten beratend zur Seite stünden. Auch Gertrude war der Meinung, daß britische Berater erforderlich seien, gab aber ihrer Überzeugung Ausdruck, daß ein arabisches Staatsoberhaupt zusammen mit arabischen Ministern die Regierungsgeschäfte übernehmen solle. Für sie war das die einzige Lösung.

»Aber Gertrude«, beschwor sie Van Ess und appellierte an ihr Geschichtsbewußtsein: »Du ignorierst viertausend Jahre Geschichte, wenn du versuchst, einfach eine Grenzlinie um den Irak zu ziehen und das Ganze dann eine politische Einheit nennen. Assyrien hat sich immer nach Westen, Osten und Norden, Babylonien zum Süden hin orientiert. Sie waren nie eine unabhängige Einheit. Es braucht Zeit, um sie zu integrieren, und es kann nur allmählich geschehen. Die Menschen hier haben vorläufig noch keinen Begriff von Nationalität.«

Sie diskutierten über die Stämme, über ihre Loyalität und darüber, ob es einen arabischen Führer gebe, den ihre Scheichs akzeptieren würden. Van Ess war für Saijid Talib. Er sei bedeutend beliebter als alle anderen und verfüge als direkter Nachfahre Mohammeds über die besten religiösen Referenzen. Außerdem sei er

ein hart arbeitender Mann und der geborene Führer. Aber Gertrude grauste bei diesem Gedanken. Sie favorisierte Feisal, der immer noch in Syrien war, oder Abdullah, seinen älteren Bruder. »Abdullah ist ein Gentleman, der zum Frühstück gern den *Figaro* liest«, schrieb sie später nach Hause. »Ich zweifle nicht daran, daß wir mit ihm glänzend zurechtkämen.« Der Amerikaner ließ sich jedoch nicht davon abbringen, daß die Nomadenstämme niemals einen Scherif als Herrscher akzeptieren würden, denn sie betrachteten diese Würdenträger als Außenseiter, die mit dem Irak und seinen Menschen nichts zu tun hätten.

»Sie werden sich daran gewöhnen«, meinte Gertrude zuversichtlich.

Während Gertrude und John Van Ess sich mit dem Schicksal des Iraks beschäftigten, stand das Land auch in Whitehall auf der Tagesordnung. Eine starke Fraktion war der Ansicht, daß Mesopotamien Großbritannien ohnehin schon zuviel Geld und Menschen gekostet habe (17 000 britische und 44 000 indische Soldaten waren im Irak stationiert, und zusammen mit den 23 000 Soldaten in Palästina kostete der Unterhalt der Garnisonen die britischen Steuerzahler 35 500 000 Pfund pro Jahr). Gleichwohl konnte niemand abstreiten, daß Mesopotamien wegen seiner Ölvorkommen in Zukunft eine bedeutende Rolle spielen würde. Abgesehen von seiner Verwendung in der Marine und der im Aufbau befindlichen Luftwaffe war das Öl der wichtigste Energieträger der Industrienationen geworden. Die Maschinen in den Fabriken und in der Landwirtschaft wurden mit Öl betrieben, ebenso die Schiffe, Eisenbahnen, Flugzeuge, Automobile, Panzer und Lastwagen. England brauchte das Öl und war aus diesem Grund von einem wohlgesinnten Mesopotamien abhängig.

Im Parlament verteidigte William Ormsby-Gore die britische Position im Irak. Er versprach, aus über fünftausendsechshundert Hektar fruchtbarem Land, das im Krieg verwüstet worden war, eine der größten Kornkammern der Welt zu machen. »Die Entwicklung Mesopotamiens ist sehr wichtig, denn sie würde zu einer

Senkung der Preise und einer Erhöhung der Weltproduktion führen«, argumentierte er.

Earl Asquith war dagegen. Er drängte darauf, Großbritanniens Verpflichtungen auf Basra zu beschränken. Mit seinem Hafen und der Nähe zu Abadan war es das wichtigste der drei ehemaligen *Vilayets*.

Premierminister Lloyd George war jedoch anderer Meinung. Er wollte die Kontrolle über alle drei ehemals osmanischen Regionen behalten:

>»Wir könnten das Land ganz aufgeben. Aber ich kann nicht verstehen, warum wir ausgerechnet auf die wichtigeren und vielversprechenderen Teile verzichten sollten. Mosul ist ein Land der ungeahnten Möglichkeiten. Es besitzt große Ölvorkommen ... Es verfügt über mehr Bodenschätze als jedes andere Land der Welt ... Seine Bevölkerung liegt bei über zwei Millionen ... Was würde geschehen, wenn wir uns zurückzögen? ... Nachdem wir dort soviel investiert haben, um das Land von den türkischen Despoten zu befreien, können wir es jetzt unmöglich der Anarchie und dem Chaos überlassen und nicht die Verantwortung für seine Entwicklung übernehmen. Das wäre töricht und nicht zu vertreten.«

Schließlich wurde eine britische Kommission gebildet, die beim Völkerbund ein Mandat erwirken sollte.

Als Gertrude endlich ihren Vater in Basra begrüßen konnte, war das Echo dieser parlamentarischen Debatte noch nicht verhallt. Hugh Bell traf am 29. März 1920 in Basra ein. Sein Haar und sein Bart waren inzwischen schlohweiß geworden, aber seine blauen Augen funkelten so lebhaft wie die seiner Tochter, und obwohl er bereits die Siebzig überschritten hatte, war er noch sehr rüstig. Gertrude war außer sich vor Freude, ihn wiederzusehen. Sie verbrachten einen Morgen beim Scheich von Zubair, tranken Tee mit vierzig angesehenen Persönlichkeiten, die Gertrude eingeladen hatte. Der

Charme und die würdevolle Art ihres Vaters beeindruckte alle Anwesenden. »Ihn herumzureichen macht mehr Spaß, als man sich vorstellen kann«, sagte sie. »Es kommt mir alles wie ein Traum vor.«

Von Basra aus fuhren sie mit dem Zug nach Nasiriya und dann weiter nach Hilla, wo sie ihm ein landwirtschaftliches Reformprojekt zeigte, anschließend weiter nach Nedschef, in die heilige Stadt. Sie nahm ihn mit nach Kadhimain, wo sie vom Bürgermeister zum Tee eingeladen wurden. Sie fuhr mit ihm durch die Wüste, um ihm die Scheichs vorzustellen, und weit nach Norden bis zu den Ölfeldern von Mosul. Während seines Aufenthalts zeigte sie ihm ihren Irak und dem Irak ihren Vater. Sie war stolz auf ihr Land und noch stolzer auf ihren Vater: Hugh rief ihr ihre noble Herkunft ins Gedächtnis zurück, das stärkte ihr Selbstbewußtsein (was ihr angesichts der feindseligen Atmosphäre guttat). In Bagdad setzte sie sich ihren Strohhut mit den Pfirsichen und Kirschen auf und ging mit ihrem Vater zum Mittagessen, zum Tee, zum Abendessen und stellte ihn allen möglichen Leuten vor: Arabern, Juden und Briten, dem Gutsbesitzer Hadschi Nadschi, dem Nakib, dem heiligen Mann, den jüdischen Brüdern Sasun und Schaul Effendi Eskail, dem Ehepaar Tod (er arbeitete für Lynchs), ihrem Kollegen Mr. Bullard und sogar ihrem Intimfeind A. T. Wilson. Als Wilson Hugh zuflüsterte, daß seine Tochter womöglich einen Heimaturlaub in England nötig habe, zog sie es vor, diese Bemerkung zu überhören.

Einen Monat lang ignorierte sie alle Intrigen und kümmerte sich nur um ihren Vater. Wenn er in seinem maßgeschneiderten Tweedanzug und den polierten Oxfordschuhen im großen Sessel vor dem Kamin saß und die *Times* las, brachte er einen Hauch von England in ihr Haus. Sie war froh, daß er bei ihr wohnte. Während ihr Mädchen Zaiya Tee einschenkte und der persische Koch frisch gebackenen Kuchen servierte, unterhielten sich die beiden stundenlang über alles mögliche: über Wilsons sture Einstellung den Arabern gegenüber und über seine Eifersucht auf ihre Freunde, über das Parlament und die Debatte über Mesopotamien, über die No-

Konferenz von Kairo 1921: Gertrude Bell, hier zwischen Winston Churchill (links) und T. E. Lawrence (rechts), bei einem Ausflug zu den Pyramiden von Gise. Bevor diese Aufnahme entstand, war Churchill wie ein nasser Sack von seinem Kamel geplumpst (Universität Newcastle)

Kairo 1921: Gertrude zusammen mit T. E. Lawrence, den sie im Verlaufe der Konferenz wütend als »kleiner Wicht« bezeichnete (Universität Newcastle)

Unten: Konferenz von Kairo, 1921: Gertrude war die einzige Frau unter vierzig Delegierten, die Churchill zu diesen Verhandlungen beordert hatte. *Erste Reihe Mitte:* Winston Churchill (mit übereinandergeschlagenen Beinen), zu seiner Linken Sir Percy Cox; *zweite Reihe, zweite von links:* Gertrude Bell mit Blumenhut und Pelz, *zweiter von rechts:* Arnold T. Wilson, *vierter von rechts:* T. E. Lawrence; zu Füßen der Gruppe: ein somalisches Löwenbaby, das Geschenk für den Kairoer Zoo (Universität Newcastle)

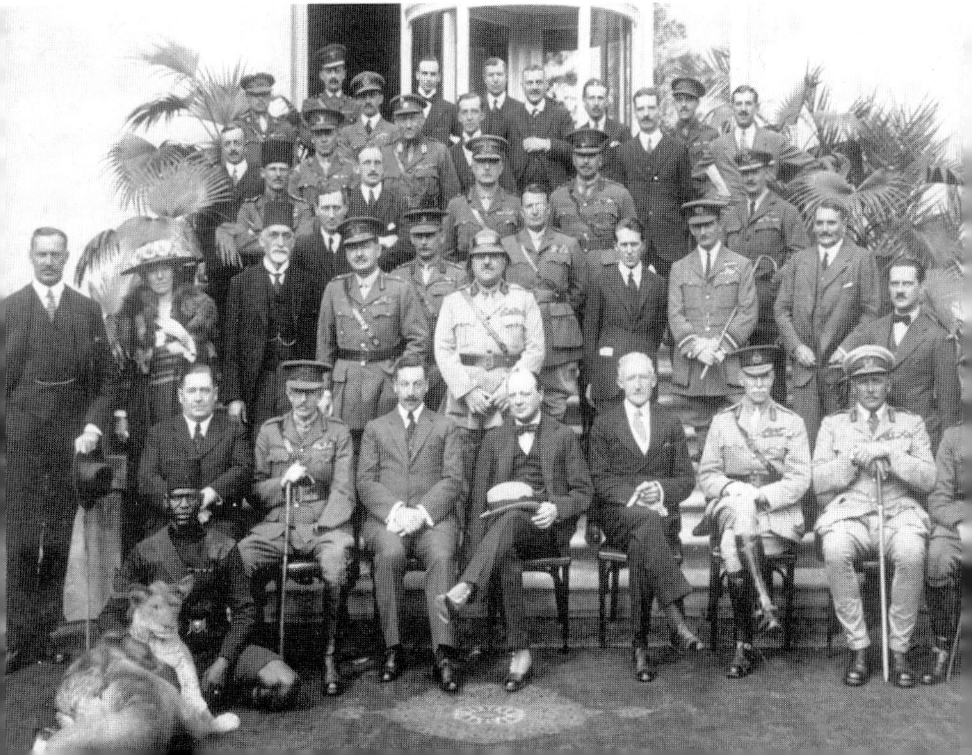

Oben: Scherif Hussein, Nachkomme des Propheten Mohammed, Hüter von Mekka, Vater des Königs Feisal vom Irak

Oben rechts: Der in Damaskus von den Franzosen seines Thrones beraubte Feisal (rechts) zusammen mit seinem Chefberater Nuri Said bei einem Spaziergang in Kairo, 1921

Rechts: Der »Schurke« Saijid Talib von Basra, Rivale Feisals (Kerim, Bagdad)

Links: König Feisal, kurz nach seiner Inthronisation in Bagdad, 1921 (Universität Newcastle)

Unten: Bagdad, 23. August 1921: Die Krönung Feisals. *Von links nach rechts:* Sir Percy Cox (in weißer Uniform), Kinahan Cornwallis (mit Helm), Feisal (vor dem Thron) und General Aylmer (Kerim, Bagdad)

Oben: Abendessen in einem Garten Bagdads, 1921. Lady Cox, die einen Hut mit Moskitonetz trägt, zwischen Gertrude Bell und König Feisal (Kerim, Bagdad)

Unten: 1921: Picknick mit Feisal in der Nähe von Ktesiphon, im siebten Jahrhundert Schauplatz eines arabischen Sieges (Universität Newcastle)

Gertrude, dreiundfünfzig Jahre alt (Universität Newcastle)

Der Nakib von Bagdad, heiliger Führer der Sunniten, 1921. Gertrude war die einzige Frau, die ihn unverschleiert besuchen durfte (Kerim, Bagdad)
Rechts: Gertrude und ihr Vater vor einem Doppeldecker, mit dem sie 1922 von Bagdad nach Transjordanien flog (Universität Newcastle)

Unten: Bagdad, 1923: Gertrude (links) auf der Abschiedsparty für Sir Percy Cox. Während die in ein Moskitonetz gehüllte Lady Cox mit einem Gast plaudert, fungiert ihr Mann als »Blumenhalter« (Universität Newcastle)

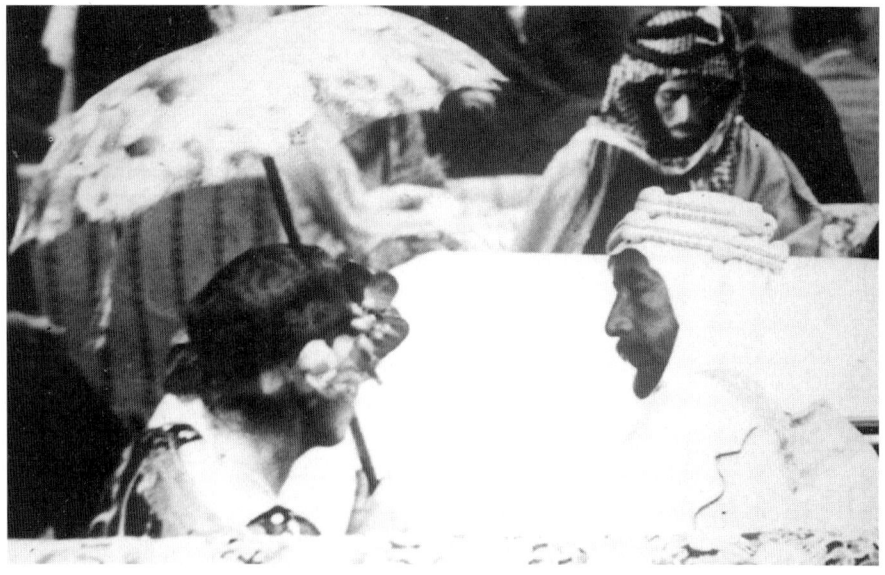

Bagdad, 1923: Gartenparty mit Sofas und auf dem Rasen ausgebreiteten Teppichen; im Vordergrund Gertrude und Feisal (Kerim, Bagdad)

Unten: Detailvergrößerung der obigen Aufnahme: Gertrude, mit Sonnenschirm, »konferiert« mit dem irakischen Herrscher (Kerim, Bagdad)

Ein nachdenklicher und einsamer König Feisal, Bagdad 1923 (Universität Newcastle)

Unten: Bagdad, 1924: Gertrude Bell und einige ihrer Kollegen. *Sitzend, zweiter und dritter von links:* Kinahan »Ken« Cornwallis, Sasun Effendi Eskail (Universität Newcastle)

madenstämme, die Nationalisten und die Möglichkeit eines Mandats. Sie hatte sich schon immer auf das Urteil ihres Vaters verlassen, und auch jetzt wurde ihr Vertrauen wieder bestätigt.

»Er ist zufällig in einer sehr kritischen Zeit angekommen«, schrieb sie an Florence. »Ich glaube, wir befinden uns am Rande einer starken arabischen nationalistischen Demonstration, für die ich eine Menge Verständnis aufbringe.« Eine solche Demonstration wäre für die Briten allerdings eventuell ein Anlaß, sich aus Mesopotamien zurückzuziehen, was zu einer Katastrophe führen könnte. »Worüber ich mir ziemlich sicher bin, ist die Tatsache, daß wir unsere Position in ganz Asien werden überdenken müssen, wenn wir dieses Land hier vor die Hunde gehen lassen. Wenn Mesopotamien verlorengeht, dann geht unweigerlich Persien verloren und dann Indien. Und der Platz, den wir leer lassen, wird von sieben Teufeln eingenommen, die um vieles schlimmer sind als alle, die vor uns da waren.« Sie hatte klar erkannt, daß der Fall Mesopotamiens das Ende Indiens und damit das Ende des gesamten britischen Empire bedeuten würde.

Im Augenblick schien alles noch sicher zu sein. Auf der Konferenz von San Remo vom 25. April 1920 einigten sich die Premierminister Englands und Frankreichs, Lloyd George und Georges Clemenceau, endlich über die Aufteilung der arabischen Länder, die vor dem Krieg zum Osmanischen Reich gehört hatten. Arabien sollte unverändert bleiben, eine unabhängige Halbinsel, jedoch unter britischer Oberaufsicht. Syrien einschließlich Libanon sollte unter französisches, Mesopotamien (und Palästina) unter britisches Mandat gestellt werden, und zwar so lange, »bis beide Länder auf eigenen Füßen stehen können«. Frankreich erklärte sich bereit, das Gebiet um Mosul im Nordirak den Engländern zu überlassen, verlangte allerdings als Ausgleich, daß die beiden europäischen Nationen bei der Erforschung und Förderung der irakischen Ölvorkommen zusammenarbeiteten. Das Hauptinteresse galt diesmal jedoch nicht dem Öl, sondern dem Begriff »Mandat«, der nun in aller Munde war.

Die Neuigkeiten, die Bagdad am 1. Mai 1920 erreichten, wur-

den erst nach einigen Tagen publik. Percy Cox schrieb später: »Die Zungen standen nicht mehr still.« Wilson veröffentlichte ein Kommuniqué, in dem es hieß, das Ziel sei »die Schaffung einer gesunden Politik«, bei der Großbritannien dem Land als »weiser und weitsichtiger Führer« dienen werde. Es wurden und würden Schritte unternommen, um »den Weg zur Schaffung eines unabhängigen arabischen Staates Irak zu ebnen«.

Jeden Morgen und auch spät am Abend fanden Geheimkonferenzen statt. In den Basaren und Kaffeehäusern diskutierten die Araber über die Bedeutung des Wortes »Mandat«. Die Nationalisten waren dagegen, weil sie es mit einer übergeordneten Instanz in Verbindung brachten, die Befehlsgewalt habe. Die heiligen Männer waren dagegen, weil sie dahinter eine organisierte weltliche Regierung vermuteten, die ihre Existenz bedrohe. Für manche war es eine Erleichterung, für viele jedoch ein Bruch des Versprechens, das in der anglo-französischen Deklaration achtzehn Monate zuvor formuliert worden war – die Zusicherung der Selbstbestimmung.

Wilson hatte bei seinen Bemühungen, die Bildung einer arabischen Regierung zu verhindern, eine Niederlage erlitten. Jetzt wandte er sich in seiner Verzweiflung an die Gemäßigten, schickte Telegramme an das Außenministerium und bat um die Erlaubnis, Vorschläge für eine Verfassung zu unterbreiten, obwohl er selbst den Standpunkt vertrat, daß der Zeitpunkt hierfür verfrüht war. London schlug seine Bitte aus. Auch sein Ersuchen, möglichst umgehend durch Percy Cox abgelöst zu werden, stieß auf Ablehnung. Whitehall erklärte ihm, weder Vorschläge für eine Verfassung noch die Bekanntgabe von Cox' Rückkehr seien möglich, solange nicht der Friedensvertrag mit der Türkei unterzeichnet worden sei.

Nachdem der Völkerbund Großbritannien das Mandat für Mesopotamien übertragen hatte und Syrien zum französischen Mandatsgebiet erklärt worden war, gaben die Franzosen den Anspruch auf Mosul auf, so wie es das Sykes-Picot-Abkommen vorsah. Als

Ausgleich beanspruchten sie jedoch einen Teil des in Mosul geförderten Öls. Gemeinsam mit dem als »Mr. Fünf Prozent« auf der ganzen Welt bekannt gewordenen armenischen Unternehmer Calouste Gulbenkian unterzeichneten Briten und Franzosen eine Vereinbarung, die sich auf »die ständige Versorgung mit Ölprodukten für industrielle und kommerzielle Zwecke« bezog. Die Nachfrage nach Öl stieg damals in einem derart rasanten Tempo, daß schon dieses Abkommen die Prognose enthielt, daß »die Versorgung in immer größerem Maße unzureichend sein wird«. England und Frankreich würden gemeinsam eine Entwicklungspolitik verfolgen, die den Bau von Pipelines, vereinfachte Regulierung von Landerwerb für Öldepots, Raffinerien, Ölhäfen und alles, was sonst noch gebraucht wurde, beinhaltete.

Ihr größter Konkurrent waren die Vereinigten Staaten. Sie verfügten zwar damals über fast zwei Drittel der globalen Ölresourcen, gleichwohl befürchtete die amerikanische Regierung, daß diese sehr bald erschöpft sein könnten. Im amerikanischen Kongreß (der sich geweigert hatte, den von Wilson ins Leben gerufenen Völkerbund anzuerkennen oder ein amerikanisches Mandat über einige Gebiete des Osmanischen Reichs zu akzeptieren und statt dessen zugunsten einer Isolation und gegen ein Engagement in dieser Region gestimmt hatte) machte sich angesichts der ehrgeizigen Pläne ihrer Verbündeten Empörung breit. »England nimmt die Ölfelder der Welt in Besitz«, wetterte Henry Cabot Lodge, der ehrwürdige Senator aus Massachusetts.

Die Debatte sollte noch Jahre dauern, ohne jedoch an der Haltung Großbritanniens etwas zu ändern: Das Öl war sowohl für die Wirtschaft des Landes als auch für das Militär absolut lebensnotwendig. Wenn sie die Kontrolle über die Ölfelder des Iraks ausübten, könnten die Briten nachts ruhiger schlafen. Die Sicherheit, welche die Kohle bis dahin geboten hatte, würde durch das Öl ersetzt werden.

Gertrudes Stimmung hatte sich seit dem Besuch ihres Vaters wieder gebessert. »Ich frage mich, wie jemand überhaupt klagen kann,

der so einen Vater hat«, schrieb sie voller Bewunderung. »Bei Dir betrachtet man es als eine Selbstverständlichkeit, daß, ganz gleich wie neu oder komplex die Dinge sind, die Du siehst oder hörst, Du die ganze Sachlage sofort verstehst. Und nur wenn mir das bewußt wird, begreife ich auch, was es bedeutet, eine so rasche Auffassungsgabe zu haben wie Du. In jedem Fall bin ich sicher, daß Du die Gesamtsituation hier genausogut kennst wie wir, und darüber freue ich mich ganz besonders. Meine Arbeit erscheint mir nicht nur bedeutend interessanter, wenn ich weiß, daß Du sie verstehst, sondern es ist für uns alle auch gut, weil Du dann zu Hause ein Wort für uns einlegen kannst.«

Gertrude war froh, daß ihr Vater bereit war, sich für Mesopotamien einzusetzen, aber als noch wichtiger erachtete sie, daß er sie selbst dabei moralisch unterstützte, denn Wilson machte ihr das Leben zur Hölle. Nach einer weiteren Konfrontation in der Botschaft giftete er sie an: »Sie sind die unangenehmste und intoleranteste Person, der ich je begegnet bin!« Ein paar Tage später beklagte sie sich, daß das Mittagessen in der Botschaft immer unerträglicher werde. »A. T. präsidiert am Kopf des Tisches und ist häufig so reizbar wie ein Bär. Man muß ihn dann einfach links liegen lassen und nicht mehr mit ihm reden, was ihm natürlich auch nicht gefällt. Aber was soll man sonst machen?«

Die dem Chef gegenüber loyalen Kollegen stellten sich wie ein Mann gegen sie, und Wilson hatte sie inzwischen vom Tagesgeschäft völlig ausgeschlossen. Zu allem Überfluß hatte sich Frank Balfour, einer der wenigen Freunde, auf die sie sich verlassen konnte, verlobt und wollte heiraten. »Ich freue mich für ihn. Und ich mag sie«, bemerkte Gertrude und fügte spitz hinzu: »Sie würde mir allerdings noch besser gefallen, wenn ich ihr Gesicht unter der vielen Farbe erkennen könnte. Hier kommen übrigens ständig Briefe von Mutter [an Hugh] an, die ich natürlich sofort wieder zurückschicke. Ich hoffe, sie wird bald wieder an mich schreiben, statt an Dich.« Was ihre Arbeit anbetraf, so ließ sie sich nicht beirren, sondern folgte erhobenen Hauptes ihrer Überzeugung.

26.

Der
Zusammenprall

Die angenehmen Sonntagnachmittage oder »P. S. A. s« (Pleasant Sunday Afternoons), wie die britischen Offiziere sie nannten, begannen für Gertrude Bell Mitte Mai 1920. Nach dem Frühstück und dem morgendlichen Ausritt kam sie wieder nach Hause und schmückte ihren Garten. Sie befestigte alte Laternen an den Bäumen, stellte Stühle auf und wartete ungeduldig auf die Ankunft ihrer männlichen Gäste. Außer Balfour, Bonham Carter und ein paar anderen Kollegen aus der Botschaft hatte sie auch dreißig Araber eingeladen, Intellektuelle, die zur politischen Crème de la Crème der Stadt zählten und zum größten Teil Anhänger Feisals oder der Familie des Scherifen waren. Bei kalten Getränken, Obst und Kuchen diskutierte man über aktuelle politische Themen: den Zionismus und die Balfour-Deklaration, über die anglo-französische Erklärung, über Mosul, die türkische Frage und über das Mandat. Entscheidend war, daß alle Gelegenheit hatten, ihre Hoffnungen und Befürchtungen zu artikulieren. Wenn es Probleme gab, zog Gertrude es vor, sie aus erster Hand zu erfahren. »Ein sehr guter Plan«, hatte Balfour ihre Vorgehensweise gelobt. Da sie wußte, daß Wilson möglicherweise gegen solche Treffen war, hatte sie ihn vorher gefragt, ob er einverstanden sei: »Ich möchte bei beiden Parteien einen Fuß in der Tür haben«, hatte er erwidert.

Kein arabischer Gast war ihr willkommener als jener, der eine Woche später eintraf: Am Sonntag, dem 23. Mai, stand plötzlich ihr alter Diener Fattuh vor der Tür. Er hatte für einen Mann aus seiner Heimatstadt Aleppo als Fahrer gearbeitet und sich nach einer halsbrecherischen Fahrt durch die Wüste, bei der er ständig

räuberischen Banden ausweichen mußte, die immer noch dort ihr Unwesen trieben, sofort auf den Weg zu Gertrudes Haus gemacht. Sie umarmte ihn zur Begrüßung, und er erkundigte sich sofort nach ihrem Vater: »Ist seine Exzellenz, Ihr Erzeuger, immer noch hier bei Ihnen?«

»Woher weißt du, daß er hier war?« fragte sie überrascht zurück.

»Ein Beduine in der Wüste hat mir gesagt, daß es der *Chatun* gutginge und daß ihr Vater bei ihr sei.«

»Du siehst«, schrieb sie ihrem Vater, »ganz Arabien weiß Bescheid.« Sie vermißte ihn sehr, und als sie am Bahnhof vorbeikam, mußte sie wieder an ihn denken und erinnerte sich an ihre gemeinsamen Eisenbahnfahrten durch das Land. Sie hatten Tee aus der Thermosflasche getrunken, über den Reichtum an antiken Gegenständen, über den Mangel an Führerpersönlichkeiten in der einheimischen Bevölkerung und über ihre täglichen Probleme mit Wilson gesprochen, der zum K. C. I. E. (Knight Commander of the Indian Empire) ernannt worden war, eine Auszeichnung, welche die ihr verliehene noch etwas übertraf. »Ich bin sehr froh. Er hat es wirklich verdient. Ich bekenne jedoch, mir wäre lieber gewesen, man hätte ihn nicht nur zum Ritter geschlagen, sondern ihn gleichzeitig auch mit den Manieren ausgestattet, die man gewöhnlich mit diesem Stand verbindet!«

Der getreue Fattuh hätte sich keinen besseren Zeitpunkt für seinen Besuch wählen können. Die Temperaturen waren Ende Mai noch erträglich, das heißt, sie lagen unter vierzig Grad. Aber in den Moscheen näherte sich die Temperatur dem Siedepunkt: Achtzehn Monate waren nach dem Erlaß der anglo-französischen Deklaration vergangen, und obwohl man das Mandat bereits verkündet hatte, war immer noch keine arabische Regierung in Sicht. Jetzt begann der Ramadan, der Fastenmonat, während dem die Gläubigen von Sonnenauf- bis Sonnenuntergang nicht essen durften. Die *Mudschtehids*, die höchsten schiitischen Würdenträger, riefen von der Kanzel zum *Dschihad* auf. Früher hatten die Sunniten solche Predigten, in denen vom Heiligen Krieg die Rede war,

gar nicht gern gehört und befürchtet, die Auswirkungen würden letzten Endes zur Gründung eines islamisch-fundamentalistischen Staates führen. Jetzt aber schoben die Sunniten aus den Städten und die Schiiten der Nomadenstämme zum erstenmal ihre gegenseitigen Vorurteile beiseite, um sich gegen den gemeinsamen Feind, die Briten, zu verbünden. »Dahinter steckt der Gedanke, ›raus mit den Ungläubigen‹«, erklärte Gertrude. Als sich wieder einmal solch ein Hitzkopf in wilde Hetztiraden hineinsteigerte, befahl Frank Balfour, der Gouverneur von Bagdad, ihn zu verhaften. Gertrude war zwar der Meinung, daß er damit wahrscheinlich recht hatte, wandte jedoch ein: »Eine solche Entscheidung ist immer eine kritische Angelegenheit.« Und wie schon so oft goß auch diese Festnahme nur Öl ins Feuer.

Am 30. Mai 1920, also am folgenden Abend, versammelten sich Bewohner der Stadt an der großen Moschee in der New Street. Da Balfour befürchtete, es könne zu einem Aufstand kommen, ließ er vorsichtshalber zwei gepanzerte Wagen durch die Straßen patrouillieren. Als ein Araber einen der uniformierten Fahrer mit einem Stein bewarf, zog dieser seinen Revolver. Gertrude lag im Bett und hörte die Schüsse. Am nächsten Morgen berichtete man ihr, der Fahrer habe zwar nur Warnschüsse über die Menge hinweg abgefeuert, jedoch sei ein blinder Moslem überfahren worden. Daraufhin hätten sich die anderen schnell zerstreut. Am selben Tag ließ Balfour die Religionsführer zu sich kommen und verbot ihnen, die Moscheen für politische Ansprachen zu mißbrauchen. Aber diese Maßnahme erfolgte zu spät. Der schwelende Nationalismus, der von den Extremisten in Syrien und durch die Weigerung der britischen Regierung, Vorschläge für eine Verfassung zu machen, aufgeheizt wurde, löste zahlreiche gewalttätige Demonstrationen aus. Ein Generalstreik wurde ausgerufen, und als Gertrude durch den Basar spazierte, mußte sie feststellen, daß alle Läden geschlossen hatten und das Geschäftsleben völlig zum Erliegen gekommen war.

Am 3. Juni 1920 sprach Wilson mit General Sir Aylmer Haldane, dem neuen Kommandeur der Armee (der den nach Indien versetzten MacMunn ablösen sollte) und warnte ihn, daß am unteren

Euphrat »innerhalb der nächsten Wochen« mit Unruhen zu rechnen sei. Wilson fühlte sich durch die jüngsten Ereignisse in seiner Auffassung bestätigt, daß man bei der Formulierung der anglofranzösischen Deklaration schlecht beraten gewesen sei und die Araber nicht in der Lage seien, sich selbst zu regieren.

Wilde Gerüchte waren im Umlauf und wirkten wie der Funke, der das Pulverfaß zur Explosion bringt. Von den Moscheen in Kerbela bis zu den Lehmhütten von Basra wurde das Feuer des Nationalismus geschürt. Berichte, daß die Araber unter der Führung Abdullahs von Syrien aus auf dem Vormarsch seien, verliehen den Nomadenstämmen im Norden neue Zuversicht. Die gleichen Meldungen empörten jedoch die Schiiten im Süden, die nicht daran dachten, sich von einem fremden Monarchen regieren zu lassen. Sie führten daher ihrerseits eine Reihe von Überfällen am anderen Ufer des Euphrats durch.

Fattuh erzählte Gertrude, worüber man sich in den Kaffeehäusern unterhielt, und daß sich viele Einheimische heftig über ihren Kollegen Oberst Leachman beklagten. Er war nach Dulaim geschickt worden, das wegen der dort herrschenden gewalttätigen Atmosphäre einen üblen Ruf genoß, um die lokalen Rädelsführer an die Kandare zu nehmen. Leachman, ein Abenteurer und weitgereister Mann, bediente sich ziemlich brutaler Methoden und hatte sich deshalb den Haß der Stämme zugezogen. Obwohl Wilson sie ziemlich rüde behandelt hatte, gab Gertrude die Information an ihn weiter.

Am 4. Juni griffen die Schammar, der größte und mächtigste der drei nördlichen sunnitischen Nomadenstämme, der in der Wüste zwischen Euphrat und Tigris lebte, den fünfundsechzig Kilometer westlich von Mosul gelegenen Ort Tel Afar an. Scheichs der Schammar, die von Dschamil Maidfai angeführt wurden, verbreiteten die Falschmeldung, daß Abdullah auf dem Weg nach Bagdad sei, um sich dort zum König krönen zu lassen. Dieser Vorwand zur Rebellion diente ihnen dazu, die einheimischen Araber zu drängen, ihre Bündnistreue zu den arabischen Nationalisten zu beweisen, indem sie jeden Briten töteten, der ihnen vor die Gewehrläufe ge-

rate. Sechs Personen wurden ermordet: zwei Angestellte, zwei Fahrer, Captain Stuart, der für die Eintreibung der Steuern zuständig gewesen und während des Krieges mit einem Orden für besondere Tapferkeit ausgezeichnet worden war, und Captain Barlow, stellvertretender politischer Offizier. Wilson reagierte unverzüglich.

Er ließ den Aufruhr mit Maschinengewehrsalven ersticken, die Rebellen ins Gefängnis werfen und ihre Anführer deportieren. Nachdem man die Einwohner aus der Stadt gejagt hatte, wurde jedes einzelne Haus zerstört. Und die Stadt durfte auf britischen Befehl nicht wieder aufgebaut werden. Das war die Art der Bestrafung, die Wilson immer anwandte.

Als Gertrude die Nachricht von dem Massaker erreichte, aß sie gerade mit General Haldane zu Mittag, der – sehr zum Ärger der Beamten der Zivilverwaltung – sein Kommando erst nach seinem Urlaub in Persien, also im Oktober, übernehmen würde. Nachdem Gertrude sich mit ihm über gemeinsame Bekannte in London unterhalten hatte, schickte sie sich an zu gehen. Zum Schluß fragte sie ihn: Wenn man ihm sagen würde, daß die Aufrührer Bagdad eingenommen hätten, wäre er dann bereit, schon vor Oktober zurückzukommen?

Der General zuckte die Achseln: »Ich fühle mich nicht für das verantwortlich, was hier passiert, während ich weg bin«, erwiderte er.

Der Schock über Haldanes Gleichgültigkeit führte zu einem vorübergehenden Bündnis zwischen Gertrude und Wilson. Beide waren über seine Einstellung entsetzt – jeder allerdings aus einem anderen Grund. Während es Wilson vor allem um eine Verstärkung der militärischen Präsenz der Briten ging, wünschte sich Gertrude, daß die Araber möglichst bald eine eigene Regierung bildeten und Abdullah als Emir akzeptierten. Das wäre ein Ausweg aus dem Dilemma, den auch jene Briten akzeptieren könnten, die gegen die Selbstbestimmung waren. Hierzu sollten die irakischen Führer, die Feisal in Damaskus als Berater dienten – einschließlich Dschafar al-Askari und Nuri Said –, so schnell wie möglich in den Irak zurückkehren, um bei der Regierungsbildung mitzuwirken. Sie seien »fä-

hige Männer mit großer Erfahrung«, bemerkte Gertrude. »Wenn wir uns auf einer Ebene treffen, wird es nicht schwer sein, sie dazu zu bringen, vernünftig zu handeln.«

In Bagdad wandte sich eine nationalistische Gruppierung an Wilson, der ein Treffen für den 7. Juni ansetzte. Hierzu lud er außerdem alle prominenten Persönlichkeiten der Stadt – Moslems, Juden und Christen – ein. Erhobenen Hauptes stand er vor ihnen und fixierte sie mit seinen dunklen Augen. Dann drückte er sein Bedauern darüber aus, daß sich die Bildung einer Zivilregierung so lange hinausgezögert habe. Er erklärte ihnen, daß die Briten daran keine Schuld trügen, und redete sich damit heraus, daß Mesopotamien zwar schon Anfang Mai zum Mandatsgebiet erklärt worden sei, daß man es aber bisher versäumt habe, die Bedingungen im einzelnen auszuhandeln. Wenn die Delegierten die Leute weiterhin zum Aufruhr anstifteten, könne dies gefährliche und unkontrollierbare Folgen haben, durch die letzten Endes alle ihre Hoffnungen zerstört würden. Die Delegierten forderten daraufhin ihrerseits die sofortige Bildung eines Komitees, das Vorschläge für eine arabische Regierung ausarbeiten solle, so wie es ihnen 1918 versprochen worden sei. Wilson antwortete, daß vorher die Bedingungen eines Mandats festgelegt werden müßten, erst dann könne man dazu übergehen, eine verfassunggebende Versammlung einzuberufen. Er versprach ihnen, daß sie bei der Gestaltung der zukünftigen Regierungsform zu Rate gezogen würden. Dann ging er.

Fattuh berichtete, er habe in den Kaffeehäusern gehört, daß das Treffen ein Erfolg gewesen sei. »A. T.s Worte haben den Extremisten den Wind aus den Segeln genommen«, schrieb Gertrude erleichtert. Allgemein war man der Meinung, »daß die Stadt sich selbst zum Narren gemacht hatte«. Nachdem Wilson am nächsten Tag mit einem Flugzeug der britischen Luftwaffe nach Hilla und Nedschef gereist war, konnte er feststellen, daß niemand mehr auch nur entfernt an eine Rebellion dachte. Gertrude schrieb: »Jetzt streiten sich unsere Gegner untereinander.« Das Bündnis zwischen den Sunniten und den Schiiten war zerbrochen.

In einer Notiz an General Haldane konstatierte sie, daß »die Agitation ihre Basis verloren« habe. Gespräche in den Kaffeehäusern, die täglichen Besuche ihrer Informanten und »Vier-Augen-Unterredungen« ließen den Schluß zu, daß »der größte Teil der Führer sehr daran interessiert ist, die ganze Angelegenheit ungeschehen zu machen«. Endlich schien wieder Ruhe einzukehren. Da der Ramadan fast vorüber war, hoffte sie, daß auch die Zusammenkünfte der Fanatiker in den Moscheen ein Ende finden würden. General Haldane setzte sich über den Rat, den Wilson ihm früher einmal gegeben hatte, hinweg und hörte statt dessen auf Miß Bell: Er erteilte der Armee den Befehl, auf jegliche weiteren militärischen Aktionen zu verzichten.

Gertrude hegte die Hoffnung, den gemäßigten Arabern den Rücken stärken zu können, indem sie einem einflußreichen arabischen Nationalisten Geheimdokumente über die geplante Form der neuen Regierung zuspielte. Als sie Wilson am nächsten Tag in seinem Büro darüber informierte, bekam er prompt einen Wutanfall. Ihre Eigenmächtigkeit sei unerträglich, fuhr er sie an. Nie wieder werde sie ein Schriftstück in die Hand bekommen. Auch die Entschuldigung für ihre Indiskretion blieb ohne Wirkung. »Sie haben hier mehr Schaden angerichtet als jeder andere«, tobte Wilson. »Ich hätte schon vor Monaten Ihre Kündigung fordern sollen – Sie und Ihr Emir!«

Wilsons Benehmen machte sie wütend. »Ich weiß genau, was dahintersteckt«, schrieb sie ihrem Vater und meinte damit ihren Bericht über Syrien. »Ich war im Recht und er im Unrecht. Ich brauche ja wohl nicht zu sagen, daß ich mir die größte Mühe gegeben habe, ihn nicht darauf hinzuweisen, aber es steht ja alles auf dem Papier ...« Es sei an der Zeit für Wilson zu gehen. Er hatte der offiziellen Politik einer arabischen Selbstbestimmung, wie sie in der anglo-französischen Deklaration 1918 festgelegt worden war, stets seine Unterstützung verweigert. »Er hat sie in Wirklichkeit immer ignoriert, und die Leute wissen genau, daß er nichts davon hält, und trauen ihm deshalb nicht über den Weg.«

Jedoch räumte sie auch ein, »daß es durchaus sein kann, daß ich diejenige bin, die gehen muß. Ich werde allerdings nicht von mir aus kündigen, sondern erst gehen, wenn man es mir befiehlt. Gott sei Dank kommt Sir Percy nächste Woche auf dem Weg nach England hier vorbei. Falls nötig, kann ich mir dann von ihm einen Rat holen.«

Der Ramadan war zwar Mitte Juni 1920 zu Ende, jedoch unter den Stämmen immer noch keine Ruhe eingekehrt. Als Gertrude eines Morgens ausritt und ihren schiitischen Freund Hadschi Nadschi besuchte, fand sie ihn in großer Aufregung vor. Die Extremisten hatten ihm übel mitgespielt und ihm mit weiteren Schwierigkeiten gedroht, falls er sich nicht an ihren Aktionen beteilige. Hadschi Nadschi hatte sich geweigert und vor seinem Haus Wachen postiert, machte sich aber trotzdem Sorgen. Er bat Gertrude, sie möge ihn doch häufiger besuchen, woraufhin sie ihm versprach, »regelmäßig« zu kommen.

In verschiedenen Städten hingen Plakate in den Basaren, auf denen die Bürger zu einem Aufstand gegen die Briten aufgerufen wurden. In der heiligen Stadt Kerbela, wo sich Tausende Pilger zum *Id al-Fitr*, dem Fest am Ende des Ramadan, versammelt hatten, lösten die islamischen Agitatoren eine Massenhysterie aus, während gleichzeitig im Hintergrund eine Gruppe von Scheichs und anderen prominenten Persönlichkeiten eine Revolte plante, welche die Gründung eines islamischen Staates zum Ziel hatte. Auch in Kadhimain hetzte der Sohn des heiligen Mannes, den Gertrude besucht hatte, die Bevölkerung gegen die Briten auf. In der Nähe von Nedschef raubte ein kleiner Stamm, der gewöhnlich über persische Pilger herfiel, jeden Reisenden aus. Im Norden befehdeten sich zwei Clans untereinander, und am Ufer des südlichen Euphrats in der Nähe von Diwanija rebellierten die Stämme, die zuvor aus der Luft bombardiert worden waren, weil sie sich geweigert hatten, ihre Steuern zu zahlen, offen gegen die Briten und hatten bereits die Eisenbahnlinie an drei Stellen zerstört. Wilson reagierte darauf mit weiteren Bombenangriffen auf die Dörfer, ließ Häuser niederbrennen, befahl, die Rebellen mit Maschinengewehren niederzumachen,

und ließ die Rädelsführer deportieren und die Aktivisten einsperren.

Gertrude fand, daß Wilsons Methoden zu brutal waren und nur dazu führten, den Widerstand der Aufständischen noch weiter anzuheizen. Aber damit stand sie auf verlorenem Posten: Weil sie sich den Arabern gegenüber zu entgegenkommend verhielt, wurde sie im Büro von allen geschnitten, Wilson redete nur noch in barschem Ton mit ihr und weigerte sich, mit ihr in der Offiziersmesse zu essen.

Ein paar Wochen später hatten die Unruhen ihren Höhepunkt erreicht und sich bis nach Rumaylah ausgebreitet. Dort hatte Major Daly, der politische Offizier, der für das Gebiet am südlichen Euphrat zuständig war, zwei führende Persönlichkeiten verhaftet und sie mit dem Zug nach Basra geschickt. Daraufhin hatten die am Ufer des Euphrats lebenden Nomaden den Zug überfallen, die Gefangenen befreit und die Gleise zerstört. Als zweihundert Soldaten dorthin in Marsch gesetzt wurden, die ihren Kameraden zu Hilfe kommen sollten, brachten die Araber mindestens einen der Nachschubzüge in ihre Gewalt und erbeuteten dabei die in den Waggons transportierten Waffen. Da es in Mesopotamien nur eine begrenzte Anzahl von Eisenbahnwaggons gab, mußten die Briten sich mit Flugzeugen behelfen, aus denen der Nachschub für die Soldaten aus geringer Höhe abgeworfen wurde. Aber die Araber beschossen die Flugzeuge mit den geraubten Waffen. »Soweit ich das beurteilen kann«, schrieb Gertrude, »hat man die ganze Sache von Anfang an falsch angefaßt. Zum Teil hing das sicher damit zusammen, daß das gesamte Hauptquartier sich zu diesem Zeitpunkt in den persischen Bergen befand und einfach nicht wahrhaben wollte, welches Ausmaß der Aufstand inzwischen angenommen hatte.«

Gertrude machte der Armee Vorwürfe, weil sie sich zuwenig um den Aufstand gekümmert habe, Wilson und seine Leute dagegen schoben ihr die Schuld an dem ganzen Debakel zu. Daß sie einige Zeit zuvor zu General Haldane gesagt hatte, es seien keine weiteren Unruhen mehr zu erwarten, mußte sie bei ihren Kollegen teuer bezahlen. Wilson hatte alle auf sich eingeschworen, deshalb behan-

delten sie Gertrude mit der gleichen Verachtung wie er. Jeder war gegen sie, weil sie mit den Unabhängigkeitsbestrebungen der Araber sympathisierte. In den Augen seiner Mitarbeiter war Wilsons brutale Vorgehensweise genau das richtige Mittel; Gertrude dagegen Wachs in den Händen der Araber. Deren Ringen um Selbstbestimmung war den britischen Kolonialisten ein Dorn im Auge. Nicht von ungefähr hatte die *Times* Wilson einen »von der Sonne ausgetrockneten Bürokraten, der es sich in den Kopf gesetzt hat, aus Mesopotamien ein zweites Indien zu machen«, genannt.[1]

27.

Ein Pyrrhussieg

Ende Juni traf Percy Cox in Bagdad ein, so daß Gertrude wenigstens für einen kurzen Augenblick aufatmen konnte. Für sie war er der Fels in der Brandung, an den sie sich klammern konnte. Unmittelbar nach seiner Ankunft suchte sie ihn in der Offiziersmesse auf, wo er mit seiner Frau frühstückte. Sie hatte das Gefühl, »als ob ein Stein von meinem Herzen gefallen wäre«. Am nächsten Nachmittag kam Cox zu ihr zum Tee. Sie informierte ihn sofort über alles, was geschehen war: über die Hetzpredigten in den Moscheen, die Extremisten unter den Nationalisten, über den Zorn, der sich in den Stämmen aufgestaut hatte, und die Kapriolen General Haldanes (dem Kriegsminister Winston Churchill telegraphisch eine scharfe Rüge erteilt hatte). Sie gab – wie sie ihrem Vater in einem Brief mitteilte – ihm einen ihrer Meinung nach »genauen Überblick über die gesamte arabische Situation«. Schon viel zu lange warte man hier auf eine arabische Regierung und einen arabischen Herrscher. Die ganze Angelegenheit sei »in den letzten acht Monaten« falsch angefaßt worden. Ein Thema klammerte sie dabei allerdings aus. Sie verschwieg Cox die häßliche Szene mit Wilson, die für sie »der reine Wahnsinn« gewesen sei.

Als Cox sich anschließend mit Wilson traf und ihn fragte, wie er denn mit Miß Bell zurechtkäme, beklagte dieser sich heftig darüber, daß sie immer noch private Briefe an Asquith und dergleichen schreibe. Nach Gertrudes Meinung hatte er in dieser Hinsicht eine Art Verfolgungswahn entwickelt. Trotzdem hatten sie und Wilson einen *modus vivendi* gefunden: Wilson schickte ihr die üblichen Papiere, sie aßen gemeinsam in der Kantine, er gab sich die größte

Mühe, höflich zu sein, und Gertrude verhielt sich entsprechend. Um nicht einen neuen Wutanfall zu provozieren, mied sie sein Büro und war zwar höflich, aber immer sehr kurz angebunden, wenn er zu ihr kam: »... und da er ständig etwas von mir braucht, muß er ziemlich häufig zu mir kommen. Innerlich muß ich dann immer lachen, denn auf diese Weise mache ich einen Stich, nicht wahr? Ich glaube sogar, es ist mein Robber.«[1] Sie war tatsächlich als Siegerin aus dem Spiel hervorgegangen, auch wenn sie sich dabei überhaupt nicht wohl fühlte: Cox hatte ihr zu verstehen gegeben, daß er im Herbst als Hochkommissar zurückkommen werde.

Während seines zweitägigen Aufenthalts in Bagdad unterschrieb Cox eine Erklärung, die von Wilson abgefaßt worden war und in der es um die Einberufung der verfassunggebenden Versammlung ging. In der Erklärung hieß es, daß Mesopotamien ein unabhängiger Staat werden solle, dessen Souveränität der Völkerbund garantieren und für den Großbritannien das Mandat übernehmen werde. Sir Percy werde zurückkehren, um eine provisorische arabische Regierung zu bilden.

Cox reiste am nächsten Tag nach England ab und überließ Gertrude seinen Papagei zur Pflege. Die Hälfte ihrer gesamten Berichte, in denen sie sich ausführlich über die britische Zivilverwaltung in Mesopotamien ausgelassen hatte, nahm er mit. Da sich die Regierung in London große Sorgen wegen der Kosten machte, die ein Verbleib der Briten in Mesopotamien mit sich bringen würde, war es besonders wichtig, etwas zu veröffentlichen, aus dem ersichtlich wurde, wieviel Arbeit dort noch zu leisten war. Sie wandte sich an ihren Vater: »Würdest Du bitte so viel Propaganda wie möglich machen«, und hoffte, daß er als Lobbyist das Parlament in ihrem Sinne beeinflussen könne. Und dann bat sie ihn noch: »Und vergiß nicht, mich weiterhin liebzuhaben.«

Seit mehreren Monaten hatte Gertrude Wilson gedrängt, Dschafar Pascha Askari, einen Mann, der zum engsten Beraterkreis Feisals zählte, nach Bagdad kommen zu lassen, um mit ihm über die Situation in Syrien zu diskutieren. Doch Wilson dachte gar nicht

daran. Inzwischen war jedoch sogar ihm klargeworden, daß etwas getan werden mußte, um die Araber zu besänftigen. Nachdem er von Whitehall die offizielle Erlaubnis bekommen hatte, eine verfassunggebende Versammlung einzuberufen, lud er Dschafar Pascha nach Bagdad ein. Aber er war nicht bereit, die Angelegenheit mit Gertrude zu besprechen.

»Ich tappe so ziemlich im dunkeln, denn A. T. sagt mir nie etwas«, schrieb sie nach Hause. »Ich glaube, sein Hauptgedanke dabei ist, daß er mir zeigen will, wo mein Platz ist, obwohl dies niemand so recht zu wissen scheint.« Ihrer Meinung nach wäre es am besten, wenn sie jeder Diskussion aus dem Weg ginge und auf Cox' Rückkehr wartete. In keinem Fall werde sie jedoch zulassen, daß Wilson sich in ihre Arbeit einmischte. Sie schickte ihm eine Aktennotiz, in der sie ihm vorschlug, ein Komitee aus Sunniten und Schiiten aus Bagdad in die heiligen Städte zu schicken, das dort versuchen sollte, die rebellischen Stämme zur Vernunft zu bringen. Aber Wilson ging nicht auf ihren Vorschlag ein, und sie vermutete, daß er gleich im Papierkorb gelandet sei.

Zu der verfassunggebenden Versammlung kam auch Saijid Talib in die Stadt. Er war früher einmal ein Anhänger jener türkischen Gruppe gewesen, die gegen das Sultanat rebelliert hatte, war später jedoch wieder umgeschwenkt, was ihn bei manchen Mesopotamiern in Mißkredit gebracht hatte. Er galt zwar als berüchtigter Taktierer, aber dessenungeachtet als fähiger Politiker, den einige der irakischen Nationalisten, die im syrischen Exil lebten, sogar als ihren Sprecher betrachteten. Als er Gertrude besuchte, erklärte er ihr, daß seine Interessen mit denen der Briten übereinstimmten. Er beabsichtige, eine gemäßigte Partei zu gründen, und brauche dazu die Unterstützung Londons. Gertrude, die bedeutend mißtrauischer war als die Einheimischen, lehnte dies jedoch strikt ab und sagte nicht ganz ehrlich: »Wenn wir erst einmal eine arabische Regierung eingesetzt haben, können wir nicht von ihr verlangen, daß sie eine bestimmte Person zu ihrem Oberhaupt wählt.«

Die Versammlung der nationalistischen Führer in Bagdad trug wenig dazu bei, für Ruhe im Land zu sorgen. Berichten zufolge waren die Stämme am mittleren Euphrat auf einem Raubzug und zerstörten auf ihrem Weg die landwirtschaftlichen Anwesen der Sunniten, die in den Städten lebten. Der Regierungsbeamte in Kufah wurde gefangengehalten, und in der Nähe von Hilla waren vierhundert Briten auf einem Marsch angegriffen worden. Fast die Hälfte von ihnen wurde gefangengenommen. Die Nachricht von diesem Vorfall verbreitete sich wie ein Lauffeuer im ganzen Land, und Gerüchte über die schwachen Briten ermutigten Tausende, sich an dem bewaffneten Aufstand zu beteiligen. Die Rebellion war außer Kontrolle geraten.

Unter Teilen der Bevölkerung Bagdads brach eine Panik aus, denn die Nomaden verwüsteten die riesigen Ländereien der Stadtbewohner. Außerdem drohte die Entstehung eines islamisch-fundamentalistischen Staates. Der seit langem schwelende Haß zwischen den Sunniten und Schiiten war wieder voll entflammt. Unter den Städtern grassierte jetzt eine schreckliche Angst vor dem Aufstand, obwohl sie diesen während des Ramadan im Mai gemeinsam mit den Schiiten angezettelt hatten. Zwei prominente Sunniten aus Bagdad besuchten die *Chatun* in ihrem Büro, um sich Rat zu holen. Sie begrüßte sie, bot ihnen Kaffee an und fragte sie, wie sie ihnen helfen könne.

»Jeder in Bagdad preist Sie. Sie sagen immer: ›*Wenn ihre Männer doch so wären wie ihre Frauen!*‹«, schmeichelten sie ihr, woraufhin ihr sofort klarwurde, daß sie etwas von ihr wollten. Sie waren gekommen, um zu erfahren, wie man die Stämme befrieden könne.

Gertrude empfahl die Bildung eines Komitees aus Sunniten und Schiiten und riet ihnen, mit den Führern in den heiligen Städten Kerbela und Nedschef zu sprechen. Den gleichen Vorschlag hatte sie Wilson zehn Tage zuvor gemacht. Diesmal formulierte sie ihn aber so, daß die prominenten Sunniten glaubten, er sei ihr eigener. Trotz ihrer Vorbehalte gegen die einheimischen Schiiten gingen sie darauf ein.

Als sie dann mit Wilson darüber sprach, wurde er wieder wü-

tend. Er wolle so etwas nicht mehr von ihr hören. Einen solchen Vorschlag könne er nur in Erwägung ziehen, wenn er ihm auf dem ordentlichen Dienstweg vorgelegt werde, also von Captain Clayton (dem Bruder ihres Freundes in Ägypten), der inzwischen zu seinem Stab gehörte. Gertrude gab klein bei, aber da Clayton erst kurz zuvor eingetroffen und noch nicht mit den ortsansässigen Arabern vertraut war, bestand sie darauf, dabeizusein. Wilson konnte nicht umhin, sich ihrer Logik zu beugen. Als die Sitzung schließlich stattfand, mußte Gertrude feststellen, daß beide die ursprüngliche Idee für sich in Anspruch nahmen. Wie schon so oft, schluckte sie ihren Stolz hinunter. »In Wirklichkeit ist es von Anfang bis Ende mein Plan gewesen«, vertraute sie ihrem Vater an.

Nachdem Feisal die Franzosen in Syrien beinahe zwei Jahre lang beschworen hatte, die arabische Regierung anzuerkennen, spitzte sich die Lage zu. Am 14. Juli 1920 stellte General Gouraud, dessen verstärkte französische Armee von Beirut aus auf Damaskus vorgerückt war, Feisal ein Ultimatum, in dem er die Anerkennung des französischen Mandats und die Unterstellung der arabischen Armee, der Wirtschaft und der Eisenbahn unter französischen Oberbefehl forderte. Feisal befahl seinen Truppen, sich aufzulösen, und obwohl einige sich weigerten und verzweifelt weiterkämpften, war das Ende abzusehen.

Am 20. Juli 1920 verließen Emir Feisal und sein Bruder Zaid Damaskus in aller Stille. Ganze einundzwanzig Monate hatte die arabische Regierung überlebt. Gertrude glaubte, daß Feisal, der sich von den Briten im Stich gelassen fühlte und wütend war, weil sie ihr Versprechen dem Scherif gegenüber nicht gehalten hatten, sehr bald versuchen könnte, mit einer neuen Armee zurückzukehren. In jedem Fall würden sich solche negativen Strömungen in der ganzen Wüste verbreiten. Sollten die Franzosen zur Aufgabe Syriens gezwungen werden, müßten die Briten womöglich auch den Irak verlassen. »Wenn die Briten Mesopotamien evakuieren, werde ich friedlich hierbleiben und sehen, was passiert«, schrieb sie ihrem Vater. »Es wird sehr schön sein ... so wie in alten Zeiten.«

Wie in alten Zeiten – für Gertrude, aber nicht für Hugh. Das große Vermögen, das für die Familie Bell immer eine Selbstverständlichkeit gewesen war, begann zu schwinden. Innerhalb von nur zehn Jahren war der Reichtum, den man der Stahlproduktion verdankte, zerronnen. Die Geschäfte der Bells hatten nach dem Krieg unter den Streiks und unter der Wirtschaftskrise schwer gelitten. Gemeinsam mit seinem Partner versuchte Hugh, finanzielle Mittel zu organisieren, um die Firma wieder auf die Beine stellen zu können. Gertrude hatte einen Brief erhalten, worin sie gebeten wurde, eine Bürgschaft für Bankkredite zu übernehmen.

»So werd' ich den Streich mit Euch gemeinsam führen«, antwortete sie ihm frei nach Shakespeare frohen Mutes. »Wenn wir dann beide im Arbeitshaus sind, schreiben wir unsere Memoiren.« Sie wußte, daß sie mit ihrer Unterschrift Schulden in Höhe von 7200 Pfund bestätigte, und sie hoffte, das Geld verdienen zu können, denn für ihre Dorman-Lang-Aktien war die Dividende erhöht worden. In der Zwischenzeit, so kündigte sie an, würde sie einfach sparen. Von ihrem Einkommen allein hätte sie nicht leben können, und die Bewirtung von Gästen war ein notwendiger Teil ihrer Arbeit. Trotzdem schaffte sie es, das zusätzliche Taschengeld, das sie aus England bekam, auf dreißig Pfund monatlich zu kürzen.

Sie war jedoch keinesfalls bereit, Bagdad zu verlassen. Im schlimmsten Fall würden sich die Briten aus Mesopotamien zurückziehen – mit dem Ergebnis, daß die Grundstückspreise fielen und sie sich endlich ein eigenes Haus leisten könnte. So gab es auch für sie den berühmten Silberstreif am Horizont, tröstete sie sich.

Trotz allem hatte sie ein schlechtes Gewissen, weil sie in dieser schweren Zeit nicht bei Hugh sein konnte. »Liebster Vater«, fuhr sie fort, »ich hoffe, meine Briefe machen Dir so viel Freude, wie es mir Freude macht, sie zu schreiben! Wenn sie Dir eher verrückt vorkommen, kann ich als Entschuldigung nur angeben, daß ich in einer vollkommen verrückten Welt lebe. Und dazu macht einen die Hitze ein bißchen schwindlig. Man akzeptiert einfach, was von Tag zu Tag geschieht, ohne sich darüber zu wundern.«[2]

Obwohl es Gertrude ansonsten bestimmt nicht an Selbstbewußtsein mangelte, war sie wie gelähmt, als sie am 6. August 1920 ein Telegramm von Edwin Montagu bekam. Es war nicht, wie sie gehofft hatte, ein Glückwunsch zu ihrem zweiundfünfzigsten Geburtstag, sondern ein offizieller Tadel infolge einer Beschwerde Wilsons. »Privat und persönlich« stand auf dem Umschlag. Montagu schrieb:

»Ich hoffe, Sie werden mich verstehen, wenn ich Ihnen sage, daß wir in einer derart kritischen Situation in Mesopotamien, in der die Zukunft des Landes auf dem Spiel steht, alle an einem Strang ziehen müssen. Wenn Sie möchten, daß wir Ihre persönlichen Ansichten berücksichtigen, würden wir es sehr begrüßen, wenn Sie entweder den Zivilkommissar bitten würden, sie uns zu übermitteln, oder sich Urlaub geben lassen, um nach Hause zu kommen und Ihren Standpunkt persönlich zu erläutern. Sie können versichert sein, daß wir für Ihre Ansichten jederzeit ein offenes Ohr haben, aber politische Offiziere sollten mit ihrer privaten Korrespondenz sehr sorgfältig umgehen, vor allem, wenn sie Leuten schreiben, die zur Zeit nichts mit der Angelegenheit zu tun haben. Abgesehen von allen Fragen, die sich auf die übliche Vorgehensweise und die Konventionen beziehen, können die Schwierigkeiten dadurch eher größer als kleiner werden, und ich weiß, daß Ihnen das sicher sehr unangenehm wäre.«

Sofort formulierte Gertrude eine Antwort:

»Auch ich stimme völlig mit der Strategie überein, die wir seit April verfolgen. Ihnen selbst dürfte hinreichend bekannt sein, welche Position ich in der arabischen Frage beziehe. Sie wissen daher, wie sehr ich es bedaure, daß wir uns nicht früher mit diesem Problem beschäftigt haben. Es hätte jedoch nicht nur keinen Sinn, sondern wäre sogar schädlich, wenn ich diese Auffassung in aller Öffentlichkeit ausdrücken

würde. Was meine Korrespondenz mit Ausnahme der privaten Briefe an meinen Vater anbetrifft, kann ich mich nicht erinnern, jemals Briefe mit politischen Themen an Privatpersonen geschrieben zu haben, die nicht vorher von Oberst Wilson genehmigt worden wären. Ihre Hinweise sollen mir jedoch als nützliche Warnung dienen.«

Sie schickte ihre Erwiderung zusammen mit Montagus Telegramm an A. T. und fragte ihn, ob er dem noch etwas hinzuzufügen habe. Er schrieb ihr eine Aktennotiz, in der stand:

»Miß Bell, als Sir Percy Cox auf der Durchreise hier war, fragte er – mit Bezug auf Ereignisse, die früher im Jahr stattgefunden hatten –, ob mein Verhältnis zu Ihnen sich gebessert habe. Ich habe damals gesagt, daß ich das nicht behaupten könne – und daß Ihre abweichende Meinung allgemein bekannt und sogar Gegenstand von Kommentaren sei. (Saijid Talib hat das mir gegenüber gerade heute noch einmal ziemlich deutlich zum Ausdruck gebracht.) Ich habe Cox gesagt, daß die Situation für mich unerträglich sei, wenn ich nicht damit rechnen könne, bald abgelöst zu werden. Sie haben immer auf Ihrem persönlichen Recht bestanden, zu schreiben, was und an wen Sie wollen, und Sie haben mir – was ich dankbar eingestehe – Briefe vorgelegt, wie zum Beispiel an Asquith. Jedoch es gefällt mir nicht, daß solche Briefe überhaupt geschrieben werden, und der Umstand, daß ich sie kenne, bedeutet keineswegs, daß ich ihnen zustimme. Sonst kann ich dazu nichts sagen.«

Am nächsten Tag bat Wilson sie in sein Büro. Sie beschwerte sich über sein rüdes Benehmen, ihre gertenschlanke Figur bildete dabei einen scharfen Kontrast zu seinem mächtigen Körper. »Es war unvermeidbar, daß die Leute merkten, daß wir verschiedener Meinung waren, denn ich habe nie ein Hehl daraus gemacht – schon gar nicht Ihnen gegenüber«, sagte sie zu ihm. »Aber in dieser Frage

befand ich mich in voller Übereinstimmung mit der Regierung Seiner Majestät.« Zu dem Vorfall, der sich auf Saijid Talib bezog, meinte sie, die ganze Sache mit diesem »skurrilen Schurken« sei »ganz offensichtlich absurd«. Wenn man sie »zum Vorwand nehmen wolle, um Opposition zu machen«, wäre es besser, sie zu beurlauben und nach Indien zu schicken, bis Sir Percy zurück sei. Ein Urlaub in Indien werde ihr ein wenig Ruhe bescheren.

Aber Wilson war nicht bereit, sie zu beurlauben. Er fahre selbst bald nach Hause, erwiderte er, und mußte zugeben, daß sie eine Schlüsselfigur mit guten Beziehungen zu den Arabern sei und seinem Nachfolger aus diesem Grund von Nutzen sein könne. Sie hörte sich das an und lächelte in sich hinein.

Dann sprachen sie über das Problem ihrer Korrespondenz mit Freunden. Sie sagte, seine Notiz habe sie »in Erstaunen« versetzt. Als sie Mr. Asquith in der Woche zuvor geschrieben habe, sei sie vorher sogar den Inhalt des Briefes mit ihm durchgegangen. Es wäre also »wohl kaum sehr fair«, sich jetzt darüber zu beschweren. Er habe das stillschweigend hingenommen und nicht einmal gesagt, daß es ihm lieber sei, wenn sie den Brief nicht abschicken würde. Aber sie merkte, daß Wilson nicht nur wegen des Briefes an Asquith nervös geworden war: Er fragte denn auch kurz darauf, ob sie ebenfalls an Domnul Chirol oder an das India Office geschrieben habe.

Sie erinnerte ihn daran, daß Domnul einer ihrer besten Freunde war. Ihre Briefe an ihn seien absolut persönlich. Und die Briefe an Sir Arthur Hirtzel habe sie »fast ausnahmslos« mit Wilsons Kenntnis, mitunter sogar mit seiner ausdrücklichen Zustimmung, geschrieben. Sie rief ihm ins Gedächtnis, daß sie Hirtzel einen Brief geschrieben hatte, worin sie ihn, Wilson, in Schutz genommen habe, wofür er ihr auch dankbar gewesen sei. Zudem bezögen sich »Edwins Warnungen speziell auf unbefugte Personen«.

Wilson erklärte ihr daraufhin, daß er prinzipiell etwas gegen private Kommunikation mit dem India Office habe.

Gertrude fand das zwar »ziemlich grotesk«, aber sie war bereit, seine Wünsche zu respektieren.

Er dankte ihr für ihre »Offenheit« und gab ihr die Hand. Sie trennten sich so freundlich, wie es sich für zwei Kampfhähne gehörte: Gertrude war erleichtert darüber, daß er bald ging, und Wilson war froh, daß sie bald aus seinem Leben verschwinden würde.

Ihrem Vater gegenüber räumte sie ein, daß sie nicht in allen Punkten recht gehabt und daß Wilsons »rüde Art« sie manchmal in Rage versetzt habe. Und das könnte natürlich auch den Arabern nicht entgangen sein. Aber sie habe ihnen gegenüber nie absichtlich eine getrennte Front errichten wollen, denn das könnte den Briten nur schaden. Sie mußten Stärke zeigen, vor allem, weil ihre Schwierigkeiten in Mesopotamien noch lange nicht behoben waren.

Die Nachrichten, die sie am 16. August erhielt, verstärkten ihr mulmiges Gefühl. Gertrudes zuverlässigster Informant berichtete ihr, Oberst Leachman, der in Dulaim stationiert war, habe einen erbitterten Streit mit Scheich Dhari vom Stamm der Schammar gehabt. Die Agail hätten ein paar Tage zuvor gehört, daß Leachman den Scheich wüst beschimpft habe, weil es ihm nicht gelungen sei, auf der Strecke nach Mosul für Frieden zu sorgen. Anschließend hatte er ein paar Stammesangehörigen der Schammar den Befehl gegeben, eine Abflußrinne in der Straße zu reparieren. Scheich Dhari, der als rachsüchtig bekannt war, forderte seine Leute auf, Leachmans Anweisungen Folge zu leisten. Als der Offizier sich jedoch umdrehte und gehen wollte, fielen sie über ihn her, und der Sohn des Scheichs schoß ihn in den Rücken. »Er hatte sich den Arabern gegenüber immer einer extrem zügellosen Ausdrucksweise bedient, und Scheich Dhari hegte schon seit langem einen Groll gegen ihn«, erklärte Gertrude in einem Brief nach Hause. »Er war ein rauher Kerl, aber ein sehr tapferer Offizier, den in Arabien fast jeder kannte. Gott weiß, wie das hier jetzt weitergehen soll«, seufzte sie.

In Bagdad war eine Ausgangssperre verhängt worden, in deren Folge sich eine trügerische Ruhe ausbreitete. Ansonsten wütete allerorten immer noch der Aufstand, der nun schon drei Monate

andauerte. Tausende Mitglieder der Nomadenstämme zogen plündernd durchs Land, und der gesamte politische Stab in Shahraban war einem Massaker zum Opfer gefallen. Um Gertrude herum loderten Flammen, die nicht nur durch den Aufstand, sondern auch durch Wilsons ungezügeltes Temperament entfacht worden waren. Als eine weitere Nachricht von Montagu eintraf, in der er sie noch einmal wegen ihres Briefwechsels mit London tadelte, erwiderte sie in scharfem Ton: »Um weitere Befürchtungen zu zerstreuen, werde ich in Zukunft nur noch mit meinem Vater und mit meinen Lieferanten korrespondieren.«

Wilsons Zornesausbrüche, die wenig erfreulichen Telegramme aus England, die Brutalität der Einheimischen und das heiße, gesundheitsgefährdende Wetter lösten bei Gertrude Depressionen aus. In dieser Stimmungslage schrieb sie am 23. August an Florence: »Wir haben hier einen sehr großen Fehler begangen. Das ganze System weist offenbar bedeutend mehr Schwachstellen auf, als wir gedacht haben. Wir werden es von Grund auf ändern müssen. Ich glaube, wir haben dem Umstand, daß dieses Land aus einer unstrukturierten Masse von Nomadenstämmen besteht, die man nicht ohne weiteres in ein System zwängen kann, zuwenig Rechnung getragen. Die Türken konnten das Land nicht regieren, und wir haben es versucht – mit dem gleichen Mißerfolg.«

Sie fühlte sich völlig ausgelaugt, »halb tot« in diesem Chaos. »Ich habe das Gefühl, daß ich nur noch in den Tag hinein lebe, ohne Pläne für die Zukunft zu machen.« Ein Hoffnungsschimmer war ihr immerhin geblieben. »Im Grunde meines Herzens bin ich davon überzeugt, daß sich die Situation ganz plötzlich und unerwartet klären wird, obwohl das möglicherweise auch nicht geschieht. Lieber Gott, ich wünschte, die Welt wäre ein bißchen normaler. Oder seid Ihr der Meinung, daß Krieg und Revolution etwas Normales sind?«

Die ganze Zeit über hatte sie am zweiten Teil ihres Berichts über die Zivilverwaltung gearbeitet. Er sei fast fertig, schrieb sie ihrem Vater, und sie habe in ihrem Leben noch nie eine so schwierige Aufgabe lösen müssen. »Man kann nicht schon Geschichte schreiben,

während alles noch im Fluß und zu keinem Ende gekommen ist.« Aber, fügte sie hinzu, »zu meiner Verblüffung hält A. T. [Wilson] den Bericht für ein Meisterwerk«.

Saijid Talib brachte ihr eine angenehme Überraschung. Als geschickter Politiker war er den Briten bei der Befriedung der Unruhen in Bagdad eine große Hilfe gewesen. Jetzt bemühte er sich intensiv um die Bildung einer gemäßigten Partei und suchte dabei die Unterstützung der Engländer. Er sprach mit jedem, dessen er habhaft werden konnte, und erklärte ihrem Freund Mr. Tod, einem Geschäftsmann, unumwunden: »Was wir in der Verwaltung brauchen, ist Erfahrung. Und die habe ich. Bevor ein Arzt seinen Beruf richtig erlernt hat, bringt er mindestens zweihundert Leute um. Ich habe meine zweihundert hinter mir – niemand weiß das besser als Sie selbst.« Gertrude fügte in einer Notiz an ihren Vater hinzu: »Und Mr. Tod konnte das, wenn er ehrlich war, nicht abstreiten.«

Als Gertrude an einem Sonntagmorgen – es war der 30. August – beim Frühstück saß, besuchte Talib sie in ihrem Haus. Nachdem er sich in blumenreichen Floskeln nach ihrem Befinden und dem ihrer Familie erkundigt hatte, kam er allmählich zur Sache. Er betrachte sie als eine Schwester und nicht als Mitglied der Regierung, sagte er. »Würden Sie mir einen Rat geben?« fragte er. Sie hörte ihm aufmerksam zu. Er erklärte ihr, daß er nicht wisse, ob es recht sei, für seine Partei finanzielle Unterstützung von der britischen Regierung anzunehmen. Wie dachte die *Chatun* darüber? Sie wies darauf hin, daß sowohl ihr Vater als auch sein Vater wohlhabende Männer seien und daß sie, wie Talib, wertvolle Arbeit für die Regierung leiste und deshalb zu Recht ein Gehalt bekomme. »Es wäre besser, wenn Sie von uns Geld für erwiesene Dienste nehmen würden, als später irgendeinem anderen Gläubiger Geld zu schulden«, gab sie ihm zu verstehen.

»Ich muß zugeben, daß ich ihn respektierte und es gut fand, daß er mich in dieser Angelegenheit um Rat gefragt hatte«, schrieb sie etwas naiv an Hugh. »Wir haben uns oft gefragt, welches Spiel er

überhaupt spielt, obwohl er bis jetzt eigentlich absolut ehrlich war. Ich bin fast sicher, daß er das gleiche von uns denkt, obwohl auch wir vollkommen ehrlich waren. Solange er noch zu mir kommt und offen mit mir redet, ist es leichter, die Sache im Griff zu behalten, aber ich bezweifle, ob er sich auch an eine andere Person wenden würde. Solange ich mich hier nützlich machen kann, bleibe ich in jedem Fall hier.«

Auch Talib machte sich nützlich. Seine Anwesenheit in Bagdad beruhigte die Städter – ob sie nun Angst oder Respekt vor ihm hatten, spielte im Augenblick keine Rolle. Gertrude war ihm gegenüber trotzdem auf der Hut. Wenn er bislang von den Briten noch keine Finanzhilfe bekommen habe, konstatierte sie lakonisch, »wird er sie sich durch Erpressung beschaffen, denn darin ist er ein Experte«. Hugh schrieb sie: »Er wird jedoch mit Sicherheit in der Zukunft eine wichtige Rolle spielen, und bis die Zeit gekommen ist, müssen wir dafür sorgen, daß er keine Schwierigkeiten hat.« Später sollten ihn Probleme, wie Gertrude sie selbst hatte, daran hindern, jenen Platz einzunehmen, der ihm in den Augen einiger Beobachter zukam.

Bis auf einige kleinere Zwischenfälle war der Aufstand, der im Mai 1920 begonnen hatte, im Spätherbst zu Ende. Er hatte die Briten fünfzig Millionen Pfund und Hunderte von Menschenleben gekostet. Über zehntausend Araber waren getötet worden. Bei der Verkündung des Mandats hatte sich Wilsons Ton geändert, aber für die Araber kam dieser Umschwung zu spät. Eine Welle des Protests schwappte bereits über das ganze Land, und die Scheichs waren der Meinung, daß diese radikale Wende durch ihre eigenen gewalttätigen Reaktionen herbeigeführt worden sei. Gertrude mußte zugeben: »Niemand, nicht einmal die Regierung Seiner Majestät, hätte geglaubt, daß wir den Arabern einmal so viele Freiheiten zugestehen würden, wie es jetzt der Fall ist – als Folge des Aufstands.« Bald werde man eine provisorische Regierung bilden.

Ende September reiste Wilson ab. Am Abend, bevor er Bagdad verließ, kam er in ihr Büro, um sich von ihr zu verabschieden. Die

beiden standen sich in dem weißgetünchten Raum gegenüber – er, groß und stattlich, seine schwarzen Haare glatt in die Stirn gekämmt, sie, schlank, fast zerbrechlich, ihr graues Haar zu einem Knoten gebunden. Gertrude wußte zwar, daß sie das Spiel gewonnen hatte, als Team hatten sie jedoch beide versagt. Sie fühle sich »unbeschreiblich mutlos«, erklärte sie ihm. Und es tue ihr sehr leid, daß sie nicht besser miteinander ausgekommen seien.

Er sei gekommen, um sich zu entschuldigen, sagte Wilson.

Sie unterbrach ihn, sie sei genauso schuld wie er, und sie hoffe, er werde ihr das nicht nachtragen.

Er habe die gleichen Gefühle, erwiderte Wilson. Dann ging er und träumte immer noch davon, die Macht der Verwaltung Indiens ausdehnen zu können. Später schrieb er, er glaube, daß sich Großbritannien in seinen Verantwortlichkeiten »zwangsläufig mehr nach Osten orientieren« werde. Jahre danach vertrat er als leitender Angestellter der Anglo Persian Oil Company die britischen Interessen und wurde später Mitglied des Parlaments und ein Anhänger Adolf Hitlers.[3]

Für den Augenblick war Gertrude jedenfalls nur erleichtert. »Was er wirklich von der ganzen Situation hält, weiß der Himmel«, schrieb sie Hugh. »Ich habe keinen Grund, mit der Rolle, die ich selbst in dieser Angelegenheit gespielt habe, zufrieden zu sein, und ich glaube, wir haben uns beide nicht mit Ruhm bekleckert. Wenn überhaupt, kann man mir eher die Schuld geben, denn als ich feststellte, daß meine Ansichten seinen völlig zuwiderliefen, hätte ich nicht hierbleiben müssen. Und ich wäre tatsächlich auch nicht geblieben, wenn ich gewußt hätte, wie sehr er meine Ansichten mißbilligte.« Aber jetzt ging dieser für sie schwierige Lebensabschnitt zu Ende.

28.

Cox' Rückkehr

Selten war Gertrude bei ihrer Toilette so gut gelaunt gewesen. Sie zog ihr neues Seidenkleid an, band ihr graues Haar in einem Knoten zusammen, toupierte die Locken über der Stirn, setzte ihren Lieblingshut auf, strich ihre Strümpfe glatt, ordnete die Perlen, nahm sich ihren Sonnenschirm, steckte sich ein paar Taschentücher ein, weil ein heftiger Husten sie quälte, und machte sich frohen Mutes auf den Weg zum Bahnhof.

Es war Montag, der 11. Oktober 1920, 16.30 Uhr, und am Bahnhof Bagdad-West hatte sich schon eine große Menschenmenge versammelt. Man führte sie in die Empfangshalle und bat sie zu warten. Innerhalb kürzester Zeit gesellten sich noch zwei Dutzend Würdenträger und hohe britische Beamte zu ihr. Um genau 17.30 Uhr feuerten britische Soldaten siebzehn Salutschüsse ab, aber der Wind trug das Geräusch in die entgegengesetzte Richtung. Ohne weitere Ankündigung wurde die illustre Schar aufgefordert, sich so schnell wie möglich in den abgesperrten Bereich des Bahnsteigs zu begeben. Rechts standen Gertrude mit Sir Edgar Bonham Carter, dem Vertreter der Gerichtsbarkeit, den Leitern der Zivilabteilungen, den Konsuln und den Religionsführern. Links standen der Oberbefehlshaber mit seinem Stab, Saijid Talib und die anderen Deputierten der verfassunggebenden Versammlung, der Bürgermeister und der älteste Sohn des Nakib. Der Rest – britische Offiziere und ihre Ehefrauen, arabische Prominenz und andere Bürger der Stadt – mußte außerhalb des abgesperrten Bereichs warten.

Ein erregtes Stimmengewirr brandete auf, als der Zug langsam

in den Bahnhof rollte. Gertrude triumphierte: Nachdem sie monatelang unter Wilson gelitten hatte, war die Rückkehr von Sir Percy Cox für sie ein Fest. Bevor jedoch die Hochrufe ertönen konnten, mußte zuerst den zeremoniellen Pflichten Genüge getan werden. Der Oberbefehlshaber in seiner Khakiuniform ging auf Sir Percy zu, um ihn als den neuen Hochkommissar in angemessener Weise zu begrüßen. Sir Percy verließ in seiner eleganten schneeweißen Uniform mit den Goldtressen den Eisenbahnwaggon, schüttelte General Haldane die Hand und nahm Haltung an, während die Kapelle »God Save The King« spielte.

Gertrude erinnerte sich später: »Ich dachte, als er so in seiner weißen Uniform mit den Goldtressen dastand, mit seiner Ausstrahlung feiner und einfacher Würde, daß es wohl nie zuvor eine Ankunft von größerer Tragweite gegeben hat – daß sich auf niemanden zuvor widersprüchlichere Gefühle konzentriert haben, Hoffnungen und Zweifel und Befürchtungen, aber vor allem Vertrauen in die persönliche Integrität und Weisheit.« Während alle Augen auf ihn gerichtet waren, trat Cox in den abgesperrten Bereich, und dann präsentierte Sir Edgar ihm Miß Bell. Sie bekam vor Freude einen hochroten Kopf und vollführte einen tiefen Hofknicks. Nur so konnte sie ihre Tränen zurückhalten.

Anschließend stieg Cox' Stellvertreter, ihr alter Freund Mr. Philby, aus dem Zug, ihm folgten der persönliche Sekretär des Hochkommissars, Captain Cheesman, und schließlich Lady Cox. Gertrude starrte sie erstaunt an. Trotz der zehnstündigen Reise und des vielen Staubs sah sie »wie aus dem Ei gepellt aus«. Die Leute machten Lady Cox Komplimente und nannten sie »ein Wunder!«, als sie alle einander herzlich begrüßten.

Nachdem Cox von den Würdenträgern, die sich innerhalb der Absperrung befanden, willkommen geheißen worden war, verlas Dschamil Sahawi, ein berühmter Redner aus Bagdad, eine Grußadresse. Sir Percy antwortete auf arabisch und sagte, »daß er im Auftrag seiner Regierung« gekommen sei, »um mit dem Volk des Iraks zum Zwecke der Bildung einer arabischen Regierung unter der Führung von Großbritannien Beratungen aufzunehmen«.

Das war das erstemal, daß ein Brite die Bezeichnung »Irak« offiziell verwendete. Sir Percy hatte sich bewußt dafür entschieden, denn er wollte damit ausdrücken, daß er den arabischen Namen und die Identität des zukünftigen Staates anerkannte. Der Irak sollte dem arabischen Volk gehören und von Arabern regiert werden. Seine Worte weckten bei den Bürgern Gefühle des Stolzes, und sie reagierten mit Hochrufen.

Lord Curzon hatte ihn angewiesen, dafür zu sorgen, daß »im Mittleren Osten ein stabiler Platz entsteht«, und das Land »aus der Mißwirtschaft und Anarchie« herauszuführen. Cox wollte diesen Plan sofort in die Tat umsetzen. Als die Zuhörer ihn mit zustimmendem Gemurmel und weiteren Hochrufen unterbrachen, bat er sie, ihm bei der Wiedereinführung geordneter Verhältnisse zu helfen, damit er sich sofort an die Arbeit begeben könne.

Und dann machte man sich auf den Weg zu Sir Percys Haus. Lady Cox (die Gertrude einige Sachen mitgebracht hatte, darunter ihre Pelzmäntel, ein Nachmittagskleid für den Winter, eine Reitkappe, schwarze Reithosen und Blumenzwiebeln aus Kent und Brydon) war jetzt die offizielle Gastgeberin. Sie kümmerte sich um die Diener, die den Tee servierten, ging aber bald nach draußen, um das neue Haus zu besichtigen, das für den Hochkommissar gebaut wurde.

Als man sich anschließend zusammensetzte und unterhielt, spürte Gertrude schon bei Sir Percys ersten Worten, wie die Last, die sie in den letzten Monaten bedrückt hatte, von ihren Schultern genommen wurde. Cox wollte umgehend eine provisorische arabische Regierung bilden und nicht erst abwarten, bis der Aufstand, unter dem immer noch ein Drittel des Landes litt, ein Ende gefunden hatte. Er beabsichtigte, einen arabischen Rat zu bilden und eine prominente lokale Persönlichkeit zum Premierminister und Vorsitzenden eines provisorischen Kabinetts zu benennen, das ausschließlich aus arabischen Ministern bestehen sollte (die allerdings von den Briten ausgesucht worden waren). Cox würde jedem Minister einen britischen Berater zur Seite stellen, und er erwartete von diesem Kabinett, daß es die ersten allgemeinen Wahlen vorbe-

reitete und abhielt. Obwohl Gertrude, Philby und Cox darin übereinstimmten, daß es nicht leicht sein würde, den richtigen Mann für die Position des Premierministers zu finden, vertrat Sir Percy den Standpunkt, daß Saijid Talib aus Basra, der eine große Anhängerschaft hatte, das Amt übernehmen könnte.

Als Gertrude den Namen hörte, wurde sie nervös: »Es wäre besser, wenn Sie sich hier erst einmal mit den Leuten unterhalten, bevor Sie sich eine Meinung über ihn bilden«, sagte sie und bemühte sich sehr, ihre Aversion gegen diesen Kandidaten zu verbergen. Aber sie versprach Cox: »Wir werden Sie in jedem Fall mit allen Kräften unterstützen. Wichtig ist vor allem, daß eine Entscheidung getroffen und umgesetzt wird.« Sie wußte genau, daß sie sich in dieser Hinsicht keine Sorgen zu machen brauchte. Sir Percy faßte nie übereilte Beschlüsse, sondern ging stets sehr umsichtig zu Werke. Er war ein erfahrener Staatsmann, sozusagen ein englischer »Modelldiplomat«, dessen bloße Anwesenheit Kraft ausstrahlte und dessen Äußerungen stets von Weisheit zeugten. Er hatte aber auch seine exzentrischen Seiten: So war er zum Beispiel ein leidenschaftlicher Vogelfreund und hielt sich einen Bären als Haustier. In dieser Hinsicht war er wiederum ein typischer Brite. Cox gehörte in diese besondere Welt, in der auch ihr Vater und noch ein paar andere Männer lebten – jedenfalls schätzte sie ihn über alle Maßen.

Die Araber respektierten ihn (und tun es noch heute), und er hatte Verständnis für ihre schwierige Situation. Er verkörperte das krasse Gegenteil des anmaßenden Wilson, der sie und die Iraker in ihrem Streben nach Unabhängigkeit stets herabgewürdigt hatte. Ein paar Tage nach Wilsons Abreise hatte sie das Gefühl, aus einem Alptraum erwacht zu sein. »Erst als er weg war, wurde mir klar, wie sehr er mich unterdrückt hat«, schrieb sie nach Hause. »Eines ist jedenfalls sicher – ich werde nie wieder für A. T. arbeiten. Wenn er tatsächlich noch einmal zurückkommen sollte, würde ich sofort gehen. Es ist mir einfach unmöglich, mit einem derart skrupellosen Menschen zusammenzuarbeiten. Und ich bin nicht die einzige; Mr. Dobbs geht es genauso.« Und der tüchtige Mr. Philby, der vor

Jahren in Basra mit Wilson wegen dessen Arroganz aneinandergeraten war und auf gar keinen Fall jemals wieder mit ihm zusammenarbeiten wollte, war der gleichen Meinung. Cox verehrte sie dagegen: »Es ist ganz unmöglich, Dir zu schildern, was für eine Erleichterung und ein Trost es ist, jemandem zu dienen, in dessen Urteilsfähigkeit man vollkommenes Vertrauen hat«, schrieb sie in mädchenhafter Bewunderung. »Er bringt den aufrichtigen Wunsch mit, im Interesse der Menschen dieses Landes zu handeln.«

Sie war entzückt, als man sie bei einer Abendgesellschaft, die der Stabschef am selben Abend gab, neben Sir Percy setzte. Mit ihrer Begeisterung hätte sie fast den zugigen Raum wärmen können – allerdings reichte das nicht, denn ihre Bronchitis wurde immer schlimmer. Am nächsten Morgen ging sie trotzdem frohen Mutes in die Botschaft, wo Sir Percy sie sofort zu sich kommen ließ. »Wir besprachen einige Telegramme«, schrieb sie ihrem Vater, »wobei ich die Tatsache zu verbergen versuchte, daß es für mich eine völlig neue Erfahrung war, bei Angelegenheiten von Bedeutung ins Vertrauen gezogen zu werden!«

Als sie in ihr eigenes Büro zurückkam, war ihr Tisch mit Post bedeckt und der Raum voller Besucher. Erschreckt mußte sie sich anhören, wie alle ihrem Ärger Luft machten: Man hatte die Prominenten zuvor zu der Begrüßungszeremonie eingeladen, dann jedoch außerhalb des abgesperrten Bereichs zusammengepfercht und sie in demütigender Weise im Schmutz stehen lassen. Sie hatten nicht einmal Gelegenheit gehabt, Sir Percy die Hand zu schütteln. Ein alter Scheich rief wütend: »Wir kamen in Liebe und Gehorsam, und als wir versuchten, in die Nähe Seiner Exzellenz zu gelangen, wurden wir weggeschubst«. »Kokus« wurde von den Arabern sehr verehrt, aber Gertrude wußte genau, daß eine solche Zurückweisung eine gefährliche Reaktion zur Folge haben konnte.

»So beschloß ich, mich sofort in die Pflichten eines Orientsekretärs zu stürzen«, erklärte sie Hugh. Das war ihre Position unter Wilson gewesen, obwohl der ihr jegliche Befugnisse vorenthalten hatte. Jetzt konnte sie die mit diesem Titel verbundene Autorität endlich voll nutzen. Sie und ihr Kollege Philby formulierten ge-

meinsam einen Brief an hundert prominente Bürger Bagdads und luden sie ein, sich am nächsten Tag mit Sir Percy Cox zu treffen. Da weite Gebiete des Landes immer noch unter dem Aufstand zu leiden hatten, sollte der Hochkommissar nach Mosul reisen, um auch dort den maßgeblichen Persönlichkeiten seine Ideen zu erläutern. Und es wäre darüber hinaus gut, so erklärte sie Cox später, wenn er die Scheichs vom Euphrat und Fahad Bei von den Anaseh an den Konferenztisch bitten würde. Cox akzeptierte alle ihre Empfehlungen vorbehaltlos. »Ich führe zwar nicht die Geschäfte in Mesopotamien«, schrieb sie Hugh, »aber im Augenblick war niemand da, der das hätte tun können, und da wir keine Zeit verlieren durften, habe ich mich halt vorgedrängt und es gemacht.«

Am nächsten Tag führte sie eine vertrauliche Unterredung mit Cox, in der es um die zukünftigen arabischen Minister ging. Die entscheidende Frage war: Wem sollte man die Position des Premierministers und die Bildung des Kabinetts antragen? Sie empfand große Erleichterung, als sie feststellte, daß Cox bereits über die Animositäten gegenüber Saijid Talib informiert war. Viele schlugen den Nakib als Premierminister vor. Der Religionsführer war ein hochgeschätzter Mann, und obwohl schon relativ alt und kränklich, konnte man sich ihn als geeigneten Regierungschef für die Übergangszeit durchaus vorstellen.

Als Sir Percy sie fragte, ob sie seine »Oriental Secretary« bleiben wolle oder eine andere Position vorziehen würde, zögerte sie nicht eine Sekunde mit ihrer Antwort. Ihr alter Posten war zweifellos auch der beste Platz für sie. Als Verbindungsglied zwischen dem Hochkommissar und der arabischen Regierung konnte sie die Interessen beider Seiten vertreten und ihre Nase überall hineinstecken. Unter Wilson hatte sie ständig kämpfen müssen, um ihren Posten nicht zu verlieren. Inzwischen waren alle Wilson-Anhänger aus dem Stab entlassen worden, und sie stand bei der Gründung eines arabischen Staates mit in der vordersten Reihe. Ihre Stimmung war seit vielen Jahren nicht mehr so gut, aber ihre Bronchitis hatte sich derart verschlimmert, daß ihr Körper vom Husten förmlich durchgeschüttelt wurde.

Obwohl sie schwach und bettlägerig war, suchten die Bagdadis sie scharenweise auf. Der Bürgermeister, der Sohn des Nakib und eine ganze Reihe von Scheichs vom Euphrat, die von dem achtzigjährigen Fahad Bei (der sich erst kurz zuvor zwei neue Frauen genommen hatte) angeführt wurden, gaben zunächst vor, sich nach ihrer Gesundheit erkundigen zu wollen. Sie erschienen an ihrer Tür, gingen ins Eßzimmer, ließen sich auf ihrem neuen persischen Sofa nieder und schütteten ihr das Herz aus. Am Ende eines jeden Tages machte sie sich Notizen und stellte aus den Gerüchten und dem Klatsch wertvolle Berichte zusammen.

Noch während sie zu Hause war, teilte Cox ihr mit, daß er einen »Staatsrat« einberufen habe. Da Gertrude jedoch nicht ins Büro gehen könne, käme der Rat zu ihr. Sir Percy, Philby, Bullard, Bonham Carter und zwei andere Männer beratschlagten mit ihr ein Schema für ein provisorisches arabisches Kabinett. Am Ende der Zusammenkunft kündigte Sir Percy an, er werde sich an den Nakib wenden und ihm die Position eines Premierministers anbieten. Er war der bei weitem geeignetste Kandidat, über jeden Verdacht erhaben, hatte großen Einfluß auf die Religionsgemeinschaft der Sunniten und wurde wegen seiner religiösen und gesellschaftlichen Position von der gesamten Bevölkerung respektiert. Gertrude stimmte zwar auch für ihn, war aber überzeugt, daß er ablehnen würde. Zwei Tage lang hörte man nichts. Am Samstag stürmte Sir Percy Cox völlig außer Atem in ihr Büro. Gertrude wartete gespannt, bis er Luft geholt hatte: »Also«, brachte Cox endlich heraus, »er hat akzeptiert.«

»Niemand außer Sir Percy hätte es zuwege gebracht«, schrieb sie in ehrlicher Bewunderung, »es grenzt selbst bei ihm an ein Wunder.«

In der folgenden Woche spürte sie eine angenehme Spannung. Daß der Nakib zugesagt hatte, war zwar allein schon ein Grund zu feiern, aber es mußte auch noch ein provisorisches arabisches Kabinett gebildet werden. Am Montag lud Gertrude zwei ihrer Kollegen zu einem Abendessen mit Dschafar Pascha ein. Da er ein fä-

higer Offizier war, hoffte man, daß er das Verteidigungsministerium übernehmen würde. Nach Gertrudes Meinung waren seine Erfolge während des arabischen Aufstands und als Militärgouverneur in Syrien eine Garantie für eine schlagkräftige arabische Armee, welche die rebellischen Nomadenstämme in Schach halten konnte. Beim Abendessen kam Dschafar noch einmal darauf zu sprechen, wie bitter enttäuscht Feisal und seine mesopotamischen Offiziere darüber gewesen waren, daß sie in Damaskus von den Briten im Stich gelassen worden seien. Um ihn wieder aufzumuntern, vertraute sie ihm an, daß ihrer Meinung nach einer der Söhne Scherif Husseins von den Mesopotamiern zum Emir gewählt werden sollte. Anders als in Syrien habe die britische Regierung im Irak nichts gegen eine solche Entscheidung und werde den Kandidaten sogar unterstützen.

Dschafar machte sich jedoch vor allem Sorgen wegen der nationalistischen Extremisten, die den völligen Abzug der Briten forderten. Sie hatten in Damaskus für Unruhe gesorgt und waren auch im Irak absolut unberechenbar. Dahingegen vertrat er selbst die Meinung, daß Mesopotamien bisher weder über eine entsprechende Infrastruktur noch über die nötige Erfahrung verfüge, um völlig unabhängig sein zu können. Seine Ansicht über die Nationalisten erläuterte er folgendermaßen: »Ich sage zu ihnen: Ihr wollt absolute Unabhängigkeit? Ich auch. Träumen wir nicht alle von einer schönen Jungfrau, vierzehn Jahre alt, mit Haaren, die bis zur Hüfte reichen? Es gibt sie nicht! Und genauso ist völlige Unabhängigkeit unter den gegebenen Umständen unmöglich.« Er wandte sich an Gertrude: »Aber da ich glaube, daß eure Absichten redlich sind, bin ich bereit, mit euch zusammenzuarbeiten, um mein Land zu retten. Wenn ich jedoch zu meinen Brüdern gehe, um sie dazu zu überreden, euch zu helfen, wenden sie sich ab und sagen: ›Du bist ein Engländer.‹«

Gertrude konnte ihn gut verstehen. Ihr selbst hatte man oft genug vorgeworfen, sie sympathisiere zu sehr mit den Arabern: »Jetzt seid ihr an der Reihe«, erwiderte sie. »Jedesmal wenn ich im letzten Jahr mit meinen Brüdern gesprochen habe, haben sie

sich von mir abgewandt und gesagt: ›Du bist eine Araberin.‹« Aber sie versicherte ihm, »vollständige Unabhängigkeit« sei es, was die Briten ihnen »letzten Endes verleihen« wollten. Der intelligente General erwiderte schlagfertig: »Meine Dame, vollständige Unabhängigkeit wird niemals verliehen; sie wird immer genommen.«

Obwohl alles gut voranging, wurden die Tage von größeren und kleineren Krisen begleitet. Eine der schlimmsten entstand, als der probritische Sasun Effendi Eskail (laut Gertrude »der fähigste Mann hier«), ein bekannter jüdischer Geschäftsmann, von dem man erwartet hatte, daß er das Finanzministerium übernehmen würde, absagte. Als Gertrude das hörte, ließ sie die Tasse Tee auf ihrem Schreibtisch stehen und machte sich sofort auf den Weg zu Philby, um ihm die Neuigkeit mitzuteilen, doch er war außer Haus. Da sie in Sir Percys Büro Licht sah, ging sie zu ihm. Der Hochkommissar war offensichtlich beunruhigt. »Sorgen Sie dafür, daß Sasun sich das noch einmal überlegt«, forderte er sie auf.

Sie verließ die Botschaft mit dem Gefühl, »die Zukunft von ganz Irak in den Händen zu halten«, und traf gerade noch rechtzeitig bei Sasun ein. Philby und Captain Clayton waren bereits dort, aber noch keinen Schritt weitergekommen – sie hatten ihren Gastgeber nicht umstimmen können. Offensichtlich wollte Sasun Effendi nichts mit einem Kabinett zu tun haben, dem auch Saijid Talib angehörte. Aber den Briten war nichts anderes übriggeblieben, als ihn mit einzubeziehen, denn sein Einfluß in der Bevölkerung war zu groß. Wenn Sasun sich jedoch weiterhin weigern würde, dem Kabinett beizutreten, war es von Anfang an zum Scheitern verurteilt – das stand für Gertrude fest.

Sie übernahm sofort die Gesprächsleitung und versuchte Sasun davon zu überzeugen, daß die Briten Talib zwar niemandem aufdrängen wollten, aber daß er nichtsdestotrotz eine Chance verdiene. Man müsse ihn an der langen Leine lassen, sagte sie, sollte er scheitern, so würde er sich aufhängen. Nach einer Stunde war Sa-

sun immer noch nicht bereit nachzugeben. Aber er versprach, die ganze Angelegenheit noch einmal zu überdenken. Gertrude konnte in dieser Nacht nicht einschlafen und wälzte sich im Bett von einer Seite auf die andere. Immer wieder ging sie im Geist die von ihr während der Diskussion vorgebrachten Argumente durch. Hätte sie etwas besser machen, auf welche Weise ihn denn sonst noch überzeugen können? Um zehn Uhr am nächsten Morgen betrat der hochgewachsene, schlanke Sasun ihr Büro. Und zu ihrer großen Erleichterung erklärte er sich damit einverstanden, den Ministerposten zu übernehmen.

Bei ihrer Arbeit stand sie in ständigem Kontakt mit den Irakern. Sie gab lokale Propagandaschriften in Arabisch und Englisch heraus, schickte dem Foreign Office alle vierzehn Tage eine Sammlung Geheimdienstberichte über die Aktivitäten der Araber, betreute ein Netz von Agenten, die im ganzen Land verteilt waren, las Geheimdossiers, die aus aller Welt kamen, und lud mindestens dreimal pro Woche prominente Briten und Araber zum Tee oder zum Abendessen bei sich daheim ein. Ihr Haus war zum Zentrum der Macht in Bagdad geworden. An einem Samstagabend, als einige führende Iraker – Sasun Effendi, Dschafar Pascha und Abdul Madschid Schawi – und drei ihrer britischen Kollegen – Philby, Captain Clayton und Major Murray – bei ihr zu Gast waren, kam das Gespräch auf die Aufständischen. Dschafar plädierte mit wohlgesetzten Worten für eine Beendigung der Rebellion der Nomadenstämme: »Der Bauer muß zu seinem Pflug zurückkehren, der Schäfer zu seiner Herde. Das Blut unserer Leute darf nicht länger vergossen werden, und das Land muß wieder reiche Ernten hervorbringen. Sollen unsere Stämme im Kampf vergeudet werden und unsere Städte Hungers sterben?« fragte er.

»Lang lebe die arabische Regierung!« schrieb Gertrude ihrem Vater am nächsten Tag. »Man übertrage ihnen Verantwortung und lasse sie ihre eigenen Angelegenheiten erledigen, und sie werden es immer noch tausendmal besser machen, als wir es können. Und sobald sie selbst die Verantwortung tragen, werden sie erkennen,

was eine Regierung braucht und mit welchen Schwierigkeiten sie zu kämpfen hat. Dann werden sie keine heiße Luft mehr von sich geben, sondern sich vom gesunden Menschenverstand leiten lassen. Denn dann müssen sie den Laden selbst schmeißen, und mit heißer Luft geht das nun mal nicht.«

Die erste arabische Regierung Mesopotamiens seit der Zeit der Abbasiden (dreizehntes Jahrhundert), der Staatsrat, trat am Dienstag, dem 2. November 1920, erstmalig zusammen. Das Gremium bestand aus Sasun Effendi, Finanzen, Dschafar Pascha, Verteidigung, und sechs weiteren Ressortleitern, zu denen auch der unvermeidliche Saijid Talib als Innenminister zählte. Zunächst versuchte jedes Kabinettsmitglied herauszufinden, wie das Verhältnis zwischen seinen Kollegen und deren britischen Beratern beschaffen war, ansonsten geschah wenig. Aber es gab auch Probleme. Die Schiiten stellten sich wie ein Mann gegen die arabische Regierung, denn für sie war die Einrichtung einer solchen Institution nur ein Schachzug der Briten. Obwohl die Schiiten den größeren Bevölkerungsanteil stellten (anderthalb Millionen gegenüber einer Million Sunniten), befanden sie sich im neuen Staatsrat in der klaren Minderheit. Die Sunniten taten alles, um sie von der Macht fernzuhalten. So behaupteten sie, die Schiiten hätten auch unter der türkischen Herrschaft keine Ämter in der Verwaltung bekleidet und daher auch keine Ahnung von diesem Geschäft. Es gab nur einen Ausweg. Um weitere blutige Konflikte zu vermeiden, mußte so schnell wie möglich eine Wahl zur Nationalversammlung durchgeführt werden. Gertrude war davon überzeugt, daß die Delegierten einen der Söhne Scherif Husseins zum Emir wählen würden – entweder Feisal oder Abdullah. »Meiner Meinung nach ist das die einzige Lösung«, sagte sie.

Bei einem Abendessen ein paar Tage später sagte Gertrudes Tischherr, ein kluger Politiker, zu ihr: »Ihr Briten wollt die Regierung des Iraks in der soliden, englischen Art und Weise aufbauen. Ihr wollt mit dem Fundament beginnen, anschließend die Mauern hochziehen, danach das Dach daraufsetzen und schließlich das

Dekor anbringen. Meiner Meinung nach kann man im Irak nicht so vorgehen.«

Gertrude war verblüfft. »Was wollen Sie damit sagen?« fragte sie.

»Fangen Sie mit dem Dach an«, erwiderte er, »und stützen Sie es mit einigen Säulen. Das Dach wird uns ermutigen weiterzumachen. Sonst dauert alles zu lange, und wir verlieren den Mut. Gebt uns einen König. Er wird unser Dach sein, und wir werden uns dann langsam nach unten arbeiten.« Sie prägte sich seine Worte sorgfältig ein.

Das kalte Novemberwetter ließ ihre Chrysanthemen erblühen. Marie hatte zwar noch keine Zeit gehabt, den Hunden neue Mäntel zu nähen oder Gertrude ein neues Kleid für den Winter zu schneidern, aber das machte ihr wenig aus. Im folgenden Monat kreisten die Gedanken der *Chatun* ausschließlich um die Machenschaften des Saijid Talib, des am meisten gefürchteten, gleichzeitig aber auch einflußreichsten Vertreter des Rates, der von allen mißtrauisch beobachtet wurde. An einem Tag erhob er Anspruch auf das Amt des Emirs, am nächsten drohte er mit Rücktritt. Gertrude hatte erfahren, daß Dschafar Pascha dem Rat nur deshalb beigetreten war, weil er sichergehen wollte, daß Talib nicht heimlich die Macht an sich riß.

Gertrudes Meinung über Talib schwankte. Anfang Dezember nannte sie ihn einen »Schurken« und schrieb ihrem Vater: »Wenn sie ihn zum Emir wählen, haben sie es nicht besser verdient. Mehr kann ich dazu nicht sagen. Aber sie werden ihn nicht wählen«, fügte sie, wie um sich selbst zu beruhigen, hinzu. Eine Woche später stattete Saijid Talib ihr einen Besuch ab: »Ich muß zugeben, daß er einen vorteilhaften Eindruck auf mich gemacht hat«, sagte sie. »Er erklärte mir ganz offen, daß er Emir des Iraks werden wolle. Wir diskutierten ausgiebig über seine Position, und mir erschien es so, als ob er einsichtig und vernünftig wäre.«

Das Kabinettsmitglied, dessen Klugheit sie jedoch am meisten bewunderte, war Sasun Effendi. »Er ist bei weitem der Beste, den

wir haben, und ich bin stolz und froh, daß er sich mit mir angefreundet hat. Man kann mit ihm offen von Angesicht zu Angesicht
reden.« So wie viele andere, wenn auch nicht alle Juden aus Bagdad
war er mit der Art und Weise, wie die Briten ihn behandelt hatten,
zufrieden gewesen, obwohl er es in der Endphase der türkischen
Herrschaft zu einem gewissen Wohlstand gebracht hatte. Die alte
jüdische Gemeinde, die größte im Mittleren Osten, blühte und ge-
dieh schon seit der Zeit der Babylonier. Ihr Bildungssystem hatte
das höchste Niveau erreicht, die medizinische Versorgung war gut,
und die meisten Juden waren unter den Arabern reich geworden.
Für viele von ihnen hatte der Ruf nach einer Heimat der Juden in
Palästina, ihrem Gelobten Land, einen falschen Klang, weil sie dadurch in der arabischen Welt Unruhen befürchteten. Sasun lehnte
darüber hinaus auch den Zionismus ab, was Gertrude gar nicht
unangenehm war.

Daß die britische Regierung für den Unterhalt ihrer Truppen in
Palästina soviel Geld ausgab, ärgerte sie. Sie hätte diese finanziellen
Mittel lieber für den Irak gehabt und schrieb verbittert nach Hause:
»Man sollte zwei Divisionen aus Palästina abziehen, denn hier werden sie dringend gebraucht. Aber nein«, fuhr sie fort, »man muß
schließlich Rücksicht auf die jüdischen Interessen nehmen. Die Juden«, fügte sie verärgert hinzu, »können sich zum Thema Kosten
das Schweigen erkaufen.«[1]

Einige Wochen später kam es im Kabinett, in dem jeder argwöhnisch über Saijid Talibs Aktivitäten wachte, zu einer hitzigen Debatte darüber, ob man die Schiiten aus der Provinz am Rat beteiligen sollte oder nicht. Die Minister baten Gertrude um Rat, denn
wenn es um das Stammeswesen ging, war sie sogar für die arabische Regierung die führende Autorität. Sie wußte, daß sowohl der
Nakib als auch die Großgrundbesitzer im Rat versuchen würden,
die Schiiten draußen zu halten. Für sie selbst war es dagegen nicht
nur eine Frage der Fairneß, sondern auch eine zwingende Notwendigkeit, die schiitischen Stämme an der Arbeit im Rat zu beteiligen. Die arabische Regierung würde sonst nicht überleben können,

denn sie repräsentierten schließlich die Mehrheit der Bevölkerung. Ihr Ausschluß würde zu einem neuen landesweiten Aufstand führen.

Sie weigerte sich jedoch, alle Ansprüche dieser Bevölkerungsgruppe ungeprüft anzuerkennen, und vertrat sogar die Meinung, daß die Schiiten von einer starken arabischen Armee kontrolliert werden müßten. »Mesopotamien ist kein zivilisierter Staat«, erklärte sie ihrem Vater, »er setzt sich zum großen Teil aus wilden Stämmen zusammen, die die Lasten und Kosten einer Staatsangehörigkeit nicht auf sich nehmen wollen. Indem wir einen arabischen Staat gründen, handeln wir im Interesse der Stadt- und Dorfbevölkerung, die annimmt und mit Recht annimmt, daß sie sich schließlich durchsetzen wird.« Bis das geschehen war, würde man arabische Streitkräfte brauchen, die in den Gebieten der Nomadenstämme für Ruhe und Ordnung sorgten.

Offenbar fand jeder Araber, ob Städter oder Nomade, den Weg zu ihr. »Wenn Du wüßtest, wie viele Gespräche unter vier Augen in meinem Büro stattfinden, würdest Du staunen«, schrieb sie an Hugh. »Die Araber, die unsere Freunde sind, ... kommen ständig zu mir, nicht nur, um zu besprechen, wie sie sich im Augenblick verhalten sollen, sondern auch, um mich über die Zukunft zu befragen: ›Aber was glauben Sie, Chatun?‹« Und Gertrudes Antworten unterschieden sich jetzt erheblich von jenen, die sie ihnen noch vor knapp zwei Jahren gegeben hätte, als sie zur Vorsicht gemahnt hatte. »Mir persönlich ist ganz klar, daß es nur eine funktionierende Lösung gibt«, erklärte sie ihrem Vater, »einen Sohn des Scherifen und wahlweise Feisal.« Bei den Irakern war der Scherif jedoch nicht sehr beliebt. Sie hatte etwas dagegen, daß er den Anspruch erhob, für alle Araber zu sprechen, denn sie waren Mesopotamier, er dagegen stammte aus Mekka. Außerdem hielten sie ihn für einen Statthalter Großbritanniens. Ihnen wäre ein Emir lieber, der ihre eigenen Interessen vertreten würde.

Nachdem die Franzosen Feisal jedoch aus Damaskus vertrieben hatten, war er für Gertrude »absolut die erste Wahl«. Seine militä-

rische Erfahrung beim Aufstand gegen die Türken, seine Administration in Syrien, seine diplomatischen Fähigkeiten, seine Charakterfestigkeit und sein Charisma ließen ihn in ihren Augen als die perfekte Führerpersönlichkeit erscheinen. Auch wenn sich andere querstellen sollten – sie würde alles daransetzen, daß kein anderer als Feisal erster König des Iraks wurde.

29.

Die
Kairoer Konferenz

»Ich bin heilfroh, daß ich nicht weiß, was das neue Jahr uns bringen wird. Ich kann mich nicht erinnern, daß ich jemals an einem ersten Januar mit solchen Gefühlen der Spannung aufgewacht bin«, erklärte Gertrude an Neujahr 1921.

Das neue Jahr begann mit sintflutartigen Regenfällen, aber es war nicht nur das Wetter oder die politische Situation, womit sich ihre Nervosität erklären ließ. Mit Ausnahme einiger Arbeitskollegen, die ihr besonders nahestanden, hatte sie nur sehr wenige Freunde. (Die einzige Frau, zu der sie eine freundschaftliche Beziehung unterhielt, war Aurelia Tod, die aus Italien stammende Gattin des Vertreters der Firma Lynch in Bagdad.) Sie machte sich nichts aus Geselligkeit und hatte deshalb kaum ein Privatleben. Selbst wenn sie Gäste bewirtete, betrachtete sie das nur als einen Teil ihrer Arbeit, und wenn jemand nicht ihren Erwartungen entsprach, verdrängte sie ihn sofort wieder aus ihrem Bewußtsein. Bei einem Abendessen, zu dem sie einen jener von ihr bevorzugten Offiziere, Major Dickson, mit seiner jungen Braut Violet eingeladen hatte, wandte sie sich plötzlich an einen anderen männlichen Gast, wechselte vom Arabischen ins Englische und sagte: »Es ist einfach ein Jammer, daß so zahlreiche vielversprechende junge Engländer hingehen und solche törichten Frauen heiraten.«

»Da Harold damals einer ihrer ›vielversprechenden jungen Engländer‹ war, war mir das äußerst unangenehm«, kommentierte Mrs. Dickson diesen Vorfall später. Für sie war der Abend lang und unerfreulich gewesen, ihre Gastgeberin empfand sie als »ziemlich reserviert und nicht sehr sympathisch«. Gertrude dage-

gen schrieb nach Hause, das Dinner sei ein »wirklicher Erfolg« gewesen.

Mit der Zeit hatte sie sich einen Schutzpanzer zugelegt. Während sie früher noch flexibel gewesen war, hatte sie jetzt eine Position völliger Unzugänglichkeit bezogen. Ihre Leidenschaft hatte sie im Krieg mit ihren Liebhabern, Freunden und Familienangehörigen zu Grabe getragen, und ihre Sensibilität war dem rücksichtslosen Verhalten A. T. Wilsons zum Opfer gefallen. Sie schützte sich so, wie sie es sich als Kind angeeignet hatte: Sie verdrängte den Schmerz und vergrub sich in ihrer Arbeit. Sie war verbittert und einsam geworden. Allein in ihrem Zimmer, schrieb sie Weihnachten 1920 an Hugh: »Wie Du weißt, habe ich kaum Freunde. Mir liegt nicht soviel an den Leuten, daß ich bereit wäre, mich um sie zu bemühen, und folglich bemühen sie sich auch nicht um mich – warum sollten sie auch? Außerdem finde ich die Art, wie sie sich vergnügen, sterbenslangweilig, und ich habe keine Lust, mich daran zu beteiligen. Das hat zur Folge, daß ich außer den Leuten, mit denen ich arbeite, niemanden sehe.«

Sie hatte Lady Cox bei den Vorbereitungen zu einem Dinner geholfen und bei den Tods an einem Weihnachtstee mit zwanzig Kindern teilgenommen, die miteinander gespielt hatten, »als kämen sie alle aus demselben Stall«, obwohl es Engländer, Tscherkessen, Juden, Christen und Araber waren. Es war mittlerweile das achte Weihnachtsfest, das sie ohne ihre Familie verbrachte.

Sir Percy Cox war der ruhende Pol in ihrem Leben, ein »Fels in der Brandung«, freundlich, aber bestimmt, höflich, aber entschieden. Im Büro arbeitete sie eng mit ihm zusammen, aß jeden Tag mit ihm zu Mittag und verbrachte hin und wieder auch ein Wochenende mit ihm. Sie machten dann entweder eine Bootsfahrt, ein Picknick oder gingen auf die Jagd. Er war kein Mann von vielen Worten, hörte aber jedem aufmerksam zu, der etwas zu sagen hatte. Mit der Zeit hatte sich Gertrudes Einfluß auf ihn dermaßen ausgeprägt, daß Philby später einmal sagte: »Gertrude Bell übte einen überaus starken und beinahe hypnotischen Einfluß auf sein Urteil und seine Entscheidungen aus.«

Je enger sich ihre Beziehung zu Cox entwickelte, desto eifersüchtiger wurden ihre Kollegen. Mit wenigen Ausnahmen nutzten die Offiziere jede Gelegenheit, um sich über sie lustig zu machen. Als sie einmal mit ein paar Scheichs, die zu Besuch gekommen waren, beim Kaffee saß und ihnen der Gesprächsstoff ausging, fragte sie einen der Araber, was sich denn in der Wüste so ereignet habe. »Der Wind weht«, erwiderte der Scheich. Nachdem sich die Gäste verabschiedet hatten, ging sie sofort zum Hochkommissar und erstattete ihm Bericht. Aber das, was sie für eine gefährliche Prognose gehalten hatte, war in Wirklichkeit nur eine harmlose Bemerkung über das Wetter gewesen. »The wind is blowing« wurde daraufhin zu einem Standardwitz, mit dem die Offiziere über sie herzogen.[1]

Mitte Januar trafen die ersten Zeitungskommentare zu ihrem brillanten Werk »*Review of the Civil Administration of Mesopotamia*« von Miß Gertrude L. Bell, C. B. E., aus England ein. Die 147 Seiten umfassende, offizielle Veröffentlichung, die gleichermaßen eine literarische Leistung und eine Faktensammlung war, wurde beiden Häusern des Parlaments als Weißbuch vorgelegt. Außer den anthropologischen, soziologischen, historischen und politischen Fakten enthielt das Buch Porträts jeder wichtigen Persönlichkeit und berichtete über jedes bedeutende Ereignis der letzten sechs Jahre in Mesopotamien: vom November 1914, als die »India Expeditionary Force D« nach Basra gekommen war, bis zu den ersten Schritten zur Bildung einer arabischen Regierung. Mit einer Schilderung der ineffizienten und korrupten osmanischen Herrschaft hatte sie begonnen und sich dann ausführlich der britischen Besatzungszeit während und nach dem Krieg gewidmet. Außerdem hatte sie sich mit den Problemen befaßt, die durch die protürkischen Stämme entstanden waren, und über die Schwierigkeiten berichtet, die überwunden werden mußten, um die Loyalität der Scheichs zu gewinnen. Dann folgten Berichte über die Katastrophe in Kut, die Besetzung Basras, Bagdads und Mosuls und der heiligen Städte Nedschef und Kerbela mit ihren aufrührerischen

430

Religionsführern, über die anglo-französische Deklaration und die Probleme, mit denen die Briten bis zur Zeit des Mandats konfrontiert waren, über den Aufbau einer Zivilverwaltung einschließlich der Einrichtung von Schulen und eines einheitlichen Schulsystems, über die Errichtung von Krankenhäusern und die Organisation eines Gesundheitssystems, über die Schwierigkeiten bei der Schaffung eines Rechtssystems, beim Aufbau eines Polizeikorps, einer Handelskammer, einer Steuerbehörde und bei der Befreiung der Stämme während der Unruhen von 1920. Darüber hinaus schrieb sie über die Beziehungen zu den Arabern und Kurden und über die nationalistische Bewegung.

Gertrude, die fast ein Jahr an dem Bericht gearbeitet hatte, erntete in England großes Lob. Trotzdem regte sie der sexistische Ton der Kritiker auf. Obwohl sie sich selbst womöglich intellektuell als Mann betrachtet hatte und sogar Stolz empfand, wenn sie von den Männern als gleichberechtigte Partnerin akzeptiert wurde, war sie schließlich doch eine Frau – und eine sehr tüchtige noch dazu. Verärgert schrieb sie nach Hause:

»Ich habe gerade Mutters Brief vom 15. Dezember bekommen, in dem sie schreibt, daß um meinen Bericht ein Tanz aufgeführt wird. Die Presse scheint es ganz allgemein höchst bemerkenswert zu finden, daß ein Hund auf den Hinterbeinen stehen kann – das heißt, daß ein weibliches Wesen einen Informationsbericht zu Händen der Regierung schreibt. Ich hoffe, daß sie von ihrer albernen Verwunderung ablassen und dem Bericht selbst Aufmerksamkeit schenken, damit er ihnen begreifen hilft, was in Mesopotamien vorgeht.« Sie legte großen Wert darauf, daß ihr der Auftrag für den Bericht direkt vom India Office erteilt worden war und nicht, wie auf der ersten Seite angedeutet wurde, von A. T. Wilson. Außerdem schrieb sie: »Ich habe gegen seinen ausdrücklichen Wunsch darauf bestanden, ihn auf meine Art schreiben zu dürfen, als wenn er ihn verfaßt hätte. Wie dem auch sei, der Bericht ist so oder so fertig, und ich bin froh, daß ich jetzt nicht in England bin und mich mit den Reportern herumschlagen muß.«

Schon sehr bald sollten ihr andere Ereignisse in England noch

größeren Ärger bereiten: Die Debatte über Mesopotamien hatte eine Wendung zum Negativen genommen. Die große Arbeitslosigkeit, die eine Folge der Wirtschaftskrise der Nachkriegszeit war, hatte die Steuerzahler mobilisiert. Die Öffentlichkeit wollte nicht mehr länger mit ansehen, wie Großbritannien Geld für die neuen Mandate im Mittleren Osten ausgab. Winston Spencer Churchill, der kurz zuvor zum Kolonialsekretär ernannt worden war, hatte den Vorschlag gemacht, die Basis in Basra zu behalten, um von dort die Ölinteressen in Persien und die Handelswege von Ägypten nach Indien schützen zu können. Aber da die Stationierung der Truppen in der Region mit erheblichen Unkosten verbunden war, befürwortete er einen Rückzug der Briten aus dem Rest des Iraks. Für Gertrude und Cox war das eine absurde Vorstellung.

»Was staatsmännisches Geschick anbetrifft, so muß man in unserer Geschichte lange suchen, bis man schlechtere Politiker findet als Lloyd George und Winston Churchill«, schrieb sie ihrem Vater. Sie gehörte zu den von Churchills Fehlentscheidungen besonders hart Getroffenen: Doughty-Wylie hatte seinen Entschluß, ein aus Briten, Australiern und Neuseeländern bestehendes Truppenkontingent nach Gallipoli zu entsenden, mit dem Leben bezahlen müssen. Und jetzt befürchtete sie, daß auch Mesopotamien das Opfer einer seiner Launen werden könnte.

Angesichts dieser Bedrohung hatte Cox einen Brief an Whitehall geschickt und darauf hingewiesen, wie gefährlich es sei, den Irak aufzugeben und nur Basra behalten zu wollen. Auf Gertrudes Drängen und weil er hoffte, dann schnell eine stabile arabische Regierung bilden zu können, schlug er Feisal als Emir vor. Am Morgen des 10. Januar ließ Cox Gertrude zu sich kommen. Sie traf ihn in seinem Eßzimmer, wo er ihr ein Telegramm zeigte, daß er gerade von Churchill bekommen hatte. Sie war wie versteinert, als sie den Inhalt las. Sofort schickte sie Hugh eine kurze Notiz:

»STRENG GEHEIM. Ich fürchte, wir sind am Ende des Kapitels angelangt ... H.M.G. [die britische Regierung] hat die Entscheidung über die weitere Vorgehensweise in Mesopotamien dem Kriegsminister übertragen und den Hochkommissar und den

Stabschef informiert, daß es der britischen Öffentlichkeit nicht länger zuzumuten sei, die Kosten zu tragen, die für eine Fortsetzung des Programms aufgebracht werden müßten – also für Sir Percys jüngsten Vorschlag, Feisal zum Emir des Iraks zu küren, weil das die einzige Möglichkeit sei, möglichst schnell eine stabile arabische Regierung zu bilden, um dann die britische Besatzung reduzieren zu können.«

Es sei unmöglich, ohne britische Unterstützung eine einheimische Regierung einzusetzen. Und sie sei immer noch verärgert über Wilson, den sie für all diese Probleme verantwortlich mache. Als er sich damals im Mai zum erstenmal so verächtlich über eine arabische Regierung geäußert habe, hätten die Nationalisten ihren Widerstand gegen die Briten verstärkt. Es stimme zwar, daß der Gedanke an einen *Dschihad* auf die Massen eine gewisse Anziehungskraft ausübe – vor allem die Aussicht, plündern zu können und keine Steuern zahlen zu müssen –, aber, so betonte sie, »A. T. Wilson hat einen der größten politischen Fehler begangen, die uns in Asien je unterlaufen sind – und es steht auf Messers Schneide, ob wir diesen Fehler je wiedergutmachen können.«[2]

Ein paar Wochen später war plötzlich wieder alles anders.

Da die englische Bevölkerung sich über die immensen Ausgaben in Mesopotamien aufregte (zwanzig Millionen Pfund Sterling allein im Jahre 1920), in Bagdad große Verwirrung darüber herrschte, wer denn nun Emir werden solle – einer der Söhne Scherif Husseins, Saijid Talib oder sogar ein türkischer Prinz –, und da die Engländer nicht wußten, was sie mit Palästina und Transjordanien anfangen sollten, berief Churchill eine Konferenz der Orientexperten in Ägypten ein. Die klügsten Köpfe des britischen Imperiums sollten über das Schicksal Mesopotamiens, Transjordaniens und Palästinas entscheiden. Aus England ließ Churchill Luftmarschall Hugh Trenchard von der Royal Air Force, Kinahan Cornwallis, einen Geheimdienstexperten, der dem Finanzministerium in Ägypten angehörte, und das neueste Mitglied in seinem Team, den blonden, pensionierten Arabienexperten Colonel T. E. Lawrence, kommen. Aus Palästina würden Hochkommissar Sir

Herbert Samuel und Wyndham Deedes anreisen, aus Aden General Scott, aus Somalia Sir Geoffrey Archer, der zwei junge Löwen für den Kairoer Zoo mitbrachte, aus Persien A. T. Wilson, der jetzt die Anglo-Persian Oil Company vertrat, aus Arabien General Ironside und Oberst Trevor und aus Mesopotamien Sir Percy Cox und – als einzige Frau unter den vierzig offiziellen Delegierten – Miß Gertrude Bell.

Mitte Februar war Gertrude damit beschäftigt, sich auf die Konferenz in Kairo vorzubereiten.

Der Irak wurde durch zwei Mitglieder des Staatsrats vertreten: Dschafar Pascha und Sasun Effendi; Saijid Talib mußte zu seiner großen Enttäuschung zu Hause bleiben. Am Vorabend ihrer Abreise waren jedoch alle noch einmal zum Essen bei Talib eingeladen. Gertrude berichtete: »Zwischen zwei Whisky flüsterte er mir ins Ohr – wobei sein Ton immer rührseliger wurde –, er habe mich doch immer wie seine eigene Schwester betrachtet, sei stets meinem Rat gefolgt, und jetzt sei ich seine einzige Verbündete. Da ich zutiefst davon überzeugt war, daß seine ehrgeizigen Wünsche nie erfüllt werden würden und auch nicht erfüllt werden sollten, blieb mir nichts anderes übrig, als ein paar freundliche Worte zu murmeln.« Am nächsten Morgen, es war der 24. Februar 1921, reiste die Gruppe ab und fuhr mit einem Boot den Tigris hinunter. Nach dem Abendessen setzte Gertrude sich dann mit Percy Cox, Major Eadie und Dschafar Pascha zur beliebtesten Form der Abendgestaltung zusammen: zu einer Partie Bridge.

Bevor sie in Basra in ein größeres Schiff umstiegen, unternahm Gertrude eine Stippvisite bei den Van Ess'. Sie begrüßten sie herzlich und aßen mit ihr zu Mittag. Man kam sehr schnell auf den Aufstand zu sprechen, der die Gemüter noch immer bewegte. Sieben Jahre lang hatte John Van Ess als Missionar bei den Nomadenstämmen am Euphrat gelebt, die 1920 die Anstifter der Rebellion gewesen waren. Er sagte, er sei sicher, daß es bei diesem Aufstand weniger um nationalistische Motive als um religiöse Überzeugungen gegangen sei. Es habe sich im Grunde wieder einmal um den ewigen Streit zwischen Sunniten und Schiiten gehandelt. Er

selbst habe die brutalsten Maßnahmen Wilsons befürwortet und – was Gertrude noch weniger gefiel – sei ein Anhänger Saijid Talibs. Trotzdem hörte sie sich seine Analysen mit großem Interesse an. »Mit niemandem kann man besser reden als mit Mr. Van Ess«, schrieb sie an Florence.

Während die Delegation aus Mesopotamien auf der *Hardinge* nach Ägypten unterwegs war, ging Winston Churchill mit schnellen Schritten durch die Menge, die sich vor der Londoner Victoria Station angesammelt hatte, und stieg in den Zug nach Dover. In seinem Privatabteil zündete er sich eine Zigarre an und machte sich an die Arbeit. »Ich werde Millionen einsparen«, hatte der Kolonialsekretär der Presse versprochen. Ein paar Tage zuvor hatte er im Parlament gesagt, daß der große Erfolg der Alliierten im Ersten Weltkrieg, der Zusammenbruch des Osmanischen Reichs und die anschließende Besetzung Palästinas und Mesopotamiens durch die Briten dem Vereinigten Königreich eine sehr große Verantwortung aufgebürdet hätten. Der Preis sei hoch gewesen: Fünfundzwanzig Millionen Pfund hätten allein für die Bekämpfung des Aufstands sowie die Vermeidung der Anarchie und des Chaos in den britischen Mandaten aufgebracht werden müssen. Jetzt wolle er etwas unternehmen, um die finanzielle Belastung zu verringern. Er werde in Mesopotamien eine arabische Regierung einsetzen.

In ihrem gestreiften Seidenkleid, mit ihrer Silberfuchsboa und ihrem Blumenhut stand Gertrude in der Halle des ihr vertrauten Kairoer Bahnhofs und wartete darauf, daß ihr alter Weggefährte Lawrence sie abholte. Dieser hatte es nach dem Riesenerfolg der Vorträge und des Buches von Lowell Thomas, »*Lawrence of Arabia*«, zu Weltruhm gebracht. Zum erstenmal, seit sie sich kennengelernt hatten, war er bekannter als Gertrude. »Lieber Junge«, rief sie aus und streckte dem unbeholfenen, schüchternen Mann ihre behandschuhte Hand entgegen. »Gerty«, grüßte er sie salopp und sah sich um: »Der ganze Mittlere Osten scheint hier versammelt zu sein«, sagte er dann grinsend.

Mit einer Kutsche fuhren sie zur Corniche, einer Palmenallee am Nilufer, und hörten auf dem Weg, wie die Studenten der Al-Ashar-Universität antibritische Parolen skandierten. In der Halle des Hotels Semiramis herrschte eine erwartungsvolle Atmosphäre. Das Personal war schon seit Tagen mit den Vorbereitungen beschäftigt, überall waren Messingknöpfe poliert, die Topfpalmen und andere Zimmerpflanzen begossen worden, Pagen waren kreuz und quer über den blanken Marmorboden geeilt und hatten Telegramme übergeben, Hutschachteln, Kosmetikköfferchen und große Schrankkoffer geschleppt und die distinguierten Gäste willkommen geheißen.

Gertrude ging mit Lawrence auf ihr Zimmer. Während des Aufstands in Mesopotamien im Jahre 1920 und der Debatte über die Kosten des Mandats hatte Lawrence sich schriftlich an die britische Presse gewandt und dabei die Arbeit der Zivilverwaltung in Bagdad manchmal gelobt, häufiger aber kritisiert. Anfangs hatte Gertrude ihm noch darauf geantwortet. Aber einige Wochen später war seine Kritik bedeutend schärfer geworden. »Das englische Volk ist in Mesopotamien in eine Falle gelockt worden, aus der es sich nur schwer wieder befreien kann, ohne seine Würde zu verlieren«, schrieb er in der *Sunday Times*. »Alles war bedeutend schlimmer, als man es uns gesagt hat. Wie brutal und ineffizient unsere Verwaltung war, wurde der Öffentlichkeit verschwiegen.« Gertrude reagierte verärgert und bezeichnete seine Äußerungen zu Recht als »dummes Zeug«. Jetzt lachten beide über zwei Briefe, die sie geschrieben hatte. Im ersten hatte sie ihn als einen Engel, im zweiten als vom Teufel besessen bezeichnet.[3]

Sie diskutierten über die Kosten für Mesopotamien und die Notwendigkeit, einen Teil der Truppen abzuziehen, und waren sich darüber einig, daß Großbritannien nach der Bildung einer arabischen Regierung den Verwaltungsapparat verkleinern und seine finanzielle Belastungen reduzieren könnte. Vor allem aber wollten sich beide dafür einsetzen, daß Feisal zukünftiger Herrscher des Iraks würde. Lawrence war in London bereits diesbezüglich aktiv gewesen und bei Churchill auf Zustimmung gestoßen, während

Gertrude in Bagdad bei Cox die gleiche Überzeugungsarbeit geleistet hatte. Jetzt wollten sie zusammenarbeiten, um sicherzustellen, daß der Mann, den sie sich beide wünschten, auch wirklich zum Emir gekürt würde. Eine Stunde später verließen sie ihr Zimmer, und nachdem sie sich von Lawrence getrennt hatte, stattete Gertrude in Begleitung von Sir Percy den Churchills einen Höflichkeitsbesuch ab. Am nächsten Tag, dem 12. März, einem Samstag, wurde die Kairo-Konferenz offiziell, aber unter strikter Geheimhaltung, eröffnet, es sollte kein Wort an die Presse dringen.

»Ich möchte Dir etwas von der Konferenz erzählen«, schrieb Gertrude zwei Wochen später an Florence. »Es war einfach wunderbar. Wir haben in vierzehn Tagen mehr geschafft als vorher in einem Jahr. Mr. Churchill war bewundernswert, immer bereit, der anderen Partei auf halbem Weg entgegenzukommen. Und er leitete sowohl die großen politischen Konferenzen als auch die kleineren Arbeitsgruppen, in die wir uns aufgeteilt hatten, auf meisterliche Weise.«

Als sich das politische Komitee am ersten Konferenztag zusammensetzte und Percy Cox über die Ereignisse der letzten fünf Jahre in Bagdad berichtete, paffte Gertrude ihre Zigarette und Churchill seine Zigarre. Man habe eine provisorische Regierung gebildet und den Nakib aufgefordert, deren Mitglieder einzuberufen. Jetzt müsse man der Bevölkerung so schnell wie möglich erklären, daß dieser provisorische Staatsrat sehr bald durch eine neue Autorität ersetzt werde. Die Delegierten stimmten überein, daß diese Autorität ein Regent sein müsse. Doch wer? Der Nakib von Bagdad, Saijid Talib, der Scheich von Muhammarah, ja sogar ein Verwandter des türkischen Sultans wurden genannt. Aber sie alle wurden fast ohne jegliche weitere Diskussion abgelehnt. In Anbetracht der Tatsache, daß McMahon der Familie des Scherifen die Gründung eines arabischen Königreichs zugesagt und man wegen dieses Versprechens immer noch ein schlechtes Gewissen hatte, wäre der Sohn des Scherifen die beste Wahl, darüber waren sich alle einig.

Churchill wollte jedoch wissen, warum Feisal, der jüngere Sohn, besser als sein älterer Bruder Abdullah geeignet sei.

Cox erklärte ihm, daß es wichtig sei, eine arabische Armee aufzustellen, die jede mögliche Rebellion im Keim ersticken könne. Feisals Erfahrung mit dem Aufstand in der Wüste und seine Zusammenarbeit mit der alliierten Armee unter Allenby ließen ihn qualifizierter erscheinen als Abdullah. Und da Feisal nicht mehr in Damaskus war, stünde er auch zur Verfügung. Daß die Briten ihn im Stich gelassen hatten, brauchte nicht mehr erwähnt zu werden.

Die Diskussion ging weiter. »Der erste Herrscher sollte eine möglichst aktive Persönlichkeit sein, die in der Lage ist, die Menschen zu begeistern«, sagte Lawrence. Es sei wichtig, eine charismatische Person zu finden, »die ein Gegengewicht zu den Ansprüchen der rivalisierenden Kandidaten darstellt und die zersplitterten Elemente eines rückständigen, erst halbzivilisierten Landes einen kann. Abdullah«, fügte er hinzu, »ist faul und überhaupt keine Führerpersönlichkeit.«[4]

Churchill wies darauf hin, daß Feisals Wahl zum Herrscher des Iraks Großbritanniens Einfluß auf den Rest der Scherifenfamilie vergrößern würde. Wenn Feisal wisse, daß sein eigenes Verhalten (zum Beispiel seine Zusammenarbeit mit den Briten) sich nicht nur auf die Subventionen für seinen Vater sowie auf den Schutz der heiligen Stätten vor den Angriffen Ibn Sauds, sondern auch auf die Position seines Bruders Abdullah in Transjordanien auswirke, werde man bedeutend leichter mit ihm verhandeln können. Und auch sein Vater und sein Bruder würden sich dann in angemessener Weise verhalten.

Wenn die Wahl auf Feisal fallen sollte, müsse man mit dem Widerstand Saijid Talibs rechnen, denn er sei einer der mächtigsten Männer des Iraks, gab Gertrude zu bedenken. Aber, beruhigte sie die Anwesenden, seine Opposition wäre im Vergleich zu der Zustimmung, die Feisal finden würde, unbedeutend.

Am Ende des Verhandlungstages entschieden sich die Teilnehmer, wie Gertrude es gehofft hatte, für Feisal. Churchill telegraphierte nach London: »Die Aussichten für Mesopotamien sind

vielversprechend.« Feisal, der Sohn des Scherifen, gebe Anlaß zur »Hoffnung auf die beste und billigste Lösung«.

Gertrude hatte ihre Meinung über Winston Churchill völlig geändert. Und das war nicht weiter erstaunlich: Alle Verhandlungen liefen genau so, wie sie es sich vorgestellt hatte. Sie selbst hatte Feisal als König des neuen arabischen Staates vorgeschlagen und sich dafür eingesetzt, daß die *Vilayets* von Basra, Mosul und Bagdad sowie die Schiiten, Sunniten und Kurden mit einbezogen wurden. Und sie selbst hatte die neuen Grenzen des Iraks festgelegt. Alle ihre Visionen begannen nun Konturen anzunehmen.

Auf der nächsten Sitzung legten Gertrude und Lawrence einen Plan vor, wie sie Feisal in den Irak bringen wollten. Als sunnitischer Herrscher in einem Land mit einer schiitischen Mehrheit würde Feisal seinen Anspruch auf seine Zugehörigkeit zum Haus des Scherifen begründen; er war, und das war entscheidend, ein direkter Abkomme des Propheten Mohammed. Deshalb, so erklärten die beiden Churchill, müsse der Emir, auch wenn er sich zur Zeit gerade in London aufhalte, nach Mekka reisen, zum Geburtsort Mohammeds und größten Heiligtum des Islam, das gleichzeitig ein Symbol für die religiöse Bedeutung Feisals sei. Dort solle bekanntgegeben werden, daß Feisal vom irakischen Volk eingeladen worden sei. Als er dann von Mekka nach Bagdad fuhr, war Gertrude sicher, daß es ihm mit Hilfe der Briten und seiner arabischen Gefolgsleute im Laufe der Zeit gelingen würde, immer mehr Anhänger für sich zu gewinnen.

Man ließ die irakischen Delegierten Dschafar Pascha al-Askari und Sasun Effendi Eskail in den Konferenzraum kommen und fragte sie, was sie davon hielten. Da Gertrude vorher bereits stundenlang mit den beiden darüber diskutiert hatte, überraschte es sie nicht, daß sie die Entscheidung vorbehaltlos akzeptierten.

Bei den weiteren Verhandlungen debattierte man über Mosul, die Kurden und die enormen Kosten der britischen Militärpräsenz. Als die Rede auf die unruhige Region im Norden des Iraks kam, schlug

Churchill Autonomie für die dort lebenden Kurden vor, denn auf diese Weise könne das Gebiet als Pufferzone zwischen den Arabern und Türken dienen. Er befürchte sonst, daß der irakische Herrscher die Gefühle der kurdischen Minderheit mißachten und sie unterdrücken könnte. Gertrude war anderer Meinung. Der Norden sei für den Irak zu wichtig, sagte sie. Mosul besaß nicht nur Ölfelder, sondern war auch immer schon die Kornkammer Mesopotamiens gewesen und hatte das ganze Land mit Getreide versorgt. Zudem bestand die Bevölkerung zu einem großen Teil aus Sunniten, die als Gegengewicht gegen die schiitische Mehrheit dringend gebraucht wurden. Was die Kurden anbetraf (die ebenfalls Sunniten waren), so glaubte sie, daß sie spätestens nach sechs Monaten froh sein würden, sich unter die Fittiche einer arabischen Regierung begeben zu können. Lawrence widersprach ihr und warnte davor, die Kurden zu zwingen, sich von Arabern regieren zu lassen. Man klammerte das Problem aus und beschloß, Kurdistan zunächst getrennt zu behandeln und der Kontrolle des Hochkommissars zu unterstellen.

Mitten in der Debatte, die eine Woche dauerte, begann Lawrence, der sich bis dahin tadellos benommen hatte, in seine alten Gewohnheiten zurückzuverfallen. Er wurde aufmüpfig, machte unverschämte Bemerkungen, und niemand wußte, wie er darauf reagieren sollte. Aber Gertrude duldete so etwas nicht. »You little IMP![5] [du kleiner Wicht]« fuhr sie ihn an, und Lawrence, der sich sonst kaum beeindrucken ließ, zog sich mit hochroten Ohren schweigend zurück.

Dann diskutierte man darüber, welche jährliche Apanage einflußreichen arabischen Stammesfürsten zu zahlen sei, damit sie der britischen Krone treu ergeben blieben. Fahad Bei, in dessen Wüstengebiet Flugplätze und Straßen von Palästina in den Irak lagen, bekam 36 000 Pfund. Für Scherif Hussein aus der Hedschas waren 100 000 Pfund vorgesehen, und obwohl sich Cox dafür einsetzte, daß Ibn Sauds Unterstützung, die bis dahin 60 000 Pfund betragen hatte, erhöht wurde, sollte er das gleiche bekommen wie Hussein. Aber man einigte sich darauf, daß Ibn Saud diese Erhöhung nur

440

dann bekommen werde, wenn er seine kriegerischen Auseinandersetzungen mit Hussein beendete, mit dem Stamm der Schammar
an der Südgrenze des Iraks Frieden schloß und sich jeder Kriegs-
drohung gegen Kuwait enthielt.

Der Umfang der britischen Militärpräsenz bereitete Churchill
die meisten Sorgen und stand deshalb ganz oben auf seiner Tagesordnung. Churchill (der damals noch als Luftfahrtminister amtierte) war der Ansicht, daß man den Irak aus der Luft besser und
billiger kontrollieren könne als mit Bodentruppen. Darüber hinaus
könnten die dazu benötigten Luftwaffenstützpunkte im Irak zusätzlich als effektive strategische Verbindung nach Indien dienen.
Da die britischen Streitkräfte sowohl durch die Royal Air Force als
auch durch die arabische Armee ersetzt würden, die über Panzer-
fahrzeuge und einen eigenen Geheimdienst verfügte, wären die britischen Interessen gesichert. Und was die Kurden betraf, so waren
sich alle dahingehend einig, daß ein paar Fliegerstaffeln reichten,
um die rebellischen Stämme in Schach zu halten.

Wieder einmal stand Feisal als letzter Punkt auf der Tagesordnung. Es ging vor allem um den Zeitpunkt seiner Einreise in den
Irak. Man beschloß, daß man ihn vor der Wahl nach Bagdad einladen sollte. Churchill telegraphierte nach London: »Sowohl Cox
als auch Miß Bell stimmen darin überein, daß, wenn wir uns an die
geplante Vorgehensweise halten, man Feisals Ankunft in Mesopotamien allgemein willkommen heißen wird.« Es war allerdings ein
ziemlich heikles Unterfangen, die Iraker davon zu überzeugen, daß
Feisal ihr eigener Kandidat sei.

Was jetzt noch der Verhandlung bedurfte, waren die Entscheidungen bezüglich der Mandate Palästina und Transjordanien und
dem Rest der Familie des Scherifen. Hussein, der sich bereits selbst
zum König gekrönt hatte und von den Briten als »tyrannisch«,
»selbstherrlich« und habgierig bezeichnet wurde, ließ man mitsamt seinem Sohn Ali in der Wüste Hedschas herrschen (wo sie
schon vier Jahre später von Ibn Saud vertrieben wurden). Abdullah erhielt Transjordanien, also das Gebiet zwischen dem Ostufer des Jordans und der Westgrenze des Iraks (wo sein Enkel Kö-

nig Hussein bis zu seinem Tod im Jahre 1999 regierte). Aber obwohl Churchill die Balfour-Deklaration befürwortet hatte, blieb das Schicksal Palästinas im Ungewissen.

In einer Pause zwischen den anstrengenden Konferenzen wollte der unternehmungslustige Churchill unbedingt die Pyramiden besichtigen. Gertrude, die er eingeladen hatte, mit ihm zu kommen, stieg in Gise graziös auf ein Kamel, während Churchill sich wie eine Gelatinemasse auf den hölzernen Sattel quälte, der oben auf dem Höcker befestigt war. Das kniende Tier erhob sich, und als der Fleischkloß Churchill nach der dünnen Leine griff, rutschte das Kamel aus, und Churchill plumpste zu Boden. »Wie leicht die Mächtigen doch stürzen«, meinte seine Frau Clementine dazu.[6] Als ihm jedoch ägyptische Reiter ein Pferd anboten, wies Churchill sie zurück. »Ich habe auf einem Kamel angefangen und werde das Ganze auch auf einem Kamel zu Ende bringen«, knurrte er dickköpfig, wie er nun einmal war. Wenig später saßen alle ganz entspannt auf ihren Kamelen – Gertrude in der Mitte zwischen Churchill und Lawrence – und ließen sich mit der Sphinx im Rücken fotografieren. Die Aufnahme ist eine der wenigen, die von dieser Konferenz existieren.

Die Abende verbrachte Gertrude gemeinsam mit den anderen auf diversen gesellschaftlichen Veranstaltungen. Ihr Vater war nach Ägypten gekommen, um sich dort mit ihr zu treffen. Zusammen mit Hugh ging sie zum Tee ins Hotel Shepheard's, zu dem ein Scheich, der auf der Durchreise war, sie eingeladen hatte, dann zu einem Bankett König Fuads im Gezira-Palast. Sie tanzten Walzer in der Residenz des Hochkommissars Allenby, wurden vom Hochkommissar Palästinas, Herbert Samuel, zum Abendessen ins Hotel Semiramis eingeladen und nahmen am letzten Abend an einem Bankett im Abdin-Palast teil. Die Residenz des Sultans war eine kleine verzauberte Stadt mit vielen Hektar großen, üppigen Gärten, Privatquartieren mit vergoldeten Badezimmern, in denen die Wannen in den Boden eingelassen waren, und einem *Samalek*, in dem die Damen des Königshauses ihre Gäste empfingen. In der

großen byzantinischen Halle des Palasts prosteten sich die vierzig Delegierten zu, die Churchill schon bald als »die vierzig Räuber« bezeichnet hatte, und genossen das luxuriöse Mahl und ihren Erfolg. Am 25. März 1921 war die Kairoer Konferenz zu Ende. Churchill triumphierte und verkündete später im Parlament, er habe für Mesopotamien alles erreicht, was er sich vorgenommen hatte: Die britischen Bataillone würden von dreiunddreißig auf dreiundzwanzig verringert, die Ausgaben im ersten Jahr um fünf Millionen und im darauffolgenden um zwölf Millionen Pfund gesenkt, und es seien neue Verkehrswege und strategisch wichtige Luftverbindungen geplant, die der Stärkung des gesamten britischen Empire dienten.

Lawrence, der immer ein Einzelgänger gewesen war, hatte seinem Bruder ein paar Tage vor Beendigung der Konferenz geschrieben: »Das waren die längsten vierzehn Tage meines Lebens ... Wir haben in einem Hotel aus Bronze und Marmor gewohnt, sündhaft teuer und luxuriös – schrecklicher Laden –, da könnte man glatt Bolschewik werden.«

Gertrude dagegen hatte sich köstlich amüsiert. Jetzt saß sie oben an Deck des Schiffes, das sie in den Irak zurückbrachte, und schrieb ihrem Freund Frank Balfour. Sie berichtete ihm, wie sehr sie sich gefreut habe, ihren Vater wiederzusehen, und wie traurig sie sei, daß dies wahrscheinlich erst in einem Jahre wieder der Fall sein werde. »Trotzdem«, schrieb sie, »wenn wir endlich unseren Emir bekommen, braucht er von uns dringend Hilfe und Orientierung. Ich würde es mir nie verzeihen, wenn ich dann nicht dort wäre, um ihm so gut wie möglich zur Seite zu stehen. Ach, Frank, das wird bestimmt sehr interessant werden.« Das neue Land würde alle drei *Vilayets* umfassen – Bagdad, Basra und Mosul. Unter dem Scherifenkönig könnten Sunniten, Schiiten, Juden, Christen und Kurden zu einem Volk vereint werden. Und der Irak, ein reiches, blühendes Land, würde unter der Führung Feisals ein loyaler Schützling Großbritanniens sein. Wenn es Gertrude gelingen sollte, das alles zu verwirklichen, wäre das mehr als interessant, es könnte ein Vorbild für den gesamten Mittleren Osten werden.

30.

Widerstand

Gertrudes Aufgabe bestand darin, Feisal auf den Thron zu setzen. Es durfte in keinem Fall so aussehen, als sei er der Statthalter der Briten. Gertrude mußte die Iraker davon überzeugen, daß Feisal der beste und einzige Anwärter war. Scherif Hussein sollte die Kandidatur seines Sohnes auf das Herrscheramt im Irak verkünden. Danach sollte Feisal Mekka verlassen, mit dem Zug von Basra nach Bagdad fahren und unterwegs Reden halten, um sich eine gewisse Basis zu schaffen. Bis Bagdad wären ihm dann so viele Anhänger zugeströmt, daß es so aussähe, als hätte das Volk selbst ihn zu seinem Herrscher bestimmt – das jedenfalls hoffte man. Und denjenigen, die eine britische Herrschaft vorzogen, würde man klarmachen, daß Feisal mit Zustimmung der Briten sein Amt antrete. Man würde mit britischem Einverständnis im Irak Wahlen abhalten und Feisal zum König krönen.

Dreizehn Jahrhunderte zuvor hatte sich bereits ein ähnliches Szenario abgespielt, an dem Feisals Ahnherr Hussein, der Enkel des Propheten Mohammed, maßgeblich beteiligt war. Und Gertrude wußte nur zu gut, daß es damals fast zu einer Katastrophe gekommen wäre. Hussein war vom irakischen Volk aus Mekka abberufen worden, weil man ihn zum Kalifen machen wollte. Im Jahre 680 n. Chr. war er in Kerbela angekommen, um sein Amt als höchster Religionsführer anzutreten. Aber das Schicksal wendete sich völlig unerwartet, und Hussein wurde schmählich verraten. Anstatt von seinen Anhängern willkommen geheißen zu werden, traf er auf eine feindliche Armee. Nur eine Handvoll Getreuer blieb bei ihm, und fast alle wurden getötet. Am 10. des Muharram wurde Hussein

selbst erschlagen. Mit Fackelzügen trauern die schiitischen Moslems in diesem heiligen Monat noch heute um ihn. »Absit omen« – »Möge das kein schlechtes Vorzeichen sein« –, hoffte Gertrude für sich selbst.

Schon bevor sie und Cox nach Bagdad zurückkehrten, war die Atmosphäre dort vergiftet. Während ihrer Abwesenheit hatte Saijid Talib emsig für den betagten Nakib geworben. Der durchtriebene Innenminister hoffte, daß man den gebrechlichen alten Mann zum Emir wählen werde, um dann nach dessen Tod die Nachfolge anzutreten. Mit der Parole »Irak den Irakern« wies er immer wieder auf den mesopotamischen Ursprung des Nakib (und seinen eigenen) hin. Feisal stammte dagegen aus der weit entfernten Hedschas. Talib unternahm eine ausgedehnte Wahlreise entlang des Euphrats und erklärte allerorten, er sei der Favorit der Engländer. Oppositionelle schüchterte er mit Drohungen ein[1], potentielle Freunde bestach er dagegen mit Tausenden britischen Pfund.[2]

Das war auch der Grund, warum Ali Suleiman von den Dulaim, einer der mächtigsten Scheichs in der Region, sich für den Nakib aussprach. Trotzdem war Talib nach Gertrudes Meinung nicht sehr erfolgreich gewesen. »Es ist ihm kaum gelungen, das Eis zu brechen«, schrieb sie nach ihrer Rückkehr am 12. April. Sie glaubte, daß die aufsässigen Stämme vom mittleren Euphrat der irrigen Meinung seien, Talib werde von den Briten geschmiert, und ihm deshalb die Gefolgschaft verweigerten. Andererseits, fuhr sie fort: »... glaubten sie, daß wir niemals einen Sohn des Scherifen bevorzugen würden«. Schließlich hätten sich die Stämme noch ein Jahr zuvor einen Scherifen gewünscht, woraufhin man damals buchstäblich über sie »hergefallen« sei.

Talib argwöhnte, daß die britische Regierung Feisal unterstützte, und gab deshalb zu Ehren von Percival Landon, einem Auslandskorrespondenten des *Daily Telegraph*, ein Abendessen. Zu den dreizehn Personen, die sich an diesem Abend in Talibs Haus einfanden, zählten die Tods, der französische und der persische Konsul und zwei bedeutende arabische Persönlichkeiten. Die *Chatun* war nicht eingeladen worden.

445

Am nächsten Morgen wurde Gertrude von einigen Gästen über dieses gesellschaftliche Ereignis informiert. Nachdem bei Talib der Alkohol zu wirken begonnen hatte, habe er erklärt, er sei »sehr zufrieden« mit Sir Percy Cox und der Einstellung der britischen Regierung, es gebe »einige Beamte in der Umgebung seiner Exzellenz [eine offensichtliche Anspielung auf Gertrude], die man als Partisanen bezeichnen kann und die einen unguten Einfluß ausüben«. Dem britischen Journalisten gegenüber wies er auf die Macht seiner arabischen Gäste hin (und was noch wichtiger war, auf seine eigene) und drohte: »Wenn auch nur ein einziger Versuch unternommen werden sollte, die Wahl zu beeinflussen, dann sitzt hier der Emir al-Rabi'ah mit dreißigtausend Gewehren ... und der Scheich von Chabaish mit all seinen Männern.« Dann kam er auf den großen Einfluß des Religionsführers zu sprechen: »Der Nakib ist dem Islam, Indien, Ägypten, Konstantinopel und Paris gleichermaßen genehm.«

Talibs Bemerkungen versetzten Gertrude dermaßen in Rage, daß sie sofort einen Bericht für Percy Cox anfertigte. »Das war der Versuch, eine Rebellion anzuzetteln, und genauso schlimm wie das, was jene Leute gesagt haben, von denen das Land letztes Jahr aufgehetzt wurde, nicht weit entfernt von der Erklärung des *Dschihad*«, schrieb sie wütend. Talib sei »zu allem fähig« und bestätige nur seinen schlechten Ruf. Seine Macht sichere er mit mittelalterlichen Methoden: Erpressung, Folter und kaltblütigem Mord. Es war allgemein bekannt, daß er vor Beginn des Krieges die Tötung eines türkischen Beamten befohlen hatte, und jetzt war der Attentäter von damals von ihm nach Bagdad beordert worden. Sie befürchtete, daß Talib den Namen des Nakib mißbrauchen würde, um zumindest einen Aufstand der Stämme zu initiieren, einen »heiligen Krieg« gegen die Briten. Und damit nicht genug: Im schlimmsten Fall rechnete sie damit, daß er versuchen würde, Feisal umbringen zu lassen. Sie sagte, der Mann sei einfach zu gefährlich, man müsse sofort etwas gegen ihn unternehmen.

Noch am selben Nachmittag lud Lady Cox nichtsahnend zum Nachmittagstee ein, obwohl Sir Percy ihr erklärt hatte, daß er zu-

viel zu tun habe, um daran teilnehmen zu können, und statt dessen zum Pferderennen ging. Es kamen viele Gäste, darunter Gertrude und Major Bovill (der Talib in Cox' Auftrag ständig beobachtet hatte). Um halb fünf tauchte Talib selbst auf, unterhielt sich eine halbe Stunde lang mit den anderen Gästen und verabschiedete sich wieder. Gertrude begleitete ihn bis zu seinem Wagen und ging dann wieder ins Haus. Als Talibs Wagen eine nahe gelegene Brücke erreicht hatte, mußte sein Chauffeur aufgrund eines Lkws mit einer Panne anhalten. Der Innenminister wurde auf Befehl von Major Bovill, der plötzlich auf der Bildfläche erschien – und seinerseits nach Cox' Anweisungen handelte –, verhaftet und in ein gepanzertes Fahrzeug gebracht. Talib war in einen Hinterhalt geraten. »Der raffinierteste Mann in ganz Arabien war in die simpelste Falle getappt«, spottete Philby. Zwei Tage später wurde Talib nach Ceylon deportiert.

Cox war dabei ein großes Risiko eingegangen, denn die Aktion hätte die Sympathien für den Politiker erhöhen und ihn zum Märtyrer machen können. Aber wie Cox gehofft hatte, reagierte die Bevölkerung besonnen auf die Machtdemonstration der Briten. »Keine einzige Stimme wurde gegen Sir Percys Coup laut – ganz im Gegenteil: Das ganze Land war enorm erleichtert, daß es Talib nicht mehr gab«, schrieb Gertrude.

Ein großes Hindernis war beseitigt worden, und Gertrude atmete auf. »Gott, bin ich froh, daß ich einen ausführlichen Bericht über Talibs Rede vorgelegt habe«, schrieb sie ihrem Vater voller Freude. »Habe ich Dir nicht gesagt, daß es keinen Mann gibt, der so gut mit kritischen politischen Problemen umgehen kann wie Sir Percy? Mir ist ein Stein vom Herzen gefallen.« Und wieder schob sie die Schuld dafür ihrem früheren Widersacher zu. »Das ist die endgültige Wiedergutmachung des Schadens, den A. T. Wilson angerichtet hat, denn niemand weiß, was er Talib alles versprochen hat, als dieser von ihm ursprünglich ins Spiel gebracht worden war.«

Aber die Probleme, die mit Talib zusammenhingen, waren noch nicht aus der Welt geschafft. Jedem arabischen Minister stand ein

britischer Berater zur Seite. Talibs Berater Philby war wegen der Verhaftung seines Schützlings sehr deprimiert. Da er ein erklärter Gegner der Monarchie war und befürchtete, daß man Talib entfernt hatte, um den Weg für Feisal zu ebnen, ging er sofort in Cox' Büro und bot seinen Rücktritt an. Aber der Hochkommissar versicherte ihm, daß die Briten nicht beabsichtigten, Feisal zum König zu krönen. Außerdem brauche er Philby für das Innenministerium.

Gertrude und Philby hatten schon seit langer Zeit zusammengearbeitet. Seit ihren gemeinsamen Tagen in Basra waren sie eng befreundet und hatten sogar schon einmal Weihnachten miteinander am Tigris verbracht. Außerdem fühlten sie sich durch ihre ehemals starke Abneigung gegen Wilson und ihre Vision eines arabischen Irak verbunden. Jetzt machte Philby Gertrude, von der er wußte, daß sie Feisal unterstützte, jedoch für die Niederlage Talibs verantwortlich und verzog nur das Gesicht, wenn sie sich im Flur begegneten. Seine kühle Art tat ihr weh, deshalb bestand sie schließlich auf einem klärenden Gespräch. Sie erklärte ihm, daß sie nur das getan habe, was »ganz offensichtlich ihre Pflicht« gewesen sei. Er traue sich nicht, sich mit Cox anzulegen, und sie habe keine Lust, mit ihm zu streiten. Danach redeten sie wieder miteinander, berichtete sie ein paar Tage später, aber ob ihr Kollege auch noch nach der Wahl Feisals im Irak bleibe, wisse sie nicht.

Am 21. Mai, zwei Wochen später, war sie zum Abendessen bei den Cox' eingeladen. Da Sir Percy ein leidenschaftlicher Tierliebhaber war, war das Haus der Traum eines jeden Zoologen, es gab dort zahlreiche Vögel und Hunde und sogar einen ausgewachsenen Bären (der eines Tages ausgewildert werden sollte). Gertrude schenkte den Tieren keine Beachtung und schritt hocherhobenen Hauptes in den Salon. Sie trug ein cremefarbenes Seidenkleid und war mit ihren zweiundfünfzig Jahren immer noch auffallend schlank. Der Abend sei, wenn man von einer Ausnahme absehe, »sehr freundlich und angenehm« verlaufen. Mrs. Philby habe sich allerdings »ziemlich hochnäsig« aufgeführt. Gertrude wußte nicht, warum. »Möglicherweise mag sie mich nicht.« Was ihren Gatten anbe-

lange, so sehe sie ihn nur noch selten. Wenn sie jedoch mit ihm zusammen sei, gebe er sich »ziemlich umgänglich«.

Nicht umgänglich genug. Da Talib weg war, leitete Philby das Innenministerium und übte sonst die Kontrolle über alle inneren Angelegenheiten aus. Als Gertrude nach Rücksprache mit Cox vorschlug, eine nationalistische Zeitung zu gründen, in der für die Scherifen geworben werden sollte, lehnte Philby das Projekt rundweg ab. »Er hat ein starkes Vorurteil Feisal gegenüber«, beklagte sie sich bei ihrem Vater.

Philbys Einstellung regte sie immer wieder auf: »Es erscheint mir in höchstem Grade unnötig, daß unsere offizielle Politik von einem unserer eigenen Beamten behindert wird. Er besucht mich kaum noch, also vermute ich, daß er mich als seinen Erzfeind betrachtet – jedenfalls ist er nicht weit davon entfernt. Und ich kann ihm kein freundliches Wort zukommen lassen, um ihn zu warnen. Aber er spielt ein unfaires Spiel, denn er macht sich einen schlechten Namen als Neinsager. Es tut mir sehr leid, aber ich habe mein Bestes getan und ihm goldene Brücken gebaut. Wenn er nicht bereit ist, darüberzugehen, kann ich ihm auch nicht mehr helfen.«

Sein kühles Verhalten verstärkte bei ihr eine bereits vorhandene Frustration: Feisal hätte schon längst in Bagdad sein müssen. Cox hatte mehrere geheime Botschaften an Scherif Hussein geschickt und ihn gebeten bekanntzugeben, daß Feisal in den Irak käme. Die Antwort ließ zwei Monate auf sich warten. Am 12. Juni 1921 trafen zur großen Erleichterung von Cox und Gertrude endlich die Telegramme ein: Feisal befand sich auf dem Weg nach Bagdad. Trotz ihrer freudigen Erregung machte Gertrude sich Sorgen über das, was nach seiner Ankunft geschehen würde.

»Im Grunde meines Herzens bin ich fest davon überzeugt, daß sich kein Volk auf Dauer gern von einem anderen regieren läßt. Wir versuchen jetzt, den Nationalismus zu fördern, aber ich weiß nur zu gut, daß ein Nationalismus, der nicht zur gleichen Zeit fremdenfeindlich ist, als schwaches Pflänzchen vor sich hinkümmert. Ein Feisal, der Hand in Hand mit uns arbeitet, ist eine bedeutend unromantischere Figur als ein Feisal, der sich an die Spitze eines *Dschi-*

had stellt. Aber das wird er nicht tun, das ist nicht sein Stil. Können wir ihm trotzdem soviel Leben einhauchen, daß er die Menschen für einen arabischen Staat zu begeistern vermag ...? Alles hängt von seiner Persönlichkeit und von Sir Percys Zurückhaltung ab, er muß im Hintergrund bleiben.« Zumindest in diesem Punkt fühlte sie sich sicher, denn sie wußte, daß sie sich auf ihren Chef verlassen konnte: »Er ist ein Meister im politischen Spiel«, sagte sie bewundernd, »man kann beim Zuschauen viel von ihm lernen.«

Als Feisals Ankunft in der *Bagdad Times* (der englischsprachigen Regierungszeitung) angekündigt wurde, kamen der Bürgermeister und eine Anzahl jüngerer, proscherifischer Politiker zu Gertrude ins Büro und wollten von ihr wissen, was als nächstes zu tun sei. »Wir mußten uns für eine provisorische Fahne entscheiden«, berichtete sie ihrem Vater, »und dann war noch die schwierige Frage, wo Feisal untergebracht werden sollte, zu beantworten.« Gertrude bestand darauf, daß man im früheren türkischen Verwaltungssitz, der renoviert werden sollte, Zimmer herrichtete. Außerdem schlug sie eine Versammlung der fünfhundert Stadträte vor. Sechzig ausgewählte Personen – darunter Hadschi Nadschi, Gertrudes »persönlicher Spion« – bildeten eine Abordnung, die nach Basra fahren sollte, um dort den zukünftigen Emir willkommen zu heißen. Um Philby zu besänftigen, hatte Cox ihn zum offiziellen Begleiter Feisals bestimmt.

Und mitten in dem ganzen Trubel bekam Gertrude einen Brief von den Philbys, die sie zu einem Ball einluden. »Das ist eine regelrechte Manie«, stöhnte sie. »Man tanzt hier viermal die Woche im Club. Das ist richtig schlimm. Die meisten müssen morgens um sieben oder acht wieder im Büro sein und den ganzen Tag hart arbeiten. Eigentlich können sie es sich gar nicht leisten, bis ein, zwei Uhr morgens wach zu bleiben. Dahinter stecken nur die Ehefrauen – zum Teufel mit ihnen –, denen ist es völlig egal, was sich zur Zeit gerade abspielt. Sie können kein Arabisch und haben mit den Arabern nichts zu tun. Sie schaffen sich hier eine exklusive (aber auch zweitklassige) englische Gesellschaft, die sich vom

Leben in der Stadt absondert. Ich begreife langsam, warum die britische Regierung in Indien solche Sorgen hat, denn dort verhalten sich unsere Frauen genauso.«

Auf dem Ball, der im luxuriösen Alwiya Club stattfand, wo die britischen Offiziere schwimmen, Tennis oder Poolbillard spielen konnten, tanzte Philby, wie es sich gehörte, zuerst mit Lady Cox. Als er anschließend mit Gertrude tanzte, ließ er sie wissen, daß der Plan mit Feisal kein Geheimnis mehr sei. »Man hat die Kairo-Katze aus dem Sack gelassen«, erklärte er ihr. Gegen Ende des Abends war er betrunken und wurde streitsüchtig.

In der darauffolgenden Woche zog Gertrude wieder ihr langes Kleid an, verließ um neun Uhr abends ihr Haus und fuhr zuerst zum Bahnhof, um Madame Talib zu verabschieden, die zu ihrem Mann nach Ceylon fuhr. Dann ging sie auf den nächsten Ball, der diesmal von Lady Cox im Sports Club gegeben wurde. Dort hatte man für die Gäste draußen Teppiche auf den Rasen gelegt, aber Gertrude verspürte keine Lust zu tanzen. Sie soupierte statt dessen mit Sir Percy und ging um Mitternacht in Begleitung von Mr. Tod nach Hause. »Die fröhliche Lady Cox tanzte bis vier Uhr morgens«, bemerkte sie schnippisch. Es war erst vier Wochen her, als die Gattin des Hochkommissars mit Gertrudes Hilfe eine Gartenparty für vierhundert Gäste veranstaltet hatte. Teppiche bedeckten den Rasen, Liegen und Stühle waren nach draußen gebracht und Lichterketten an den Bäumen befestigt worden. Nachdem Gertrude den größten Teil der Arbeit getan hatte, blieb ihr bei einer Bemerkung von Lady Cox die Luft weg: »Es war eigentlich schade, daß wir nicht alle Bäume haben abwaschen lassen«, sagte die Frau des Hochkommissars. Sie seien »so staubig« gewesen.

Am 23. Juni erhielt Gertrude die Nachricht, daß Feisal in Basra eingetroffen sei und Philby ihn dort begrüßen werde. Feisal sollte sofort zu den heiligen Städten Kerbela und Nedschef weiterfahren, um seine Bedeutung als Nachfahre des Propheten zu unterstreichen, und dann nach Bagdad kommen. In der Stadt hatte man die Fahne der Scherifen aufgezogen, und als Gertrude durch den Ba-

sar ging, sah sie das Banner an allen Geschäften. »Die Absicht ist gut, aber die Fahne heraldisch gesehen schlecht«, schrieb sie ihrem Vater; ihr kritisches Auge fühlte sich beleidigt.

Am Morgen des 29. Juni 1921, einem Mittwoch, fuhr Gertrude mit Oberst Joyce, dem Militärberater der irakischen Regierung, durch die Stadt. Die Bewohner säumten die Straßen, mit arabischen Wimpeln winkend. Auch die Gebäude waren mit Fahnen, Blumen und Triumphbögen geschmückt. Sie fuhren durch die breite Hauptstraße zum Bahnhof von Bagdad. Dort hatte sich eine riesige Menschenmenge angesammelt, die ungeduldig der Ankunft Feisals harrte. Sie begab sich mit dem Obersten zu den für sie reservierten Plätzen, und als sie bereits eine Stunde lang gewartet hatten, kam die enttäuschende Nachricht, daß der Zug Verspätung habe und nicht vor Mittag dort eintreffen werde. Für eine Willkommenszeremonie war es um diese Zeit viel zu heiß. Also ließ man Feisal mitteilen, er möge im Zug bleiben und seine offizielle Ankunft auf sechs Uhr verlegen. Alle gingen wieder nach Hause, um sich am Spätnachmittag erneut einzufinden.

Der schlanke, hochgewachsene Feisal stand in der Tür des Eisenbahnwagens, und als er die Ehrenformation grüßte, bot er in seinem fließenden Gewand mit dem goldbetreßten Kopfschmuck einen prächtigen Anblick. Sir Percy Cox und General Haldane hießen ihn feierlich willkommen, und die Menge applaudierte begeistert. »Er schritt die Ehrenwache ab, inspizierte sie, und Sir Percy begann, die arabischen Würdenträger, Vertreter des Nakib usw. vorzustellen. Ich versteckte mich hinter Mr. Cornwallis, aber Feisal sah mich und schritt herüber, um mir die Hand zu schütteln. Er sah aufgeregt und nervös aus – man ist kein König auf Probe ohne seelische Anspannung –, aber es verlieh seiner natürlichen Würde nur einen menschlichen Charme.«

Sie unterhielt sich angeregt mit Kinahan Cornwallis, »ein Fels an Kraft und Weisheit«, der an Größe alle anderen überragte. Er hatte eine Adlernase und intensiv blaue Augen und war außerordentlich intelligent und zuverlässig. Ehemals Leiter des Arab Bureau

452

in Kairo, war er schließlich Feisals Berater in Damaskus geworden und hatte bereits fünf Jahre lang eng mit dem Emir zusammengearbeitet und sich dabei dessen Respekt verdient. Feisal hatte sich sogar geweigert, sich ohne ihn auf die Reise nach Bagdad zu begeben.

Als Cornwallis aus dem Zug gestiegen war, war Gertrude aufgefallen, daß er ziemlich finster dreinblickte. Er erklärte ihr sofort, daß der Empfang in Basra nicht so günstig verlaufen sei. Die Menschen seien sehr zurückhaltend gewesen und hätten nicht applaudiert. Auf der Fahrt weiter in Richtung Bagdad seien die Menschen entweder stumm geblieben oder hätten sogar offene Feindseligkeit gezeigt. Offenbar hatten sich die politischen Offiziere in den Städten entlang der Eisenbahnlinie von Philby beeinflussen lassen, der Cox in den Rücken gefallen war und ihnen geraten hatte, den Empfang zu boykottieren oder sich jeder Beifallsäußerung zu enthalten. Philby selbst, der damit beauftragt war, Feisal willkommen zu heißen, hatte dies in nicht besonders freundlicher Weise getan. Die britischen Beamten, so hatte er dem Emir mitgeteilt, seien instruiert worden, für eine »absolut freie« Wahl zu sorgen. Wenn Feisal glaube, er könne die Stimmen der Bevölkerung gewinnen, weil er von den Briten nominiert worden sei, dann habe er nur geringe Chancen. Die Leute wollten eine Republik, davon ließ Philby sich nicht abbringen. Und er selbst befürwortete Ibn Saud als deren Führer. Hinzu kam, daß Feisal unterwegs von Gerüchten gehört hatte, die besagten, daß Philby ihn ablehne, die *Chatun* ihn unterstütze und Sir Percy neutral sei. Nachdenklich fragte sich Feisal, ob der Hochkommissar wirklich auf seiner Seite stehe. Und wenn dem so sei – warum wandten sich dann Cox' eigene Beamte gegen ihn?

Statt der herzlichen Aufnahme, mit der Feisal gerechnet hatte, stieß er auf unerwarteten Widerstand. In Basra wollten die Scheichs ihre Enklave selbst regieren und strebten daher nach Autonomie. Am unteren Euphrat bereiteten die Nomadenstämme eine Petition für eine Republik vor. In Kerbela und Nedschef waren die schiitischen heiligen Männer gegen einen Scherifen. Und überall im Land

herrschte unter den protürkischen Gruppierungen die feste Überzeugung, daß die Türken zurückkehren würden. In Bagdad waren
der Nakib und seine Anhänger nur widerstrebend bereit, Feisal zu
unterstützen. Die Schatten von Hussein und Muharram lagen über
allem: Der große Empfang, den Gertrude sich erhofft hatte, hatte
nicht stattgefunden. Der Schneeball war im heißen Sand geschmolzen.

31.

Feisal

Obwohl es erst sieben Uhr morgens war, lag die Stadt bereits unter einer brütenden Hitzeglocke. Bis zum Nachmittag würde die Temperatur ihr tägliches Maximum von 48 Grad erreicht haben. Gertrude befand sich am Morgen nach Feisals Ankunft auf dem Weg in ihr Büro und blieb am ehemaligen türkischen Verwaltungskomplex stehen. Der langgestreckte Ziegelsteinbau am Flußufer, der nicht weit von ihrem eigenen Haus lag, strahlte Kraft und Grazie aus. Sie gab einem Adjutanten ihre Visitenkarte und rechnete damit, von Feisal zu späterer Stunde oder am nächsten Tag eingeladen zu werden. Ob die *Chatun* einen Augenblick warten könne, fragte der Mann. Der Emir wünsche sie zu sehen. Ein Diener geleitete sie in einen großen Salon, und kurz darauf kam Feisal, der selbst in seinem fließendem Gewand dünn wirkte, durch den Raum auf sie zu, um sie zu begrüßen. Es war zwei Jahre her, seit sie auf der Pariser Konferenz miteinander geredet hatten, aber er hatte sie nicht vergessen. Er streckte beide Hände aus und sagte voller Dankbarkeit: »Ich hätte nie geglaubt, daß Sie mir so viel Hilfe zuteil werden ließen, wie Sie es getan haben.«

Er führte sie zu einem Sofa. Sie setzten sich beide, und während Feisal eine Zigarette nach der anderen rauchte, vertraute er ihr seine Sorgen an. Gertrude gab sich die größte Mühe, ihn zu beruhigen, indem sie ihm versicherte, daß Percy Cox »vollkommen auf seiner Seite« sei. Sie riet ihm, offen mit Cox zu reden. Außerdem solle er alles daransetzen, sich die Unterstützung durch den Nakib zu sichern.

Dieser und seine Anhänger hatten voller Enttäuschung mit anse-

455

hen müssen, wie Feisal und seine Männer die Herrschaft in Damaskus übernahmen und sie dann wieder an die Franzosen verloren. Jetzt machten sich die Bürger von Bagdad Sorgen, daß der Kreis um ihn zu schwach sei, um den Irak regieren zu können. Gertrude war klar, daß die alteingesessene lokale Elite es nicht gern sehen würde, wenn gewöhnliche junge Männer die Macht übernahmen. Als Feisal in Bagdad eintraf, blieb der Nakib zu Hause: Er war angeblich zu krank, um ihn am Bahnhof begrüßen zu können.

Obwohl Gertrude wußte, daß Feisal nicht bereit war, seinem Widersacher die Hand zu reichen, empfahl sie ihm dringend, das Wohlwollen des Nakib zu gewinnen. »Ich werde Sie dafür verantwortlich machen«, erwiderte Feisal, nahm aber doch ihren Rat an. Er hielt sich an die Spielregeln des Nakib, besuchte den alten Mann in seinem Haus, wünschte ihm baldige Genesung und brach damit das Eis.

Auf einem Gartenfest, das Gertrude am selben Abend organisiert hatte, betrachtete sie vergnügt die elektrische Beleuchtung und die Dekorationen und war sehr zufrieden, als sie hörte, wie der arabische Erzähler Feisal als König des Iraks bezeichnete. Über das Benehmen einiger Gäste war sie jedoch entsetzt. »Ich muß mich unbedingt um Feisals Hofzeremoniell kümmern. Hier scheint keiner zu wissen, was er als nächstes tun soll.« Im Laufe des Abends kam es sehr häufig vor, daß Gäste Feisal einfach stehen ließen und sich miteinander unterhielten.

Als das Essen serviert wurde, aß der zukünftige König nur sehr wenig. Er war ungeduldig, und es hielt ihn kaum auf seinem Stuhl. »So eine arabische Dinnerparty hat viel für sich«, bemerkte Gertrude. »Alle Speisen stehen vor einem, man ißt, was man will, und wenn man fertig ist, steht man auf, trinkt Kaffee und raucht eine Zigarette.« Noch schlimmer wurde die ganze Sache durch die zahlreichen, viel zu langen Reden. Feisal, der müde war und sich langweilte, stand auf, ging zu Gertrude und flüsterte ihr vertraulich ins Ohr: »Ich habe mich in Syrien immer bemüht, Reden zu vermeiden, aber ich fürchte, hier wird das schlecht möglich sein.«

Obwohl es auch einige Lichtblicke gab, war Feisals Weg dornig. Er war noch nie im Irak gewesen und wußte kaum etwas über die Menschen und die Struktur des Landes, das er regieren sollte. Die Nomadenstämme waren ihm völlig fremd, unter den Scheichs hatte er keine Freunde, die einzelnen Regionen – das Marschland im Süden, die Berge im Norden, die Kornfelder und Flüsse – waren ihm nicht vertraut, und mit der Geschichte des Landes verband ihn nichts. Er sprach sogar einen anderen arabischen Dialekt, eine Mischung aus Hedschas, Ägyptisch, Syrisch und Türkisch. Aber Gertrude wußte, daß er intelligent genug war, um alles schnell zu lernen, und daß er das Charisma eines guten Führers hatte.

Er ließ sie häufig zu sich kommen, um sie um Rat zu fragen. In seinem Privathaus zogen sie sich in ein kühles, unterirdisches Gewölbe zurück, redeten miteinander, und nachdem die Diener eisgekühlte Limonade serviert hatten, sagte Gertrude ihm, wie er sich am besten Sir Percy, den Geschäftsleuten aus Bagdad und den Kurden gegenüber verhalten und wie er bei der Kabinettsbildung vorgehen solle. Tag für Tag zog sie ihre hübschesten Kleider an und setzte ihren ganzen Charme ein, um Feisal die Geographie und das Stammeswesen des Iraks näherzubringen.

Die Opposition war stark. Einige Stämme wünschten sich eine Republik, andere, wie zum Beispiel die Anaseh unter Fahad Bei, eine britische Regierung, wieder andere, etwa die Dulaim, gaben dem Nakib den Vorzug. Während Gertrude sich bemühte, die verschiedenen oppositionellen Gruppen von Feisal zu überzeugen, machte sich bei ihr allmählich die ständige Anspannung bemerkbar: »Ich habe das Gefühl, daß ich das nicht mehr länger aushalte!« klagte sie. Die Anstrengungen, ihren Kandidaten so gut wie möglich zu verkaufen, beanspruchten jede einzelne Nervenfaser ihres Körpers bis zum Zerreißen. »Reden, überzeugen, schreiben« – selbst im Schlaf diskutierte sie noch weiter.

Wenn sie morgens ins Büro ging, mußte sie sich einen Weg durch die Menge neugieriger Scheichs und anderer Persönlichkeiten bahnen, die stundenlang unter der Markise im Garten der Botschaft saßen und auf den Thronanwärter warteten. Feisals Charme war

eine große Hilfe, das mußte sie zugeben: »Er hat viele Anhänger gewonnen.« Und da sie den probritisch eingestellten Leuten klarmachen konnte, daß auch Sir Percy für Feisal gestimmt habe, wendete sich die Stimmung langsam zum Positiven, und es gelang ihr, die Würdenträger davon zu überzeugen, daß der Scherif der beste Kandidat, wenn nicht sogar der einzig mögliche sei.

Einer der bedeutendsten Männer, die in ihr Lager überliefen, war der von allen verehrte Nakib. Am 7. Juli, einem Donnerstag, gab der heilige Mann ein Abendessen in seinem Haus. Hundert Gäste hatten an großen Tischen im Garten Platz genommen, wobei die prominentesten von ihnen auf dem Dachgarten aßen, der zu diesem Zweck mit Teppichen und elektrischem Licht ausgestattet worden war. Auf wackligen Beinen kam der alte Nakib seinem Ehrengast bis zum oberen Treppenabsatz entgegen, küßte den weißgekleideten Feisal auf beide Wangen und ging Hand in Hand mit ihm zu den anderen prominenten und einflußreichen Gästen, um sie ihm einzeln vorzustellen. »Hier wurde Geschichte gemacht«, schrieb Gertrude. In der darauffolgenden Woche fanden weitere Abendgesellschaften statt: Zuerst gab Cox ein Abendessen für Feisal und dieser eines für die Scheichs von Tigris und Euphrat. »Bei diesem Wetter sind solche Abendgesellschaften eine wahre Qual«, stöhnte sie. Es war nachts kaum kühler als tagsüber, und den Gästen perlte der Schweiß von den Augenbrauen, während sie sich an Auberginen, gefüllten Weinblättern, Lammbraten, Reis und Obst gütlich taten und dabei endlose Reden anhören mußten.

Gertrude war es zwar gelungen, den Nakib und seine Anhänger von Feisal zu überzeugen, bei ihrem Kollegen Philby war sie jedoch nicht so erfolgreich. Cox hatte ihm zehn Tage Urlaub gegeben, und nach seiner Rückkehr ließ der Hochkommissar ihn in sein Büro kommen. Ob er sich inzwischen mit der Situation angefreundet habe, wollte Cox wissen. Philby sagte nein, was die Wahl des Emirs anbetreffe, sei er nicht bereit, auf die offizielle Linie einzuschwenken. Cox wurde fuchsteufelswild und erklärte seinem Assistenten, daß er unter diesen Umständen keine andere Möglichkeit sehe, als ihn von seinen Pflichten zu entbinden. Es tat Gertrude

458

weh, mit ansehen zu müssen, wie Philby sich selbst zerstörte. »Er wurde entlassen, und das ist eine Tragödie«, schrieb sie voller Enttäuschung, »aber das hat er sich selbst zuzuschreiben.« Cox habe ihn immer »an der langen Leine« gelassen und ihm jede Möglichkeit geboten. »Sir Percy, der keinen Augenblick zögert, wenn es um Pflichterfüllung geht, hat den Gordischen Knoten durchtrennt. Trotzdem tut es mir sehr leid.«

Um Philby persönlich sagen zu können, wie sehr sie diese Entwicklung bedauerte, besuchte sie ihn zu Hause. »Jack, ich habe davon gehört, und es tut mir so leid«, sagte sie. Aber statt ihr die Hand zur Versöhnung entgegenzustrecken, schlugen er und seine Frau sie ihr quasi ins Gesicht. »Nein, tut es nicht!« rief Philbys Frau und brach in Tränen aus. Sie warf Gertrude vor, sie allein sei der Grund für die Entlassung ihres Mannes. Dann drehte sie sich um und lief aus dem Zimmer. Philby starrte ihr finster ins Gesicht: »Diesmal hast du gewonnen«, knurrte er, »aber bei Philippi sehen wir uns wieder.« Sie habe nicht vor, auf dem Schlachtfeld zu erscheinen, erwiderte Gertrude und fügte knapp hinzu: »Nicht ich, sondern die Regierung Seiner Majestät hat gewonnen und wird immer gewinnen.« Sie erinnerte Philby an ihre lange Freundschaft und sagte ihm, daß sie alles getan habe, um ihn davon zu überzeugen, daß es nicht gut sei, sich Befehlen zu widersetzen. »Es ist mir ein Rätsel, wie er sich für diesen Schurken Talib stark machen konnte«, schrieb sie.

Eine Woche später war Gertrude bei den Cox' zum Mittagessen eingeladen. Noch einmal saß sie den Philbys gegenüber. Aber die Stimmungslage hatte sich geändert. »Die Angelegenheit mit den Philbys scheint sich zu klären«, schrieb sie nach Hause. »Für mich war das eine ganz schreckliche Situation. Denn obwohl die beiden genau wußten, daß er sich das alles selbst zuzuschreiben hatte, haben sie mir die Schuld an seiner Entlassung gegeben – jedenfalls hat das Mrs. Philby getan. Inzwischen sieht sie das jedoch auch nicht mehr so.« Philby erklärte ihr, daß er sich aus der Politik zurückziehen wolle, was Gertrude bedauerte, denn »eigentlich können wir auf einen Mann wie ihn nicht verzichten«.

Auch die große jüdische Gemeinde mußte für den Scherif gewonnen werden. Die Juden würden einem arabischen Herrscher nur widerwillig zustimmen (sie hatten früher schon einmal die britische Staatsbürgerschaft beantragt, falls eine arabische Regierung gebildet werden sollte). Gertrude versuchte sie zu überzeugen, indem sie ihnen erklärte, daß Feisal die Unterstützung der Briten genieße. Ihre Laune besserte sich, als die Juden sich bereit erklärten, ihm zu Ehren einen großen Empfang zu geben. Am 18. Juli, einem Montagmorgen, versammelten sich Juden, Christen und Araber im Garten des Hauses des Oberrabbiners. Von der Balustrade im zweiten Stock wehten Fahnen in den arabischen Farben – Grün, Rot und Schwarz –, auf dem Balkon drängten sich die Kinder, und aus den Fenstern der oberen Stockwerke beobachteten die Frauen das Treiben unter ihnen. Nach und nach füllten sich die Stuhlreihen: Rabbiner, einflußreiche Christen, alle arabischen Minister und die führenden heiligen Männer der Sunniten und Schiiten hatten schließlich ihre Plätze eingenommen.

Als die offiziellen Gäste eintrafen, applaudierte die Menge. Gertrude wurde der Ehrenplatz zur Rechten König Feisals zugewiesen. »Du weißt, wieviel Aufhebens sie um mich machen, die Guten«, schrieb sie. Das Programm begann, und in den nächsten zwei Stunden hörten sich die Gäste, denen man in der drückenden Hitze kühle Getränke und Erfrischungen anbot, die Reden und Lieder an. Der Rabbiner sah aus wie eine Figur, »die einem Gemälde von Gentile Bellini entstiegen sein könnte«. Die Reden waren gut vorbereitet und »interessant«, weil sie die angespannte Atmosphäre widerspiegelten: »Die Angst der Juden, daß eine arabische Regierung Chaos bedeuten könnte, verflüchtigte sich jedoch allmählich wegen Feisals offensichtlich vorurteilsfreier Einstellung.«

Die schwere Thorarolle in ihren goldenen Zylindern wurde aus der Lade genommen und zuerst dem Oberrabbiner gebracht, der sie küßte, dann zu Feisal, der das gleiche tat. Danach erhielt der zukünftige Emir eine goldene Kopie der zehn Gebote und eine wunderschön eingebundene Ausgabe des Talmud. Gertrude beugte sich zu Feisal vor und flüsterte ihm ins Ohr, daß sie hoffe, er werde eine

Rede halten. Er habe zwar eigentlich nicht vorgehabt, viel zu sagen, flüsterte er zurück, aber er glaube, es lasse sich nicht vermeiden. »Sie wissen, daß ich nicht so wie sie rede«, fügte er hinzu. »Ich sage einfach, was in meinen Gedanken ist.«

Am Ende der Zeremonie stand Feisal auf. »Im Hinblick auf den Begriff Patriotismus haben die Worte Juden, Moslems und Christen keine Bedeutung«, sagte er. »Es gibt nur ein Land, das sich Irak nennt, und alle seine Bürger sind Iraker. Ich bitte meine Landsleute, die Iraker, nur Iraker zu sein, denn wir gehören alle zu einer Rasse, zum Stamm der Sem [Semiten]. Wir alle gehören dieser edlen Rasse an, und es gibt keinen Unterschied zwischen Moslems, Christen und Juden.«[1]

»Er sprach wirklich sehr schön; es war direkt und gut und überzeugend«, schrieb Gertrude. »Er machte ungeheuren Eindruck. Die Juden freuten sich, als er mit Nachdruck hervorhob, daß sie mit den Arabern einer Rasse seien, und alle unsere Freunde waren gleichermaßen erfreut über seinen Hinweis auf die britische Unterstützung.«

Während Gertrude in Bagdad feierte, erlitt ihr Vater eine bittere Niederlage. Sein Versuch, den Wert seines Unternehmens zu erhöhen, war fehlgeschlagen, und nach einem ungewöhnlich langen Streik der Bergarbeiter war er bis über beide Ohren bei den Banken verschuldet. Ende Juli erhielt sie von ihm einen verzweifelten Brief und schrieb ihm sofort zurück, um ihn zu trösten. »Liebster Vater. Ich schicke Dir diesen Brief mit Luftpost und hoffe, daß Du ihn in sieben, acht Tagen bekommst – denn dann habe ich das Gefühl, daß Du nicht so weit weg von mir bist. Dein Brief vom 28. Juni klang ziemlich verzweifelt. Was das Vermögen der Familie anbetrifft, so ist es wirklich hart, daß Du solche schweren Zeiten mitmachen mußt, aber Du wirst sehen, es wird sich mit der Zeit alles wieder einrenken. *Inschallah*, genauso erleben wir es hier: Auch unsere schwere Aufgabe wird letzten Endes erfolgreich sein. Mach Dir nicht zu viele Sorgen – was geschieht, geschieht, und wir werden uns anpassen. Das einzig Wichtige ist, daß Du gesund und

glücklich bist.« So traurig es auch war, die glorreichen Tage der Familie Bell näherten sich ihrem Ende.

Bevor Feisal zum König gekrönt werden konnte, mußten verschiedene gesellschaftliche Gruppen zu einem Konsens gebracht werden. In Bagdad ging es vor allem um die Sunniten, die Juden, die Christen und die orthodoxen Armenier, in Mosul und Kirkuk um die Kurden. In der Provinz bestand dagegen der größte Teil der Bevölkerung aus Schiiten. Da den einzelnen Volksstämmen schon der bloße Gedanke an einen Zentralstaat ein Greuel war, mußte jede von ihnen individuell angesprochen und für die Idee gewonnen werden. Für die Nomaden zählte nur der Stamm, bei ihnen gab es noch das Gesetz der Blutrache. Ihre Führer wurden vom Stamm gewählt, und ihr vorrangigstes Interesse galt den Weidegründen für ihre Herden. Grenzen kümmerten sie ebensowenig wie jede Form der Bürokratie, geschweige denn daß sie von einem König regiert werden wollten. Nur eine sehr dynamische Persönlichkeit wäre in der Lage, sie vom Gegenteil zu überzeugen. Gertrude bat ihren Freund Fahad Bei, eine Versammlung der beiden größten Stämme zu organisieren: der probritischen Anaseh und der Dulaim, die Anhänger des Nakib waren.

Am 30. Juli um vier Uhr morgens hatte Gertrude bereits gefrühstückt und sich angezogen. Sie setzte ihren Hut auf, nahm ihren Sonnenschirm und ihren Fotoapparat, stieg in den großen schwarzen Ford und gab dem Fahrer knappe Anweisungen, sie so schnell wie möglich zum Euphrat zu bringen. Feisal war mit seinem Gefolge bereits dorthin unterwegs. Auf halbem Weg hatte ihr Wagen den Konvoi eingeholt. Als ihr Fahrer auf gleicher Höhe mit Feisals Auto war, rief sie zu ihm hinüber, ob sie vorfahren dürfe. Sie wolle zuerst in Falluja sein, um die Gruppe bei der Ankunft fotografieren zu können. Feisal nickte zustimmend.

Über mehrere Kilometer säumten Reiter ihren Weg. In Falluja fuhr sie durch ein Meer von Fahnen und an Menschenmassen vorbei zum Fluß hinunter. Reiter begleiteten den Konvoi, jubelten Feisal zu und wirbelten Unmengen von Staub auf. Die Fahrer mußten

462

sich einen Weg durch die Menge bahnen, um zu der Fähre zu gelangen, wo der Sohn Fahad Beis sie begrüßte.

Für Feisal hatte man ein großes schwarzes Zelt aufgebaut, in dem er ein *Majlis* abhalten konnte, eine Art Audienz. Nachdem Stammesmitglieder der Dulaim ihre Aufwartung gemacht hatten, wurde eine Mahlzeit aus Huhn und Reis serviert. Während die Autos mit einer Fähre ans andere Ufer gebracht wurden, setzten Gertrude und Feisal mit einem Schiff über. Drüben erwartete sie Fahad Bei. »Es war ein großer Augenblick«, schrieb Gertrude begeistert. Der oberste Scheich der Anaseh, »ein erbitterter Gegner einer arabischen Regierung«, betrachtete den Sohn des Scherifen Hussein mit großem Mißtrauen. Er wollte jedoch die Unterstützung der Briten nicht verlieren und hatte sich deshalb schließlich von der *Chatun* überzeugen lassen und war gekommen, um Feisal zu begrüßen.

Als die Wagenkolonne vom Flußufer in Richtung Wüste weiterfahren wollte, versperrte ihr eine Phalanx aus Kriegern der Anaseh auf ihren Pferden und Kamelen mit wehender Flagge und über die Hüften gelegten Gewehren den Weg. Feisal salutierte, und Gertrude folgte seinem Beispiel. Ali Suleiman, der Scheich der Dulaim, kam ihnen entgegen und geleitete sie zu einem anderen riesigen Festzelt, dessen Seiten mit frischen grünen Zweigen geschmückt waren. Draußen vor dem sechzig Meter langen schwarzen Zelt hatten sich Hunderte von Reitern auf Pferden und Kamelen versammelt, und ein einzelner dunkelhäutiger Mann auf einem großen Schimmel trug die Standarte des Stammes. Im Inneren des Zeltes warteten weitere vier- bis fünfhundert Männer. Feisal, der ein weißes Gewand, einen langen schwarzen Umhang und einen weißen Kopfputz trug, der mit schweren silbernen Litzen verziert war, wurde zu einem eigens für ihn errichteten Podium geführt. Mit Fahad Bei zu seiner Rechten und Gertrude zu seiner Linken nahm er dort Platz.

»Ich hatte ihn noch nie so großartig aussehend erlebt«, berichtete Gertrude. »Dann begann er zu sprechen, wobei er sich über den kleinen Tisch vor ihm beugte, die Hand hob und senkte, um

seine Sätze zu betonen ... Er sprach in der großartigen Sprache der Wüste, volltönend, wunderbar – keine Sprache ist wie diese. Er sprach als Stammesoberhaupt zu seinen Vasallen.«

»Brüder!« rief Feisal mit lauter Stimme, »meine Worte sind eure Worte, und ich behandle euch wie ein Bruder den anderen, wie ein Freund den anderen und nicht wie ein Herrscher seine Untertanen. Ich bin für euch kein Fremder. Ihr könnt meinen Worten vertrauen. Ich bin zu euch gekommen und weiß, daß ihr Araber und Beduinen seid. Seit vier Jahren habe ich mich an keinem Ort wie diesem oder in solcher Gesellschaft wiedergefunden.«[2] Unter seiner Regierung werde im Irak ein neues Streben erwachen, erklärte er, so als sei er schon zum König berufen, und schlug mit der Hand auf den Tisch. »O Araber, lebt ihr in Frieden miteinander?«

»Ja, ja«, riefen alle, »wir leben in Frieden. Das ist die Wahrheit, bei Gott, das ist die Wahrheit.«

»Von diesem Tag an – welches Datum haben wir?« fragte er, »und welche Stunde?« Man sagte es ihm, und er fuhr fort: »Von diesem Tag, dem 25. Juli [er nannte natürlich das mohammedanische Datum] und der vierten Morgenstunde an [es war 11 Uhr] ist jeder Stammesangehörige, der seine Hand gegen einen anderen Stammesangehörigen erhebt, mir gegenüber verantwortlich – ich werde zwischen euch richten und eure Scheichs zu Rate ziehen. Ich habe Rechte über euch als euer Herr.«

»Ja, ja«, stimmten sie zu und sagten noch einmal: »Die Wahrheit, bei Gott, die Wahrheit.« Ein Mann mit einem weißen Bart unterbrach ihn jedoch: »Und unsere Rechte?« rief er.

»Und ihr habt eure Rechte als Untertanen, die ich zu schützen habe.«

»Ja, ja«, rief die Menge. »Wir stimmen zu. Die Wahrheit, bei Gott, die Wahrheit.«

Als er geendet hatte, standen Fahad Bei, der oberste Scheich der Anaseh, und Ali Suleiman, der Scheich der Dulaim, auf. »Wir legen unseren Untertaneneid vor dir ab, weil du für die britische Regierung akzeptabel bist«, erklärten sie.

Das überraschte Feisal. Er wandte sich an Gertrude, lächelte und

sagte mit fester Stimme: »Niemand kann an meinen Beziehungen zu den Briten zweifeln, aber wir müssen unser Schicksal selbst in die Hand nehmen.« Er blickte noch einmal zu Gertrude hinüber, und sie streckte ihre verschränkten Hände aus, um so die Einheit der arabischen und britischen Regierung zu symbolisieren.

»Es war ein gewaltiger Augenblick«, erinnerte sie sich, »diese beiden großen Männer, die ihren Part in der Geschichte ihrer Zeit spielen, und Feisal als hervorragendster Vertreter seines Volkes dazwischen und wir selbst als Bindeglied.« Feisal und Gertrude feierten einen großen Sieg.

Nach nur fünfwöchiger Vorbereitungszeit – aus heutiger Sicht eine kurze Zeitspanne – sollte Feisal zum König gekrönt werden. In Kairo war entschieden worden, daß dies Aufgabe der verfassunggebenden Versammlung sei. Da man befürchtete, daß die Einberufung der Versammlung mindestens drei Monate dauern würde und tatsächlich die Gefahr bestand, daß die kurdischen Provinzen gegen ihn votierten, verabschiedete das Kabinett schnell eine einstimmige Erklärung, in der Feisal zum König bestimmt wurde. Um jedoch zu demonstrieren, daß es sich dabei um eine »freie und gerechte Wahl« gehandelt habe, wurde dem Volk ein Referendum präsentiert: »Wollen Sie von Feisal regiert werden?« Kaum einer zweifelte daran, daß die Antwort positiv ausfiel.

Feisals Krönung war ein Ereignis von großer Tragweite, und Gertrude oblag es, dem neuen König auch die historische Dimension klarzumachen. Sie hatte ihn schon anhand von Karten des Iraks über die verschiedenen Stämme informiert. Wie eine engagierte Lehrerin führte sie ihrem Lieblingsschüler die Größe seiner eigenen Vergangenheit vor Augen. Sie selbst hatte eine geraume Zeit ihres Lebens in den antiken Ruinen Mesopotamiens verbracht. Jetzt lud sie Feisal ein, mit ihr nach Ktesiphon zu fahren. Der große Palast aus dem sechsten Jahrhundert, den zuletzt persische Sassaniden für ihren Herrscher Chosran II. erbaut hatten, war hundert Jahre später von den Arabern erobert und sein Gemäuer für die Errichtung der Stadt Bagdad verwendet worden.

Am 2. August, einem Dienstag, organisierte Gertrude einen morgendlichen Ausflug. Feisal, seine beiden Adjutanten und Cornwallis stiegen in ihren Wagen und fuhren schon vor fünf Uhr morgens los. Unterwegs legten sie einen Halt ein, die Diener breiteten Teppiche aus, deckten Porzellangeschirr, und man ließ sich zum Frühstück nieder. Das Picknick bestand aus Eiern, Zunge, Sardinen und Melonen. Gertrude trug ein Seidenkleid und einen Strohhut, Feisal seine Armeeuniform. Nach einer weiteren Stunde Fahrt erblickten sie die große Westfassade von Ktesiphon, die schon seit anderthalb Jahrtausenden das Wahrzeichen dieser Gegend war. Sie führte Feisal durch die Ruinen und erklärte ihm die Gestaltung der Anlage. (Wie gewöhnlich sprach sie mit ihm arabisch.) Das Gewölbe, das aus gelben Ziegelsteinen bestand, und der massive Ziegelbogen waren noch gut erhalten. In lebhaften Bildern »rekonstruierte« sie für ihn den Palast und präsentierte ihm die Statue des Chosran auf seinem Thron. Sie zeigte ihm die hohen Fenster, die sich einst an der Südseite des Bauwerks befunden hatten, und erzählte ihm die Legende von der arabischen Eroberung: Legionen moslemischer Krieger waren von Mekka gen Mesopotamien aufgebrochen. »Es ist die Geschichte seines eigenen Volkes«, schrieb sie nach Hause. »Du kannst Dir vorstellen, wie es war, sie ihm vorzutragen. Ich kann nicht sagen, wer von uns beiden fasziniertter war.« Und dem zukünftigen König versprach sie, daß sie den Irak wieder zu seiner alten Größe führen würden.

Überglücklich schrieb sie weiter: »Feisal hat mir ein Regiment der arabischen Armee versprochen – ›das Regiment der Chatun‹. Ich werde Dich alsbald bitten, ihre Fahnen sticken zu lassen. Nuri schlägt vor, ich solle über ein Armeekorps verfügen! Ach Vater, ist das nicht wundervoll? Ich glaube manchmal, ich träume.«

Dschafar Paschas Schwager Nuri Said war einige Monate zuvor angekommen. Dschafar war für Gertrude ein liebenswerter Mann, über den sie allerdings schrieb: »Ihm fehlt die Kraft. Er ist ein von Natur aus entspannter Mensch, kolossal fett, und er lächelt einen immer strahlend an. Wenn man ihm mit Freundlichkeit und Sympathie begegnet, schenkt er einem sofort sein Vertrauen. Es ist ein

Wunder, daß ein Mann mit solchen geistigen und körperlichen Eigenschaften in seinen politischen Überzeugungen so leidenschaftlich sein kann. Aber er kommt bei den Leuten nicht besonders gut an.« Nuri Said war ein ganz anderer Typ. Er war auffallend schlank und sehnig, hatte wache graue Augen, war bedeutend ruhiger und einfühlsamer als Dschafar und ein Mann, der den Dingen auf den Grund ging. Sie hatte in ihm sofort »eine starke und sehr flexible Kraft« erkannt.

Als einziger Störfaktor verblieb Ibn Saud, der Feisal den Anspruch auf die Herrschaft über die Nomadenstämme streitig machen wollte. Er hatte Fahad Bei eine Botschaft geschickt, in der er an die Loyalität der Anaseh appellierte, was deren Führer allerdings nur mit einem Wutausbruch quittierte, denn nach der Devise des Mittleren Ostens: »Der Feind meines Feindes ist mein Freund«, hatte Ibn Saud auf eine Strategie gesetzt, die letztlich zu einem unerwarteten Bündnis zwischen Fahad Bei und Feisal führte.

Ein paar Tage später wandte Feisal sich während eines Abendessens an Gertrude: »Gott sei mein Zeuge – wenn wir Ibn Saud nicht einen Riegel vorschieben, wird es in drei Monaten wieder eine Schlacht bei Ktesiphon geben wie die, die Sie mir beschrieben haben.« Aber Gertrude beruhigte ihn: »Wir werden dem ein Ende setzen«, sagte sie entschlossen. »Seine Ansprüche sind absolut ungerechtfertigt.« Für den Augenblick sollte sie recht behalten, aber die Fehde zwischen den beiden Familien schwelte über die Jahrzehnte weiter und findet noch heute ihren Ausdruck im gespannten Verhältnis zwischen dem haschemitischen Königreich Jordaniens, wo König Hussein sich selbst als »Scherif« bezeichnete, und der Monarchie von Saudi-Arabien, die ihn stets mit Verachtung behandelt hat.

Am 14. August war das Referendum abgeschlossen. Obwohl verschiedentlich bemängelt worden war, daß Gegenstimmen einfach ignoriert worden seien, hatte Gertrude das Gefühl, richtig gehandelt zu haben. Feisal war fast einstimmig gewählt worden. Sobald das Resultat feststand, schrieb sie eine kurze Notiz an die Van Ess'. »Feisal wird von uns auf den Schultern getragen!« jubelte sie.

Nachdem sie in der folgenden Woche gemeinsam mit Cornwallis verschiedene Besucher empfangen hatte, verließ sie das Büro früh am Abend, um sich und ihrem Pferd noch ein wenig Bewegung zu verschaffen. Sie ritt am Ufer entlang, kam an dem neuen Haus vorbei, das für den zukünftigen König renoviert wurde, und sah seinen Wagen draußen stehen. Sie hielt an und reichte die Zügel ihres Pferdes einem Bediensteten. Der Emir hatte sich mit einigen seiner Berater wegen der Hitze auf den Dachgarten zurückgezogen. In der Abenddämmerung konnte sie von oben die Felsen, die Palmenhaine, welche die Stadt säumten, und die rosafarbene Wüste sehen. Nachdem Feisal sie herzlich begrüßt hatte, setzte sie sich zu den Männern und unterhielt sich mit ihnen.

»Enti«, sagte Feisal. »Enti Irakija, enti badawija – du bist eine Frau aus Mesopotamien, eine Beduinenfrau.« Damit machte er ihr das schönste Kompliment. Sehnlichster Wunsch dieser Britin, die für Hüte mit Blumendekor und schöne Kleider schwärmte, die morgens im Garten arbeitete und jeden Nachmittag Tee trank, die die respektheischenden Buchstaben C. B. E. hinter ihrem Namen trug und eines Tages mit dem Titel »Lady« geehrt werden würde, die ihr Erbe mit königlicher Würde trug und ihr Leben für das British Empire aufs Spiel gesetzt hatte, war es, von diesem arabischen Emir akzeptiert zu werden. Von ihrem eigenen Volk war sie ins Abseits gedrängt worden, und was ihr Privatleben anbetraf, so galt sie inzwischen als eine alte Jungfer. Ihr Berufsleben hatte sie einsam werden lassen. Die meisten englischen Männer weigerten sich, sie als gleichberechtigte Partnerin zu akzeptieren, und die Frauen, die genau wußten, daß sie sie nicht für voll nahm, zahlten ihr mit gleicher Münze heim. Die Araber hatten sie dagegen zu einer der Ihren erklärt.

Am nächsten Abend traf sich Gertrude mit Lady Cox in der Botschaft, um mit dem Boot zu ihrem gemeinsamen Lieblingsplatz in der Nähe von Feisals Haus zu fahren. Als sie jedoch in der Residenz ankam, war die arme Lady völlig außer sich. Sir Percy hatte es in seiner Tierliebe etwas übertrieben: Er sammelte mesopotamische Vögel, und seine neueste Errungenschaft war ein Adler. Aber

nicht der Vogel selbst hatte Lady Cox so erschreckt, sondern das Futter, das er fraß. Der Riesenvogel ernährte sich nämlich von lebendigen Fledermäusen, und zwar am liebsten zum Frühstück. Da man diese Tiere jedoch nur im Dunkeln fangen konnte, wurden sie über Nacht im Kühlschrank aufbewahrt. Als Lady Cox dann am Morgen die Kühlschranktür öffnete, starrten ihr die Fledermäuse entgegen.

Nachdem es Gertrude gelungen war, sie wieder zu beruhigen, begaben sich die beiden Damen zum Fluß. Als das Schiff anlegte, erkannte Gertrude unter den Passagieren Dschafar Pascha, der in seiner arabischen Kleidung korpulenter denn je wirkte, ein paar Berater und nicht zuletzt Feisal, der in seinen langen Gewändern majestätisch aussah. Da auf dem Schiff kein Platz war, wo man sich zum Schwimmen umziehen konnte, ging Gertrude in die »vertraute Umkleidekabine, das heißt hinter die Weiden in den Dünen«. Als sie barfuß und mit nassen Haaren zum Schiff zurückkam, wurde sie an Feisals Tisch gebeten. Dort saß sie und redete mit den arabischen Männern, bis es Zeit war, zu ihrem englischen Dinner zurückzukehren.

Nach Hause schrieb sie: »Ich vertraue Euch ein Geheimnis an. Das Kolonialministerium hat uns ein Telegramm geschickt, wonach Feisal in seiner Krönungsrede verkünden muß, daß die entscheidende Autorität im Land der Hochkommissar ist. Feisal lehnt das ab und hat recht damit. Wie Ihr wißt, werden wir das Mandat aufgeben und über die zukünftigen Beziehungen zu Mesopotamien neu verhandeln.«

Der Tag, an dem der sechsunddreißigjährige Feisal gekrönt wurde, kam Gertrude wie ein schöner Traum vor. Elf Jahre zuvor hatte sie zum letztenmal einer Krönung beigewohnt. In der Westminsterabtei hatte sie ehrfürchtig zugeschaut, wie Georg V. die Krone auf das Haupt gesetzt worden war. Im Frühjahr 1913, also nur wenige Monate später, hatte sie ihr Herz dann an den lebenslustigen Dick Doughty-Wylie verloren. Es kam ihr vor, als sei das alles schon sehr lange her. Wie anders wäre ihr Leben verlaufen, wenn

sie nicht an jenem Tag zum Tee in den Garten seines Konsulatshauses in Anatolien gegangen wäre, wenn sie ihm nie von ihrem heimlichen Wunsch, den Mittleren Osten besser kennenzulernen, erzählt hätte. Sie hatte jeden Augenblick genossen und schon beim bloßen Anblick seiner Handschrift gezittert. Der Schmerz, ihn verloren zu haben, würde nie ganz verschwinden, stets würde sie einen dumpfen Druck in der Herzgegend verspüren. Andere Männer waren in ihr Leben getreten, aber keiner von ihnen vermochte eine solche Leidenschaft in ihr zu entfachen wie er. Als sie jedoch jetzt bei der Krönung, die sie selbst mit vorbereitet hatte, auf ihrem Platz in der ersten Reihe saß, begann ganz langsam eine neue Romanze aufzublühen: Sie hatte ihr Herz an den König verloren und kam sich vor wie ein verliebtes Schulmädchen.

Am 23. August, einem Dienstag, versammelten sich um sechs Uhr morgens, als es noch nicht so unerträglich heiß war, etwa fünfzehnhundert Würdenträger – Briten, Araber, Juden, Christen, Städter und Landbewohner, heilige Männer und Politiker – im Garten des Serails. Feisal stand etwas abseits. Er trug seine Khakiuniform und einen Helm mit einer Spitze. Hinter ihm hatten Sir Percy Cox, groß, schlank in seiner weißen Diplomatenuniform mit den vielen Ordensbändern und Sternen, der weiß uniformierte General Sir Aylmer Haldane, Feisals Berater, der hühnenhafte Kinahan Cornwallis, und eine ganze Phalanx von Adjutanten und Attachés Aufstellung bezogen. Die Prozession bewegte sich die Stufen des prächtigen osmanischen Baus hinunter, über den mit Perserteppichen ausgelegten Weg an der Dorset-Ehrenwache vorbei zu dem Podium, das in der Mitte des Gartens aufgebaut worden war. Als die Würdenträger erschienen, erhoben sich alle und setzten sich erst wieder, nachdem auch das Gefolge des Königs seine Plätze eingenommen hatte. »Feisal sah sehr würdevoll, aber angespannt aus«, bemerkte Gertrude voller Mitgefühl, denn sie war seine Mentorin, er war ihr Schützling. »Es war ein bewegender Augenblick. Er blickte die vordere Reihe entlang und fing meinen Blick auf, und ich salutierte leicht.«

Sir Percys Proklamation, die auf arabisch verlesen wurde, be-

sagte, daß Feisal von sechsundneunzig Prozent der Bevölkerung Mesopotamiens zum König gewählt worden sei. »Lang lebe der König!« rief der Festredner. Gertrude stand gemeinsam mit allen anderen Zuhörern auf und huldigte – jetzt in der Rolle eines Untertanen – ihrem neuen Herrn. Die neue Flagge wurde neben ihm gehißt, und da man noch keine eigene Nationalhymne komponiert hatte, spielte die Kapelle »God Save the King«. Anschließend wurden einundzwanzig Salutschüsse abgefeuert. »Es war ein erstaunliches Ereignis, ganz Irak, vom Norden bis zum Süden, versammelt zu sehen«, schrieb sie begeistert. »Dies ist zum erstenmal in der Geschichte geschehen.«

32.

Der König

Die Wochen nach Feisals Krönung hatten es in sich. Überall in der Stadt wimmelte es von Delegationen, die von Gertrude organisiert worden waren. Als sie direkt nach der Krönung am 23. August 1921 in die Residenz zurückgekehrt war, hatte sie dort eine Menge turbantragender Männer vorgefunden. Einige von ihnen hatte sie noch nie gesehen, andere waren noch nie zuvor in Bagdad gewesen. Da war zum Beispiel Kadir Aga von Shush, ein riesiger, fetter Mann in gestreiften Hosen, dann der zehnjährige Erzbischof der Nestorianer, der ein monströses goldenes Kreuz um den Hals trug, oder der Religionsführer der Teufelsanbeter. Alle drängten sich in ihrem Büro und wollten unbedingt etwas über den neuen König wissen. »Das macht richtig Spaß«, schrieb sie ihrem Vater und sonnte sich in ihrem Erfolg.

Am Samstag der folgenden Woche lud Feisal Gertrude zum Tee zu sich ein. Sie verbrachte an diesem Tag eine »glückliche Stunde« in dem inzwischen fertiggestellten Palast, einem bescheidenen zweistöckigen Bau in der Nähe des Tigrisufers. Die beiden redeten über verschiedene Themen, über Ibn Sauds Überfälle im Westen und Süden des Iraks, die Feisal Sorgen bereiteten, über die neue Landesfahne und die persönliche Standarte des Königs. »Wir haben einen provisorischen Entwurf gemacht«, schrieb sie Hugh und schickte ihm eine Zeichnung. »Das ist die Hedschas-Flagge mit einer goldenen Krone auf dem roten Dreieck ... Aber sag mir um Himmels willen, ob die Hedschas-Flagge heraldisch in Ordnung ist ..., und ob Du einen besseren Vorschlag für Feisals Standarte hast.«

Der dunkelhäutige arabische Emir mit dem schwarzen Bart

und die britische Lady mit den rosaroten Wangen und den grünblauen Augen waren enge Freunde geworden. Und während der
charmante König sie mit in seine wallenden Gewänder einhüllte,
schützte die stolze Britin beide mit ihrem Sonnenschirm. Er ließ
sie immer wieder in den Palast kommen, machte ihr Komplimente
über ihre Kleider und vertraute ihr seine geheimsten Sorgen an. Er
fragte sie um Rat, wenn es um die Stammesfehden (zwischen den
Anaseh und den Schammar) oder die Auswahl der Mitglieder des
innersten Rates ging, und verließ sich auch bei der Einrichtung
des Palasthaushalts völlig auf sie. Sie machten Picknick, spielten
Tennis, gingen zum Pferderennen, schwammen und tranken Tee
miteinander. Und wenn sie auch hin und wieder ein wenig miteinander flirteten und lachten, arbeiteten sie doch die meiste Zeit am
Aufbau des Staates.

»In dieser Woche ging es ausschließlich um die Bildung des
neuen Kabinetts, wobei die Verhandlungen natürlich streng geheim abliefen«, berichtete Gertrude Hugh Anfang September
1921. »Diese ersten Ernennungen sind für Feisal enorm wichtig, denn man wird ihn danach beurteilen. Wenn er Strohmänner
ins Kabinett holt, nur weil sie ungefährlich und loyal sind, werden
alle engagierten Leute sagen, das neue Kabinett sei eine Farce und
Feisal kein König, sondern bloß eine Marionette der Engländer.
Andererseits sollte das Kabinett natürlich solide und zuverlässig
sein.«

Die Wahl der Kabinettsmitglieder verursachte ein Riesenchaos
zwischen den einzelnen Interessengruppen. Die Briten stritten sich
untereinander und mit den Arabern, und die arabischen Nationalisten, die schiitischen Extremisten und die protürkischen Politiker
befehdeten sich gegenseitig um die Regierungsposten. Nachdem
ihr langjähriger Freund, der Nakib, sich bereit erklärt hatte, als
Ministerpräsident seines Amtes zu walten, und Dschafar Pascha,
Nuri Said und Sasun Effendi ihre jeweiligen Ministerien übernommen hatten, beriet der König mit Gertrude, wer denn nun Innenminister werden sollte. »Seit Talib ausgebootet wurde, ist die Position nicht besetzt«, schrieb sie. Sie sprachen über Nadschi Suwaidi,

der nach Gertrudes und Cornwallis' Meinung die besten Absichten hatte, den Cox jedoch für zu unzuverlässig hielt. Man einigte sich schließlich auf Taufik Chalidi, einen intelligenten und gebildeten Mann, dem Feisal jedoch nicht voll vertraute, weil er zu sehr mit den Türken sympathisierte. Einer der führenden protürkischen Scheichs war nämlich auf dem besten Wege, im Namen des Islam einen Aufstand anzuzetteln.

Aufmerksam verfolgte Gertrude die weiteren Schritte der arabischen Regierung und kümmerte sich persönlich um einen Schatzmeister für Feisals Finanzhaushalt. Außerdem wurde auf ihre Initiative hin ein Gesundheitsministerium geschaffen, und sie selbst suchte einen christlichen Arzt als Minister aus. »Unter uns gesagt, habe ich ihn ernannt«, vertraute sie ihren Eltern an, »alle sind begeistert, aber keiner weiß, daß es mein Werk war.«

Sie hatte große Pläne für den Irak. Als sie mit dem König im Palast beim Tee saß, zeigte sie ihm zuerst einige Fotos, die sie beim Picknick gemacht hatte, und zog dann aus ihrer Tasche eine Seite der *Times* mit einer Karte Syriens, anhand derer sie dem Monarchen erklärte, wie die Franzosen das Land in Provinzen aufgeteilt hatten.

»Mein Gott, das ist ja schrecklich«, sagte der König und betrachtete stirnrunzelnd die Karte.

»Für Syrien gibt es nur noch eine Hoffnung«, erwiderte Gertrude, die genau wußte, daß Feisal die Hoffnung nicht aufgegeben hatte, doch noch eines Tages in Damaskus regieren zu können, »wir müssen uns hier ruhig verhalten und unsere Arbeit tun.« Sie wandte sich an Dschafar Pascha und Nuri Said, die gerade gekommen waren, und erklärte ihnen: »Wenn es uns erst einmal gelungen ist, aus Mesopotamien einen vorbildlichen Staat zu machen, wird es weder in Syrien noch in Palästina einen Araber geben, der nicht daran teilhaben will. Bevor ich sterbe«, schwor sie, »werde ich dafür sorgen, daß Feisal Herrscher eines Landes wird, das von der Grenze Persiens bis zum Mittelmeer reicht.«

Manche betrachteten ihre Bemühungen als einen großmütigen Freundschaftsdienst, andere als verhaßtes Symbol des britischen

Imperialismus oder – schlimmer noch – als das Werk einer Marionettenspielerin, die hinter dem Thron die Fäden zog. Trotzdem war sie sowohl für die Briten als auch für die Araber die »ungekrönte Königin des Iraks«. Feisals Inthronisierung war gleichzeitig auch der krönende Abschluß ihrer eigenen Arbeit gewesen. Da dies der Presse nicht verborgen blieb, ging ihr Name wie ein Lauffeuer um die ganze Welt – von Arabien nach Europa und von dort nach Amerika. Als jedoch im Juli in einer US-amerikanischen Zeitung ein Artikel erschien, in dem von ihrer großen Macht die Rede war, reagierte sie mit Abscheu. Sie fand die Publicity »einfach entsetzlich«.

»MESOPOTAMIENS UNGEKRÖNTE KÖNIGIN«, lautete die Schlagzeile des *New York Herald*:

> »Miß Gertrude Bell, die für die Einheimischen eine Heilige und für Downing Street eine kluge Frau ist, hat sich bei der Lösung von Problemen, die in den Mandatsländern entstanden sind, als eine unschätzbare Hilfe erwiesen. Die Tochter eines englischen Stahlmagnaten, die durch ihre Forschungsreisen und später durch ihren Dienst in der britischen Armee berühmt geworden ist, trägt die Bürde des weißen Mannes, ohne dabei ihren weiblichen Charme zu verlieren.
>
> Für jeden Araber auf der Halbinsel ist sie ›El Sitt‹, ›die Frau‹, und jeder kennt sie dort. Wenn man den Namen Gertrude erwähnt, weiß jeder Engländer von Kairo bis Teheran, wer gemeint ist. Und wer den Mittleren Osten selbst kennt, diese Wiege unserer Rasse, der begleitet den Namen noch mit inbrünstigen Segenswünschen.
>
> Für das Kolonialministerium in London und in Bagdad, wo Sir Percy Cox versucht, in diesem ältesten aller Länder die neueste abendländische Verwaltungsstruktur, das Mandat, einzuführen, ist sie die ungekrönte Königin Mesopotamiens ...
>
> Alle Beduinen, vom Bettler bis zum Scheich, verehren sie – und nennen sie eine weise Frau. Gebildete Universitätsabsol-

venten, die sich an der einstigen Pracht Sidons [sic] und Tyrus' erfreuen, bewundern sie – und auch für sie ist sie eine kluge Frau. Leute, die am Hanover Square und in der Rue de la Paix die schönsten und elegantesten Kleider verkaufen, geben ihr nur die besten Sachen, und auch für sie ist sie eine kluge Frau. Und wenn man im Nervenzentrum des britischen Imperiums in London das Gefühl hat, daß die Situation im Mittleren Osten kaum noch zu entwirren sei, ruft man nach ›Gertrude‹ – im Wissen, daß sie alles weiß.«

»Eine unverschämte Schmiererei«, lautete Gertrudes Kommentar: »Es stimmt überhaupt nicht, daß ich das Schicksal des Iraks bestimmt habe. In Wirklichkeit ist mein eigenes Schicksal durch die Bildung einer arabischen Regierung bestimmt worden. Wenn man so großes Vertrauen genießt, ist man in einer sehr schwierigen Position...«
Sie war sogar Thema eines arabischen Kinderverses geworden:

»*Miß Bell*
Rikbat trambell«

sangen sie, wenn sie auf der Straße spielten.

»Miß Bell
fuhr mit dem Auto.«

Die Eltern dachten sich einen anderen Vers aus:

»*Miß Bell dhirtat fi al dira*
W'al hakim dhiay'a tadbira«

Damit spielten sie auf ihre politische Macht an:

»Miß Bell ließ irgendwo im Distrikt einen Furz, und der hohe Beamte verlor die Orientierung.«[1]

476

»Einer der Gründe, warum Sie so herausragen«, sagte Nuri Said zu ihr, als sie einmal gemeinsam ausritten und sie die Grüße der Dorfbewohner erwiderte, »ist der, daß Sie eine Frau sind. Es gibt nur eine *Chatun*. Es ist wie damals, als Sidi Feisal in London war und immer arabische Kleidung trug: Niemand war wie er. Deshalb werden sie noch hundert Jahre lang von der *Chatun* reden.«

»Ja, das wird wahrscheinlich so sein«, erwiderte Gertrude.

Später klingelte an diesem Septembertag das Telefon in ihrem Büro, und der Anrufer bat sie im Auftrag des Königs, mit diesem zu Abend zu essen. Sie erwartete zwar schon zwei arabische Minister als Gäste, rief sie aber sofort an und sagte ihnen ab: »Ich glaube, es ist das beste, wenn ich Feisals Einladung als Befehl auffasse.«

In Abendkleid und Umhang fuhr sie mit dem Auto zum Ostufer des Tigris und durch die sandige Einfahrt des kleinen Ziegelsteinpalastes. Wie immer vollführte sie vor dem König einen Hofknicks und gesellte sich zu den drei arabischen Gästen. Nach dem Essen bat Feisal sie, sich mit ihm nach draußen zu setzen. Auf dem Balkon, von dem aus man auf den Fluß blickte, rauchten beide eine Zigarette und sprachen über die Zukunft. Da sie sich vorher schon mit Nuri Said unterhalten hatte, wußte Gertrude, warum Feisal ein so bedrücktes Gesicht machte.

Als mittleres Kind in der Geschwisterreihe hatte er unter seinen beiden Brüdern Abdullah und Ali gelitten. Aber nicht nur von den beiden, sondern auch von seiner Mutter war er ständig gehänselt worden. Nach ihrem Tod hatte Feisal sich enger an Zaid, das Kind aus der zweiten Ehe seines Vaters, angeschlossen, wodurch die Kluft zwischen ihm und seinen Brüdern noch größer wurde.

Feisal war ein nachdenklicher, ernster Mensch und unterschied sich somit von seinem Bruder Abdullah, der offen und erheblich direkter war. Wenn Abdullah etwas haben wollte, sagte er es. Feisal ließ seine Absichten nicht erkennen und hatte ein eher schwermütiges Wesen, das ihn älter erscheinen ließ, als er tatsächlich war. Als Abdullah später im Alter von siebzig Jahren starb, hieß es, er habe ausgesehen, als sei er fünfzig. Feisal dagegen, der mit fünfzig Jahren starb, habe wie ein Siebzigjähriger gewirkt.

Jetzt, wo er König des Iraks geworden war, traf ihn der Neid seiner beiden Brüder. Er fühlte sich fremd, einsam und war besorgt über die Zeichen der Unruhe in seinem Land. Außerdem konnte er nicht über die Tatsache hinwegsehen, daß man sich gerade mitten im Monat Muharram befand. Jede Nacht zogen schwarzgekleidete Schiiten durch die Straßen, trommelten, schwangen Ketten und geißelten sich selbst zum Zeichen der Trauer für Feisals Ahnherrn Hussein, den Enkel Mohammeds.

Der König schüttete Gertrude sein Herz aus. Wie ein verwundeter Vogel appellierte er an ihre mütterliche Seele. Sie hatte ihn gedrängt, seine Frau und seine Kinder aus der Hedschas in den Irak kommen zu lassen, aber er war sehr nervös und sprach von einer »unsicheren Zukunft«. Er mußte zugeben, daß es ihm noch nicht gelungen war, die Loyalität seines Volkes zu gewinnen. Große Teile des Landes schwenkten offenbar wieder zu den Türken und ihrem Reformator Kemal Atatürk um. Er zündete sich eine neue Zigarette an und sagte, er sei sehr an einem Abkommen mit den Briten interessiert, in dem der Schutz des Iraks garantiert werde. Er wisse jedoch nicht, welche Bedingungen die Briten daran knüpfen würden und ob er sie annehmen könne. Andererseits werde der Druck der nationalistischen Extremisten, die den Mandatsstatus brechen wollten, immer stärker. Ein paar Tage zuvor hatte Gertrude ihrem Vater geschrieben: »Es gibt in diesem Lande in Wirklichkeit bisher kaum echten Patriotismus. Er wird sich erst dann entwickeln, wenn das Volk erkannt hat, daß die arabische Regierung – *mit uns im Rücken* – keinen Schiffbruch erleiden wird. Bis dahin gibt es hier nur eine Menge Idioten, die sich einbilden, sie könnten den Laden selbst schmeißen oder die ganze Sache wieder rückgängig machen. Beides können sie natürlich nicht ...«

Sie beruhigte den König und erklärte ihm, daß er momentan keinen Grund habe, sich Sorgen zu machen. »Wir müssen unserem Schöpfer danken, daß Majestät eine so gewinnende Persönlichkeit sind«, sagte sie und fügte kokett hinzu, »warum setzt Eure Hoheit sie nicht in stärkerem Maße ein?«

»Ja«, sagte er und war sehr interessiert, weiter mit ihr darüber

zu reden – sollte er nicht kleine Abendgesellschaften arrangieren? Aber wen könnte er dazu einladen?

Sie versprach ihm, die Gästelisten für die verschiedenen Dinnerpartys zusammenzustellen, und zwar englische und arabische. Aber sie warnte ihn auch: Er dürfe sich nicht ärgern, wenn ein solches Dinner langweilig wäre. »Die meisten Prominenten hier sind nun einmal langweilig, aber je besser Sie sie kennen, desto mehr werden sie Ihnen gefallen.«[2]

»*Wallahi*«, sagte er voller Begeisterung, »Sie sind die Herrin dieses Hauses – laden Sie ein, wen Sie für richtig halten.«

»Es sieht so aus, als müßte ich dem Hofstaat hier auf die Sprünge helfen«, sagte sie, als sie am nächsten Morgen eine Reihe von Abendgesellschaften vorbereitete. Sie ließ Einladungen drucken, instruierte das Personal, wie sie auszufüllen seien und brachte ihm das Adressieren der Briefumschläge bei.

Am 2. Oktober kam ein Dutzend Gäste, Araber und Engländer, zum ersten offiziellen Abendessen in Feisals Palast. Unter Gertrudes aufmerksamen Blicken gossen die Diener den Champagner in die richtigen Gläser, und die Adjutanten führten die Gäste herum, damit jeder Gelegenheit hatte, mit dem König zu reden. Sie schrieb später, der Abend sei ein großer Erfolg und Feisal ein sehr charmanter Gastgeber gewesen. Damit alles so reibungslos funktionierte, habe man allerdings umfangreiche Vorbereitungen treffen und das Personal in allen Kleinigkeiten instruieren müssen.

Obwohl Gertrude die First Lady des arabischen Palastes perfekt spielte, empfand sie selbst ihre Rolle als eigenartig. Ihr war, als hätte sich das Mädchen aus dem Garten in Yorkshire plötzlich in eine orientalische Prinzessin verwandelt. Sie verglich ihre Familiengeschichte mit der Feisals und ihres Freundes Faik Bei. »Manchmal muß ich daran denken, wie seltsam das alles ist. Faik Bei oder König Feisal sind Menschen, deren Erziehung und Traditionen so ganz anders sind als meine. Aber wenn man mit ihnen zusammen ist, vergißt man diese Unterschiede völlig, und ihnen geht es ebenso. Feisal ist zum Beispiel in Mekka in einem Palast voller Eunuchen aufgewachsen, hat in Konstantinopel die Schule besucht, wurde

dann Oberbefehlshaber der Armee, war anschließend König, dann im Exil, danach wieder König. Oder Faik, der sich Sorgen um seine Palmen und Weinstöcke macht, der nach Bagdad geht, um die besten Absatzmöglichkeiten für seine Datteln zu finden – und beide empfangen mich mit offenen Armen. Dann setzen sie sich hin, und jeder erzählt mir auf seine Art, was er vom Leben hält, so, als wäre ich seine Schwester. Und was das Sonderbarste ist, ich fühle mich auch so.«

Ob Schwester, Tochter oder Geliebte, Partnerin oder Freundin – immer waren es Männer, denen sie treu gedient hat. »Sie war stets Sklavin der gerade herrschenden Macht«, schrieb T. E. Lawrence später ziemlich überheblich: »Zuerst war es Hogarth, dann Wilson, danach ich selbst und zum Schluß Sir Percy Cox.« Die Männer schätzten ihr politisches Gespür, respektierten ihren scharfen Verstand und bewunderten ihr charmantes Wesen; und sie selbst schätzte, respektierte und bewunderte diese Männer. Und wenn sich einer durch ihre scharfe Zunge und ihre Ungeduld einschüchtern ließ, war ihr das egal. Für die Ehefrauen der Männer hatte sie jedoch mit sehr wenigen Ausnahmen herzlich wenig übrig, und umgekehrt war es nicht anders. Ihrer Meinung nach wurde die Oberflächlichkeit dieser Frauen nur noch von ihrem Mißtrauen allem Außergewöhnlichen gegenüber übertroffen. Ihre einzige gute (italienische) Freundin, Aurelia Tod, war weggezogen; die andere Person, die ihr nahestand, war Hadschi Nadschi. Der freundliche Schiite, der ihr Körbe mit Obst und Blumen schickte, war zwar ein »eigenartiger Ersatz für eine Freundin, aber der beste, den ich mir vorstellen kann«, gestand sie. »Und das ist auch der Grund, warum ich in meinen Briefen soviel rede!«

Bei einem prächtigen Abendessen mit arabischen Größen in der Militärakademie unterhielt sich Gertrude mit ihren Freunden Hadschi Nadschi, Nuri Said und Dschafar Pascha, beobachtete aber aus den Augenwinkeln gleichzeitig die anwesenden Frauen. Lady Cox war für sie »ein Musterbeispiel an Diskretion«, Mrs. Slaters leuchtend grün-goldenes, ärmelloses Kleid, das einen »skandalös

tiefen Ausschnitt« hatte, veranlaßte Gertrude jedoch, Sir Percy ins Ohr zu flüstern: »Ich wünschte, unsere Frauen würden bei der Auswahl ihrer Garderobe etwas mehr Wert auf Schicklichkeit legen.« Für die traditionsbewußten Araber mußte die ideale Bekleidung der Frau so geschneidert sein, daß »nichts mehr von der Weiblichkeit sichtbar war«, schrieb sie nach Hause. »Ich hoffe, Sir Percy erläßt eine entsprechende Anordnung ... nicht in meinem Namen. Ich möchte nämlich nicht die ganze weibliche Welt gegen mich aufbringen, meine Position bei den verdammten Frauen ist ohnehin schon schlecht genug!«[3]

Aus einer Mischung pikanter Intrigen, die sie gelegentlich mit einer verführerischen Prise Macht würzte, kreierte sie ein interessantes Gericht. Arabische Politiker, hohe britische Beamte und durchreisende Schriftsteller wie zum Beispiel John Dos Passos von der *New York Tribune* gingen bei ihr ein und aus. Jeden Dienstag lud sie die arabischen Frauen zum Tee ein, und da ihr einige von ihnen sehr sympathisch waren, besuchte sie diese auch in ihren Harems. Nachdem sie im Haus des Daud Bei gewesen war, »eines nichtswürdigen, gewalttätigen Mannes, der sein ganzes Geld für Tanzmädchen ausgibt«, machte sie sich voller Zorn auf den Heimweg. Daud, ein guter Polospieler und deshalb bei den britischen Offizieren gern gesehen, war in seinem eigenen Haus bedeutend weniger beliebt. Obwohl den Frauen seiner Familie nach mohammedanischem Recht ein Anspruch auf Teile seines Eigentums zustand, weigerte er sich, seiner Mutter oder einer seiner neun schönen Schwestern Geld für den eigenen Gebrauch zu geben. Als die Frauen ihr das erzählt hatten, ließ Gertrude Daud zu sich kommen und sagte ihm, was sie von ihm hielt. Zwar wand er sich wie ein Aal, gab aber zu ihrer großen Zufriedenheit schließlich klein bei. »Moslemische Frauen, die nie das Haus verlassen und niemanden kennenlernen können, sind den Männern total ausgeliefert«, schrieb sie. »Und es ist hier absolut nicht üblich, daß man sich in die Angelegenheiten der Männer einmischt, deshalb hilft niemand diesen Frauen. Als Frau kann ich es mir leisten, sie zu besuchen und ihre Partei zu ergreifen. Aber wie ich den Islam hasse!«[4]

Nicht alle ihre Begegnungen mit den Frauen waren so deprimierend. Es machte ihr Spaß, ihnen vorzuführen, welche Mode Europäerinnen bevorzugten, und sie nahm es wieder einmal auf sich, einem Kind, in diesem Fall der Tochter von Musa Chalabi, das Lesen der englischen Sprache beizubringen oder jungen Leuten Gesangsunterricht zu erteilen. Sie versammelten sich um das alte Klavier, auf dem Gertrude sie begleitete, und sangen mit dünnen Stimmchen. »Ihr müßt den Mund aufmachen! – übertreibt die einzelnen Töne – lauter, lauter!« befahl sie ihnen. Und die arabischen Kinder zitterten wie Espenlaub und sangen »God Save the King«.

Sehr bald hallten Pistolenschüsse durch die Herbstluft. Zwar hatte man den Kurden eine eigene Republik versprochen, aber da nach dem Krieg zwischen Großbritannien und der Türkei noch kein formales Abkommen unterzeichnet worden war, hetzten kurdische Aktivisten die Nomaden zur Rebellion auf. Die sunnitischen Kurden machten ein Fünftel der Bevölkerung des Iraks aus, und wenn der neue Staat erfolgreich sein sollte, könnte er nach Gertrudes Überzeugung nicht auf die ölreiche Region Mosul und die Kornkammern Tikrit und Kirkuk verzichten. Zudem wäre ein souveränes Kurdistan allein nicht lebensfähig. Während die Kurden sich aus wirtschaftlichen Gründen eine solche Selbständigkeit nicht leisten konnten, war es den Briten andererseits unmöglich, sie zu verteidigen. »Wir haben keinen Penny übrig, um die kurdische Unabhängigkeit zu unterstützen«, sagte Gertrude. »Wenn wir sie jetzt dazu ermutigen, müßten wir sie in der Not im Stich lassen, und das wäre das Allerschlimmste.«

Nachdem Feisal im Oktober 1921 das Gebiet um Mosul besucht hatte und nach Bagdad zurückgekehrt war, war er überzeugt, die Loyalität der Kurden gewonnen zu haben. Gertrude schrieb ihrem Vater: »Auf beiden Seiten ist ein Gefühl des persönlichen Vertrauens entstanden. Und das ist genau das, was man gern sehen möchte: die Bildung gegenseitigen Vertrauens zwischen dem König und seinen Untertanen.«

Aber schon kurze Zeit später sollte in Lausanne eine interna-

tionale Konferenz stattfinden, von der man sich eine Lösung des Problems Mosul versprach, was zur Folge hatte, daß die Einheimischen wieder einmal rebellierten. Protürkische Kurden versuchten schon vorher, das Gebiet für die Türkei zu beanspruchen. Sie fühlten sich als ethnische (nichtarabische) Minderheit in stärkerem Maße Persien und der Türkei als dem Irak und seiner arabischen Bevölkerung verbunden, denn die beiden Länder hatten einen relativ großen kurdischen Bevölkerungsanteil. Als sunnitische Moslems wurden sie jedoch in Feisals Königreich dringend gebraucht, denn sie stellten ein Gegengewicht zur schiitischen Mehrheit dar.

Da Gertrude mit Schwierigkeiten rechnete, setzte sie sich am 3. November in den Zug und fuhr in den Norden. »Kirkuk hat es rundweg abgelehnt, Feisal die Treue zu schwören«, schrieb sie empört. Die eine Hälfte der Bevölkerung bestand aus Kurden, die andere aus Türken, und die wollten natürlich wieder den Anschluß an die Türkei. »Aber da Kirkuk mitten im Irak liegt, konnte man das in keinem Fall gutheißen«, schrieb sie. Sie sei nicht bereit, irgendwelchen Unsinn hinzunehmen, und drängte Sir Percy, den Rädelsführern eine Botschaft zu übermitteln. »Wir müssen ihnen klarmachen, daß ihnen, falls sie tatsächlich kommen sollten, bei unserer Begrüßung Hören und Sehen vergehen wird, so leid uns das tut. Die Kanonen haben sie schon gehört, die Soldaten stehen bereit und hinter ihnen so viele Flugzeuge, daß man die Sonne nicht mehr sehen wird.«[5]

Diese Instabilität an der Südgrenze des Iraks ließ die Situation noch kritischer werden. Nachdem Ibn Saud schon jahrelang für Unruhe gesorgt hatte, war er plötzlich über Hail, die Heimatstadt Ibn Raschids, hergefallen und mit seinen Truppen dort einmarschiert. Die Schammar waren voller Empörung nach Norden zu den Anaseh geflohen und hatten Rache geschworen. Als Ibn Saud schließlich nicht nur Feisal im Irak, sondern auch seinen Bruder Abdullah in Transjordanien und seinen Vater, den Scherif Hussein, in Mekka bedrohte, kam es an allen Grenzen zu Zwischenfällen. »Der erbitterte Zwist zwischen ihm und der Familie des Scherifen ist mit Worten kaum noch zu beschreiben«, bemerkte Gertrude.

Sir Percy Cox wollte auf einer Konferenz klären, welche Stämme und welches Territorium Ibn Saud in Arabien und welches Feisal im Irak gehörte. Die Grenzen waren noch nicht klar festgelegt worden, denn Gertrude brütete immer noch über den Karten. Sie zeichnete die Wasserstellen ein, die von den Schammar auf der einen und von den Anasah auf der anderen Seite beansprucht wurden, und legte die Grenzlinien zwischen dem Irak und Arabien fest. Neben ihr saßen ein Araber aus Hail und ihr Lieblingsscheich Fahad Bei: »Der Glaube des letzteren an meine Wüstenkenntnisse läßt mich erröten«, schrieb sie. »Als er von Mr. Cornwallis gebeten wurde, seine Stammesgrenzen zu definieren, sagte er nur: ›Fragen Sie die *Chatun*. Sie kennt sich aus.‹«

Sie war auf dem Zenit ihrer Macht angelangt. Als sie jedoch aus dieser schwindelnden Höhe nach unten blickte, hatte sie ein Gefühl, als ob die Erde unter ihr weggleiten würde. »Ich denke, ich habe mich hier nützlich machen können«, schrieb sie an Hugh. »Aber jetzt glaube ich, daß meine Zeit fast abgelaufen ist. Immer wieder frage ich mich, ob es richtig ist, daß ich hierbleibe.« Im Augenblick wartete jedenfalls noch ein Berg Arbeit auf sie. Ein Bündnisvertrag zwischen Großbritannien und dem Irak mußte noch geschlossen werden, aber das Problem des Mandats belastete die Verhandlungen.

Die Briten verbanden das Abkommen mit dem Mandat, das ihnen vom Völkerbund übertragen worden war. Die Araber betrachteten es dagegen als eine willkommene Möglichkeit, aus dem für sie demütigenden Mandat auszuscheren. Winston Churchill diente das Abkommen als Möglichkeit, den britischen Einfluß so lange wie möglich aufrechtzuerhalten. Nach Abschluß des Vertrags hätten die Briten nahezu die völlige Kontrolle über die Finanzen und die Außenpolitik des jungen irakischen Staates. Die Araber sahen in dem Abkommen dagegen eine Chance, sich von den Briten zu lösen, ihre Ehre und ihren Stolz wiederzugewinnen, und so ihre Selbständigkeit zu verwirklichen. Als König wollte Feisal aus dem Irak ein Land machen, das England ebenbürtig war. Sollte ein Abkommen unterzeichnet werden, so war das Mandat hinfällig.

Die Vereinigten Staaten, die das Mandat nie anerkannt hatten, unter anderem, weil sie selbst sich von den Arabern finanzielle Vorteile versprachen, hatten den Irak zu diesem Schritt ermutigt. Infolgedessen wehrten sich die Iraker mit Vehemenz gegen das Mandat. »Natürlich ist wieder einmal das Öl der Zankapfel – ein scheußliches Zeug«, schimpfte Gertrude.

Der Weg sei alles andere als leicht, schrieb sie einem Freund. »Du weißt selbst, was es heißt, gegenwärtig durch den Orient zu reisen. Es ist ein aufregendes Abenteuer. Die schlimmsten Stolpersteine haben wir uns allerdings selbst in den Weg gelegt – nicht gehaltene Versprechungen, unmögliche und daher nicht ratifizierte Verträge und Mandate. Und das letzte macht uns hier am meisten zu schaffen.

Der König hat uns von Anfang an offen gesagt, daß er bis zum letzten Atemzug gegen das Mandat kämpfen werde. Die Gründe liegen auf der Hand. Er möchte der islamischen Welt, die verbittert und antibritisch ist, beweisen, daß er uns nicht um Hilfe gebeten hat, weil er bereit gewesen wäre, dafür die Unabhängigkeit eines arabischen Staates zu opfern – sondern daß er das, was er gewonnen hat, durch ein freies und gleichberechtigtes Bündnis mit uns erreichen wollte, so wie er es der Welt prophezeit hatte.«

Das Mandat war sowohl den Irakern als auch den Briten ein Dorn im Auge und stellte die ganze Beziehung zwischen beiden Ländern in Frage. Da die *Chatun* sowohl die Vertraute des Königs als auch enge Beraterin von Sir Percy Cox war, ließen beide Seiten sie an ihren Sorgen und Problemen teilhaben. Aber wenn es zwischen ihrer Liebe zum Irak und ihrem Patriotismus zum Konflikt kam, ergriff sie Partei für ihr Mutterland. Trotz ihrer Einwände gegen das Mandat war sie überzeugt, daß die Briten das Heft in der Hand halten müßten: »Uns blieb keine Alternative«, schrieb sie. »Wir haben dem König gesagt, daß wir ihn unseren Instruktionen zufolge darauf hinweisen müssen, daß ihm nur zwei Möglichkeiten zur Verfügung stehen. Er kann das Abkommen und das damit verbundene Mandat zurückweisen, dann gehen wir. Oder er akzeptiert es und kommt damit auch in den Genuß unserer Hilfe.«

Das persönliche Verhältnis zwischen Gertrude und Feisal wurde jedoch durch die Schwierigkeiten, die das britisch-irakische Verhältnis belasteten, nicht getrübt. »Ich kann Euch gar nicht sagen, wie wunderschön unsere Beziehung ist«, schrieb sie voller Begeisterung. »Es ist ein herzliches Vertrauen, das sich, glaube ich, durch nichts erschüttern läßt. Er redet mich in der Regel mit ›meine Schwester‹ an, und ich fühle mich dann in ein Märchen aus ›Tausendundeiner Nacht‹ versetzt. Er ist natürlich ein großer Charmeur – niemand kann sich seinem Charme entziehen –, äußerst feinfühlig und hat einen wachen Intellekt. Vor allem aber stehen dahinter seine hehren Ziele, dessen bin ich mir stets bewußt.«[6]

Als sie sich eines Nachmittags mit dem König unterhielt, erwähnte sie beiläufig, daß sie im nächsten Sommer nach Hause fahren wolle. »Du darfst nicht sagen, daß du nach Hause fährst«, erwiderte Feisal streng. »Dein Zuhause ist hier. Sag lieber, daß du deinen Vater besuchst.« Trotz seines scharfen Tons war sie von seinen Worten angenehm berührt. Ihre Angst, sie könne nicht mehr gebraucht werden, schien voreilig gewesen zu sein. Und so begann eine neue Romanze, die ihre Wangen erröten ließ.

33.

Ken

Kinahan Cornwallis war ein Riese mit einer großen Nase und durchdringenden blauen Augen. Er sah aus wie ein starker, intelligenter Mann, was Gertrude sehr anziehend fand. Wie sie hatte er in Oxford studiert und dort sowohl sportliche als auch akademische Meriten erworben. Und genau wie sie war auch er dem Arab Bureau zugeteilt worden. Zuerst hatte er als Verbindungsoffizier Scherif Husseins und seines Sohns Feisal fungiert und dann die Leitung des Geheimdienstes in Kairo übernommen. Er sprach bedächtig mit einer rauhen Stimme, war insgesamt ein ruhiger Mann mit Führungsqualitäten, der Vertrauen ausstrahlte. Er war »aus einem jener unglaublichen Metalle geschmiedet, deren Schmelzpunkt bei mehreren tausend Grad liegt«, hatte Lawrence ihn beschrieben. »Er konnte monatelang heißer sein als andere, die weißglühend gewesen wären, er dagegen wirkte kalt und hart.« Für Gertrude war er »ein Turm der Stärke und Weisheit«, der den Triumph der Araber über die Türken, des Praktischen über unrealistische Träumereien, der Besonnenheit über die Launenhaftigkeit symbolisierte. Sie glich einer romantischen Brise, er einem Fels in der Brandung.

Kinahan Cornwallis war persönlicher Berater des Königs und Chefberater des Innenministeriums und außer Gertrude der einzige britische Beamte, dem Feisal wirklich vertraute. Gemeinsam sollten beide die Interessen des jungen Königs vertreten.

»Er beurteilt die Situation der Araber völlig unakademisch«, schrieb Gertrude in einem Brief an Hugh. »Ich hoffe, ich schätze sein Urteilsvermögen nicht nur deshalb so hoch ein, weil wir uns

jeden Tag sehen.« Über Tausende Kilometer von Frau und Kindern entfernt, hatte er sich sowohl geographisch als auch gefühlsmäßig von seiner Familie getrennt. Nicht nur für Gertrude, sondern auch für ihn war der Irak zum Mittelpunkt seines Lebens geworden. Beide blickten durch die gleiche Kameralinse und sahen dasselbe Bild.

Eines Nachmittags lud sie ihn zum Tee ein, weil sie seinen Rat brauchte. Ob sie im Irak bleiben solle, fragte sie ihn. Sir Percy würde in einem Jahr in den Ruhestand treten. Welche Rolle könne sie dann seiner Meinung nach übernehmen? Und würde sie überhaupt noch eine Rolle spielen? Cornwallis antwortete in seiner ruhigen Art mit fester Stimme: Sie und er seien die einzigen Ausländer im Irak, die im Hinblick auf das Land keine Hintergedanken hätten. Sie solle nur gehen, wenn sie meine, daß es unumgänglich sei. Sein Vertrauen gab ihr wieder Zuversicht. Sie vergaß ihre Ängste und trank in Ruhe ihren Tee zu Ende.

Das Jahr 1922 fing ziemlich deprimierend an: Aus England kamen schlechte Nachrichten über die geschäftliche Situation ihres Vaters, und Feisal war in Bagdad an einer Blinddarmentzündung erkrankt. Das Bewußtsein, daß ihr Arbeitsplatz zumindest bis zu Sir Percys Pensionierung im Jahre 1923 gesichert war, und das große Vertrauen, das Feisal in sie setzte, sowie die immer enger werdende Freundschaft zu Cornwallis hielten sie bei Laune. Im Frühjahr blüten wieder die Osterglocken, die Ringelblumen und der Goldlack, und ihr Koch servierte reife Trüffel. Sie ergänzte ihre Garderobe durch neue Kleider und Mäntel aus England, und als dann im Februar ein Paket von zu Hause eintraf, packte sie es sofort aus und hielt eine Diamanttiara in der Hand. »Ich hätte fast laut gelacht«, schrieb sie Florence, »in diesem Büro, zwischen all den Akten war es ein so unerwarteter Gegenstand. Aber ich finde es sehr lieb von Dir, daß Du sie mir überläßt. Ich hatte ganz vergessen, wie schön sie ist. Ich fürchte, wenn ich sie hier trage, wird man mich für die Königin von Mesopotamien halten.«

An Hugh schrieb sie euphorisch: »Ich möchte Dir und nur Dir,

der Du alles weißt und verstehst, sagen, daß mir deutlich bewußt ist, wieviel mir das Leben gegeben hat. Ich verspüre jetzt wieder dieses großartige Gefühl von Existenzfreude – es macht mich glücklich zu spüren, daß ich die Liebe und das Vertrauen einer ganzen Nation habe, das ist wunderschön und absorbiert einen voll und ganz – vermutlich zu stark. Du mußt mir vergeben, wenn es mich zu sehr zu beschäftigen scheint – es trennt mich wirklich nicht von Dir, denn eines der größten Vergnügen ist es, Dir in der Gewißheit, daß Du mitfühlst, alles darüber zu berichten. Ich nehme keinen Augenblick lang an, daß ich auf unsere endgültigen Beziehungen zu den Arabern und zu Asien großen Einfluß nehmen kann, aber vorläufig bin ich einer der Faktoren im Spiel.« Cornwallis erwähnte sie nicht, aber seine Zuneigung trug zu ihrer Freude bei.

Sie dachte an die vielen verpaßten Gelegenheiten, einen Mann zu finden und Kinder zu haben, und fügte nachdenklich hinzu: »Ich erinnere mich, daß Du mir gesagt hast: Je älter man wird, desto mehr lebt man im Leben anderer Menschen. Nun, ich habe eine Menge Leben, in denen ich leben kann, nicht wahr? Und vielleicht ist es wirklich am besten so. Ich bedaure jedenfalls nichts.«

Weder die Tatsache, daß Feisal das Kabinett aufgelöst hatte, weil er die Geduld mit seinen Ministern verloren hatte, noch ein suspektes Treffen der Scheichs und heiligen Männer in Kerbela konnten ihr die Laune verderben. Ihr Vater war auf dem Weg nach Jerusalem, und am Morgen des 29. April 1922 fuhr Gertrude zum Flugplatz von Bagdad. Sie setzte sich über die Regel hinweg, der zufolge Frauen nicht fliegen durften – »ich bin Offizier und geschlechtslos«[1] –, und stieg in eine Maschine der Royal Air Force, die nach Transjordanien flog. Von dort wollte sie mit Hugh nach Damaskus fahren, aber die Lage hatte sich in der Zwischenzeit zugespitzt. Selbst der Flug nach Amman war riskant geworden. »Es ist klar, daß jede meiner Reisen in Syrien von der Kriminalpolizei als die Bewegung einer verdächtigen Person angesehen würde ... Wie dem auch sei, ich wäre sogar dann noch

glücklich, wenn Vater mich im Gefängnis besuchen würde und meine Hand hielt.« Ironie des Schicksals: In Amman hatten die türkischen Behörden 1914 versucht, sie an der Reise nach Arabien zu hindern, der gleichen Reise, auf der sie später in Hail eingesperrt worden war und die letzten Endes zu ihrer Tätigkeit für den Geheimdienst geführt hatte.

Nachdem Gertrude mit ihrem Vater drei Wochen lang durch Transjordanien, Palästina und den Libanon gefahren war, trennten sich die beiden, und sie machte sich wieder auf den Rückweg. Auf dem sechsstündigen Flug nach Bagdad, während dem die Maschine bei einer Geschwindigkeit von hundertsechzig Stundenkilometern vom Nordwind durchgeschüttelt wurde, blickte Gertrude aus dem Fenster, verfolgte die Reifenspuren im Sand und zählte die einzelnen Landeplätze, um herauszufinden, wo sie gerade war. »Ich fürchte, ich bin ein richtiger Flieger geworden«, sagte sie nach der Landung.

Feisal lud sie zur Begrüßung zum Tee ein. Sie erzählte ihm, was er hören wollte, und berichtete darüber, wie schlecht die Franzosen in Syrien zurechtkamen: Ihre Beamten sprachen kein Arabisch, und Soldaten patrouillierten in den Straßen, »weil man große Angst vor einem Aufstand hat«. Sie war überzeugt, daß der Irak, die »einzige arabische Provinz ist, die sich auf dem richtigen Weg befindet«.

Der König fragte sie wegen eines Ultimatums, das ihm von Churchill gestellt worden war, um Rat. Churchill hatte gesagt, wenn die arabische Regierung am Abschluß des Vertrags über die Unabhängigkeit des Landes interessiert sei, müsse sie auch das Mandat akzeptieren – und zwar trotz der britischen Kontrolle, die darin garantiert werde. Wenn der Irak nicht bereit sei, auf diese Bedingungen einzugehen, würden alle Briten bis Weihnachten das Land verlassen. Feisal schien keine andere Wahl zu haben, als Churchills Forderungen nachzukommen.

Kurz darauf räumte der König ein, daß er seinen Thron den Briten verdanke und ihren Schutz brauche. Sollten sie sich tatsächlich zurückziehen, würden seine Gegner ihn sofort stürzen. Und was noch schlimmer war: Das Land würde buchstäblich bei leben-

digem Leibe in Stücke gerissen werden, denn jeder Bevölkerungs-
teil – Stadtbewohner, Nomaden, Schiiten, Sunniten, Kurden und
Türken – werde einen Teil des Landes für sich beanspruchen.

Kaum hatte Feisal sich bereit erklärt, das Abkommen zu unterzeichnen, da änderte er seine Meinung wieder. Unter dem Druck
der Nationalisten betonte er zwar seinen Willen, seine Unterschrift
unter das Abkommen zu setzen, stellte aber die Bedingung, daß es
den gleichen Status haben müsse wie der Mandatsvertrag und diesem nicht untergeordnet sein dürfe. Er müsse darauf bestehen, daß
der Irak gleichberechtigter Partner Großbritanniens werde, was bedeute, daß das Mandat außer Kraft zu setzen sei. Churchills Antwort war kurz und knapp: Großbritannien werde ein Abkommen
nur unterzeichnen, wenn gewährleistet sei, daß das Mandat auf-
rechterhalten werde. Das sei der legale Status, den der Völkerbund
dem Irak nach internationalem Recht zuerkannt habe.

Als eine Gruppe von Extremisten eine Demonstration gegen die
Briten organisierte, weigerte Feisal sich, gegen sie vorzugehen – im
Gegenteil: Er unterstützte die extrem radikalen Nationalisten sogar noch. Der *Chatun* war zu Ohren gekommen, daß einige seiner
Berater versucht hatten ihn zu überreden, sich selbst zum unabhängigen islamischen König zu erklären, denn dann stehe das ganze
Land wieder hinter ihm. Und er war drauf und dran, der Empfehlung zu folgen. »Das Land wird sich nicht um ihn scharen, weil
die Menschen plötzlich und auf wundersame Weise ihre Meinung
geändert haben. Was man hier braucht, ist eine ordentliche Regierung und solide Arbeit – kein Wunder«, schrieb sie Hugh.

Über ein Jahr lang hatte sie sich darum bemüht, Feisal auf den
Thron zu hieven, und jetzt machte er nicht nur ihre Arbeit zunichte,
sondern zerstörte auch die ganz spezielle Bindung zwischen England und dem Irak. Denn einerseits würde Feisal nur mit britischer
Unterstützung auf dem Thron bleiben können, während andererseits die Briten ausschließlich mit Feisals Hilfe weiterhin ihren Einfluß in der Region geltend zu machen in der Lage wären. Als Gertrude mit Cornwallis darüber sprach, stellte sie fest, daß er genauso
»bitter enttäuscht« war wie sie.

In ihrer Verzweiflung darüber, daß Feisal plötzlich zu den Extremisten umgeschwenkt war, beschloß sie, mit ihm zu reden und ihm zu erklären, was sie davon hielt. Als sie am 4. Juni 1922 zum Tee eingeladen wurde, bereitete sie sich innerlich auf eine scharfe Auseinandersetzung vor. Auf dem Weg zum Palast spürte sie, wie die Luft dampfte. Menschen und Tiere litten gleichermaßen unter der unbarmherzigen Hitze. Im weißgetünchten Empfangszimmer des Palastes liefen die Deckenventilatoren auf Hochtouren. Feisals dunkle Augen bildeten einen dramatischen Kontrast zu seinem weißen Gewand. Als er sie begrüßte, vollführte sie zwar wie üblich einen Hofknicks, aber noch während sie sich niederbeugte, blitzten ihre Augen ihn zornig an. Trotz des höfischen Zeremoniells bemerkte Feisal sofort, wie wütend sie war. »Ich spiele meinen letzten Trumpf aus«, sagte sie und kam direkt zur Sache. Ob er an ihre persönliche Redlichkeit und Ergebenheit glaube, fragte sie ihn.

Daran zweifle er nicht, erwiderte er, sie könne absolut offen mit ihm reden. »Ich bin sehr glücklich«, sagte sie. »Ich hatte mir aus Schnee ein wunderschönes Bild geformt und mich zu ihm bekannt, dann mußte ich erleben, wie es vor meinen Augen schmolz. Bevor auch noch die letzte, edle Kontur verschwindet, möchte ich lieber gehen. Trotz meiner Liebe zur arabischen Nation und obwohl ich mich für die Zukunft dieses Landes verantwortlich fühle, könnte ich es nicht ertragen, einen Traum aufgeben zu müssen, der mich tagtäglich auf meinem Weg begleitet hat.«

Sie habe immer geglaubt, der König lasse sich nur durch hehre Grundsätze leiten, sagte sie; jetzt müsse sie jedoch erkennen, daß er ein Opfer der Unzufriedenen und aller möglichen Gerüchte geworden sei. Er höre auf Männer, die während des Krieges die Sache der Araber, die mit den Briten zusammengearbeitet hatten, verraten und den Türken ihre Namen preisgegeben hätten. Und wenn die Briten gegangen seien, würden ebenjene Männer auch die Araber verraten, die Feisal gedient hatten. Die Antwort des Königs bestand darin, daß er ihr die Hand küßte.

Als sie ihren Tee getrunken hatte, erklärte Feisal ihr, in welcher

Lage er sich befand. Er müsse die Extremisten unbedingt auf seine Seite bringen, sagte er. Es sei weniger gefährlich, über sie zu herrschen, als ihren Aktivitäten freien Lauf zu lassen. Aber, erinnerte er sie, die Briten hätten sich ständig geweigert, diese Leute anzuerkennen, und das habe seine Arbeit sehr erschwert.

Sie erwiderte ihm, daß es keinen Grund gebe, warum man keinen *modus vivendi* finden könne. Der König brauche nur das Mandat zu unterstützen, dann könnten sie weiterhin harmonisch zusammenleben. Er wolle es versuchen, versprach er ihr schließlich.

Gertrude war mit dem Ergebnis des Gesprächs zufrieden. Als sie aufstand, wollte sie Feisal zum Abschied respektvoll die Hand küssen. Aber der König hielt sie zurück und umarmte sie statt dessen mit großer Herzlichkeit.

Nachdem sie wieder zu Hause war, schrieb sie: »Ich stehe immer noch unter dem Eindruck dieses Gesprächs. Feisal ist zwar einer der liebenswertesten Männer, die ich kenne, doch fehlt ihm erstaunlicherweise die nötige Charakterstärke. Er folgt hehren Idealen, stolpert mitunter aber über die unbedeutendsten Hindernisse. Er hat die Sterne vor seinen Wagen gespannt, aber die Leinen sind so lang, daß sie sich in jedem Strauchwerk verheddern. Nur durch persönliche Sympathie kann ich bei ihm etwas erreichen – und das fällt mir nicht schwer. Man muß sich nur stets gewärtig sein, daß er ständig seine Meinung ändert. Obwohl ich ihm heute abend klargemacht habe, daß es mein größter Wunsch ist, ihm zu dienen, wird er morgen wieder voller Zweifel sein. Aber trotz seiner vielen Kursänderungen vertraut er uns im Grunde seines Herzens, und er ist überzeugt davon, daß einige von uns – zum Beispiel Mr. Cornwallis, ich und Captain Clayton – für ihn durch dick und dünn gehen würden. Das ist unser größtes Plus.«

Zwei Tage später war Feisal wieder zu den Extremisten umgeschwenkt. »Nein, nein, dieser König«, stöhnte sie. »Wenn er doch bloß ein bißchen beständiger sein könnte. So verpaßt er die Chance seines Lebens – aber was sollen wir tun?«

Als sie vierzehn Tage später wieder zum Tee eingeladen wurde, nahm sie den neuen Sonnenschirm, den ihr ihre Schwester Elsa geschickt hatte, und überlegte sich auf dem Weg zum Palast, was sie dem König sagen sollte. Aber ihre Sorgen waren unbegründet: Es sollte das »interessanteste Gespräch« werden, das die beiden je geführt hatten.

Feisals Widerwille gegen das Mandat beruhte darauf, daß er schon in Syrien das Gefühl gehabt hatte, betrogen worden zu sein. Während des Krieges hatten die Briten ihm große Versprechungen gemacht: Damaskus, die Hauptstadt des alten moslemischen Reiches der Omaijaden und der Mamelucken, sollte von ihm regiert werden. Er hatte von einem großsyrischen Imperium geträumt, einem Land, das sich vom Taurusgebirge in der Türkei bis zum Euphrat im Irak erstreckte, von Alexandria bis Arabien einschließlich Jerusalem und Transjordanien. Aber er war von den Briten im Stich gelassen worden.

Während Feisal Gertrude das alles erklärte, hörte sie ihm gebannt zu. Seine Augen waren voller Bitterkeit, als er auf die Pariser Friedenskonferenz zu sprechen kam. Ihm sei mit der Zeit klargeworden, daß ihn die Briten trotz ihrer Zusagen letzten Endes den Franzosen ausliefern würden. Damals in Syrien sei er entschlossen gewesen, eine arabische Regierung zu bilden, jedoch letztlich von den nationalistischen Extremisten und den Franzosen vertrieben worden.

»Ich glaube, man kann unsere Verantwortung für die Katastrophe in Syrien gar nicht oft genug betonen«, schrieb Gertrude.

»Sie dürfen nicht vergessen, daß ich damals wie heute völlig auf mich gestellt war«, sagte Feisal, und seine traurigen Augen spiegelten die Enttäuschung wider. »Weder mein Vater noch mein Bruder Abdullah haben mich je unterstützt. Beide waren neidisch auf die Position, die ich mir durch den erfolgreichen arabischen Feldzug in Syrien erkämpft hatte. Als ich dann nach dem Waffenstillstand nach Europa bestellt wurde, war ich mir dermaßen im klaren darüber, was die beiden von mir hielten, daß ich meinen Vater bat, nicht mich, sondern Abdullah nach Paris zu schicken. Er weigerte

sich – aber nicht etwa, weil ich das Vertrauen meiner Familie hatte. Das hatte ich nie.«

Er erinnerte sie an die arabische Konferenz im März 1920, auf der man ihn zum König von Syrien bestimmt hatte. »Verstehen Sie jetzt, warum ich damals die Handvoll Iraker in Syrien aufgefordert habe, meinen Bruder Abdullah zum König des Iraks zu krönen?« fragte er sie. »Ich wußte, daß das Ganze lächerlich war, aber ich tat es, um meinen Bruder zu besänftigen. Sie wissen, daß er älter ist als ich – ich wollte ihm in der arabischen Welt Ansehen verschaffen, weil ich hoffte, daß er mir gegenüber dann weniger feindselig eingestellt wäre. Er und mein Vater haben mir ständig vorgeworfen, ich dächte nur an meine eigenen Interessen. Dabei war es mir gleichgültig, ob ich oder ein anderer König von Syrien war. Ich sah meine Aufgabe darin, die Streitereien innerhalb der Familie zu beenden, deshalb habe ich meinen Bruder Abdullah als König des Iraks vorgeschlagen. Ich wußte allerdings, daß das absurd war.«

Doch jetzt sei die Zeit gekommen, wo es weitergehen müsse. »Ich muß ein neues arabisches Ideal schaffen. Aber wo soll ich anfangen?«[2]

»Sie müssen im Irak beginnen«, erwiderte Gertrude.

Ob sie es nun wollte oder nicht, sie empfand Sympathie für den Mann. Später schrieb sie: »Wir haben ihn betrogen, und er hat uns nicht nur verziehen, sondern er glaubt auch trotzdem immer noch an uns! Und das ist bedeutend mehr, als wir verdient haben.«[3]

Bevor Gertrude an diesem Nachmittag den Palast verließ, vertraute Feisal ihr an, daß er nie das schöne Bild aus Schnee vergessen werde, daß sie geformt habe; auch er wolle nicht, daß es schmelze. Wenn die Briten ihm einen Vertrag vorlegten, den er ohne sein Gesicht zu verlieren (und vor allem darauf kam es an) unterzeichnen könne, werde er die von ihr vorgeschlagene Linie weiterverfolgen.

Auf der Party, die Gertrude am selben Abend in ihrem mit Laternen geschmückten Garten gab, prüften Araber und Engländer

bei Kaffee und Eiscreme die einzelnen Bedingungen des Vertragsentwurfs, der aus London gekommen war. Als das Dokument jedoch am nächsten Tag dem Kabinett vorgelegt wurde, weigerten sich dessen Mitglieder, ihm zuzustimmen. Alles, was Gertrude und Cornwallis erreichen konnten, war, die Bereitschaft zu wecken, weiter darüber zu diskutieren.

Die Atmosphäre im Irak glich in diesem Sommer einem Hornissennest, vor allem das Wort »Mandat« saß der irakischen Bevölkerung wie ein Stachel im Fleisch. Wieder einmal riefen die heiligen Männer zum Aufstand gegen die Briten auf, und zwei Scheichs vom Euphrat, die das Mandat befürworteten, wurden ermordet. In Bagdad suchten viele einflußreiche Bürger den Nakib auf und warnten ihn vor den katastrophalen Folgen einer Unterzeichnung des Abkommens.

Während sich die Minister des Kabinetts noch die Köpfe heiß redeten, sprach sich der König unmißverständlich gegen das Mandat aus. Nicht einmal das Angebot der Briten, dem Irak nach der Unterzeichnung des Abkommens zu einem Sitz im Völkerbund zu verhelfen, konnte die aufgebrachten Araber beruhigen. Es gab Gerüchte, denen zufolge ausgedehnte Demonstrationen geplant seien, und die allgemeine Stimmungslage wurde durch das Gerede über einen Aufstand weiter aufgeheizt. Während die Debatte andauerte, versuchte der König, Zeit zu gewinnen, indem er immer neue Einwände vorbrachte. Nach einer weiteren Woche, die von stetig anderslautenden Ausnahmeregelungen geprägt war, hatte Cox es endgültig satt. Er machte unmißverständlich klar, daß keine weiteren Änderungen des Abkommens mehr hingenommen werden könnten.

Während der ganzen Zeit beriet sich Gertrude mit Cornwallis. Der König diente den beiden als Vorwand für ihren Flirt. Aber sie sprachen nicht nur über ihn, sondern gingen auch gemeinsam schwimmen, fuhren sonntagnachmittags zum Picknick, unterhielten sich beim Abendessen und beim Tee angeregt miteinander, erzählten sich Geschichten, verglichen ihre Notizen über Feisal und

waren sich darüber einig, daß der König Ken zwar wirklich gern mochte, daß ihm Gertrude jedoch lieber war.

Aber selbst Feisals Charme stieß bei Gertrude auf seine Grenzen. Sie war wütend auf ihn, weil er ein doppeltes Spiel trieb. Zwar beteuerte er ihr immer wieder, daß er für das Abkommen sei, tat dann aber in der Öffentlichkeit alles, um es zu Fall zu bringen. Nuri Said gegenüber brachte sie zum Ausdruck, daß die Haltung des Königs ihrer Meinung nach absolut nicht zu rechtfertigen sei. Sie wisse nicht, ob sie ihm überhaupt noch vertrauen könne. Am 6. Juli wurde sie schon frühmorgens zum Tee in den Palast gebeten. Sie sagte dem Boten, er möge sie bei Feisal entschuldigen. Als Ken Cornwallis sie jedoch zwei Stunden später anrief und ihr dringend riet, der Einladung Folge zu leisten, machte sie sich widerwillig auf den Weg.

Aber diesmal ließ sich die *Chatun* auch durch die herzliche Begrüßung nicht besänftigen. Mit den Worten, sie habe eigentlich gar nicht kommen wollen, begann sie ein erbittertes Wortgefecht, das eine Viertelstunde dauerte. Sie glaube ihm kein Wort mehr, hielt sie dem König vor. Aber da sie genau wußte, daß sie damit alle Brücken abbrechen würde, lenkte sie zum Schluß ein: »Wir sollten versuchen, einen *modus vivendi* zu finden.«

Der König nickte.

Gertrude wies ihm nach, daß er sich der Doppelzüngigkeit bedient habe: Obwohl er ihr bestätigt habe, für das Abkommen zu sein, habe er sich bewußt seiner Annahme widersetzt. Feisal gab zu, daß er »gegen die Annahme des Prinzips eines Mandats gewesen sei und auch in Zukunft sein werde«. Die erhitzte Diskussion ging weiter. Nach zwei Stunden stand Gertrude schließlich auf und wollte gehen. Der König erhob sich ebenfalls und umarmte sie herzlich. Aber die Unterredung endete mit einem Remis: »Wir gingen beide mit dem Gefühl auseinander, uns emotional zwar sehr nahe zu stehen, politisch jedoch durch Welten getrennt zu sein. Und das war sehr unbefriedigend.«

Ihre einzige Hoffnung beruhte darauf, daß es die Briten fertigbrachten, den König zu überreden, das Abkommen unter der Vor-

aussetzung zu akzeptieren, daß die britische Regierung wenig später auf das Mandat verzichtete. Churchill wäre durchaus in der Lage, Feisal eine solche Zusicherung zu geben. »Das Mandat ist ohnehin Unsinn«, schrieb sie nach Hause. »Wenn wir das nicht schaffen, wird im Irak die Hölle los sein, Feisal wird zum zweitenmal gestürzt werden, und wo soll er dann einen dritten Thron finden? Im Augenblick bin ich jedenfalls völlig erschöpft.«

34.

Abschied von Cox

Im Jahre 1922 wurde der Irak von zahlreichen Krisen erschüttert: Minister des Kabinetts erklärten ihren Rücktritt, kaum daß sie ernannt worden waren. Feisal selbst ließ sich offenbar treiben, ohne die drohende Gefahr für seine Regierung wahrzunehmen. Er versuchte, sich gegen den Nakib durchzusetzen, schlug den wohlmeinenden Rat des probritischen Nuri Said aus und schien ein Spielball in den Händen der Extremisten geworden zu sein. Sosehr Gertrude den König auch mochte – sie befürchtete gleichwohl, daß er sich und den Briten wegen seines labilen Charakters großen Schaden zufügte. »Der König ist ein lieber Mensch«, schrieb sie. »Er ist zwar ziemlich schwach, aber außerordentlich sensibel und reagiert sofort auf jede Form von Edelmut oder Großherzigkeit. Von Natur aus ist er ein anständiger, intelligenter Mensch, aber er hat gleichzeitig die fatale Schwäche aller Orientalen: Ihm fehlen der moralische Mut und ein gefestigter intellektueller Standpunkt, und aus diesem letzten Mangel ergibt sich zwangsläufig seine Ignoranz ... Seine Unentschlossenheit und Feigheit können zur Folge haben, daß wir alle eine Niederlage erleiden werden.«[1]

Obwohl sich die Proteste der Extremisten in Windeseile im ganzen Land verbreiteten und Feisal immer noch keine klare Position bezog, endete der Juli auf harmonische Weise. An ihrem vierundfünfzigsten Geburtstag aß sie *en famille* mit Feisal zu Abend und konnte seine Unterstützung für ein von ihr entworfenes Gesetz zum Schutz der Ausgrabungen gewinnen. Darüber hinaus war Feisal bereit – nachdem auch Cox zugestimmt hatte –, sie zur kommissarischen Direktorin für Altertümer zu ernennen.

Nachdem Gertrude gut zwei Wochen später, am Sonntag, dem 30. Juli, bei sich zu Hause arabische Gäste bewirtet hatte, ging sie mit Ken Cornwallis sowie ihren britischen Kollegen Captain Clayton und Nigel Davidson (dem neuen juristischen Berater) und dessen Frau schwimmen. Später gesellte sich auch Feisal hinzu. »Der König war sehr mit sich zufrieden«, stellte Gertrude fest. Er habe sich zwar gerade einen Badeanzug gekauft, sei aber »kein besonders guter Schwimmer«.

Im Schutz einiger Feigenbäume zog sie sich hinterher trockene Sachen an, aß eine reife Feige und trocknete ihr Haar. Über einem Lagerfeuer aus Palmenzweigen hatten die Diener des Königs inzwischen zehn riesige Fische gegrillt und servierten sie mit einer Vielzahl syrischer Gerichte. Die Gäste ruhten wie die alten Griechen auf Kissen, die auf die Teppiche gelegt worden waren. Man aß im Mondlicht unter den Wipfeln der Tamarisken. Feisal unterhielt sich mit Gertrude und sprach über seine Familie, die immer noch in Mekka weilte, vertraute ihr an, daß er sich Sorgen mache, wen seine Tochter wohl heiraten und welche Ausbildung seinem Sohn zuteil werde.

»Im Schein der untergehenden Mondsichel und beim Anblick des ruhig dahinströmenden Flusses kam mir das alles gar nicht so phantastisch vor«, sagte sie später nachdenklich. »Aber wenn ich heute daran denke, ist es schon ein wenig eigenartig, mit einem direkten Nachfahren des Propheten Mohammed, der gleichzeitig König des Iraks ist, über dessen Familienangelegenheiten zu reden.« Trotzdem befürchtete sie immer noch, ihren Einfluß zu verlieren. »Ich hoffe, er wird mir auch in Zukunft noch so zugetan sein wie zur Zeit«, schrieb sie, »denn dadurch wird alles bedeutend leichter. Und das betrifft auch Mr. Cornwallis – denn wenn ich mich nicht sehr irre, sind schließlich wir beide seine wichtigsten Berater und leiten durch ihn die Geschicke der arabischen Welt.«

Im August 1922, zur Zeit des ersten Jahrestags der Krönung Feisals, hatte sich die Kluft zwischen den einzelnen Parteien wegen des Abkommens nur unwesentlich verringert. Nach Gertrudes Mei-

nung war die Mehrheit der Bevölkerung immer noch für eine Unterzeichnung des Vertrags. Sollte Feisal den Pakt ablehnen, würde man ihn zur Abdankung zwingen. Aber auch nach einer Unterzeichnung des Abkommens wären die Briten ihrer Meinung nach letzten Endes gezwungen, das Land zu verlassen. So oder so – das Schicksal der Engländer war besiegelt. Da der König die schiitischen Extremisten unterstützte, hatten sämtliche Minister aus Protest ihre Ämter niedergelegt. Zehn Tage danach bemerkte Gertrude: »Das gestürzte Kabinett ist noch nicht wieder auf den Beinen, und weder die Pferde noch die Männer des Königs wissen, wie sie das bewerkstelligen könnten.« Dieser Konflikt, der einfach nicht enden wollte, beschäftigte sie ständig.

Am 23. August, dem Jahrestag der Krönung, zog Gertrude ihr Spitzenkleid an, nahm ihren Sonnenschirm und machte sich auf den Weg zu Cox, um gemeinsam mit ihm an dem Autokorso zum Palast teilzunehmen. Hunderte Menschen standen bereits dicht gedrängt im Garten des Palastes, und als die beiden sich einen Weg durch die Menge bahnten, hörte Gertrude, wie jemand etwas rief, was sie jedoch nicht genau verstehen konnte. Die Menge applaudierte, und obwohl weder sie noch Sir Percy wußten, um was es ging, war die Atmosphäre ziemlich angespannt. Die Audienz bei Feisal verlief dann zwar ziemlich störungsfrei, aber ihr Mißtrauen verstärkte sich, als ihnen auffiel, daß der König sehr nervös war. Später erfuhr Gertrude von ihren Informanten, daß es sich um eine Protestdemonstration gehandelt hatte, die mit Billigung des Königs durchgeführt worden war. »Nieder mit dem Mandat«, hatte die Parole gelautet, die sie im Palastgarten nicht genau verstanden hatte. Für das britische Empire war das ein Schlag ins Gesicht. Cox schrieb sofort einen wütenden Brief, eine öffentliche Konfrontation fand jedoch nicht statt, da der König erneut eine Blinddarmentzündung bekam.

Fiebernd und unter Schmerzen lag Feisal im Bett und wartete auf die Ärzte, welche die Notoperation durchführen sollten. Percy Cox und Kinahan Cornwallis gingen an den Dienern vorbei, die die Tür bewachten, und betraten das Zimmer, in dem eine Schar mißtraui-

scher, bewaffneter Männer herumstand. Die beiden Briten warfen dem König vor, daß sein Verhalten die politische Situation so verschärft habe, daß repressive Maßnahmen gegen die Extremisten inzwischen unausweichlich geworden seien. Feisal müsse sich von den Radikalen distanzieren und sich vorbehaltlos zum britischen Lager bekennen. Sie ersuchten ihn um seine Zustimmung und um die Erlaubnis, die notwendigen Maßnahmen einzuleiten.

Feisal weigerte sich. Wenn er sich darauf einließe, so sagte er mit schmerzverzerrter Miene, werde das Volk rebellieren. Er wisse genau, wie krank er sei, und wolle nicht in dem Bewußtsein sterben, eine Revolte ausgelöst zu haben. Dann kamen die Ärzte und operierten ihn. Der Eingriff erfolgte keine Sekunde zu früh, denn der Blinddarm war vereitert, und das Leben des Königs hatte an einem seidenen Faden gehangen.

Die Unruhe unter den Extremisten hatte inzwischen einen gefährlichen Punkt erreicht, und wie 1920 mußte man jeden Augenblick mit dem Ausbruch einer Rebellion rechnen. Sir Percy wollte kein Risiko eingehen. Weil der König aufgrund seiner Erkrankung nicht handlungsfähig war, erteilte der Hochkommissar der Polizei den Befehl, die sieben Hauptagitatoren zu verhaften. Außerdem ließ er die radikalen Zeitungen und ihre politischen Parteien verbieten. Am selben Abend veröffentlichte er ein Kommuniqué: Da kein Kabinett mehr existiere und der König krank sei, übernehme der Hochkommissar bis auf weiteres die Regierungsgeschäfte.

»In solchen Situationen läuft Sir Percy zur Hochform auf, dann ist er einfach unschlagbar«, schrieb Gertrude voller Bewunderung und stellte fest, daß die Aktion sofort Wirkung gezeigt habe. »Da der König sich nicht getraut hatte, Farbe zu bekennen, kam seine Erkrankung genau im richtigen Augenblick. Trotzdem wäre es nicht richtig, der Vorsehung das Verdienst zuzuschreiben. Sir Percy hat noch nie einen Fehler gemacht, weder bei der Resolution noch bei deren Formulierung.«

Als eine Woche später der auf der Durchreise befindliche arabische Schriftsteller Ameen Rihani ihr Büro betrat und sagte, er sei gekommen, um den König zu besuchen, machte Gertrude ihrem

Ärger Luft. Sie erklärte ihm, wie groß die Entfremdung zwischen ihr und Feisal sei. »Ich habe sehr hart für König Feisal gearbeitet«, wetterte sie und zog hektisch an ihrer Zigarettenspitze. »Die Nomadenstämme waren gegen ihn, und die Scheichs wollten ihn nicht wählen. Ich habe mit ihnen diskutiert und konnte sie schließlich überreden und überzeugen. Und ich habe sie so weit gebracht, daß sie Feisal gewählt haben.«[2]

Sie stand auf, ging erregt durch das Zimmer, öffnete das Fenster, so daß eine Brise vom Tigris hereinwehte. Dann setzte sie sich wieder auf die Couch und fuhr fort: »Ich habe mich weiß Gott mit all meiner Kraft für ihn eingesetzt. Die Leute haben gesagt: ›Dieser Mann ist einer aus der Hedschas, ein Fremder.‹ Aber ich habe für ihn gebürgt. Ich habe zu ihnen gesagt: ›Ana'l kafil‹ – ich bin der Bürge. Glauben Sie mir, Ameen Effendi«, beschwor sie ihren Gast und schmeichelte ihm mit der Anrede »Effendi«. »Ich liebe den Irak fast so sehr wie mein Heimatland. Ich bin eine Irakerin und möchte, daß das irakische Volk seine Freiheit und Unabhängigkeit bekommt und uns gleichzeitig hilft, den Fortschritt des Landes zu fördern.«

Bei einem Abendessen, das ein paar Tage später zu Ehren von Feisals jüngerem Bruder Prinz Zaid im Palast gegeben wurde, versuchte der König, ihr sein Verhalten zu erklären: »Sie dürfen nicht vergessen, daß wir sechshundert Jahre lang Sklaven waren, und ein Sklave kann sich nur schützen, wenn er listig ist. Er muß überall einen Fuß in der Tür haben; *hatta ana* – und das tue selbst ich. Wir können nicht auf Jahrhunderte in Freiheit zurückblicken, in denen wir hätten lernen können, frei zu sein.«

Als Winston Churchill endlich versprach, alles zu tun, damit der Irak in den Völkerbund aufgenommen werde, war Feisal überglücklich. Er hatte fast alles verwirklicht, was er sich vorgenommen hatte. Eine Aufnahme in den Völkerbund würde zwangsläufig das Mandat beenden und der Irak als eigenständiger Staat anerkannt werden. Am 8. Oktober 1922 wurde das Abkommen unterzeichnet. Jetzt fehlte nur noch die Ratifizierung durch die Nationalversammlung.

Am nächsten Tag trafen sich Gertrude, der König und Cornwallis frühmorgens zu einem Frühstück im Freien in der Nähe von Bakuba. Nach dem Picknick an einem langen Tisch unter den Obstbäumen in Fakhri Beis Garten unternahmen Gertrude und Cornwallis einen kleinen Spaziergang durch die Obstgärten. Sie sahen, wie die Plantagenarbeiter Granatäpfel pflückten, legten sich ans Flußufer und blickten durch die Pappelblätter zum Himmel empor. »Für mich könnte Fakhris Garten früher gut das Paradies gewesen sein«, schrieb sie später. Dann nahmen sie mit dem König ein Mittagsmahl ein, das aus neunzehn Gängen bestand. Am Nachmittag trennten sich Gertrude und Ken von den anderen und fuhren gemeinsam mit dem Auto durch die Wüste nach Hause. Sie schossen auf Schwärme von Waldhühnern, die vor ihrem Wagen hochflatterten, und lachten nur, als sie zweimal eine Reifenpanne hatten. Kurz nach Sonnenuntergang kamen sie in Bagdad an, »trunken von Sonne und Luft«[3]. Seit Jahren hatte Gertrude keinen so amüsanten Tag mehr mit einem Mann verbracht; das Picknick und die fröhliche Rückfahrt durch die Wüste erinnerten sie an ihre Jugend und die Zeit mit Henry Cadogan.

Da sie jetzt wieder mehr Zeit für gesellschaftliche Dinge hatte, verabredete sie sich häufiger mit Ken Cornwallis und dem König zu Abendgesellschaften, Bridgepartien mit Feisal (den man immer gewinnen ließ), Teepartys, Tennis im Palast, Pferderennen am Samstag und Ritte durch die Palmenhaine. Sonntags nach dem Schwimmen gab es in Kens Haus ein intimes Abendessen.

Zu ihren Verpflichtungen gehörte noch die Leitung der Salam-Bibliothek (wie sie feststellte, war sie die einzige Europäerin, die man für eine solche Position je ausgesucht hatte). Dann brachte sie den arabischen Frauen bei, wie man moderne französische Kleider trägt, gründete eine irakische Filiale des Internationalen Roten Kreuzes und veranstaltete immer wieder Teepartys. Als Sati el-Husari, der Staatssekretär des Erziehungsministers, mit seiner Frau und seiner Nichte kam, empfing Gertrude sie im Salon. Sie bot den weiblichen Gästen eine Schachtel Pralinen und ein paar Modezeitschriften an und wandte sich sofort wieder an Sati, um mit ihm zu

reden. Nach kurzer Zeit warf ihr seine türkische Ehefrau wütende Blicke zu und sagte zu Gertrudes großer Überraschung in makellosem Englisch: »Wenn Sie das nächstemal mit meinem Mann reden wollen, brauchen Sie mich gar nicht erst einzuladen.« Gertrude entschuldigte sich bei ihr und besann sich wieder auf ihre Pflichten als Gastgeberin.[4]

Abgesehen von ihrer Aufgabe als neuernannter »Direktorin der Altertümer« ehrenhalber nahm ihr politisches Arbeitspensum langsam ab. Trotz einer Reihe von Überfällen der kurdischen Rebellen im Norden des Landes und Gegenangriffen der britischen Luftwaffe unternahm sie eine Inspektionsreise in diese Gegend. London wollte das Problem durch die Gründung einer eigenständigen Region Kurdistan so schnell wie möglich lösen. Aber abgesehen davon, daß es zwischen den beiden Gebieten keine Grenze gab, die man hätte verteidigen können, »weiß jeder, und das gilt sowohl für den König und seine Untertanen als auch für London, daß der arabische Staat ohne die Provinz im Norden nicht existieren kann. Die Abhängigkeit Bagdads von Mosul ist zu groß.«

Nachdem sie mit den dort lebenden Armeniern, Christen und Kurden geredet und sich mit fast jedem bedeutenden Scheich, heiligen Mann oder sonstigen Prominenten getroffen hatte, machte sie sich am 16. November 1922 wieder auf den Weg nach Bagdad zurück und war fest davon überzeugt, daß die Kurden loyale Bürger des Iraks werden würden – vorausgesetzt allerdings, ihr Territorium würde nicht in türkische Hände geraten.

Auch Cox machte sich wegen der Situation in Mosul Sorgen, aber zunächst sollte die Konferenz mit Ibn Saud stattfinden, die immer wieder verschoben worden war und bei der es um die Festlegung der Grenzen ging. Als Gertrude nach Bagdad zurückkehrte, bereitete der Hochkommissar gerade seine Abreise vor. Sie hätte ihn zu gern begleitet, aber Ibn Saud mochte sie nicht besonders – nach seinem Geschmack war sie eine zu starke Frau. Abgesehen davon hatte sich Cox schon jahrelang persönlich um den arabischen Sultan gekümmert. Anstelle von Gertrude packten Major Dickson

und Major More, Sabih Bei, der Innenminister, und Fahad Bei von den Anaseh ihre Dinnerjackets ein und begleiteten Cox, der sich am 19. November auf den Weg machte, um den Vertrag zu unterzeichnen.

Sir Percy kannte Ibn Saud schon aus der Zeit, als er noch als britischer Beamter am Golf seinen Dienst versehen hatte. Seit achtzehn Jahren war er für den Wahhabiten-Führer eine Vaterfigur, ein Freund und sein Finanzier. Während Cox nach Odschair in der Nähe von Bahrain unterwegs war, trafen Ibn Sauds Bedienstete die Vorbereitungen für seinen Empfang. Sie bauten viele weiße Zelte in allen Größen auf: zum Schlafen, Baden, Essen und Feiern. Sie rollten dicke Teppiche aus, bestückten sie mit luxuriösen Möbeln und schafften frisches Obst, Perrier-Mineralwasser, Havannazigarren und Whisky der Marke Johnny Walker für »Kokus« heran.[5]

Fünf Tage und fünf Nächte dauerte die Verhandlung über die neuen Grenzen, wobei Cox zwischen den Vertretern des Iraks, Kuwaits und Arabiens vermittelte. Ibn Saud verlangte, daß man sich bei der Grenzziehung an den Stämmen und nicht an den Territorien orientierte. Demnach würden zwei Gruppen – Fahad Beis Anaseh und ein Teil der Schammar – zu Arabien gehören, gleichgültig wie weit sie sich in den Norden ausdehnten. Diese beiden Stämme sollten als »bewegliche Grenze« fungieren, die sich je nachdem, wo sich Futter für die Herden auftreiben ließ, veränderte. Es wäre eine Grenze, die sich nach den Bedürfnissen der Nomaden ausrichtete. Kipling hatte geschrieben: »Ost ist Ost und West ist West«, aber die beiden Verhandlungspartner waren in diesem Punkt so weit auseinander wie nie zuvor. Für Cox und die Briten stand der Begriff Eigentum in engem Zusammenhang mit dem Territorium, für Ibn Saud und die Beduinen verband er sich mit den Menschen.[6]

Die Verhandlungen hatten sich festgefahren, und am sechsten Tag war Sir Percys Geduld zu Ende. Bei einem Treffen, an dem nur noch Major Dickson teilnahm, kanzelte er Ibn Saud wie einen Schuljungen ab. Wenn beide Parteien so weitermachten, werde man in einem Jahr noch zu keinem Ergebnis gekommen sein, erklärte er dem nach Parfüm duftenden Herrscher. Ibn Saud war den

Tränen nahe: Sir Percy Cox sei sein Vater und seine Mutter, jammerte er; er sei derjenige, dem er die Position verdanke, die er jetzt innehabe. Er sei bereit, »die Hälfte seines Königreichs, nein, sogar das ganze, hinzugeben, wenn Sir Percy dies verlange«.[7]

Da nahm sich Sir Percy die Karte, zog sorgfältig eine rote Linie, wies einen Teil der Nedschd dem Irak zu, und um Ibn Saud zu besänftigen, teilte er Arabien fast zwei Drittel des Gebietes von Kuwait zu. Zum Schluß zeichnete er noch zwei neutrale Zonen ein, eine kuwaitische und eine irakische. Als einer von Ibn Sauds Vertretern Cox beschwor, doch auf eine kuwaitische neutrale Zone zu verzichten, wollte er den Grund dafür wissen. »Offen gesagt, weil wir vermuten, daß es dort Öl gibt«, lautete die Antwort. »Das ist genau der Grund, warum ich dieses Gebiet zur neutralen Zone erklärt habe«, erwiderte der Hochkommissar. »Beide Seiten werden sich das Ganze teilen.«[8] Anfang Dezember 1922 wurde das Abkommen von allen drei Seiten unterzeichnet, die damit die Grenzen bestätigten, die Gertrude Bell so akkurat gezogen hatte. Aber die Grenzstreitigkeiten zwischen dem Irak und Kuwait sollten noch bis zum Golfkrieg 1990 andauern.

Ende 1922 schrieb Gertrude an Hugh: »Weißt Du eigentlich, daß ich wegen meiner wertvollen Beiträge und Verdienste viermal in den Akten erwähnt worden bin? Ich finde das eigentlich ziemlich grotesk, aber als ich die Dokumente zählte, um ein Formular für das Kolonialministerium auszufüllen, war ich erstaunt, wie viele es waren, und daß ich darin erwähnt wurde, hat mich überrascht.« Kurz zuvor hatte sie auf einer arabischen Damengesellschaft gefragt: »Wer ist die gescheiteste Frau in Bagdad?« Und als die Frauen »Sie natürlich« antworteten, strahlte sie über das ganze Gesicht. Aber trotz aller Anerkennung verlor sie mit der Zeit zusehends an Bedeutung. Nachdem sie Mitte Dezember den Jahresbericht für den Außenminister fertiggestellt hatte, schrieb sie selbstkritisch: »Es scheint so, als hätte ich ziemlich wenig wirklich Interessantes geschafft.« Ihre Macht war mit der Präsenz der Briten gekoppelt, und als die arabische Regierung Fuß gefaßt hatte, schwand

ihr Einfluß immer mehr. Obwohl der König weiterhin ihr Freund war, brauchte er sie nicht mehr als Verbindungsglied zum Hochkommissar. Sie war jetzt nur noch seine persönliche Freundin und nicht mehr seine politische Beraterin.

Weihnachten unternahm sie mit Ken Cornwallis und zwei anderen britischen Offizieren eine Reise am Ufer des Euphrats entlang, die für sie eine erholsame Abwechslung war. Als sie Ende des Monats zurückkam, war sie froh, daß sie für Cox einen Stapel Berichte schreiben mußte. »Tatsache ist, daß ich nie wieder einen Chef haben werde, für den ich lieber arbeiten werde als für ihn, ganz gleich, was ich in Zukunft tun werde.« Sir Percy würde in ein paar Monaten in Pension gehen, fuhr vorher aber noch einmal nach England, um bei der Abfassung des Friedensvertrags, den die Regierung mit der Türkei schließen wollte, behilflich zu sein und die Regierung bezüglich ihrer politischen Pläne im Irak zu beraten. Angesichts der drohenden Invasion der Türken wollte Cox sicherstellen, daß Großbritannien seine Freunde nicht im Stich lassen würde. Cox rief dem Kabinettsausschuß ins Gedächtnis, daß die Briten 1914 nach Mesopotamien gekommen seien, um ihre Ölfelder, ihre Handelswege und ihre Interessen am Persischen Golf wahrzunehmen. Wenn sie sich jetzt aus dem Irak zurückzögen, würden sie unter Umständen alles verlieren, was sie ursprünglich hatten bewahren wollen. »Ich möchte Sie daran erinnern, daß die Grenze zwischen Mosul und Bagdad nicht zu verteidigen ist, und wenn die Türken Bagdad erobern, werden sie wohl kaum vor Basra haltmachen. Ein schlechter Friede wird mehr kosten als unser gegenwärtiges Engagement, denn er würde uns zwingen, besondere militärische Maßnahmen zu unserer eigenen Verteidigung zu ergreifen.«[9]

Bevor Cox nach England abreiste, ernannte er Henry Dobbs zu seinem Stellvertreter. Anfang Januar lud Gertrude ihren Kollegen Nigel Davidson, den juristischen Berater, und ihren besten Freund Ken Cornwallis, den juristischen Berater des Königs, zum Abendessen ein, um ihnen Dobbs vorzustellen. Man unterhielt sich vor allem über das Kurdenproblem, für das auch nach dem Ab-

zug der Briten keine Lösung gefunden werden sollte. Die Türken hatten sich geweigert, die kurdischen Unabhängigkeitsbestrebungen anzuerkennen. Dagegen hatte sich Feisal für eine autonome kurdische Regierung innerhalb der Grenzen des Iraks ausgesprochen, solange die Kurden wirtschaftlich und politisch mit dem Irak verbunden blieben (ein Standpunkt, der noch Jahre später von Saddam Hussein eingenommen wurde). Feisals Worte hatten die Aufständischen etwas besänftigt, aber schon wenige Wochen später hatte Dobbs, der sich Sorgen wegen etwaiger Grenzkonflikte machte, Truppen an die Nordgrenze beordert, um den Türken jeden Gedanken an eine Aggression auszutreiben. Der König hatte seinen jüngeren Bruder Zaid nach Mosul geschickt, um dort einen königlichen Haushalt zu gründen, und gehofft, die Kurden dadurch für die irakische Seite gewinnen zu können. In der Zwischenzeit verhandelte man auf einer internationalen Konferenz in Lausanne über den kurdischen Anspruch auf Unabhängigkeit.

Da Gertrude zum Thema Mosul nur wenig beitragen konnte, wandte sie sich wieder der Archäologie zu. Eine Gruppe des Chicago Field Museum war gekommen, um in Kisch zu arbeiten, und außerdem Teams des Britischen Museums und der Universität von Pennsylvania, die in Ur gemeinsame Ausgrabungen planten. Als ehrenamtliche Direktorin der Altertümer war Gertrude natürlich sehr daran interessiert, die Ausgrabungsorte zu inspizieren. Ur, die alte Stadt der Sumerer, biblischer Geburtsort Abrahams, hatte ihre Blütezeit vor sechstausend Jahren erlebt. Dort würde man im Laufe der Zeit auf alle möglichen archäologischen Kostbarkeiten stoßen. Jeder Aspekt des Lebens der Sumerer ließ sich durch die Funde rekonstruieren, von den versetzt gebauten Stufentürmen aus dem zweiten vorchristlichen Jahrtausend über die schlanken, gebogenen Kanus, wie sie dort im Marschland heute noch in Gebrauch sind, bis zu den spektakulärsten Schätzen des Königsgrabs: goldene Statuetten, goldener Kopfschmuck, goldene Dolche, deren Griffe mit Lapislazuli ausgelegt sind, außerdem Kupfervasen und keilförmige Votivtafeln. Schon die Anfangsphase der Grabungen war das Aufregendste, was Gertrude je in der Archäologie erlebt hatte.

Das Wichtigste dabei war: Das Ausgrabungsgesetz, das sie selbst entworfen hatte, sorgte dafür, daß der Irak nicht seiner antiken Schätze beraubt wurde. Im Frühjahr beschäftigte sie sich damit, den neuen Palast des Königs mit Möbeln auszustatten. Außerdem richtete sie Empfänge für Sir Percy Cox aus, der seine Pensionierung auf den Mai verschoben hatte. Obwohl es die Zeit des Ramadan war, wurden im April zahlreiche Abschiedspartys gefeiert. Von Hadschi Nadschi bis zum König, von den Händlern des indischen Basars bis zur Royal Air Force wollte jeder ein Fest für den scheidenden Hochkommissar geben. Am 1. Mai 1923 sagten die Cox' dann endgültig Lebewohl. Für Gertrude war das ein trauriger Augenblick. »Ich bin von den Verabschiedungen ziemlich mitgenommen ... Sir Percy reiste ab, ein sehr bewegender Abschied ...«

Fast sieben Jahre lang hatte er in ihrem Leben eine zentrale Rolle gespielt. Die Araber hatten große Stücke auf ihn gehalten und ihn »Kokus« genannt. Für sie war er weit mehr gewesen: ein weiser Mann, der sich stets um sie gekümmert hatte und sich nie aus der Ruhe bringen ließ, ein väterlicher Freund und die einzige Person im Mittleren Osten, auf die sie sich auch in schweren Zeiten immer verlassen konnte. Er hatte sie verstanden, ihren unermüdlichen Einsatz gewürdigt und sie wegen ihrer Fähigkeiten bewundert. Als sie 1916 zum erstenmal nach Basra gekommen war, hatte er sie mit offenen Armen empfangen und ihr trotz der Einwände von General Maude sofort einen Arbeitsplatz in seiner Bagdader Dienststelle angeboten. Während und nach dem Krieg verließ er sich vollkommen auf ihre Geheimdienstarbeit mit den Arabern, verteidigte sie gegen A. T. Wilsons Haßtiraden und behandelte sie immer mit großem Respekt. Und sie war ihm treu ergeben. »Ich glaube, kein Engländer hat im Osten mehr Vertrauen genossen«, sagte sie. Und keinem Engländer außer ihrem Vater hatte sie selbst mehr Vertrauen entgegengebracht. Nachdem ihr Mentor gegangen war, bereitete Gertrude sich mit gemischten Gefühlen auf die Ferien zu Hause vor, denn sie machte sich Sorgen, was sie bei ihrer Rückkehr im Herbst in Bagdad erwarten würde.

35.

Schwierigkeiten

Als Gertrude im Juni 1923 nach Rounton zurückkam, schien ihr der Ort kleiner geworden zu sein. Das scheinbar unendliche Universum, das sie mit ihren Kinderaugen gesehen hatte, war in den kritischen Augen der Erwachsenen zu einer kleinen, verletzlichen Welt geschrumpft. Die sich ständig ändernden Anforderungen des Industriezeitalters, die große Wirtschaftskrise nach dem Krieg und die immensen Kosten der Streiks waren nicht ohne Folgen geblieben. Das Vermögen der Familie hatte sich mit der Zeit erheblich verringert. Aus Gründen der Sparsamkeit bewohnte man nur noch einen Teil des Hauses, hatte einen Teil des Personals entlassen und auch alle anderen Ausgaben gekürzt. Auch Gertrudes eigene Welt entglitt ihr allmählich. Während sie John Singer für ihr Porträt Modell saß oder mit T. E. Lawrence bezüglich der Veröffentlichung seines Buches »*The Seven Pillars of Wisdom*« (Die sieben Säulen der Weisheit) korrespondierte, dachte sie über ihre Zukunft nach. Nach Percy Cox' Pensionierung hatte sie das Gefühl, völlig in der Luft zu hängen. Sie kannte seinen Nachfolger Henry Dobbs schon seit Anfang des Krieges. Er war damals Steuerkommissar in Basra gewesen und hatte ihre Antipathie für A. T. Wilson geteilt. Doch er war nicht wie Cox ihr Mentor und auch nicht ein so erstklassiger Staatsmann wie er. Allerdings spielte letzteres auch keine so entscheidende Rolle mehr, denn die Regierungsgewalt lag inzwischen fest in den Händen der Araber.

Und noch etwas anderes beschäftigte sie. Durch ihre häufigen Kontakte zu Feisal war sie Cornwallis nähergekommen. Sie und Ken hatten sich gegenseitig getröstet, wenn sie frustriert waren,

und Pläne geschmiedet. Und während sie gemeinsam darum bemüht waren, dem König den Weg zur Macht zu ebnen, hatte sich Gertrudes Bewunderung für Ken in ein anderes Gefühl gewandelt. Er war groß, schlank und ein Mann mit festen moralischen Grundsätzen, außerdem war er ein freundlicher Mensch, und vor allem das übte auf sie eine starke Anziehungskraft aus. Sie fragte ihn nicht nur um Rat, sondern sehnte sich nach seiner Gesellschaft und nach seiner Liebe. Als sie in Rounton mit einem Freund der Familie über die Felder spazierte, verglich sie Cornwallis mit Doughty-Wylie. Es würde niemals einen Mann wie Dick geben, betonte sie, und auch keinen Briefwechsel, der einen solchen Gipfel der Leidenschaft erreichen könnte wie der zwischen ihr und Dick. Aber er war tot, Ken dagegen lebendig und vital. Er war siebzehn Jahre jünger als sie und hatte es geschafft, in ihr wieder jenes Feuer zu entfachen, das in der Asche ihrer Seele immer noch glühte.

Henry Dobbs sei ein angenehmer, liebenswürdiger Mann. Mit ihm könne man bedeutend entspannter reden als mit Percy Cox, berichtete Gertrude im September, kurz nachdem ihr Flugzeug in Bagdad gelandet war. »Ja, die Atmosphäre in der Botschaft hat sich erheblich verändert«, stellte sie fest. »Wir haben zwar nicht mehr Sir Percys Weisheit, dafür aber auch nicht die Launen von Lady Cox, und Sir Henry hat seine eigene geniale Art. Die Araber nennen ihn Sir Hon-ri.«[1]
Auch in Gertrudes Leben änderte sich einiges. Statt von morgens bis abends im Büro zu schuften, wirbelte sie durch den Palast und arrangierte die englischen Möbel, die sie aus London hatte kommen lassen, war verzweifelt über die gefälschten französischen Antiquitäten, die jemand anderer bestellt hatte, und immer noch damit beschäftigt, ein Wappen für den König zu entwerfen. Sie lud Ken oder den König zum Abendessen ein, kümmerte sich um Cornwallis' Wohlergehen und stand neben Feisal, als er bei der Eröffnung einer neuen Eisenbahnstrecke nach Kerbela das Band durchschnitt. Sie nahm an Jagdgesellschaften teil, besuchte Poloturniere, spielte Tennis, Bridge, Mah-Jongg, Chemin de Fer, ließ sich zum

Mittagessen und zum Tee einladen und aß fast jeden Tag mit Ken zu Abend. Als er in ein neues Haus umzog, half sie ihm den ganzen Sonntag, seine Sachen einzuräumen. »Ich bin zur Zeit ständig gut gelaunt«, schrieb sie Ende November 1923.

Selbst die Weihnachtstage, die früher so oft von traurigen Gefühlen begleitet waren, wurden wieder zu einem Fest der Freude, als sie mit Ken und ein paar Freunden eine Woche lang an einer Jagdgesellschaft in Babylon teilnahm. Marie hatte ihre Reitsachen und Abendkleider eingepackt und darauf bestanden, daß sie auch ihre schönsten rosa Crêpe-de-Chine-Nachthemden mitnahm. »Warum?« fragte Gertrude. »Das ist schließlich ein Jagdausflug.« Ja, sagte ihre Dienerin, aber Kens sudanesischer Diener könne sie dann sehen. Marie dachte wahrscheinlich, er würde sie dann seinem Herrn beschreiben. Oder aber sie glaubte, zwischen den beiden sei etwas mehr, so daß nicht nur der Diener, sondern auch Ken selbst das Nachthemd bewundern könnte. Nach sechs erholsamen Tagen und verschiedenen archäologischen Besichtigungen kehrte sie glücklich nach Bagdad zurück und sagte: »Ich glaube nicht, daß man im Irak jemals eine schönere Exkursion gemacht hat.«

Trotz ihrer Fröhlichkeit war es offensichtlich, daß ihr Einfluß schwand. Ein Beamter der Eisenbahn formulierte dies in einem Brief an St. John Philby auf recht drastische Weise: »Soviel ist sicher, die ›ungekrönte Königin‹ ist nicht mehr das A und O des Landes. Was aus ihr werden wird, ist noch ungewiß. Möglicherweise wird sie eine beratende Tätigkeit ausüben und Ausgrabungskonzessionen an Archäologen aus aller Welt vergeben.«[2]

Im Gegensatz zu Cox holte Dobbs sich weder Rat bei ihr noch erlaubte er ihr, in bestimmten Dingen auf eigene Faust aktiv zu werden, so daß sie sich sehr bald langweilte. In Gedanken ging sie entweder zu den großen Kulturen Mesopotamiens zurück, oder sie träumte von einem zukünftigen Reich, das von Feisal regiert würde. Als ihr dann das kalte Wetter Anfang Januar 1924 zusätzlich auf die Stimmung schlug, saß sie vor Kälte zitternd in ihrem Pelzmantel im Büro und plante eine Fahrt nach Kisch und Ur. Auf

dem Weg dorthin wollte sie allein einen Abstecher in die Wüste machen. »Ich möchte mich zwei Tage lang wieder einmal wild und unabhängig fühlen.«

Die kurze, aber abenteuerliche Reise hatte auf Gertrude eine belebende Wirkung. Sie und ihr Assistent J. M. Wilson waren noch nicht sehr weit gekommen, als ein Vorderrad ihres Wagens von der Kante einer schmalen Brücke abrutschte und beinahe in einen Kanal gefallen wäre. Als sie weiterfuhren, geriet der Wagen immer wieder aus der Spur, und nachdem sie die offene Ebene erreicht hatten, drehte er sich wie ein Kreisel. Ihr Assistent war nicht bereit, weiter sein Leben zu riskieren. Obwohl es inzwischen angefangen hatte zu regnen, zogen die beiden ihre Stiefel an und stapften über eine Stunde lang durch den Schlamm, bis sie zu den Ausgrabungen von Kisch gelangten. Mr. Mackay, der Archäologe, erwartete sie, und sie verbrachten den Rest des Abends damit, sich seine Funde anzuschauen. Gertrude, die ihr Gepäck im Auto zurückgelassen hatte, mußte sich mit einem Stück Seife, einer geborgten Haarbürste und einem geliehenen Pyjama begnügen. Aber das machte ihr nichts aus. Sie legte sich in ihr Zelt und schlief fest, denn sie war glücklich, endlich wieder in der Wüste zu sein.

Am nächsten Tag machte sie sich allein auf den Weg. Sie kam nach Warka, dem einstigen sumerischen Uruk, der babylonischen Hauptstadt des Südens, und fand dort eine Ausgrabungsstelle, auf der es von Einheimischen wimmelte, die nach Schätzen suchten. Sie ließ die Araber zu sich kommen und fragte sie streng: »Habt ihr irgendwelche *anticas*?«

»Nein«, antworteten sie ängstlich, »um Himmels willen nein.«

»Was macht ihr denn dann mit den Spaten und Spitzhacken?« Sie erklärte ihnen, daß sie bereit sei, ihnen für alles, was sie hätten, ein Bakschisch zu geben. Die Aussicht auf Geld führte zu einer merklichen Veränderung. Ein Mann entdeckte unter seinem Hemd einen Zylinder, ein anderer ein Siegel, wieder ein anderer zog ein Stück Terrakotta aus der Hosentasche. Sie zahlte für jedes Teil ein paar Annas und nahm die Fundobjekte für das Museum mit.

Als sie wieder in Bagdad war, lag zu ihrer Überraschung ein Päckchen aus England auf ihrem Schreibtisch. Sie hatte ein paar schwierige Tage hinter sich, Differenzen mit Dobbs, der ihrer Meinung nach wenig Verständnis für die Mentalität der Araber aufbrachte. Ein Päckchen von zu Hause war endlich einmal eine angenehme Abwechslung. Sie öffnete es und freute sich sehr, als sie aus dem Papier einen silbernen Rahmen mit einem Foto von Percy Cox wickelte. Es war mit »Meinem besten Kameraden« signiert. »Ist das nicht das Netteste, was er schreiben konnte?« fragte sie. »Er fehlt mir immer noch. Wir haben mit Unterbrechungen sechs Jahre zusammengearbeitet, und das in schweren Zeiten. Er hatte es sich zur Gewohnheit gemacht, alles mit mir zu besprechen. Sir Henry tut das durchaus nicht immer«, schrieb sie, »und es gibt auch keinen Grund dafür. Sehr oft unternimmt er etwas und redet erst hinterher mit mir darüber.« Sie aß zwar jeden Tag mit Dobbs zu Mittag, aber ihre Unterhaltung war dabei immer entspannt und oberflächlich, nicht zu vergleichen mit den oft wichtigen Gesprächen, die sie und Cox geführt hatten.

Kurz bevor sie im März 1924 noch einmal nach Ur fuhr, bekam sie unvorhergesehenen Besuch von einer amerikanischen Journalistin. Gertrude erhob sich hinter den Papierstapeln, die ihren Schreibtisch bedeckten, strich mit ihren schlanken Fingern das elegante Strickkleid glatt und reichte Marguerite Harrison ihre manikürte Hand. Dann bot sie ihrer Besucherin einen Stuhl an und stapelte die Akten, die auf dem Sofa lagen, zu den anderen auf dem Fußboden. Harrison schrieb später, es sei »das unordentlichste Büro« gewesen, das sie je gesehen habe. Alle Stühle, Tisch und das Sofa seien »mit Akten, Karten, Flugblättern und anderen Papieren in englisch, französisch und arabisch bedeckt« gewesen. Gertrude selbst habe dagegen ausgesehen wie eine Figur aus Wedgwood-Porzellan. »Ihr feines, ovales Gesicht mit der energischen Kinnpartie, die stahlblauen Augen, die von einer Aureole von grauem Haar umgeben waren – das Gesicht einer ›Grande Dame‹. Weder ihr Aussehen noch ihr Verhalten ließen erkennen, daß sie eine Forschungsrei-

sende war, die schon viele Strapazen hinter sich hatte. ›Pariser Kleider, Mayfair-Manieren‹. Und das sollte die ›Anglez‹ sein, bei der die Scheichs nervös wurden, wenn sie nur an sie dachten?«[3]

Die Journalistin hatte eigentlich die Absicht gehabt, sie zu interviewen, doch Gertrude machte ihr einen Strich durch die Rechnung. Die *Chatun* war selbst an Informationen interessiert und bombardierte sie sofort mit Fragen über die Türkei, wo Harrison gerade sechs Monate gewesen war. Gertrude erklärte ihr, sie mache sich immer noch Sorgen über die Absichten Kemal Atatürks. Wie standen die Türken zur Frage des Iraks? Offiziell und inoffiziell? Was war ihre Meinung über Mosul? Was hielten sie von der innenpolitischen Lage des Iraks? Wie war die politische Situation in der Türkei? Da Gertrude förmlich danach gierte, mehr zu erfahren, lud sie Harrison zum Abendessen ein. Zu den Gästen zählten Ken und noch ein paar andere Beamte. Die Gastgeberin präsidierte in ihrem Abendkleid aus blauem Samt am Kopf des Tisches, der festlich mit weißem Leinen, dem kostbaren Tafelsilber und glitzerndem Kristall gedeckt war. Und die Frau aus Baltimore berichtete von ihren Abenteuern. »Nie zuvor habe ich so eine aufregende Dinnerparty erlebt«, schrieb Gertrude glücklich nach Hause. »Es war ungeheuer amüsant ... obwohl die Geschichten, die sie uns erzählt hat, selbst die abgebrühtesten Beamten zum Erröten brachten.«[4] Sie war froh über diesen Besuch, endlich hatte sie eine Frau getroffen, die ihr intellektuell und auch im Hinblick auf ihre Abenteuerlust ebenbürtig war.

Am nächsten Morgen machte Gertrude sich schon früh auf den Weg nach Ur. Sie widmete ihrem neuen Museum jetzt mehr Zeit und sammelte antike Gegenstände, mit denen sie ihren Vorstellungen von der ruhmreichen Vergangenheit des Iraks Glaubwürdigkeit verleihen konnte. Die Zeugnisse der großen Errungenschaften der antiken Mesopotamier bestärkten sie in ihrer Auffassung, daß der Irak zu seinem alten Glanz zurückfinden werde.[5] Archäologie war harte Arbeit: Manchmal mußte sie bei der Überwachung der Ausgrabungen stundenlang in der glühenden Sonne ausharren und jeden noch so kleinen Fund überprüfen. Aber ihre Begeisterung für

die alte Geschichte des Landes war so groß, daß sie die Strapazen ertrug. Am Ende der Grabungskampagne hatte sie in ihrer Eigenschaft als ehrenamtliche Direktorin der Altertümer das Recht, jedes Objekt zuerst für die irakische Regierung zu beanspruchen. Die Aufteilung der Schätze begann mit einem Münzwurf, und Gertrude gewann einen Skarabäus im Wert von tausend Pfund. Was die größeren Relikte anbetraf, so überließ sie die Bronzegegenstände dem Archäologen Leonard Woolley, behielt für sich selbst jedoch eine bronzene Melkszene, aus der das Leben im antiken Mesopotamien ersichtlich wurde.

Nachdem sie ihre Funde nach Bagdad geschafft hatte, arbeitete sie mit der Geduld eines Gelehrten in dem kleinen Museum – das vorübergehend in einem Raum des Palastes untergebracht war –, klebte Scherben zusammen, katalogisierte die einzelnen Gegenstände, identifizierte Werkzeuge und wies Leute ein, die nicht die geringste Ahnung von der Archäologie hatten. Einmal ertappte sie einen alten Arbeiter, der versuchte, Gegenstände mit Gips zu reparieren, und dabei fast die antiken, steinernen Blütendekors zugekleistert hätte. Als sie wenig später die Beschriftungen überprüfte, entdeckte sie ein kleines Marmorfragment eines Pferdehalses mit dem Teil der Mähne. Auf dem Etikett stand: »Dies ist Teil einer Männerschulter, Marmorobjekt.« Sie wandte sich an den Helfer: »Aber wächst einem Mann denn eine Mähne auf der Schulter?«

»Wie wahr, bei Gott«, murmelte der Mann.

Sie warf ihm einen vernichtenden Blick zu.

Das Museum war ihr Werk, und sie zeigte es allen möglichen Leuten voller Stolz, vom emeritierten Professor über britische Beamte, die auf der Durchreise waren, bis zu den arabischen Ministern. Als Woolley im März 1924 kam, um Vorträge über Ur zu halten, schleppte sie den König an und übersetzte ihm Wort für Wort, was der Archäologe dem völlig desinteressierten Feisal erzählte.

Das Abkommen mit Großbritannien war immer noch nicht von der Nationalversammlung ratifiziert worden, und der Weg dorthin

war schwer. Die Abgeordneten des ganzen Landes mußten Scheich für Scheich, Saijid für Saijid überredet werden zuzustimmen. Als dann im Februar zu allem Übel auch noch ein Abgeordneter ermordet wurde, erreichte die Spannung ihren kritischen Punkt. Trotzdem zogen sich die erhitzten Debatten noch bis in den Mai 1924 hin. Zu Beginn des Id, des Festes, das den letzten Tag des Ramadan markiert, hatte Gertrude einen Ausflug mit dem Leibarzt des Königs, Dr. Harry Sinderson, Iltyd Clayton, einem Kollegen, und Ken geplant. Sie wollten ihre Zelte an der Mündung des Flusses Diyala in der Nähe von Karashan aufschlagen, um dort drei Tage lang zu angeln, zu schwimmen, Gedichte zu lesen und Bridge zu spielen. »Der wahre Grund ist, daß ich mir Sorgen um Ken mache«, schrieb Gertrude, »er ist so abgearbeitet und erschöpft, daß ich fürchte, er wird einen Zusammenbruch erleiden, wenn sich die Unterzeichnung des Abkommens noch länger hinziehen sollte.« Die Erholungspause war ein voller Erfolg, aber es dauerte noch bis zum 10. Juni, bis das Abkommen buchstäblich in letzter Sekunde ratifiziert wurde. »Wir haben das Ultimatum eine halbe Stunde vor Ablauf erfüllt«, kommentierte Gertrude erleichtert.

Sie und Ken waren inzwischen beinahe ständig zusammen. Er verbrachte den größten Teil seiner Zeit in ihrem komfortablen Haus. Sie feierten dort auch den erfolgreichen Abschluß ihrer Arbeit, indem sie gemeinsam zu Abend aßen, sich noch ein wenig unterhielten und dann wie gewöhnlich um zehn Uhr zu Bett gingen. Es war ihr letzter gemeinsamer Abend, denn er fuhr am nächsten Morgen nach England, wo ihn ein schwieriger Sommer erwartete. Seine Frau hatte die Scheidung eingereicht, und Gertrude konnte gut verstehen, unter welcher Spannung er stand. Hastig kritzelte sie eine Notiz an ihre Schwester Molly und bat sie, sich um Ken zu kümmern. »Ich mag ihn sehr gern, er ist einer der besten Menschen, die ich je kennengelernt habe«, schrieb sie. Ob Molly ihn wohl einmal zum Mittagessen einladen könne. »Es ist ein Segen, wenn man eine Schwester hat, die man um alles bitten kann ... Abgesehen von Vätern können Schwestern – glaube ich – das größte Geschenk auf der Welt sein.«[6] Von der Mutter

war dabei zwar keine Rede, aber sie vergaß trotzdem nicht, Florence eine Einkaufsliste zu schicken. Diesmal brauchte sie einen mit Tussahseide überzogenen Tropenhelm, einen Strohhut mit blauen Bändern für den Morgen, einen dunklen Badeanzug, ein paar Meter Spitze und drei Paar Brokatpantoffeln (brocade mules) von den Galeries Lafayette – »nicht, um darauf zu reiten, sondern für die Füße« [mule = Maultier bzw. Pantoffel; A. d. Ü.].

Die schwüle Julihitze dräute über der Stadt. Der Tag, an dem Gertrude ihren sechsundfünfzigsten Geburtstag feierte, war »infernalisch«. Sie litt vor allem unter dem glühendheißen Wind, der einem Hochofen zu entweichen schien. Und die Einsamkeit brannte wie eine ätzende Säure. So viele Menschen hatten sie inzwischen verlassen – jetzt auch Henry Dobbs, ihr Assistent J. M. Wilson und ihr Freund Iltyd Clayton –, »am meisten vermisse ich jedoch Ken«, stöhnte sie. »Wir haben uns in allem so phantastisch verstanden und so gut zusammengearbeitet. Wenn er nicht hier ist, weiß ich nie genau, was im Palast und im Kabinett vorgeht.«

Sie stand jeden Morgen vor Sonnenaufgang auf und machte eine Viertelstunde lang gymnastische Übungen, die Ken ihr beigebracht hatte. Dann arbeitete sie im Garten, jätete Unkraut, schnitt Zinnien sowie große Rosen- und Jasminsträuße für ihre Porzellanvasen. Sie trug dabei möglichst luftige Sachen – Strümpfe, ein seidenes Hemd, einen Crêpe-de-Chine-Rock und einen losen Musselinumhang. Zum Frühstück aß sie ein Ei und Obst, stellte anschließend mit ihrem Koch das Mittagessen zusammen, nahm ihren Hut und stieg dann in den Wagen, der bereits auf sie wartete, um sie ins Büro zu bringen, wo gewöhnlich eine Menge Routinearbeit auf sie wartete.

Während der Ventilator an der Decke die heiße Luft lediglich gleichmäßig im Raum verteilte, schrieb sie Aktennotizen an die einzelnen Ministerien, entwarf Erklärungen für den kommissarischen Hochkommissar Nigel Davidson, übersetzte die arabischen Zeitungen und bearbeitete Petitionen der Araber. Als ihr gegen elf die Schweißperlen auf der Stirn standen, brachte ihr ein Diener eine

Tasse eisgekühlte Brühe. Dann arbeitete sie nervös weiter, rauchte eine Zigarette nach der anderen, bemüht, bei der Abfassung ihrer Berichte für den Außenminister jegliche Fehler zu vermeiden. Beim Mittagessen ging sie mit Nigel Davidson die wichtigsten Punkte durch und hatte zum erstenmal seit Monaten wieder das Gefühl, »*jemand*« zu sein, wenn auch nur aufgrund der Tatsache, daß kein anderer da war, der sich in diesen Fragen auskannte. Trotzdem war ihr Selbstbewußtsein angeknackst: »Ich hoffe, daß ich keine schlimmen Fehler mache«, schrieb sie besorgt, »aber letzten Endes kann mich Nigel immer noch davor bewahren. Er ist sehr vorsichtig.« Nicht gerade motivierend wirkte zu diesem Zeitpunkt ein Exemplar der *Westminster Gazette*, das ihr Davidson zeigte, wo über Saijid Talibs Verhaftung im Jahre 1921 berichtet wurde. Philby war mit der Geschichte zur Presse gegangen, und der Autor des Artikels hatte die Vorgehensweise scharf kritisiert.

Im Gegensatz zu ihrem früheren Zehnstundentag arbeitete sie jetzt täglich nur noch drei bis vier Stunden im Büro. Nach dem Mittagessen zog sie sich in ihr Haus zurück, fühlte sich jedoch in den leeren Räumen sehr allein. Ken war nicht da, und sie hatte bis zum Tee kaum eine andere Beschäftigung, als sich auf das große Sofa unter den Deckenventilator zu legen, Briefe zu schreiben oder zu lesen. Florence hatte ihr drei neue Theaterstücke geschickt, »St. Joan« (»Die heilige Johanna« von Shaw), »Men and Masses« und »The Adding Machine« (»Die Rechenmaschine« von Elmer Rice). Sie fand die Stücke, welche die Probleme des Fortschritts behandelten, eigenartig. Als sie aber Rice' Geschichte von Zero und seiner freudlosen Existenz las, mußte sie unwillkürlich an ihr eigenes Leben denken.

Es gab nur wenige Menschen, mit denen sie reden konnte, und abgesehen davon, daß sie hin und wieder vom König zu einem zwanglosen Essen eingeladen wurde, war sie fast immer allein. Wenn samstagabends die Post eintraf, setzte sie sich an ihren Tisch, löffelte eine kalte Suppe oder aß ein wenig Fisch und las die Briefe aus England, vor allem die von Ken. Um zehn Uhr stieg sie dann die Treppen zum Dach hinauf und legte sich mit dem deprimieren-

den Gefühl schlafen, daß der nächste Tag nicht anders sein würde. »Nach all den Monaten, in denen ich vollkommen allein lebe, bin ich eine Einzelgängerin geworden«, schrieb sie.

Es sei ein »strapaziöser Sommer« gewesen: Abgesehen von der Einsamkeit hatte die *Westminster Gazette* eine Wunde aufgerissen, die noch nicht verheilt war. Ihr und Cox war vorgeworfen worden, eine Verschwörung gegen die Araber angezettelt zu haben, indem sie Saijid Talib entführen und dann des Landes verweisen lassen hatten. »Die haben die ganze Talib-Geschichte wieder aufgewärmt«, stöhnte sie, »und werfen uns vor, wir hätten dem Irak König Feisal aufgedrängt ... und das Kabinett unter Druck gesetzt.« Die verletzenden Anschuldigungen, die Einsamkeit und die brütende Hitze brachten sie schließlich an den Rand eines Nervenzusammenbruchs. Ihrer Familie gegenüber ließ sie sich zwar nichts davon anmerken, aber Ende August wurde sie ernsthaft krank und mußte ins Bett. Dr. Sinderson, der sich Sorgen um ihr Leben machte, sah zweimal täglich nach ihr. Als Nigel Davidson einen Krankenbesuch bei ihr machte, konnte er sein Entsetzen nur mühsam verbergen. Dünn und schwach lag sie unter den Decken und war völlig verzweifelt. Sie bat ihn, für sie zu beten. Eine schwere Depression habe sich wie eine dunkle Wolke über sie gelegt.

36.

Schlafen

Nachdem Gertrude sich im Herbst 1924 von ihrer schweren Depression erholt hatte, wurde sie vom König in seine neue, nahe bei Chanakin gelegene Residenz eingeladen. Kurz zuvor waren sie und Feisal zusammen in Bagdad ins Theater gegangen, was ihre Laune sehr gehoben hatte: »Der König hat immerzu gelacht«, berichtete sie, »und als wir wieder nach Hause fuhren (wobei der König übrigens seinen Arm um mich gelegt hatte!) meinte er, es sei wie ein Abend in London gewesen.«[1]

Sie hatte den Nachtzug nach Chanakin genommen, war am Samstagmorgen dort angekommen und mit dem König gleich zur Rebhuhnjagd aufgebrochen. Gegen Mittag war es so heiß geworden, daß man sich nur noch ausruhen konnte. Sie suchte ihr Zelt auf (sein Landhaus war noch nicht fertiggestellt), öffnete beide Seiten und entledigte sich ihrer Kleidung, so weit es der Anstand erlaubte. Dann legte sie sich auf das Bett und las Thackerays »Pendennis«. Sie war zwar Lichtjahre von der Londoner Literaturszene entfernt, als sie jedoch nach dem Tee mit Feisal durch das weite Land ritt, am Horizont die Berge Persiens sah und ihm zuhörte, wie er über seine Zukunftsvisionen redete, fühlte sie sich als Teil einer ganz besonderen Welt.

Am Abend zog sie sich zum Dinner um, und unter dem Sternenhimmel gestand ihr der König, daß er immer noch unglücklich sei. Bagdad könne ihm niemals Damaskus ersetzen, und obwohl er es nicht direkt sagte, spürte sie, daß er lieber in der blühenden Hauptstadt Großsyriens regiert hätte. Da er jedoch von seinem Wesen her ruhig und geduldig war, verbarg er seine Gedanken vor den

meisten Menschen und offenbarte nur selten seine Empfindungen. An diesem Abend vertraute er Gertrude wieder einmal an, wie alleingelassen er sich fühle. Er ziehe sich aufs Land zurück, um der langweiligen Routine zwischen Palast und Büro in Bagdad zu entfliehen. Ihr war klar, wie einsam er sich gefühlt hätte, wenn sie ihm nicht Gesellschaft geleistet hätte: »Er wollte mit jemandem über seine Pläne reden und erzählen, wieviel Freude es ihm bereiten würde, wenn alle mit ihm auf die Jagd gingen und sich für das interessierten, was er gerade tat. Ich war froh, daß ich gekommen war«, schrieb sie, »und nebenbei gesagt hat es mir enormen Spaß gemacht, auch ich kam mir vor wie ein entflohener Sträfling.«

Als die Stadt Bagdad am nächsten Tag Feisals einzigen Sohn willkommen hieß, nahmen sie gemeinsam an der Feier teil. Der zwölfjährige Ghasi war der erste aus Feisals Familie, der bei dem Angriff Ibn Sauds und seiner Wahhabi-Krieger aus Mekka geflohen war. Am Straßenrand hatten sich mehr Menschen versammelt als bei Feisals Ankunft 1921. Der Junge sah wie eine Miniaturausgabe seines Vaters aus. Er war klein und schüchtern, hatte ein längliches, empfindsames Gesicht und strahlte eine gewisse Würde aus. Gertrude mochte ihn sofort. Sie nahm ihn unter ihre Fittiche und ging mit ihm in den Palast, um Anzüge und Hemden für ihn zu bestellen. Bei einem englischen Schneider, den man eigens aus Bombay hatte kommen lassen und der sich wie eine Figur aus einem Roman von Thackeray benahm, suchte sie gestreifte Stoffe und Tweeds aus. Er sei ständig in Bewegung gewesen, und wenn er ihr die Muster gereicht habe, habe er »ständig eine Hand auf seine Herzgegend gelegt«. Als Ghasi zum Maßnehmen kam, war er »zwar etwas schüchtern, aber es schien ihm doch auch zu gefallen«. Der Junge war in der Wüste aufgewachsen, hatte kaum eine Schulbildung, war aber sehr intelligent und würde unter ihrer Aufsicht zweifellos schnell lernen. Sie suchte für ihn eine Gouvernante und einen Privatlehrer, der ihm Englischunterricht geben sollte, und zu Weihnachten bestellte sie ihm bei Harrods eine Spielzeugeisenbahn. »Da er in einem Haushalt gelebt hat, der zum größten Teil aus Sklaven

und ungebildeten Frauen bestand, ist er sehr vernachlässigt worden«, berichtete sie. Aber sie mußte sich eingestehen, daß sie nicht soviel für ihn tun konnte, wie sie es gern getan hätte. Ihr fehlte die Autorität, deshalb mußte sie warten, bis Ken zurück war.

Kurz zuvor hatte Cornwallis ihr einen Brief geschickt, worin er ihr über seine Scheidung berichtete. So wie er seine Frau und ihre Familie beschrieb, mußte er in der Beziehung ziemlich gelitten haben. »Das müssen Unmenschen gewesen sein«, schrieb sie. »Es wird ihm bestimmt bedeutend besser gehen, wenn er wieder hier bei seiner Arbeit und bei den Leuten ist, die ihn kennen und lieben.«[2] Sie war fest davon überzeugt, daß sie sich besser um ihn kümmern würde als seine Frau, und tief in ihrem Herzen hegte sie die Hoffnung, womöglich die neue Mrs. Cornwallis zu werden.

Zu diesem Zeitpunkt war ihre Schwester Elsa mit ihrem Mann zu Besuch. Die beiden hatten auf der Durchreise nach Ceylon in Bagdad Station gemacht, aber Gertrude litt dermaßen unter ihrer Bronchitis, daß sie sich kaum um ihre Gäste kümmern konnte. Trotzdem beruhigte sie ihre Familie: Man brauche sich keine Sorgen um ihre Gesundheit zu machen. Der Arzt habe ihr gesagt, sie »verfüge über die erstaunliche Fähigkeit, von einem auf den anderen Tag wieder gesund zu werden«, und als Cornwallis Ende des Monats zurückkam, war sie tatsächlich wieder auf den Beinen und sagte jedem, der es wissen wollte, sie sei »wieder vollkommen gesund«. Jetzt bedurfte Ken ihrer Zuwendung.

Für ihn war die Scheidung eine ziemlich unerfreuliche Sache gewesen – er hatte das Sorgerecht für die Kinder verloren. »Mein lieber, armer Ken tut mir schrecklich leid«, schrieb sie, »er hat viel durchmachen müssen, und es geht ihm sehr schlecht.« Trotzdem war sie davon überzeugt, daß sich seine Gemütsverfassung schon bald heben werde, denn er sei jetzt wieder zu seiner Arbeit, seinen Kollegen und seinen treuen Freunden zurückgekehrt, »und ich bin seine beste Freundin. Ich liebe und bewundere seine außergewöhnliche, fast schon aggressive Redlichkeit. Seine Zuneigung und das große Vertrauen, das er mir schenkt, bedeuten mir mehr, als ich mit Worten ausdrücken kann.«[3]

Kurz vor Silvester fiel dichter Schnee, der erste in vierzehn Jahren, und der Feiertag selbst war einer der »abscheulichsten«, an den Gertrude sich erinnern konnte. Auf den Schnee folgte Regen, der den Boden in Morast verwandelte. Und als sie mühselig durch den Schneematsch in Richtung Palast schlingerte, hielt sich ihre Freude über die Ankunft der Königin Hasaima in Grenzen. Als sie die Gemahlin dann kennenlernte, bezeichnete sie sie sofort als »bezaubernd«. Ihre beiden ältesten Töchter kämen nach der Mutter, sie seien etwa achtzehn Jahre alt, »ziemlich schüchtern, aber begierig, das Leben kennenzulernen«. Schon nach ein paar Tagen erteilte sie Ghasis Gouvernante, Miß Fairley, den Auftrag, ihnen Englisch, Tennis und »europäisches Benehmen« beizubringen. Was die Königin selbst anbetraf, so enthielt sich Gertrude weiterer Kommentare. Wie sie jedoch sehr bald herausfand, war sie eine ziemlich gewöhnliche, ungebildete Frau.

Als die Königin in der ersten Januarwoche ihren ersten Tee geben sollte, stellte Gertrude eine »VIP-Liste« zusammen, und man verschickte Einladungen an die prominentesten arabischen und englischen Frauen. Ein paar Tage vor dem Ereignis wurde sie in den Palast gerufen, um die Tischordnung für den König zu arrangieren. Bei dieser Gelegenheit erlebte sie ihn zum erstenmal inmitten seiner Familie. »Die Mädchen verstanden sich sehr gut mit ihm, die Königin schwieg jedoch, wenn er anwesend war«, stellte sie fest. Außerdem hatte sie bemerkt, daß Feisal über Hasaimas Ankunft nicht sehr erfreut war.

Gertrude hatte die Frau von Ali Dschawdat, dem Majordomus des königlichen Haushalts, gebeten, die Rolle der Zeremonienmeisterin zu übernehmen, aber das war für die unerfahrene Frau eine sehr unangenehme Aufgabe. Die Araberinnen trauten sich nicht, den Mund aufzumachen, und die englischen Ladys konnten kein Arabisch, also war es um die völlig verschüchterte Königin herum sehr still. Wie üblich nahm Gertrude das Heft in die Hand, stellte der Königin einen weiblichen Gast nach dem anderen vor und schaffte es tatsächlich, sie etwas aufzumuntern. Beim Anblick der Königin und der beiden Prinzessinnen, die »einfach

unmöglich angezogen waren«, erklärte sie, daß sie sich »dringend um ihre Garderobe kümmern« müsse.

Obwohl ihre eigenen Kleider größtenteils von Worths and Molyneux[4] stammten, litt ihre Garderobe doch alles in allem unter Geldmangel: Die Firma, mit der ihr Vater fusioniert hatte, hielt ihre Dividenden zurück, und Gertrude mußte sparen. »Ich bin sehr sparsam gewesen und habe mir seit achtzehn Monaten kein neues Kleid mehr gekauft«, sagte sie selbst. »ich komme mir in diesem Winter zwar ein wenig schäbig vor, aber ich hoffe, mein Bankkonto sieht besser aus.«[5] Im Jahr zuvor hatte sie fünfhundertsechzig Pfund mehr ausgegeben, als ihr Einkommen betrug: den größten Teil für die Wohnung, die Diener und das Essen. Der Rest war für Bücher und Zeitungen, Samen und Blumenzwiebeln, Accessoires und Stoffe draufgegangen, aus denen Marie ihre Kleider schneiderte. »Alles in allem glaube ich nicht, daß es ein besonders extravagantes Jahr gewesen ist«, schrieb sie ihrem Vater, »oder bist Du anderer Meinung?«

Die Grenzkommission, die vom Völkerbund beauftragt worden war, die Grenzen zwischen dem Irak und der Türkei festzulegen, nahm Mitte Januar 1925 ihre Arbeit auf. Die Türken beanspruchten zwar immer noch das *Vilayet* Mosul für sich, aber das Gebiet hatte für die Briten eine zu große strategische Bedeutung: Die Bergregion bot idealen Schutz vor einer möglichen türkischen Invasion, und von den Luftstützpunkten im Norden aus ließen sich die Ölfelder in Persien und die Raffinerien in Abadan kontrollieren. Darüber hinaus lieferten die Ölfelder in der Nähe von Kirkuk nicht nur riesige Mengen an Öl für Großbritannien, sondern versorgten auch die irakische Wirtschaft.

Man mußte der Kommission zeigen, daß der Irak mit ihr solidarisch war, und Gertrude wurde die Aufgabe übertragen, die Araber in diesem Sinne zu organisieren. Im irakischen Lager durfte auch nicht die Spur einer Uneinigkeit entdeckt werden. Dobbs erteilte ihr den Auftrag, den König bei der Abfassung der Rede, die er vor der Kommission halten sollte, zu beraten. Ein paar Tage spä-

ter sprach sie beim Ministerpräsidenten vor, um zu erfahren, wie er mit der Kommission verblieben sei. Sie verbrachte Stunden im Palast, um die Sitzordnung für die achtundfünfzig Gäste zu arrangieren – außer ihr ausschließlich Männer –, und war begeistert, als die Iraker aus Protest gegen die Türken sämtlich ohne Fez erschienen. »Die Bürger Bagdads bleiben standhaft: Alle Minister, alle Staatsdiener und alle prominenten Persönlichkeiten bekennen sich zur Unteilbarkeit des Iraks. Quer durch die Parteien haben alle ihre Differenzen beigelegt«, berichtete sie in Siegesstimmung. Jetzt müsse nur noch Mosul ebenfalls mit einer Stimme sprechen. »Der Kommission ist in jedem Fall klargeworden, daß es für den Irak um Sein oder Nichtsein geht und daß es sich nicht um eine Aktion der britischen Regierung handelt, die ihren Herrschaftsbereich erweitern will.«

Als die Kommission Anfang März ihren Beschluß bekanntgab, Mosul dem Irak zuzusprechen, führte Gertrude Verhandlungen über das Öl. Ihrer Meinung nach verfügte nur die »Turkish Petroleum Concession«, ein Konsortium aus britischen, französischen und amerikanischen Interessenten, über die Größe und die finanziellen Mittel, um die Pipelines vom Irak zum Mittelmeer bauen zu können. Da die lokalen Politiker jedoch eifrig bemüht waren, kleinere, einheimische Investoren zu unterstützen, gerieten die Gespräche ins Stocken. »Ich wünschte, das irakische Kabinett würde sich nicht so dämlich anstellen«, schrieb sie wütend. »Ich glaube, daß unsere Aussichten seit langem nicht so gut waren wie zur Zeit ... Aus unserer Sicht ist die Entwicklung des Landes und die des fremden Kapitals das Entscheidende.«[6] Am 14. März 1925 bekam die »Turkish Petroleum Concession« schließlich die Ölnutzungsrechte für fünfundsiebzig Jahre.

Gertrude hatte ein paar Wochen später einen umfassenden Bericht für den Außenminister fertiggestellt und empfand beim Verlassen ihres Büros eine gewisse Genugtuung. Als sie dann jedoch zu Hause ankam, lief Ken nervös im Zimmer auf und ab. Zweitausend von Ibn Sauds Kriegern (die bereits die Hedschas erobert hatten) hat-

ten die irakische Grenze angegriffen: Während der König sehr aufgeregt war, bezweifelte der Hochkommissar, der kaum arabisch sprach, daß dieser Überfall überhaupt stattgefunden habe. Was sollten sie jetzt tun? Da Gertrude die Rolle eines Verbindungsoffiziers übernommen hatte, war es ihre Aufgabe, Dobbs die Situation zu erklären, also einigte sie sich mit Ken auf eine gemeinsame Strategie. Besorgt über die Vorkommnisse, verbrachte sie eine unruhige Nacht. Schon um vier Uhr morgens stand sie auf, schrieb einen langen Brief nach Hause, arrangierte Blumen in eine Vase und frühstückte anschließend. Dann war es Zeit, ins Büro zu gehen. Dort warteten schlechte Nachrichten auf sie: Fast zweihundert Männer, Frauen und Kinder waren getötet worden, außerdem hatten Ibn Sauds Männer 26 000 Schafe und 3700 Esel erbeutet. In Massen strömten Flüchtlinge in den Irak. Es war nun nicht mehr schwer, Sir Henry davon zu überzeugen, daß es sich bei dem Überfall um bittere Realität handelte. Aber die Kluft, die sich zwischen ihm und Gertrude aufgetan hatte, ließ sich nicht länger leugnen.

Edward DeGaury konnte das schon kurz nach seiner Ankunft im Frühjahr 1925 feststellen. Er hatte gesehen, wie die *Chatun* im Damensitz auf einer Araberstute in einer Staubwolke über die Straße nach Kadhimain ritt. An ihrer Seite fuhr der Hochkommissar in einem großen, schwarzen Wagen, dessen Kotflügel ein Stander mit dem Union Jack zierte, über die holprige Straße. Zwei indische Gardisten ritten vorneweg. Als DeGaury näher kam, grüßte er Sir Henry Dobbs. Gertrude erwiderte den Gruß, indem sie mit der Reitgerte an den Rand ihres Dreispitzes tippte. Dann gab sie ihrem Pferd die Sporen und galoppierte mit ihren Windhunden an der Seite vor Dobbs her. »Sie konnte einen allein durch ihren Enthusiasmus in Verlegenheit bringen«, schrieb DeGaury später. »Dobbs und Gertrude Bell waren sich durchaus nicht immer einig.«

Aus seinem Erinnerungsschatz stammt auch die Wiedergabe eines anderen Vorfalls, der sich bei einer Truppeninspektion zugetragen hatte. Feisal trug seine Khakiuniform und ritt langsam auf seinem Schimmel auf den Palmenhain zu, in dem er die Parade abnehmen sollte. In diesem Moment kam Gertrude in einem weißen

Reitanzug im Galopp angepprescht. Als sie ihre schwarze Stute an seiner Seite zügelte, warf der König ihr einen mißmutigen Blick zu. Sie habe einen »unvergeßlichen Eindruck« auf ihn gemacht, schrieb DeGaury, und der König beklagte sich hinterher bei Dobbs, daß die *Chatun* offenbar immer und überall dabeisein müsse.

In Wirklichkeit war sie eine nahezu bedeutungslose Person geworden. Abgesehen vom Tod zweier Hunde – ihres eigenen und Kens –, was sie sehr deprimiert hatte, verliefen ihre Tage »ereignislos«. Abends ging sie mit Lionel Smith, dem Berater in Bildungsfragen, spazieren, ritt mit Iltyd Clayton aus oder fuhr mit Ken im Auto durch die Gegend. Wenn ihre Briefe früher fünfzehn Seiten lang gewesen waren und Neuigkeiten aus der Politik und alle möglichen Anekdoten enthalten hatten, waren sie jetzt zu kurzen Notizen geschrumpft, die sich auf die Entenjagd, Picknickpartys und Bridgepartien mit dem König bezogen, der sich enorm verbessert habe, wie sie voll des Lobes konstatierte. »Es fällt ihm nur immer noch schwer, Kreuz von Pik zu unterscheiden.«[7] Der Höhepunkt der Ostersaison war eine Kurzreise entlang des Euphrats, die eine »Überraschung« gewesen sei, schrieb sie und fügte niedergeschlagen hinzu: »Aus so vielen meiner Pläne ist nichts geworden.«[8]

Sie, Ken und ein paar Freunde packten Campingbetten, -badewannen und Proviant in den Wagen, fuhren zum Ufer des Euphrats und machten dort ein aufwendiges Picknick mit Kaviar, Zunge und Stilton-Käse. Am nächsten Tag fuhren sie nach Kerbela, durchquerten von dort aus die Wüste und besichtigten die Ruinen von Uchaidir. Die Entdeckung dieses Palastes aus der Antike war eines der faszinierendsten Erlebnisses ihres Lebens gewesen. Bevor sie jedoch Gelegenheit hatte, darüber zu berichten, war ihr ein französischer Archäologe mit seiner Veröffentlichung zuvorgekommen – eine Erinnerung, die sie besonders schmerzte. 1911 war sie zum letztenmal in Uchaidir gewesen. »Nach so vielen Jahren kam ich mir an diesem Ort wie ein Geist vor und war froh, nicht allein zu sein«, schrieb sie ihrem Vater. »Was meine Pläne anbetrifft, so gedenke ich, Ende Juli für ein paar Monate nach Hause zu kommen.«

Um dem üblichen Rummel aus dem Weg zu gehen, traf sie absichtlich erst kurz nach Saisonende in London ein. Sie war geistig und körperlich einfach zu erschöpft. Die Ärzte der Familie empfahlen ihr eindringlich, sich zu schonen, und versuchten ihr klarzumachen, daß das Klima in Bagdad nichts für ihre angegriffene Gesundheit sei. Die zahlreichen Besucher waren der einhelligen Meinung, sie sei dünner und zerbrechlicher als je zuvor. Da sie selbst in der Wärme des englischen Sommers fror, hielt sie in ihrem Salon in der Sloane Street die Fenster geschlossen und kauerte sich in ihrem langen Silberfuchsmantel vor das Kaminfeuer. Dabei rauchte sie türkische Zigaretten aus einer langen Zigarettenspitze und ließ sich über alle möglichen Themen aus, während ihre Augen ins Leere starrten. Ihre jungen Neffen und Nichten, die zu ihr gekommen waren, um ihre Tante einmal kennenzulernen, hatten sich vor ihr gefürchtet und sich noch lange daran erinnert, wie »wild« sie ausgesehen habe. Als Janet Hogarth zum Abendessen kam, nahm Gertrude sie zur Seite: »Da unten ist es wunderschön«, sagte sie wehmütig. »Ich frage mich, was ich eigentlich hier verloren habe.« Janet schlug vor, sich um einen Sitz im Parlament zu bewerben, und Gertrude spielte tatsächlich eine Zeitlang mit dem Gedanken.

In Rounton mußte sie mit ansehen, wie ihr Leben buchstäblich weggepackt wurde. Ihre Eltern konnten sich das Haus nicht mehr leisten und zogen deshalb um. So wie sie es jeden Morgen getan hatte, klopfte sie an die Tür der Bibliothek, in der Florence an ihrem Schreibtisch saß. Jahrelang hatten sich die beiden über alles mögliche gestritten, und jeder hatte dem anderen gegenüber Vorbehalte gehabt. Jetzt legte ihre Mutter den Federhalter hin und sprach mit Gertrude über die finanzielle Krise der Familie, über die Theaterstücke, die Florence geschrieben hatte, über Gertrudes Arbeit und wie enttäuscht sie gewesen sei, daß sie nie geheiratet hatte, über Doughty-Wylie und Ken Cornwallis, über ihren Vater und über ihre Zukunft. Später schrieb Gertrude ihr: »Mir war, als hätte ich Dich in all den Jahren gar nicht richtig gekannt. Und ich habe das Gefühl, daß ich Dich nie so geliebt habe wie jetzt, obwohl ich Dich immer sehr geliebt habe.«

Sie wanderte durch das Moor, dachte über Janet Hogarths Vorschlag nach und schrieb ihr niedergeschlagen: »Nein, ich fürchte, Du wirst mich niemals im Parlament sehen. Ich habe eine unüberwindliche Abneigung gegen diese Art der Politik, und wenn Du wüßtest, wie wenig ich mich dafür eigne, würdest Du keinen weiteren Gedanken daran verschwenden ... Die geistige Beweglichkeit und Redegewandtheit, die zur Streitbarkeit im Parlament gehören, habe ich nicht und habe sie nie besessen. Ich kann meine Arbeit auf eine bestimmte Art und Weise machen und erklären, warum ich dies für die richtige Art und Weise halte, aber meine Kenntnisse sind nicht umfassend genug, und ich wünsche mir eigentlich, in die bequeme Arena der Archäologie und Geschichte zurückzuschlüpfen und nur mit dem Interesse einer Zuschauerin am Wettbewerb der eigentlichen Geschehnisse teilzunehmen.«

Sie besuchte ihre Schwester Molly und vertraute ihr die Geschichte mit Ken an. Sie sei sehr verliebt in ihn und habe gehofft, er werde sie nach seiner Scheidung heiraten. Aber ihr Traum war nur eine zarte Blüte gewesen und in seiner Faust zerdrückt worden. Er hatte sich geweigert, sie zu heiraten, und sie rundweg abgewiesen. Was sollte sie nur tun, fragte sie unter Tränen. Wie könnte sie nach Bagdad zurückkehren und sich dieser demütigenden Situation aussetzen? Und womit sollte sie in England ihre innere Leere ausfüllen? Molly sprach ihr jedoch wieder Mut zu, so daß ihr alles plötzlich nicht mehr so schwer erschien. »Du hast mir einen neuen Kurs gewiesen, ich habe das Gefühl, jetzt wieder geradeaus steuern zu können«, schrieb Gertrude am nächsten Tag. »Du hast mir die Bitterkeit genommen und mir das Gefühl vermittelt, daß alles, was ich tue, gut und großmütig sein wird und daß ich mich der Menschen würdig erweisen werde, zu denen ich gehöre.«[9]

Sie versuchte, Cornwallis aus dem Weg zu gehen, und als er Feisal im August nach London begleitete, verschwieg sie ihm, daß sie ebenfalls in der Stadt war. Da ihr Vater jedoch zu Ehren Feisals im Automobilclub ein Abendessen gab, ließ es sich nicht vermeiden, auch Ken einzuladen. Nachdem Gertrude wieder in London war, fand sie in ihrem Haus in der Sloane Street eine Notiz von Ken.

Am nächsten Morgen rief er an und fragte, ob er sie am Nachmittag besuchen könne. Sie tranken Tee, plauderten über seine Arbeit, seine Kinder, über den König. Ob er am nächsten Tag wiederkommen dürfe, fragte er sie mit seiner bedächtigen, tiefen Stimme. Nein, sagte sie, ihr Tag sei ausgebucht. Sie habe ein Treffen mit Feisal vereinbart, und sie sähen sich ja ohnehin abends im Club. Am übernächsten Tag holte er sie bei ihrem Schneider ab und brachte sie nach einem gemeinsamen Mittagessen nach Victoria Cross, von wo aus sie nach Yorkshire fuhr. Alles war gut gelaufen. Aber es war anders gewesen als früher. Zurück in Rounton, schrieb sie Molly: »Ich hatte irgendwie das Gefühl, daß unsere Freundschaft eine neue Basis bekommen hat, und ob ich es nun wirklich möchte oder nicht – ich hoffe, daß das Feuer zumindest bei mir erloschen ist. Vermutlich ist das Gespräch mit Dir der Grund dafür ... Wie dem auch sei, meine Liebste, hab keine Angst um uns ... ich verlasse England am 30.«[10]

Zahlreiche Männer mit Turbanen begrüßten sie nach ihrer Rückkehr, küßten ihr die Hand und nannten sie »das Licht unserer Augen«. Ken kam am ersten Abend zum Essen, und sie nahm ihre Arbeit in Büro und Museum wieder auf. Cornwallis wollte nach wie vor nichts von einer Heirat wissen, und Dobbs weigerte sich partout, ihre Begeisterung für die Araber zu teilen. Ihr Einfluß war so gut wie dahin: »Du darfst bitte nicht vergessen, daß ich keine bedeutende Person bin«, erinnerte sie Hugh voller Trauer. Ihre Leidenschaft war jedoch noch nicht verglüht.

»In Wirklichkeit liebe ich Ken immer noch genausosehr wie vorher, mehr als jeden anderen Menschen auf der Welt«, schrieb sie Molly. »Nach meiner Rückkehr hatten wir ein paar sehr bittere Auseinandersetzungen – ich sehe ihn nicht so oft allein –, und wenn wir dann einmal unter uns sind, ist er wie versteinert ... Deshalb bin ich jetzt fest entschlossen, ihm zu zeigen, was er eigentlich schon weiß: nämlich daß er ohne mich nicht leben kann, genauso wie ich nicht ohne ihn leben kann.« Die gemeinsame Arbeit habe ihn »immer wieder inspiriert«. Sie sagte ihm, sie werde den Irak verlassen, falls er sie nicht heirate.

»Ich weiß, daß ich ihn sehr glücklich machen könnte, wenn er mich nur ließe, und daß er mich glücklicher machen würde, als ich es jemals auf eine andere Weise sein könnte. Ich möchte am liebsten hierbleiben und mich nur meinem Museum und der Archäologie widmen, das ist eine Arbeit, die meine ganze Zeit in Anspruch nimmt, und außerdem meine große Leidenschaft. Aber ich kann das nur, wenn er meine Bedingungen akzeptiert.« Wenn er ihre Liebe nicht erwidere, werde sie nach England zurückkehren »und dort versuchen, etwas aus dem Leben zu machen ... Aber es wäre nur ein halbes Leben.« Das solle nicht heißen, daß sie ihre Familie nicht liebe, versicherte sie ihrer Schwester, sondern es hänge damit zusammen, daß »diese andere Liebe so übermächtig ist – es ist eine Liebe, welche die Liebe zur Mutter und Schwester mit einschließt. Du wirst mich sicher verstehen. Ich werde nichts mehr zu diesem Thema schreiben, bis ich Dir etwas Definitives mitteilen kann – ob ich nun gehe oder hierbleibe. Ken wird wissen, was beides zu bedeuten hat ...«[11]

Im November 1925 besuchte sie ein Freund, der Diplomat und Schriftsteller Harold Nicolson. Nachdem er in ihrem Haus übernachtet hatte, schwärmte er, sie sei »hinreißend«, »eine unerschöpfliche Fundgrube an Informationen über die Situation im Mittleren Osten«. Ihre Beziehung zu Dobbs hatte sich allerdings nicht verbessert. Eine mit ihm kurz zuvor über Syrien geführte Unterhaltung hatte sich ziemlich problematisch gestaltet. Die beiden verfolgten völlig entgegengesetzte Ziele, und obwohl Gertrude sich bemühte, taktvoll zu sein und ihren Standpunkt möglichst ohne Antagonismus zu vertreten, mußte sie feststellen, daß zwischen Henry Dobbs und Sir Percy Welten lagen. Es war früher durchaus vorgekommen, daß sie und Cox in Detailfragen unterschiedlicher Meinung gewesen waren, aber in grundsätzlichen Dingen hatten sie stets einen gemeinsamen Nenner gefunden. »Wir waren uns bei allem, was wir getan haben, absolut einig. Sir Henry dagegen teilt meine Auffassung nicht nur in keinster Weise, sondern hält sie auch sogar für Unsinn.«[12]

Ende des Jahres war sie auf dem Weg zum Landhaus des Königs. Sie litt unter einer Erkältung, hatte sich deshalb mehrere Kleidungsstücke übereinander angezogen und hielt zwischen ihren Knien eine Wärmflasche. Am nächsten Tag lag sie mit hohem Fieber im Bett. Die Diagnose lautete Rippenfellentzündung. Aber da sich mehrere Krankenschwestern Tag und Nacht um sie kümmerten und Ken an ihrer Seite war, kam sie bald wieder auf die Beine. Einen Monat später, wenige Wochen, bevor ihre Eltern aus Rounton auszogen, starb ihr Bruder Hugo an Typhus. Sein Tod war für sie ein Schock, sein Bild ging ihr nicht aus dem Kopf. In jungen Jahren hatte sie sich immer wieder über ihn lustig gemacht und alles getan, um ihn daran zu hindern, in die Kirche einzutreten. Dennoch war ihm im Leben das vergönnt gewesen, was sie sich immer am sehnlichsten gewünscht, aber nie erreicht hatte: »Das Wichtigste ist, daß er ein erfülltes Leben, eine perfekte Ehe und große Freude an seinen Kindern hatte.«

An einem Samstagmorgen im März 1926 kam die Schriftstellerin Vita Sackville-West, Harold Nicolsons Frau, nach Bagdad. Sie hatte die strapaziöse Reise mit dem Zug von Basra auf sich genommen, war dann mit einem alten Ford über holprige Straßen und durch den Morast zu Gertrudes Haus gefahren. Sie öffnete die Tür in der kahlen Mauer, humpelte den von Nelkentöpfen gesäumten Weg entlang, vorbei an dem weißen Pony, das aus seinem Stall schaute, und den Hunden – grauen Windhunden und einem kleinen hellbraunen Cockerspaniel – und erreichte schließlich die Veranda, auf der ein Pfau umherstolzierte. Gertrude hieß sie herzlich willkommen, denn die beiden kannten sich noch aus Konstantinopel und hatten schon in Paris und in London zusammen gegessen. Vita begriff sofort, daß Gertrude nur hier wirklich zu Hause war. Sie war gut gelaunt, denn man hatte ihr für ihr Museum ein leerstehendes Gebäude zur Verfügung gestellt, und sie plante, es so zu gestalten wie das British Museum, »nur ein bißchen kleiner«.
　　Binnen kurzer Zeit überschüttete sie Vita mit unzähligen Fragen: »War es am Golf sehr heiß gewesen?« Hatte Vita Fieber gehabt?

Und einen verstauchten Knöchel? »Wie schlimm!« Und wollte sie lieber zuerst frühstücken und dann ein Bad nehmen oder umgekehrt?

»Sie hatte die Gabe, jeden mit ihrem Eifer anzustecken, allen das Gefühl zu geben, daß das Leben voll, reich und aufregend ist«, schrieb Vita später. Als sie sagte, daß sie gern einen Windhund hätte, stürzte Gertrude sofort zum Telefon und ließ eine Auswahl dieser schlanken Hunde mit dem seidigen Fell kommen. »Dann saß sie wieder in ihrem Sessel und sprudelte die verschiedensten Informationen heraus: über die aktuelle Situation im Irak, die Ausgrabungen in Ur, die Notwendigkeit eines neuen Museums. Welche Bücher sind in letzter Zeit herausgekommen? Was war in England los? Die Ärzte hatten ihr dringend davon abgeraten, einen weiteren Sommer in Bagdad zu verbringen, aber was sollte sie in England tun? Sich das Herz aus dem Leibe sehnen nach dem Irak? Nächstes Jahr vielleicht ... Ich könnte doch nicht behaupten, daß sie krank aussah, oder? Doch, ich konnte es, und ich sagte es auch. Sie schob es mit einem Lachen beiseite. Dann sprang sie auf – alle ihre Bewegungen waren schnell und ungeduldig – und sagte, wenn ich mit dem Frühstück fertig sei, könne ich ein Bad nehmen. Sie müsse dringend ins Büro, sei aber zum Mittagessen wieder zurück. Es kämen Gäste zum Mittagessen. So redete und lachte sie, setzte sich, ohne dabei in den Spiegel zu schauen, einen Hut auf und verließ das Haus.«[13]

Später an jenem Tag besuchten sie den König, der nach Vitas Meinung aussah »wie das Opfer einer romantischen, fast byronesken Melancholie«[14]. Während Vita zuhörte, diskutierten Gertrude und Feisal über das Linoleum für die Küche seines neuen Landhauses, die Qualitäten seines neuen Kochs und die jüngsten Probleme der Regierung. Auf der Rückfahrt nach Bagdad sprach Gertrude mit Vita über Feisals Einsamkeit. »Er freut sich, wenn ich ihn anrufe und mich zum Tee einlade.«[15]

Als einige Wochen später die Nachricht aus England kam, daß ihr Vater nach Hugos Tod unter schweren Depressionen leide und man

Rounton endgültig aufgegeben habe, war sie wie gelähmt. »Der viele Kummer hat mich betäubt … ich glaube, ich bin zu starken Empfindungen nicht mehr in der Lage«, schrieb sie an Molly. Aus ihrer Romanze mit Ken war eine bloße Partnerschaft geworden, eine Beziehung, die ihr, wie sie sich ausdrückte, »Trost« spendete. Um sich nicht völlig vom Kummer überwältigen zu lassen, vergrub sie sich in ihre tägliche Arbeit. Vor allem das neue Museum lenkte sie ein wenig ab.

Als sie ihre Eltern im Mai 1926 baten, nach London zu kommen, sagte sie ihnen ab. Ihre Finanzen hatten unter den Folgen eines Generalstreiks in England dermaßen gelitten, daß sie sich eine solche Reise einfach nicht leisten konnte. Sie wolle erst ihre Arbeit zu Ende bringen und dann kommen, schrieb Florence. Außerdem habe sie Angst, sich von allem zu trennen, was sie bisher getan hatte, weil sie sich dann »ziemlich verloren in der Welt« vorkäme. »Ich weiß einfach nicht, was ich sonst machen könnte, aber ich kann natürlich nicht ewig hierbleiben.« Hin und wieder kam Ken vorbei, aber die meiste Zeit war sie allein und wurde von den jüngeren britischen Kollegen, die erst kurze Zeit in Bagdad waren, gemieden. Morgens arbeitete sie im Museum, und Dobbs war so freundlich, sie jeden Tag zum Mittagessen einzuladen, aber, so schrieb sie ihrem Vater: »Die Nachmittage nach dem Tee werden mir doch sehr lang.« Sie litt unter der Einsamkeit, und der Arzt hatte ihr Dial, ein Schlafmittel, verschrieben, um nachts Ruhe finden zu können.

Da das neue Museum beinahe fertiggestellt war, hoffte sie, daß man sie offiziell zur Leiterin ernenne und auf die Gehaltsliste des Iraks setzen würde – nur für sechs Monate, sagte sie, denn sie fühlte sich nicht berechtigt, mehr zu verlangen. Ihre Arbeit beim Hochkommissar war fast beendet. »Die Politik tritt immer mehr in den Hintergrund und muß den großen verwaltungstechnischen Aufgaben Platz machen, die mich nicht betreffen und von denen ich auch wenig Ahnung habe. Andererseits«, bemerkte sie, »nimmt inzwischen das ›Department of Antiquities‹ meine ganze Zeit in Anspruch.«

Im Juni gab es einen Grund zu feiern. Das Abkommen mit den Türken, in dem Mosul dem Irak zugesprochen wurde, war endlich unterzeichnet worden. Und am nächsten Tag half ihr der König bei der kleinen Einweihungszeremonie ihres neuen Museums. Sie empfand große Freude darüber, daß über ein Dutzend Bürger Bagdads gekommen waren, um die dreitausend Gegenstände zu bewundern, die sie gesammelt hatte. Aber dann trafen wieder Hiobsbotschaften aus der Heimat ein. Ihr Vater litt immer noch unter Depressionen und hoffte, sie bald in England wiederzusehen. »Ich weiß im Moment nicht, was ich tun kann«, schrieb sie. »Du weißt, ich habe diese große Verantwortung für das Museum übernommen.« Sie könne zur Zeit nicht weg, »es sei denn, es gebe schwerwiegende Gründe dafür«. Außerdem sei das Ganze eine »ungeheure Aufgabe«, und sie sei auch nicht in der Lage, ihre Position als »Orientsekretär« aufzugeben, denn das würde bedeuten, daß sie auf ihr Gehalt von tausend Pfund im Jahr zusätzlich des Mietanteils verzichten müsse. »Laß uns noch ein bißchen warten, meinst Du nicht, und sehen, wie sich die Dinge entwickeln.«[16]

Florence schrieb sie: »Aber es ist zu einsam, mein Leben hier. Man kann nicht ewig allein bleiben. Zumindest habe ich das Gefühl, daß ich es nicht mehr kann.«[17]

Und ihrem früheren Assistenten J. M. Wilson, der inzwischen in England lebte, vertraute sie die ganze bittere Wahrheit an. »Meine Zukunft sieht alles andere als rosig aus. Der Bergarbeiterstreik hat uns schwer getroffen, ich weiß nicht, wo wir dieses Jahr stehen. Ich hänge hier in dem Museum fest (ach, wäre es schön, wenn Sie mir hier helfen könnten) und kann das augenblickliche Chaos hier unmöglich sich selbst überlassen. Ich werde also wahrscheinlich den ganzen Sommer über hierbleiben müssen, und wenn ich danach nach England komme, dann für immer. Abgesehen von dem Museum macht mir das Leben überhaupt keinen Spaß mehr. Ich habe das intensive Gefühl, daß ich mich dem Ende einer Sache nähere, ohne genau zu wissen, was ich danach tue, wenn ich überhaupt noch etwas tun werde. Und mit Ausnahme der Arbeit ist es auch ziemlich langweilig. Nachmittags weiß ich nichts mit mir

anzufangen ... wenn man heutzutage hier lebt, ist man ziemlich allein.«

Dann bekam sie eine offizielle, gedruckte Einladung zu einem Staatsbankett anläßlich der Unterzeichnung des Vertrags mit der Türkei, das am 25. Juni 1926 stattfinden sollte. Schlank und noch zerbrechlicher, mit noch durchdringenderen grünblauen Augen, stand sie vor dem Spiegel und warf sich für ihren letzten Sieg in Schale. Marie half ihr, das Abendkleid anzuziehen, und sie selbst heftete sich die Ehrenbänder an das Kleid, steckte die Tiara ins Haar, warf dann ihr Cape über die Schulter und fuhr mit dem Wagen über die vertrauten Straßen zum Palast. Es sollte die letzte offizielle Feier sein, an der sie teilnahm.

Während des Festmahls erhob sich der König und sprach der britischen Regierung und ihren Vertretern seinen Dank für alles aus, was sie für den Irak getan hatten. Als er sich dabei im Raum umsah, wußte Gertrude genau, daß er sie meinte. Aber die ruhmreichen Tage gehörten der Vergangenheit an. Ihre Macht und ihr Einfluß waren wie das Bild, das sie in den Schnee geformt hatte, dahingeschmolzen. Das Vermögen ihrer Familie war aufgezehrt, ihre letzte Liebe hatte ihr den Rücken gekehrt, und mit ihrer Gesundheit stand es nicht zum besten. Sie war physisch und psychisch ausgelaugt, aber sicher, für den Irak und für das britische Empire alles getan zu haben, was sie zu leisten imstande war. Jetzt lag die Zukunft in den Händen anderer.

Die Julihitze hatte die meisten Bürger Bagdads aus der Stadt getrieben: Ihr Assistent war weg, der König hatte sich zur Kur nach Vichy begeben, und die Sindersons waren im Begriff, eine Weltreise anzutreten, ähnlich derjenigen, die sie mehr als zwanzig Jahre zuvor mit Hugo unternommen hatte. Als sie ihre Freunde zum Bahnhof brachte und klein und zerbrechlich allein dort zurückblieb, wirkte sie auf Mrs. Sinderson »wie ein Blatt, das vom nächsten Windstoß weggeweht werden würde«. Ein paar Abende später wurde sie von Henry Dobbs zu einem Dinner eingeladen, das er zu Ehren des britischen Botschafters in Teheran, Percy Lorraine,

gab, der auf dem Weg nach London war, um dort zu berichten, daß Resa Pahlevi sich zum Schah von Persien erklärt habe. Fünfunddreißig Jahre zuvor hatte Gertrude seinen Vorgänger kennengelernt, als er in seinem königlichen Zelt in Teheran eine Parade abnahm. Wie gut sie sich noch an Persien erinnern konnte! Welche Hoffnungen sie als junge Frau von dreiundzwanzig Jahren noch gehabt hatte! Damals hatte sie ihren Onkel, den britischen Botschafter Frank Lascelles, besucht. Und wie glücklich war sie gewesen, als sie Henry Cadogan kennengelernt hatte, diesen gutaussehenden, aufmerksamen, belesenen, weltgewandten jungen Mann. Mit welch jugendlichem Übermut sie die Luft des Ostens eingeatmet hatte: Granatäpfel und Rosensträucher, die warme Brise, die von der Wüste herüberwehte, die Stunden am Fluß ...

Am Sonntag, dem 11. Juli 1926, drei Tage vor ihrem achtundfünfzigsten Geburtstag, aß Gertrude mit Henry Dobbs und Lionel Smith zu Mittag, ging dann allein nach Hause und war dort wieder mit der dunklen Wolke ihrer Depression konfrontiert, die wie jeden Nachmittag über ihr hing. Später, nach dem Mittagsschlaf, ging sie mit ein paar Kollegen schwimmen, aber die Strömung war so stark, daß sie hinterher völlig erschöpft von der Hitze und der Anstrengung nach Hause kam. Sie ging langsam durch den Garten, vorbei an ihren Blumen und Tieren, ins Haus, um sich zum Schlafen fertig zu machen. Sie war zu müde, um einen Brief an ihre Eltern zu beenden oder wenigstens eine Notiz zu hinterlassen, sondern sagte Marie nur, sie möge sie am nächsten Morgen um sechs Uhr wecken. Aber sie hatte andere Pläne. Sie wischte die trübe Zukunft einfach weg, indem sie eine zusätzliche Dosis Schlaftabletten nahm, die auf ihrem Nachttisch standen, das Licht ausknipste und in einen tiefen Schlaf fiel, aus dem sie nicht mehr erwachte.

Epilog

Wie ein Lauffeuer verbreiteten sich die Gerüchte in der Stadt. Die einen glaubten nicht an einen Selbstmord, die anderen waren fest davon überzeugt, daß Gertrude keines natürlichen Todes gestorben sei. Die Menschen, die sie gekannt hatten, waren schockiert, als sie hörten, daß sich Miß Bell das Leben genommen haben sollte. Ihre engsten Freunde waren jedoch überhaupt nicht überrascht, denn sie wußten, daß sie unter schweren Depressionen gelitten hatte. Als der politische Offizier, der ihre Papiere ordnen sollte, am nächsten Tag in ihr Haus kam, erfuhr er von ihrem Diener, daß Miß Bell eine zusätzliche Dosis Schlafmittel genommen habe. In seinem offiziellen Bericht erklärte Oberst Frank Stafford, daß die *Chatun* eines natürlichen Todes gestorben sei. Inoffiziell war er jedoch zu dem Ergebnis gelangt, daß alles auf einen Selbstmord hindeutete.[1]

Miß Gertrude Bell, C. B. E., wurde zwei Tage vor ihrem achtundfünfzigsten Geburtstag mit militärischen Ehren beigesetzt. Am Nachmittag des 12. Juli 1926 kamen viele Iraker von nah und fern nach Bagdad, um von der Frau Abschied zu nehmen, die ihr Leben in jeder Beziehung verändert hatte. Irakische Soldaten des Verteidigungsministers Dschafar Pascha, zahlreiche Scheichs mit Turbanen und Hunderte gewöhnlicher Bürger säumten den Weg, um ihr die letzte Ehre zu erweisen. Der Hochkommissar und der gesamte zivile und militärische britische Stab, der Ministerpräsident und alle arabischen Kabinettsmitglieder sahen zu, wie junge britische Politoffiziere den Sarg der *Chatun* vom Tor des britischen Friedhofs zu der frisch ausgehobenen Grabstelle trugen.

Henry Dobbs gab eine offizielle Erklärung zu ihrem Tod ab: »In den letzten zehn Jahren ihres Lebens hatte sie die gesamte schier unzählbare Macht ihres Geistes und ihr großes Talent in den Dienst der arabischen Sache gestellt und vor allem dem Irak gedient. Ihr zerbrechlicher Körper ist zum Schluß an der Kraft ihrer Seele zerbrochen ... Ihre Gebeine ruhen dort, wo sie es sich immer gewünscht hat: in irakischem Boden. Und ihre Freunde bleiben ohne Trost zurück.«

Ihr Freund Hadschi Nadschi schrieb ihren Eltern einen rührenden Brief: »Ich habe meine ersten Früchte und mein erstes Gemüse immer zuerst Miß Bell geschickt, jetzt weiß ich nicht mehr, wohin ich sie schicken soll.«

Ihr Nachruf stand in allen Zeitungen der Welt – und es waren nicht nur kurze Mitteilungen, sondern lange Artikel mit ihrem Foto. In England sprach König Georg der Familie Bell sein Beileid aus.

»Die Königin und ich sind bestürzt über den Tod Ihrer distinguierten und begabten Tochter, die wir sehr geschätzt haben.

Die ganze Nation wird mit uns trauern. Wir haben einen Menschen verloren, der durch die Kraft seiner Intelligenz, durch seine Charakterstärke und seinen persönlichen Mut unserem Land und den Regionen, in denen er mit solcher Hingabe und Selbstaufopferung gearbeitet hat, einen wichtigen und wie ich meine dauerhaften Dienst geleistet hat. Wir fühlen mit Ihnen in Ihrer Trauer.«

Als ihr Testament verlesen wurde, stellte sich heraus, daß Gertrude dem Museum in Bagdad, daß von ihr eingerichtet worden war, fünfzigtausend Pfund vermacht hatte. Es ist seit dieser Zeit eines der berühmtesten Museen für Altertümer der Welt. »Daß die Archäologie im Irak nach dem Krieg solche enormen Fortschritte gemacht und eine so hohe Fachkompetenz erreicht hat, verdankt sie vor allem der Klugheit und Begeisterungsfähigkeit der verstorbenen Miß Gertrude Bell«, schrieb Percy Cox. »Ihr verdankt der Irak sein Museum der Antike.« Im Museum selbst wurde eine Gedenktafel angebracht, auf der stand:

»GERTRUDE BELL

Deren Andenken die Araber immer in Ehrfurcht
und Liebe bewahren werden,
schuf dieses Museum 1923
in ihrer Funktion als ›Ehrenamtliche Direktorin
für Altertümer‹ des Iraks.
Mit großer Kenntnis und Hingabe
sammelte sie die kostbarsten Gegenstände,
und trotz der Hitze des Sommers
arbeitete sie hier unermüdlich bis zu ihrem Tode
am 12. Juli 1926.
Als Dank für alles, was sie für dieses Land geleistet hat,
haben König Feisal und die Regierung des Iraks
angeordnet, daß der Hauptflügel ihren Namen trägt,
und mit Erlaubnis des Königs und der Regierung
haben ihre Freunde diese Gedenktafel angebracht.«

Knapp acht Monate nach ihrem Tod, am 4. April 1927, wurde Gertrude beim Treffen der Royal Geographic Society von Percy Cox, Sir Gilbert Clayton und Hugh Bell geehrt. Sir Percy Goodenough sagte: »Ihr Leben war eine einzige Inspiration, ihr Tod ein schwerer Verlust. Aber wenn je ein Mann oder eine Frau diese Welt als Sieger verlassen hat, dann Gertrude Bell.«

Sir Gilbert Clayton, ihr ehemaliger Chef im Arab Bureau, versicherte den Anwesenden, daß sie in der gesamten arabischen Welt immer noch ein Begriff sei. Ihr Freund David Hogarth, Präsident der Gesellschaft, fügte hinzu: »Ich glaube nicht, daß irgendein anderer Europäer ein so hohes Ansehen genoß wie sie. Sie hatte nicht nur den Charme einer Frau, sondern auch noch viele jener Eigenschaften, die wir gewöhnlich den Männern zusprechen. Und im Mittleren Osten war sie wegen dieser Eigenschaften bekannt... Es hätte wenig Sinn, wenn ich versuchen würde auszudrücken, wie sehr ich und viele andere ihren Verlust betrauern. Bei all unseren Bemühungen im Mittleren Osten hat ihr brillanter Verstand uns den Weg gewiesen...«

Noch heute kommt manch alter Mann in Bagdad ins Schwär-men, wenn er über Miß Bell redet. Ein über neunzig Jahre alter ehemaliger Beamter, der inzwischen ans Bett gefesselt ist, rühmt sich bis zum heutigen Tag damit, mit zwanzig eine Affäre mit der damals sechsundfünfzigjährigen Miß Bell gehabt zu haben. Wahr-scheinlich ist das nur eine Ausgeburt seiner Phantasie. Entschei-dend aber ist, daß er die Geschichte voller Stolz erzählt. »Ich habe sie gekannt«, sagt er, so als sei sie eine Königin gewesen. Für ihn und viele andere hatte sie das britische Imperium verkörpert, war sie die Personifizierung britischer Macht gewesen. Sie hat alle mög-lichen Hindernisse überwunden und sich ihren Platz in der Ge-schichte verdient. Und letzten Endes war sie, was sie immer am liebsten hatte sein wollen: Miß Gertrude Bell war eine Berühmt-heit.

Die konstitutionelle Monarchie, für die Gertrude Bell sich so ve-hement eingesetzt hatte, überdauerte nur siebzehn Jahre. Es wird behauptet, ihr Untergang sei eine Folge ihrer probritischen Ori-entierung gewesen; andere gaben dem Umstand die Schuld, daß man einen Fremden aus der Hedschas geholt habe, der die unter-schiedlichen und einander völlig fremden Volksgruppen des Iraks einen sollte. Aber Gertrude hatte in einem Bericht über Ibn Saud schon damals betont, daß die Araber zu ihrer Einigung eine dyna-mische Persönlichkeit bräuchten und daß das Land so lange über-leben werde, wie auch Feisal am Leben bleibe. Die Schwäche seiner Nachkommen und die Einstellung seiner Beamten haben das Land den Revolutionären ausgeliefert.

Als die Petroleum Company 1927 die ersten Ölquellen in Kirkuk fand, begann der wirtschaftliche Aufstieg des Iraks. Sehr bald sollte man feststellen, daß das Land die zweitgrößten Ölvorkommen der Welt besaß und auch heute noch besitzt. Aber obwohl er so reich war, litt der Irak auch weiterhin unter dem Problem, das schon den Briten solches Kopfzerbrechen bereitet hatte. Die Gegensätze zwischen den Schiiten, Sunniten und Kurden verhinderten die Ver-schmelzung zu einem einheitlichen Volk. Die Kurden im Norden

strebten weiterhin nach Unabhängigkeit (das ist noch heute im Irak, im Iran und in der Türkei der Fall), während sich die Schiiten, die am Ufer des Euphrats lebten, immer wieder gegen die Herrschaft der Sunniten in Bagdad auflehnten. Obwohl die haschemitische Monarchie unter König Feisal als arabisch-nationalistische Bewegung einige Erfolge verzeichnete, repräsentierte sie dennoch eine fremde, äußere Macht und war nicht in der Lage, die verschiedenen Elemente, die sich gegenseitig das Recht der Kontrolle absprachen, zu konsolidieren.

Unter König Feisals Herrschaft endete das Mandat, und als der Irak 1932 offizielles Mitglied des Völkerbundes wurde, war die Unabhängigkeit des Landes gesichert. Am 8. September 1933 schloß Feisal endlich Frieden mit seinem Erzfeind Ibn Saud, bekam danach jedoch immer noch die Unzufriedenheit der schiitischen Stämme am mittleren und südlichen Euphrat zu spüren. Während eines Urlaubs in der Schweiz starb er völlig unerwartet. Das Land, das er regiert hatte, der erste neugeschaffene arabische Staat, der in den Völkerbund aufgenommen wurde, war ein Vorbild für die anderen Mandatsgebiete.

Feisals Thronfolger war sein einundzwanzigjähriger Sohn Ghasi. Er war zwar sehr beliebt, aber obwohl er den arabischen Nationalismus unterstützte, fehlte ihm das politische Geschick seines Vaters, so daß er das Land auf Dauer nicht zusammenhalten konnte. Nur sechs Jahre später, 1939, kam König Ghasi nach einem Staatsstreich der irakischen Armee und nach der brutalen Ermordung seines Verteidigungsministers Dschafar Pascha al-Askari bei einem Autounfall ums Leben – ein Attentat, wie einige vermuteten. Prinz Feisal II., sein vierjähriger Sohn, wurde nominell zum Herrscher ausgerufen, während sein Onkel Abdullah, König Alis Sohn, die Regierungsgeschäfte übernahm. 1953, im selben Jahr, in dem Feisal II. achtzehn Jahre alt wurde und den Thron des Iraks bestieg, wurde sein Cousin Hussein zum König Jordaniens gekrönt.

In den nächsten Jahren war Nuri Said Ministerpräsident und Herrscher des Iraks und regierte das Land in engem Kontakt mit den Briten. Als er diese jedoch während der Suezkrise gegen den

ägyptischen Präsidenten Gamal Abd el-Nasser unterstützte, unterschrieb er sozusagen sein eigenes Todesurteil: Im August 1958 wurde der König bei einem blutigen Staatsstreich im Palast ermordet und tags darauf Nuri Said vom Mob auf der Straße getötet. Die Revolution setzte der haschemitischen Monarchie ein Ende.

Eine Militärjunta unter Badul Karim Kassem ergriff die Macht und rief im Irak die Republik aus. Aber nach der Ermordung Kassems wurde auch dieses Regime bereits 1963 durch die im Untergrund arbeitende sozialistische Baath-Partei gestürzt. Mehrere Staatsstreiche und Militärjuntas ebneten einem jungen Offizier namens Saddam Hussein den Weg an die Spitze. Nach einer Reihe taktischer Winkelzüge, die 1971 begannen und sich über die gesamten siebziger Jahre erstreckten, wurde Saddam 1979 Präsident, Ministerpräsident, Vorsitzender des Revolutionsrats und Generalsekretär der Baath-Partei.

Heute steht mitten in Bagdad an einem großen Kreisverkehr ein Reiterstandbild König Feisals. Das riesige, etwa zehn Meter hohe Denkmal weist in Richtung Damaskus. Und im Keller des Museums der Stadt wartet in einem vergessenen Regal die Bronzebüste von Miß Gertrude Bell darauf, das jemand sie vom Staub der Jahrzehnte befreit.

Die Haschemiten-Familie
des
Scherif Hussein von Mekka

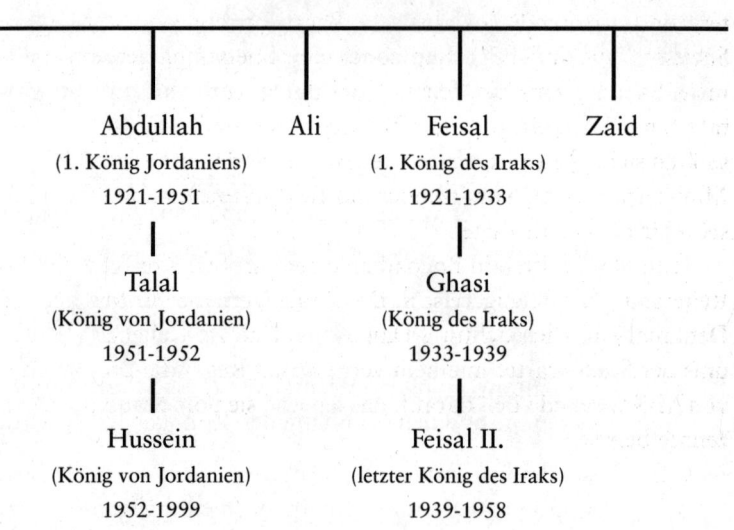

Scherif Hussein

Abdullah	Ali	Feisal	Zaid
(1. König Jordaniens)		(1. König des Iraks)	
1921-1951		1921-1933	

Talal
(König von Jordanien)
1951-1952

Ghasi
(König des Iraks)
1933-1939

Hussein
(König von Jordanien)
1952-1999

Feisal II.
(letzter König des Iraks)
1939-1958

Glossar

CHATUN Wichtige Lady oder eine Hofdame, die dem Interesse des Staates ihre ganze Aufmerksamkeit widmet.

GHASU Gefährlicher, häufig tödlicher Überfall der Beduinen in der Wüste, an ihm können nur ein paar aber auch mehrere tausend Reiter beteiligt sein.

KALIF Geistiger Führer. Gilt als Vertreter Gottes auf Erden.

KEFFIEH Baumwoll- oder Seidentuch, das als Schutz vor der Sonne und dem Wind um den Kopf gewickelt wird.

RAMADAN Heiliger Fastenmonat. In dieser Zeit darf zwischen Sonnenauf- und -untergang nichts gegessen werden. Alle weltlichen Vergnügungen sind untersagt.

SAIJID Nachfahre Mohammeds über seine Tochter Fatima und ihren Ehemann Ali.

SCHEICH »Elder statesman« oder Dorfältester. Er ist ein politisches oder religiöses Oberhaupt.

SCHERIF Nachfahre Husseins oder Hassans, des Enkels Mohammeds, über seine Tochter Fatima und ihren Ehemann Ali. Scherif Hussein war der Hüter der heiligen Stätten von Mekka und Medina.

SCHIITE | Angehöriger einer moslemischen Religionsgemeinschaft, die sich von dem sunnitischen Zweig des Islam getrennt hat. Die politische Spaltung fand statt, als die Schiiten forderten, Ali, einen Vetter und Schwiegersohn Mohammeds, zum Kalifen und Nachfolger des Propheten zu bestimmen. Die Schiiten folgen außerdem den Lehren der Imame oder Vorbeter, die Nachfahren des Propheten sind.

SUNNITEN | Zweig des Islam, der Abu Bakr als Kalifen und rechtmäßigen Nachfolger Mohammeds anerkennt.

VILAYET | Osmanische Provinz (es gab insgesamt vierundzwanzig), die von einem Gouverneur verwaltet, jedoch in Wirklichkeit von der Hauptstadt Konstantinopel aus regiert wurde.

WAHHABITEN | Religionsgemeinschaft, die der strengen, fundamentalistischen Deutung der islamischen Gesetze folgt.

Anmerkungen

Vorwort

1 Morris, James: *Farewell the Trumpets*, New York 1978, S. 408.

1. Kapitel

1 Zitiert aus Briggs, Asa: *Victorian Cities*, New York 1963, S. 269.
2 Colls, Robert, & Dodd, Philip: *Englishness Politics and Culture 1800-1920*. London 1986, S. 196.
3 Ebd.
4 Bell, Gertrude: Briefe, University of Newcastle.

3. Kapitel

1 Bell, Gertrude: Brief an Sir Valentine Chirol, University of Durham Library.

4. Kapitel

1 Bell, Gertrude: *Persische Reisebilder*, Hamburg 1949, S. 23.
2 Hammer, Joseph von: *Der Diwan des Hafis, Erster Theil*, Stuttgart/Tübingen 1812, S. 211.

5. Kapitel

1 Vergl. Koller, Teddy, & Pearlman, Moshe: *Jerusalem*, Jerusalem 1972, S. 12.
2 Vergl. Morris, James: *Pax Britannica*, New York 1968, S. 502.
3 Vergl. Bell, Gertrude: Tagebücher, University of Newcastle.
4 Vergl. ebd.

6. Kapitel

1 Vergl. Bell, Gertrude: Tagebücher, University of Newcastle.

7. Kapitel

1 Vergl. Morris, James: *Pax Britannica*, New York 1968, S. 507.
2 Zitiert aus Bell, Gertrude: *Am Ende des Lavastromes. Durch die Wüsten und Kulturstätten Syriens*, Wien 1991, S. 5/6.
3 Ebd., S. 29.
4 Ebd., S. 10.

9. Kapitel

1 Vergl. Bell, Gertrude: Briefe, University of Newcastle.
2 Vergl. ebd.

13. Kapitel

1 Zitiert aus Shelley, Percy Bysshe: *Ausgewählte Werke*, Frankfurt/Main 1990, S. 171
2 Shaw, George Bernard: *Pygmalion*, Frankfurt/Main 1960, S. 60.
3 Vergl. Tuchman, Barbara W.: *The Guns of August*, New York 1994.

14. Kapitel

1 Vergl. Bell, Gertrude: Private Aufzeichnungen, University of Newcastle.
2 Vergl. ebd.
3 Vergl. ebd.
4 Vergl. ebd.
5 Vergl. ebd.
6 Vergl. Elizabeth Robins Collection, Serie 2, Serie 5, Bell Letters, Fales Library, New York University.
7 Vergl. ebd.
8 Vergl. ebd.

15. Kapitel

1 Vergl. Bell, Gertrude: Briefe, University of Newcastle.
2 Vergl. Bell, Molly: Tagebücher, University of Newcastle.
3 Vergl. Hogarth, David: Private Aufzeichnungen, St. Anthony's College, Oxford.
4 Vergl. ebd.
5 Vergl. Grabett, David: *Letters of T. E. Lawrence*. London 1964.

16. Kapitel

1 Vergl. Bell, Gertrude: Briefe, University of Newcastle.
2 Vergl. James, Laurence: *The Golden Warrior*, London 1990, S. 111.

17. Kapitel

1 Vergl. Lawrence, M. R.: *The Home Letters of T. E. Lawrence and his Brother*, Oxford 1954.
2 Vergl. Bell, Gertrude: Briefe, University of Newcastle.
3 Vergl. F. O. 882/13, 15. Juni 1916, Public Records Office.

18. Kapitel

1 Vergl. Bell, Gertrude: Briefe, University of Newcastle.
2 Vergl. ebd.
3 Vergl. ebd.
4 Vergl. Hogarth, David: Private Papiere, St. Anthony's College, Oxford.

19. Kapitel

1 Vergl. Rihani, Ameen: *Ibn Sa'oud of Arabia*. London 1928, S. 7.
2 Vergl. Interview der Autorin mit Abdul Razaq Hassani, Bagdad 1994.
3 Vergl. Rede von David Hogarth, Royal Geographical Society, 4. April 1927.

20. Kapitel

1 Vergl. Bell, Gertrude: Briefe, University of Newcastle.

21. Kapitel

1 Vergl. Gespräch zwischen Gertrude Bell und dem Nakib in Wilson, Arnold T.: *Mesopotamia 1917-1920 – A Clash of Loyalities*, London 1931.
2 Vergl. Hogarth, David: Private Aufzeichnungen, St. Anthony's College Oxford.
3 Vergl. Haidar, Rustam: *Memoirs (arabisch)*. Für die Autorin übersetzt von Suleiman Mousa, Amman 1994.
4 Vergl. Burgoyne, Elizabeth: Private Aufzeichnungen, West Yorkshire Achives, Colverdale Central Library, Halifax, West Yorkshire.
5 Vergl. Garnett, David: *Letters of T. E. Lawrence*, London 1964.
6 Vergl. Bell, Gertrude: Briefe, University of Newcastle.
7 Vergl. ebd.

22. Kapitel

1 Vergl. Ireland, Philip: *Iraq*, London 1937.
2 Vergl. Bell, Gertrude: Tagebücher, University of Newcastle.
3 Vergl. ebd.
4 Vergl. ebd.

23. Kapitel

1 Bell, Gertrude: Briefe, University of Newcastle.
2 Vergl. Nachruf in der *London Times*, 21. Juli 1926.
3 Vergl. Ireland, Philip: *Iraq*, London 1937, S. 197.

26. Kapitel

1 Vergl. Wilson, Arnold T.: *Mesopotamia 1917-1920 – A Clash of Loyalties*, London 1931, S. 320.

27. Kapitel

1 Vergl. Bell, Gertrude: Briefe, University of Newcastle.
2 Bell, Gertrude: *Ich war eine Tochter Arabiens*, Bern/München/Wien 1993, S. 155.
3 Vergl. Marlowe, John: *Late Victorian – The Life of Sir Arnold Talbot Wilson*, London 1967, S. 349.

28. Kapitel

1 Vergl. Bell, Gertrude: Briefe, University of Newcastle.

29. Kapitel

1 Vergl. Ireland, Philip: Private Tagebuchaufzeichnungen, Middle East Institute.
2 Vergl. Bell, Gertrude: Briefe, University of Newcastle.
3 Vergl. Brown, Malcolm: *T. E. Lawrence – The Selected Letters*, New York 1989, S. 352.
4 Vergl. Bericht über die Nahostkonferenz in Kairo und Jerusalem (geheim) Cab 24/126, Juni 1921.
5 Zitiert in: Monroe, Elizabeth: »Gertrude Bell«, *British Society for Middle East Studies Bulletin*, 1980.
6 Vergl. Fishman, Jack: *My Darling Clementine*. New York 1963. S. 68.

30. Kapitel

1 Vergl. Graves, Philip: *The Life of Sir Percy Cox*, London 1941.
2 Vergl. Klieman, Aaron S.: *Foundations of British Policy in the Arab World*, Baltimore 1971.

31. Kapitel

1 Vergl. Ireland, Philip: *Iraq*, London 1937, S. 466.
2 Vergl. ebd.

32. Kapitel

1 Privates Gespräch mit Guzine Abdel Kadir Rashid, London, 1993.
2 Vergl. Bell, Gertrude: Briefe, University of Newcastle.
3 Vergl. ebd.
4 Vergl. ebd.
5 Vergl. ebd.
6 Vergl. ebd.

33. Kapitel

1 Vergl. Bell Gertrude: Briefe, University of Newcastle.
2 Vergl. ebd.
3 Vergl. ebd.

34. Kapitel

1 Vergl. Bell, Gertrude: Briefe, University of Newcastle.
2 Vergl. Rihani, Ameen: *Ibn Sa'oud of Arabia*, London 1928, S. 7.
3 Vergl. Bell, Gertrude: Briefe, University of Newcastle.
4 Interview der Verfasserin mit Salma Sati el-Husari, Amman 1994.
5 Vergl. Rihani, Ameen: *Ibn Sa'oud of Arabia*, London 1928.
6 Interview der Verfasserin mit Amatzia Baram, Washington D. C. 1994.

7 Vergl. Rihani, Ameen: *Ibn Sa'oud of Arabia*, London 1928.
8 Vergl. Dickson, H. R. P.: *Kuwait and her Neighbors*, London 1956.
9 Vergl. Graves, Philip: *The Life of Sir Percy Cox*, London 1941.

35. Kapitel

1 Vergl. Bell, Gertrude: Briefe, University of Newcastle.
2 Vergl. Bell, Gertrude: *The Desert and the Sown*, Boston 1987, S. XIII.
3 Vergl. Harrison, Marguerite: *There's Always Tomorrow*, New York 1935, S. 591; dies.: Nachruf in der *New York Times*, 18. Juli 1926.
4 Vergl. Bell, Gertrude: Briefe, University of Newcastle.
5 Gespräch der Autorin mit Amatzia Baram, Washington D. C. 1994.
6 Vergl. Bell, Molly: Tagebücher, University of Newcastle.

36. Kapitel

1 Vergl. Bell, Gertrude: Briefe, University of Newcastle.
2 Vergl. ebd.
3 Vergl. ebd.
4 Gespräch der Autorin mit Mme. Rénée Kabir. London 1994.
5 Vergl. Bell, Gertrude: Briefe, University of Newcastle.
6 Vergl. ebd.
7 Vergl. ebd.
8 Vergl. ebd.
9 Vergl. Bell, Gertrude: Private Aufzeichnungen, University of Newcastle.
10 Vergl. ebd.
11 Vergl. ebd.
12 Vergl. Bell, Gertrude: Briefe, University of Newcastle.
13 Zitiert aus Sackville-West, Vita: *Eine Frau unterwegs nach Teheran*, Frankfurt/Main 1993, S. 46/47.
14 Ebd., S. 48.
15 Ebd., S. 49.
16 Bell, Gertrude: *Ich war eine Tochter Arabiens*, Bern/München/Wien 1993, S. 242.
17 Ebd., S. 241.

Epilog

1 Gespräch der Autorin mit Ali Salah, Bagdad 1994. Siehe auch Burgoyne, Elizabeth: Private Aufzeichnungen, West Yorkshire Archives, Colverdale Central Library, Halifax, West Yorkshire. Siehe auch Ireland, Philip: Private Tagebuchaufzeichnungen, Middle East Institute Library.

Literaturverzeichnis

Hinweis: Die Briefzitate Gertrude Bells wurden, soweit verfügbar, dem Buch *Gertrude Bell – Ich war eine Tochter Arabiens*, erschienen im Scherz Verlag, Bern/München/Wien 1993, entnommen.

Veröffentlichte Werke Gertrude Bells

Safar Nameh, Persion Pictures, anonym veröffentlicht, Bentley, London 1894.

Persian Pictures. London: Benn 1928, and Cape 1937. dt: *Persische Reisebilder*, Hamburg 1949.

Poems from the Divan of Hafiz, Heinemann, London 1897. Reprint mit einem Vorwort von E. Denison Ross, 1928.

»Islam in India«, *Nineteenth Century and After*, vol. 60, 1906.

»Notes on a Journey through Cilicia and Lycaonia«, *Revue Archéologique*, VII, 1906-7.

The Desert and the Sown, Beacon Press, 1987. Zum erstenmal veröffentlicht in London: Heinemann 1907.

dt.: *Am Ende des Lavastromes. Durch die Wüsten und Kulturstätten Syriens*, Wien 1991.

The Thousand and One Churches (mit Sir William Ramsay), Hodder and Stoughton, 1909.

»The Vaulting System at Ukhaidir«, *Journal of Hellenic Studies*, XXX, 1910.

»Churches and Monasteries of the Tur Abdin and Neighbouring Districts«, *Amida*, Heidelberg 1910 (siehe Berchem and Strzygwski); auch: *Zeitschrift für Geschichte der Architektur*, Nr. 9, Heidelberg 1913.

Amurath to Amurath, London: Heinemann 1911.

»Damascus«, *Blackwood's Magazine*, Bd. 189, 1911.

»Asiatic Turkey under the Constitution«, *Blackwood's Magazine*, Bd. 190, 1911.

»Postroad through the Syrian Desert«, *Blackwood's Magazine*, Bd. 190, 1911.

Palace and Mosque at Ukhaidir, Clarendon Press. 1914.

The Arabs of Mesopotamia, Basra: Government Press. 1918.

Review of the Civil Administration of Mesopotamia, Cmd. 1061, HMSO, London 1920.

»Great Britain and Iraq: An Experiment in Anglo-Asiatic Relations«, anonym veröffentlicht, *The Round Table*, London 1924.

The Arab War, Confidential information for GHQ Cairo from Gertrude L. Bell.

Dispatches for the *Arab Bulletin*. Vorwort von Sir Kinahan Cornwallis. London: Golden Cockerel Press. 1940.

Ich war eine Tochter Arabiens, Bern/München/Wien: Scherz 1993.

Miniaturen aus dem Morgenland. Reiseerinnerungen aus Persien und dem Osmanischen Reich im Jahre 1892, Wien: Promedia 1997.

Private Schriften Gertrude Bells

Gertrude Bell Diary, University of Newcastle Upon Tyne, U. K. The Robinson Library, Special Collections Department.

Gertrude Bell Diary for Doughty-Wylie, 1913-1914, University of Newcastle Upon Tyne, U. K. The Robinson Library, Special Collections Department.

Gertrude Bell Letters, University of Newcastle Upon Tyne, U. K. The Robinson Library, Special Collections Department.

Letters to Sir Valentine Chirol, University of Durham, University Library, Palace Green Section, Special Collections.

Gertrude Bell Papers, Royal Geographic Society, London, Nov. 1916.

Gertrude Bell Private Papers, University of Newcastle Upon Tyne, U. K. The Robinson Library, Special Collections Department.

Gertrude Bell Photography, University of Newcastle Upon Tyne, Department of Archaeology, Photographic Collection.

Private Aufzeichnungen anderer

Bell Letters, The Fales Library, N. Y. U. Library, Elizabeth Robins Collection, Series 2 and 5.

Bell, Molly: Diaries, University of Newcastle Upon Tyne, The Robinson Library, Special Collections.

Burgoyne, Elizabeth: Private Papers, West Yorkshire Archives, Colverdale Central Library, Halifax, West Yorkshire, U. K.

Hogarth, David: Private Papers, St. Anthony's at Oxford.

Ireland, Philip: *Private Diary*, Middle East Institute, Washington, D. C. 1934.

Lawrence, T. E.: *Letters*, Karachi 1927.

Offizielle Dokumente

Arab Bureau Papers, 1911-1919 (from Public Records Office, London), Library of Congress, Microfilm # 05081.

Arab Bureau Papers, Princeton University Library, Microfilm #06335.

Documents on British Foreign Policy, 1919-1939, Edited by E. L. Woodward and Rohan Butler, London 1952. Middle East Institute, Washington D. C..

Foreign Office Papers, FO 882/2 and 882/14, Official Papers, War Office, Whitehall, Sept. 9, 1914, Public Records Office, London.

Memo from Gertrude Bell, India Office Records (R/15/6/34), Office of the Civil Commission, Febr. 23, 1920.

Official Papers, War Office, Whitehall, Sept. 9, 1914.

Report on Middle East Conference in Cairo and Jerusalem (Secret). CAB 24/126, June 1921.

Telegrams (Secret) from Baghdad to India Office. From files of Philip Ireland, 1918-1919.

Zeitschriften und Zeitungen

Antiquity Magazine, Hill, Stephen, 1976.
Birmingham Gazette, 14. Juli 1926.
Daily Graphic, 14. Juli 1926.
Daily Mail, 13. Juli 1926.
Egyptian Gazette, März 1921.
Historical Series of the Reformed Church in America – Van Ess, Dorothy and John: »Pioneers in the Arab World«, Nr. 3, William B. Erdmans, Michigan, 1974.
Illustrated London News, George C. Leighton, London.
John O' London's Weekly, 12. Sept. 1931.
Journal of the Central Asian Society – Curzon, Earl of Kedleston: Annual Dinner of CAS, Speech by President of Society, 12. Okt. 1920, Bd. 8, Teil I, 1921. Sheppard, E. W., Capt.: »Some Military Aspects of the Mesopotamia Problem«, 21. Okt. 1920, Bd. 8, Teil I, 1921. Wilson, Arnold: »Mesopotamia: 1914-21«, 15. April 1921, Bd. 8, Teil 3, 1921.
London Times – De Blowitz, Henri Stephan Opper: »Une Course a Constantinople«, Oktober 1883. August 1908. 4. Mai 1915. 24. März 1921. 13. Juli 1926. 14. Juli 1926. 21. Juli 1926. 31. Juli 1926.
London Times Literary Supplement 13. Jan. 1910. 12. Jan. 1911.
Murray's Magazine – Stewart, C. E.: »Petroleum or Rock Oil«, Bd. 1, Jan.-Juni 1889, London.
The New Yorker – Pfaff, William: »The Absence of Empire«, 10. August 1992.
New York Times – Harrison, Marguerite: »Obituary regarding 1916-1917«, 18. Juli 1926, auch 6. März 1924.
New York University Journal of International Law and Politics – Khadduri, Majid: »Iraq's Claim to the Sovereignty of Kuwait«, Herbst 1990.
North American Review – Courtney, Janet.
Observer – Raban, Johnathan, 15. Okt. 1978. Nicolson, Harold, 30. Juli 1961.
Poetics Today – Baram, Amatzia: »A Case of An Imported Identity – The Modernizing Secular Ruling Elites of Iraq and the Conception of Mesopotamian-Inspired Territorial Nationalism 1922-1992«, Sommer 1994.
Saturday Evening Post – Lansing, Robert: »The Big Four of the Peace Conference«, 12. März 1921.
United Empire – Cox, Sir Percy: Speech on Iraq, Bd. 20, März 1929.
The World Today – Mac Munn, George, Lt-General Sir: »Gertrude Bell and T. E. Lawrence – The Other Side of their Stories«, November - Dezember 1927.

Gertrude-Bell-Biographien

Bell, Florence: *Letters of Gertrude Bell*, 2 Bde., London: Ernest Benn Ltd. 1927.
Burgoyne, Elizabeth: *Gertrude Bell*, 2 Bde., London: Ernest Benn 1961.
Goodman, Susan: *Gertrude Bell*, London: Berg Publishers 1985.
Kamm, Josephine: *Daughter of the Desert – The Story of Gertrude Bell*, London: Bodley Head 1956.

Marshall, Caroline: *Gertrude Bell – Her Work and Influence in the Near East 1914-1926*, University of Virginia Dissertation (unveröffentlicht) 1968.
Richmond, Elsa Lady: *The Earlier Letters of Gertrude Bell*. London: Benn 1937.
Ridley, M. R.: *Gertrude Bell*. London: Blackie 1941.
Winstone, H. V. F.: *Gertrude Bell*, New York: Quartet Books 1978.

Literatur allgemein

Aldington, Richard: *Lawrence of Arabia*, London: Collins 1955.
Allison, Alexander W.: *The Norton Anthology of Poetry*, 3. Aufl., New York: W. W. Norton & Co. 1983.
Alsor, Susan Mary: *Lady Sackville*, New York: Doubleday 1978.
Antonius, George: *The Arab Awakening*, New York: Putnam 1946.
Askari, Jafar Al: *Memoirs of Jafar Al Askari*, Surrey, England: Laam Ltd. 1988.
Baedeker, Karl: *Palaestina und Syrien – Handbuch für Reisende*, Leipzig 1910.
Baker, Randall: *King Hussein and the Kingdom of Hejaz*, Cambridge, England: Oleander Press 1979.
Barker, A. J.: *The Neglected War – Mesopotamia 1914 – 1918*, London: Faber & Faber 1967.
Benjamin, S. G. W.: *Persia and the Persians*, London: John Murray 1987.
Benn, Ernest: *Happier Days*, London: Ernest Benn 1949.
Black, Eugene C.: *Victorian Culture and Society*, New York: Harper & Row 1973.
Blunt, Lady Anne und Wilfred: *A Pilgrimage to Nejd, the Cradle of the Arab Race*, London: J. Murray 1881.
Boucher, Francois: *20000 Years of Fashion*, New York: Harry Abrams 1966.
Bowman, Humphrey: *Middle East Window*. London: Longmans, Green 1942.
Boyle, Andrew: *Trenchard*, London: Collins 1962.
Bullard, Reader, Sir: *The Camels Must Go*, London: Faber & Faber 1961.
Burton, Isabel: *The Inner Life of Syria, Palestine and the Holy Land*. London: H. S. King 1875.
Busch, Briton Cooper: *Britain, India and The Arabs 1914-1921*, Berkeley: University of California Press 1971.
Caldwell, Mark, und Kendrick, Walter: *The Treasury of English Poetry*, New York: Doubleday 1984.
Chambers, John: *The Devil's Horsemen*, New York: Atheneum 1977.
Charmley, John: *Lord Lloyd and the Decline of the British Empire*, New York: St. Martin's Press 1987.
Chirol, Valentine: *50 Years in a Changing World*, London: Jonathan Cape 1927.
Collier, E. C. F.: *A Victorian Diarist – Extracts from the Journals of Lady Mary Monkswell*, London: John Murray 1944.
Collins, Robert O.: *Sir Gilbert Clayton – An Arabian Diary*, Berkeley: University of California Prss 1969.
Colls, Robert, und Dodd, Philip: *Englishness – Politics and Culture 1800 – 1920*, London: Croom Helm 1986.
Cook, Roy J.: One Hundred and One Famous Poems, Chicago: Contemporany Books, Inc. 1958.
Courtney, Janet: *Oxford Portrait Gallery*, London: Chapman and Hall 1931. *The Women of My Time*, London: L. Dickson 1934.

De Gaury, Gerald: *Three Kings in Baghdad*, London: Hutchinson 1961. *Traces of Travel.* London: Quartet Books 1983.

Dickson, H. R. P.: *The Arab of the Desert*, London: Allen and Unwin, 1949. *Kuwait and Her Neighbors*, London: Allen and Unwin 1956.

Dickson, Violet: *Forty Years in Kuwait*. London: Allen and Unwin 1971.

Edel, Leon: *Henry James: A Life*, New York: Harper & Row 1985.

Egan, Eleanor Franklin: *The War in the Cradle of the World – Mesopotamia*, New York: Harper & Brothers 1918.

Eliot, T. S.: *A Choice of Kipling's Verse*, London: Faber & Faber Ltd. 1990.

French, Yvonne: *Sex Great Englishwomen*, London: Hamilton 1953.

Fishman, Jack: *My Darling Clementine*, New York: David McKay Co. 1963.

Fogg, Perry: *Arabistan or the Land of the Arabian Nights*, London: S. Low, Marston, Low and Serle 1875.

Forbes, Rosita: *Appointment in the Sun*, London: Cassell 1949. *Forbidden Road: Kabul to Samarkand*, New York: E. P. Dutton 1937. *These Men I Knew*, New York: Dutton & Co. 1940.

Fromkin, David: *A Peace to End All Peace*, New York: Avon Books 1989.

Garnett, David: *Letters of T. E. Lawrence*, London: Spring Books 1964.

Gellhorn, E. Cowles: *McKay's Guide to the Far East and the Middle East*, New York: Van Rees Prss. 1956.

George, David Lloyd: *The War Memoirs of David Lloyd George*, 2 Bde., 1914-1915 und 1915-1916, Boston and New York: Little, Brown 1933.

Gilbert, Martin: *Churchill – A Life*, New York: Henry Holt 1991. *Exile and Return*, Philadelphia: J. B. Lippincott 1978. *Winston S. Churchill*, Bd. 4, London: Heinemann 1966.

Glasse, Cyril: *The Concise Encyclopedia of Islam*, San Francisco: Harper 1991.

Grant, Christina Phelps: *The Syrian Desert*, London: A & C Black 1937.

Graves, Philip: *Briton and Turk*, London: Hutchinson 1941. *The Life of Sir Percy Cox*, London: Hutchinson 1941.

Graves, Robert: *Lawrence and The Arabs*, London: Jonathan Cape 1927.

Greenfield, Ellen J.: *One Hundred and One Classics of Victorian Verse*, Chicago: Contemporary Books 1992.

Gwynn, Stephen: *The Letters and Friendships of Sir Cecil Spring Rice*, Boston: Houghton Mifflin 1929.

Haddawy, Husain: *The Arabian Nights*, New York: W. W. Norton 1990.

Hamilton, Charles: *Americans and Oil in the Middle East*, Houston: Gulf Publishing 1962.

Harrison, Marguerite: *There's Always Tomorrow*, New York: Farrar & Rinehart 1935.

Hogarth, David: Speech at the Royal Geographic Society 1927.

Hopwood, Derek: *Tales of Empire*, London: I. B. Taruis 1989.

Hourani, A. H.: *Great Britain and the Arab World*, London: J. Murray, 1945. *Die Geschichte der arabischen Völker*, Frankfurt am Main: Fischer 1992.

House, Edward M., und Charles Seymour: *What Really Happened at Paris*, New York: Charles Scribner's 1921.

Howell, Georgina: *In Vogue*, New York: Schocken 1976.

Hudson, Michael: *Arab Politics – The Search for Legitimacy*, New Haven: Yale University Press 1977

Ireland, Philip: *Iraq*, London: Jonathan Cape 1937.

Jalland, Pat: *Women, Marriage and Politics 1860-1914*, London: Clarendon Press 1986.

James, Lawrence: *The Golden Warrior*, London: Weidenfeld & Nicolson 1990.

Jerusalem, Elisabeth: *Gertrude Bells Anteil an der Englischen Politik in Mesopotamien, 1916-1926*, Wien: Dissertation 1935.

Jolliffee, John: *Raymond Asquith – Life and Letters*, London: Century 1980.

Kadourie, Elie: *England and the Middle East*, Hossocks, Sussex: Harvester Press 1978.

Kaplan, Robert D.: *The Arabist – The Romance of an American Elite*, New York: The Free Press 1993.

Keay, Julia: *Mehr Mut als Kleider im Gepäck*, Bern/München/Wien: Scherz 1991.

Kemp, Geoffrey, und Maurer, John: *Projection of Power – The Logistics of Pax Britannica – Lessons for America*, Hamden, Conn.: Archon Books 1982.

Keyes, Roger, Sir: *The Fight for Gallipoli*, London: Eyre and Spottiswoode 1941.

Khadduri, Majid: *Independent Iraq 1932-1958*, London: Oxford University Press 1960.

Klieman, Aaron S.: *Foundations of British Policy in the Arab World*, Baltimore: Johns Hopkins University Press 1971.

Kollek, Teddy, und Moshe Pearlman: *Jerusalem*, Jerusalem: Steimatsky's Agency Limited 1972.

Lawrence, A. W.: *T. E. Lawrence by His Friends*, London: Jonathan Cape 1937.

Lawrence, M. R.: *The Home Letters of T. E. Lawrence and His Brothers*, Oxfort: Blackwell 1954.

Leary, Lewis G.: *Syria, The Land of Lebanon*, New York: McBride Nast and Co. 1913.

Lees-Milne, James: *Harold Nicolson – A Biography, 1886-1929*, London: Chatto & Windus 1980.

Lloyd, Seton: *Ruined Cities of Iraq*, London: Oxford University Press 1942.

Locher, A.: *With Star and Crescent*, Philadelphia: Aetna Publishing Co. 1989.

Longrigg, Stephen: *Oil in the Middle East*, London: Oxford University Press 1968.

Lyell, Thomas: *The Ins and Outs of Mesopotamia*, London: A. M. Philpot 1923.

Mack, John E.: *A Prince of Our Disorder*, Boston and New York: Little, Brown 1976.

Manchester, William: *The Last Lion – Winston Spencer Churchill – Visions of Glory, 1874-1932*. Boston und New York: Little, Brown 1983.

Marlowe, John: *Arab Nationalism and British Imperialism*, London: Cresset Press 1961.

Marlowe, John: *Late Victorian – The Life of Sir Arnold Talbot Wilson*, London: Cresset Press 1967.

Mauger, Thierry: *The Ark of the Desert*, Paris: Interpublications 1991.

Mee, Charles l., Jr.: *The End of Order*, New York: Dutton 1980.

Meinertzhagen, Colonel R.: *Middle East Diary 1917-1956*, London: Cresset Press 1959.

Mejcher, Helmut: *Imperial Quest for Oil – Iraq 1910-28*, London: Ithaca Press 1976.

Melman, Billie: *Women's Orients – English Women and the Middle East, 1718-1918*, Ann Arbor: University of Michigan Press 1992.

560

Monroe, Elizabeth: *Britain's Moment in the Middle East*, London: Chatto & Windus 1963. *Philby of Arabia*, London: Faber & Faber 1973.

Moorehouse, Geoffrey: *India Britannica*, London: Paladin Books 1984.

Morris, James: *Farewell the Trumpets*. New York: Harcourt Brace Jovanovich 1978. *The Hashemite Kings*. New York: Pantheon 1959. *Pax Britannica*. New York: Harcourt Brace Jovanovich 1968.

Mustard, Sayid Ghulam: *Gross in the Subcontinent*, Karachi. Pakistan Publishing House 1961.

Nicolson, Harold: *Diaries and Letters 1930-1939*, hrsg. v. Nigel Nicolson, New York: Atheneum 1966.

Nochlin, Linda: *The Politics of Vision*, New York: Harper & Row 1989.

Payne, Ronald: *Private Spies*, London: Arthur Barrer Ltd.

Peterson, Jeanne M.: *Family, Love, and Work in the Lives of Victorian Gentlewomen*, Bloomington: Indiana University Press 1989.

Pettigren, Jane: *An Edwardian Childhood*, Boston and New York: Little, Brown 1992.

Philby, H. St. J. B.: *Arabian Days*, London 1948. *Arabian Oil Ventures*, Washington, D. C.: The Middle East Institute 1964. *Arabian Jubilee*, London: Robert Hale Ltd. 1954.

Raswan, Carl R.: *Black Tents of Arabia*, New York: Creative Age Press 1947.

Rich, Paul: *Arab War Lords and Iraqi Star Gazers*, Cambridge, England: Allborough Publishing 1992.

Rihani, Ameen: *Ibn Sa'oud of Arabia*, London: Constable & Co. 1928.

Roosevelt, Kermit: *War in the Garden of Eden*, New York: Scribner's 1920.

Rosen, Friedrich: *Oriental Memories of a German Diplomatist*, London: Methuen 1930.

Rosenbaum, S. P.: *Victorian Bloomsbury*, Bd. 1, New York: St. Martins's Press 1987.

Sachar, Howard: *The Emergence of the Middle East, 1914-1924*. New York: Knopf, 1969.

Sackville-West, Vita: *Eine Frau unterwegs nach Teheran*, Frankfurt am Main: Fischer 1993.

Said, Edward: *Orientalismus*, Frankfurt am Main u.a.: Ullstein 1981.

Sanders, Ronald: *The High Walls of Jersusalem*, New York: Holt Rinehart & Winston 1983.

Schulkind, Jeanne: *Virginia Woolf, Moments of Being*, New York: Harcourt Brace Jovanovich 1976.

Seabrook, W. B.: *Adventures in Arabia*, New York: Harcourt, Brace & Co. 1927.

Searight, Sarah: *The British in the Middle East*, London: East-West Publications 1979.

Shaw, George B.: *Pygmalion*, Frankfurt am Main: Suhrkamp 1960.

Shelley, Percy B.: *Ausgewählte Werke*, Frankfurt am Main 1960.

Showker, Kay: *Fodor's Egypt*, New York: David McKay Co. 1979.

Sluglett, Peter: *Britain in Iraq, 1914-32*, London: Ithaca Press 1962,

Stark, Freya: *The Arab Island*, New York: Knopf 1945.

Stevenson, Frances: *Lloyd George – A Diary*, New York: Harper & Row 1971.

Stewart, Desmond: *T. E. Lawrence*, New York: Hamish Hamilton 1977.

Stocking, George W.: *Middle East Oil*, Nashville: Vanderbilt University Press 1970.

Storrs, Ronald: *Orientations*, London: Nicholson and Watson 1943.

Tabachnick, Stephen: *T. E. Lawrence – Wahrheit und Legende*, München: List 1988.

Tarbush, Mohammad: *The Role of the Military in Politics – A Case Study of Iraq to 1941*, London: KPI 1982.

Thackeray, William Makepeace: *Cornhill to Grand Cairo*, Heathfield, East Sussex: Cockbird Press 1991.

Thomas, Bertram: *Alarms and Excursions in Arabia*, London: Allen & Unwin 1931.

Thomas, Lowell: *With Lawrence in Arabia*, Garden City: Garden City Publishing 1924.

Thomas, Margaret: *Two Years in Palestine and Syria*, New York: Charles Scribner's Sons 1899.

Thompson, Walter Henry: *Assignment – Churchill*, New York: Farar, Straus and Young 1955.

Trager, James: *The People's Chronology*, New York: Holt Rinehart Winston 1979.

Tuchman, Barbara: *The Proud Tower*, New York: Macmillan 1966.

Vaczek, Louis, und Gail Buckland: *Travelers in Ancient Lands*, Boston und New York: Little, Brown 1981.

Van Der Mëulen und Von Wissmann: *Hadromout*, Leyden: E. J. Brill 1932.

Villars, Jean Beraud: *T. E. Lawrence*, New York: Duell, Sloan & Pearce 1959.

Ward, Philip: *Ha'il*, Cambridge, England: Oleander Press 1983.

West, Rebecca: *1900*, New York: Viking Press, 1982.

Westrate, Bruce: *The Arab Bureau – British Policy in the Middle East, 1916-1920*, University Park: Pennsylvania State University Press 1992.

Wilcox, R. Turner: *The Mode in Costume*, New York: Charles Scribner's Sons, 1958.

Wilson, Arnold T.: *Loyalties – Mesopotamia, 1904-1917*, London: Oxford University Press 1930. *Mesopotamia, 1917-1920, A Clash of Loyalties*, London: Oxford University Press 1931.

Wilson, Jeremy: *Lawrence of Arabia*, New York: Atheneum Press 1990.

Winstone, H. V. F.: *The Illicit Adventure*, London: Jonathan Cape 1982. *Leachman – OC Desert*, London: Quartet Books 1982.

Yardley, Michael: *A Biography – T. E. Lawrence*, New York: Stein & Day 1985.

Young, Gavin: *Iraq – Land of Two Rivers*, London, Collins 1980. *Return to the Marshes*, Harmondsworth: Penguin 1989.

Young, Geoffrey Winthrop (Hrsg.): *Mountain Craft*, London: Methuen and Co. 1920.

Young, Hubert: *The Independent Arab*, London: J. Murray 1933.

Andere Quellen

The Grand Cause, Film der irakischen Regierung (mit freundl. Gen. von Nizar Hamdoon, Botschafter des Iraks bei den Vereinten Nationen), 1982.

The Kingdom of Saudi Arabia, London: Stacey International 1977.

Register

Clayton, Iltyd 518 f., 529
Clemenceau, Georges 337, 341, 385
Cockerel, Bob 52, 57
Cook, Thomas 90
Cornwallis, Kinahan (»Ken«) 433,
    452 f., 466, 469, 474, 484,
    487 ff., 491, 493, 496 f., 500 f.,
    504, 508, 511 ff., 516, 518 ff., 524,
    527-534, 536
Cowper [General] 250
Cox [Lady] 246 f., 256, 414 f., 429,
    446, 450 f., 468 f., 480, 510, 512
Cox, Percy 116 f., 119, 122, 142, 162,
    246 ff., 250, 253 f., 262 f., 267,
    270 f., 274-278, 280, 282, 284 f.,
    288-292, 295 ff., 300-303, 305 f.,
    309, 314, 316 f., 319, 325 f., 332 f.,
    357, 371, 374, 386, 396, 399 ff.,
    406, 413-419, 429 f., 432 ff., 437,
    441, 445-455, 458 f., 470, 474 f.,
    480 f., 483 ff., 488, 496, 499,
    501 f., 505-513, 515, 521, 533,
    542 f.
Crackenthorpe, Bertie 64 f.
Cromer [Lord] 140, 256
Cromwell, Oliver 48
Cumberbatch [brit. Konsul] 84
Curzon, George 115, 122, 140, 306,
    338

Daly [Major] 397
Damaskus 95, 98, 100 f., 105, 123,
    129 f., 132, 150, 160 f., 163-167,
    173 f., 176, 179 f., 182, 197, 203,
    205, 208, 238, 306, 310, 317, 319,
    329, 339 f., 349, 354-357, 363,
    369, 373, 375, 378, 393, 403, 420,
    426, 452, 456, 474, 489, 494, 522,
    546
Dänemark 80
Dante Alighieri 77
Dardanellen 222, 231
Dartrey [Lord] 117
Darwin, Charles 33, 49
Daud Bei 481
Davidson [Mrs.] 500
Davidson, Nigel 500, 508, 519 ff.
Deedes, Wyndham 230, 434

DeGaury, Edward 528 f.
Deir es-Sor 368 f., 372, 375
Delaere, Marie 115
Delhi 115, 239, 241 ff., 245, 247,
    251, 256, 277
Demos [Diplomat] 59
Deutschland 33, 35, 60, 80, 82, 96,
    131, 152, 209 f., 212 f., 216, 221,
    226, 277, 300, 310 f., 315,
    336 f.
Dhari [Scheich] 408
Dickens, Charles 40
Dickson [brit. Konsul] 123
Dickson, Harold 273, 428, 505 f.
Dickson, Violet 428
Diwanija 396
Diyala [Fluß] 518
Dobbs, Henry 254, 280, 416, 508 f.,
    511 ff., 515, 519, 528 f., 532 f.,
    536, 538 f., 542
Dodgson, Charles s. Carroll, Lewis
Donau 61
Dörpfeld, Wilhelm 82
Dos Passos, John 481
Doughty, Charles 99, 120, 135 f., 201
Doughty-Wylie, Charles (»Dick«)
    135 f., 150, 156-160, 170 ff., 180,
    182 f., 188 f., 191, 199-203, 205,
    208, 216-224, 263, 282, 312, 318,
    361, 432, 469 f., 512, 530
Doughty-Wylie, Judith 134, 158 ff.,
    218, 221, 224
Dreyfus-Affäre 82
Drusen 93-97, 120, 124, 126-129,
    175, 178
Dschafar Pascha s. Askari, Dschafar
    al-
Dschamal Pascha 307
Dschamil Maidfai 392
Dschamil, Abdul Rahman 360 f.
Dscharad 98
Dschawdat, Ali 525
Dschebel Drus 96, 98, 130
Dschebel Sais 175
Dschebel Tubaik 187
Dschidda 237, 301, 306, 309
Dschihad 341, 390, 433, 446, 449 f.
Dschingis Khan 245

Dulaim [Stamm] 145, 254, 408, 445, 457, 462 f.
Durbar 116
Dussaud, René 130, 134

Eadie [Major] 434
Edward VII. [brit. König] 115
Eliot, George 43
Elsaß-Lothringen 336
Engelhorn 106, 108 f.
England s. Großbritannien
Erster Weltkrieg 13 f., 131, 213, 311, 318, 332, 335, 377, 404, 430, 435, 511
Eskail, Sasun Effendi 384, 421-425, 434, 473
Eskail, Schaul Effendi 384
Esra [Prophet] 288
Euklid 294
Euphrat 61, 142 f., 152, 173, 185, 244, 253, 266, 272, 275, 283, 297, 300 f., 309, 311, 314, 326, 366, 368 ff., 392, 396 f., 402, 418 f., 434, 445, 453, 458, 462, 494, 496, 508, 545
Evolution[stheorie] 46

Fahad Bei ibn Hadhdhal 89, 206 f., 254, 282 f., 300 f., 369, 418 f., 440, 457, 462 ff., 467, 484, 506
Faik Bei 479 f.
Fairley [Miß, Gouvernante] 525
Faiz [Scheich] 92
Fakhri Bei 504
Falluja 462
Farhan, Humeidi Beg Ibn 148
Faris [»Rafik«] 178
Faroki, Muhammad al- 234
Fattuh [Armenier] 131, 142 f., 145, 152, 163, 167 f., 170, 173, 179 f., 183, 190, 205, 309, 311, 358 f., 389 f., 392, 394
Feisal II. [Sohn Ghasis] 545
Feisal I. [arab. Prinz; späterer irak. König] 14, 302 f., 306 f., 317 f., 320, 329 f., 335, 339-342, 344 f., 347, 353-356, 358, 364, 369, 372 f., 378 f., 389, 393, 403, 420,

423, 426 f., 432 f., 436-439, 441, 444 f., 448-475, 477 ff., 482-497, 499-504, 508 ff., 517, 521 ff., 525 f., 528 f., 531 f., 535, 538, 543-546
Fellah [Araber] 173, 183, 205
Ferdinand [österr. Thronfolger] 212
Finsteraarhorn-Gletscher 110 f.
France, Anatole 154
Frankfurt, Felix 339
Frankreich 32, 34, 60 ff., 75, 81 f., 118, 132, 160, 209, 212 ff., 232, 236, 238 f., 252, 301 f., 318 f., 329 f., 332, 335 f., 338 ff., 342-345, 347, 349, 354 ff., 364, 371, 373, 377, 385 ff., 403, 456, 474, 490, 527
Frauenrechte 137 ff., 322 f., 361, 376
Fuad [ägypt. König] 442
Fuhrer, Heinrich 106 f., 109-113
Fuhrer, Ulrich 106 f., 109-113

Gailani, Abdul Kadir al- [islam. Theologe] 331
Gailani, Abdul Rahman al- [Nakib von Bagdad] 298, 320, 331-335, 374, 418 f., 437, 445 f., 452, 454-458, 462, 473, 496, 499
Galiläa 93
Gallipoli 222 f., 227, 231, 236, 263, 432
Gardiner, S. R. 56
Georg V. [brit. König] 156, 469, 542
Ghasi [Sohn Feisals I.] 523, 525, 545
Gladstone, William 47, 52
Goethe, Johann Wolfgang von 77
Golfkrieg [1990] 507
Goluchowski, Agenor Maria Adam von 60
Goodenough, Percy 543
Gouraud [General] 403
Graves, Philip 211, 230
Green, John Richard 43
Green, Mrs. [Gattin J.R. Greens] 46, 78
Grey, Edward 210, 213
Griechenland 61, 80, 156, 167, 181, 209, 337

Padua 79
Palästina 84 f., 93, 238, 302, 308 f.,
 339 f., 343, 354 f., 363, 382, 385,
 425, 433, 435, 440 ff., 474, 490
Palmyra 100, 180
Pankhurst, Christabel 138
Pankhurst, Emmeline Goulden 138
Paris 58, 60, 70, 118, 167, 176, 330,
 336, 339 f., 343, 345 ff., 360, 377,
 446, 494, 534
Pattinson, Margaret 31
Persien 61, 66 ff., 75 f., 81, 87, 132,
 147, 151, 193, 210, 243, 277, 295,
 310, 315 f., 325, 333, 336, 346,
 366, 377, 385, 393, 396, 432, 434,
 474, 483, 522, 526, 538
Persischer Golf 115, 152, 213, 231,
 233, 238, 244, 262, 277, 295, 506,
 508
Petra 92
Philby [Mrs.] 448, 459
Philby, Harry St. John Bridger 247,
 277, 288 f., 303 f., 315, 414, 416,
 418 f., 421 f., 429, 448 - 451, 453,
 458 f., 513, 520
Picot, François-Georges 239, 301, 336
Platon 294
Pogrome 355
Polen 355
Port Said 228, 335
Poynter, Edward 40
Punjab 247

Rabigh 306
Rabiah, Emir al- 446
Ramsay, William 131, 133 ff., 147
Ramsey [Colonel] 201
Raper, Mr. (Freund Gertrude Bells)
 52, 57
Raschid [Familie] 193
Raschid [Stamm; vgl. auch Ibn Ra-
 schid] 164 f.
Reinach, Salomon 118 f., 134
Resa Pahlevi 538
Riad 193
Rice, Elmer 520
Rihani, Ameen 502
Ritchie, Annie 45, 78, 248

Ritchie, Richmond 45, 78, 248
Robert [Lord] 224
Robins, Elizabeth (»Lisa«) 132, 224
Rom 82, 377
Rosen [Familie] 85
Rosen, Friedrich 67 f., 76, 78, 82, 85,
 87, 89, 93, 132, 147
Rosen, Nina 67 f., 76, 85
Rothschild [Lord] 308
Royal Geographic Society 13 ff., 141,
 543
Rumänien 57 - 62, 80, 337
Rumaylah 397
Ruskin, John 32, 49, 224
Russell [Lady] 65 f., 132
Russell, Arthur 65 f.
Russell, Bertrand 39
Russell, Flora 65, 215
Rußland 34, 59, 61 f., 80, 133, 181,
 212, 214, 315, 335, 337, 355
Ruwalla [Stamm] 186, 306

Saarland 336
Sabih Bei 506
Sackville-West, Vita 14 f., 211, 346,
 534 f.
Sadr [Familie] 377
Sadun, Ajaimi 249 f.
Sadun [Stamm] 253
Sahawi, Dschamil 414
Said, Nuri 307, 354, 357 f., 393,
 466 f., 473 f., 477, 480, 497, 499,
 545 f.
Said [Neffe Marawis] 183, 190
Said [Obereunuche] 197 f.
Saijah [Scheich] 189
Salam-Bibliothek 504
Salim [Koch] 173 f.
Salim [Neffe Marawis] 183
Salkhad 95
Samuel, Herbert 434, 442
Sarajewo 212
Sargent, John Singer 66, 118, 134,
 511
Sassaniden 147, 151, 465
Saud [Stamm; vgl. auch Ibn Saud]
 164 f.
Saudi-Arabien 296, 467